Besuchen Sie uns im Internet:

www.kirchenshop-online.de

Dorothea Demmel (geb. 1948 in Stuttgart) recherchiert und fotografiert seit vielen Jahren zu Agnes Günther. Sie hält Vorträge und Lesungen. Ihre Artikel wurden in verschiedenen Zeitungen veröffentlicht. Für weitere Informationen: dorothea.h-demmel@gmx.de

»Die Heilige und ihr Narr« ist mittlerweile in der 145. Auflage 2013 lieferbar *(576 Seiten, Hardcover, ISBN 978-3-7984-0824-1).* Erhältlich im Buchhandel oder direkt: www.kirchenshop-online.de

Dorothea Demmel

Die Frau
mit den bunten Flügeln

Die Agnes Günther-Biographie

J. F. Steinkopf Verlag

ISBN 978-3-7984-0820-3

Cover: Jens Vogelsang, Aachen
© J. F. Steinkopf Verlag, Kiel 2012/2013
Alle Rechte vorbehalten
Printed in Germany

INHALT

VORWORT

Agnes Günther ist die Verfasserin des Best- und Longsellers „Die Heilige und ihr Narr", der als ihr einziges großes Werk posthum 1913 herausgebracht wurde. Bereits 1962 las ich als junges Mädchen diesen Roman und war sehr berührt. Ich kannte die Region Hohenlohe, zu der Langenburg und Schwäbisch Hall gehören, damals noch nicht, da ich in anderen Teilen Baden-Württembergs aufwuchs. 1969 bekam ich die erste Gelegenheit, bei einem privaten Ausflug mit einer Freundin, die aus Hohenlohe stammte, Schloss Langenburg und auch Schloss Morstein (dieses nur von außen, da privat bewohnt) zu besichtigen.

Meine intensiven Recherchen zu Agnes Günther begannen sehr langsam. Durch meine Heirat lebe ich seit 1984 in Schwäbisch Hall und wir besuchten immer wieder die „Agnes Günther-Orte": Langenburg, Tierberg und Morstein, die im Roman „Die Heilige …" unter anderem Namen, doch erkennbar, als Brauneck, Schloss Schweigen und Thorstein eine Rolle spielen. 2006 wurde ich durch eine literarische Führung „Auf den Spuren von Agnes Günther in Langenburg" auf die Bücher von Rudolf Günther (Ehemann) und Gerhard Günther (Sohn) aufmerksam gemacht. Hiermit bekam ich einen Ausgangspunkt für weitere Recherchen.

Da ich nun Anhaltspunkte hatte, wo Agnes Günther in ihrem Leben außer in Langenburg noch lebte und sich aufhielt, reisten mein Mann und ich an diese Orte. Dort erforschte ich, was ich nach hundert Jahren alles vorfinden konnte, suchte Spuren, sammelte Eindrücke. Parallel ergab sich die Archivarbeit.

So waren wir oft in Stuttgart, Bad Cannstatt, Korntal, in Blaubeuren, Herrentierbach, Kirchberg, Mistlau, Rothenburg o.T., in Marburg a.L., Neuchâtel, am Bodensee, besonders in Uttwil, auch in der Gegend von Oberstdorf und Baveno am Lago Maggiore, in Bordighera an der italienischen Riviera, Biesenrode im Harz, Magdeburg, Potsdam, Berlin Groß-Lichterfelde. Wir konnten in die Wohnung des Pfarrhauses in Blaubeuren, in der Agnes Günther als junge Ehefrau lebte, und in die Wohnung in Marburg, in der sie die letzten Lebensjahre verbrachte und auch starb. In Davos waren wir im damaligen kleinen Sanatorium, dem heutigen Hotel Concordia, und durften die Räumlichkeiten sehen. In Biesenrode bewohnten wir als einzige Gäste das ehemalige Pfarrhaus, das inzwischen zu einem Gästehaus umfunktioniert wurde. Wir schliefen im selben Gastzimmer, das damals Agnes Günther für einen Monat beim Besuch bei ihrer Schwester bewohnte.

Ich war in den Stadtarchiven Stuttgart, Langenburg, Schwäbisch Hall, Marburg, im Landeskirchlichen Archiv Stuttgart, im Deutschen Literatur- und Handschriftenarchiv Marbach, im Landesarchiv Baden Württemberg/Staatsarchiv Ludwigsburg, im Archiv der Stadt Neuchâtel und im Museo Bicknell in Bordighera, im Lepsius-Archiv Potsdam, in der „Stadtmission Magdeburg". Mir wurden aus den Archiven der Stadtmission sowie aus Davos und vom Heimatverein Steglitz, zu dem Berlin-Groß Lichterfelde gehörte, Daten zugeschickt. Das Stadtarchiv Baden-Baden wie auch das Archiv der Diakonnissenanstalt Schwäbisch Hall gaben mir Auskünfte. Von Hamburg bekam ich auch die nötigen standesamtlichen Unterlagen zu Gerhard Günther.

Die Familien Günther und Betz überließen mir Kopien einer wertvollen privaten Briefsammlung, die Korrespondenz zwischen Rudolf und Agnes Günther und ihrem Freund Pfarrer Betz. Bei unseren Besuchen beim Enkel Wolfram Günther, den uns der Urenkel Stefan Günther vermittelt hatte, bekam ich weitere interessante Informationen, Unterlagen und Fotos. Auch der hochbetagte Sohn von Pfarrer Betz, Dr. Konrad Betz, und seine Schwägerin Theolinde Betz gaben gern ihr Wissen und ihre Erinnerungen weiter.

Mein Wunsch, eine Biographie über Agnes Günther zu schreiben, entstand erst während meiner Recherchen. Mir ist dabei wichtig geworden, dass heutige Leser die Person Agnes Günther und ihr Leben in ihrer Zeit und in ihrem Umfeld kennenlernen sowie ihr einerseits gewöhnliches und anderseits ungewöhnliches Leben. Agnes Günthers Besonderheiten, so auch ihre Übersinnlichkeit, möchte ich dem Leser in meiner Biographie näherbringen. Ich stieß auf viele neue Zusammenhänge und Aussagen.

Mir geht es um die sichtbare Fortentwicklung des Lebens von Agnes Günther und ihrer Familie sowie um ihre innerliche Entwicklung, die sie schließlich zur Romanschriftstellerin werden ließ.

Hierbei müssen ihre Lebensumstände zuerst als Frau des Dekans in Langenburg, der dann in Marburg Privatdozent wurde, und als Mutter zweier Söhne, durch die viel Umtrieb ins Haus kam, berücksichtigt werden wie auch ihre langen, schweren Krankheitszeiten. Sie starb mit 47 Jahren.

Es ist allgemein bekannt, dass Agnes Günther biographische Elemente in „Die Heilige …" hineinnahm. Der Leser kann in der vorliegenden Biographie miterleben, wie nach und nach der Roman in seinen Puzzlestücken entstand, und versteht ihn, der oft als nur trivial angesehen wurde, in seiner Vielschichtigkeit besser.

Ich beginne mit ihrer nicht ganz gewöhnlichen Herkunft, mit der Liebesgeschichte ihrer Eltern und spanne den Bogen ihres Lebens bis über ihren Tod hinaus, denn der Leser darf wissen, wie es nach ihrem Tod mit ihren Kindern und ihrem Mann sowie ihrem Roman-Manuskript weiterging. Das Ende meines Buches zeigt den von ihr erwarteten Erfolg des Romans auf, der bei Weitem ihre Vorstellung übertraf, die spätere Abwertung als Kitsch- und Trivialroman sowie die erneute Anerkennung in jüngster Zeit.

Zum Titel dieses Buches: Agnes Günther schrieb von den „bunten Flügeln" in ihrem letzten Brief an eine Freundin, vier Wochen vor ihrem Tod: „Lasse deine bunten Flügel nicht hängen." Ihre jungen Freundinnen nannte sie „die bunten Flügel" und über die zur Auswahl ausgebreiteten Kleider sagte in ihrem Roman der Künstler Harro: „Und nun, Seelchen, soll ich deine bunten Flügel sehen. Bunte Flügel meine Freude." Im übertragenen Sinn sind bunte Flügel die Fähigkeit, die wir bei Agnes Günther immer wieder entdecken können: Sie verstand es, sich mit ihrer Fantasie und geistigen Kraft über Tiefpunkte und schwierige Phasen emporzuschwingen, indem sie aktiv wurde, malte, Theaterstücke für ihre Söhne schrieb und sich Geschichten ausdachte. Auf diese Weise entstand anfänglich auch „Die Heilige …". Erst nach acht Jahren begann sie, ihren bereits „im Kopf" geschriebenen „berühmten Langenburger Roman" zur Veröffentlichung niederzuschreiben.

Durch häufig zitierte Briefstellen erlebt der Leser den „Originalton" von Agnes Günther, auch den ihrer Mutter, ihres Mannes oder von Pfarrer Betz u.a. Agnes Günther war eine Schwäbin, so findet man in ihren Briefen manchmal typisch schwäbische Eigenheiten. Auch war ihr bewusst, dass sie mit der Kommasetzung auf Kriegsfuß stand. Damit sich die Biographie lebendiger liest, beschreibe ich manche Situationen so, dass man sie sich gut vorstellen kann. Dabei habe ich mich genau an die Gegebenheiten gehalten. Die Originalberichte, die vorliegen, greife ich auf und nehme sie mit hinein. Mitunter haben sich kleine Abweichungen beim Zitieren ergeben. In meiner „Arbeitsfassung" – die dem „Deutschen Literaturarchiv, Marbach a.N." für Interessierte überlassen wird – findet man alle Zitate mit genauer Stellenangabe.

Vielen Menschen danke ich für die Unterstützung und tatkräftige Hilfe bei der Recherche. Dank an Stefan Günther als Nachlassverwalter der Familie Günther für alle Unterstützung und das große Vertrauen. Dank an Familie Betz, besonders Dr. Konrad Betz und seine Frau. Dank dem Freund und Fotografen Roland Bauer, der bei der Wiedergabe der kopierten Fotos und technischen Problemen half. Ich danke Pfarrer Ruopp und seiner Frau sowie Pfarrer Haller und Frau Gonser aus Kirchberg und Herrn Knox in Potsdam vom Lepsius-Archiv sowie Herrn Urs Koller und Herrn Thimothy Nelson in Davos. Herzlichen Dank an Steffen König, der akribisch im Roman-Manuskript im Handschriftenarchiv forschte und so meine Recherche unterstützte.

Vor allem jedoch danke ich meinem Mann Klaus, der mich begleitete, mich überall im Auto hinfuhr und an meinen Recherchen teilnahm; auch dafür, dass er mir den Rücken frei, den Haushalt am Laufen hielt und Korrektur las. Auch meinen Eltern, A. Cupal, Iris Putzke, Hedwig Meier danke ich für die aufmerksame Durchsicht.

Die so erfreuliche Resonanz nach dem ersten Erscheinen meiner Agnes Günther-Biographie (10/2012) bekräftigte meinen Wunsch nach einer nun revidierten 2. Auflage. Dank sage ich dem J. F. Steinkopf Verlag/Kiel, besonders Frau A. Harjes (Marketing-Leitung), für die gute Zusammenarbeit.

Schwäbisch Hall im März 2013,
Dorothea Demmel

1. Vorgeschichte und die ersten zehn Lebensjahre: 1863 – 1873

Agnes Günther war Stuttgarterin. Sie wurde dort geboren und lebte, bis sie heiratete, mit einigen Unterbrechungen in dieser Stadt.

Etwa drei Wochen vor ihrer Geburt wurde auf dem Stuttgarter Schlossplatz die „Göttin Concordia" bei einem großen Einweihungsfest am 27. Juni 1863 enthüllt. Diese Skulptur, die man noch heute auf der Jubiläumssäule sieht, krönte seitdem die Säule, welche die dankbaren Untertanen ihrem König Wilhelm I. bereits 22 Jahre zuvor zum 25-jährigen Thronjubiläum geschenkt hatten. Der alte König konnte auf seine Untertanen stolz sein und diese waren mit ihm sehr zufrieden. Er hatte sie in seiner bisher 41-jährigen Amtszeit vor Krieg bewahrt, auch wenn ringsum Krieg herrschte. „Concordia" bedeutet „Eintracht" im Sinne von „Harmonie". Sie feierten alle einträchtig und schauten auch mit etwas Sorge in die Zukunft, denn was wird, wenn der König nicht mehr lebt, wie wird es mit Kronprinz Karl als neuem König weitergehen?

An diesem Fest hatten die werdenden Eltern bestimmt teilgenommen: Der junge Ehemann Hermann Otto Breuning (geb. 1839), Assessor im Bankgeschäft seines Vaters und knapp 24 Jahre alt, sowie seine Frau, die Engländerin Polly (geb. 1841), die in der Woche zuvor 22 geworden war. Sie wurde Polly genannt – wie viele englische Mädchen, die Mary heißen –, ihr Taufname war Mary Ann Barrell. In Stuttgart wurde sie zu „Pauline", da die Behörde diesen Namen eintrug. Polly erhielt damit den Namen der damaligen Königin von Württemberg.

Polly Barrell

Hermann Breuning hatte seine Frau nach seiner Pariser Zeit während seiner Ausbildung zum Bankkaufmann in London kennengelernt. 1859/60 wurde er in das Haus des Großhändlers Richard Jarvis in London-Camberwell, Brunswicksquare 10, in einer noblen Wohngegend Londons eingeladen und begegnete hier Polly. Sie war jedoch nicht die Tochter des Hauses, sondern eine arme Verwandte, die als Mündel bei ihrer Tante lebte. Mrs. Jarvis' Bruder war Pollys verschollener Vater, der Esquire Henry Barrell, der so wohlhabend war, dass er keinen Beruf auszuüben brauchte, sondern nur sein Vermögen verwalten konnte. Pollys Mutter Hannah, geb. Daithick, war Irin, Pollys Großvater war der bekannte Architekt Daithick, Miterbauer der London Bridge. Polly war die Jüngste von mehreren Kinder und lebte, als sie noch klein war, in ihrer Familie. Bis sich alles mit einem Schlag änderte: Pollys Mutter und die größeren Kinder wurden von der galoppierenden Schwindsucht dahingerafft. Nur die zweijährige Polly überlebte die Krankheit. Sie und ihr Vater blieben allein übrig. Der verzweifelte Ehemann, der unerwartet zum Witwer geworden und dessen glückliches Familienleben jäh ausgelöscht worden war, verreiste eines Tages und kam nie mehr zurück. Alle Nachforschungen halfen nicht weiter, seine Spuren verloren sich in Paris. Er blieb verschollen – leider auch sein Vermögen. So blieb Polly eltern- und mittellos von der Gnade ihrer Verwandten abhängig zurück. Die Schwester ihres Vaters nahm sie aus verwandtschaftlicher Verpflichtung auf. Sie wurde dem Personal überlassen und führte ein liebloses Leben, auch wenn es ihr äußerlich an nichts fehlte.

Inzwischen war Polly zu einer jungen Dame herangewachsen.

Je mehr der junge Hermann Breuning von ihrem harten Schicksal erfuhr, umso mehr sann er nach einem Ausweg für sie. An Heirat war damals noch nicht zu denken, da er noch lange nicht volljährig war; dies wurde man im Königreich Württemberg erst mit 25 (erst seit 1865 mit 23 Jahren).

Die Liebesgeschichte der beiden rief bei den schwäbischen Eltern des Bräutigams und den englischen Verwandten der Braut kein Entzücken hervor. Die Jarvis schätzten zwar den angenehm gebildeten, gut aussehenden Hermann Breuning mit seiner schlanken Figur und aufrechten „Reiterhaltung", mit tadellosem Benehmen und Humor, doch er war ein Deutscher! Deswegen warnte Tante Jarvis ihre Nichte. Man kann fragen, ob dabei der deutsche Prinzgemahl von Queen Viktoria, Albert von Sachsen-Coburg-Gotha, „der Deutsche", wie ihn die englische Presse damals abwertend nannte, eine Rolle spielte, denn er wurde stets als rigide, geizig, streng und moralisierend dargestellt.

Und es traf zu, Hermanns Eltern waren dies auch in gewisser Weise. Sie lebten karg, sparsam, fromm und fleißig – gut schwäbisch. In den schweren Jahren nach der Napoleonischen Zeit hatten sie gemeinsam das Geschäft, das von ihren Eltern vorhanden war, mühsam hochgebracht, sodass Wilhelm Breuning – gemeinsam mit einem Partner – ein erfolgreiches Bankgeschäft führen konnte: „Breuning & Fischer" in der renommierten Rote-Straße (heutige Theodor-Heuss-Straße).

Hermann Breuning

Hermann hatte alte Eltern. Bei seiner Geburt war sein Vater Wilhelm bereits 45 und seine Mutter Rosalie [1] (geb. Mohl, mütterlicherseits von Hugenotten, den d'Artrins abstammend) 40 Jahre alt. Als Hermann Polly kennenlernte, hatte er nur noch eine Schwester, die vier Jahre jüngere Maria Emilie. Seine große Schwester Agnes Rosalie war bereits gestorben, als er 14 war. Sie wurde nur 17 Jahre alt. Er vermisste sie wohl sehr. Seine Mutter liebte ihren Sohn Hermann und war sehr stolz auf ihn, da er ihr als einziger ihrer drei Söhne geblieben war. Seine Brüder waren schon als Kinder gestorben, einer wurde 6, der andere nur 2 Jahre alt. Bereits während seiner Schulzeit konnte sie zu Recht auf Hermann stolz sein, da er ein sehr guter Gymnasiast war. Er hätte studieren können – hätte es auch am liebsten getan –, doch es stand außer Frage, dass er in das väterliche Bankgeschäft eintreten und es später übernehmen würde.

Hermann besaß auch beachtliches Zeichentalent; er fertigte schöne Federzeichnungen an. Seine Eltern hatten ihrem Sohn, der als Achtzehnjähriger in London weilte, treu geschrieben und versucht, aus der Ferne auf ihn einzuwirken. So lesen wir im Brief seines Vater vom 29. Januar 1858: *„Lieber Sohn! Mit dem größten Vergnügen habe ich Deine, uns allen so erfreuliche Nachricht vernommen, daß Du so glücklich warst, wieder in ein so angesehenes Haus zu kommen, wofür ich nur Gott danken kann. Es ist mir eine große Sorge vom Herzen, daß Du in London bleiben kannst und nicht genötigt bist, die Stelle in Corfu zu suchen. Und Du hast nun viel übrige Zeit und Du wirst sie auf eine solide und vernünftige Art benutzen, das ich von Dir mein Sohn nicht anders erwarten kann. Man wird Dir gewiß freundlich an die Hand gehen und Dich auf die Börse mitnehmen, wenn Du die Docks besuchen und andere Orte, wo Du etwas Nützliches sehen und hören kannst."*

Am 22. März 1858 schrieb ihm seine Mutter: *„Daß Du so viele* *freye Zeit hast, ist weder mir noch Deinem l. Vater lieb, doch hoffen wir, daß Du sie als ein vernünftiger Sohn auskaufen wirst ... Versäumte Stunden reuen uns später im Leben, wo wir die Zeit höher anschlugen, sehr ...“*

Im Brief vom 9. Dezember 1860 kam die väterliche Unterstützung zu Wort: *„Mein geliebter Sohn! Mein letzter Brief mit 4 Empfehlungen etc. wird Dir zugekommen sein ... da Du kein Geld von Deinem Haus beziehen kannst und um Dich in keine Geldverlegenheiten zu bringen, empfängst Du einliegend 15 Pfund ... Du mußt aber haushälterisch damit umgehen und vernünftig verwenden.“*

Die Liebesgeschichte

Die viele freie Zeit war für den jungen Hermann Breuning kaum ein Problem, denn durch seinen Chef wurde er ins gesellschaftliche Londoner Leben eingeführt und erhielt Einladungen zu den Gesellschaften der großen Geschäftsleute. So war er auch in das Haus der Jarvis gekommen und dort ein gern gesehener Gast.

Die Liebesgeschichte blieb eine ganze Weile verborgen. Es gab heimliche Verabredungen. Sie tauschten Liebesbriefe aus und schrieben Gedichte füreinander ab. Das Leben der jungen Polly war mit einem Mal schön und reich geworden. Zum Glück hatte Hermann Breuning viel freie Zeit. Nach Hause schrieb er zwar nur kurze Briefe, doch die an Polly waren sicher nicht so kurz.

Dass ihr Sohn in diesen frühen Lehrjahren im Ausland seine zukünftige Frau kennenlernen würde, hätte Hermann Breunings Mutter nie gedacht. Sie war sich sicher, dass er ein begehrter Schwiegersohn in den angesehenen Stuttgarter Kreisen würde. Mit der armen englischen Polly, die verwöhnt in reichem Hause lebte, war sie als Schwiegertochter nicht einverstanden. Obwohl sie das Mädchen an sich nicht ablehnte, als Polly zuerst als Brieffreundin ihrer Tochter Emilie bei ihnen in Stuttgart zu Gast gewesen war. Dies war Hermanns Plan gewesen. Er arrangierte den Briefwechsel, dann ergab sich der Austausch. Zuerst wurde seine Schwester zu den Jarvis eingeladen, später besuchte Polly seine Familie.

Wie erlebte die junge Engländerin Stuttgart? Während Polly bei den Breunings weilte, kam ihr wohl ab und zu Tante Jarvis' Warnung in den Sinn. Wie anders war das Leben bei den Breunings!

Sie hatten ihren bescheidenen Lebensstil beibehalten, obwohl sie inzwischen zu den vermögenden Bürgern der Stadt gehörten.

Für Polly war es eine nie gekannte Lebensform: Wie karg lebten sie in dieser Familie, wie unterschiedlich zum Luxus im Hause Jarvis. Und wie klein war Stuttgart! Zwar hatte die Hauptstadt des Königreiches Württemberg königliche Gebäude aufzuweisen: das alte burgartige und das neue großzügige Schloss, davor den großen Schlossplatz mit den beiden Brunnen in der barocken Gartenanlage mit dem Musikpavillon und der 30 m hohen Jubiläumssäule, dem Königsbau mit den dicken, hohen Säulen und den großen königlichen Festsälen gegenüber. Anschließend kam das Kronprinzenpalais, in dem Kronprinz Karl mit seiner Frau, der geschätzten schönen russischen Zarentochter Olga, seinen kleinen Hofstaat hielt. In der Nähe befand sich auch der kleine Stuttgarter Bahnhof in der Schloßstraße. Dort fuhren die Züge mit ihren schmauchenden Lokomotiven ein und aus.

Wie sehr wartete Polly auf Hermann, der aus England nach Hause kommen wollte, so lange sie zu Besuch in seinem Elternhaus weilte. Sie glaubte, dann würde alles gut. Doch sie hatte sich getäuscht, nichts wurde gut. Denn als er da war, wurde es in der Familie offensichtlich, dass es gar nicht um die Mädchenfreundschaft ging. Nun mochte Hermanns Mutter die kleine Engländerin nicht mehr. Polly spürte dies genau, ihre Liebe zu Hermann war jedoch stärker als alle anderen Empfindungen. Sie versuchte tapfer, mit ihrer freundlichen Art die schwierige Situation zu meistern.

Hermann und Polly ließen sich nicht beirren, sie verlobten sich im Sommer 1861 im Haus der Familie Jarvis in London. Die Rosenblüte des Rosenstockes „Remembrance", die sie am Tag ihrer Verlobung trug, bewahrte Polly noch lange in Seidenpapier eingehüllt auf. Ihre Tochter Agnes wird später diese wohlgehütete ehemals orangerote Rose als vergilbtes Erinnerungsstück bei der Mutter sehen und erfahren, dass sie vom Tag der Verlobung mit ihrem Vater stammte. Auch wird später sichtbar bleiben, was Polly in dieser Zeit in ihr grünes ledergebundenes Büchlein eintrug, das ihr mit Goldprägung auf der Vorsatzseite – *„Mary Ann Barrell Camberwell August 1860"* – geschenkt worden war.

Nach den verschiedenen Texten, Gedichten und einer originellen Karikatur, die Hermann damals für sie zeichnete, unter seine witzig-freche Bemerkung schrieb Polly in der Zeit der Trennung ein Liebesgedicht ab. Ihr Enkel Gerhard Günther beschrieb diesen Eintrag – mehr als 100 Jahre später – in seinem Erinnerungsbuch: *„Dann folgt wieder von der Hand meiner Großmutter, jedoch mit großen, leidenschaftlichen Schriftzügen wie in einer Art Ekstase geschrieben, ein Liebesgedicht von Marrik mit dem Schluß: to live and die for Thee! Dieses letzte Wort ist dreimal unterstrichen.“*

Im Jahr 1861, kurz vor Weihnachten, wurde Queen Viktoria Witwe. Ihr deutscher kränkelnder Ehemann Prinz Albert starb im Alter von 42 Jahren plötzlich am 16. Dezember. Untröstlich war die englische Königin. Sie zog sich vollkommen in ihr Schloss „Balmoral" in Schottland zurück. Von ihren neun Kindern waren die ältesten schon erwachsen, doch die beiden jüngsten waren noch unter sechs Jahre alt. Arme Königin! Aber Polly konnte sich auf ihre Zukunft freuen. Die getrennten Verlobten hielten das von den schwäbischen Eltern abverlangte Trennungsjahr durch, bis sie schließlich am 2. September 1862 heiraten durften, obwohl es noch Jahre brauchte, bis Hermann volljährig wurde. Er war inzwischen 23, Polly 21 Jahre alt. In der Stuttgarter Hospitalkirche wurden sie getraut. Jetzt gab es keine Polly Barrell mehr, auch keine Mary Ann Barell. „Frau Assessor Hermann Breuning" schritt feierlich am Arm ihres Mannes aus der Kirche hinaus. Beide trugen den goldenen Ehering an der linken Hand, der Herzseite, wie es in England üblich war.[2]

Das junge Ehepaar Breuning

Hermann Breunings Vater mochte die hübsche, feingliedrige, charmante und fröhliche Schwiegertochter immer mehr, auch wenn sie die deutsche Sprache nicht beherrschte und sie nie perfekt sprechen würde. Sie hatte Stil, Geschmack und konnte die Wohnung behaglich einrichten. Das junge Paar wohnte im selben Haus wie die Eltern in der angesehenen Rotestraße, Hausnummer 6. Die Bank befand sich im selben Haus, wo Vater und Sohn Breuning gemeinsam mit dem Kompagnon Fischer arbeiteten. Nach Geschäftsschluss brauchte Hermann nur in das obere Stockwerk zu gehen, wo Polly auf ihn wartete. Das Essen war fertig, Polly hatte ihre Köchin gut angeleitet. Sie konnte ihrem Ehemann ein rundherum beglückendes Zuhause bieten.

Nicht lange nach der Hochzeit freuten sich Hermann und Polly auf ihr erstes Kind. Auch verbesserte sich das Verhältnis zu den englischen Verwandten, die sich geweigert hatten, zur Hochzeit zu kommen. Jetzt kündeten sie dem jungen Paar ihren Besuch an, und als sie im kleinen Stuttgarter Bahnhof eintrafen, erhielt Polly einen anderen gesellschaftlichen Stand: Das Erscheinen der Verwandten erregte in ganz Stuttgart großes Aufsehen. Der grandiose Auftritt wurde zum Stadtgespräch. Die noblen englischen Herrschaften waren mit großem Gepäck gekommen und brachten ihrer jung verheirateten Nichte reiche Aussteuer mit. Diese bestand, wie in England üblich, nicht aus Haushaltsgegenständen, sondern war eine luxuriöse Ausstattung von Kleidung und feinster Wäsche. Zudem stellten sie weitere Zuwendungen (wohl finanzieller Art) in Aussicht und erklärten, dass sie die Nichte als Erbin einsetzen würden. Die schwäbische Schwiegermutter wurde dadurch versöhnlicher gestimmt, vielleicht trug auch das erwartete Enkelkind dazu bei.

**Geburt von Agnes Elisabeth Breuning –
das Leben in der Landeshauptstadt**

Agnes Elisabeth Breuning wurde am Dienstag den 21. Juli 1863 zwei Tage nach dem Geburtstag ihres Vaters geboren und am 8. August 1863 in der Stuttgarter Hospitalkirche getauft. Ihr Name Agnes nach der früh verstorbenen Schwester lag für die Eltern wohl auf der Hand. „Concordia" – obwohl kein gebräuchlicher Mädchenname – hätte sie auch heißen können, da sie Eintracht in die Familie brachte. Die Großmutter und natürlich auch der Großvater waren glücklich mit dem ersten Enkelkind. Agnes glättete mit ihrer sonnigen Art manche ab und zu auftretende Spannung.

Ein neues Stadtgespräch bewegte im Dezember desselben Jahres die Gemüter in Stuttgart: Im Kronprinzenpalais gab es endlich ein Kind, wenngleich kein Neugeborenes. Kronprinzessin Olga hatte ihre neunjährige Nichte, die Großherzogin Wera, aus der Zarenfamilie zu sich genommen. Von Wera hörte man in Stuttgart, sie wäre ein seltsames Kind mit wilden Auftritten.

Agnes' junge Mutter begann sich ihrerseits immer glücklicher einzuleben. Die allseits beliebte Frau Assessor Breuning tätigte, jetzt „ganz Dame", großzügig mit ihrem exquisiten Geschmack und ihrem ausgesprochenen Schönheitssinn in der Königstraße ihre Einkäufe, wobei jeder Geschäftsmann wusste, dass eine florierende Bank hinter diesem Namen stand. Ihr englischer Akzent und ihr deutsch-englisches Kauderwelsch wurde als charmant empfunden, es gehörte zu ihr. Ihrem Kind zuliebe musste sie sich jedoch um richtige Aussprache und möglichst korrekten Satzbau bemühen, da ihr Mann großen Wert darauf legte. Doch wird sie ihrem Darling-Baby auch manche Liebkosung auf Englisch ins Ohr geflüstert und ihm englische Kinderlieder vorgesungen haben. So wuchs Agnes zweisprachig auf, wenn auch Deutsch den Vorrang bekam.

In Stuttgart gab es den Stadtgarten, der hinter dem neuem Schloss begann und sich Richtung Cannstatt endlos hinzog. Der König hätte ihn zum Schlossgarten deklarieren können, doch er wollte seinen Bürgern die Möglichkeit lassen, in diesem herrlichen Park mit den künstlichen Seen und dem Nesenbach, der sich in Richtung Neckar schlängelte, auch zu promenieren. Die junge Familie genoss diesen Park. In London kannten sie schon lange die hochrädrigen Kinderwagen, die in Stuttgart noch unbekannt waren. Das junge Paar freute sich an den Kunstwerken im Park, die der alte König Wilhelm I. in den letzten Jahren hatte aufstellen lassen. So standen im beginnenden Rosensteinpark die beiden Rossbändiger, an denen Hermann besonders Gefallen fand, denn er liebte Pferde und das Reiten. Hier war die geballte Kraft in den Körpern der Rossbändiger, die ihre sich aufbäumenden Pferde im Griff hatten, zwar aus weißem Marmor, doch wirkten die beiden großen Skulpturen des bekannten Bildhauers Ludwig Hofer wie lebendig, eine rechts, die andere links vom Weg.

Die Wilhelma, das neue Gebäude im befremdlich maurischen und orientalischen Stil, das der König weit hinten in den Grünanlagen bauen ließ, konnte man nur von ferne bestaunen. Es war nicht für die Allgemeinheit gedacht.

Die kleine Agnes nahm alles hellwach auf. Sie wird zeitlebens ihren eigenen tiefen Zugang zur Natur und Kunst haben.

Ein neuer König und eine kleine Schwester

Im Sommer 1864 starb der alte König am 25. Juni; er war 83 Jahre alt geworden. Nun kam die Herrschaft seines Nachfolgers König Karl I., die mit der Inthronisierung am 12. Juli 1864 begann. Wieder wurde ein großes Fest in der Landeshauptstadt gefeiert und das Hurrarufen „Es lebe König Karl! Es lebe Königin Olga!" scholl durch die Straßen, als die königliche Kutsche vorüberfuhr. Die kleine Agnes bekam es vermutlich mit.

Hermann Breuning war im Juli endgültig volljährig geworden und Agnes wurde bereits ein Jahr alt. Zwei Tage nach ihrem Geburtstag feierte ihre junge Tante Emilie, Vaters Schwester, Hochzeit. Sie heiratete den Kaufmann Friedrich Faber. Agnes' Mutter konnte noch am Fest dabei sein, doch knapp zwei Wochen später, am 4. August 1864, bekam Agnes ihr Schwesterchen Polly. Amtlich hieß sie wie ihre Mutter „Pauline", mit dem zweiten Namen Rosalie nach der Großmutter. Das dritte Kind der Familie, Emma Helene, kam am 3. März 1866 zur Welt und ein Jahr später wurde der erhoffte Sohn, Hermann Reinhard, am 28. Februar geboren.

Erste Fotografie von Agnes (> Seite I)

Auf der oval gerahmten Fotografie im Bildteil sieht man Agnes mit ihrem großen gedrechselten Reifenspielzeug. Ihre feingliedrigen bloßen Arme schauen aus dem Puffärmelkleid heraus. Aufmerksam blickt sie mit großen dunklen Augen in die Kamera.

Später schrieb Emma Zeller, geb. Breuning, über die gemeinsame Kindheit und Jugend: „… *sie war auffallend wißbegierig, ein Leseratz und allem auf den Grund gehend, dabei mit einem erstaunlichen Gedächtnis gesegnet, voller Witz und Lebhaftigkeit. Kaum hat sie richtig sprechen können, da wußte sie manches Kinderlied auswendig herzusagen. Es soll reizend gewirkt haben, als mein Vater sie zierlich gekleidet vor seinen Gästen auf den Tisch stellte und sie Gedichte deklamieren ließ. Ja, mein Vater war sehr stolz auf seine Töchter."* Emma Zeller berichtete weiter, wie sie ihre Schwester in den späteren Jahren bei den Ferienaufenthalten neben Schloss Solitude erlebte: „*Den Ton in der Kinderstube gab natürlich Agnes an. Sie war immer voller Einfälle … In den Spielen im Freien war sie kühn bis zum äußersten, kein Baum war ihr zu hoch zum Klettern.*

*Furcht kannte sie nicht. Da hat sie mir sehr imponiert ... Da ich sie
sehr bewunderte und wohl mit der Zeit auch ihr folgen konnte, nahm
sie mich manchmal mit auf die Suche nach Abenteuern, natürlich
höchst kindlicher Art. Da war ich mehr als stolz."* Agnes konnte
jedoch auch ganz anders sein: *„Zugleich aber hatte sie auch oft ein
sehr träumerisches Wesen, versank ganz in ihre Gedanken und erzählte uns dann die absonderlichsten Geschichten."*

Natürlich wusste Agnes, dass es Fantasiegeschichten waren, die
aus ihr heraussprudelten. Sie hatte aber noch andere, übersinnliche Erlebnisse, Erfahrungen, die sie selber nicht einordnen konnte.
Diese behielt Agnes für sich. Es sollte lange dauern, bis sie als reife
Frau über das Kind, das sie einmal war, berichten konnte: *„Ich war
ein sehr lebhaftes, menschenfreundliches, geschwätziges und vor-
lautes kleines Ding, mit einer liebevollen Mutter und fröhlichem
Geschwisterkreis beglückt ... und verriet keinem Menschen, auch
dem allernächsten nicht, etwas von meinen Geheimnissen ... Alle
massenhaften Menschenansammlungen, Kaisereinzüge etc. verur-
sachten mir ein wildes Entzücken. Ich rechnete sehr einfach, daß,
wenn möglichst viele Menschen sich zusammenfanden, ich nur hoffen könne, daß nun auch meine Freunde darunter sein könnten.
Daß die blonde Frau mit den dunkelblauen Augen, die so gefähr-
lich blitzen konnten und sogleich das Wärmste waren, was es auf
Erden geben konnte, mich sofort erkennen würde, wußte ich auch.
Sie mußte mich kennen. Ich genoß alle himmlischen Wonnen in der
Erwartung ihres Kommens und stürzte mich wie ein Wiesel zwischen wogende Menschenmassen, Pferdeleiber, schimpfende Po-
lizeidiener, die mir sonst eine große Furcht einjagten. Dann
versuchte ich aus den einzelnen Bildern, die ich vor mir hatte auftauchen sehen, eine Geschichte zu dichten. Ich konnte es aber nie
tun zu meiner Zufriedenheit. Denn immer blieb mir das Gefühl – so
ist es nicht gewesen. Ich glaubte mir selbst nicht und tröstete mich
damit, daß ich eben noch zu dumm sei, um es richtig wissen zu können. Das war zwischen meinem 4. und 13. Lebensjahr. Dann muß
ich wohl eingesehen haben, daß ich jenen Freunden nicht um das
verheißungsvollste Eck begegnen würde. Das Gefühl ihrer Gegenwart blieb mir aber ..."*

1869: Eintritt in die Schule und Umzüge – das gesellschaftliche Leben der Breunings

Agnes besuchte die Vorklasse des Stuttgarter Königin-Katharina-Stiftes. Im Mai 1869 durfte hier das wissbegierige Mädchen zusammen mit 45 anderen kleinen Mädchen seine Schulzeit beginnen. Zeitgleich mit Agnes' Eintritt in die Schule für Höhere Töchter bekam diese Adolf Heller (35 Jahre) als neuen Schulvorstand (für über 25 Jahre). Die Schülerin Agnes Breuning – man wurde immer mit Vor- und Zuname angeredet – lernte eifrig, auch das Stillsitzen beherrschte sie bald.

In diesem Jahr veränderte sich für Agnes und ihre Familie noch mehr. Der Großvater wurde 70 Jahre alt, zog sich aus dem Bankgeschäft zurück und wurde Privatier. Das Bankhaus „Breuning und Fischer" verlegte seinen Sitz in die Königstraße 45. Hermann Breuning mietete sich mit seiner Familie in das Nachbarhaus Königstraße 43 ein, wo sein Kompagnon Alfred Fischer mit seiner Familie schon lange lebte. Breunings wohnten im 1. Stock mit Ausblick auf die Königsstraße, wie Emma Zeller berichtete: „*Um 12 Uhr mittags zog stets die Wache zum Schloß (Parade hieß man sie) mit klingendem Spiel vorbei.*" Eigentümer der Königstraße 45 war Hermanns Schwager, der Mann seiner Schwester, Kaufmann Friedrich Faber. Emilie und ihr Mann hatten ebenfalls schon mehrere Kinder, sie lebten auch in diesem Haus. Beide Familien bewohnten jetzt feudale Wohnungen. Unten im Erdgeschoss der Häuser waren noble Geschäfte für Mode, Stoffe, Tapeten etc.

Hier führten Agnes' Eltern laut Emma Zeller „*ein geselligeres Leben*". Sie gaben viele Einladungen, wurden eingeladen und gehörten zur oberen Bürgerschicht der Stadt. „*Von meinem Vater hieß es, daß er ein sehr beliebter Gesellschafter gewesen ist, viel Geist und Humor hatte und eine recht elegante Erscheinung gewesen sei.*" Sie verkehrten zum Beispiel mit dem Ehepaar Jobst. Jobst war ein bekannter Fabrikant[3], seine schöne Frau Eugenie war wie Hermann Breuning eine gute Reiterin und bewunderte den Künstler in ihm. Ihr Boudoir war zum „Hermann-Breuning-Museum" geworden: „*Alle Wände dieses Raumes waren mit gerahmten Federzeichnungen meines Vaters behängt. Es sah aus wie ein kleines Museum.*" So schilderte Emma Zeller dieses Haus.

Frau Jobst lud die Breuning-Kinder gerne ein, bewirtete sie in ihrem palaisartigen Haus in der Gartenstraße (Ecke Hohe Straße/ Rote Straße, heute Theodor Heuss-Straße, im 2. Weltkrieg zerstört), *„dessen Haustor auf geheimnisvolle Weise aufging, wenn man geklingelt hatte. Beim Eintreten links und rechts des Aufganges sah man Marmorstatuen. Die gewundene Treppe hatte (ein) goldenes Gitter und dicke rote Samtläufer. Ein Diener in hellgrauer Livree führte uns hinauf. Daß Frau Jobst eine besonders schöne Frau war, merkte ich schon als kleines Kind. Viel später erfuhr ich, daß Frau Jobst, die auch eine gute Reiterin gewesen ist, eine Leidenschaft für unseren Vater hatte …"* So schilderte Emma Zeller ihre Eindrücke. Sie erinnerte sich genau, wie es damals war, als sie bei der schönen Dame eingeladen worden waren. Es war für sie *„ein herrliches Fest"*, denn sie wurden nicht nur köstlich mit *„Schokolade und den Torten"* verköstigt, sondern sie hatten auch viel zu lachen, wenn die humorvolle Frau Jobst mit ihnen spielte.

Für Agnes war dies von noch größerer Bedeutung als für Emma: *„Agnes schwärmte für diese kluge, anziehende, schöne Frau und blieb immer mit ihr in Verbindung."* Als sie selbst Mutter war, ging sie einmal mit ihrem Sohn Gerhard in das Palais und er sah die Federzeichnungen des Großvaters, die noch an den Wänden hingen.

Im Gegensatz zu den Besuchen bei Eugenie Jobst gefiel den Kindern ein Besuch bei den Großeltern Breuning weniger. Emma Zeller schrieb: *„Im großelterlichen Haus waren wir Kinder nicht sehr gern. Großmama, die in meiner Kindheit schon eine alte Frau war, machte zwischen den Faberkindern und uns einen großen Unterschied. Wir merkten ihr recht wenig Liebe und Interesse für uns an."* Anders verhielt es sich mit Großvater Breuning, der sie liebevoll neckte und ihnen regelmäßig einen Taler schenkte, den sie ins „Sparbüchsle" werfen sollten, das bei ihm auf dem „Armoire"[4] stand.

Einmal musste Agnes' Mutter eine wichtige Reise nach London antreten. Emma Zeller schrieb: *„Ich war etwa drei Jahre alt, als sich die Tür auftat und eine schwarzverschleierte Gestalt hereinkam und sich dann als unsere Mutter erwies. Sie kam von London, wo ihre Tante Jarvis gestorben war. Viel später erfuhr ich, daß der Onkel Jarvis das Testament seiner Frau, worin sie ihrer Nichte*

Polly ihr ansehnliches Vermögen vermacht hatte, ungültig zu machen verstanden hatte und daß meine Mutter so enterbt worden ist. Eine Frau soll ihre Hand im Spiele gehabt haben. " Wie bitter diese Enterbung für die junge Frau werden sollte, konnte sie damals noch nicht voraussehen, denn in dieser Zeit waren Hermann und sie finanziell gut gestellt.

Am 24. Januar 1869 bekam die Familie Breuning ihr fünftes Kind. Die Tochter Anna kam auf die Welt. Dazu stand im Laufe des Jahres wieder ein Umzug an – nicht weit weg. Die Familie bezog eine Wohnung im selben Gebäudekomplex, nur benutzte sie ab jetzt einen Hauseingang auf der Rückseite des Hauses. Ihre neue Adresse lautete: Breite Straße 4, 3. Stock. Hermann Breuning wurde im Adressbuch des Jahres 1870 als „Associé von Breuning & Fischer" geführt. Die Großeltern Breuning waren in die Böblingerstraße 91 umgezogen und wohnten ab jetzt weiter entfernt im südlichen Teil der Stadt. So erfuhren die Breuning-Kinder früh, dass sich im Leben alles immer wieder verändert.

Sie erlebten in dieser Zeit auch, dass es nicht immer Frieden gab, da die Württemberger Königlichen Soldaten zusammen mit den übrigen deutschen Ländern gegen Frankreich kämpften.

Im Frühjahr 1870 wurde Agnes Breuning ein richtiges Schulkind. Sie kam in die 1. Klasse, saß zusammen mit 46 Mädchen im Klassenzimmer und hatte jetzt schon viel Unterricht. Doch blieb sie eine begeisterte, wissbegierige Schülerin. In den nächsten Schuljahren werden in ihrem Zeugnis 12 Schulnoten erscheinen für: Sittlichkeit, Fleiß, Anschauungsunterricht, Gedächtnisübung, Lesen, Rechtschreiben, Sprache, Französisch, Zahlenlehre, Formenlehre, Schönschreiben, Handarbeit. Die Endnoten, Versäumnisse und individuelle Bemerkungen werden zu lesen sein.

Porträt des Schulmädchens (7 Jahre) von 1870 (> Seite I)
In den Sommerferien 1870 waren die Breunings wie schon in den Jahren zuvor in ihrem geliebten Feriendomizil im gemieteten Kavalierhäuschen beim Schloss Solitude. In diesem Jahr wurde Agnes in einem der Räume des Schlosses von der bekannten Stuttgarter Malerin Petronella Peters (1848-1924), die vorwiegend Kinder-

porträts schuf, als Siebenjährige gemalt. Die lebhafte Agnes brachte es fertig, stundenlang auf ihrem Rokoko-Sessel der Malerin Modell zu sitzen. In der Familie wurde überliefert, dass Agnes bedauerte, mit einer Puppe im Arm gemalt zu werden, die sie nicht interessierte. Viel lieber hätte sie in einem Buch gelesen. Sie konnte – wie auf dem Bild zu sehen – ihren besinnlichen, teils sehr wachen und zugleich träumenden Gesichtsausdruck unverkrampft über Stunden festhalten. Die inzwischen langen Haare sind mit einem weißen Haarband zurückgehalten und fallen als dunkle Locken über ihren Rücken. Den linken Arm auf der Sessellehne aufgestützt, schmiegt sie ihre Wange in ihre linke Hand und schaut versonnen vor sich. Das zierliche Persönchen sitzt auf einem viel zu hohen und zu großen Sessel, und da die Füße in ihren Schnürstiefeln noch lange nicht auf den Boden kommen, muss sie ihre weiß bestrumpften Beine nach vorne strecken. Durch die kontrastreichen Proportionen wirkt das Mädchen besonders zierlich.

Da es vor dem Hintergrund der dunklen Kaminöffnung sitzt, bekommt das Kind eine besondere Gewichtung. Man empfindet, dass es eine wissende kleine Person sein muss. Man meint, seine unausgesprochenen Geheimnisse zu spüren. Agnes sitzt wie eine Prinzessin im Schloss, mit allem Zierrat vergangener Zeit. Man kann sich fragen, was die Kleine wohl denkt? Ob sie etwas erlauscht, was der Betrachter nicht wahrnimmt? Das Kinderporträt der zukünftigen Dichterin ist Petronella Peters sehr gelungen.

In diesem Sommer, als Agnes porträtiert wurde, starb am 8. August 1870 ihr Schwesterchen Anna. Wurde Agnes davor oder danach gemalt? Oder starb das Kleinkind während der Ferientage in der Solitude? Weder Rudolf noch Gerhard Günther erwähnen die Geburt oder den Tod von Anna in ihren Erinnerungsbüchern. Wir können uns fragen, wie es Agnes' Eltern ging, die ihr Kind begraben mussten? Und wie ging es Agnes und ihren Geschwistern?

Wenn man um den Tod der kleinen Schwester weiß, kann man im Porträt die schwarze Kaminöffnung nicht nur als ein bildnerisches Mittel verstehen. Das nachdenkliche kleine Schulmädchen mag über die großen Fragen von Leben und Tod nachsinnen, auch das wäre im Bild zu sehen.

Von der großen Politik, der Gründerzeit und dem persönlichen Geschick

Im Januar 1871 wurde Deutschland Kaiserreich, Frankreich war bereits Republik geworden. Vorausgegangen waren die Siege im Deutsch-Französischen Krieg. Am 2. September 1870 verloren die Franzosen in der berühmten Schlacht bei Sedan so gewaltig, dass sie ihren gefangengenommenen Kaiser absetzten, das Kaiserreich abschafften und eine französische Republik ausriefen. Die Deutschen hingegen bekamen durch den endgültigen Sieg des Deutschen Bündnisses im Januar 1871 ihren ersten Kaiser.

Kaiser Wilhelm I., der preußische König, ließ sich in Versailles zum Kaiser krönen und sein starker Mann, Fürst Otto von Bismarck, wurde erster deutscher Reichskanzler. Die einzelnen deutschen Siegerländer brachten jeweils einen eigenen silbernen Siegestaler heraus, so auch Württemberg.

Bestimmt ließ Großpapa Breuning es sich nicht nehmen, jedem Enkel einen Siegestaler zu überreichen, mit den entsprechenden Erklärungen und der Aufforderung, auch diesen Silbertaler ins Sparbüchsle auf dem „Armoire" zu stecken. Die Stuttgarter erlebten die Heimkehr der Soldaten, auch Agnes und ihre Geschwister: *„An den Einzug der 'siegreichen Truppen' in Stuttgart (1871), an den Jubel, das Kränzewerfen, das Auffangen derselben mit den Bajonetten erinnere ich mich heute noch"*, berichtete Emma Zeller.

Die Bankgeschäfte liefen sehr gut. Es kam der wirtschaftliche Aufschwung und die sogenannte Gründerzeit begann. Im Herbst sollte die Familie nochmals ein Kind bekommen, Agnes' Mutter stand kurz vor der Niederkunft. Wenn in diesen Septembertagen Agnes und Polly aus dem „Königin-Katharina-Stift" kamen, das sich am Ende der Friedrichstraße am Rand der Stadt befand, konnten sie die Bäume, die in den angrenzenden Obstgärten standen, sehen. Sie hingen voll prallroter Äpfel, reifer Birnen und dunkelblauer Pflaumen. In den dahinter ansteigenden Weinbergen waren die „Wengeter" bereits bei der Weinlese, das „Herbsten" hatte begonnen. Wenn sie zu Hause ankamen, lief das Leben seinen gewohnten Gang.

Plötzlich änderte sich alles. Ihr Vater hatte einen Unfall. Emma Zeller berichtete: *„Mein Vater war ein kühner, leidenschaftlicher Reiter, der auch an Pferderennen als Herrenreiter teilnahm und man-*

chen schönen Preis davontrug. Er besaß zwei englische Vollblut-pferde. *Eines Tages stürzte er beim Ritt durch die Lange Straße in Stuttgart von seinem scheu gewordenen Pferde plötzlich auf das Straßenpflaster. Es hieß, eine Frau habe in der schmalen Straße gerade ihr Tischtuch zum Fenster heraus geschüttelt, so daß das Pferd einen hohen Sprung machte, als er vorbeireiten wollte. Mein Vater soll sich aber selbst wieder aufgerichtet haben und dann zu Fuß, das Pferd führend, nach Hause gekommen sein. Obwohl er furchtbare Kopfschmerzen hatte, ist er offenbar nicht fachärztlich untersucht worden, nur von unserem Hausarzt, der keine Symptome einer ernsten Verletzung finden konnte.*" Doch seitdem war nichts mehr wie früher. Auch wenn der Hausarzt eine beruhigende Diagnose stellte und versicherte, das heftige Kopfweh würde sich wieder legen, litt der Vater an den Folgen eines schweren Schädeltraumas. Emma Zeller schrieb weiter: *„Der Kranke führte auch manchmal verwirrte Reden."* Seine ganze Persönlichkeit war verändert.

Nur ein paar Tage später wurde am 5. Oktober 1871 die kleine Alice geboren. Hermann Breunings Gesundheit verbesserte sich nicht sehr. Er ging zwar noch hin und wieder in sein Bankgeschäft, doch als er immer auffallender wurde, riet man seiner Frau, mit ihm zu verreisen, da neue Eindrücke vermutlich helfen könnten. Das Gegenteil trat ein. Von Emma Zeller erfahren wir: *„So reiste meine Mutter mit dem Vater schweren Herzens nach Tirol, und sie übernachteten in Wien. Dort hatte die Mutter schwere Erlebnisse mit ihm, denn er benahm sich ganz exzentrisch und turnte auf dem Balkon des Hotels im vierten Stock und drohte mit seinem Absturz. Wutausbrüche wechselten mit übertriebener Lustigkeit. In Meran angekommen, machte er allein weite Ritte, von denen er oft in später Nacht erst zurückkehrte. Einmal ist meine Mutter, die auch gut reiten konnte, ihm auf dem Pferd gefolgt in ständiger Angst, er wäre verunglückt."* Hilfe tat Not! Agnes' Mutter telegraphierte nach Stuttgart und es wurde ein kleines Sanatorium bei Esslingen gefunden. Dort lebte Hermann Breuning zwei Jahre als Pflegefall. Seine Frau Polly besuchte ihn so oft wie möglich.

Da Hermann Breuning nicht mehr in der Bank arbeitete, zog seine Familie aus der bisherigen Wohnung aus. Sie wohnte ab jetzt in dem großbürgerlichen Haus Feuerseeplatz 7, Ecke Gutenberg-

Straße, direkt am Löschteich der Stadt, dem Feuersee, wo seit Jahren die neue evangelische Kirche (Johanneskirche im neugotischen Stil) erbaut wurde. Die Breunings bezogen die Parterrewohnung. Hermann Breuning wurde als Haushaltsvorstand und Mieter im Stuttgarter Adressbuch von 1872 geführt. (Das Haus ist heute noch erhalten.) Die Wohnung lag entgegengesetzt zum früheren Wohngebiet, Richtung Westen. Es sollte nur eine Zwischenlösung sein, ein weiterer Umzug erfolgte binnen eines Jahres. Nun bewohnten sie zwei Wohnungen im 1. und 2. Stock des Eckhauses Reinsburgstraße 40/Hermannstraße (heute noch unverändert erhalten).

Das Haus Reinsburgstraße 40 ist von prächtigen Häusern umgeben und mit dezenten Sandsteinrosetten und Rankmotiven an der Fassade geschmückt, ähnlich wie die Nachbarhäuser, jedoch weniger protzig. Der Erker an der Ecke zu beiden Straßen hin – in der oberen sowie der unteren Wohnung – ließ die Morgen- und Mittagsonne hell in die Wohnung scheinen. Im Adressbuch für 1873 wird Hermann Breuning als Haushaltsvorstand und Mieter geführt, diesmal wieder mit der Bezeichnung „Bankier und Associé von Breuning & Fischer". Er selber weilte im Sanatorium, aber seine Familie lebte in einem angesehenen, vornehmen Wohnviertel. Hier konnten sie durch die Gärten und Weinberge zum höchsten Punkt des Reinsburghügels (später Karlshöhe genannt) spazieren. Dort hatte der Verschönerungsverein einen öffentlichen Park angelegt und ein paar Jahre zuvor die Karlslinde gepflanzt. Von hier aus bot sich ein herrlicher Blick über die weite Landschaft und über die alte Stadt Stuttgart, die unten im Talkessel lag.

Damit Agnes' Mutter oft zu ihrem Mann konnte – wenn es ihm besser ging und er klare Momente hatte –, stellte sie für ihre fünf Kinder im Alter von 1½ – 9 zusätzlich zum Küchenpersonal eine junge Lehrerin als Erzieherin ein. Es war Maria Kretschmers erste Anstellung. Die drei großen Mädchen gingen bereits zur Schule. Agnes war seit Ostern in der Klasse 4c, Polly in der 3a und Emma ging in die 1. Klasse. Für Agnes war Fräulein Marie genau zur richtigen Zeit gekommen, denn durch sie bekam das Mädchen viel Anregung. Maria Kretschmer schrieb später im Jahr 1919 einen Bericht über ihren damaligen Schützling: *„Als Frau Breunings Geburtstag* *nahte, sagte ich zu Agnes: 'Mutter hat niemand, der sie an diesem Tag mehr beglücken kann, als ihr dies könnt. Agnes, gib etwas los! Wir wollen etwas zusammen aufführen, was meinst du dazu?'"*

Dieser 11. Juni 1873, Mutters Geburtstag, wurde eine Lebenspremiere: Agnes schrieb ihr erstes kleines Theaterstück. Wir lesen bei Maria Kretschmer: *„Das Kind hatte eine leichte Feder."* Agnes und die Geschwister spielten der Mutter das Stück vor. Es handelte sich um ein Wettgespräch der Elfen, welche von ihnen die Geburtstagsmama am liebsten habe. Es waren Freunde der Mutter eingeladen, und während der kleinen Theateraufführung sorgte bengalische Beleuchtung für den richtigen Effekt. *„Der Jubel war gleich groß auf seiten der Mutter und der Kinder."* Und Agnes verstand – es ging darum, die Mutter zu beglücken.

Am 22. Oktober 1873 starb Hermann Breuning. Agnes war zehn. *„Ihre großen dunklen Augen ... füllten sich mit Tränen"*, so schlicht beschrieb es Fräulein Marie. Agnes' Mutter wurde mit 32 Witwe, nach nur elf Ehejahren. Agnes' Schwester Emma erlebte den Tod des Vaters als Siebenjährige, ihre Erinnerung ist folgende: *„Von der Beerdigung weiß ich nur noch, daß vor unserem Haus viele Equipagen standen, die nach damaliger Sitte von allen Bekannten für die Trauergäste geschickt wurden. Ich sehe noch die lange Reihe dieser Wagen und die unendlich vielen Kränze, auch einen königlichen Wagen mit einem Adjutanten darin zeigte man uns."*

2. Jugendjahre: 1873 – 1887

Pauline Breuning führt eine „Familienpension"

Für das Bankgeschäft Breuning & Fischer – wie für die Banken allgemein – kam nach dem Aufschwung der Gründerzeit der sogenannte „Gründerkrach" als typische Folge einer überhitzten Volkswirtschaft. Dadurch wurden in Deutschland und Österreich viele Banken, an die 60, insolvent. Breuning & Fischer gehörte zwar nicht dazu, doch die Hinterlassenschaft des verstorbenen Teilhabers Hermann Breuning fiel erheblich geringer aus, als es noch im Jahr zuvor gewesen wäre. Sein Privatvermögen, das die Familie bisher großzügig leben ließ, war durch den langen Sanatoriumsaufenthalt, die vorausgegangenen Reisen nach Tirol, Wien und Meran, durch das teure Schulgeld für die Töchter, die Personalkosten und den normalen Lebensaufwand spürbar geschrumpft.

Wie sollte die junge Witwe nun weiter wirtschaften? Es schien ihr vernünftig, den guten Rat ihrer Freunde umzusetzen, sich eine eigenständige Lebensgrundlage zu schaffen. Emma Zeller erzählt: *„Freunde meiner Mutter gaben ihr den Rat, eine Familienpension für Ausländer einzurichten, für die Stuttgart mit seinen vielen Ausbildungsstätten, der schönen Lage, dem Musikleben und zuletzt auch dem königlichen Hof eine starke Anziehungskraft hatte."*

Agnes' Mutter fand die geeignete Immobilie für dieses Unternehmen. So hatte sie Hermanns Hinterlassenschaft gut angelegt. Im Stuttgarter Adressbuch von 1874 wurde „Bankierswitwe Pauline Breuning" als Eigentümerin der Urbanstraße 46 geführt, für alle drei Stockwerke war sie auch als Bewohnerin eingetragen. Die junge Witwe war eine erstaunlich tatkräftige Frau. Der Umzug in die Urbanstraße – etwas aus der Innenstadt heraus – in ein eigenes, erst im Vorjahr erbautes mehrstöckiges Haus, hinter dem Theater oberhalb des Stadtgartens (heutiger Schlossgarten) gelegen, war der sechste, den die zehnjährige Agnes erlebte. Neben ihrem Haus gab es noch freies Gartengelände, das erst später bebaut wurde.

Die Kinder sollten vom Pensionstrubel unbeschadet leben können, deshalb behielt Frau Breuning Frl. Marie. Agnes und ihre Geschwister zogen mit ihr in eine separate Wohnung im 3. Stock. Das Unternehmen der Mutter wurde ein Erfolg. Darüber hatte Emma in ihrem Bericht geschrieben, aber sie schrieb auch, wie sie es als Kinder erlebt hatten: *„Wir Kinder ... sollten ferngehalten werden von dem ganzen Betrieb. Aber natürlich entdeckten uns die Fremden, beschenkten uns oft und luden uns zu Spazierfahrten und dergleichen sehr zum Leidwesen unserer Erzieherin ein ..."*

1875 findet man im Stuttgarter Adressbuch die Pension der Pauline Breuning bereits unter der Rubrik „Familien-Pensionen". Agnes' Mutter war auch weiterhin als Hausbesitzerin eingetragen, die mit ihrer Pension und Familie alle drei Stockwerke bewohnte und den 4. Stock noch an drei Fräulein Wölker vermietete.

Mit ihrem guten Geschmack hatte Pauline Breuning ihre „Pension für Ausländische Gäste" elegant und stilvoll eingerichtet – auf Kredit. Die Mutter war keine niedergeschlagene Witwe, sondern widmete sich ihrer Aufgabe als „Gastgeberin" mit ihrem natürlichen Charme und Esprit. Alle fühlten sich in der behaglichen Umgebung wohl und sie ließ es an nichts fehlen. Allerdings wurde sie genau überwacht: Ihr Schwager – „Onkel Faber", wie ihn Agnes und ihre Geschwister nannten – hatte als Kaufmann und Erbnachlassverwalter ihre Finanzen im Blick. Er sah, dass sie zu großzügig mit Geld umging, sodass ihre Einnahmen die Ausgaben nicht deckten. Es kam deshalb zu heftigen Auftritten, die die Kinder miterlebten und sie beeinträchtigten, vor allem Emma. Agnes berührte es weniger: Agnes ruhte allerdings sehr in sich, sie schien mit den Gegebenheiten gut zurechtzukommen, war Emmas Eindruck.

Agnes malte und schrieb. Sie schrieb gerne für sich in ein persönliches rotes Heft, wie Maria Kretschmer in ihren Erinnerungen berichtet: *„Das Kind hatte eine leichte Feder. Die Worte quollen ihr sprudelnd aus Geist und Gemüt. Da ich das Mädchen leidenschaftlich liebte, holte ich manchmal heimlich, wenn es schlief, sein rotes Privatheft und stenographierte mir einen Aufsatz oder dergleichen ab ..."* Maria Kretschmer veröffentlichte teilweise den Text, so erhalten wir Einblick. Als Zehnjährige schrieb Agnes fünf Monate nach dem Tod des Vaters über die Macht des Königs Winter im März 1874: *„Ihre Majestät König Winter, Beherrscher eines mächtigen Reichs, faßte den frevelhaften Entschluß, das ganze Menschengeschlecht, dazu die Tier- und Pflanzenwelt, zu verderben. Er versammelte alle seine Vasallen in seinem Sommerpalast von meergrünem Eise, tief in den Alpengletschern verborgen ..."*

Es liegt nahe zu vermuten, dass Agnes hier das eigene Erleben der Macht des Todes, das sie so hart getroffen hatte, verarbeitete. Das ganze Menschengeschlecht, die Tier- und Pflanzenwelt, also alles Leben auf Erden sollte durch diese Macht vernichtet werden.

Agnes war Schülerin der 5. Klasse, die wieder mit 46 Schülerinnen recht groß war. Ihre Leistungen hatten etwas nachgelassen. Agnes war eine Bank nach hinten gerutscht, sie war die 10. geworden und hatte eine neue Nebensitzerin. Sie gehörte jedoch immer noch zu den guten Schülerinnen der Klasse.

In ihren Aufsatz „Die Rose" schrieb die Elf- oder gerade Zwölf-jährige philosophische Gedanken über das, was man an der Rose am meisten bewundern kann, die zarten elastischen Ranken, die schö-ne Form der Blütenblätter, die Mannigfaltigkeit der Farbe, den an-genehmen Duft. Maria Kretschmer veröffentlichte den Text. Agnes fragt darin auch nach der Bedeutung der Dornen: „ … *Ist nicht die Rose das Bild des Guten und Schönen, das Bild von Glück und Wohl-ergehen? Die Dornen scheinen mir dagegen das Sinnbild zu sein des Widerwärtigen, des Leidens und Schmerzes. Der Rose sind Dor-nen beigegeben, wie den Menschen keine ungetrübte Freude auf die-ser Erde zuteil wird. Wozu dieses Gemisch von Freude und Leid? Wie der Rose, so den Menschen dient das Leid zum Schutz …"*

Wer die „Die Heilige …" gelesen hat, erkennt hier Verschiede-nes wieder. Erstens schreibt Agnes in ihr privates rotes Heft, wie auch ihr „Seelchen" im Roman nur für sich Aufsätze in ein Heft schreibt und dieses ihrem Vater in großem Vertrauen zum Lesen überlässt. Zweitens klingen hier bereits Grundthemen ihres späte-ren Romans an: die Fähigkeit Leid zu ertragen und die der Glücks-bereitschaft. Dies wird überhaupt der rote Faden durch Agnes' eigenes Leben sein. Wie viel der Unterricht und die Lernziele des Königinnen-Katharina-Stifts zu dieser Form philosophischer Le-bensbetrachtung beitrugen, wissen wir nicht.

Dass die „Rose" schon für das Mädchen ein freies Aufsatzthema geworden war, ist interessant, denn in der Rose finden wir in Ag-nes' Leben – wie in ihrem Roman – ebenfalls ein wichtiges Motiv.

Ferienaufenthalt auf der Stöckenburg bei Mörikes „Urfreund"
Durch Fräulein Marie konnte Agnes mit zwölf Jahren 1875 einen prägenden Sommerurlaub gemeinsam mit ihren beiden Schwestern in Vellberg-Stöckenburg im Pfarrhaus verbringen. Umgekehrt war für den Pfarrherrn der „Stöckenburg" dieser Besuch seiner Nichte Maria mit den Breuning-Mädchen eine erfrischende Ablenkung.

Pfarrer Hartlaub, Maria Kretschmers Onkel, war in diesem Sommer betrübt, weil sein „Urfreund" Eduard Mörike am 4. Juni in Stuttgart nach schwerer Krankheit verstorben war. Hartlaub hatte vor den Ferien seine Nichte besucht und Frau Breuning sowie deren Kinder kennengelernt. So war es zur Einladung gekommen.

Die zwölfjährige Agnes schrieb begeisterte, ausführliche Briefe an die Mutter nach Hause, damit diese an allem teilhaben konnte. Pfarrer Hartlaub erzählte seinen Gästen viel von seinem verstorbenen Freund, der früher einmal sogar an der „Höheren Töchterschule" der Breuning-Mädchen Literaturunterricht gegeben hatte. In Agnes hatte Hartlaub eine aufmerksame Zuhörerin. Die Mutter las im Brief: *„Herr Pfarrer ist ehrwürdig; aber wie ist er so lieb und zart gegen uns: wir dürfen ihn alles fragen. Wenn wir in der Bühlerlaube ihm zuhören, da schauen wir im Geist den Mummelsee, da schweben die Berggeister drüber herum, da hören wir die Vöglein singen, und die Blumen duften noch einmal so süß. Abends sitzen wir mit Herrn Pfarrer unter der Linde hinter dem Pfarrhaus und sehen die Sonne hinabsteigen. Uns ist wie im Märchenland. Er erzählt uns manchmal von Eduard Mörike ... Herr Pfarrer Hartlaub geht Punkt 5 Uhr morgens in sein Studierzimmer. Um 7 Uhr wird im Garten gefrühstückt. Mit seiner Tochter spielt Herr Pfarrer vierhändig Mozart, Haydn, Spohr und Beethoven. Wir dürfen zuhören oder nicht, ganz wie wir wollen. Ich lausche in einer Ecke und schaue zur Tannenburg, wo Rosa von Tannenburg gelebt haben soll."* Nach dem Mittagessen ging er kurz spazieren und spaltete anschließend Holz. Die Pfarrei hatte auch noch Landwirtschaft. *„Frau Pfarrer hat unter sich Knechte und Mägde; Herr Pfarrer ist zu gelehrt, er will von solchen Dingen weniger wissen."* Die Kinder durften bei den Erntewagen aufladen helfen *„und unter Jubel, mit Kränzchen geschmückt, als Ernteköniginnen heimfahren"*. Agnes lernte die Natur intensiv kennen: *„Mit Fräulein Marie und Fräulein Klara (Hartlaub) durchstreiften wir stundenlang die herrlichen Wälder. Wir fanden neulich zwölf Arten von Orchideen auf einer entzückenden Wiese, fast ringsum von blaugrünen Wäldern eingeschlossen."*

Doch auch die Stadtkultur vom nahen Schwäbisch Hall lernte sie kennen und die Comburg, ein ehemaliges Kloster, eine Stiftsherrenanlage sowie deren Stiftskirche mit ihrer Besonderheit: dem großen Radleuchter, der das Himmlische Jerusalem symbolisiert. Agnes merkte sich alle Erklärungen und von allem schrieb sie an die Mutter. Sie berichtete von der Einladung bei Verwandten der Hartlaubs, den *„Landgerichtspräsident Steins"* in Schwäbisch

Hall. Sie schrieb von den Gesprächen des Vikars und Frl. Klara *„über die Natur der Hundeseele"* und von dem, was ein Friedrich Vischer vom Polytechnikum über dieses Thema schrieb. Und dies war noch nicht alles, was sie ihrer Mutter zu erzählen wusste.

Im nächsten Sommer, inzwischen war Agnes dreizehn, verbrachten sie dort ein zweites Mal schöne Ferienwochen.

Die Stadtkinder lernten in diesen beiden Sommern auf der Stöckenburg das Landleben kennen sowie das Leben im evangelischen Pfarrhaus mit seinem „Heiligtum", der Studierstube des Pfarrers. Sie hörten Hausmusik und immer wieder christliche Geschichten. Bei gegebenen Anlässen erfolgten die Erklärungen – schlicht und einfach. So wird sie später selber ihre Geschichten erzählen.

Vieles, was hier ihr Kinderherz erfüllte, wird sie im späteren Leben wiederfinden. Im Nachhinein betrachtet war es für Agnes und Emma, die später beide Pfarrfrauen wurden, eine „Einführungszeit". Auch war die frühe Bekanntschaft mit der romantischen Dichtung Eduard Mörikes für die spätere Dichterin Agnes Günther prägend.

Abschiede und Agnes' Konfirmation

Nach diesen zweiten Ferien mit Marie Kretschmer ging deren Anstellungszeit zu Ende. Wirtschaftliche Gründe waren die Ursache. Pauline Breuning musste ihre Pension verkleinern. Sie behielt noch für die Familie das Parterre und den 1. Stock für die Pension, die übrigen Wohnungen musste sie vermieten. Jetzt wohnten Mutter und Kinder wieder zusammen und das Geld für Marie Kretschmers Gehalt war nicht mehr vorhanden. Somit war ihre Zeit bei den Breunings vorbei. Agnes ließ jedoch den Kontakt zu ihr nie abreißen.

Im Jahr darauf, 1877, musste die Familienpension ganz aufgegeben werden. Viele der wertvollen Möbel hatte die Mutter bereits verkauft, auch manchen liebgewonnenen Luxus-Gegenstand. Marie Bunzel, Postsekretärswitwe, übernahm den Rest der Pensionseinrichtung und führte nun im 1. Stock des Hauses ihre eigene Pension. Hauseigentümerin blieb die junge Witwe Pauline Breuning, sie und die Kinder wohnten weiterhin in der Parterrewohnung.[5]

Allerdings gab es im Jahr darauf (1878) wieder viel Arbeit und Unruhe mit Kisten- und Möbelschleppen. Die Witwe Breuning musste mit ihren Kindern jetzt hinauf in das 3. Stockwerk ziehen, denn Agnes' Mutter gehörte das Haus nicht mehr, sie konnte es wegen ihrer Schulden nicht mehr halten. Großvater Breuning übernahm ihre Verbindlichkeiten. Ab 1879 erschien der Name „Wilhelm Breuning, Privatier" als Eigentümer im Stuttgarter Adressbuch.

Näheres erfahren wir von Emma Zeller: „ … *wahrscheinlich sind im Lauf der Zeit Einnahmen und Ausgaben nicht im Einklang gewesen, konnte unsere Mutter das Rechnungswesen nicht meistern wie alles andere, und schon nach zweieinhalb Jahren kam der Abbau dieser Pension. Wahrscheinlich hat Onkel Faber die Sachlage bald durchschaut und energisch Schluß gemacht. Alles mußte geopfert werden, um die Schulden zu bezahlen … Unsere Mutter war in völliger Abhängigkeit von den Verwandten, nachdem sie durch die Pensionshaltung auch ihr letztes Kapital zugesetzt hatte. Immer gab es Verbindlichkeiten, die sie wohl bei der Regelung noch verheimlicht hatte und nun selbst abbezahlen wollte … Sie hatte überall Kredit … Dies führte dann zu ernsten Mißhelligkeiten mit der Familie, und es gab schwere Auftritte, wenn der Onkel Faber zur Abrechnung kam … Uns Kindern lag es schwer auf der Seele, daß die Familie gegen unsere geliebte Mutter streng und hart war, daß man sie oft in unserer Gegenwart tadelte. Man hat sie, die Engländerin, wohl nie ganz als zugehörig betrachtet. Ihr glänzender Sohn hätte eben eine ganz andere Partie machen können. Nach dem Tod des Großvaters durfte sie auch nie wieder in das Haus ihrer Schwiegermutter kommen."*

In diesen schwierigen Zeiten erlitt Agnes' kleiner Bruder Hermann einen schlimmen Unfall, als er mit einem Feuerwerkskörper herumspielte. Der Achtjährige trug schwere Gesichts- und Augenverletzungen davon, die jedoch – wenn auch langsam – verheilten. Seine Behandlung verschlang zusätzlich etliches Geld.

Auch in dieser Zeit erlebte Agnes Seltsames, das sie für sich behielt. Sie hatte schon lange nicht mehr ihre „blonde Frau mit den blauen, blitzenden Augen und ihren Begleitern" gesehen. Diese waren ihr unmerklich entglitten, dafür tauchten in ihr andere Bilder auf, die sie sich regelmäßig mit einer bestimmten „Technik", im Bett liegend, herholen konnte. Sie erlebte das Leben ihrer hugenottischen Vorfahrin Rose d'Artrin zum wiederholten Male. Ja, sie glaubte, dass es alte Erinnerungen aus einem früheren Leben[6] seien und dass sie selber einmal diese Rose d'Artrin gewesen sei. Sie fühlte, sah, roch alles, das brennende Schloss, die wilden Reiter, die Schüsse, die Pferde, die Flucht, die knappe Rettung. Egal, was das bedeutete, egal, ob sie die „Freunde", die blonde Frau etc. wiedersah oder nicht, sie fühlte durchgehend die Verbindung zur geistigen Welt, wie sie später selber einmal schrieb.

Agnes besuchte den zweijährigen Konfirmandenunterricht, zuerst bei Stiftsprediger Prälat Kapff, dann folgte Prälat Burk. Der Unterricht war ihr sehr wichtig.

Foto aus der Konfirmandenzeit (> Seite II)
Es gibt ein Foto von Agnes aus der Konfirmationszeit: Ein sehr ernstes Mädchengesicht schaut den Betrachter an, etwas verschlossener als auf ihren Kinderbildern wirkt sie. Die Haare sind gescheitelt und in einem dicken Zopf, der über den Rücken fällt, gebändigt. Ein zartes Mädchen scheint sie zu sein, mit weichen Gesichtsformen, hoher Stirn und gerader Nase, die Agnes etwas Selbstbewusstes, etwas Stolzes gibt. Man denkt unwillkürlich, dass man diesem Mädchen nichts vormachen kann. Ihr dunkles Kleid ist durch einen kleinen weißen Kragen mit einer zusätzlichen Rüschenborte am Halsausschnitt aufgelockert, unterhalb des Kragens fällt außerdem die große schwarze Spitzenschleife auf, deren lange Enden weich über den Oberkörper fallen. Sie ist 15, ein Mädchen, damals als „Backfisch", heute als Teenager bezeichnet. Nicht mehr Kind, noch nicht erwachsen. Die leichte Traurigkeit, die um dieses Mädchen liegt, berührt einen bei längerem Betrachten.

Gegen Ende des letzten Schuljahres im Königin-Katharina-Stift wurde Agnes im Frühjahr 1879 in der Stuttgarter Stiftskirche konfirmiert. Sie nahm ihre Konfirmation sehr ernst, ebenso wie in der „Heiligen …" ihre Hauptfigur Rosmarie. Mit der Konfirmation beginnt die Religionsmündigkeit. Man gibt ein feierliches Versprechen für sein ganzes Leben, verspricht sich Jesu Christi, und mit dem ersten gemeinsamen Abendmahl wird man bewusst Mitglied der ev. Kirchengemeinde. Ihre Romanfigur lässt Agnes beim obligatorischen „Kinderland verlassen müssen" großen seelischen Schmerz und einen endgültigen Abschied von ihrem Kinderfreund Harro erleiden.

Konfirmation und Schulentlassung waren aneinander gekoppelt. Nun sollte auch für Agnes der „Ernst des Lebens" beginnen. Für Mädchen gab es nicht viel Auswahl. Agnes blieb erst einmal zu Hause, half dort, beschäftigte sich mit Malen, Lesen, Handarbeiten, ging spazieren und fuhr im Winter Schlittschuh.

Nicht mehr lange lebte die ganze Familie beisammen. Emma Zeller erinnert sich: „*Eines Tages wurde uns Kindern gesagt, daß wir aus Sparsamkeitsgründen aufs Land ziehen werden.*" Dies klang erst verlockend, doch sie erschraken, als sie erfuhren, „*daß Polly zu den Großeltern, Agnes zu Tante Reininger zur weiteren Erziehung kämen*". Pauline Breuning, musste im August 1879 aus der Wohnung in der Urbanstraße ausziehen. Sie zog mit Emma, Hermann und Alice nach Korntal, eine pietistische Dorfgründung – die sich inzwischen allgemein geöffnet hatte – in der Nähe von Stuttgart. Die Familie wohnte in der Stuttgarter Straße. (Die Straße heißt heute Gartenstraße und sie wohnten in der Nr. 4[7], jedoch wurde das Haus für den Erweiterungsbau der Realschule später abgerissen.)

Für die Töchter gab es als weiterführende Schule das „Töchter-Institut Korntal", das erst kurz zuvor als „Höhere Töchterschule" anerkannt worden war, mit dreimal billigerem Schulgeld als das Königin-Katharina-Stift. Auch für den Sohn gab es ein Gymnasium. Emma Zeller berichtet: „*So wurde die kleine Familie auseinandergerissen. Die Mutter zog mit den drei jüngeren Geschwistern in das pietistische Korntal. Polly, die selbstlos Dienende, kam in das düstere Haus … zu den betagten Großeltern.*"

Agnes lebte bei Emma Reininger, der Schwester von Großmutter Breuning, von der Emma schrieb: „*Diese fromme Seele hat sich immer um uns gesorgt, war sogar zärtlich gegen uns. Sie ließ es aber auch an Ermahnungen nie fehlen, weil sie wohl wußte, daß unsere Mutter uns in manchen Dingen nach ihrer Ansicht sehr verwöhnte.*" Sie war die kinderlose Witwe eines wohlhabenden Kaufmanns, der als Kunstsammler in Stuttgart bekannt war. So wohnte Agnes in der Hohe(n) Straße 6 nahe der Hospitalkirche, umgeben von Gemälden und Glockengeläut. Tante Emma war ein treues Kirchenmitglied, was noch wichtig in Agnes' Leben wird.

Vielleicht war es für Agnes ohne die gewohnte Gemeinschaft mit den jüngeren Schwestern bei der alten Frau manchmal nicht einfach. Aber sie wollte fröhlich sein, wollte ihre bunten Flügel nicht hängen lassen. Sie freute sich an allem, woran sie sich freuen konnte, und lachte so oft wie möglich. Ihre Tante fragte manchmal: *„Kind, wie kannst du nur so lachen, wo es in deinem Leben doch keinen Grund dafür gibt?"* Ihren Kummer wischte Agnes weg. Sie wusste, dass sie es wesentlich besser bei Tante Reininger hatte als Polly bei Großmama Breuning. Doch zum Glück konnte Polly wenigstens ihre Abschlussklasse an dem Königinnen-Katharina-Stift noch beenden. Emma war ein Schulwechsel nicht erspart geblieben, sie wurde im Schuljahr 1879 in der Klasse 8b als „Austritt" während des Schuljahres geführt.

Die Restfamilie Breuning richtete ihr Leben in Korntal so gut es ging ein. Die tatkräftige *„Witwe Hermann Otto Breuning, Mary Ann geb. Barrell"* ließ im Garten ein Gartenhäuschen errichten, nachdem sie sich bei der Gesellschaftskasse Geld geliehen hatte. Sie sollte dort immer wieder Kredit bekommen, wenn es für sie finanziell eng wurde. Wie zu bemerken ist, wurde sie in Korntal nicht mehr unter dem Namen „Pauline Breuning" geführt.

Agnes' Leben als „Höhere Tochter" und Neuchâtel 1880 – 1882
Agnes konnte von neuen Angeboten profitieren, die es ab dem Schuljahr 1880 am Königin-Katharina-Stift erstmals für schulentlassene und konfirmierte Schülerinnen gab: Astronomie und Mythologie sowie klassisch weibliche erweiterte Unterrichtsthemen. Sie durfte sich weiterbilden, auch privaten Malunterricht nehmen, bis sie von den Verwandten in die französische Schweiz geschickt wurde. Emma Zeller berichtet: *„Agnes aber, siebzehnjährig, durfte in Neuchâtel die école supérieure besuchen und lebte dort glücklich im Kreise junger Mädchen."* Gerhard Günther ergänzt in seinem Buch: *„Sie vervollkommnete sich dort vor allem in der französischen Sprache, die sie bald ebenso beherrschte wie die englische."*

So begann Agnes' Leben in dem mittelalterlichen kantonalen Hauptstädtchen Neuchâtel in der französischen Schweiz. Sie wohnte in der „Pension Rossier" und besuchte „L'école supérieure pour jeunes filles", eine der neuen Handelsschulen, die es für Töchter aus den Bürgerschichten seit jüngster Zeit vereinzelt gab. So könnte es sein, dass sie neben „Französischer Konversation" auch „Correspondence", etwas kaufmännische Buchführung und gewerbliches Rechnen lernte. Es wäre denkbar, dass ihr Großpapa und ihr Onkel Faber, der Kaufmann, nach der Erfahrung mit ihrer Mutter, die so wenig kaufmännisch denken und handeln konnte, der gescheiten Agnes nicht nur Schöngeistiges mitgeben wollten. Für internationale gesellschaftliche Sicherheit in Benimmfragen war das Pensionat zuständig. Sie wurden durch die englische Miss Hinkelday und zusätzlich von der Dame des Hauses unterwiesen.

Agnes beschreibt in ihrem Tagebuch, wie sie dort 1880 Weihnachten erlebte. Sie hatte mit ihren Kameradinnen am Heiligen Abend einen wunderbaren Marsch hoch in den Wald gemacht, um Moos für die Krippe zu holen: *„Es war ein herrlicher Wintertag, in der Stadt war der Schnee geschmolzen, aber auf dem Berge lag er noch hoch, so daß es ziemlich schwierig war, die engen Wege hinaufzuklimmen. Der Himmel war so herrlich blau, und der Schnee glänzte und schimmerte im Sonnenschein, der See, der dem Berge so nahe schien wie nie, war von jenem matten Blau, das so winterlich aussieht – seine Ufer verschwammen in der duftigen Ferne, und aus dem leichten Nebel, der das jenseitige Land bedeckte, schimmerten die Spitzen der Alpen hervor. Es war so schön und still da oben ... Als wir an den rochers de l'érémitage angelangt waren, bogen wir ein und bahnten uns unseren Weg durch den dichten Schnee zur Anhöhe, wo wir unter einigen Bäumen an vom Wald geschützten Orten eine Menge des schönsten Mooses fanden."*

Ihren späteren Roman wird sie mit einem Weihnachtswaldkapitel beginnen. Weihnachten 1880 meldete sich zum ersten Mal – noch nachlesbar – die zukünftige Dichterin. Agnes schrieb ins Tagebuch:

„Ich habe einen Plan, den ich verewigen muß. Bertha ist ganz der richtige Stoff für die Heldin eines meiner Bücher. Also keine unirdische Schönheit, keine Duchesse oder irgend eine Erlauchte, sondern ein liebes deutsches Mädchen aus einfachen Verhältnissen, aber mit jener unbeschreiblichen Atmosphäre von Reinheit umgeben, die so unwiderstehlich anzieht und fesselt. In welche Lagen ich sie bringen werde, weiß ich noch nicht, das gibt sich jedoch. Ein Glück, von der Welt nicht verstanden, durch ihre Selbstverleugnungen aus den Trümmern hervorgerufen. Ob ich wohl diese Träume verwirklichen werde?"

Manches davon hat sie später in „Die Heilige ..." umgesetzt, obwohl es eine Fürstentochter wurde. Aber im Charakter der *„Reinen Seele"* und *„ein Glück, von der Welt nicht verstanden, durch ihre Selbstverleugnungen aus den Trümmern hervorgerufen"*, wird es auch sein. Damals ein Erziehungsziel Höherer Töchterschulen.

Am zweiten Weihnachtstag erreichte Agnes eine Todesnachricht aus Stuttgart: *„Heute morgen (26. Dezember) habe ich die Todesnachricht von Großpapa erhalten – ich lag noch im Bett, als Luise, das Zimmermädchen der Pension Rossier, mir den Brief brachte. Mein lieber Großpapa, es macht mich sehr traurig, wenn ich daran denke, daß ich nie mehr sein liebes altes Gesicht sehen werde ..."*
Agnes schrieb in ihr Tagebuch: *„Es ist seltsam, man lebt nicht so in dem Schmerz in fremden Umgebungen, wo gar nichts verändert ist und alles seinen gleichmäßigen Gang fortgeht."*
Agnes wird noch bis Herbst 1882 in Neuchâtel leben, insgesamt zwei Jahre. In dieser Zeit hat sie von ihrer Mutter ein grünes ledergebundenes Büchlein – vermutlich zum 19. Geburtstag – geschenkt bekommen. Ein besonderes Geschenk. Es war das Büchlein, das die Mutter selber als Neunzehnjährige ein Jahr vor ihrer Verlobung (vielleicht von Hermann) bekommen hatte, in das sie Gedichte etc. eintrug, doch dann nicht weiterführte. Ihre Älteste – nun so alt wie sie damals – durfte damit fortfahren. Agnes' erster Eintrag lautete: *„Agnes Breuning, 11. September 1882, Neuchâtel"*, und sie begann ihre Text- und Gedichtsammlung mit den Zeilen: *„Wie aufgelöste Theile gestorbener Thierchen noch leuchten, so kann selbst ein hinsterbendes menschliches Leben beim Verlust aller äußeren Thätigkeit – noch lieben."* Wir können diesen Gedanken als persönliches Motto ihres weiteren Lebens ansehen.
An dem Eintrag wird ihre spirituelle Ausrichtung deutlich. Eine „gemäßigte" Ausrichtung, doch dies war zu Beginn ihrer Zeit in Neuchâtel noch anders gewesen. Im ersten Jahr ihres Aufenthaltes hatte sie eine heftige religiöse Erfahrung bei der Evangelisation eines bekannten Erweckungspredigers. Eigentlich wollte sie wie die anderen Mädchen nicht hingehen, doch sie mussten vom Pensionat aus daran teilnehmen. Wider Erwarten wurde gerade Agnes tief ergriffen. Sie schrieb an ihre Schwester Polly:

„7 Février 1881. Ma bien chère Polly ... Nun bin ich aber froh, daß ich diese Zettel, die in meinem Konzeptheft unter allem möglichen anderem Grust stehen und die Du, mein lieber Pöller, später einmal lesen kannst, nicht fortgeschickt habe. Denn Dir, mein süßester Pöller, muß ich doch sagen, von was mein Herz erfüllt ist. Aber wie soll ich es Dir sagen. Mein Glück ist erst 2 Tage alt, und es ist mir, als sehe die Welt schon ganz anders aus ..."

Man könnte meinen, sie sei verliebt, so verändert erschien ihr das Leben auf einmal, doch es war ihr religiöses Erlebnis, das sie zu einem anderen Menschen machte. Sie schrieb weiter: *„Nicht die äußere Welt, da ist alles ganz gleich: Der Himmel hängt voll Wolken schwer, man sieht die liebe Sonn nicht mehr, ich bin für Andere ganz unverändert, aber in mir ist es nicht Sonnenschein, nein, das wäre zu viel gesagt, eine Dämmerung aber, die, ich hoffe zu Gott, dem Morgen vorausgehen wird. Wie soll ich es Dir sagen?"* Und sie berichtet von den religiösen Versammlungen: *„Jeden Tag sind Versammlungen, 3 des Tages; morgens eine Gebetsstunde, 3 Uhr mittags eine Bibelstunde und abends Gottesdienst in der Kirche. Wenn es möglich ist, schwänze ich die Schule und gehe hin ..."*

Bei ihrem Erlebnis ging es um die mystische Begegnung mit dem Heiland, dem Christus-Bräutigam. Agnes übernahm in dieser Phase der Ergriffenheit die stereotypen missionarisch-pietistischen Wortwendungen und ließ ihre Schwester alles miterleben: *„Sieh, es ist etwas, von dem kein Mensch, der es nicht selber erfahren hat, einen Begriff hat: Bei Jesus, und auch nur eine Stunde, einen Augenblick zu sein, und wenn man es einmal gewesen, so hat man gewiß immer wieder Heimweh danach! Dir, die Du das Herz soviel weicher und reiner hast als ich, Du wirst auch kommen: ich bin sicher. Niemand kann ja elender und schwächer sein als ich, aber durch Ihn werden wir stark ..."* Langsam legte sie diese enge, pietistische Religiosität wieder ab. Das Gefühl der Minderwertigkeit wird in ihr jedoch zeitlebens auftauchen. Aber dass sie die Erweckungsbewegung des Predigers Adolf Monod kennengelernt hatte, sollte später in ihrem Leben eine wichtige Rolle spielen.

Ihrer Mutter gegenüber hatte sie sich nicht in ihrem ekstatischen Gefühl geäußert. Sie schrieb im Frühling 1881: *„Der Frühling ist da und mit ihm wie jedes Jahr ziemlich viel Kopfweh, aber in ei-*

nigen Tagen werde ich den Witterungswechsel überstanden haben, und dann geht es wieder herrlich. Denke doch, ich bin so dick geworden, daß mein braunes Kleid, das ich neulich noch einmal anzog, weil mein schwarzes Gewand einer gründlichen Reparatur bedurfte – ist so eng geworden, daß ich es kaum zubrachte." (Ihre deutsche Syntax ließ durch das Französischsprechen, -schreiben und -denken hier zu wünschen übrig, aber da die Mutter selber die deutsche Grammatik nicht beherrschte, spielte es keine Rolle.)

Dass Agnes zugenommen hatte, verwundert nicht, da junge Mädchen in den Pensionaten häufig an Gewicht zulegten. Dies kam von der Pensionsernährung: Reisbrei und Mondaminpudding. Ob es hier auch der Fall war, ist nicht sicher, könnte aber so sein.

Agnes griff im Verlauf des Briefes die Frage auf, wie lang ihre Zeit in Neuchâtel noch währen sollte und wie es mit ihr weitergehen würde. *„Meine liebe Mama, für Deine Bemühung, mir eine Stelle zu bekommen, danke ich Dir herzlich – es wird sich schon finden, wenn es Gottes Wille ist, daß ich diesen Beruf ergreife."* Wir erfahren nicht, um welchen Beruf es sich handelte. Sollte sie Gouvernante werden oder Hausdame, Gesellschafterin? Ihr momentaner innerer, durch das religiöse Erleben stark geprägter Wunsch war: *„Meine arme Mama, Du bist wieder krank gewesen – o wenn es Gottes Wille ist, daß ich zu Dir kommen dürfte, um Dir eine Stütze zu sein. – Dies wäre der kühnste Wunsch, den ich kaum wage, Gott, meinem Gott, vorzulegen ..."* Sie träumte davon, dass sie als Einzige bei der Mutter bliebe und ihr *„in allem getreulich beistehe",* wenn alle anderen Geschwister einmal „ausgeflogen" seien. Dadurch hoffte sie, *„ein wenig, ein ganz klein wenig meine Faulheit von früher wieder gutzumachen".* Wir werden sehen, dass es dazu in ihrem ganzen Leben nie kommen wird. Im Gegenteil, die Mutter wird Agnes beistehen müssen.

Für Agnes ergab sich im Herbst in Neuchâtel eine ungeahnte Perspektive, von der Emma Zeller in ihrem Bericht schreibt: *„Nach etwa eineinhalb Jahren* (es waren jedoch zwei Jahre) *kam sie zu uns nach Korntal, aber nur zu einem kurzen Aufenthalt, denn sie hatte in der Schweiz die Bekanntschaft einer merkwürdigen schottischen Dame gemacht. Diese fand Agnes so anziehend, daß sie unsere Schwester in ihr Haus nach Edinburgh einlud. In Eile* *mußte Agnes mit einigen Gesellschaftskleidern ausgestattet werden, denn sie sollte in ein vornehmes Haus kommen. So kam Agnes in die weite Welt hinaus mit einem Sack voll Versprechungen in der Hand von jener ältlichen Miß Burdon-Sanderson. Agnes sollte in Edinburgh den Winter über die Vorlesungen an der Universität hören und in das englische Gesellschaftsleben eingeführt werden."*

Agnes als Gesellschafterin in Edinburgh, London, Paris

So kam Agnes als Gesellschafterin in die Welt hinaus. Die Briefe, die sie von unterwegs schrieb, waren glücklich; anfangs auch die Briefe aus Edinburgh. Doch es schwang schon etwas Melancholie mit. Man sah das große Gebäude mit seiner enthaltenen Steifheit vor sich. Agnes beschrieb den Speisesaal, wo sie und die Lady, jede an einem Ende der langen Tafel, saßen. Hinter dem Stuhl der Dame des Hauses stand der Lakai, der beide mit ständiger Aufmerksamkeit, aber wortlos, bediente. Das Essen wurde fast schweigend eingenommen, man sprach nur das Allernötigste. Es wurde Winter – keine Sonne, viel Nebel oder tiefhängende Wolken –, man saß in kalten Räumen, deren Kamine kaum wärmten, auch wenn Feuer darin brannte. Von der Universität war keine Rede mehr. Abends hatte Agnes der Dame vorzulesen. Stundenlang. Bis ihr selber die Augen zufielen. In die Gesellschaft wurde sie eingeführt, jedoch sah diese ganz anders aus, als sie und ihre Schwestern sich das vorgestellt hatten: *„ ... äußerst steif, und ohne daß junge Menschen eingeladen waren".* Emma Zeller berichtete weiter: *„Ihre Briefe wurden kleinmütiger, und man merkte ihnen Gedrücktheit und starkes Heimweh an."*

Schließlich fasste sich Agnes ein Herz und bat die Lady, nach Hause reisen zu dürfen. Miss Bordon-Sanderson bat Agnes aber, dass sie noch bei ihr bliebe, und versprach, dass sie bald miteinander verreisen würden. So wartete Agnes geduldig den Winter ab. Hierzu Emma Zellers Bericht: *„Im April nahm Miß Burdon-Sanderson Agnes mit nach London, wo sie im Hause ihres Bruders Professor Burdon-Sanderson, der ein berühmter Arzt war, wohnten. Da lernte Agnes das 'High life' in England kennen. Man fuhr in Equipagen mit Lakaien, die in prachtvoller Livree und mit gepuderten Perücken auf dem Bock saßen, in den Hyde Park. Agnes* *wurde in Museen, Theater geführt und hat also viel Interessantes gesehen und gehört. Doch ihre Briefe waren nicht glücklich. "* Gerhard Günther schreibt in seinem Erinnerungsbuch: Sie hatte in zahlreichen Familien verkehrt, besonders gern war sie in der *„Familie eines Anwaltes und Politikers Scott und seiner Familie, mit denen eine verwandtschaftliche Beziehung zu der mütterlichen Familie bestand. Dieser Mister Scott, der später geadelt wurde und den Titel Lord Haldane*[8] *erhielt, war es, der 1912 als Kriegsminister die letzten vergeblichen Bemühungen zu einer englisch-deutschen Flottenverständigung machte. Kurz vor ihrem Tod gedachte meine Mutter noch mit besonderer Herzlichkeit und Dringlichkeit dieses Mannes. "* Weiter wird berichtet, dass sie *„durch vornehme Damen in deren Wohltätigkeitsbestrebungen hineingezogen wurde".* Insbesondere zeigte sie Talent, einen Kreis von jungen Fabrikarbeiterinnen zusammenzuhalten und zu interessieren.

Der Londoner Aufenthalt dauerte etwa sechs Wochen. Danach fuhr Miss Burdon-Sanderson mit Agnes nach Paris und wollte anschließend weiter an die Riviera reisen.

Eigentlich hatte Agnes die Weltstadt Paris kennenlernen und sich an ihr begeistern wollen. Doch mit Befremden stellte sie fest, dass sie nichts mit Freude aufnehmen konnte, sondern ständig das Gefühl hatte, sie würde verfolgt. Agnes empfand es als bedrohlich, war zudem nervlich überreizt. Wegen der tausend neuen Eindrücke hatte sie schon in London kaum geschlafen. Jetzt in Paris litt sie an ihren Schlafstörungen. Ihr kam es vor, als sei sie nicht mehr recht bei Sinnen. Obwohl sie sich zusammennahm, empfand Agnes selber mehr und mehr, wie sie in Trance verfiel und dabei erschreckende Szenen sah. Das passierte immer öfter und wurde immer beängstigender. Miss Burdon-Sanderson nahm schließlich ihren Zustand auch wahr, da Agnes verstört wirkte, apathisch, wie weggetreten. Per Telegramm informierte sie Agnes' Mutter, ihre Tochter habe einen Nervenzusammenbruch, und forderte sie auf, *„unverzüglich nach Paris zu kommen und ihre Tochter nach Hause zu nehmen ".* Noch am selben Tag reiste die Mutter mit dem Nachtzug nach Paris. Sie hatte den Zustand erfasst und von Agnes nur die eine Bitte gehört: *„Nehmt mich fort von hier, ich werde verfolgt! "* Agnes wird nie mehr etwas von Lady Burdon-Sanderson hören, der Kontakt brach ab.

Agnes kommt als Kranke zurück –
Sommer 1883, Entwicklungen

Jetzt zeigte es sich wieder, wie tüchtig Agnes' englische Mama war, die es verstand, ohne ärztlichen Rat ihre Tochter wieder auf die Beine zu bringen. Das allein tat gut: Ruhe! Sich in der Natur bewegen und unter Bäumen spazieren gehen. Alles andere sollte von ihr ferngehalten werden, bis sich ihr Zustand langsam besserte. Emma tat das Ihre dazu, wie sie in ihrem Bericht wissen ließ: *„Ich durfte viel mit ihr in den Wald gehen in diesem Sommer, und meine Musik und mein Gesang, der sie sehr interessierte, hatten gute Wirkung auf ihre Nerven und ihr Gemütsleben."*

Man kann fragen: Was erlebte Agnes in Paris? Noch merkwürdiger wird es, wenn man in Gerhard Günthers Erinnerungsbuch liest, dass Paris noch für weitere Familienmitglieder der nächsten Generation zur dramatischen Schicksalsstadt wurde. Er meinte, es müsse bei dieser seltsamen Häufung einen inneren Zusammenhang geben. Begann alles mit Agnes' Großvater, dem in Paris verschollenen Henry Barell? Wie war er zu Tode gekommen? Wer oder was verfolgte Agnes? Gerhard Günther schrieb, dass viel später die Frau seines Cousins Herbert Magnus Zeller bei einem Paris-Aufenthalt sich auch verfolgt fühlte: Sie hatte immer einen blinden Bettler vor Augen. Sie und ihr Mann, Emmas Sohn, waren überzeugt, dass es sich um die Erscheinung des verschollenen Urgroßvaters Henry Barrell handelte.

Agnes, die sich in Korntal regenerierte, wurde im Juli 20, Emma war 17.

Die Welt im Ganzen hatte sich in den vergangenen Jahren langsam verändert: Die elektrische Glühbirne wurde erfunden und verschiedene elektrische Maschinen. Bei Siemens wurde die erste elektrische Lokomotive hergestellt. In Berlin gab es die erste elektrische Straßenbahn, ein stadtinternes Telefonnetz und die erste elektrische Straßenbeleuchtung. In München fand 1882 die allererste Elektrizitätsausstellung statt. 1883 wurde die Dampfturbine erfunden, Bismarck führte das Krankenversicherungsgesetz ein und der große Opernkomponist Richard Wagner war gestorben.

Begegnung, Agnes lässt sich zur kunstgewerblichen Malerin ausbilden

Agnes besuchte eines Tages wieder einmal ihre Großtante Emma Reiniger. Weil Tante Emma so nah an der Hospitalkirche wohnte, stellte sie den Vikaren, die *„sich auf das Predigtamt in jener Kirche vorbereiteten",* in ihrer großen Wohnung ein Zimmer zum Wohnen und Arbeiten zur Verfügung. Sie hatte schon öfter von dem jetzigen Vikar erzählt, dem Sohn des Stadtpfarrers Günther von Heslach. Agnes kannte ihn vom Sehen, zumindest sah sie ihn jedes Jahr beim Konzert am Karfreitag in der Stiftskirche. Emma Reininger schilderte Vikar Günther *„als einen besonders ernsten jungen Mann, der nur seinem Studium lebe und oft bis tief in die Nacht arbeite".*

Als Agnes bei der Tante weilte, kam es zu einer Begegnung mit ihm. Sie saß im Wohnzimmer und wartete, bis Tante Emma, die schnell zur Nachbarschaft gegangen war, zurückkäme. Emma Zeller berichtet: *„… da trat plötzlich Vikar Günther herein, der die Tante sprechen wollte. Er entschuldigte sein Eindringen, aber Agnes bat ihn unbefangen, hier auf die Tante zu warten, die jeden Augenblick kommen könne. Wie erstaunte diese, als sie die beiden in eifrigem Gespräch über theologische Fragen vorfand."* Agnes war mit ihm ins Gespräch gekommen, als sie von ihrer Erfahrung mit der Schweizer Erweckungsbewegung des Predigers Adolf Monod erzählte. Hier wurde diese Erfahrung wichtig. Emma Zeller berichtet weiter: *„Bald darauf hörte Agnes von Tante Emma, daß ihr Vikar Günther als Repetent ans Theologische Stift in Tübingen berufen sei und sich dort auf den Lizentiaten* (wissenschaftlicher Grad der theologischen Fakultät) *vorbereite."*

Agnes lebte jetzt wie alle anderen Geschwister bei der Mutter in Korntal. Die Witwe Breuning war 44, Alice seit dem 3. Oktober 12, Hermann 17, Emma 18, Polly, die bei der Großmutter lebte, war 21 und Agnes 22 Jahre alt. Es gab einiges für sie als Älteste zu tun und es war mit so vielen Personen im Haushalt unruhig. Agnes konnte dennoch gut abschalten. Dazu hatte sie das Talent, sich im Alltag mit ihrer Fantasie das Leben interessant zu gestalten. Später schreibt sie in einem Brief, wie sie sich die Gegenwart verschönt hat: *„Weißt Du, mein Schatz, ich habe früher die Gewohnheit ge-*

habt, bei allen rein mechanischen Geschäften mir Geschichten zu
erzählen. Und da ist mir dann immer als Ideal vorgeschwebt, was
ich nun wirklich besitze. Da habe ich mir in Gedanken mein eige-
nes Glück aufgebaut, weißt Du, ohne je mit einem Gedanken mich
selbst einzubringen. Ich gab das Glück, das mir das idealste schien,
irgendeinem herrlichen Wesen, das keine Spur von Ähnlichkeit mit
mir hatte und das alles besitzen mußte, was mir fehlte. In diesem
Reich der Harmonie und des Schönen zog ich mich dann zurück,
wenn mir's in der Welt zu gewöhnlich und niedrig zuging. "

Wann sie damit begonnen hat, wissen wir nicht, doch wir können annehmen, dass sie sich auch in dieser Zeit Geschichten erzählte.
Mit bunten Flügeln der Fantasie konnte sie sich über das Alltägli-
che wie ein Schmetterling in die Luft erheben, sich auf ihre selbst
erschaffenen Blüten setzen und sich daran laben.

Das Leben brachte eine kleine Überraschung: Sie sollten alle
wieder gemeinsam umziehen, zurück nach Stuttgart – in die Urbanstraße 46 – in ihr ehemaliges Haus, dessen Besitzerin nun
Großmama Breuning war. *„Rosalie Breuning, Privatierswitwe"*
lautet der Eintrag im Stuttgarter Adressbuch 1885. Emma Zeller
schreibt: *„Den Verwandten scheint es gepaßt zu haben, uns wieder*
nach Stuttgart zu verpflanzen. In unserem Haus in der Urbanstraße
wurde die Parterrewohnung frei. Wie glücklich machte uns Mäd-
chen dieser Beschluß, da wir in Korntal keine Gelegenheit hatten,
uns weiterzubilden. Im Oktober 1885 zogen wir glückselig in un-
sere alte Wohnung mit sechs Zimmern. " Was Emma nicht erwähnte
– wahrscheinlich wusste sie es überhaupt nicht – war, dass die Mutter ihre Schulden bei der Güterkaufsgesellschaft Korntal, die inzwischen zur Gesamtsumme von 4000 Mark angewachsen waren, un-
getilgt zurückließ. Diese Summe wurde auf den Korntaler
Armenfonds übertragen. So hatte Agnes' Mutter Glück.

Sie lebten wieder in der Stadt, hatten Kultur, Kurse, Gottesdienste in der Stiftskirche, den Kunstverein, den Stadtgarten, die
Auslagen der feinen Geschäfte. Agnes und Emma wussten, was
sie wollten und was nicht. Sie wollten sich nicht, wie Emma Zeller schrieb, *„wie andere Töchter jener Zeit in gut bürgerlicher*
Weise auf eine passende Heirat vorbereiten". Sie wollten es anders angehen, *„in der Welt der Künste"* einen Beruf ausüben, dafür

ließen sie sich ausbilden. Agnes nahm ihre Studien – ihrer Bega-
bung und ihrem Interesse nach – in der Malerei auf. Sie lernte,
heute würde man sagen, Graphik und Design. Sie wurde darin ausgebildet, Muster für Webereien, u.a. für Tischdecken, Teppiche und
Tapeten, zu entwerfen. Sie studierte die Technik für Wand- und
Gebrauchsmalerei, etwa das Bemalen von Wand- oder Ofenschir-
men und von Fächern, ohne die keine feine Dame damals auskam.
Natürlich malte sie auch Bilder in Aquarell und Öl, besonders
gerne Blumen. Sie hatte das Glück, bei einer bekannten Stuttgarter Blumenmalerin Unterricht nehmen zu können. Emma vervollkommnete sich in Gesang, sie wollte Opernsängerin werden.

Doch dass beide junge Mädchen nicht heiraten und sich lieber
selber ernähren wollten, gefiel ihrer Großmutter Breuning und der
Tante Faber gar nicht, deren Spott sie deshalb häufig ertragen
mussten. Polly, die weiter bei der Großmutter lebte und ihr zur
Hand ging, bekam alle spitzen Bemerkungen mit, und wenn im
Gespräch wieder einmal kritisch über ihre beiden Schwestern und
ihr Ansinnen hergezogen wurde, verteidigte sie beide mutig.

Die drei Schwestern verstanden sich gut, jede hatte ihre Spitznamen in der Familie: Agnes unterschrieb ihre Briefe häufig mit
„Agadé" oder einfach nur mit „Eure Alte", Emma war das „Em-
men-" oder „Immenkind" und Polly „der Pöller" oder „Pöll". Nur
den Namen ihrer kleinen Schwester Alice ließen sie stehen und
Hermann hieß nur Hermann; er wuchs neben den Schwestern ohne
große Bedeutung für sie auf. Die Mutter mochte ihn aber besonders
gern, er war ihr kleiner Kavalier, war gutmütig, hilfsbereit und
freundlich, nur etwas langsamer im Begreifen als die Mädchen.

Foto der „emanzipierten" Agnes Breuning (> Seite II)
Es existiert ein Foto von Agnes aus dieser Zeit, ein besonderes
Foto, das wieder ein sehr guter Fotograf aufgenommen hat, der
ihre Persönlichkeit einfangen wollte. Vielleicht war es noch derselbe Stuttgarter Fotograf, der Agnes als kleines Mädchen fotografiert hatte. Agnes sitzt und lehnt sich etwas an die Armlehne
des Sessels, den linken Arm wie beim Kindheitsgemälde darauf
gestützt und die Hand an die obere linke Wange haltend. Sie schaut
nicht den Betrachter an, sondern interessiert in die untere rechte

Ecke des Raums. Sie wirkt nicht verträumt, sondern wach. An diesem Foto ist zum einen ihr Gesichtsausdruck besonders – weich und klar zugleich, man kann etwas Welterfahrenes herauslesen, eine positive Gestimmtheit liegt über dem Gesicht. Macht dies der Mund, der nicht lächelt, aber es im nächsten Augenblick tun könnte? Oder wird dieser Mund gleich etwas sagen, was Agnes auf den Lippen liegt? So können wir als Betrachter rätseln. – Zum anderen ist ihre Aufmachung auffallend: ganz junge Dame. Sie trägt einen weichen dunklen Hut, fast wie eine große runde Kappe mit dunklen Blumen verziert, darunter schaut eine Haarlocke hervor. Agnes trägt die dunklen Haare als Hochsteckfrisur unter dem Hut. Das Kleid oder die Kostümjacke ist hoch geschlossen, man kann ein weißes Krägelchen am Halsausschnitt ausmachen. Die dunkle Kleidung wird durch eine lange Reihe weiß bezogener, fast blumig wirkender Knöpfe aufgelockert. Dazu fällt ein weicher dunkler Stoffschal mit weiß geblümtem Muster auf die Brust. Das Blumenmuster wiederholt sich am locker fallenden Ärmel, der mit einem schmalen weißen Bündchen am Handgelenk des aufgestützten Arms abschließt. Eine Kunststudentin, ohne Frage! Diesen Eindruck gibt das Foto wieder: Eine junge, emanzipierte Dame von Welt kann man in ihr erkennen. Ein weiter Weg von dem Bild der Konfirmandin mit dem verschlossenen, traurigen Gesicht und dem strengen Mittelscheitel bis zu dieser jungen Frau.

Eine kleine Begegnung, Krankheit 1886, Sanatorium Bad Cannstatt, die großen Erfindungen, Bad Tölz

Emma Reininger hatte zum Damenkaffee eingeladen, auch Agnes. Sie ging der Tante zur Hand und unterhielt sich angeregt mit den Damen. Eine davon war Frau Stadtpfarrer Günther. Die lebhafte Frau, zugleich eine würdige Erscheinung, unterhielt sich mit Agnes, war von ihrem Charme und Geist angezogen und bat sie, bald einen Besuch im Pfarrhaus von Heslach zu machen.

Doch daraus wurde vorerst nichts. Eine erneute Erkrankung kam dazwischen. Im Frühjahr 1886 wurde Agnes, ohne dass man wusste, was sie eigentlich hatte, ernsthaft krank. Es hatte mit sonderbaren Rückenschmerzen begonnen, dann waren mehrere Organe betroffen. Man vermutete eine Vergiftung, denn auch dem Arzt

blieb die Krankheit ein Rätsel. In dieser Zeit pflegte die zwanzigjährige Emma ihre Schwester und stand nachts um 2 auf, um ihr das
verordnete Morphium pünktlich zu spritzen. Am Vormittag kam der
Arzt und gab ihr die zweite Injektion. Doch alles half nichts.
Schließlich wurde Agnes in das Sanatorium von Dr. Georg Fischer
in Cannstatt eingewiesen. Vor vier Jahren hatte er diese Heilanstalt
für Nervenkranke im Wilhelmsbad eingerichtet.

Emma Zeller erinnerte sich noch als alte Frau an diese Zeit und
schrieb: *„Jeden Tag pilgerte ich nach Cannstatt, denn nur ich
konnte sie beruhigen in ihren Schmerzanfällen. Aber nach Wochen
trat eine entscheidende Besserung ein, und dann kam die Rekon-
valeszenz, in der sie im Liegestuhl in dem herrlichen Park lag. Da
war auch bald Gesellschaft um sie herum, und wir beiden jungen
Mädchen waren die Lieblinge, denen man viel Freundlichkeiten
erwies. Es war schließlich ganz ergötzlich."* Die Krankheit dauerte über ein Vierteljahr. Schließlich riet der Arzt zur Luftverän-
derung, zu einer Kur in den Bergen. Da sie das Einverständnis der
Verwandten fanden, griffen sie die Empfehlung einer Dame auf,
die sie auf Bad Tölz hinwies. Emma Zeller berichtet: *„ ... wir bekamen die Mittel zu einem Aufenthalt von 6 Wochen."* Wie elend
Agnes gewesen war, lesen wir aus diesen Zeilen heraus, die sie selber ein Jahr später in einem Brief schrieb: *„Als ich letztes Frühjahr
sah, daß es mit mir wieder heraufgehe ins Leben und in den Tag
aus dem Halbdunkel und dem Schatten des großen Geheimnisses,
den man wohl nie vergißt, wenn man ihn einmal gefühlt – da war
es mir so schwer, öde wie nie und mein Leben, so inhaltslos ..."*

In Bad Cannstatt hatte Gottlieb Daimler im Vorjahr den ersten ge-
brauchsfähigen Fahrzeugmotor entwickelt und war mit seinem
„Reitwagen", dem ersten Motorrad, durch Cannstatt gefahren.
Wurde im Park des Cannstatter Wilhelmsbades über diese weltbe-
wegende Erfindung gesprochen? Es ist anzunehmen. Daimler baute
weiter und ging langsam mit seiner Erfindung in Serie, damit alle
möglichen Fahrzeuge selbstangetrieben fahren konnten. Ob sie
auch über das erste Automobil sprachen, die leichte Motorkutsche
mit drei Rädern, die ohne Pferd allein fahren konnte? Sie wurde in
diesem Jahr 1886 von Otto Benz in Mannheim erfunden.

Emma und Agnes fuhren mit der Eisenbahn zu ihrem Aufenthalt nach Oberbayern. Zum Glück brachte die Zeit in Bad Tölz, wie Emma Zeller in ihrem Bericht schrieb, die nötige gesundheitliche Stabilisierung. Sie erinnerte sich später noch daran, wie sich Agnes zunehmend erholte und das Wetter fast immer schön war. Im breiten Isartal konnte Agnes nach und nach längere Wege gehen, wo die grünen Matten voller Silberdisteln standen. Wenn sie an den schönen Bauernhöfen vorbeikamen, konnten sie ein Glas Milch trinken. Nach den bewilligten sechs Wochen reisten beide Schwestern mit frischer Kraft ins frühherbstliche Stuttgart zurück. Hier nahmen sie ihr Leben und ihre Studien wieder auf. Agnes war voller Schwung und guter Dinge, doch um vieles schmaler im Gesicht als vor ihrer Erkrankung. Es wurde Weihnachten, es kam der Jahreswechsel, das neue Jahr 1887 begann.

3. „Daß ich dann alles, was ich tue, für Dich tun darf …“: Ende 1886 – 1889

Der Heilige Abend von 1886 und seine Folgen

Binnen kürzester Zeit war Agnes' Leben auf den Kopf gestellt. Auch Emmas Leben veränderte sich, nur langsamer. Schon Anfang Januar wurde Agnes unverhofft zur Braut. Ehe sie sich versah, war sie verlobt. Ihre kurze Liebesgeschichte war ganz anders als die ihrer Eltern. Rudolf Günther, mit dem sie bei Emma Reininger vor zwei Jahren so ernsthaft und tiefsinnig gesprochen hatte, machte ihr einen Heiratsantrag. Aber nicht ihr selber, sondern über Tante Emma. Diese rief Agnes zu sich und überbrachte ihr seine Werbung. Das war sehr schnell gekommen, nach nur zwei Begegnungen: Eine an Heiligabend, die andere durch ihre spontane Einladung danach.

Es hätte etwas Leichtes, Schönes geben können, was das Herz flattern lässt und wärmt. Doch so war es nicht. Es wurde schnell tiefer „heiliger" Ernst, da Agnes wusste, er ist für mich bestimmt. Genau dieses, nur umgekehrt, hatte er Tante Emma offenbart: Er wisse, dass Fräulein Breuning für ihn bestimmt sei. Doch zuerst hatte er sich bei Agnes' Tante erkundigt, ob Agnes' Herz noch frei wäre. Das war der Fall. Sie hatte sich am Heiligen Abend auch mit dem Hilfspfarrer Friedrich Zeller angeregt unterhalten und sich diesem gleich verwandt gefühlt. Doch es kam der kleine Impuls, dass sie sich Repetent Günther mehr zuwenden sollte; in dem Moment, war es wohl passiert. Nun war es entschieden! Sie hatte Tante Emma nach dem ersten Schreck gesagt: Ja, sie wolle seine Frau werden. Kam er noch bei der Tante vorbei, bevor sein Zug nach Tübingen fuhr? Er hatte sein Anliegen vor der Abfahrt vorgebracht, wollte keine Zeit verlieren, keine Unklarheit lassen. Jetzt war Klarheit geschaffen, das andere kam brieflich.

Ein wenig nüchtern – mag man denken – gerade bei Agnes, die sich so schöne Geschichten erzählen konnte.

Wie war es so schnell gekommen? Rudolf Günther hatte kurz vor Weihnachten ein seltsames Erlebnis, einen Wachtraum. Er saß am Schreibtisch im Tübinger Stift bei Korrekturen. Plötzlich stand vor ihm Fräulein Breuning (ihre letzte Begegnung lag zwei Jahre zurück) in einer Ärmelschürze und mit einem Henkelkorb. Sie lehnte freundlich lächelnd am Schreibtisch und sah ihn an. Erstaunt fragte er: „Fräulein Breuning, wo kommen Sie her?" Und fort war sie.

Am Heiligen Abend zur Mittagszeit – es war ein kalter Wintertag mit Blitzeis – ging er seiner Mutter entgegen, die im (Pferde-) Omnibus mit vielen Besorgungen von Stuttgart nach Heslach kam. Er wollte ihr bei der gefährlichen Glätte helfen. Da kam sie von der Haltestelle und hinter ihr Fräulein Breuning. Schon wieder eine Halluzination! Das fuhr ihm in die Glieder. Doch diesmal war es kein Phantom wie in seinem Wachtraum. Sie war es wirklich. Sie trug der Mutter die Taschen und Pakete, lachte und grüßte ihn fröhlich, während sie über das Eis rutschte.

Wie kamen seine Mutter und Fräulein Breuning zusammen? Agnes war mit Emma ebenfalls in der Stuttgarter Innenstadt gewesen, um letzte Einkäufe zu tätigen. Da sah sie eine Dame mit vielen Päckchen hilflos zwischen den Menschen stehen, die alle zum Omnibus drängten. Agnes erkannte Frau Stadtpfarrer Günther, half ihr in den Bus und fuhr spontan mit, um ihr beim Tragen zu helfen. Frau Stadtpfarrer lud sie spontan zum Mittagessen ein. So saß Agnes unversehens am Tisch im Heslacher Pfarrhaus. Der Hausherr begrüßte sie freundlich, der junge Hilfspfarrer Zeller kam auch, wie auch Rudolf Günther und sein jüngster Bruder. Nach dem Essen blieben alle sitzen, außer dem Stadtpfarrer, der sein Mittagsschläfchen hielt. Sie führten angeregte Gespräche. Der junge Herr Zeller hatte viel zu berichten: dass er in Palästina, in Nazareth geboren war und seine Familie dort lebte, dass er als Junge zusammen mit seinem Bruder nach Deutschland zu Verwandten gebracht worden und in Stuttgart zur Schule gegangen sei und erst viel später wieder für ein Jahr während seines Studiums in Jerusalem gelebt habe. Auch Repetent Günther konnte von seiner Zeit in England und Frankreich sowie dem halben Jahr an der italienischen Riviera erzählen, wo er als Kurpfarrer eingesetzt war. Frau Stadtpfarrer verstand das Gespräch immer wieder neu in Gang zu bringen. Da auch Agnes von Schottland und London sowie von Paris und Neuchâtel einiges berichten konnte, gab es regen Austausch.

Die Zeit verging wie im Flug. Agnes musste endlich nach Hause oder vielmehr direkt zur Großmama Breuning, die wie jedes Jahr alle zum Heiligen Abend eingeladen hatte (nur die Witwe ihres Sohnes nicht, Agnes' Mutter war dies schon seit Jahren gewöhnt). Spontan schlug Agnes beim Abschied vor, man solle bald in dieser Besetzung in der Urbanstraße das Gespräch fortsetzen. Als Termin wurde der 30. Dezember festgelegt. Alle stimmten freudig zu.

Als Agnes spät gegen 10 Uhr nachts bei der Großmutter eintraf, hatten dort – nach einiger Warterei auf Agnes – Bescherung und Festmahl in gedrückter Stimmung längst stattgefunden. Alle saßen frostig beieinander. Großmama und die Fabers waren ungehalten über das Verhalten der unzuverlässigen Agnes. Diese kam glücklich und strahlend in die „Höhle des Löwen", entschuldigte sich für ihr Fernbleiben und berichtete, wie es gekommen war. Die Schwestern brannten darauf, alles zu erfahren. Dem kam sie gerne nach und steckte alle mit ihrer Freude an. So wurde es doch noch ein harmonischer Ausklang des Weihnachtsabends.

Der Abend der Einladung in der Urbanstraße wurde von der Mutter freudig vorbereitet. Alle halfen mit an diesem gelungenen gemütlichen Abend des denkwürdigen 30. Dezember 1886. Die Schwestern bedienten freundlich, Emma sang mit ihrer wunderschönen Stimme ein Liebeslied: *„O Sonnenschein, wie schaust Du in mein Herz hinein"*. Der Abend verlief kurzweilig, man unterhielt sich bestens. So fanden sich zwei Paare: Rudolf Günther und Agnes sowie Friedrich Zeller und Emma, wo es sachter anfing.

Rudolf und Agnes sahen sich in den nächsten Tagen nicht. Agnes erlebte einen angenehm schwebenden Zustand, bis Tante Emma sie zu sich rief und ihr seinen Antrag übermittelte. So wurde aus den federleichten Tagen zarter Annäherung tiefer Ernst.

Agnes und Rudolf schrieben sich seit Beginn ihrer Verlobungszeit fast täglich. Als Rudolf das nächste Mal nach Stuttgart fahren konnte, Mitte Januar, wurde in der Urbanstraße die Verlobung gefeiert: ernsthaft-nüchtern. Emma berichtet: *„aber nicht wie herkömmlich mit Hochleben usw."*. Rudolf Günther war 26, Agnes 23. Friedrich Zeller war ein Jahr jünger als Rudolf und Emma erst 20.

Rudolf Günther wurde 1859 in Liebenzell geboren. Wie viele Pfarrerssöhne hatte er in den ev. Landseminaren seine althumanistische Schulbildung bekommen und war dafür in Maulbronn und Blaubeuren gewesen. Er war jeweils der Primus, auch als er im Tübinger Stift Theologie studierte, war er einer der Besten. Er bekam nach erfolgreichem Studienabschluss (durch eine Stiftung) einen Studienurlaub für ein Jahr ermöglicht, den er in England und Frankreich verbrachte. Anschließend blieb er noch ein halbes Jahr in Mentone als Kurpfarrer. Zur Zeit machte Rudolf seinen Lizentiaten der Theologie. Seinen Lehrern, Eltern und ihm selber wohl auch stand die akademische Laufbahn vor Augen. Doch wenn er heiraten wollte, musste er seine Frau ernähren und dafür eine Anstellung finden. An der Universität müsste er sich noch habilitieren – ein längerer Weg, den er noch gehen könnte, wenn er sich neben dem Pfarrdienst einen Namen mit wissenschaftlichen Beiträgen und sonstigen Publikationen machen würde.

Foto von Agnes Breuning als junge Braut (> Seite III)
Rudolf freute sich bestimmt über ihr Foto, das er betrachten konnte, wenn er in Tübingen war. Vermutlich hatte sie sich extra für ihn fotografieren lassen, war zuvor beim Friseur gewesen. Er sollte sie in schönster Aufmachung sehen: weiß gekleidet, mit einem feinen Pullover aus englischer Wolle und hoch geschlossenem Kragen, geschmückt mit einer feinen silbernen Gliederkette und einem län-

geren Anhänger aus zwei kleinen Silberkugeln an feinen Kettchen. (War es – für alle sichtbar über ihrem Herzen – ein Verlobungsgeschenk Rudolfs oder nur ihr Lieblingsschmuck?)

Agnes schaut den Betrachter diesmal mit großen dunklen Augen an. Ihr Gesicht ist schmal, ihr Kinn nicht mehr so abgerundet wie früher. Es wirkt zwar noch weich, aber hier ist es spitz zulaufend. Der Mund wird jetzt geküsst und küsst selber. Der Blick ruht warm auf dem Betrachter, aber auch ein wenig unsicher, man spürt eine gewisse Schüchternheit. Daher ist er nicht leicht einzuordnen. Jedenfalls liegt eine große Innerlichkeit in ihm: Vieles sagt er, was der geschlossene Mund im Augenblick nicht zu sagen vermag. Der Betrachter, der eigentlich Rudolf Günther heißen soll, kann beim Ansehen des Gesichtes der Braut mit ihr in Zwiesprache kommen.

Pures Glück sieht anders aus. Noch ist viel am Werden. Sie wirkt verletzlich, man ahnt die unausgesprochene Bitte: Ich will vertrauen, doch tu' mir nichts zuleide. Keine Unbekümmertheit, keine strahlende Braut – aber inneres Feuer spürt man. Sie hat viel für ihr Äußeres getan: Die Haare rahmen mit kunstvoll onduliertem Pony Stirn und Schläfen bis zu den Ohren ein. Die dunkel glänzenden Haare wurden zweistöckig aufgetürmt. Doch im Nacken zeigen sich ungebändigte, verspielte, kürzere Strähnchen, was dem Ganzen das Perfekte nimmt und einen lebendigen Eindruck vermittelt.

Foto des Bräutigams Lic. Rudolf Günther (> Seite III)
Rudolf war beim Fotografen Brandseph in Stuttgart gewesen. So bekam auch Agnes ein Foto, eine Profilaufnahme: der junge Repetent mit weißem Stehkragen, schwarzem Binder und schwarzem Gehrock. Ruhige Selbstsicherheit strahlt er aus, mit zielgerichtetem Blick, die hohe Stirn unter dem (wohl mittelblonden) Haarschopf, sein Gesicht glatt rasiert, ohne Schnurr- oder sonstigen Bart, kurz gehaltene Koteletten als Mannesschmuck. Auffallend sind die gerade Nase, der schmallippige, geschlossene Mund sowie das sanfte Profil. Man sieht einen jungen Mann mit wachem Verstand, der viel denkt, aber nicht kämpft, der für eine Sache einsteht, die es für ihn wert ist. Er wirkt auf den ersten Blick etwas selbstherrlich.

Konnte Agnes ihm vertrauen? Ganz gewiss! Er meinte es ernst. Sie konnte sich auf die Zukunft mit ihm freuen.

Brautzeit mit vielen Briefen:
Januar 1887 – September 1887

Agnes hatte vor ihrem klugen, hochstudierten Verlobten großen Respekt. Sie schrieb ihm liebevoll rührende Brautbriefe, schrieb offen, wie es ihr ums Herz war, dachte über ihn und sich nach, war dankbar, glücklich, fromm und offen, klug und vorausschauend.

Alles, was sie in ihrer Höheren Töchterschule des Königin-Katharina-Stifts gelernt hatte, das hohe Ideal einer Ehefrau, hatte sie verinnerlicht und wollte diese Aufgabe erfüllen: *„Es wird doch immer wahrer, daß wir zusammen sein werden, und daß ich dann alles, was ich tue, für Dich tun darf ...“* Sie war glücklich, ihn *„mit ihrer Liebe umgeben“* zu dürfen, ihn immer besser kennenzulernen und *„immer tiefer in das Verständnis seines Wesens ein(zu)dringen“*, wie sie ihm schrieb. Sich ganz in den Dienst ihres „Herrn und Gebieters“ zu stellen, sein Eigentum zu sein, war ihr höchstes Glück. Sie wollte sich ihm in Denken und Fühlen Tag für Tag hingeben.

Vergessen waren ihre emanzipatorischen Gedanken und Pläne. Sie schrieb ihm nachdenklich, da sie ihn nun so gut kenne, werde sie spüren, wenn etwas zwischen sie treten würde. Agnes hatte eine bestimmte Sorge, die – betrachtet man den Bildungsunterschied – nicht unbegründet war: Hier der hochstudierte Theologe, dort die Höhere Tochter auf dem üblich weiblichen Niveau des Königin-Katharina-Stiftes plus der l'école supérieure. Agnes vertraute ihm ihre Gedanken an: *„Der größte Schmerz wäre mir der, wenn ich fühlen müßte, daß ich Dir nicht mehr folgen kann in Deiner Entwicklung und Du bei andern suchen müßtest, was ich Dir nicht geben kann ... Nicht wahr, Du hast Geduld mit mir, auch wenn Du siehst, daß du zu viel von Deinem kleinen Mädchen gedacht hast.“*

Sie wird sich als junge Pfarrfrau in die theologische Lektüre hineinknien. Im Augenblick verlor sie ein wenig ihre Angst, Rudolf nicht gewachsen zu sein: *„Die wahre Liebe treibet die Furcht aus, das habe ich auch schon erfahren, und meine große Liebe wird mir helfen, mich zu überwinden; aber ich möchte nicht, daß Du Dir ein Bild machst, dem ich nicht gleichkommen kann.“*

Endlich hatte sie das tiefe Gefühl der Leere, die sie nach ihrer schweren Erkrankung vor einem Jahr empfunden hatte, verloren. Durch Rudolfs Liebe – die wiederum Agnes Rudolf umso mehr lieben ließ – erhielt sie ihren wahren Lebenssinn. Sie hatte in Rudolfs Herz eine Heimat gefunden. Wie wichtig das für sie war, kann man verstehen, wenn man den frühen Verlust des Vaters bedenkt, die häufigen Umzüge und das Erleben, wie es ihrer Mutter als Ausländerin in der Familie erging. In ihrem zukünftigen Pfarrhaus an seiner Seite meinte sie, vor der erbarmungslosen Welt geschützt zu sein. Sie hatte die harte Realität gesehen und geahnt, wie es ihr ergehen könnte, wenn sie selber für sich sorgen müsste: *„Als ich anfing, die Wirklichkeit und den Kampf des Lebens zu sehen,wie das Stärkere das Schwache hinausdrückt aus dem Lichte ins Dunkel hinein, da schien es mir, als könne es für ein Wesen wie das meinige kein anderes Schicksal geben, als zertreten zu werden, untergehen zu müssen in diesem gewaltigen Kampfe, dem meine Natur nicht gewachsen ist. O wie glücklich bin ich, daß ich mich flüchten kann aus der Welt an Dein Herz, daß in den engsten Grenzen von Häuslichkeit mein Leben gelegt ist ... Nun habe ich meine Stätte und meine Heimat gefunden an Deinem Herzen, und an Deiner Hand und unter Deinem Schutze darf ich hinausgehen ins Leben. Wie schimmert die Ferne so blau und verheißungsvoll. "*

Das Brautpaar erlebte glückliche gemeinsame Tage. Einmal besuchte Agnes Rudolf in seinem Tübinger Stift, ein andermal saßen sie stundenlang unter Buchen am Wasser. Es kam ihnen vor, als wären sie die einzigen Menschen auf der Erde. Sie war glücklich, weil er so ein *„feiner, so ein verständnisvoller Schatz "* war. Sie freute sich immer mehr auf das bald gemeinsame Leben, das ihr noch als ferne Zukunft erschien. Sie hoffte immer wieder neu, dass er sich kein zu schönes und daher falsches Bild von ihr mache. Wir erkennen hier wieder ihr geringes Selbstvertrauen. Ihre Sorge war, was sein würde, wenn sich herausstelle, dass sie seinem Bild nicht entspräche. Deshalb bat sie ihn dringend, genau hinzuschauen. Liebe er sie dann immer noch, wäre eingetreten, was sie sich schon immer gewünscht habe: für einen Menschen das Wichtigste im Leben sein zu dürfen.

In diesen Monaten ging sie oft zur künftigen Schwiegermutter nach Heslach. Es war schön, mit ihr über Rudolf zu sprechen. Sie verstand, wie schwer es für seine Mutter sein müsse, ihren Sohn und ganzen Stolz an dieses „Mädele" abzutreten. Agnes drückte diesen Gedanken in einem Brief an Rudolf aus, da sie beim letzten Besuch eine seltsame Irritation durch die Schwiegermutter in spe erlebt hatte. Sie schrieb ihm hierzu, die Mama müsse sich wohl erst an die neue Situation gewöhnen, dann wäre alles wieder gut.

Rudolf erhielt nicht nur ernste, nachdenkliche Briefe von ihr, sondern auch wunderschöne, dichterische Liebesbriefe. So am 16. März 1887: *„(Unter dem Efeu zu lesen.) Draußen wirbeln große weiße Schneeflocken, das ganze Tal ist weiß zugedeckt, nur die schweren grauen Wolken ziehen sich langsam am Himmel dahin. Heute bleibe ich zu Hause und sehe mir die Welt durchs Fenster an und denke an meinen Schatz. Ach wäre nur dein schwarzbraunes Mädel ein bißchen später oder ein bißchen früher zur Welt gekommen und es hätte zu einem Sonntagskinde gereicht, so könnte ich wohl manches, was ich jetzt nicht kann und wohl möchte. Zum Beispiel mich ganz leicht und fein machen und mich auf eine große weiße Flocke setzen und zu Dir fliegen und Dich, mein armer Schatz, ein bißchen trösten über die vielen, vielen Korrekturen ...“*

Ende April schickte sie ihm einen Veilchenstrauß mit einer Locke von ihrem dunklen Haar umwickelt – dies griff sie später im Roman auf, nur hatte ihre Rosmarie blondes Haar. Lesen wir, was sie Rudolf am 27. April 1887 in einem tiefsinnigen Brief antwortete: *„ ... Du willst meine Veilchen aufheben – das ist sehr lieb von Dir. Neulich fand ich in Mamas Sachen eine alte vergilbte Rose in einem Papier, auf welchem stand: Remembrance; es war eine Rose, die meine arme Mama an ihrem Verlobungstage getragen hat. Wenn uns nur Gott beschert, daß wir einst, wenn meine Haare eine andere Farbe als die um die Veilchen geschlungenen haben, diesen kleinen Trieb aus dem schönsten Frühling unseres Lebens miteinander betrachten dürfen. Ich möchte ein ganzes Leben haben, um Dich lieb zu haben und Dir zu dienen. Ich meine, erst in vielen, vielen Jahren könne ich Dir gezeigt haben, wie unendlich lieb ich Dich habe...“*

Ebenfalls ein schöner Maibrief war: *„Ich sehne mich sehr nach Dir und Deiner Liebe, die mich umgibt wie süße weiche Frühlingsluft, wenn Du bei mir bist. Wenn ich allein sein muß, dann fühle ich erst, daß in der Welt draußen ein scharfer, kalter Nordwind weht – weißt Du, dann bin ich auch um so empfindlicher dagegen. Du verstehst es eben so herrlich, mich meiner innersten Natur, meinem* *tiefsten Wesen nach glücklich zu machen. Ein Glück, wie ich es nie gekannt und nach dem ich mich doch unbewußt gesehnt."*

Es wurde Agnes immer bewusster, dass sie bald ihr „altes Leben" als Tochter in der Familie Breuning zurücklassen würde. Langsam freute sie sich darauf: *„Ach, ich freue mich so sehr, bis ich einmal mit Dir verschwinden darf, fort aus allen den alten Verhältnissen, ein neues Leben in der Liebe mit Dir anzufangen."*

Emma war jetzt auch Braut und beide Schwestern träumten gemeinsam, wie sie mit ihren *„Eheherren"* wohl leben würden, was sie ihnen einmal auf den Tisch bringen wollten und mit was sie verwöhnt werden sollten. Sie richteten in Gedanken ihre Wohnung ein. Man musste auch praktisch denken: Die Aussteuer sollte überprüft werden. Alles musste angegangen werden. Emma freute sich auf ihr *„Pfarrhäusle"*, von dem sie schon in Briefen gelesen hatte. Friedrich würde eine Pfarrstelle in der Nähe seiner Schwester Margarethe bekommen, in Biesenrode, der Nachbargemeinde von Friesdorf. Die Geschwister Zeller hatten sich im Leben so wenig gesehen, dass dies eine erfreuliche Entwicklung war.

Als Friedrich und sein Bruder Theodor bei ihnen „im Urban" (so nannten sie ihre Wohnung in der Urbanstraße) zu Besuch waren, erzählten sie von Margarethe und ihrem genialen Ehemann Johannes Lepsius. (Margarethe wurde von vielen Maggie genannt, jedoch von ihren Brüdern nicht.) Margarethe hatte ihn in ihrem Elternhaus in Jerusalem kennengelernt. Er war als junger Hilfspfarrer häufig zu Gast gewesen. Ein Jahr später, im vergangenen Jahr 1886, heirateten sie. Margarethe (*1867) war ein Jahr jünger als Emma, Lepsius war ein Jahr älter als Rudolf (*1858). So war er 8½ Jahre älter als seine Frau, die im Sommer ihr erstes Baby bekommen hatte: Renate. Emma freute sich auf die gemeinsame Zukunft, wenn sie mit Friedrich in Biesenrode im Pastorat leben würde.

Dagegen blieb es noch lange offen, an welche Pfarrstelle Rudolf kommen würde. Es hieß, es könnte Calw werden. Friedrich musste nur noch auf die amtliche Bestätigung des Konsistoriums oder wenigstens des Superintendenten von Mansfeld warten. Er hatte bisher von keiner amtlichen Seite etwas gehört, alles war über den Schwager Johannes Lepsius gelaufen.

Emmas Zukunft lag in Sachsen, im Harz. Das war leider weiter weg. Man würde sich Briefe schreiben und hin und wieder besuchen. Emma freute sich darauf, Friedrich noch besser kennen und lieben zu lernen[9], wie Agnes es auch Rudolf geschrieben hatte.

Emma und Friedrich waren ein harmonisches Paar. Er konnte wunderbar Klavier spielen und ihren Gesang begleiten. Sie hörte von Friedrich, dass auch sein Schwager Johannes Lepsius eine schöne Singstimme, einen warmen Bariton habe und dass er den „Elias" in Jerusalem mit der christlichen Gemeinde dort aufgeführt habe. Er hatte dirigiert und dazu den Part des Elias gesungen.

Agnes und Rudolf verband ebenfalls die Liebe zur Musik, besonders der kirchlichen. Auch in diesem Jahr hörten sie Karfreitag die Passionsmusik in der Stiftskirche – diesmal saßen sie als Verlobte nebeneinander in der Bachschen Matthäuspassion. Rudolfs theologischer Interessenschwerpunkt war die Hymnologie, er befasste sich mit dem Kirchenliedgut. Agnes liebte ebenfalls die alten Kirchenlieder, besonders die (noch) unbekannten Schütz-Motetten.

Agnes und Rudolf verband auch das Interesse an Literatur. Agnes hatte sich vorgenommen, einfache theologische Lektüre zu lesen, um sich nach und nach zu Rudolf „hochzuentwickeln".

Die Brautpaare erfuhren nicht nur Zweisamkeit, es gab auch familiäres Leben. So erlebten sie an Tante Emmas Geburtstag im Juni ein kleines Familientreffen, zu dem Rudolf und Agnes zum ersten Mal als Verlobte erschienen. Agnes' Schwester Emma weilte leider anderswo, doch ihr Verlobter Friedrich kam, er gehörte schon zur Familie. Emma hatte ihnen einen „heimwehlichen" Brief geschrieben, gern wäre sie dabei gewesen. Deshalb gab ihr Agnes hinterher einen witzigen und geistreichen Bericht: Es wurde nicht nur Emma Reiningers Geburtstag gefeiert, sondern im Grunde ein nachträgliches Verlobungsfest mit der weiteren Verwandtschaft. Agnes saß im bräutlichen Weiß an der Familientafel und war stolz auf die Rede ihres Bräutigams, die er auf die Tante hielt. Präzeptor Mohl hielt eine Rede auf beide Brautpaare und Friedrich eine auf Großmama, die Schwester des Geburtstagskinds. Beide „Schwiegermütter" hätten ihn, den vom eigenen Elternhaus entfernt Lebenden, freundlich in ihre Familie aufgenommen. Von Friedrichs Ende der Rede erzählte Agnes: „Dann wünschte er der guten Großmama einen immer

mehr sich erweiternden Kreis von liebenden Angehörigen. Großmama war gerührt und selig, und die Tante Faber aber spottete jeder Beschreibung. Denke, wir saßen oben am Tisch Rudolf und ich
und waren gefeiert." Sie merkt noch an, dass Rudolf und sie die Gelegenheit wahrnahmen, sich bei Tante Faber für das Service zu be-
danken, welches sie zur Verlobung geschenkt bekommen hatten.

Ihre weiteren Briefe an Rudolf zeigen, dass ihr Glück immer
tiefer wurde. Dieses Glück wollte Agnes schützen: *„Ich sehe aber
auch die Fähigkeiten zu einem großen und ungewöhnlichen Glück,
einer wirklichen Harmonie, wie sie vielleicht selten auf dieser Erde
blüht. Das weiß ich gewiß, weil ich auch die Gefahren sehe…"*

Langsam wurde es Ernst mit der Heirat. Der Hochzeitstermin wurde für September festgelegt. Es sollte eine Doppelhochzeit werden.
Beide Paare wollten gemeinsam von Rudolfs Vater in der Stuttgarter
Stiftskirche getraut werden. Nur hatte Friedrich noch immer keine
schriftliche Bestätigung für seine zukünftige Pfarrstelle in Biesenrode. Für ihn wurde es eng. Er schrieb etliche Male an seinen Schwager Lepsius, um die Sache zu klären. Er bot ihm an, eine Probepredigt
zu halten. Der Hochzeitstermin war wegen der Angelegenheit eine
Woche verschoben worden auf den 25.9. Friedrich hatte bereits seine Heslacher Hilfspfarrerstelle gekündigt und veranlasst, dass seine Möbel und sein Ofen nach Biesenrode gebracht werden sollten.
So war es momentan kein entspannter Zustand für die Brautpaare.

Wenigsten hatte Rudolf seine schriftlichen Zusagen erhalten. Er
wurde „Diaconus", zweiter Pfarrer oder, wie man sagte, „Helfer"
in Blaubeuren. Friedrich kannte Blaubeuren gut aus seiner Repe-
tentenzeit am Blaubeurener Seminar und wusste manches über Rudolfs zukünftige Wirkungsstätte zu berichten. So hörten Rudolf und
Agnes von ihm über die eigenartige Mentalität der Blaubeurener.

Vor der Hochzeit mussten sich beide Schwestern noch mit unerwartet negativen Stimmen aus der Verwandtschaft bezüglich der
Doppelhochzeit befassen. Aus purem Aberglauben warnte vor
allem Großmama Breuning entschieden: *„… es sei des Glückes
zuviel, und daß keines der beiden Paare die Silberne Hochzeit erleben würde."* Aber auf diese Unkerei gaben sie nichts. Der Termin
der gemeinsamen Hochzeitsfeier wurde endgültig festgelegt. Es
war der 26. September 1887, ein Montag.

Die Doppelhochzeit

Agnes hätte bestimmt gern ein weißes Kleid zur Trauung getragen, doch das war dem Adel vorbehalten. Bräute aus der Bürgerschaft heirateten im schwarzen „Staatskleid", das sie später bei feierlichen Gelegenheiten tragen konnten. Es gibt kein Hochzeitsfoto von der Doppelhochzeit, aber stellen wir es uns so vor: zwei Bräute in schwarzen Kleidern mit Myrtenkranz und weißem Schleier, dazu hatte jede einen Brautstrauß (wie üblich) aus weißen Nelken – oder waren es bei Agnes Rosen? Zwei Bräutigame im schwarzen Gehrock mit weißem Stehkragen, weißen Manschetten und Krawatte.

Dann gab es Brautführer und Brautjungfern: Polly, Alice und zwei Freundinnen, eine davon Johanna Frutinger. Theodor Zeller schritt als Brautführer neben Alice in die Kirche. Sie feierten freudig miteinander das Doppelglück, egal was Großmama unkte.

Im Kirchenbucheintrag schrieb Pfarrer Günther als Berufsbezeichnung seines Sohnes *„Helfer in Blaubeuren"* und bei seinem bisherigen Hilfspfarrer Friedrich Zeller *„Pfarrer Biesenrode, Sachsen"*. Ob Friedrich bereits amtlich bestallt war oder nicht, sah keiner dem Eintrag an. Die Ehepaare fuhren für je zehn Tage in die Flitterwochen, die Verwandten feierten noch diverse Nachhochzeiten.

Beide Bräute hatten sich am Tag ihrer Hochzeit einen Schnupfen geholt. Rudolf kümmerte sich rührend um seine junge Frau und es ging ihr bald besser. Sie logierten feudal im Hotel „Villa Salem" in Lichtental. Mit ihnen weilten einige „Fürstlichkeiten" in Baden-Baden: Kaiser Wilhelm mit Familie, die Fürsten Leopold und Karl von Hohenzollern, der König von Belgien, die Großherzogliche Familie von Sachsen-Weimar und Kaiser Don Pedro von Brasilien. Da standen sie zusammen auf einer Liste mit den hohen Herrschaften: *„Herr Diaconus Günther mit Gattin"*. Rudolf hatte am 6. Oktober Geburtstag, den er zum ersten Mal mit Agnes beging.

Sie waren glücklich auf ihren langen Spaziergängen durch die stillen, sich herbstlich färbenden Wälder. Alles kannte Rudolf jetzt an ihr, nur eins blieb ihm verschlossen. Sie wollte ihm von ihrem Erleben erzählen, das sie in der Kindheit vom 4. - 13. Lebensjahr mit ihren „unsichtbaren Freunden" gehabt hatte. Vielleicht hatte sie es etwas ungeschickt angefangen, jedenfalls verstand er nicht, was sie meinte. So blieb es als Kindheitsschatz in ihr verborgen.

Blaubeuren 1887 – 1891:
„Wie gefällt Ihnen Ihr neues Pfarrhaus?"

In Blaubeuren bewohnten sie das neu erbaute „Helferhaus", ein schmuckes Backsteinhaus. Es war nicht zu groß für das junge Ehepaar mit ihrer Köchin Katharina, die Agnes aus Stuttgart mitgenommen hatte. Das Pfarrhaus ist heute noch das II. Pfarramt und steht am Kirchplatz gegenüber der weißen Kirche mit ihrem hohen Kirchturm, der mit zweistöckigem Laternenaufbau versehen ist. Das untere Stockwerk ist aus roten Backsteinen, das obere aus hellen Steinen gebaut, Ornamente aus roten und weißen Backsteinen zieren die Hauskanten bis unters Dach und den Dachgiebel. Aus dem dreigeteilten Wohnzimmerfenster sieht man direkt auf die Kirche. Agnes' Mutter, die so gern Wohnungen einrichtete, hatte in der Zeit, als das Paar in Baden-Baden weilte, den Einzug gemanagt und das neue Zuhause für Tochter und Schwiegersohn so schön wie möglich eingerichtet. Es fehlte an nichts. Für die Küche hatten sie alles von den Schwiegereltern aus Heslach bekommen. Der Salon war gediegen und Agnes freute sich an ihrem „königlichen" runden Tischchen aus dem Stuttgarter Schloss, mit der grünlich geäderten Marmorplatte und dem goldenen Messingrand. Sie hatte es gemeinsam mit seiner Geschichte geschenkt bekommen. Als sie ihre Wohnung zum ersten Mal betrat, fühlte sich Agnes sofort zu Hause, wie sie Emma schrieb. Sie berichtete ihr am 14. Oktober 1887 auch von ihrer Ankunft in Blaubeuren:

Der Empfang am Bahnhof war imposant gewesen. *„20 befrackte Herren, welchen* (sie) *sämtlich vorgestellt wurden"*, hatten auf sie *„im Wartesaal II. Classe"* gewartet. *„Es war hochoffiziell!"* Sie war sich wie eine hohe Persönlichkeit vorgekommen, als sie vom Dekan mit den übrigen Herren im Gefolge die Stufen hinunter zu einer Kutsche geführt wurde. Sie grüßte *„huldvollst hinaus"*. Es ging Richtung Städtchen bis vor die Kirche. Hier kamen sie an ihr Häuschen *„mit großen Tannenbäumchen umgeben, die Eingangstüre mit Kränzen von Tannen und roten Vogelbeeren geschmückt und links und rechts wieder Tannenbäume, und die Mädchenschule mit den Lehrern. Als wir ausgestiegen waren, sangen die Kinder 'Gott ist getreu'."* Rudolf hielt *„unter seinen Tannenbäumchen stehend eine Ansprache an die versammelten Völker, denn es strömte* *aus allen Häusern herbei von Kindern und Großen".* Dann sah Agnes ihre *„liebe, kleine Mama"*, die aus der Tür kam, *„in ihrer schönsten Staatshaube, Tränen vergießend vor Wehmut und Wonne".* Sie stiegen die Treppe hinauf. *„Oben war noch einmal bekränzt, sehr geschmackvoll über der Wohnzimmertüre."*

Agnes hätte sich gewünscht, dass Emma dabei gewesen wäre. So konnte sie es ihr nur schreiben und nach ihrem Befinden in Biesenrode fragen. Sie erfuhr, dass Johannes Lepsius versäumt hatte, den kirchlichen Dienstweg bei der Besetzung der Nachbargemeinde einzuhalten. Deshalb hatte Friedrich noch keine schriftlichen Bestätigungen für das Biesenroder Pastorenamt erhalten. Es sollte noch eine Weile dauern, bis das Pastorenehepaar ins Pastorat ziehen konnte. Friedrich wurde erst zum neuen Jahr angestellt!

Blaubeuren war ein kleines Oberamtsstädtchen im Landkreis Ulm. Der blaugrüne Blautopf hatte schon Eduard Mörike zur Geschichte von der „Schönen Lau" angeregt. Dieser Zauber liegt bis heute über der alten Mühle und dem mittelalterlichen Kloster, in dem seit Jahrhunderten ev. Seminaristen wohnen und unterrichtet werden. Dort war auch Rudolf Schüler gewesen und jetzt hier in Amt und Würden, denn am 16. Oktober 1887 sollte seine Investitur [10] sein.

Hierbei wird Agnes zum ersten Mal ihren Mann als Diakonus im Talar mit „Bäffchen" – wie die weißen Kragenteile der evangelischen Pfarrer heißen – oben auf der Kanzel der alten ev. Stadtkirche „Peter und Paul" predigen hören. Jetzt in der Kirche war er nicht mehr „ihr Rudolf", sondern der „Herr Helfer", der Prediger und Seelsorger dieser Gemeinde, der Filialgemeinde Urspring und noch weiterer Gemeinden. Dazu war er der „Herr Schulinspektor".

Stellen wir uns vor, wie Agnes in ihrem besten schwarzen Kleid, das sie zur Hochzeit getragen hatte, neben ihrer Mama *„in der schönsten Staatshaube"* in der Kirchenbank saß. Während des Gottesdienstes, in dem der Blaubeurener Dekan Rudolf feierlich einsetzte und auch die „Zeugen" (wie es noch heute üblich ist) eine kleine Ansprache hielten, konnte Agnes die Schönheit der weiß getünchten [11] spätgotischen Kirche aufnehmen. Das große freischwebende Holzkreuz mit dem geschnitzten Korpus Christi war der Mittelpunkt dieser Kirche.

Wie wird Agnes den Gottesdienst erlebt haben? Die Einsetzung nahm ihren Lauf und es kam die Predigt. Rudolf ging bei der letzten gesungenen Strophe des Liedes quer durch den Altarraum die Treppe zur feingeschnitzten hölzernen Kanzel hinauf. Oben angekommen wandte er sich kurz ab, um ein stilles Gebet zu sprechen. Danach nahm er sein Predigtamt auf: las den Bibeltext und legte ihn voller Klarheit und Wärme aus. Die Gottesdienstbesucher lauschten andächtig. Ab jetzt wird Agnes unzählige Male erleben, wie ihr Schatz – mit dem sie „vergnüglichste Stunden" erlebte und den Alltag teilte – sich in den „Mann Gottes" und amtlichen Vertreter der evangelischen Landeskirche des Königreiches Württemberg verwandelte. Agnes selber erhielt als „Frau Helfer" in der Gemeinde ihre Aufgaben. Alle Blicke waren bei den Begrüßungsworten des Dekans und des Kirchenvorstands auf sie gerichtet. Was erwarteten die Menschen von ihr? Das würde sich bald zeigen.

Welche Zeiten auf sie zukommen würden, ahnte sie noch nicht.

In Blaubeuren war es schön. Die Blau und das Flüsschen Ach, die dort in die Blau mündet, geben dem Ort im tiefeingeschnittenen Tal seinen verwunschenen Charakter. Rechts und links steigen die steilen bewaldeten Hänge der Berge mit ihren herausragenden Kalkfelsen auf. Dieses lange Tal gehört zur „Rauen Alb". Anfangs wanderte das junge Ehepaar im Herbst einige Male ausgiebig in dieser besonderen Umgebung. Agnes freute sich an den Unmengen von Silberdisteln, von denen sie am liebsten Emma einen Strauß geschickt hätte. Sie begleitete Rudolf auf seinen Dienstfahrten in seine Filialgemeinden, wo er regelmäßig Gottesdienst halten musste. Besonders gern fuhr sie mit ihm in den kleinen Ort Urspring.

Das Klima in dieser Gegend ist bereits im Herbst sehr rau, die Winter sind schneereich und kalt. Agnes zog sich bei einer dieser herbstlichen Fahrten eine schmerzhafte Neuralgie zu und musste deshalb meist im Haus bleiben. Weil Rudolf nun seine Spaziergänge alleine machen musste, nahm Agnes „Fips", den Hund ihrer Mutter, zu sich. Somit hatte Rudolf eine Begleitung.

Auf die junge Pfarrfrau warteten die Einführungsbesuche, die sie nach und nach absolvieren musste. Darunter litt sie sehr und stöhnte Emma im Brief vom März 1888 vor: *„O die vielen Visiten, durch die ich mich durchessen muß! O Schwesterherz, preise Dich glücklich, daß Du nicht in dem Maße Deine Zeit totschlagen mußt. Ich komme immer ganz gebrochen nach Hause, so grenzenlos öd und langweilig wird es einem, bis man alle die guten Sachen in sich hineingeschlagen hat.“* Sie war gerne daheim, wo sie sich zu Hause fühlte. Häufig war eine Gruppe von 5-6 Kindern bei ihr, kleine Mädchen aus der Kleinkinderschule, die gerne zur kinderlieben Frau Helfer kamen, *„alle seelenvergnügt und schwatzend und lachend und singend. So anspruchslose kleine Seelen.“*

Agnes leitete – wie für Pfarrfrauen üblich – einen Mädchenkreis. Sie ging es etwas anders als gewöhnlich an und betreute die weibliche Arbeiterjugend, wie sie es in London kennengelernt hatte. Wenn sie die jungen Fabrikarbeiterinnen der alteingesessenen Leinenfabrik Lang zu einem besonderen Abend einlud, strömten sie zu ihr. Bei Agnes fühlten sie sich wohl und lauschten gern ihren lebendigen Erzählungen. Auch lasen sie mit ihr Schillers Wilhelm Tell. Als Agnes Szenen mit der Gruppe aufführen wollte, wurde sie beim Einüben von einem verständnisvollen Lehrer unterstützt. Die Texte hatten die Mädchen während der Arbeit an den Webstühlen gelernt, sie webten mit ihrem Schillertext auf dem Schoß. Es war Agnes' großes Anliegen, diesen jungen Menschen *„ein Licht in ihrer Seele“* anzuzünden. Als in der Weihnachtsfeier die Mädchen vor Glück strahlten, fühlte sie sich bestätigt.

Rudolf hatte mit der männlichen Jugend zu tun, am Sonntagabend leitete er den Lehrlingsabend.

Agnes beschrieb Emma ihre Sonntage, die richtige Arbeitstage waren. Rudolf musste manchmal erst in Blaubeuren, dann in zwei, drei Filialgemeinden hintereinander Gottesdienst halten, *„Predigt 1-2-3, wie's kommt“*. Es folgten Kinderlehre und Lehrlingsabend. Sie beschrieb auch, wie gut ihre Werktage strukturiert waren: Vormittags hielt Rudolf entweder Religionsunterricht oder arbeitete im Studierzimmer oder der Registratur, die daneben im Parterre lag. Sie holte ihren Mann um 12 zum Essen ab. Er blieb dann bis um 2 Uhr bei ihr oben. Wenn es das Wetter und die Gesundheit zuließen, gingen sie mit dem Hund spazieren. *„Um 3 Uhr zieht sich der Gebieter zurück und ich gehe an meine verschiedenen Geschäfte.“*

Ihre Geschäfte waren nicht hauswirtschaftlicher Art, dafür hatte sie Katharina. Agnes nähte für die Armen, schrieb Verschiedenes für ihren Mann ab, übersetzte zum Beispiel für ihn eine englische Predigt, und sie malte. Sie arbeitete an einem Porträt von Rudolf, das er zu Weihnachten bekommen sollte, malte für ihre Schwestern und zeichnete orientalische Teppichmuster; Letztere für Pastor Lepsius, der in Friesdorf mit seiner Frau Margarethe eine Teppichmanufaktur für arme Tagelöhnerfrauen und -töchter aufbaute. Emma hatte Agnes im Auftrag ihres Schwagers um Teppichmuster gebeten. Gewissenhaft nahm Agnes diese in Angriff und schickte die Entwürfe mit einem Begleitschreiben an Pastor Lepsius.

Zu Abend aßen sie, wie sie Emma weiter schrieb, um halb 8 oder 8. Dann begann der gemütliche Teil des Tages. Aber nicht immer, denn oft schrieben sie gemeinsam die Eintragungen in die Kirchenbücher oder es mussten die *„Diözesangeschichten versandt und registriert"* werden. Dazu merkt sie an: *„Ein widerwärtiges Geschäft, wo uns die gute Laune allemal auszugehen droht."* Aber sie opferten lieber einen Abend, damit Rudolf der Tag für andere Arbeit blieb.

Es gab in der Woche zwei feste Abendtermine, auf die sie sich freuten: einmal die nette Runde bei ihnen nach der Bibelstunde. Dazu gehörten wichtige Persönlichkeiten von Blaubeuren: der Leinenfabrikbesitzer, Kommerzienrat Lang mit seiner Frau Johanna und der Direktor dieser Firma, Herr Wächter mit Ehefrau – alle nicht mehr ganz jung. Vor allem mit Langs verstand sich das junge Pfarrerehepaar. Manchmal wurden sie von ihnen zum Mittagessen eingeladen. Die Langs wohnten am Stadtrand gegenüber ihrer Fabrik „auf der Bleiche". Deshalb nannte Agnes die Hausgemeinschaft der Langs unsere „Bleichfreunde". Zum Hauswesen des kinderlosen Ehepaars gehörten Verwandte, die bei ihnen lebten.

Der andere wöchentliche Abendtermin war ihr „Theologischer Kreis". Sie hatten von Anfang an in Blaubeuren freundschaftlichen Kontakt zu Rudolfs Studienkollegen Eberhard Knapp, der als Repetent am Seminar unterrichtete. Da auch Rudolf dort Religionsunterricht hielt, waren sie nun Kollegen. Emma erfuhr: *„Zuweilen kommt auch Freund Knapp zum Kaffee mit Zigarre, und das ist dann sehr gemütlich. Wir haben ihn beide sehr gern, und er ist uns ein wirklicher Freund."* Dies zeigte sich, als Rudolf im ersten Winter stark erkältet war, heftige Fieberanfälle hatte und Eberhard selbstverständlich Gottesdienste und Schulstunden übernahm.

Zum „Theologischen Kreis" gehörten zwei weitere Teilnehmer. Sie lasen zu fünft theologische Texte und diskutierten anschließend darüber – Agnes und vier studierte Männer! Sie drang langsam in die Materie ein und begann die Inhalte und Zusammenhänge zu verstehen. Sie hatte stapelweise theologische Bücher gelesen, die Rudolf ihr gegeben hatte. Dass sie nun im Gespräch mithalten konnte, war ihr die größte Freude. Auch wenn sie sich nicht oft äußerte, verstand sie genau, worum es beim Disput der studierten Herren ging.

Bis spät nachts dauerten die „Theologischen Abende". Emma erfuhr: „Nur können sich die guten Leute nicht trennen, und es wird immer greulich spät, der Eberhard (Knapp) ist auch so ein Seßhafter und mein Schatz vollends. Das ist der Höhepunkt unseres Lebens." Ihr Fazit war: „Ich bin sehr glücklich in der Liebe zu meinem Schatz" und „die Ehe ist eine sehr geeignete Einrichtung". Aber etwas blieb noch offen, wie sie ihrer lieben „Mitverehelichten" andeutete: „Freilich habe ich noch einen großen, großen Wunsch, aber den ahnt das Immenkind gewiß nicht?" Eine andere Erfahrung gab sie der Schwester auch weiter: „Mein lieber Schatz ... ist tief in seiner Predigt vergraben, da sieht und hört er nicht und kennt sein Weib kaum."

Viele Jahre später wird Agnes im Rückblick auf ihre ersten Ehejahre dem Freund Eberhard Knapp schreiben: „Damals in Blaubeuren hatte ich ja das entsetzliche schwierige Geheimnis zu ergründen, wie man sich mit 2400 Mark (im Jahr) eine Bibliothek anlegt und nebenbei existiert. Und ich mußte wach sein, sonst verlor ich Schlüssel und machte meinem lieben Mann das ohnehin ärmliche und entsagungsvolle Dasein noch schwieriger."

1888 ging in die Geschichte als das „Drei-Kaiserjahr" ein. Am 9. März verstarb Kaiser Wilhelm I., Nachfolger wurde sein Sohn Friedrich III. Er litt jedoch unter Kehlkopfkrebs und starb bereits am 15. Juni. Deutschland bekam seinen dritten Kaiser, Wilhelm II.

Der politische Wechsel änderte das Leben der kleinen Pfarrfrau nicht, ihre eigenen Notzeiten blieben und beeinträchtigten Agnes sehr. Wie schon zu lesen, war ihr großer Kummer Rudolfs mühevolles Leben: Er arbeite das ganze Jahr ohne Urlaub, ohne freie Sonntage, nicht einmal an Weihnachten war wenigstens ein Tag frei. Und das alles ohne Gehalt im ersten Jahr (nur für die Schulinspektion).

Agnes verzichtete für sich auf alles, wenn nur Rudolf einmal wieder ein Buch kaufen konnte. Sie wünschte sich jedoch von Herzen ein Kind. Das war ihr *„großer, großer Wunsch"*, den sie Emma angedeutet hatte. Emma war bereits im August 1888 (am 9.) Mutter geworden. Beim kleinsten aufkommenden Neidgefühl musste sich Agnes sagen, dass sie *„sogar froh sein"* müsse, dass ihnen *„der Storch noch kein Kleines aus dem Blautopf gebracht"* hatte, da sie das erste gehaltlose Jahr bis zur Nachzahlung abwarten mussten. Friedrich in Biesenrode bekam zwar sein regelmäßiges Einkommen, doch musste er – wie damals üblich – in den ersten Jahren ein Drittel seines Gehalts an seinen Vorgänger als Pension bezahlen.

Agnes sparte und sparte. Dies wurde jedoch schwierig, wenn sie laufend Rudolfs Studienfreunde im Sommer zu Gast hatte und der Besuch zu bewirten war: *„In den letzten Tagen war ich nicht ganz wohl und hatte Gäste, sehr viele, aber alles Herren, das weibliche Geschlecht ist in meinem Hause fast nur durch mich und meine Katharina vertreten. Freunde von Rudolf kommen und wohnen bei uns in ganz ungenierter Weise und sind mit so wenig Gepäck versehen, daß ich genötigt war, mir einen Gastkamm anzuschaffen, Seife und Hausschuhe verstehen sich am Rande. Katharina sammelt sich auch ein kleines Vermögen an Trinkgeldern …"*

In diesem Sommer wurde Agnes 25. Ihr Geburtstag wurde kaum gefeiert, da Rudolf es anscheinend nicht anders kannte und Agnes ihre Bedürfnisse vollkommen zurückstellte. Aber sie sollte dennoch eine große Geburtstagsfreude erleben: Emma überraschte ihre Schwester mit einem per express geschickten Geburtstagskorb voller Lebensmittel. Persönlich hatte Agnes wohl nicht viel davon. Im August schrieb sie folgende Dankesworte: *„Noch habe ich Dir gar nicht für den so ausgezeichneten Geburtstagskorb gedankt, die sehr gute Wurst, die bei Euch bereitet wird, hat den ungeteilten Beifall meiner Herren gehabt, und was Dich vielleicht noch freuen wird, fiel die Edle auch noch auf sehr dürres Land, indem ich damals schrecklich arm war und dies dem armen Rudolf nicht gern gestehe, da es ihn sehr betrübt, daß er mit all seiner angestrengten Arbeit nicht soviel verdient, daß wir davon leben können. Du wirst es* *gewiß verstehen, was es heißen will, 85 M. im Monat Besoldung und die Gebühren gerade ausreichend, um das Reisegeld, den Wagen nach dem 2½ Stunden entfernten Filial zu zahlen! Doch Gottlob, bald geht dies Jahr zu Ende, nur noch 2 Monate, dann bekomme ich den vollen Gehalt."* Wie sich zeigte, änderte sich die Lage für Agnes kaum, da Rudolf jetzt endlich die Bibliothek mit seinem sauer verdienten Geld aufbauen wollte (die er als Theologe brauchte).

Leider hatte sich Ende des Sommers 1888 ihr Theologischer Kreis aufgelöst: Eberhard Knapp zog fort, ein weiteres Mitglied ebenfalls und der Realschullehrer Teufel bereitete sich auf ein Examen vor, um Professor an einer höheren Schule zu werden. So lasen und studierten Rudolf und Agnes in den besuchsarmen Zeiten abends nur zu zweit. Sie entdeckten hierbei Adalbert Stifter und freuten sich an der „Christlichen Welt", ein „Evangelisches Gemeindeblatt für Gebildete aller Stände", das seit 1886 monatlich erschien. Durch die literarischen, theologischen und gesellschaftlichen Beiträge erhielten sie geistige Anregung und Gesprächsstoff.

In diese Zeit fiel ein besonderes Ereignis, das sie im Hause des Kommerzienrats Lang erlebten. Später erzählte Agnes davon zur Bestätigung ihrer besonderen Wahrnehmung: Als sie bei Langs waren, stellte ihnen der Hausherr seinen geschätzten Prokuristen vor, der sein ganzes Vertrauen genoss. Agnes prallte bei dessen Anblick zurück und flüsterte Rudolf zu: *„Um Gottes willen, das ist ja ein Verbrecher!"* Das war zwar unhöflich, doch in diesem Augenblick war sie von der Ausstrahlung dieses Mannes so betroffen, dass sie nicht an sich halten konnte. Es sollte der Zeitpunkt kommen, an dem es für alle ersichtlich wurde, dass Agnes den Mann durchschaut hatte. Er *„hatte eine ... bedeutende Summe unterschlagen".* Durch dieses Erlebnis, wird deutlich, dass sie mehr als die meisten Menschen wahrnahm. Gerhard Günther schrieb hierzu: *„Es war dies einer der Akte, in denen die Impulsivität und zugleich die vorausschauende Hellsichtigkeit meiner Mutter fast erschreckend zutage trat."* Agnes war sensibel und spürte sofort, ob sie die Nähe eines Menschen angenehm oder fremd und gar abstoßend fand. Das machte es für sie nicht einfach.

Nach dem Sommer fehlte, da sich der Theologische Kreis aufgelöst hatte, ihnen der geistige Austausch mit gleichaltrigen und -gesinnten Menschen. Agnes erklärte Emma im Brief: *„Einsamkeit und Einsamkeit ist zweierlei; am Sonntag nach der Kirche habe ich meinen ganzen Salon gesteckt voll mit Menschen, die mich zum millionstenmal fragen, wie mir mein neues Haus gefällt, bei welcher Frage ich nur die Zunge herausstrecken möchte, denn was darüber zu sagen ist, habe ich schon bei jeder Gelegenheit von mir gegeben.“*

Friedrich konnte am besten verstehen, wie es Rudolf und Agnes in Blaubeuren ging, er hatte sie ja darauf vorbereitet. Sie machten dieselben Erfahrungen wie er damals. *„Wir könnten auf dem Montblanc wohnen und wären dort nicht so einsam wie hier.“*

Dazu kam, dass Biesenrode so weit entfernt war. Agnes sehnte sich danach, jetzt bei Emma und Friedrich zu sein und ihren kleinen Neffen Herbert Magnus in den Arm zu nehmen! Wie beneidete sie ihre Schwester Alice, die dort das neue Familienleben miterlebte. *„Wir haben so oft und viel an Euch gedacht und an den Dritten im Bunde, der ja nicht nur uns, sondern der ganzen Familie das interessanteste der jemals gewesenen oder kommenden Babys ist. Welch unbeschreibliche Freude es mir wäre, einen Blick in Eure Heimat tun zu können, darf ich Euch wohl nicht sagen ...“*

Da sie ihren kleinen Neffen nicht sehen konnte, stillte sie ihr Verlangen, indem sie in der Ulmer Kinderkrippe bei *„14 klein-winzigen Pfleglingen“* ein Kind sehen wollte, das wohl aussah wie Emmas Baby, *„fand da aber lauter so rote Köpfe, daß mir das durchaus nicht auf das Idealkind mit den klaviertüchtigen Händen stimmen wollte“.*

Agnes, die bisher immer ihre tüchtige Katharina als Köchin hatte, musste auf diese Unterstützung für eine Weile verzichten, da Katharina in der eigenen Familie einspringen musste. Jetzt war es an Agnes, selber zu kochen, obwohl sie es nie gelernt hatte. In ihren Kreisen gab es immer eine Köchin. Stolz servierte sie Rudolf die ersten selbst gekochten und gelungenen Mahlzeiten. Sie meinte, sie wäre noch nie so stolz über eine gelungene Malerei gewesen wie jetzt auf ihre bescheidenen Kochkünste.

4. Eine neue Zeit bricht an: 1889 – 1891

In freudiger und banger Erwartung

Im Frühjahr 1889 veränderte sich Agnes' Leben in erfreulicher Richtung. Ihr Wunsch wurde nach langem Warten erfüllt: Sie erwartete ein Baby und es ging ihr dabei sehr gut. Das andere Positive war, dass sie – die perfekt Englisch sprach – sich intensiv mit englischer Literatur befassen konnte, da sie Herrn Reallehrer (vom Ex-Theologischen Kreis) bei seinen Vorbereitungen auf das Professorenexamen unterstützte. Einmal in der Woche kam er zu ihr ins Helferhaus und gemeinsam arbeiteten sie seine englische Pflichtlektüre durch. Sie lasen *„immer in großen Eifer"* Shakespeare und den altenglischen Roman *„Paradise Lost"* von Milton. Anschließend tranken sie gemeinsam mit Rudolf Tee.

Mit der Frau des Reallehrers hätte Agnes gern Kontakt gepflegt. Sie war eine interessante Frau – ehemals Schauspielerin –, die leider mit ihren kleinen Kindern vollkommen überlastet war, obwohl ihr Mann unüblicherweise bei Haushalt und Kindern half. So kam nie ein Besuch zustande. Frau Reallehrer konnte nicht von zu Hause fort und Frau Helfer konnte nicht zu ihr, weil Frau Reallehrer ihren Haushalt nicht schaffte. Nie war sie empfangsbereit, wenn Agnes bei ihr spontan hereinschauen wollte, sie genierte sich über die zum Trocknen aufgehängten Windeln. Dabei waren Windeln gerade das, worauf Agnes sich freute. Mit diesem Hinweis teilte sie ihrer Schwester Emma ihre glücklichen „anderen Umstände" mit.

Sie war als werdende Mutter gesund, energiegeladen und hatte großes Bedürfnis nach Bewegung. Sie lief ausgiebig mit Fips, am liebsten den „Tugendpfad" von Blaubeuren nach Gerhausen hoch; 2½ Stunden mindestens dauerte der Fußmarsch.

Dass Rudolf nicht begeistert von dem bevorstehenden Ereignis und dem Leben mit einem Säugling war, sah sie ihm verständnisvoll nach. Auch dass er sich offensichtlich mit Grausen abwandte, wenn er einmal eines der Babykittelchen zu sehen bekam, an denen Agnes nähte, verzieh sie ihm. Denn sie wusste, Vatergefühle würden sich bei Rudolf, wenn das Kind erst einmal geboren sein würde, noch einstellen.

Die Zeit der Vorbereitung auf das Kind war ihre persönliche, weibliche Zeit, in der sie ihre ganze Babyausstattung selber nähte. Dies bereitete ihr einerseits viel Freude, andererseits auch Sorgen, denn es ging ins Geld, wenn sie Stoffe und Wolle kaufen musste. Sie hatten weiter keine müde Mark übrig, noch immer hieß es sparen und wieder sparen, wie es bereits vor der Schwangerschaft gewesen war. Die Bücher für eine Bibliothek – für Rudolf nach wie vor von ungeheuerer Bedeutung – waren teuer. Agnes wollte ihn auf keinen Fall betrüben; jetzt galt es, ihm noch mehr Wohltaten angedeihen und es an nichts mangeln zu lassen. Gerade weil das Baby großen Raum in ihrem Herzen einzunehmen begann.

Ihr Kind sollte Ende September/Anfang Oktober auf die Welt kommen. Obwohl Agnes nach ärztlicher Einschätzung eng gebaut war und der Arzt sagte, *„ohne Kämpf"* gehe es bei ihr nicht ab – sie sprach deshalb von der Geburt nur als der *„Katastrophe"* –, war das nicht ihr größtes Problem.

Das Gefühl der Verlassenheit schaukelte sich in ihr immer höher und wurde nahezu unüberwindlich. Sie vermisste ihre Mutter, die Emma im vergangenen Jahr bei der Geburt und im Wochenbett beigestanden hatte. Weit und breit hatte Agnes in Blaubeuren keine weibliche Verwandte. Die Vorstellung, eine fremde Frau einzustellen, war ihr grauenvoll. Vor allem war ihr die Versorgung ihres Mannes wichtig, ihm sollte es an nichts mangeln. Deshalb fragte sie schließlich ihre Schwester Polly, ob sie nicht zu ihr kommen könne. Als die befreiende Antwort kam, schrieb sie postwendend: *„Mein allerliebster, goldiger Pöller! Beinahe Freudentränen habe ich vergossen über das yes I will aus Deinem Brief, und mein Kleines hat einen Freudensprung gemacht, das einzige Kunststückchen, was es bis jetzt kann ..."* Auch für Rudolf waren es erfreuliche Aussichten: *„Mein lieber Rudolf war gerührt, als ich ihm die Nachricht mitteilte, und äußerte zum erstenmal, seit dieses Ereignis bei uns in Betracht gezogen wird, etwas wie Freude darüber. Nun freu ihn erst „die ganze Leich"[12], wenn seine Polly für ihn sorgen könne und er nicht so ganz in den Hintergrund treten müsse."*

Jetzt konnte Agnes planen, wie alles geregelt werden sollte: Polly wird bei ihr im Schlafzimmer in Rudolfs Betthälfte schlafen.

Rudolf braucht seine Ungestörtheit, Schlaf ohne Babygeschrei in der Nacht, deshalb wird er nach unten in die Registratur ziehen.

Hiermit war das ihr unüberwindlich erscheinende Problem gelöst und sie hätte sich befreit auf ihr Baby und auf Polly freuen können, wenn nicht anderer Kummer sie mehr und mehr beschwert hätte. Schon lange schwelte fast unbemerkt ein Konflikt mit der Schwiegermutter, der jetzt vermehrt zu spüren war. Agnes behielt das Problem für sich, obwohl es sie unglücklich machte.

Deshalb hatte ihr ein Besuch bei den Verwandten in Stuttgart gutgetan. Sie war moralisch gestärkt worden, als sie mit den Schwestern, der Großmutter und Tante Emma ihren 26. Geburtstag feiern konnte. (Diesmal war er keine Nebensache!) Sie wurde reich beschenkt: 20 Mark! Dazu eine Nähmaschine, die sie gut brauchen konnte. Sie hatte bereits viel Babyausstattung mit der Hand genäht und war lange nicht fertig. Daher liefen ihr beim Anblick der Nähmaschine Freudentränen übers Gesicht. Mit dem Geld konnte sie Stoff für die Tragekissen und das Deckbettchen kaufen.

Einige Zeit nach ihrer Rückkehr schrieb ihr Polly von ihrem merkwürdigen Erlebnis mit Frau Stadtpfarrer Günther, Agnes' Schwiegermutter, die Polly immer wieder gern in Heslach besuchte. Unerklärlicherweise erlitt sie diesmal eine Abfuhr, sie wurde weggeschickt. Der Brief öffnete Agnes' innere Schleusen. Endlich konnte sie jemandem Einblick in ihren schweren Schwiegermutter-Konflikt geben, da dieser mit Pollys Erfahrung zu tun hatte. Jetzt konnte sie ihre eigenen schmerzlichen Erfahrungen mit der Babyausstattung schildern. Sie schrieb an Polly: *„Wie weh mir das tut ... und ich kann mir nicht denken, mit was wir das verschuldet haben, daß plötzlich das Kleinste zuviel ist ... Ich fürchte sehr, sie will es zu einem Bruch kommen lassen, ich tue aber gewiß alles und lasse mich lieber schlecht behandeln, als daß ich von meiner Seite irgend welchen Anstoß dazu gebe. Ich bemühe mich schrecklich, immer gleichmäßige freundliche Briefe zu schreiben, auch wenn mein Herz mir noch so weh tut."*

Kürzlich hatte Rudolf, als er seine Mutter in ihren Krankentagen für ein paar Tage besuchen wollte, die ganze „Entladung" abbekommen, sodass er seinen Besuch abbrach: *„An dem einen Tag,*

den Rudolf in Heslach zubrachte, hat er soviel Haß erfahren und
Bitterkeit sowohl gegen mich als gegen ihn selbst, daß er aufs tief-
ste betrübt so schnell als es ihm möglich war wieder abgereist ist."

Es ging nicht um Kleinigkeiten, das eigentliche Problem saß tiefer. Den erschütternden Hassausbruch gab Agnes in ihrem Brief
nicht weiter. Wir können nur vermuten, was seine Mutter ihm vor-
warf: dass er nur „Helfer" statt Universitätsprofessor sei und mit
dem bisschen Geld auskommen müsse, wenn er schon eine Frau
ohne finanziellen Hintergrund geheiratet habe. Man hätte annehmen können, dass die Tochter aus dem Bankhaus Breuning & Fischer eine ansehnliche Mitgift bekäme, doch da sei ja fast nichts!
Wenn er zusätzlich ein Kind ernähren müsse, würde noch weniger
aus seiner akademischen Laufbahn werden.

Agnes tat sicher gut, Polly Folgendes anzuvertrauen: „*Denn
auch das kleine Wesen, das noch nicht einmal da ist, wird in diesen Bann hineingezogen, es werde ja doch nur ein Unglück für
mich sein, da ich es weder erziehen könne noch wolle, auch nicht
pflegen, wie es sich gehört. Kräftig werde es auch nicht werden
oder gesund. Das hat Rudolf alles zu hören bekommen, als er dort
war.*" Nur dachte die Schwiegermutter nicht alleine so: „*Da auch
Rudolf nicht viel gute Hoffnung für das arme kleine Ding hat, muß
mein Mutterherz jetzt schon viel Schmerz leiden.*"

Sie weinte um ihr Kind, sie weinte um Rudolf. Sie verstand ihn
gut und erklärte Polly: „*Dein Schwager Rudolf ist sehr, sehr lieb
gegen mich, er ist sehr lieb, aber hat eben auch viel Sorgen und ein
weiches Herz, dem die Entfremdung von seiner Mutter sehr weh
tut.*" Er schob den Hass seiner Mutter auf deren Krankheit und
tröstete sich und Agnes damit, dass es wieder vergehen werde.

Als sie noch einmal gemeinsam in Heslach waren, erlebte Agnes
selber, wie seine Mutter zu ihrem Sohn durchweg unfreundlich war.
Agnes schrieb Polly, dass sie sich hüte, Rudolf in Schutz zu nehmen oder gar zu erzählen, wie lieb er als Ehemann zu ihr sei, damit sie den Hass auf ihn nicht weiter schüre. Vier Wochen vor der
Niederkunft schrieb Agnes Polly, was sie diesmal selber zu hören
bekommen hatte: „*Sie hat ja auch mir gesagt, das Kind würde ja
doch nicht leben, und wenn es leben sollte, könnte ich's nicht erziehen und selbst pflegen. Das hat mir sehr wehgetan. Doch kann*

man Mama nicht nach ihren Aussprüchen beurteilen ... " Rudolfs
Mutter war über Monate krank gewesen, das relativierte manches.

Abgesehen vom traurigen Schwiegermutter-Konflikt ging es der
zarten Agnes in ihrer Schwangerschaft körperlich gut. Ihr ging es
sogar blendend, sie fühlte sich *„pudeleswohl"* und konnte arbeiten
„wie noch nie, grobe Arbeiten" waren ihr ein Genuss, sie brauchte
sie, um *„nur einigermaßen des überquellenden Lebensgefühls
Herr zu werden".* Auch ihr kleiner Garten am Haus spiegelte dies
wieder: *„In meinem Gärtchen wachsen dieses Jahr so wunderschöne Blumen, Kapuziner, wie Du sie noch nie gesehen hast, so
schön in allen Farben, sogar rosarote. Es ist eine Pracht."*
Rudolf hingegen wurde immer erschöpfter und litt unter starken
Kopfschmerzen, wie Agnes ihren Lieben in Stuttgart schrieb: Rudolf *„hat alle Tage Kopfweh und hat Nerven",* konnte *„kaum noch
eine Stunde lang hinter seinen sonst so heißgeliebten Büchern sitzen".* Er sei überarbeitet. *„Es ist kein Wunder, arbeitet er ja doch
jetzt beinahe 2 Jahre fort ohne jede Unterbrechung, ja ohne Sonntag, was das anstrengendste ist ..."* Agnes wandte ihre *„Zauber-
künste"* an, sie nannten es *„schärcheln".* Schon seit ihrer Verlobungszeit hatten sie herausgefunden, wie wohl es Rudolf tat, wenn
sie ihm *„... über die Stirn (strich) und ihm ganz zart die Kopfhaut
massierte".* Ihre Hände schienen eine besondere Energie, einen *„sanften Strom"* weiterzugeben. Aber jetzt konnte sie ihm nicht mehr helfen, da Rudolf zu abgearbeitet war. Wie war sie froh, als sich dann
wider alle Hoffnung eine preiswerte Gelegenheit für Rudolf bot, einmal fortfahren und ausspannen zu können: Zusammen mit dem Helfer Goes konnte er ein paar Urlaubstage am Bodensee beim gemeinsamen Freund Eberhard Knapp verbringen und ihn trösten, dessen Verlobung gerade in die Brüche gegangen war.
Als „Strohwitwe" schrieb Agnes am 3. August: *„Rudolf ist in
dem schönen Friedrichshafen, badet, tourt mit dem Helfer, trinkt
abends Thee mit dem trostbedürftigen Eberhard und dessen Mutter, der lieben Frau Dekan, und der geistreichen Fräulein Sophie,
seiner Schwester."* Sie berichtete den Schwestern auch, dass sie
die Zeit für Näharbeit nütze, die Wohnung umräume und schufte,
wobei sie Möbel rücke und Öfen umsetze. Sie schrieb von den

schlimmen Nächten, in denen sie glaubte, es ginge bald mit der Geburt los. Doch so weit war es noch nicht und es genügte, dass sie sich etwas ausruhte.

Als Rudolf in bester Laune und entspannt zurückkam, versprach er Agnes, dass sie nach Biesenrode fahren dürfe, sobald es die Umstände mit dem Baby erlauben würden. Im Brief an Emma fügte Agnes gleich ihre vorsichtige Einschränkung hinzu: *„… wenn es überhaupt Gottes Wille ist, daß ich die große Freude haben soll, ein eigenes Kind ans Herz zu drücken. Was man bis jetzt wissen kann, scheint alles in Ordnung zu sein …"* Und weiter: *„Nun habe ich noch die große Hoffnung, daß, wenn Mama Großmama geworden ist und mein Kind am Leben bleibt, daß sie dann eine Freude haben wird und uns wieder näherkommen wird."*

Damit Polly nicht ganz unvorbereitet im Umgang mit dem Neugeborenen sei, riet Agnes ihrer Schwester, in einer Stuttgarter Kinderkrippe Erfahrungen zu sammeln. Am 13. September ließ sie Polly wissen: *„Liebster Poll, es steht nicht mehr zu lange an mit mir, ein solch' dicker Kasten bin ich auf einmal geworden, und in meinem Bett ist kein bequemes Plätzchen mehr."* Deshalb meinte sie, dass Polly am besten demnächst zu ihr kommen sollte. Sie könnte ihr dann in Ruhe zeigen, *„wie der liebe Rudolf die Sachen haben will, das ist mir am wichtigsten, daß er gut versorgt ist"*. Auch hatte sie sich noch allerhand Arbeit vorgenommen: Sein Zimmer unten gründlich putzen, was jetzt noch nötig sei, die Amtsbibliothek etc. Dazu hätte sie gern Pollys tatkräftige Hilfe. *„Ich arbeite oft fast über meine Kräfte. Laß mich nicht im Stich! Deine innig liebende und sich sehr nach Dir sehnende Agnes."*

Agnes war als Pfarrfrau keine Privatperson, so wurde sie von vielen Frauen aus der Kirchengemeinde besucht, auch noch in den Tagen vor der Geburt. Natürlich erwarteten sie dann Agnes' Gegenbesuche. Aber hierbei hatte sie einen Grundsatz entwickelt, den sie Emma wissen ließ: *„alle Damen etwa 4- bis 5-mal zu mir kommen zu lassen, ehe ich mich bei ihnen blicken lasse, und doch kommen sie mit rührender Geduld zu mir …"* Wir merken, dass Agnes nach zwei Jahren langsam in Blaubeuren Fuß gefasst hatte.

Mutterfreuden – Mutterleiden: 1889 – 1891

Eine Woche früher als erwartet brachte Agnes einen gesunden Jungen zur Welt. Vier Tage zuvor hatte sie noch an Emma geschrieben: *„… auch jetzt noch erfreue ich mich eines beinah ungetrübten Wohlseins, schlafe wie ein Dachs, habe Hunger, wenn man mich ansieht, und gehe meine Treppen des tags hundertmal auf und ab. Und das Heißersehnte will sich nicht einstellen, und nun sind es noch nach meiner Berechnung 10 Tage bis zur Katastrophe."*

Das Baby wurde am Sonntagmorgen, den 29. September 1889, geboren. Nebenan war der Sonntagsgottesdienst, die Vaterunser-Glocken läuteten gerade. Rudolf allerdings war im Filial Ursprung und hielt dort seinen Gottesdienst. Agnes hatte alles gut durchgestanden, Mutter und Kind waren wohlauf. Nun begann die damals in bürgerlichen Kreisen übliche lange Liegezeit. Frühestens nach drei Wochen konnte die Mutter ans Aufstehen denken. Agnes schrieb ihrer Mutter am 25. Oktober: *„Meine liebe Mama! Endlich gelingt es mir, Dir, wie ich mich schon so lange sehnte, zu schreiben. Nun bin ich Gottlob schon seit letzen Sonntag auf, nachdem ich volle 3 Wochen auf einem Fleck gelegen bin. Ach, liebe Mutter, könntest Du mein Kindlein sehen und seine glücklichen Eltern, welche Freude hättest Du! Der liebe Rudolf sieht so strahlend aus, wenn er seinen Gerhard betrachtet. Es geht unserem Kindlein auch immer so gut, in 10 Tagen hat er um 300 Gramm zugenommen."*

Das Kind wurde am 27. Oktober von Rudolf zu Hause getauft. Damals waren Haustaufen üblich. Rudolf trug später die Taufe gewissenhaft ins Kirchenbuch ein. Dieser Eintrag für *„Max Hermann Rudolf Gerhard Günther"* brauchte wesentlich mehr Platz als die übrigen Einträge, denn nach dem Eintrag der Eltern folgte die ungewöhnlich lange Liste der Paten. 7 bekam der kleine Gerhard: *„1. Rudolf Günther, Pfarrer in der Karlsvorstadt, Stuttgart, 2. Mathilde, dessen Ehefrau, 3. Polly Breuning, ledig von Stuttgart, 4. Rosalie Breuning, Bankiers-Witwe in Stuttgart abs., 5. Max Reischl, Professor Lic. Theol. in Stuttgart, 6. Johanna Lang, Kommerzienrats Gattin hier, 7. Maria Wächter, Direktors Gattin hier abs."*

Die Großeltern Günther waren beide Paten und gemeinsam anwesend. Rudolfs Mutter war folglich wieder gesund, alles schien wieder gut zu sein. Bei der Taufe waren mit den glücklichen Eltern mindestens sieben Erwachsene um den kleinen Täufling versammelt. Der kleine „königliche" Marmortisch wurde zum Tauftisch.

Liest man den Taufeintrag, der vor Gerhards Eintrag steht, sieht man, dass Rudolf am Sonntag zuvor einen kleinen Jungen namens Johann Georg getauft hatte, der fünf Tage danach am Freitag, den 25. Oktober 1889, gestorben war. So nah lagen Gerhards Taufe und die Beerdigung des anderen Jungen beieinander!

Zum Glück gedieh Agnes' kleiner Sohn gut. Als Polly Wochen später die kleine Familie sich selber überließ, bekam Agnes alles in den Griff. Ihr Tagesablauf war gut strukturiert, so wie sie es sich vorgenommen hatte. Sie schrieb Polly, dass ihr Tag jetzt um halb 7 mit Stillen und Wickeln beginne und es ihr gelänge, sich selber bis zum Frühstück fertigzumachen. Dann frühstückte sie *„gemeinsam mit Rudolf und den zwei Katzenviechern, und der Sohn lag am Fenster auf seinem Wickelkissen und strampelte sich aus allen Windeln heraus"*. Doch vorher musste tüchtig geheizt werden: *„Ich habe dann eine Hitze von so ungefähr 20°, da kann er sich nicht erkälten, auch wenn er sich aufdeckt."* Sie war stolz, dass sie um 10 bereits Besuche empfangen konnte, dass alles wohlgeordnet war, auch wenn sie sich *„tummeln"* musste, um es zu schaffen. Wenigstens war sie gut ausgeruht, sie konnte durchschlafen, wie sie schrieb: *„Nachts ist er mäuschenstill."* Agnes konnte Polly nicht genug Einzelheiten über ihren kleinen Prachtjungen schreiben: was er inzwischen wog, wie seine blauen Augen schauten, wie er trank, schlief und strampelte, wie gern er badete und wie er lachte. *„Der Papa spielt oft lange mit ihm und verlangt immer ein lächelndes Antlitz ... dann fängt der Sohn an zu lachen mit zwei Grübchen in den Wangen und so vergnügten Augen."*

So sieht eine Familienidylle aus, möchte man meinen. Aber dies war nicht ganz der Fall. Polly hatte ihrem Schwager Rudolf zu sehr jeden Wunsch von den Augen abgelesen. Jetzt fehlte ihm diese Aufmerksamkeit. Agnes ließ Polly in ihrem Brief im Dezember wissen: *„Rudolf leidet immer noch an Heimweh nach seiner geliebten Schwägerin Polly, ich könnte eifersüchtig werden, wenn ich Talent dazu hätte."* Das war die eine Seite. Die andere war, dass

Agnes und das Baby eine Einheit bildeten und Rudolf außen vor blieb. Im Schlafzimmer blieb das Bett neben ihr leer, das Kinderbettchen stand direkt neben ihrem Bett. Rudolf hatte sein Lager unten in der Registratur noch beibehalten.

Hinzu kamen die finanziellen Probleme. Polly durfte es wissen: *„Gestern habe ich übrigens eine große Auseinandersetzung mit Rudolf gehabt, wobei ich ihm meinen Überfluß an Geldmangel mitteilte. Er war sehr lieb und damit einverstanden, daß ich dem Onkel schreibe. Er hat große und geheimnisvolle Pläne, die im nächsten Mai zustande kommen sollen, er braucht 200 M. dazu. 100 M. muß ich von meinem Holzgeld hergeben, 100 hat er selbst, Konferenzdiäten. Dem Herrn Oberamtsarzt muß ich 100 M. schicken, findest Du das nicht schrecklich viel!!!"*

Sie ließ Polly ihren Dank an Tante Reininger ausrichten: *„Der lieben Tante Emma tausend Grüße und ich befolge ihren Rat, esse abends nur Brot und Thee, und Rudolf ist so in Gedanken, daß er's nicht merkt. Auch Brei essen Katharina und ich. Rudolf hat dann ein Kotelett, da ist er aber dann ungnädig, aber er wird sich daran gewöhnen. Auch das Butterbrot zum Frühstück ist aufgegeben, bloß noch Schwarzbro*t …" Der hilfreiche Ratschlag hatte dazu geführt, dass Agnes sich das Essen vom Mund absparte! Rudolf bekam es nicht einmal mit, nörgelte am Kotelett, wollte Schnitzel. Schwarzbrot war ja gesund, aber da sie sonst zu wenig aß, hatte es schwerwiegende Folgen. Agnes konnte bald nicht mehr genug stillen und dies führte zu weiteren, schwerwiegenden Problemen.

Emma bekam im Dezember 1889 ihr zweites Kind Hannah Cornelia, genannt Nelly. Agnes wurde gebeten, Patin zu werden. Als sie im Januar 1890 zusagte, die Patenschaft für das *„liebe kleine Patenkindchen"* zu übernehmen, riet sie Emma, so lange wie möglich zu stillen, obwohl es mühselig sei. Sie berichtete der Schwester, wie schlimm es bei ihr und ihrem Kind geworden sei, nachdem es nicht mehr wenigstens einmal täglich Muttermilch bekäme. Das vorher so gut gediehene Prachtkind war zum Sorgenkind geworden: *„Wir haben ein trauriges Haus, das neue Jahr fängt arg bei uns an. Nacht für Nacht liege ich auf meinem Bett und kann nur wenige Stunden schlafen, nicht wegen dem Kind, das schläft die ganze Nacht, aber weil ich mich in meinem Herzen nicht dareinfinden*

kann, daß mein Kind so schwach und zart und allen möglichen Ge-
fahren ausgesetzt sein soll. Solange ich stillen konnte, war ich
ganz rund geworden, jetzt bin ich nur noch ein Schatten. Ger-
hardchen kann eben die Milch absolut nicht ertragen."

Es wurde für alle eine schwere Zeit. Rudolf sah, wie seine Frau
sich grämte, und litt darunter, dass sein Sohn nicht wie andere Kinder problemlos aufwuchs. Ihm waren die Hautprobleme, die Gerhard nun bekam, nicht unbekannt, da es in seiner Familie Kinder
gegeben hatte, die Kuhmilch nicht vertrugen. Der Arzt hatte eine
harmlose Diagnose gestellt, es sei eine heftige Form des Milch-
schorfes. Doch sprachen die Frauen in der Gemeinde von einer viel
schlimmeren Krankheit. Als Frau Dekan die schlimmste Diagnose
vor allen Leuten ungefragt kundtat: der Junge hätte den Lupus, war
das für Agnes schwer zu ertragen. Außerdem führte dies zu einer
allgemeinen Verunsicherung. Deshalb musste Agnes darauf achten, dass Gerhard nicht mit anderen Kindern zusammenkam. Es
bestand die große Angst, dass er sie anstecken würde.

Das tat Agnes weh. Auch dass ihr Bub durch die Krankheit so
entstellt wurde, schmerzte sie, denn eigentlich – abgesehen von plat-
tenartigen roten Stellen auf Backe und Stirn – sah er mit seinen blonden Locken niedlich aus. Er war fröhlich und schien gescheit zu sein.
Unterschiedlichste Mittel hatten sie bereits probiert, nichts half.

Agnes fragte sich, warum nur ihr kleiner Liebling nicht normal
gedeihen konnte. Warum schaffte sie es nicht, dieses Problem in
den Griff zu bekommen? Warum musste ihre vererbte Anlage so
schwach sein, dass sie nicht gegen das Günthersche Erb-Übel angehen konnte? Sie fühlte sich deswegen schuldig, versuchte allerdings, gegen das abartige Schuldgefühl anzukämpfen. Nacht für
Nacht quälte sich Agnes mit diesen Fragen. Dazu kam, dass sie die
Probleme mit sich abmachen wollte. Sie konnte Emma nichts von
ihren Nöten schreiben, erst recht nicht, dass sie mit dem Schicksal
haderte, weil ihrem Kind keine normale Kindheit geschenkt wurde.
Auch dass nun klar war, dass kein zweites Kind entstehen durfte.
(Was sicher ihr Eheleben erschwerte.) Agnes schrieb weiterhin
nette, aber keine ehrlichen Briefe.

Die Politik des Deutschen Kaisers spielte nun doch im Leben von Rudolf und Agnes eine Rolle. Da der Kaiser an eine Bahnfahrt-verbilligung dachte, schrieb sie an ihre Mutter: *„Ich warte auf den Zonentarif, um zu Euch zu kommen, das ist meine letzte Hoffnung, und unserem Wilhelm dem Zerschmetterer soll alles verziehen sein, wenn er den einführt."* Sie waren wie viele Deutsche von der preu-ßischen Entwicklung entsetzt: Nach knapp zwei Jahren Regie-rungszeit Kaiser Wilhelms II. war der vom Volk hoch verehrte Reichskanzler Bismarck vom jungen Kaiser in Ungnade entlassen worden. Agnes gab ihm seit diesem unheilvollen Zerwürfnis den Beinamen „Wilhelm der Zerschmetterer", bezogen auf seinen Aus-spruch: „Wer sich mir entgegenstellt, den zerschmettere ich!"

Im Sommer konnte Agnes mit Gerhard per Eisenbahn wenigstens nach Stuttgart fahren und dort richtig Ferien machen. Sie blühte in der Gemeinschaft ihrer Schwestern Polly und Alice auf, auch war Großmama Breuning lieb und hatte Freude an ihrem Urenkel. Alle anderen schlossen den kleinen Gerhard ebenfalls ins Herz. Auch die Faber-Cousinen und Tante Faber schauten gern herein. Das Hautproblem geriet in den Hintergrund. Es war eine glückliche Zeit. Jedoch flackerte das Problem mit der Schwiegermama noch einmal auf, als Agnes mitgeteilt wurde, sie dürfe – aber ohne Kind – zu den Schwiegereltern nach Haslach kommen. *„Das Kind woll-te sie ... gar nicht sehen! Denke Dir meinen Seelenschmerz und mein beleidigtes Mutterherz. Meinem verletzten Gefühl zufolge wäre ich dann am liebsten ruhig in Stuttgart geblieben und hätte gewartet, bis sie sich ihrer Pflicht erinnert hätte."* So schrieb sie später an Emma und erzählte ihr vom Fortgang der Geschichte: Als sie, Polly und ihre Tante über die Situation sprachen, kamen sie zur Entscheidung, dass Agnes mit Gerhard in Begleitung von Polly hingehen solle. Sie wollten es darauf ankommen lassen. Es zeigte sich, dass dies richtig war. Denn als Großmama Günther zur Tür kam, streckte Gerhard der ihm Unbekannten die Arme entgegen. Da er sie auch anlachte, war der Durchbruch geschafft. Seitdem wurde das Verhältnis besser, vor allem Großvater Günther war *„entzückt von seinem Enkel, und die beiden Onkel"* (Rudolfs Brü-der) waren *„die unbegrenzten Verehrer des jüngsten Günthers".*

Im Herbst 1890 bekam Agnes für vierzehn Tage Besuch von ihrer Cousine Stefanie Faber, die mit dem kleinen Gerhard große Freude hatte. Sie war nicht zimperlich, als sie mit dem Kinderwagen in den größten Schlamm auf den morastigen Straßen gerieten. Sie schob ihn lachend weiter und der Hund sprang um sie herum. Nie hätte Agnes das von ihrer Cousine erwartet, denn sie wirkte in Stuttgart sehr elegant-luxuriös und erschien feenhaft attraktiv, sodass alle Blicke auf ihr ruhten. Aber während ihres Besuches in Blaubeuren war ihr nichts zu gering, im Gegenteil. Deshalb schloss Agnes sie ins Herz, wie sie Emma schrieb: *„Stefanie ist liebenswürdig und originell, kein bißchen hochmütig. Letzten Herbst war sie bei mir. Ihr höchstes war, meinen Buben baden, atzen, anziehen und im Wägele durch grundlosen Dreck spazieren zu fahren."*

Täglich ging Agnes mit Gerhard im Kinderwagen spazieren, begleitet vom Hund Quick. Sie liefen etwa eineinhalb Kilometer. Gerhard wuchs im vertrauten Umgang mit Quick [13] auf: *„Morgens begrüßt er das Kind, indem er durch die Stäbe des Bettchens guckt, treulich teilen sie das geschenkte Guts miteinander ..."*

Hin und wieder besuchte die Familie Rudolfs Eltern. Man wusste aber nie, wie die Stimmung sein würde. War sie freundlich, konnte es sein, dass die Schwiegermama Agnes großzügig abgelegte Kleidungsstücke schenkte. Emma erfuhr: *„Ich bin ein Ableiter für ältere schwarze Kleider und unmoderne Mäntel, die aber in unserer Ländlichkeit immer noch 2 Jahre getragen werden können. Nur war die Folge ein fast unausgesetztes Trauern meinerseits, es war mir sehr verleidet, auch unpraktisch."* Wir sehen, die junge „Frau Helfer" trug infolgedessen die ganze Zeit schwarze Kleidung.

Der Brief an Emma, aus dem wir dies alles erfahren, wurde im Februar 1891 geschrieben. Es war ein langer Brief, da Agnes erst jetzt, als Gerhard fast 1½ war, Emma offen von der Hautkrankheit des Kindes schreiben konnte. Jetzt konnte sie ihr Herz sprechen lassen und der Lieblingsschwester alles darlegen: *„Ach es war eine große Wolke von Leid auf meinem innersten Herzen, die sich wie eine schwere Wand zwischen Dich und mich schob."* Sie gestand Emma die Schlafprobleme, die mit Gerhards Krankheit begannen. Agnes war inzwischen fast daran gewöhnt, *„einen großen Teil der Nacht wachend zuzubringen"*. Lang hatte es gedauert, bis Agnes das Schicksal ihres Kindes annehmen konnte. Seitdem ging es leichter und jetzt konnte sie sich ihrer Schwester gegenüber öffnen.

Als im Februar 1891 alles besser geworden war, bekam Gerhard eine dramatische Lungenentzündung mit lebensbedrohlichem Fieber. *„Du kannst Dir denken, wie wir bangten um unser Einziges! Es waren fürchterliche Tage, wie von bleiernen Banden umschnürt war mein Herz, erst als die Spannung vorüber war, fühlte ich mein Herz wieder gleichmäßig schlagen.“* Es war ein gemeinsames Bangen um ihr Kind: *„Mein Rudolf ließ zum erstenmal, seit ich ihn kenne, seine Bücher drunten liegen und saß neben mir an seinem Bettchen.“* Seltsamerweise war Gerhards Haut in dieser Zeit makellos. Erst als das Fieber abgeklungen war und er langsam genas, kam der Ausschlag in abgeschwächter Form zurück.

Foto der jungen Pfarrfrau (> Seite IV)
Seit der Fotografie, die Agnes als Verlobte zeigte, hatte sich vieles geändert. Inzwischen war sie nicht nur eine junge Ehefrau, sondern Mutter eines einjährigen Sohnes. Sie wirkt auf dieser Aufnahme sehr weich. Wieder hatte sie sich für den Fotografen schön gemacht: Unter dem dunklen Kleid mit weiterem Halsausschnitt trägt sie einen weißen Rollkragenpullover (wie beim letzten Foto). Man sieht von ihm nur den hohen Kragen, der bis unter ihr Kinn reicht. Eine schwarze Gagatkette – wie sie zu damaliger Zeit in Mode war – wurde unterhalb des Rollkragens geknotet und fällt locker auf ihre Brust. Aber noch mehr ist der breite, schwarzweiße Umlegekragen ein Hingucker: eine schöne Handarbeit mit Applikationen und Stickereien. War es ihr eigenes Werk? Oder waren Kleid und Kragen von ihrer Schwiegermutter abgelegt? Ihre ehemaligen Ponyhaare sind lang nachgewachsen und liegen links und rechts vom ungeraden Mittelscheitel, der leicht zickzack verläuft. Die Frisur wirkt ungeordnet. Sie hatte vorher die Haare vielleicht aufgedreht oder eingeflochten, sie liegen glatt am Scheitel an, dann sind sie kraus. Auf welche Weise die Haare auf dem Hinterkopf hochgesteckt wurden, kann man auf dem Foto nicht erkennen.

Agnes schaut lieb und wissend. Ihr Mund lächelt ein wenig, leichter Kummer in ihren Zügen, eine sich zurücknehmende Frau. „Bescheiden und in sich ruhend“ ist der Eindruck beim Betrachter.

Agnes schrieb an ihre Mutter: *„Mein liebstes gutes Mutting! Weil ich leider immer noch keine Hoffnung habe, Dich wiedersehen zu können, so will ich Dir wenigstens mein Bild schicken, welches diesen Spätherbst gemacht wurde … Du siehst mich als Mama darauf, auch ein Dir ganz neuer Anblick. Und zwar eine ganz alte Mama schon, bin ich doch schon im Begriff, 28 Jahre alt zu werden. Wieviel Sorgen mir das vergangene Jahr gebracht hat, sieht man mir, glaube ich, auch an; es war ein schweres Jahr und ist doch ein recht freundlicher Schluß darauf gefolgt!"* Denn Weihnachten war schön gewesen, da Rudolf diesmal freie Weihnachtstage hatte.

Besuch in Stuttgart und erste Reise nach Biesenrode 1891

Erst April 1891 konnte Agnes – zum ersten Mal seit ihrer gemeinsamen Hochzeit – ihre Schwester Emma wiedersehen. Emma verbrachte mit ihrem kleinen Sohn Herbert einen Monat in Stuttgart. Agnes nützte die Gelegenheit und kam ebenfalls für ein paar Tage zur Großmama. Zum ersten Mal ließ sie ihr Kind in Blaubeuren zurück, vertraute es dem Hausmädchen und Rudolf an. Sie nahm Gerhard nicht mit, weil man immer noch an die bestehende Ansteckungsgefahr dachte. Was das betraf, war Emma jedoch unbesorgt. Im Gegenteil, zusammen dachten sie sich für Anfang Mai einen wundervollen Plan aus, der auch verwirklicht wurde. Eine gemeinsame Fahrt nach Biesenrode, wenn Emma wieder nach Hause fahren würde. Natürlich mit Gerhard! Polly sollte Rudolf in der Zeit, die Agnes in Biesenrode bliebe, den Haushalt führen.

Dieser lange Biesenroder Aufenthalt (ein Monat) schaffte bei Gerhards Hauterkrankung endgültige Heilung. Als Rudolf Anfang Juni Agnes und Gerhard aus dem Zug steigen sah, traute er seinen Augen kaum, so verändert hatten sich beide. Sein Sohn jubelte ihm bereits aus dem Fenster entgegen, da er den Vater trotz langer Abwesenheit unter all den Menschen gleich erkannte. Über das „Teddybärle", das ihm Rudolf auf dem Bahnsteig schenkte, freute er sich sehr. Agnes sah gesund, hübsch und jung, einfach hinreißend aus.

Lesen wir Rudolfs Brief an Friedrich, den er Agnes' ausführlichem Brief vom 7. Juni beifügte: *„Heute muß ich es ganz als meine Pflicht empfinden, Dir und der lieben Emma, ebenso auch der lieben Mama für alle Güte und Freundlichkeit zu danken, mit wel-*

cher Ihr Frau und Kind gastlich beherbergt und gleichsam über-
schüttet habt. Der Erfolg ist auch wirklich überraschend: Agnes ist
leiblich und geistig erfrischt zurück gekehrt, wie ich sie seit langem
nicht mehr gesehen, und Gerhard hat so eine glückliche Verände-
rung erlebt, daß, wenn sie von Bestand ist, diese Wendung einer lan-
gen getragenen Plage und Sorge in meiner Erinnerung immer mit
diesem Aufenthalt in Eurer schönen Heimat verknüpft sein wird.“

Agnes hatte ihm viel berichtet. Rudolf schrieb daher: „ *... der*
etwas noblere Stil norddeutschen Pfarrlebens hebt sich gewiß vor-
teilhaft von der ärmlichen Kleinmeisterei unserer schwäbischen
Pfarrherren ab.“ Rudolf hatte es erfasst, wie anders Pastor Zeller
und seine Frau Emma mit ihren kleinen Kindern und Mama Breuning im gutsherrlichen Pfarrhaus hinter einer schützend hohen
Mauer mit großen blühenden Kastanienbäumen im freien Gartengelände gleich neben der Dorfkirche wohnten. Das Pfarrhaus war
tatsächlich einst Rittergut gewesen, das die Kirche gekauft hatte.

Die Lage Biesenrodes im weiten, sanften Wiesental, in dem man
so schön spazieren konnte, tat Agnes' Seele genauso gut wie die
fröhlichen, geistig wachen Verwandten. Friedrichs Schwester und
ihr Mann Pastor Johannes Lepsius mit ihren drei Kindern lernte
sie in deren kleinem gemütlichen Pastorat in Friesdorf kennen. Es
war ein strohgedecktes Haus mit großem blühenden Garten rundherum, und im Haus stand der Flügel, an dem Johannes und Margarethe vierhändig spielten. Agnes war zur neuen Friesdorfer
Teppichfabrik geführt worden, für die sie Entwürfe geschickt hatte.

Sie fühlte sich wohl im Kreis der „Mansfelder Pastoren“, die
sich regelmäßig mit ihren Familien zu geistigem Austausch trafen.
Zum erste Mal hatte Gerhard Umgang mit anderen Kindern. Es tat
ihm gut. Agnes konnte Rudolf viel von theologischen „Graben-
kämpfen“ berichten, von denen sie in diesen Wochen einiges hörte.
Für sie war das ungestörte Zusammensein mit ihrer Mama und
Emma, die ihr drittes Kind erwartete, beglückend – ebenso, dass
sie ihr Patenkind Nelly (Cornelia) auf dem Arm haben konnte.

Wieder zurück musste Agnes sich erst umstellen. Doch hatte
Polly die Wohnung wunderbar geordnet hinterlassen. Sie war be-
reits zurück nach Stuttgart zur Großmama gefahren, hatte aber zum
Empfang die Wohnzimmertür *„mit einer wundervollen Tannen-*

girlande" bekränzt, und es „*lachten*" Agnes „*herrliche Torten und Guts* (Kekse) *entgegen*". Doch kam Agnes „*alles schrecklich klein*" und ihr Salon „*unrettbar spießbürgerlich*" vor. Wenigstens wehte ihr die Liebe ihrer Schwester entgegen.

Die Reise bedeutete eine Zäsur in ihrem Leben. Rudolf und Agnes konnten neu mit ihrem Zusammenleben beginnen. Das Schlafzimmer wurde wieder ihr gemeinsames Zimmer, da Rudolf in ihrer Abwesenheit wieder in seinem ursprünglichen Bett geschlafen hatte und dies nun beibehielt. Im Brief an Emma lesen wir: „*Auch mein Schlafgemach in alter Ordnung, Rudolf wieder neben mir, der Gnade oder Ungnade Gerhards preisgegeben.*"

Auf der Rückfahrt hatte Agnes mit Gerhard eine Nacht im Hotel in Frankfurt verbracht. So wurde sie einer der 1,2 Millionen Besucher der Frankfurter „Internationalen Elektrotechnischen Ausstellung". Später schrieb sie an ihre „*lieben Geschwister*" enttäuscht von der „*Ausstellung, welche ein Schwindel ist, indem sie leuchten sollte und nicht leuchtet, weil nichts stimmt und nichts fertig ist*". Eigentlich hätten 1000 Glühlampen in der Eingangshalle leuchten sollen. Immerhin funktionierte der elektrische Wasserfall, den Agnes „*ganz feenhaft*" fand. Sie erwähnte aber nicht, dass zum ersten Mal eine leistungsstarke Fernübertragung von elektrischem Strom demonstriert wurde, 175 km weit, von Lauffen am Neckar bis nach Frankfurt. Vielleicht hatte es gerade nicht funktioniert, als die 1000 Glühlampen nicht brannten. Beeindruckt war sie von den „*wundervollen Photographien mit allen Farben, das Heidelberger Schloß bei Abendbeleuchtung prachtvoll, Alpenszenen etc. Das Geheimnis der farbigen Photographie scheint jetzt entdeckt zu sein.*"

Horizonterweiterung, das war es, was Agnes so wohlgetan hatte und was sich Rudolf auch für sich selber vornahm: „*Demnächst werde auch ich für einige Wochen aus Blaubeuren entrinnen. – Für einige Wochen. Denn sonst befinde ich mich durchaus in der Lage des Schillerschen Gefangenen, der vergeblich den Ausgang aus dieses Tales Gründen sucht*", ließ er Friedrich wissen.

In diesem Jahr war eine gemeinsame Horizonterweiterung angesagt. Sie sollten aus „*dieses Tales Gründen*" endgültig in eine neue Wirkungsstätte auf „Berges Höhen" kommen.

5. „Frau Dekan":
Herbst 1891 – Frühling 1894

„Wir packten mit Hilfe der lieben Alice"

Rudolf bekam einen Brief des Prälaten Müller, in dem dieser im Auftrag des Fürsten von Hohenlohe-Langenburg die Hofprediger- und Dekanatstelle in Langenburg anbot. Der Prälat verhieß einen ruhigen *„Studioposten und sehr angenehme Verhältnisse"*. Wegen der Arbeit im Dekanat hatte Rudolf noch etwas Bedenken, sagte dann jedoch zu. Agnes schrieb Emma erst, als der Umzug längst hinter ihnen lag, am 29. September 1891 (Gerhards 2. Geburtstag). Sie erzählte ihr, wie es zu diesem schnellen Amts- und Ortswechsel gekommen war: *„Nun sollte der Fürst kommen, um Rudolf predigen zu hören. Doch Rudolf predigte an einem dem Fürsten nicht geschickten Tag. Deshalb lud der Fürst Rudolf ein, ihn in Langenburg zu besuchen. Auf sehr liebenswürdige Weise wurde er dort empfangen und empfing sogleich die Nomination vom Fürsten."*

Kurz bevor sie wegzogen, war in Blaubeuren eine Typhusepidemie ausgebrochen. So war Agnes froh umzuziehen, wenngleich ein wenig Abschiedsschmerz mitschwang. Vier Jahre hatten sie in Blaubeuren gelebt und sich mit ihren „Bleichfreunden" immer besser verstanden. Sicher war, dass sie mit Gerhard die „Dote Lang", wie seine Patentante Johanna bei ihnen hieß, oft besuchen wollte.

Agnes bekam beim Umzug nach Langenburg (Landkeis Schwäbisch Hall) von ihrer jüngsten Schwester Unterstützung: *„Also wir packten mit Hilfe der lieben Alice und sitzen nun hoch auf unserem Berg und sehen hinunter in ein wunderschönes Tal, in dem sich die Jagst schlängelt. Das Haus hat sich sehr nett gemacht und wird von mir immer mehr dekoriert."*

Sie kamen in das kleine Residenzstädtchen, das sich auf einem schmalen Bergrücken hinzog. Das mächtige alte Fürstenschloss mit runden Ecktürmen, malerischem Renaissanceinnenhof mit Galerien und innerem Turm war außen geprägt durch hohe, lange Fassaden. Es thronte weit sichtbar über dem Tal. Rudolf und Agnes zogen mit ihrem Sohn in das vielleicht älteste Pfarrhaus des ganzen Königreichs. Wie die Nachbarhäuser wurde es Mitte des 16. Jh. gebaut. Schmal, hoch und baufällig stand es neben dem alten Spital, an welches das Oberamtsarztgebäude angrenzte. Auf der anderen Seite stand ein uraltes breites Wohnhaus. Die vier Häuser gehörten zur langen Reihe spitzgiebeliger, hell verputzter Fachwerkhäuser an der Hauptstraße. Auf der anderen Seite der einzigen Durchgangsstraße, die vom oberen Stadttor bis zum Schloss führte, stand die Stadtkirche. Städtchen und Schlossareal mit vorgelagertem Exerzierplatz gingen nahtlos ineinander über. Etwas weiter in der Mitte der Häuserreihe stach das alte, monumentale „Steinhaus" hervor, ein ursprünglich als fürstlicher Witwensitz gedachter Steinbau mit abgestuften Giebelwänden. Dagegen wirkte das alte Rathaus gegenüber dem Dekanat bescheiden. Vor dem Dekanat, in das Günthers einzogen, stand auf dem kleinen Marktplatz der Kastenbrunnen, in den sich Wasser aus den vier Röhren der steinernen Säule ergoss, die durch einen in Stein gehauenen Fürstenhut gekrönt wurde.

In dem Residenzstädtchen fand sich alles, was man brauchte: Apotheke, Wirtschaften, Schmiede, Bäcker, Metzger, Krämer. Es gab auch den Hofkonditor Wibele.[14] Die Bürgerhäuser wurden teilweise von Familien der Hofbeamten und Handwerkern bewohnt. Misthaufen vor den Häusern zeugten von der Existenz der Kleinbauern.

Der Südblick über die niedrige Stadtmauer ging ins Jagsttal. Unten im Tal lagen das Dörfchen Bächlingen und zwei Mühlen, rechts die Herrenmühle, links die Mosesmühle. Richtung Norden gab es die hintere niedrige Stadtmauer mit Scheunen und wenigen Wohnhäusern. Von hier aus sieht man auf dicht bewaldete Bergrücken. Direkt vor dem Stadttor Richtung Osten lag die Poststation, hier in der Vorstadt hielt die Postkutsche. Im großen Saal der „Post" traf sich die Gemeinde zu ihren Feiern.

Nach einigen Wochen hatte Agnes ihr Häuschen eingerichtet. Nachdem sie sich an die niedrigen, winzigen Zimmer auf den verschiedenen Etagen gewöhnt hatte, freute sie sich, wie gut ihr alles gelungen war. Der Salon, dessen Fenster Richtung Marktplatz lagen, wirkte etwas *„düster mit den roten Sammetmöbeln"*. Daneben lag das Esszimmer, das sich in den „Turm" fortsetzte, wie sie das kleine Gemach sofort tauften. Man schaute von hier ins Jagsttal, in liebliche Landschaft mit Wiesenhängen und Waldbergen, sah auf Bächlingen und das Flüsschen, das sich durch das ganze Tal zog. Zwei Fenster gaben den herrlichen Blick frei.

Das dritte Fenster war Agnes' Blumenfenster. Sie hatte es durch einen kastenartigen Vorsatz verbreitern lassen. Auf diesem Stockwerk war noch ein Zimmer, Gerhards Kinderzimmer. Im 2. Stock gab es das Schlaf-, das Gäste- und – am größten – das Studierzimmer. Bevor man ins „Heiligtum" des Herrn Dekan gelangte, musste man durch die Registratur mit *„ihren uralten Aktenschränken und Borten"* gehen, wie es Gerhard Günther beschrieb.

Unterm Dach befand sich der Trockenraum für Wäsche und der Raum mit den Holzvorräten und Reisigbündeln. Es gab einen alten Taubenschlag. Aus dem kleinen Fenster zum Marktplatz hin wurde die lange Flaggenstange an Festtagen herausgeschoben.

Im Haus ging es hoch hinauf und tief hinunter. Man musste oft die uralten knarrenden Eichentreppen benutzen. Im Parterre war die „Mädchenkammer", wo das Hausmädchen Lisa schlief, das aus Blaubeuren mitgekommen war. In der angrenzenden Vorratskammer lagerten Äpfel und Birnen. Auf abgewetzten Steinstufen ging es zur Waschküche mit Waschkessel und kupferner Badewanne hinunter.

Das war die neue Heimat. Beim ersten Anblick waren Agnes Tränen gekommen, da ihr das alte Gebäude so erbärmlich schien. Der Wind pfiff durch die Fenster. Wie würde erst der Winter werden? Als „Kedars Hütte"[15] bezeichnete sie dies ärmlichste Pfarrhaus in Württemberg. Aber es galt erneut, das Beste daraus zu machen.

Abgesehen vom Wohnhaus lebten sie hier grandios in der Nähe des Fürstenhofes. Alice war Zeugin, dass Agnes *„als erste Dame von Langenburg nach der Frau Fürstin noblesse oblige zur Rechten der Fürstin 150 Schüsse aushalten"* musste. Dies waren die Salutschüsse zur Geburt des fürstlichen Enkelkindes. Die Tochter des Fürsten, Elise Erbprinzessin von Reuss, gebürtige Prinzessin von Hohenlohe-Langenburg, hatte ihr drittes Kind, den ersten Sohn geboren. Am Tag des Saluts war auch Emmas Sohn Reinhard-Wilfried zur Welt gekommen (18.9.1891). Zu dem ehrenvollen Auftritt war Agnes in ihrem Staatskleid gegangen. Als „Frau Dekan" musste sie dringend ihre Garderobe erweitern. Im Frühjahr schon hatte Agnes aus Blaubeuren an Emma geschrieben: *„Ich spare an meiner eigenen Toilette fürchterlich!!!! Noch nie habe ich mir ein Kleid gekauft, seit ich verheiratet bin, ich lebe von abgelegten Gewändern* *und Mänteln meiner Schwiegermama, ein entsagungsvoller Zustand, nichtwahr!!! Letztes Jahr schenkte mir mein Schwager Hermann einen wollenen Stoff, es war ein Ereignis!"*

„Ich spare alle Tage und lebe doch besser als in Blaubeuren"
Agnes fuhr mit Gerhard für einige Tage zur Großmama nach Stuttgart, um Garderobe bei ihrer Schneiderin nähen zu lassen. Bis die Kleider fertig waren, konnte sie mit ihren Schwestern Stuttgart genießen. Sie besuchten mit Gerhard den privaten „Nill-Zoo"[16], der zur großen Attraktion erweitert worden war. Alle möglichen exotischen Tiere gab es dort: Elefanten, Zebras, Löwen, Affen, Schlangen und Urwaldvögel, auch einen Bärengraben und Hirsche. Die größte Attraktion war ein ausgestopftes Mammut. Für Gerhard waren hingegen Affe und Storch wichtig. Am meisten genoss er die Fahrten mit den Pferdebahnen. Als die Schneiderin fertig war, fuhren Mutter und Kind wieder zurück in ihre neue Heimat.

Über die billigen Lebenshaltungskosten in Langenburg staunte Agnes. Begeistert schrieb sie an Emma: *„Ungeheuer billig ist alles, der* [17] *Butter kostet das Pfund 73 Pfennig und ist sehr gut."* Auf den gut ausgebauten Straßen konnte man mit dem Landauer für 3 Mark zur drei Stunden entfernten Bahnstation fahren! Der Tagespreis für Wagen mit Kutscher lag bei 11 Mark. Wie viel hatte Rudolf für seine Dienstfahrten bezahlen müssen! Agnes jubelte: *„Ich spare alle Tage und lebe doch besser als in Blaubeuren."*

Ihre Aufgabe als Frau Dekan fand sie sogleich in der Leitung des Missionsvereines für junge Mädchen. *„Ich habe hier einen sehr netten Missionsverein mit Fräulein und Bürgerstöchtern, wir sind immer sehr vergnügt und es kommen soviel Mädchen, daß wir nur noch im Salon Platz haben."*

Als Agnes noch nicht lange aus Stuttgart zurück war, wurde im ganzen Land auf Halbmast geflaggt. König Karl war am 3. Oktober 1891 gestorben. In Stuttgart konnten die Schwestern die Inthronisierung seines Neffen miterleben, Wilhelm II. wurde König in Württemberg. Er sollte der letzte König von Württemberg sein, wie auch Wilhelm III. letzter Deutscher Kaiser war. Beide dankten 1918 ab und die Zeit der Monarchien ging in Deutschland zu Ende, was sich 1891 noch keiner vorstellen konnte.

Die neue Heimat tat Agnes' Seele spürbar gut. Die Luft war rein und Agnes trank die Schönheit der Landschaft mit ihren Augen, wenn sie die paar Schritte zum Schloss ging. Oft suchte sie den Schlossgarten auf, zu dem sie jeder Zeit freien Zutritt hatte. Sie schrieb Emma: „... *der Ausblick von dort ist herrlich! Viel schöner als alles, was ich bis jetzt gesehen habe, wegen der herrlichen Lage und den wundervollen Rosen-Triumphbögen mit Tausenden der herrlichsten Rosen, eine orientalische Pracht. Dieser Garten ist 100 Schritte von meinem Hause, und Gerhard tummelt sich darin mit Liese, wenn es schön ist.*" Der herrliche Garten lag an der sonnigen Talseite des Schlosses und war in Terrassen angelegt. Agnes hatte einen Schlüssel zum Tor des Gartens bekommen. Weil sie gern Blumen aquarellierte, schnitt ihr der freundliche Schlossgärtner „*das schönste zum Malen* ab, *Orchideen, seltene Kaktusblüten, neulich eine wundervolle mexikanische Sonnenlilie, ein wundervolles Ding, welches nur 2 Stunden blüht*".

Der Schlosspark, der im englischen Stil mit Laubengängen und hohen Bäumen das Schloss umringte und talabwärts in den Laubwald überging, lud zu häufigen Spaziergängen ein. „*Unser Haus ist so herrlich gelegen und so gesund, wir haben nur einige Schritte in den prachtvollen Park, wo wir ganz ungestört sind in jeder Beziehung.*" Ob Emma sich dies alles vorstellen konnte?

Das Schloss, die Fürstin und ihre noch unverheiratete junge Tochter Feodora spielten für Agnes in dieser Anfangszeit eine wichtige Rolle. Da Agnes die Etikette beherrschte und ihre Erfahrungen in der Londoner Gesellschaft gemacht hatte, wurde sie später vom Domänendirektor Baron von Roeder als einzige wirkliche Dame von Langenburg bezeichnet. Dabei war sie nicht steif oder arrogant. Sie hatte Charme und herzliche Lebendigkeit. Agnes war jetzt weit mehr als die einfache „Frau Helfer" und ganz anders als übliche Pfarrfrauen. Leider konnte sie Rudolf nicht begleiten, wenn er als Hofprediger zu den regelmäßigen gesellschaftlichen Diners geladen war; denn diese fanden stets ohne bürgerliche Damen statt.

Freudig teilt Agnes mit: „*Ich gehe sehr oft ins Schloß, treffe fast täglich mit den Damen irgendwo zusammen und bin eben mehr im Vordergrund. Die Prinzessin malt sehr hübsch und interessiert sich für meine Sachen, alle Weihnachtsarbeiten mußte ich ihr zeigen.*"

Die Fürstin und Prinzessin Feo kamen sogar zu ihr ins Dekanat. Agnes hatte Gerhard gezeigt, wie er einen Knicks machen und „Guten Tag, Hoheit!" sagen sollte. Er beherrschte es rasch. Um dem hohen Besuch noch mehr zu imponieren, führte er Faxen vor und tanzte wild herum. Lisa musste ihn aus dem Zimmer holen.

In der Vorweihnachtszeit nähten Agnes und ihr Missionsverein zweimal die Woche in den Privaträumen des Schlosses für die armen Kinder von Langenburg diverse Kleidungsstücke. Dabei lasen ihnen die fürstlichen Damen etwas vor. Agnes konnte richtig ins Schwärmen geraten, wenn sie die *„bescheidene, feine und in christlicher Nächstenliebe lebende Fürstin"* beschrieb. Auch über den Fürsten konnte sie nur Rühmliches schreiben, er sei *„ein wahrer Christenmensch"*. Von Prinzessin Feo berichtete sie, dass diese sich sehr für ein armes, erblindetes Mädchen einsetze. Seit Jahren wurde die jetzt Siebzehnjährige einmal in der Woche ins Schloss eingeladen. Die Prinzessin bewirtete sie persönlich mit Tee und Gebäck. Anschließend las sie dem jungen Mädchen vor und sang zur eigenen Klavierbegleitung. *„Ist das nicht sehr lieb! Die persönliche Hingabe ist doch immer das Wertvollste. Denkst Du nicht auch so?"*, fragte Agnes im Brief ihre Schwester.

Am 21. Dezember fand die große Weihnachtsfeier für die Armen statt. Agnes ließ Emma wissen: *„Heute haben wir Weihnachten im Schloß, ich freue mich sehr, wir richten für die armen Kinder den Baum und die Päckchen, jedes bekommt ein Kleid, Hemdchen, Strümpfe, Schürzen, Spielsachen und Guts. Auch die Mütter werden beschenkt mit Kaffee etc."*

Auch Agnes wurde an diesem Tag von Rudolf überrascht: Er ergänzte ihre Garderobe, nachdem sie in Stuttgart die Grundausstattung erhalten hatte. Agnes ließ Emma wissen: *„Die Krone aber der Ausstattung hat mir soeben mein liebender Gatte zu Füßen gelegt, ein schwarzes Plüsch-Jackett, ziemlich lang mit hochgestelltem Kragen aus Berlin, pompös sage ich Dir. Ich habe mich aber so gefreut, daß Rudolf beschlossen hat, um wieder Zeuge einer solchen Freude zu sein, mir künftig immer etwas Derartiges zu geben."* Dies wird aber nicht so sein. An diesem 21. Dezember hatte sich Agnes auch auf etwas anderes gefreut: *„Heute haben wir recht kalt, die Jagst, die ich vom Fenster aus sehe, ist fast ganz gefroren, nach Weihnachten*

kann Schlittschuh gefahren werden, ich freue mich sehr darauf, es
ist mir auch sehr gesund, wie alle Bewegung in der Luft ..."

Wie hatte sich ihr Leben im Vergleich zum letzten unglücklichen
Winter verändert! Nun konnte sie auch an ein zweites Kind denken:
„Bei sämtlichen jungen Pfarrfrauen klappert der Storch, ins Dekanat
allein, wo er doch den Flug hin haben sollte, will er nicht kommen."

„Ein herziger Pfarrkranz mit benachbarten Pfarrfamilien"

Das Ehepaar Günther lebte sich in den Pfarrkreisen gut ein. Besonders schön war, dass Rudolfs alter Studienfreund Kemmler
Pfarrer von Bächlingen war. Dessen junger, hübscher Frau stand
Agnes *„mit Rat und Tat in der freudigen Erwartung des ersten Kin-*
des bei". Jetzt war sie mit 28 bereits die erfahrene ältere Freundin. An den Sonntagnachmittagen trafen sie sich mit Kemmlers
auf dem Spaziergang und saßen anschließend gemütlich zusammen, mal im Pfarrhaus von Bächlingen, mal bei ihnen im Dekanat.
Andere Pfarrfamilien trafen sie regelmäßig beim Pfarrkranz. Agnes
schilderte dies ihrer Schwester Emma: *„Denk, einen herzigen*
Pfarrkranz im Haus habe ich mit den benachbarten Pfarrfamilien,
der Hausherr hält allemal einen Vortrag, wobei die Damen nicht
ausgeschlossen sind, über einen allgemein interessierenden Ge-
genstand. Bewirtung ist sehr einfach, es kommen immer 10-12 Per-
sonen ... Ganz mein Ideal eines Pfarrkranzes ..."

Einmal im Monat trafen sich die sechs Familien jedes Mal in
einem anderen Pfarrhaus. Seltsamerweise kam sich Agnes zuerst
viel älter als die anderen Frauen vor. Sie schrieb: *„Jugend ist genug*
da, da bin noch eine alte Schachtel gegen die anderen Pfarrfrau-
en." Ein paar Monate später war ihre Wahrnehmung anders (Oder
wusste sie es in zwischen besser?): *„Es sind meistens Leute wie*
wir im Alter, nur wenige mit größeren Kindern, unsere Zusam-
menkünfte sind einfach entzückend. Wir passen so gut zusammen,
als habe man uns extra herausgesucht ... Leider sind die Entfer-
nungen sehr groß, so daß wir uns nicht allzuoft sehen."

Deshalb vermisste sie ihre „Bleichfreunde" in diesem Winter
sehr, zumal Rudolf und sie in Langenburg mit den Honoratioren
nicht warm wurden. Wenigstens hatten sie nette Nachbarn: *„Un-*
sere Nachbarn, Dr. Jägers, muß ich ausnehmen aus den kneipen-

den Langenburgern, obgleich sie gar kein religiöses Interesse haben, so sind sie doch auch angewidert von dem öden Treiben."
Agnes und Rudolf störten sich an den Gewohnheiten der Leute: *„Wir harmonieren gar nicht mit den hiesigen Leuten, Essen und Trinken ist ihr höchstes, sonntags sitzen sie in den Wirtshäusern herum und heitern sich an. In die Kirche gehen sie nicht."*

Nur die fürstliche Familie und ihre zahlreichen Gäste gingen in die Kirche. Sie füllten die Fürstenloge, die geschlossene Seitenempore über dem Altarraum. Im Kirchenschiff blieben die Bänke leer. Vorn rechts, unterhalb der Kanzel, saß Agnes mit dem kleinen Gerhard auf ihrem angestammten Platz: *„Ich throne in einsamer Größe darin."* Alle fehlten: Domänendirektor und Domänenrat, Oberpräzeptor und Präzeptor, Forstrat und Hofapotheker, Amtsrichter und Notar sowie Ehegattinnen, ihre Kinder und Geschäftsleute. Nur auf der Längsempore des Kirchenschiffs und hinten saß die landwirtschaftliche Bevölkerung, auch aus den Teilorten.

In Blaubeuren hatten die geistig Geschulten die Kirche gefüllt. Ihr religiöses Interesse hatte sich auch in der Bibelstunde gezeigt, die gut besucht und beiden Günthers stets eine Freude gewesen war.

Die Langenburger Besonderheit war schwierig für Rudolf. Er musste seine Predigt auf beide „Pole" abstimmen, erklärte Agnes Emma: *„Oben die Fürsten als sehr aufmerksame Zuhörer, mit seltenem Verständnis und großer Andacht, lebend, was sie glauben, ihr Familienleben das schönste, reinste, edelste. Und unten der halb landwirtschaftliche Langenburger ..."* Es brauchte ein Jahr, bis ihm Predigtvorbereitung und Predigen in der Gemeinde leichter fielen. Die Bibelstunden in der alten Schule waren enttäuschend: *„... ein Lehrer spielt schauderbar die Violine, Rudolf allein hat einen Stuhl; es kommen allerlei alte Weiblein, ich als einzige Vertreterin der Langenburger Honoratioren, die Fürstin und Prinzessinnen, die auch auf Schrannen[18] sitzen müssen ... Bloß so alte(n) Weiblein sind kein sehr dankbares Publikum, weil dieselben gewöhnlich einzuschlafen pflegen."*

So war es für Rudolf wie für Agnes eine Wohltat, unter Ihresgleichen zu verkehren. Die Pfarrersfreunde waren durchweg interessante Menschen: Pfarrer Mürdel ein ausgezeichneter Fotograf, Pfarrer Ege ein Dramatiker, dessen Schauspiele bereits gedruckt worden waren. Etwas Neues brachte Pfarrer Böcklen ein, er studierte Mythen *„aller Völker und Zeitalter"*, die sich auf den Mond bezogen. Um *„Zugang zu aller Mond-Literatur zu finden, soll er noch mehrere Sprachen gelernt haben"*. Günthers verbrachten manchen Sonntag bei der befreundeten kinderreichen Pfarrersfamilie Goes im Nachbarort Michelbach a.d. Heide.

„Mein Gerd! Mein Stolz und meine Wonne!" – Sorgen um den Bruder

Die Besuche im Schloss waren mit der Weihnachtsfeier vorerst zu Ende. Die Fürstliche Familie hielt sich über den Winter in Korfu auf, so wurde es in Langenburg einsam. Es gab nur noch Kaffeeklatsch bei den Honoratiorengattinnen, was Agnes bereits in Blaubeuren ein Gräuel gewesen war. Hier war es ebenso. Es blieb ihr als „Frau Dekan" nicht erspart, die Damen hin und wieder auch in ihren Salon einzuladen. Und noch immer wartete sie auf die Anzeichen einer Schwangerschaft. Sie schrieb der Mutter zu dem Bild, das sie ihr vom Schloss mit Dekanat gemalt hatte: *„Leider konnte ich, wie so innig gehofft, kein Storchennest auf mein Dach malen; er will nicht kommen, und ich fürchte, es geht dem Gerd wie dem Büblein, der für 12 die Liebe, aber nicht die Schläge bekommen hat ... Mein Gerd! Mein Stolz und meine Wonne!"*

Auf keinen Fall wollte sie an Gerhard etwas versäumen, daher bekam er mit 2½, wenn es ihr nötig schien, mit dem *„Möbelpatscher"*[19] seine Schläge. Vielleicht umso mehr, da sie in dieser Zeit die schlimme Geschichte ihres einzigen Bruders erfahren hatte: Hermann hatte zu der Zeit, als sie nach Langenburg gezogen waren, das Ende seiner Semesterferien in Biesenrode verbracht – seine Mutter lebte ja bei Zellers. Niemand wusste von seinen Problemen, bis er sich schließlich seinem Schwager Friedrich anvertraute, weil er nicht mehr zum Semesterbeginn nach Tübingen zurückfahren könne, da er sein Jurastudium *„wegen unbezahlter Ehrenschulden und Veruntreuungen aus der Corpskasse"* nicht fortsetzen durfte. Er war aus seiner Verbindung mit dem Makel *„cum infamia"* ausgeschlossen worden, was weitreichende Folgen hatte. Dieser Ausschluss wurde nicht nur an die anderen Tübinger Studentenverbindungen weitergegeben, sondern an alle deutschen

Universitäten. Wo sollte er bleiben? So lebte er insgesamt etwa ein dreiviertel Jahr in Biesenrode. Agnes schrieb danach verständnisvoll an Emma: *„Denket nur, daß der neunmonatige Druck, da Hermann bei Euch war und Ihr immer dies verlorene Leben und diese vergeudete Jugend ansaht, doch nicht spurlos an Euch vorübergehen konnte."* Als einziger Ausweg war Hermann die Auswanderung nach Amerika geblieben, der radikale Neuanfang in der „Neuen Welt". Die Geschwister hatten den Geldbetrag für die Schuldentilgung aufgebracht und von Onkel Faber in Stuttgart weiteres Geld dazubekommen, damit man Hermann *„mit einer kleinen Barsumme"* diese Schiffsreise antreten lassen konnte.

Agnes' Leben ging in Langenburg friedlich weiter. Immer wieder unternahmen sie kleine Ausflüge übers Land. Mal fuhren sie mit dem angemieteten Landauer und dem Kutscher Leonhard nach Rothenburg o.T, wo es ihnen besonders gefiel. Oder sie besuchten die *„lieben gemütlichen Pfarrhäuser"*, wie Agnes es ausdrückte.

Foto der jungen „Frau Dekan" (> Seite IV)
Wieder einmal hatte sich Agnes fotografieren lassen. Sie trug eine hochgeschlossene weiße Bluse, Schleifchen hinten am Kragen, Schleifchen vorne an der Passe. Die Haare rahmen, in der Mitte gescheitelt, leicht gewellt und glänzend die hohe Stirn. Sie wirkt gepflegt. „Frau Dekan" schaut in aufrechter Haltung zur anderen Seite als auf früheren Fotos, daher sieht man mehr von ihrer linken Gesichtshälfte. Ihre Augenpartie ist markant: Die großen dunklen Augen schauen nicht innig, sondern forschend an der Kamera vorbei, starrer als auf ihren bisherigen Fotos. Ihre Persönlichkeit verbirgt sie hinter einem freundlichen, doch aufgesetzten Fotogesicht.

Die „letzte gemütliche Zeit" gemeinsam in Ruhe erleben
In der Osterzeit 1892 war Agnes schwanger. Sie hätte jedoch nicht erwartet, dass es ihr dabei so elend ginge. Übelkeit und Erbrechen kannte sie aus ihrer ersten Schwangerschaft nicht. Immer wieder musste Agnes im Bett bleiben, zwei Tage fasten, bis sie wieder aufstehen konnte: *„Wenn sich die Töchter so ankündigen, will ich lieber keine mehr nach dieser, denn es ist ein katzenjämmerlicher Zu-*

stand. " Doch auch dies ging vorüber. Leider konnte sie in diesem Jahr nicht nach Biesenrode reisen, da Rudolf die *„letzte gemütliche Zeit"* mit seiner Frau erleben wollte, bevor das Familienleben wieder durch ein Baby geprägt würde. Er hatte sich bei der Mitteilung, dass sie ein zweites Kind bekämen, *„rasch gefaßt"* und sah *„der Sache mit Ergebung entgegen".* Rudolf versprach seiner geknickten Agnes, dass sie nächstes Jahr fahren dürfe *„unter der Bedingung, die Tochter mitzunehmen und den Sohn dazulassen* (zu seinem) *Trost".* Sie freue sich jetzt schon auf den Mai in einem Jahr, schrieb sie Emma, und wie gut es Gerhard in Langenburg gehe: *„Seit wir hier sind, bin ich sehr glücklich gewesen, das Kind hat sich ganz verändert, hat prachtvolle Farben, ganz andere große glänzende Augen und einen ganz guten Gang bekommen, im Herbst bekommt er die ersten Höschen. Ich muß ihm sonst lauter neue Winterkleider machen, die er dann doch nicht länger tragen kann, und dann hält man ihn auch der langen Locken wegen immer für ein Mädchen."* So war es damals üblich, kleine Buben trugen auch Kleider. Gerhard wurde im September 3. Nun war es Zeit, ihn als Jungen zu erkennen. Doch noch war er nicht so weit. Nach der schweren Anfangszeit der Schwangerschaft ging es Agnes gut.

In diesem ersten Langenburger Sommer beherbergten die Günthers immer wieder Gäste. Auch besuchten sie ihre Freunde in der Umgebung. Es war für Agnes ein geruhsamer Sommer, ein geruhsamer Herbst. Herauskommen tat ihr gut. Kleine Reisen, die Agnes alleine unternahm, führten sie nach Blaubeuren und nach Stuttgart. Manchmal blieb sie über Nacht bei Anna Schnizer, der Frau des Stadtpfarrers von Kirchberg a. Jagst. Zu Hause war Lisa, der sie guten Gewissens Kind und Haushalt überlassen konnte. Erst im September nahm Rudolf Urlaub. Gemeinsam konnten sie an alle Mörike-Orte fahren, die sie aus Pfarrer Hartlaubs Erzählungen kannte: Wermutshausen, die Waldkirche von Laudenbach, Bad Mergentheim und Creglingen. Sie sahen das prächtige Schloss Weikersheim mit seinem Park, angelegt vom fürstlichen Hofgärtner Lebl, der auch in Langenburg wirkte. Sie freuten sich an der Stuppacher Madonna und erneut an Rothenburg o. T. Wenn sie von Langenburg kamen, erinnerten sie sich stets an Friedrich Zellers Ausspruch, die „hochgebaute Stadt" mit ihren Türmen und Mauern sehe aus wie Jerusalem.

Rudolf und Agnes liebten ausgiebige Spaziergänge am Sonntagnachmittag. Sie genossen die herrliche Umgebung von Langenburg und Gerhard lief stramm mit. Agnes brachte sich weiter in der Gemeinde ein, machte Besuche, half bei der Krankenpflege und leitete den Missionsverein. So wurde es Winter und sie feierten mit Gerhard ihr fröhliches zweites Langenburger Weihnachten.

Eine glückliche Mutter (1893)

Am 8. Januar 1893 wurde der zweite Sohn geboren, morgens früh um 7¼ Uhr: wieder ein Sonntagskind. Diesmal hatte Agnes nie von der „Katastrophe" geschrieben. Beruhigend war es für sie gewesen, dass ihr Arzt direkt im Nachbarhaus wohnte. Er hatte seine Sache so gut gemacht, dass sie über ihn ein großes Dank- und Ruhmeslied an Emma schrieb. Weiter erfuhr Emma: *„Es ging ja auch alles so glatt bei mir, nur nachher kamen ungemütliche Tage, ich mußte 4 Wochen im Bett bleiben, und jetzt ist mein Tagewerk noch gering und mühselig, Du siehst es meiner Schrift an."*

Die Taufe war bereits für Sonntag, den 12. Februar, angesetzt worden. Erst vier Tage vorher schrieb Agnes an Emma: *„Wir möchten Dich herzlich bitten, an unserem kleinen Sohn die Patenstelle zu übernehmen und denselben noch ganz besonders in Deine Liebe einzuschließen."* Seltsamerweise durfte Agnes noch nicht den Namen ihres Sohnes erfahren. Sie hoffte nur, dass Rudolf ihr den *„Willen tut"* und ihren Namenswunsch berücksichtige. War das eine evangelische Besonderheit, dass der Name des Kindes erst in der Taufe gegeben würde? Patriarchalisch mutet es an, dass der Vater die Pflicht und das Recht der alleinigen Namensgebung ausübte. Es blieb offen, ob Großvater Günther das Kind taufen könnte, da er erkrankt war. Vom Wetter schrieb Agnes an diesem 8. Februar: *„Jetzt ist's noch greulich bei uns, und der Sturm umheult unser wackeliges Türmchen, daß es eine Art hat."* Sie schloss ihren Brief so: *„Sei mit Mann und Kindern umarmt von Deiner Alten, beinah 30 Jahre! Alten."*

Großvater Günther konnte kommen und hielt die Taufe, die wieder eine Haustaufe war. Das runde grüngebänderte Marmortischchen wurde zum zweiten Mal mit Taufschale, Kruzifix und Bibel als Hausaltar aufgebaut. Diesmal stand daneben ein zweiter kleiner Altar, denn Gerhard hatte sein Spieltischchen aufgestellt und ein schönes Buch mit Ledereinband und Goldschnitt aufgelegt (Uhlands Gedichte). Das Kind wurde vom Großvater auf den Namen „*Karl Albrecht Erich Günther*" getauft. Wieder nahm die Patenliste doppelt soviel Platz im Kirchenbucheintrag ein wie bei anderen Täuflingen. Dabei wiederholten sich etliche Namen: „*Rudolf Friedrich Günther, Pfarrer in Karlsvorstadt Stuttgart, Mathilde Charlotte, dessen Gemahlin, Rosalie Breuning, Bankierswitwe in Stuttgart.*"

Andere Paten als bei Gerhard waren: „*Karl Keefer, Stadtpfarrer in Kirchheim u.T., und Corinna Burkhard, Privatiers Ehefrau in Stuttgart, Alice Breuning led. Stuttgart, Emma Zeller, Pastors Ehefrau in Biesenrode, Provinz Sachsen.*"

In der Passionszeit konnte Agnes – wie schon im Herbst am Buß- und Bettag – die Frauen der Kirchengemeinde bewirten, nachdem diese sich beim Herrn Dekan zum Abendmahl angemeldet hatten. Traditionsgemäß lief es so ab: Wenn die Frauen ins Haus kamen, gingen sie zuerst in die Küche und stellten stillschweigend ihre strohgeflochtenen Körbchen ab, die mit Eiern, Butter oder selbstgemachtem Käse gefüllt waren. Anschließend gingen sie hoch zum Herrn Dekan. Solange das seelsorgerische Gespräch in der Studierstube stattfand, entnahm die Pfarrmagd den Inhalt des Körbchens und füllte es im Gegenzug mit Kuchen oder Gebäck. In diesem Frühjahr erfüllte Agnes ihre pfarrfraulichen Pflichten wieder. Kamen die Frauen von Rudolf, wurden sie in den Salon gebeten und von Frau Dekan mit einem Gläschen Wein und Gebäck bewirtet. Hier wurden ganz andere Gespräche als mit Herrn Dekan geführt.

Im Salon mit den roten Polstermöbeln ließ sich über vieles reden. Das Baby lag wach und friedlich oder schlief in der Wiege im Esszimmer nebenan. Gerhard hatte Lisa, die sich um ihn kümmerte. Frau Dekan konnte sich Zeit nehmen. Manchmal fiel ein Blick der Besucherin auf „*die Zierde des Salons*", auf das Bild des Hl. Sebastian in seinem prächtigen vergoldeten Barockrahmen. Agnes liebte das wunderschöne, in vollendeter Technik gemalte Gemälde. Vermutlich war es ein Werk des Barockmalers Carl Dolce. Emma Reininger hatte es ihr aus der Kunstsammlung des verstorbenen Onkels überlassen. Besonders schön war an dem Bild, dass der bereits verklärte Heilige nicht in seinem Martyrium dargestellt wurde. Man sah seinen schönen Jünglingskörper und seinen innigen Ausdruck auf dem edlen Antlitz, die Augen richtet er sehnsüchtig beglückt gen Himmel. Es war tröstlich zu sehen, wie es einem nach schwerem Leid ergeht, wenn alles mit Gottes Hilfe durchstanden ist. Das Bild sprach seine eigene Predigt. Agnes war freundlich-anteilnehmend, sodass die Frauen gestärkt aus dem Salon zur Pfarrküche gingen und ihr gefülltes Körbchen abholten.

Freude hatte Agnes an der Gartenarbeit im Hausgarten und in ihrem vom Fürsten gepachteten Garten im „Kreuth". Durch den fürstlichen Hofgärtner Matthias Lebl wurde sie in die Rosenpflege und -vermehrung eingewiesen. Er hatte den Rosengarten am Schloss angelegt, bereits 1865 ein Rosenbuch herausgebracht und redigierte die „Illustrierte Gartenzeitung" für Rosenfreunde. Agnes hatte durch ihn viel gelernt. Schon im zweiten Sommer konnte jedermann sehen, dass sie eine große Blumenfreundin war und ihr alles aufs Prächtigste gedieh. Da sie gelernt hatte, wie man Rosen okuliert, konnte sie ihre geliebten „La France-Rosen" vermehren. Gerade diese Rosen mit zartrosa Blüten in so vollkommener Form malte sie gerne. (Im Langenburger Rathaus hängt noch heute eines ihrer Aquarelle mit La France-Rosen.) In „Die Heilige …" trägt das Prinzesschen einen La France-Rosenkranz.

Ihr Geburtstag fiel immer in die Rosen- und Lilienzeit. In diesem Jahr wurde Agnes 30. Sie hatte sich daran gewöhnt, ihre Geburtstage nicht besonders zu feiern. Diesmal hätte sie den Geburtstag mit der 3 vor der 0 am liebsten ignoriert. Am Freitag, den 21. Juli 1893, gab es folglich keinen Anlass für ein Fest. Ihr war überhaupt nicht danach zumute, etwas Besonderes auf den Tisch zu bringen. Sie schrieb Emma, es *„gab sogar Fleischküchlein und Kartoffelsalat und Wassersuppe, weil ich gar nicht für die Mühe wert erachtet hatte, mich auf eine andere Kocherei zu besinnen. Das erklärte Rudolf nun als Hohn und schreiendes Versäumnis, und man schickte fort nach einem Nachtisch …"* Immerhin.

Der Familie ging es jetzt gut und es gab anscheinend nichts Besonderes. In den Briefen ließ sich dies und das vor allem über die prächtigen Kinder schreiben. Zum Beispiel über Erich: *„Unser*

Kleinster, unser Herzblatt, unser Schwarzäugiger, der eine neue Ge-
sichtsbildung und neues Farbenspiel in die Familie hereinbringt,
ist recht fröhlich und gedeihlich geschmückt mit 4 Zähnen." Er entwickelte sich immer mehr zu einem süßen Baby: *„Ganz dunkle Au-*
gen mit sehr schön geformten Augenbrauen und einer süßen
Schnute. Er hat jetzt 6 Zähne und kann an der Hand schon ganz nett
wandeln. Haare kerzengrade und gelbbraun. Also ganz und gar
nicht schön, aber lieb und gesund." Ein normales Baby ohne Hautprobleme *„mit einem immer zum Abküssen einladenden Gesicht".*

In dieser Zeit war Agnes vor allem eine glückliche Mutter. Auch
Emma hatte wieder einen Sohn zur Welt gebracht, ihr viertes Kind.
Agnes gratulierte ihrem Schwager Friedrich zur Geburt. Sie drückte
Freude und Verwunderung darüber aus, dass nun in ihrer schwes-
ternreichen Familie Buben so in der Überzahl waren. Nelly blieb
das einzige Mädchen unter den fünf Jungen beider Schwestern. Am
12. September 1893 war der kleine Wolfgang Zeller, den sie immer
Didi nennen werden, auf die Welt gekommen.

Was aus den Kinder einmal würde? Bei Gerhard erkannte Agnes
eine dichterische Ader und schrieb nach Biesenrode: *„Gerhard ist* ·
mein lieber süßer Bub; sein Geist entwickelt sich lieblich, er ist ein
Dichter, und wenn der poetische Raptus über ihn kommt, spricht er
in Versen ... Auch schöne Geschichten erzählt er, die ihm einfallen,
die manchmal ganz reizend komisch, manchmal aber auch sehr tra-
gisch sind." Neue Gefühle waren aus diesem Brief herauszulesen:
„Ich genieße die Zeit recht, wo ich ihn noch haben darf, ach so
bald, so bald werde ich ihn hergeben müssen, die Schulen sind hier
so schlecht!" Dies hing als Damoklesschwert über ihr. Gerhard war
erst 4, aber Agnes wusste, was kommen würde.

Ihre Erkenntnis ging noch tiefer: Eines Tages würde er ihr ent-
fremdet sein, wenn er erwachsen sein und eine Frau lieben würde.
So wie ihre Schwiegermama Rudolf an sie „abtreten" musste, würde es auch ihr ergehen. Dieser Gedanke war ihr morgens im Bett
gekommen, als das Kerlchen zu ihr unter die Decke geschlüpft kam,
um sich wie immer mit der Mama über alles, was der Tag bringen
mochte, zu unterhalten. Ihre plötzliche Erkenntnis erschütterte Agnes
so heftig, dass sie ihren Liebling schluchzend in ihre Arme schloss
und an sich drückte, wobei ihr Tränen über das Gesicht liefen. Sie

gab ihm nach einer Weile zur Antwort: *„Jetzt hast Du mich noch lieb, lieber als alle anderen, aber einmal wirst Du eine andere Frau lieber haben als mich und von mir zu ihr gehen."* Gerhard Günther veröffentliche als über 80-jähriger diese Erinnerung in seinem Buch.

Das traurigste Weihnachten –
und wo sollen die Schwestern leben?

Die Veränderungen des Lebens brachen bereits in diesem Winter an. Einen Tag vor Heiligabend (wie auch ihr Mann 12 Jahre zuvor) war Großmama Breuning an der Influenza gestorben. Alle hatten in der Breuning-Familie die schwere Grippe, auch Polly und Alice. Bei Tante Emma fehlte nicht viel und sie wäre ebenfalls gestorben. Als Agnes nach Stuttgart fuhr, erlebte sie das traurigste Weihnachten ihres Lebens, ohne Mann und Kinder, dafür im Trauerhaus bei den geschwächten und bedrückten Schwestern. Mit Agnes kam für die Schwestern ein Lichtblick ins Haus: *„Du kannst Dir denken, daß die lieben Schwestern froh waren, als ich in ihren Waisenhaushalt kam"*, schrieb sie Anfang des neuen Jahres an ihre Mutter nach Biesenrode. Seit Agnes bei den Schwestern weilte, war es bei Alice mit der Genesung langsam aufwärts gegangen. Agnes ließ die Mutter wissen: *„Polly hat schrecklich durchgemacht, sie sieht arg aus und hat immer noch mit nervösen Ängsten zu kämpfen."* Agnes selber war vom Tod der Großmutter *„sehr ergriffen"* und traurig: *„Großmama ist in den letzten Jahren so ganz anders geworden gegen uns. Gegen mich war sie immer sehr lieb und welche Freude hatte sie an meinen Kindern."* Es lag ihr am Herzen, dass jetzt versöhnliche Gedanken nach dem Tod der Großmutter ausgesprochen wurden. Nun waren alle drei Schwestern wieder zusammen und auch die Verwandten kamen. Agnes erzählte: *„Wir verlebten aber trotz alledem ein paar gemütliche Tage. Fabers waren sehr lieb, Tante ist anhänglich an Polly. Die Basen und der Vetter fehlten keine Stunde am Tag."*

Es stellte sich die grundsätzliche Frage, wie es mit den Schwestern weitergehen sollte. Alice konnte von ihrer Musik nicht lassen. Um Unterricht haben zu können, hatte sie in den letzten Jahren bei der Großmutter in Stuttgart gelebt. Alice war 22, Polly 29. Agnes überlegte sich, ob sie nicht wenigstens eine der Schwestern zu sich nach Langenburg nehmen sollte. Dieser Gedanke wurde bald wieder verworfen. *„Wir hätten gerne eine von den Schwestern gehabt! Doch wären die Mädchen hier vergraben! Alice hätte ihren musikalischen Verkehr sehr schmerzlich vermißt."* Auch für Polly musste sie es verneinen, wie sollte sie in dem kleinen Städtchen entsprechenden Umgang, Freundinnen oder einen Ehemann finden. So schrieb sie an Emma: *„Langenburg ist ein arges Nest und ist nicht ein einziges junges Mädchen hier oder in der Umgebung aufzutreiben! Herrn gibt es außer ein paar ärmlichen Amtsrichtern gar keine. Diese Amtsrichter sind auch gewöhnlich solch unangenehme Gesellen, daß wir keinen Verkehr mit ihnen wünschen."* Und sonst? *„Hie und da kommt noch ein Vikar dazu aus der Umgebung, aber das ist ein seltenes Ereignis."* Und würde sie damit keine Verantwortung für das Lebensglück der Schwestern übernehmen? Sicher war: *„Wir müssen jedenfalls noch 6-7 Jahre hierbleiben ... in welches Nest wir wohl dann verschlagen werden?"*

Agnes war bei der Testamentseröffnung im Frühjahr 1894 in Stuttgart dabei. Wir staunen, wie engagiert sie sich für die Schwestern einsetzte. Sie wollte, dass ihre unverheirateten Schwestern nicht zu kurz kämen: *„Die beiden Schwestern müssen sich einmal eine Aussteuer anschaffen. Von Großmamas Sachen hätte die Familie wohl Polly das Nötigste schenken können! Die 2000 Mark sind ja nicht viel, die Polly extra bekommt. Onkel ist's auch zu wenig. Nun vielleicht kann ich für Polly noch etwas herausschlagen ..."* Sie wusste, wie sehr sich Polly in die Pflege der Großeltern seit Jahren hineingegeben und ihre Jugend „geopfert" hatte.

In der Beziehung zu ihrer Schwiegermutter brachte die Erbschaft für Agnes eine Veränderung: *„Dadurch daß ich noch etwas erbe, bin ich wieder gestiegen."* Leider fiel die Erbschaft nicht groß aus, denn alles, was je für die Breuning-Geschwister ausgegeben worden war – für Schulgeld, sonstige Ausbildungen, das Leben und nötige Unterstützung –, war ihnen abgezogen worden. Ihr Onkel, der Kaufmann Friedrich Faber, hatte alles sorgfältig verbucht und nun akribisch mit Zins und Zinseszins verrechnet.

So wurden von dem *„großmütterlichen Erbteil 140 000 Mark abgezogen".* Es verblieb den vier Schwestern außer einigen Tausend Mark *„nur das Haus in der Urbanstraße, das aber immerhin* *mit 120 000 Mark veranschlagt war"*. Als es für die Geschwister zu schwierig wurde, das Haus zu verwalten, verkauften sie es und erhielten dafür weniger als erhofft. Emma Zeller resümierte deshalb: *„Es war uns allen Breuningskindern also nicht beschieden, wohlhabend zu sein ..."*

Im Frühjahr 1894 wechselten Polly und Alice ihren Wohnsitz und zogen mit *„Sack und Pack"* nach Biesenrode. Nun lebte niemand mehr von der Breuningschen Familie in Stuttgart oder im Königreich Württemberg – außer Agnes mit ihrer jungen Familie. Mutter und Schwestern wohnten in Biesenrode in der Provinz Sachsen, der Bruder hatte das Weite suchen müssen. In Stuttgart lebte noch die alte Großtante Emma Reininger, die sich langsam erholte, und die Familie Faber, des Weiteren die Schwiegereltern Günther. Nach wie vor war das Verhältnis zur Schwiegermutter nicht einfach. Agnes ließ Emma im Frühjahr 1894 daran teilhaben: *„Meiner Schwiegermutter geht es eben immer schlecht. Nach ihren Begriffen geht es ihr gut, sie hat wie alle an Tuberkulose Erkrankten immer Hoffnung und schreibt ihre mannigfaltigen Leiden einmal diesem, einmal jenem Umstand zu. Gegenwärtig hat sie den rechten Arm vollständig gelähmt mit einer tuberkulösen Wunde, ein Fuß hat auch eine Wunde und am Hals hat sie eine dicke Geschwulst. Sie muß unendlich Geduld haben, um diesen Zustand erträglich zu finden! Wir schreiben jetzt mehr und mehr ihre Seltsamkeiten dem schrecklichen Zustand zu ..."*

Es gab auch angenehme Nachrichten für Emma: Agnes hatte vor, für Prinzessin Feodora einen Ofenschirm zu bemalen, da diese sich gerade mit dem Prinzen Emich von Leiningen-Waldleiningen verlobt hatte. *„Die Hochzeit ist im Mai und wird sehr gefeiert werden. Da gibt's doch auch wieder eine Abwechslung in unserem Nest, die Gemüter sind schon ganz in Aufregung wegen der Aufführungen, die von der hiesigen Gesellschaft ausgehen ... Die Fürstin habe ich übrigens sehr gern, eine glücklichere Mama kann man sich nicht vorstellen. Am letzten Sonntag war große Gratulationscour im Schlosse, eine sehr feierliche Gelegenheit."*

6. „Das Licht war wieder angezündet": Mitte 1894 – Ende 1899

„… wenn mich niemand feiern will, feiere ich mich selbst"

Agnes war tatkräftig, räumte mit ihrem Hausmädchen den „Turm" aus und baute ein kleines Gerüst auf, um die niedrige Decke endlich „nach oben zu öffnen". Sie male wie Michelangelo, meinte sie lachend, als ihr Farbe in Gesicht und Haar kleckerte. Bald war ihr Wunderwerk fertig. Man saß jetzt im „Turm", als sei es eine Weinlaube mit Blick durch rankendes Weinlaub mit sommerlich grünen und herbstlich roten Blättern. Es gab den Blick frei in den blauen, mit weißen Wölkchen überhauchten Himmel. Ein gemaltes Schwälbchen flog pfeilgrade vorbei und eine kleine Buntmeise schaute vom Geäst hinunter.

Gäste saßen gern auf dem alten Nussbaumsofa, vor dem das runde Tischchen stand, und tranken Tee. Der blaue Lehnsessel war auch beliebt, und an der Westwand stand Agnes' kleiner Schreibtisch. Eine besondere Note bekam das Zimmer durch die „Sixtinische Madonna". Sie stand als Kunstdruck auf einer Staffelei. Agnes' prächtige Blumen auf der verbreiterten Fensterbank, die bereits in Blaubeuren gut gediehen waren, füllten auch hier den Raum mit Leben.

In Agnes war etwas geschehen. Man konnte feststellen, dass ihr klar geworden war, dass sie sich um sich selber kümmern musste, wenigstens was das Geburtstagsfeiern betraf. So lesen wir in einem Brief an Emma über ihren Geburtstag 1894: *„Da habe ich bei mir den weisen Gedanken gehabt, wenn mich niemand feiern will, feiere ich mich selbst … es gab ein Festdiner mit Ehestandskuchen (halb süß, halb sauer) und von mir selbst dargebrachten Blumensträußen, und alles war sehr feierlich und schön und die Familie sehr mit mir zufrieden. Gerhard brachte den Toast aus und Esi schrie hos hos – mit Begeisterung …"* Hier endet der veröffentlichte Brief. Ob Agnes noch etwas über ihren Mann geschrieben hat?

Bemerkenswert ist Agnes' neue Haltung: „Wenn mich niemand feiern will, feiere ich mich selbst" – zum Glück! Sie emanzipierte sich jetzt als zweifache Mutter, als „Frau Dekan" mit bereits 31 Jahren und als „Erbin". Nun konnte sie einmal an sich denken.

Die Feststellung, dass die Ehe nicht nur süß, sondern zugleich sauer sei, klingt auch nach neuen Einsichten. Wo war die dienende, sich hintanstellende Ehefrau geblieben? Auch weitere selbstständige Entscheidungen klangen an: *„Rudolf habe ich das schon angewöhnt, daß ich ihn verlasse, auf 3 Wochen sogar. Warum denn nicht. Ich sorge dann für sehr viel Lesefutter und Rudolf benutzt seine Strohwitwerschaft gewöhnlich dazu, um sich etwas in moderner erzählender Literatur umzusehen, zu was er sonst nie Zeit hat. Kehre ich dann zurück, so ist man dann so ungemein beglückt, daß ich wieder da bin, und froh und aufgelebt, daß das eine gute Auffrischung für beide Teile ist."* So hatte es bereits im Januar 1893, als sie Emma nach Erichs Geburt zu sich einlud, geklungen: *„ ... Mein Rudolf läßt mich auch von Zeit zu Zeit über einen anderen Zaun gucken, und wir sind nachher um so vergnügter, wenn wir wieder glücklich beisammen sind. Du hast ja Zeit, es Dir noch nach allen Seiten zu überlegen ... "*

Damals hatte sie es noch als Rudolfs großzügiges Zugeständnis angesehen, dass sie „über einen anderen Zaun gucken" durfte. Jetzt erwartete sie nicht mehr seine Erlaubnis, sondern gewöhnte ihn behutsam an ihre Reisepläne. Langsam entwickelte sich ihre Ehe in Richtung Gleichberechtigung, in der damaligen Zeit nicht selbstverständlich. Natürlich blieb sie auch manchmal allein zu Hause, wenn Rudolf seinerseits zu Freunden in Ferien fuhr.

Agnes persönlichste Erlebnisse –
„Das Licht war wieder angezündet"
Es war etwas mit Agnes geschehen, das man in seiner Auswirkung spüren konnte. Was es war, darüber schwieg sie auch Rudolf gegenüber. In ihren Briefen an die Schwestern und ihre Mutter plauderte sie gern über die Kinder, schrieb Dinge, die sie mitteilen konnte, nur das nicht: Sie hatte endlich ihre „Freunde" zurückbekommen, die sich still und unbemerkt von ihr im 13. Lebensjahr verabschiedet hatten. Jetzt waren sie wieder um sie herum. Sie hatten hier wie sie selber Fuß gefasst. In Tierberg war es zum ersten Mal, dass sie dieses Erlebnis im alten fürstlichen Jagdschloss hatte:

Bei einem Sonntagsspaziergang ließen sich Rudolf und Agnes von der Försterin, die auch die Kastellanin für die alte Burganlage war, Schloss Tierberg zeigen. Sie sahen das Himmelbett mit dem gestickten Vorhang. Als die Försterin die gelbseidene, gestickte Decke holte, sie auseinander faltete und über das Bett legte, war es Agnes ganz anders zumute geworden. Sie sah für Augenblicke ihre alte Bekannte auf dem Bett liegen: die wunderschöne Frau mit saphirblauen Augen und langen blonden Haaren. Diesmal war sie viel jünger, ein junges Mädchen, und schien zu leiden. So viel erkannte Agnes, dann war das Bild verschwunden. Sie wusste nun, weshalb das Plätschern des Brunnens am Eingang unter der hohen alten Linde so anders als bei anderen Brunnen klang. Er hatte etwas zu erzählen. Auch die Linde rauschte mit ihren Blättern im Wind etwas von uralten Geschichten. Es war ein verschwiegener Ort in diesem vergessenen Winkel des Landes.[20]

Agnes nannte es „Schloss Schweigen". Rudolf empfand auch, dass dies der passende Name sei. Gern besuchte Agnes die alte stauferische Burg Tierberg. Sie lief die Strecke zu Fuß: Nahm man den Weg von Bächlingen hoch durch den Wald, kam man auf die Hochfläche. Von dort zog sich der Weg über Wiesen und Felder und abermals durch den Wald, bis man zum Tierberg hinunter kam, wo der winzige Weiler lag. Dann war es nur noch ein kurzes Stück, bis man an der Burg war. Wenn Rudolf seine Visitationen bei den verschiedenen Pfarrämtern in der Gegend von Tierberg machen musste, konnte sie mitfahren und sich dort absetzen lassen.

Wir können uns vorstellen, wie sich die Försterin über die Abwechslung freute und gleich Kaffeewasser aufsetzte. Inzwischen konnte Agnes sich in den alten Burggemächern umsehen. Sie fand langsam heraus, was ihr von den „unsichtbaren Freunden" in szenischen Bildern gezeigt wurde: eine sehr alte Geschichte. Sie hörte den jungen Grafen traurige Lieder zum Lautenspiel singen, und dort war ein Kind, das zur mütterlichen alten Frau gehörte, die die leidende blonde Frau pflegte. Durch das Brunnengeplätscher hatte Agnes den Namen der blonden Frau erfahren. Unentwegt klang es im Plätschern „Gisela, Gisela". Nach einer Weile schickte die Försterin ihre Tochter, damit „Frau Dekan" zum Kaffee käme (wie in „Die Heilige und ihr Narr": hier wurde Harro zum Kaffee geholt). Damit war Agnes wieder im Hier und Jetzt.

Die Wohnstube war behaglich, wenn es draußen ungemütlich war. Bei sonnigem Wetter konnten sie im Burghof sitzen. Sie plauderten über dies und das, und die Kinder spielten um sie herum. So verbrachte Agnes eine angenehme Zeit, bis Rudolf sie mit dem Landauer abholte. Wahrscheinlich setzte er sich noch dazu, denn auch er fühlte sich in „Schweigen" sehr wohl.

Inzwischen sah Agnes die „Freunde" auch in Langenburg auf der alten Zugbrücke zum Schloss. In den Langenburger Schlossgängen kam ihr der Lautenspieler entgegen in seinem *„grünsilbernen Rock mit den Bändern und Kettchen und Schnallen. Er hat lange dunkle Haare, die sich unten ein wenig locken und über der Stirn auseinandergehen ... und hat ein kleines Bärtchen."* Ein *„hölzernes, angemaltes Vögelchen"* hängt an der Kette um seinen Hals. Den „Schönsten" nannte sie ihn. Wenn sie ihn sah, wurde ihr froh ums Herz. „Gisela" war auch hier als Gräfin, nicht mehr leidend, sondern glücklich. Nur ihre Narben, die rötlichen Streifen an den Handgelenken, erinnerten an ihre Leidenszeit. Mit der Zeit würde Agnes herausfinden, was es für eine Leidensgeschichte war.

Diese „Freunde" gehörten zu Agnes innerster Welt. Anders war es mit den Spukgestalten, die für alle offensichtlich waren. Im Dekanat spukte es, alle möglichen Gestalten geisterten herum. Alle kannten mittlerweile den ehemaligen Hofprediger, der seit 200 Jahren durch ihr Haus ging. In der Familie hieß er der „Blätterer". Alle hörten ihn im Salon die alten Folianten umblättern. Ab und zu sprang die Zwischentür auf, wenn im „Turm" angeregt theologische Gespräche geführt wurden. Agnes sah ihn dann in seiner altmodischen Bekleidung, wie er interessiert dem Gespräch lauschte. Rudolf spürte, wenn sein Schreibtischstuhl gerade vom „Amtsvorgänger" besetzt war, und setzte sich so lange nicht darauf, bis er wieder frei war.[21] Dass sie sich über den „Blätterer" offen unterhielten, war für Agnes etwas anderes, als wenn sie von ihren „unsichtbaren Freunden" gesprochen hätte. Hier war es eine Spukgestalt aus der Vergangenheit des Dekanats. Ihre „unsichtbaren Freunde" dagegen gehörten seit den Stuttgarter Kindertagen zu ihr.

Im Jahr 1894 änderte sich viel, auch für das Fürstenhaus und für die Langenburger:

Im Herbst, als gerade Chrysanthemen und Astern in Agnes' Kreuthgarten blühten und das Haus damit geschmückt war, kam Rudolf mit einer großen Neuigkeit nach Hause. Der Fürst wird mit Familie und Hofbediensteten die meiste Zeit des Jahres in Straßburg leben müssen, da er vom Kaiser zum Statthalter von Elsaß-Lothringen ernannt worden war. Als Rudolf gerade bei einer Audienz beim Fürst gewesen war, traf das kaiserliche Telegramm ein. Agnes schrieb an Emma: *„Der Fürst natürlich mit fast allen verheirateten Dienern wird nur noch kurz hier sein können, und es steht also eine ganze Völkerwanderung bevor. Für uns ist's schon ein Verlust.“*

Für Familie Günther gab es noch eine weitere Veränderung:

Ihre Nachbarn Dr. Jäger waren weggezogen, dafür kam Oberamtsarzt Dr. Staudenmeyer mit Familie nach Langenburg. Nun wohnte die kleine Anna nebenan. Die Kinder besuchten sich oft. Im Brief, den Gerhard und Erich ihrer Mutter diktierten, wurde die Neuigkeit den Cousins und der Cousine in Biesenrode übermittelt. Auch die große Besonderheit, dass „Frau Doktor“ den Kindern das „richtige Singen“ beibringe und dass sie gut Klavier spiele.

Schade, dass sie erst jetzt nach Langenburg kam! Sie wäre für Alice die ideale Nachbarin gewesen. Indessen hatte Alice sich in Biesenrode längst eingelebt, ihr Lebensweg verlief ganz anders.

Im Advent 1894 besuchte Agnes ein letztes Mal Tante Emma in Stuttgart. Ihr war bewusst, dass es der Abschiedsbesuch würde. Die Tante war so schwach, dass Agnes *„fast nichts mehr mit ihr sprechen“* konnte. Kurz danach starb die für Agnes und Rudolf so wichtige Tante. Agnes schrieb: *„Die gute Tante Emma, ich betraure sie sehr, obgleich es ihr sehr zu gönnen ist nach langem schwerem Leiden ... Rudolf war bei der Beerdigung. Ich blieb in vielen Tränen zu Haus und in schmerzlichen Betrachtungen ...“*

„Bitte schreibe uns doch, was das zu bedeuten hat ...“

Die Familienereignisse der Breunings setzten sich 1895 fort.

Agnes erhielt einen merkwürdigen Brief der Bank und schrieb deswegen an Emma: *„Wir bekamen gestern eine rätselhafte Zuschrift von Breuning & Fischer, der uns zu Lasten des Herrn Breuning in St. Francisco mit 1500 Mark erkennen will. Bitte schreibe uns doch, was das zu bedeuten hat. Woher ist das Geld und was hat Hermann bewogen, uns etwas zu 'erkennen'. In Stuttgart hörte ich, Hermann habe sich verheiratet. Mit wem? Mir war's ganz angst,*

ob nicht dem armen Tropfen etwas Neues passiert sei! Die Ameri-
kanerinnen sind doch auch manchmal ein Reinfall!"

In Biesenrode wussten sie etwas mehr darüber, wie es mit Hermann weitergegangen war. Er hatte ihnen einmal geschrieben, dass
er als Handwerker besser dran gewesen wäre. So kam es, dass er
sich in Amerika als Akademiker *„von oben nach unten diente":*
Kellner, Tellerwäscher, Handlanger am Bau. Für eine Weile hatte
er dann noch in Montana als Aushilfslehrer gearbeitet. Seine letzten Briefe waren allerdings aus San Francisco gekommen, wo er
die Tochter seiner Wirtsleute geheiratet hatte. Sie war eine Farbige
und es gab eine gemeinsame Tochter. Die 1500 Mark waren wohl
als Wiedergutmachung des Kummers, den er seiner Familie gemacht hatte, zu verstehen. Sein Erbteil war dahingeschmolzen,
aber er hatte seine Schulden bei der Familie beglichen.

Leider konnte nach dem Brief der Bank niemand mehr Kontakt
mit ihm aufnehmen. Denn inzwischen traf die Todesnachricht aus
dem Hospital von San Francisco bei der Mutter in Biesenrode ein.
Er war wegen eines Nierenleidens zur Behandlung gewesen und an
einer Überdosis Morphium gestorben. Seine Witwe nahm den
Kontakt mit der deutschen Familie auf. *„Als sie erfuhr, daß kein
Geld mehr vorhanden sei, hörte der Briefwechsel auf",* berichtete
Emma Zeller, dazu noch eine seltsame Begebenheit: *„Es muß wohl
in den Tagen von Hermanns Sterben gewesen sein, als das Ölpor-
trait unseres Vaters in Biesenrode unerklärlicherweise von der
Wand fiel, weder der Haken an der Wand war herausgefallen noch
die Leinenschnur am Bild war gerissen (!), und durch eine darunter stehende Porzellanlampe beim Fall einen Schnitt mitten durchs
Gesicht erhielt. Mama sagte ... daß dies etwas Schlimmes zu bedeuten habe ... wir hielten dies für Aberglauben, wurden jedoch
sehr betroffen, als nach einigen Wochen die Todesnachricht eintraf. Er starb im Juni 1895."*

Agnes hatte ihren Söhnen nie etwas von ihrem Bruder erzählt.
Da sie noch so klein waren, gab es keinen Anlass, sie einzubezie-
hen. Auch später ließ sie ihn unerwähnt. Erst bei einem Besuch in
Biesenrode wurde Gerhard mit der Tatsache seines „totgeschwie-
genen Onkels" konfrontiert. Die Kinder dort wussten auch, dass
in Amerika ein verwandtes Kind existierte.

Gerhard wird ein Schulkind

Wie jedes Jahr musste Agnes im Spätsommer viel nähen, so für Gerhard einen neuen Wintermantel. Er kam im Herbst zur Schule, da er nun sechs war. Doch sollte der zarte Knabe im Winter von seiner Mutter zu Hause unterrichtet werden. Agnes schrieb an Emma: *„Die Schule liegt hier sehr frei, der Weg dahin ist dem Ostwind so ausgesetzt und steigt sehr an, daß wir Gerhard unmöglich bei jedem Wetter hinschicken können. Deshalb werde ich G. unterrichten, und da waren mir die Briefe Deiner Kinder eine rechte Stärkung* (sie wurden von Polly im Lernzimmer unterrichtet), *Gerhard ist natürlich noch lange nicht soweit. Aber schrecklich eifrig ist er und liest den ganzen Tag aus jedem bedruckten Fetzen. Ich hätte es mir nicht so leicht gedacht, ein Kind zu unterrichten. Und ein Genuß ist's! Ich bin glücklich, daß ich mich dazu entschlossen habe."*

Größere und kleinere Ereignisse 1895/96

Aus Biesenrode kamen im Oktober interessante Nachrichten vom großen Missionsfest, das am 29. September gefeiert worden war. Viele Menschen waren beisammen, um von der Mission im Orient zu hören. Vor allem Johannes und Margarethe Lepsius hatten alle mitgerissen. Es war auch Friedrichs Bedürfnis – da er die Situation im Osmanischen Reich, vor allem in Jerusalem und Nazareth kannte –, mehr für die Menschen dort zu tun. So gründeten sie am 29.9.1895 die „Mohammedaner-Missionsgesellschaft", ein Gebetsbund für die bedrängten Christen im Orient. Immer mehr Menschen schlossen sich in den nächsten Wochen der Gesellschaft an. Ein halbes Jahr später (Ostern 1896) wurde die Deutsche Orient Mission, gegründet, Johannes Lepsius übernahm die Leitung. Die DOM wird noch für Agnes' Schwestern und Mutter bedeutsam werden.

Obwohl das Leben in Langenburg nicht mehr vom Fürstenhof geprägt wurde und die fürstliche Familie nur noch selten im Stammschloss weilte, gab es doch große Ereignisse. So kam der König nach Langenburg, den Dekan Günther als Hofprediger im Ornat empfangen musste. Er trug über dem schwarzen Talar eine weiße Spitzenalba. Agnes gefiel es gut und Gerhard liebte diese Aufmachung. Rudolf selber empfand es als „barock" und unzeitgemäß.

Ein besonderes Ereignis war für die Langenburger die Hochzeit ihres Erbprinzen. Am 20. April 1896 wurde die Hochzeit von Ernst II. von Hohenlohe-Langenburg und Erbprinzessin Alexandra, geb. von Sachsen-Coburg, in Coburg, der Heimat der Braut, gefeiert. Dem Paar wurde in der Heimat des Bräutigams ein großartiger Empfang bereitet, wie Gerhard Günther in seinem Erinnerungsbuch berichtet. Neue Fahnen wurden beschafft, eine Ehrenpforte errichtet und die Häuser illuminiert. Agnes hatte sich auch angestrengt und ein riesiges Transparent aus ölgetränktem Papier angefertigt, das die Wappen beider Familien darstellte. Durch kleine Lampen wurde es von hinten beleuchtet. Gerhard, der inzwischen zur Schule ging, hatte schon Tage vorher mit seiner Klasse auf dem Paradeplatz vor dem Schloss das Vierergespann der fürstlichen Kutsche an das Jubelgeschrei gewöhnen müssen. Sie mussten ein Spalier bilden und immer wieder, wenn das Gespann vorbeikam, laut „Hurra" brüllen und ihre Mützen hochwerfen.

In „Die Heilige …" kann man den Empfang der jungen Fürstin nach der Hochzeit treffend und amüsant nachlesen. Hier trägt die kleine Fürstentochter Rosmarie einen La France-Rosenkranz.

1896 konnten die Günthers einen Sommer-Urlaub in den Bergen verbringen. Erich wurde gut betreut, während die Eltern mit Gerhard in die Spielmannsau bei Oberstdorf fuhren und herrliche Berg-Wanderungen machten. Wenn Rudolf schwierigere Touren unternahm, spielten Agnes und Gerhard in einer nahen Schlucht am *„klaren, rasch dahinströmenden Wildbach"*. Dort verlor Agnes ihre kleine Uhr. Alles Suchen war zwecklos. Als sie zwei Jahre später wieder in der Spielmannsau Urlaub machten und Agnes genau an dieser Stelle in den Kies griff, hatte sie ihre Uhr in der Hand. Die „Unterirdischen" hätten sie ihr zurückgegeben, war Agnes' Erklärung.

Nach der Zeit in der Spielmannsau (1896) konnte Agnes mit Gerhard, da Rudolf wieder im Dienst war, noch eine Ferienwoche am Bodensee verbringen: in Lindau in einem Hotel mit Seeblick. Sie unternahmen Ausflüge mit dem Dampfer. Als sie am steinernen Löwen, dem Wahrzeichen der Lindauer Hafeneinfahrt, vorbeifuhren, erklärte Agnes, dass dieser *„die fatale Neigung habe, unartige kleine Jungen zu verspeisen"*. Sie hatte in den nächsten Tagen einen braven Sohn. Erst am letzten Tag, als sie den Löwen passiert hatten, drehte sich Gerhard um und streckte ihm die Zunge heraus. Gerhard Günther erzählt das in seinem Erinnerungsbuch.

Von Friedrichshafen aus fuhren Mutter und Sohn mit dem Zug nach Blaubeuren zur „*Dote Lang*", Gerhards Patentante Johanna.

Daheim bekamen sie viel Besuch, auch von den Schwiegereltern. Agnes schrieb: „*Liebe Schwestern! Ich hatte gerade Besuch von den Schwiegereltern, zuerst einige Tage von Mama und dann, als Mama wieder zu Hause war, kam ganz unerwartet der liebe Papa und blieb zu unserer großen Freude auch einige Tage in aller Ruhe und ungeplagt bei uns. Ihr müßt wissen, daß wir die Eltern lieber getrennt genießen. Aber da mußte ich doch den ganzen Tag parat sein, Mama muß man natürlich immer unterhalten, da sie gar nichts mehr tun kann. Jedenfalls ist Schreiben dabei nicht wohl möglich.*"

Gleichzeitig hatte Agnes mit der Näherei für den Winter zu tun. Sie nähte sowohl die Kinderkleidung als auch ihre Kleider selber und ließ Emma an einem typischen Erlebnis mit der Schwiegermutter teilhaben: „*Der höchste Triumph war aber der, daß meine Schwiegermama, die ich wegen eines Kragens an einem neuen Pensee-Kleid konsultierte, mir sagte, an so einem fein gemachten Kleid darfst du ja nichts ändern, du könntest es nur verpfuschen! Mein innerliches Grinsen könnt Ihr Euch denken, aber die feine Näherin habe ich doch nicht gestanden.*" Agnes ließ sich von Mama Günther nicht irritieren. „*Daß ich da zu tun habe, könnt ihr Euch denken, es muß alle Abende bis 11 Uhr genäht werden, sonst reicht's nicht ...*"

Kindheitserinnerungen

Die Langenburger Jahre waren die Kindheitsjahre der Söhne. Viele Erinnerungen sind damit verknüpft:[22] Sonntägliche Spaziergänge mit den Eltern im Brüchlinger Wald und zur Römerwiese. Die Mama pflückte auf dem Heimweg besondere Sträuße mit Wiesenblumen und Gräsern. – Einmal zog der Vater den Gehrock aus und machte ihnen vor, wie er über einen Baumstamm springen konnte. Er, der Vater! – Sie erinnerten sich an den Zirkus mit dem Kamel, auf dem Erich als einziges Langenburger Kind ritt. Für 5 Pfennige, er hatte den Handel vorgeschlagen. Der Kamelführer war darauf eingegangen und hatte Erich aufs Kamel gehoben. Stolz ritt er hoch oben auf dem schwankenden Sattel bis zum Tor. Die Eltern konnten sich nicht genug über ihn wundern. – Es gab die Kutschfahrten oder Spaziergänge von Kirchberg nach Mistlau. Hier brachte ihnen die Mutter das Schwimmen in der Jagst bei.– Dann der Tag, an dem Kutscher Leonhard nicht mehr als Knecht beim Fuhrmann Groh arbeiten wollte und lieber in die Fabrik ging. – Sie erinnerten, wie Mama sich aufregte, als Frau nicht wählen zu können. Jeder ungebildete Taglöhner durfte es. – Und Gerhards Dummheiten. Wie oft war er ausgerissen, irgendwohin gefahren und erst abends wieder heimgekommen. Er bekam jedes Mal vom Vater seine Tracht Prügel. – Unvergessen die gemeinsamen Ausflüge nach Schwäbisch Hall. Solange Vater dienstliche Besprechungen hatte, waren sie mit der Mutter in der Stadt. Einmal liefen sie zur Comburg und hörten von ihr, was sie damals von Pfarrer Hartlaub über den großen Radleuchter erfahren hatte. Unvergesslich die Nachtfahrt durch Orlach zurück nach Hause, wo der „Schwarze von Orlach" sie gruseln machte. – Wie kalt waren die Winter, wie lustig das Schlittschuhlaufen mit der Mutter! Das Schlittenfahren mit Gerhards „Pfeil" gehörte dazu, die Schneeballschlachten und die Pferdeschlittenfahrten, die Fastnachtskrapfen, das Verkleiden. – Gerhard vergaß nie das hessische Prinzesschen, das er mit Mama im Park getroffen hatte. Später schenkte er ihm einen Zweig Seidelbast, den er eigentlich der Mutter bringen wollte. Die kleine Prinzess hatte den Zweig so sehnsuchtsvoll angeschaut, dass er ihr ihn gab. Als sie ein paar Tage später mit der Gouvernante zum Bahnhof fuhr, winkte sie ihm aus der Kutsche zu. Das war das letzte Mal, dass er sie gesehen hatte. Nicht lange danach war sie auf einer Reise verstorben. Das machte ihn und seine Mutter traurig.

Eine Erinnerung, die Agnes hatte, war die Geschichte, als sie in größten Schrecken versetzt wurde: Sie war mit Rudolf spazieren und die Kinder beim Hausmädchen. Als sie vom Schlosspark kamen und ihr Haus schon sahen, stockte ihr Herz, als sie erkannte, was sich an der Taubenschlag-Fensterluke des Dachbodens auf und ab bewegte. Gerhard saß auf einer Wippe – dem Bügelbrett, das herausragte. Erich saß innen auf der anderes Seite, sie stiegen juchzend hoch und nieder. Agnes gab keinen Laut von sich, denn die beiden sollten nicht erschreckt werden und abstürzen. Sie rannte, so schnell sie konnte, klingelte Sturm. Es dauerte, bis die Tür vom ahnungslosen Hausmädchen geöffnet wurde. Fast flog sie alle Treppen hoch und stellte ihren Fuß aufs Bügelbrett, das gerade mit Erich unten auf den Boden stieß, ohne dass die Zwei sie überhaupt bemerkt hatten. Gerhard Günther erzählt in seinem Buch: *„Erst nachträglich löste sich bei ihr die furchtbare Anspannung in einem Weinkrampf, während mein Vater, halb im Zorn, halb in kaum überstandener Angst, mich als den Hauptschuldigen übers Knie legte."*

Großmama Breuning zu Besuch und schwere Gewitter 1897
Wenn etwas nicht mehr funktioniert, merkt man, wie wichtig es war. So ging es Agnes im Sommer 1897 mit ihrem Hausmädchen, als sie keins mehr hatte. Früher waren da Katharina oder Lisa, dann gab es Thusnelda. Doch jetzt wollte sich kein geeignetes Mädchen finden lassen. So merkte Agnes, wie sehr man auf diese Arbeitskraft angewiesen war. Die Hausmädchen wurden nicht ohne Grund „Stütze" genannt. *„Ein Mädchen haben wir nicht! Alle Versuche, jemand zu bekommen, sind fehlgeschlagen, ich kann mir's nicht erklären, wie das möglich ist und mir passieren konnte."* Agnes zählte auf, wer sich bis jetzt beworben hatte: *„ein halbes Zigeunermädchen, eine Michelbacher Dreckbuzel und eine Kindsmörderin mit vierjährigem Zuchthausaufenthalt. Sehr verlockend, nicht wahr! Natürlich kann ich nur, wenn ich jemand ganz Zuverlässiges bekomme, zu Euch nach Biesenrode kommen ..."*

Deshalb war eine Reise zu den Schwestern und zur Mutter nicht möglich. Dafür kam Agnes' Mutter zu Besuch. In diesem Sommer gab es schwere Unwetter. Agnes wird so ein Gewitter in „Die Heilige ..." beschreiben und als dramatischen Höhepunkt einbauen. Ihre Mutter schrieb (in holprigem Deutsch) nach Biesenrode: *„... solche Gewittern habe ich meinem Leben nie gehört. Es war furchtbar, Hagel so groß wie Walnuß, alles in Langenburg, Michelbach, Bächlingen, Nesselbach, Ludwigsruhe ist vernichtet. Wir haben allein 30 Fenstern kaputt. Im Saloons ging den Blumenfenstern ganz weg, bis in Frau Staudenmeiers Garten, den Blumentöpfen ganz weit weg. Im Schloß soll über 500 Fenster kaputt sein. Für die Bauern und die armen Leuten ist das Unglück entsetzlich. Vielen Obst-*

baum stehen wie im Winter so kahl, alle die schönen Gärten im Kreuth sind verwüstet. Man kann die Leute gar nicht trösten. Wir sind beinahe die ganze Nacht aufgewesen. Agnes hat immer so Angst. Alice kann Dir davon erzählen, wie schrecklich solchen Gewitter sind." Diesmal hatte es besonders gewütet: *„Am Schloßplatz im Park sind die alten schönen Bäume weggerissen. Den Anlagen, Terrassen sehen schrecklich aus. Es war alles so wunderschön. Gestern Nacht hat es wieder sehr schlimm, aber doch nicht so wie vorher. Im Turmzimmer konnte man nicht stehen. Ihr werdet davon in der Zeitung lesen. Beinahe ganz Württemberg ist betroffen. Ich habe solche Angst gehabt und jetzt ist wieder eins, daß man befürchtet, es kommt wieder etwas.*"

In der Langenburger Umgebung waren Bauernhöfe durch Blitzeinschlag abgebrannt und die gesamte Ernte mancher Dörfer war vernichtet worden. Der Fürst ließ an die Betroffenen Getreide, Heu sowie Saatgut für das nächste Jahr verteilen und die Menschen halfen sich gegenseitig mit dem Nötigsten aus. Auffallend war, wie still der Morgen nach dieser schrecklichen Nacht war, kein Vogel sang und die Postkutsche kam wegen entwurzelter Bäume nicht durch. Sie waren von der Welt abgeschnitten.

Agnes hatte bei jedem Gewitter schreckliche Angst, denn sie sah das alte Fachwerkhaus trotz Blitzableiter als besonders gefährdet an. Seit ihren „Erinnerungen" an die schrecklichen Zeiten der Rose d'Artrin hatte sie ihre Angst vor Feuer nicht losbekommen. Und es gab damals häufig Hofbrände durch Blitzschlag. Sie holte deshalb die Kinder aus ihren Betten und setzte sich mit ihnen auf die unterste Treppenstufe im Hausflur. Gerhard Günther beschreibt in seinem Erinnerungsbuch die schlimmen Unwetter aus seiner Kinderzeit: *„Einmal taumelte ich schlaftrunken hinter meiner Mutter über den Gang, als eben ein furchtbarer Schlag unseren Blitzableiter traf. Ich sah vor mir die weiße Gestalt meiner Mutter lautlos zu Boden sinken, nichts anderes meinend, als daß sie vom Blitz erschlagen sei, aber ebenso schnell, wie sie niedergesunken war, sprang sie wieder auf, preßte mich an sich und eilte mit mir die Treppe hinab. Dann kam aber das große Hagelwetter. In das Grollen des Donners mischte sich plötzlich ein anderer Laut, ein Klatschen, Pfeifen und Rasseln, das ich noch nie vernommen* *hatte. Als eine Fensterscheibe splitterte, öffnete mein Vater die Fenster, um die Läden zu schließen. Doch kaum hatte er die Hand hinausgestreckt, als er sie wieder zurückzog. Sie war von Blut bedeckt, denn in diesen Sekunden hatten ihn taubeneigroße Hagelkörner getroffen ... Ich war mit meinem Vater auf den Boden gestiegen, wo schon zahlreiche Lücken im Dach entstanden waren, durch die jetzt in Strömen das Regenwasser troff."*

Blumen und Gemüse waren zerstört, das Haus sah durch die zerbrochenen Fenster verwüstet aus. Es gab viel zu trocknen und zu putzen, Agnes hatte alle Hände voll zu tun – ohne Hausmädchen! Wie anders hatte sie sich den Besuch der Mutter vorgestellt. Sie hatte ihre Mutter verwöhnen wollen, nun musste diese mit anpacken. Endlich wollte Agnes ein Hausmädchen finden, sich überall umhören. Ihre Mutter schrieb an Polly: *„Agnes hat sich jetzt entschlossen, eine Stütze zu nehmen. Ich befürchte aber, daß es nicht lange gut gehen wird, bei dem lieben Agnes ihr Eifersucht. Ich müßte sie in der letzten Zeit ordentlich zanken. Wenn Rudolf mir besonders gedankt oder etwas besonders gut gefunden, dann hat sie ein paar Tagen mit mir förmlich getrützt, was nicht angenehm ist."*

In Blaubeuren hatte Agnes Polly geschrieben, sie habe kein Talent zur Eifersucht. Die Mutter vermittelt einen anderen Eindruck.

An Polly schrieb sie von Rudolfs Anfrage und ihrer eindeutigen Entscheidung: *„Rudolf hat mich förmlich gebeten, ganz hier zu bleiben, ich habe ihm ganz offen gesagt, das könne ich nicht, auch Agnes wäre es nicht recht. Agnes ist sehr lieb und ich bin fest überzeugt, sie tut alles für mich, aber hier ist nicht mein Heim ..."*

Pflegefälle in Uttwil und Langenburg – Weltereignisse 1898

Im Sommer darauf war Agnes bei ihrer Schwiegermutter, um diese zu pflegen. Die Schwiegereltern hielten sich nicht in Stuttgart auf, sondern am Bodensee. Sie logierten im kleinen Dorf Uttwil auf der schweizerischen Seite. Unmittelbar vor Agnes' Geburtstag war der Hilferuf aus Uttwil gekommen. Agnes war bereitwillig hingefahren, um den Schwiegervater zu entlasten und der Schwiegermutter, die an TB litt, beizustehen. 14 Tage wollte sie bleiben, dann sollte Alice sie ablösen. Agnes wuchs über sich selbst hinaus, weil sie gerade die Frau, die ihr früher so viel Leid zugefügt hatte, pflegen wollte. Hinzu kam, dass sie Gerhard verletzt zurückließ. Sie überließ ihn der Diakonisse, Rudolf und einer Zugehfrau. Gerhard hatte sich beim Kinderfest eine Sehnenzerrung am Bein zugefügt.

Trotz der Pflegezeit bei der Schwiegermutter und der schlaflosen Nächte waren es auch gute Tage in Uttwil. Die übermüdete Agnes genoss das Verweilen am Bootsteg. So erfrischt konnte sie wieder ihren Platz im Zimmer der Schwerkranken einnehmen, wo man nicht wusste, ob es zu Ende gehen würde. Agnes bekam das Mittagessen aus dem Hotel geliefert. Wenn sie wieder bei der Schwiegermutter saß, war das Fenster der Krankenstube weit geöffnet. Das regelmäßige leichte Klatschen der Wellen, die auf die Ufersteine prallten, und die würzige Seebrise belebten den Raum. Die nach ihrem Mittagsschlaf erholte Schwiegermama schien erstaunlich optimistisch und sie hofften auf eine anhaltende Besserung, damit sie nach Heslach zurückfahren könnte. Bis es in der nächsten Nacht wieder zu heftigen Hustenattacken kam. So gingen die 14 Tage dahin.

Agnes' 35. Geburtstag schien Rudolf sehr wichtig zu sein, da er ihn unbedingt nach ihrer Rückkehr nachfeiern wollte. In Uttwil ging er wohl unter. Als ihre Zeit um war, kam Alice wie verabredet und löste Agnes ab. Agnes schrieb im August an Polly: *„Rudolf war selig, als ich wiederkam und er seinen Buben und sich selbst nicht mehr der öffentlichen Armenpflege anheimgegeben fand. Ich habe nun die Scheiterlein, ich koche, pflege, kann auch schon famoses Schrotbrot machen und liege alle Nacht im Bett mit Wonnegefühl, daß ich nicht herausmuß. Ich habe in Uttwil von 13 Tagen 9 Nächte gewacht und tags nicht geschlafen. Mama hat schrecklich durch gemacht und wie oft! glaubten wir, daß nun alles vorüber sei, aber Mama lebte immer wieder auf, und wenn nichts weiter dazwischenkommt, glauben wir, daß Mama sich soweit erholt, daß man sie nach Heslach transportieren kann."*

Rudolf machte sein Versprechen wahr, ihr 35. Geburtstag wurde nachgefeiert. Agnes freute sich wie ein Kind und schrieb an Polly: *„Rudolf hat sehr sinnig alles geordnet, als ich am Sonntag, den 2. August, heimkam. Ach es sollte ein festlicher Tag werden, wenn der Geburtstag nachgeholt und mir alles feierlich überreicht werde …"*

Rudolf war seiner Agnes dankbar, dass sie seine Mutter so aufopfernd gepflegt hatte. Jetzt konnte sie sich wieder um Gerhard kümmern, der noch immer liegen musste und betroffen von Bismarcks Tod war. Er hatte im Bett gelegen, als am Sonntag im Gottesdienst die Nachricht vom Tod des Reichskanzlers Fürst Otto von Bismarck abgekündigt wurde. Bismarck war in der Zeit während der Abwesenheit seiner Mutter am 30. Juli 1898 gestorben. Es wurde Gerhard genau berichtet, wie alle Kirchgänger schluchzten. Nun war es ihm, als wäre er selbst dabei gewesen. Bismarcks bedeutete ihm viel, denn sein Vater hatte ihm schon als Fünfjährigem an Bismarcks 80. Geburtstag die Bedeutung des großen Mannes und das Unrecht des Kaisers einprägsam vermittelt.

Nachdem Gerhards Bein wieder in Ordnung war, machten sie alle in der Spielmannsau Urlaub. In diesen Ferien zog Agnes ihre Uhr aus dem Kies, wo sie zwei Jahre gelegen hatte. Agnes wischte sie ab, zog sie auf und die Uhr lief tadellos. Kaum zu glauben!

Im Herbst (1898) sollte Langenburg wie ganz Deutschland und vor allem Österreich durch die Schreckensmeldung erschüttert werden, dass die österreichische Kaiserin Elisabeth (Sissi) in Genf von einem Anarchisten ermordet worden war. In Langenburg kam die Nachricht durch den Postboten, der nicht nur die Post ins Haus brachte, sondern auch die neuesten Nachrichten verkündete. So erfuhren die Günthers, dass er soeben ein Telegramm ins Schloss gebracht hätte, in dem diese Nachricht stand. Durch die Nähe zum Fürstenhaus nahmen die Langenburger großen Anteil an allen Ereignissen der europäischen Adels- und Regentenfamilien; so auch an diesem unerwarteten, grausamen Tod.

Agnes und Rudolf wurden durch eine andere Todesnachricht etwa einen Monat später weit mehr betroffen. Friedrichs Schwester Margarethe Lepsius war an der Schwindsucht verstorben. Sie war noch jung, hatte erst kürzlich ihr sechstes Kind bekommen und sich in der DOM eingebracht. Über sie war alle arabische Korrespondenz gegangen. Die Teppichmanufaktur, die Johannes Lepsius und sie in Friesdorf betrieben hatten, war nach Ufra verlegt worden. Sie sollte den Armeniern, die das Massaker in der Türkei überlebten – vor allem den Witwen und Waisen –, den Broterwerb sichern.

Johannes und Margarethe waren im Jahr vor ihrem unerwarteten Tod nach Berlin gezogen, weil Johannes seine Pastorenstelle aufgegeben hatte. Er hatte die Konsequenz gezogen, da er nicht für eine dringliche Orientreise beurlaubt worden war. Damals wollte er sich unbedingt vor dem drohenden Massaker direkt vor Ort informieren und den Armeniern beistehen.

Margarethe war länger krank und geschwächt gewesen, doch hatten die Ärzte eine TB ausgeschlossen, was alle beruhigte. Johannes hatte sie zur Kur nach Nervi (bei Genua) gebracht, sie war schwanger und voller Zuversicht. Im Juni 1898 hatte sie den kleinen Josua geboren. Bereits am 17. Oktober starb sie mit 31. Margarethe sei friedsam gestorben, wurde berichtet, im Glauben gefasst, und hätte alles in Gottes Hände gegeben.

In Langenburg und bei Günthers ging das Leben weiter. Erich verblüffte einmal mit ungeahnter Lesefertigkeit, niemand hatte es ihm beigebracht. Er schrieb eines Tages seinen Namen in Großbuchstaben. Bei Agnes' überraschtem Ausruf: *„ 'Ei Erich, du kannst ja schreiben! Wer hat es dir denn beigebracht?', erklärte er, daß doch in der Mitte der Inschrift des Großen Amtsgerichts sein Name enthalten sei, von daher wüßte er es, wie es geht. AMTSGERICHT."* Erich war fünf. Wie es ihm wohl in der Schule gehen würde?

Gerhard war mit seinen 9 Jahren häufig und gern mit den Schulkameraden auf der Gasse; er gehörte zur Bubenclique. Im Herbst 1898 war er mit den Jungen Birnen *„stenzen"* gewesen, sie hatten die reifen Birnen vom Baum gepflückt und nicht auf die erlaubte Nachlese gewartet. Agnes schalt ihren Sohn, als bei ihm unter seiner Matrosenbluse die Birnen entdeckt wurden. Er musste die Birnen zurückbringen und unter den Baum legen. Danach erzählte sie ihm von seinen Vorfahren. Es seien ehrliche Menschen gewesen. Am beeindruckendsten war die Geschichte von Konrad Breuning, dem Tübinger Vogt, der von Herzog Ulrich wider allen Rechtes gefangen genommen und öffentlich hingerichtet worden war, erst gerädert und dann auf dem Stuttgarter Marktplatz geköpft.

Agnes führte die Reihe seiner Vorfahren fort, bis sie bei ihrem Vater, Großvater Breuning, bei Rudolfs Vater, Großvater Günther, und schließlich bei seinem Papa angelangt war. Gerhard Günther nimmt diese Geschichte in sein Erinnerungsbuch auf und schließt: *„ ... bis sie mich fragte, wie ich wohl mit meinem Birnendiebstahl vor solchen Männern bestehen wolle, eine Argumentation, die mir* *nachhaltigeren Eindruck gemacht hat als es jede Moralpredigt vermocht hätte."* Dieses Richtmaß legte Agnes wohl seit ihrer Kindheit für sich selber an.

Auch in ihrem Roman wurde diese Haltung sichtbar: Ihr „Seelchen" wollte unbedingt das gegebene Ehrenwort halten. Sie hatte der Gouvernante ein Schweigeversprechen gegeben, und diese konnte sich darauf verlassen, dass das Kind lieber alle Schmerzen ertragen würde, als verlauten zu lassen, woher sie stammten. Das Kind wusste sich in der Reihe seiner Ahnen, fühlte sich ihnen mit seinem eigenen Verhalten verpflichtet. Ein Ehrenwort war bindend.

Das letzte Jahr im alten Jahrhundert – Veränderungen
Mit 1899 brach das letzte Jahr des alten Jahrhunderts an. Für die Günthers kam gleich zu Beginn des Jahres eine Beerdigung. Rudolfs Mutter war am 19. Januar von ihrem schweren Leiden erlöst worden. Seit der Pensionierung ihres Mannes hatten sie in der Stuttgarter Heusteigstraße gelebt. Rudolfs Vater wohnte dort weiterhin. Er wird nun öfters in Langenburg weilen oder von seinen Kindern und Enkeln besucht werden. Sein Sohn Hermann lebte inzwischen als Kaufmann mit seiner Familie in Berlin, auch Ernst, Rudolfs jüngster Bruder, wird später in Berlin wohnen.

In diesem Jahr weilten Agnes und Gerhard am Karfreitag bei Großvater Günther und übernachteten bei ihm. Agnes hatte sich diesen Tag ausgesucht, sie wollte endlich wieder die Bachsche Passionsmusik in der Stuttgarter Stiftskirche hören – diesmal in Begleitung ihres Sohnes. Da Rudolf wie alle Pfarrer in der Karwoche besonders viel Arbeit hatte, verreisten sie nie in der Osterzeit. Jetzt war Gerhard ihrer Ansicht nach mit 9 alt genug, um an dem Konzert teilzuhaben. Manche Besucher der Matthäuspassion waren anderer Meinung, als sich Agnes mit dem kleinen „Büble" in die erste Reihe setzte. Sie hörten die halblaut geflüsterten Kommentare.

Die Matthäuspassion wurde für Gerhard ein ergreifendes Erlebnis. Die Liebe zur Musik wurde in ihm geweckt. Nachdem er wieder in Langenburg war, versuchte er, die in ihm nachklingende Musik am Klavier wiederzugeben. Er hatte erst seit kurzem bei der Frau Doktor von nebenan Klavierunterricht. Als es ihm nicht gelingen wollte, die Melodie, die ihm so deutlich nachklang, auf dem

Klavier umzusetzen, weinte er. Seitdem übte er noch intensiver. Er liebte das Klavierspielen, es wurde sein Lebenselixier. Agnes genoss es, dass durch ihren Sohn Musik ins Haus kam.

Im Juli 1899 musste er wegen seiner Augenentzündung für vier Wochen zur Solebehandlung nach Schwäbisch Hall ins Kinderkrankenhaus der Diakonissenanstalt. Agnes vermisste Gerhard und sein Klavierspiel schmerzlich. Sie hatten ihn in Begleitung des Großvaters Günther, der gerade wieder zu Besuch war, am Tag vor Agnes' 36. Geburtstag alle nach Hall gebracht. Gerhard bekam nach dem Geburtstag das Mittelstück der Geburtstagstorte gut verpackt zugeschickt. Damals wurde die Post mehrmals täglich ausgetragen, das Tortenstück kam noch frisch an.

Hätte Gerhard nicht ins Krankenhaus gemusst, hätte Rudolf ihr zum Geburtstag die Reise zur Mutter geschenkt. Doch für eine Berlinreise blieb nun nicht genügend Geld übrig. Sie wäre gern gefahren! Agnes' Mutter hatte, seitdem Johannes Lepsius im April auf seine – für die DOM unabdingbare – dritte Orientreise gegangen war, eine Verwandte bei der Betreuung des Haushaltes abgelöst. Großmama Breuning wollte mindestens bis zu seiner Rückkehr Anfang Dezember bei den mutter- und jetzt auch vaterlosen Kindern bleiben. Die Kinder hatten manches zu verkraften: Zum Tod der Mutter kam der erneute Umzug von Berlin-Westend nach Groß-Lichterfelde. Wie weit lag die glückliche Friesdorfer-Zeit zurück!

Auch für Agnes' Schwestern Emma und Polly war das Ende der Biesenroder Zeit abzusehen. Friedrich übernahm in den nächsten Monaten die Leitung der Magdeburger Stadtmission. Im Herbst sollte der Umzug sein. Zum Glück hatte Agnes noch einmal mit Gerhard und Erich vergangenes Jahr Biesenrode besucht. Wie immer hatten sie sich im schönen, großen Pfarrhaus mit seiner Umgebung wohl gefühlt. Gerhard und Emmas größere Kinder hatten selbstständig Geschichten in Theaterszenen umgesetzt. Sie hatten viel Spaß dabei, Kinder und Erwachsene. Die 28-jährige Alice hatte bereits ihren eigenen Lebensweg eingeschlagen, war in einem Diakonissenhaus zur Krankenschwester ausgebildet worden. Dem war eine Palästinareise vorausgegangen, wo sie längere Zeit bei Zellers in Friedrichs und Margarethes Elternhaus in Jerusalem gelebt hatte.

Es gab in Agnes weiterer Familie viele Veränderungen. Auch auf Gerhard kam etwas Neues zu. Er sollte nach seinem 10. Geburtstag in die kleine einklassige Lateinschule von Langenburg kommen. Dies war ein Lateinzug, der an die allgemeine Volksschule angeschlossen war, wobei die Lateinschüler von einem Schulgebäude zum anderen pendelten. Seit Anfang des Jahres brachte Agnes Gerhard Schritt für Schritt erste Lateingrundlagen bei, damit ihm der Einstieg in den humanistischen Zug, in dem er auch Griechisch und Französisch lernen würde, leichter fiele. Mutter und Sohn zogen ihre Unterrichtsstunden regelmäßig seit Jahresbeginn durch. Selbst als Gerhard im Krankenhaus lag, bekam er Aufgaben mitgebracht. So konnte er gut präpariert nach einem glücklichen Familienurlaub in Blaubeuren das neue Schuljahr beginnen. Doch plagte ihn eine Heidenangst vor dem cholerischen Oberpräzeptor.

Die Angst war – für die erste Zeit zumindest – unnötig, denn Gerhard brillierte mit guten Lateinkenntnissen und seine Mutter konnte stolz sein. Sie schrieb Emma: *„Gerhard geht nun schon ganze 3 Wochen in die Lateinschule, war in der letzten Woche der Erste und heute der Zweite in seinem Kläßchen! Du wirst meine Freude begreifen, die mein Rudolf etwas kindlich findet."* Vom sechsjährigem Erich, der nun in die Schule gekommen war, schrieb sie: *„Erich ist immer lustig, hat alle Taschen voll 'Löbe', deren Erwerb mir unbegreiflich ist, zu Hause ist er ein Faultier! Bis eine Tafel vollgeschrieben ist, dauert's drei Stunden lang, und einen Spruch bringt man ewig nicht in seinen Kopf. Aber er versichert mir immer, der Hermann (sein Freund) und ich sind die Gescheitesten."*

Jetzt stand die Schule im Vordergrund. Agnes war (wie Generationen von Müttern) nachmittags mit dem Hausaufgabenmachen der Kinder beschäftigt. Saßen die Jungen am Esstisch und schrieben oder arbeiteten an sonstigen Aufgaben, saß sie immer ansprechbar in ihrem Lehnstuhl im „Turm" und häkelte an endlosen Vorhangspitzen oder stickte Bordüren in Flachstickerei für ihre Wohnzimmer-Gardinen – auch endlos. In diesen Wochen kam sie fast nicht ins Freie. Nachdem Agnes sich bei ihren „Bleichfreunden" in Blaubeuren so wohl gefühlt hatte, war sie stimmungsmäßig ziemlich unten.

Der Herbst machte sie wie jedes Jahr traurig: wenn der bunte Gartenflor beim ersten Frost erfror, wenn die Bäume kahl wurden und der dunkle, kalte Winter drohend vor der Tür stand. Schon als Kind schrieb sie über die Macht des Winters in ihr privates Heft.

Rudolf war in diesen Wochen sehr beschäftigt. Er konzentrierte sich auf eine literarisch-theologische Arbeit, die er mit einem Professor gemeinsam herausbringen wollte. Emma, die gerade mit ihrer Familie nach Magdeburg umgezogen war, hatte beim Lesen von Agnes' Brief wahrscheinlich Verständnis für ihre Schwester, die von dem schönen Besuch in Blaubeuren bei den *„liebsten Freunden"* und der Zeit danach offen schrieb: *„Seither bewegt sich meine Stimmung in absteigender Linie und im Augenblick* (19. November 1899) *bin ich grätig, grantig, elend, scheußlich mißgestimmt, daß jedermann mich aufs herzlichste dauert, der mit mir zu tun hat. Schwer kann ich mir nur vorstellen, daß ich auch einmal wieder ein anderes Gesicht machen werde. Rudolf ist aber sehr lieb und geduldig, er muß einen guten Mut haben …"*

„Lass deine bunten Flügel nicht hängen!", war sicher irgendwann der Impuls, der in ihr hochstieg und den sie aufgriff. Denn nach der Baisse kam bei ihr wieder eine Hoch- und besonders kreative Zeit, in der Agnes etwas ganz Neues in den Blick bekam.

In der beginnenden Adventszeit übte Rudolf mit der Jugend ein Theaterstück für die kirchliche Weihnachtsaufführung ein, wobei er seinen Vikar mit einbezog. Jetzt blitzte bei Agnes wieder das Dichterische auf. Sie schrieb für eine häusliche Theateraufführung ein eigenes Stück. Inhalt und Rollenbesetzung schnitt sie auf ihre Söhne zu, Gerhard hatte in Biesenrode bereits Theater gespielt. Weihnachen sollte es bei ihnen lustig zugehen – aber wie es Agnes' Art war, sollte das Stück nicht nur lustig sein, sondern eine ernste Aussage und pädagogische Wirkung haben. Es bezog sich auf den faulen Erich, der bereits genug von der Schule hatte. Sie nahm den „Rulaman", ihre Lektüre, die sie zur Zeit abends zusammen im Kinderzimmer lasen, mit hinein. Diese Steinzeitgeschichte verknüpfte sie mit der Überlegung: Was wäre, wenn Erich nicht mehr in die Schule ginge und als Steinzeitmensch leben würde?

Ihre Schwester Polly ließ sie am neuen Lebensgefühl teilhaben: *„… wir freuen uns schon auf Weihnachten. In der Kirche führen wir das Weihnachtsspiel von Spitta auf, das ich Emma einmal schrieb. Für meine Buben dichtete ich mit meinem neuen herzigen*

Herr Stadtvikar ein Drama 'Rulaman oder der Segen der Zivili-
sation'. Es muß prachtvoll werden. Erich ist ein arges Faultier-
chen, wie er immer war, daß er trotzdem der Erste ist, ist uns
unbegreiflich. " Über Rudolf schrieb sie: *„Gemeinsam mit Profes-*
sor Drews" hatte er *„eine große Arbeit übernommen und wächst*
sich immer mehr zu einem Kirchenlicht aus. Sogar der 'Merkur'
(Schwäbische Zeitung) *leugnet nicht seines Daseins Spur. "*

Aufschwung auf der ganzen Linie! Nur bei den Finanzen ha-
perte es. War Gerhards langer Krankenhausaufenthalt schuld
daran? Agnes sprach die Finanzen an, die durch Rudolfs Ruhm
auch nicht besser würden: *„Ob's uns aber was helfen wird? Ich*
glaube es kaum. " Dafür sparte sie, wo es nur ging. Sie schneiderte
wie immer die Kleidung selbst, diesmal mit Unterstützung einer
Näherin von Langenburg, dem „Nähröschen"[23] – sie sparte, indem
sie für Rudolf und seine Besucher und als Weihnachtsgeschenk für
Friedrich Zigarren aus Tabakblättern selbst herstellte. Agnes beherrschte die Technik. Sie wusste, wie man die Blätter zuschnei-
den, wickeln und leimen musste, um dicke Zigarren zu erhalten.

Sie verdiente sogar Geld mit ihren Musterentwürfen für die Leinenfabrik des Freundes Eduard Lang in Blaubeuren. Gerhard bekam als Weihnachtsgeschenk einen Bücherschrank, den sie mit
Brandmalerei selber verzierte. An Emma schrieb sie stolz: *„Ich*
habe Fabelhaftes instand gebracht, meine Vorhänge im Wohnzim-
mer hängen bereits, ich habe eine 30 cm breite Bordüre in Flach-
stickerei 24 Meter lang gestickt und 9 Meter breite Spitze und 12
Meter schmale Spitzen gehäkelt. " Polly erfuhr: *„Auch einen rie-*
sengroßen Entwurf zu einem Tafeltuch für die Blaubeurer habe ich
gemacht in modernem Stil, es war eine Heidenarbeit. Ein weiteres
ist schon bestellt. " Als sie von ihrer Mutter gebeten wurde, Geld
für Weihnachtsgeschenke für die Lepsius-Kinder zu schicken, gab
Agnes weniger als gewünscht, da sie haushalten musste. Polly
konnte das wohl verstehen, sie las im Brief: *„Ich sende Emma 40*
M. für Mama zu Weihnachten. Mama schreibt mir zwar, ich solle
ihr 100 M. zu Weihnachtsgeschenken schicken, aber ich fand das
nicht gerade notwendig, ich darf auch nicht soviel ausgeben, und
Mama würde in Berlin auch 200 ohne Beschwerden los. "

Agnes hatte genug eigene Ausgaben, da sie noch ihre große Idee für dieses Weihnachtsfest umsetzen wollte. Sie hatte in Schwäbisch Hall Puppen bestellt, um daraus Marionetten herzustellen. Von ihrem Vorhaben schrieb sie: *„Ich beschere den Buben ein Theater, das von unerhörter Pracht wird, Kästen bekam ich billig vom Pinselfabrikanten Roth, die Kulissen beziehe ich aus der Schreiberschen Verlagshandlung und pappe sie selbst auf mit Hilfe von Pfarrer Böcklen. Nun schickt mir das Scheusal von einem Kaufmann in Hall die Puppen schon 8 Tagen nicht, so daß ich jedenfalls kaum fertig werde. Es werden nur Märchen aufgeführt werden."*

Nach Weihnachten konnte Emma von der großen Mühe lesen: *„ ... ich habe ... endlos 'gedockelt' mit meinen Theaterpuppen. 30 Personen habe ich jetzt, die Charakterköpfe alle in Wachs modelliert und gemalt."* Gerhard Günther beschreibt diese Theaterpuppen: *„Die Stoffpuppen, deren Gesichter die Mama aus Wachs modelliert und die sie mit selbstgenähten Kostümen angezogen hatte, wurden an einem Draht von oben geführt. Sie konnten nur wenige Bewegungen machen, aber für uns war alles lebendig."*

Für Gerhard (10) war dies Weihnachten „entzaubert". Er hatte sich *„eine Dampfmaschine mit liegendem Kessel"* oder eine *„neue Elektrisiermaschine."* gewünscht. Als er sah, dass er dies nicht bekommen würde, war die Freude aufs Fest dahin. Doch gelang es seiner Mutter, ihn neu zu verzaubern. Seine Erinnerung liest sich so: *„ ... im Augenblick, als sich die Tür öffnete, war das Zimmer ... verwandelt und mit ihm die ganze Welt. Unter den Zweigen des Baumes stand die Krippe, und auf das Christkind in seiner Wiege fiel ein zartes Rosenlicht. Aber die Krippe stand in einer ganzen Landschaft; Felsgestein umsäumte sie, auf einem sandigen Weg zogen Hirten mit ihren Schafen empor an einem See vorbei, auf dem Schwäne schwammen. Grünendes Moos umgab die Landschaft wie ein Wald."* Nun kommt er auf das Puppentheater zu sprechen: *„Erst dann sahen wir, daß die Tür zum danebenliegenden Kinderzimmer verhüllt war und nur den gemalten Prospekt eines Theateraufbaus freiließ. Als der Vorhang aufging, sahen wir in eine Dorfgasse hinein ..."*

Im Roman lässt Agnes den Künstler Harro eine Puppe mit modelliertem Kopf für das Prinzesschen herstellen. Die Beschreibung von Harros Weihnachtskrippe im 1. Kapitel trifft auf ihre eigene zu.

7. Es wendet sich vieles:
Anfang 1900 – September 1901

Agnes war mit dem Puppentheater etwas Wunderbares gelungen, sie hatte eine neue Ära der Familie Günther bis in die nächsten Generationen eingeleitet. Das Puppentheater wurde im 2. Weltkrieg in einer Bombennacht zerstört, doch bis dahin wurde es immer wieder von ihren Nachkommen eingesetzt. Dazu hatte Agnes an der Schwelle ins neue Jahrhundert mit ihrem ersten Theaterstück fast unbemerkt erste Schritte in ihre Zukunft als „Dichterin" getan.

„Bitte grüße alle von uns, besonders unsere Diakonissenbraut!"

Die Stationsschwester Alice war irgendwann in der Zeit zwischen Weihnachten und dem neuen Jahr zu Besuch bei ihrer Mutter in der Lepsius-Familie gewesen und irgendwann kam die nicht mehr ganz junge Diakonisse erneut zu Besuch. Hier in Groß-Lichterfelde [24] in einer schönen, freistehenden Villa mitten in einem Garten mit Bäumen lebte ihre Mutter in der Familie Lepsius. Für die Kinder war sie die „Amama" und fühlte sich dort sehr wohl, was für Johannes Lepsius ein Glücksfall war. Sie blieb auch bei ihnen, nachdem ihr Vater von seiner langen Reise zurückgekommen war.

Nicht nur die Lepsius-Kinder freuten sich, wenn „Tante Alice" manchmal kam, auch Johannes Lepsius war über ihren Besuch bei der „Mama" erfreut.[25] Es begann im Herzen des weitgereisten Witwers zu brennen. Und Alice – wie hätte sie widerstehen können – nahm seinen Antrag an. Sie wollte seine Frau werden und Mutter seiner sechs Kinder; eine große Aufgabe und Alice hatte etwas Furcht davor. Schon die Bezeichnung „Stiefmutter" machte ihr Angst (Brief von April 1900). Doch sie vertraute ihrer Liebe, die ständig wuchs, wenn auch nicht mit derselben Leidenschaft wie bei Johannes Lepsius. Schon im Mai 1900 sollte die Hochzeit sein.

Als Agnes davon im Februar 1900 erfuhr, wurde sie von der überraschenden Wendung im Leben ihrer Schwester heftig umgetrieben und erzählte beim Besuch in Blaufelden ihrer Freundin davon. Sie hätte es für sich behalten sollen, merkte sie an Hedwig Eytels Reaktion. Agnes schrieb an Emma: *„Ich habe noch niemand weiters von Alice künftigem Schicksal gesprochen, seit ich in Blaufelden eine* *solche Kondolation entgegengenommen habe! Dabei hat Frau Hedwig nicht verschwiegen, daß sie selbst den Johannes Lepsius auch sicher genommen hätte und sogar aufs erste Fragen hin ..."*

Bedauernd stellte Agnes fest, dass sie „weit vom Schuss" war und – als einzige in Süddeutschland verbliebene Schwester – wenig von der Entwicklung mitbekam. Im Brief zu Emmas Geburtstag vom 2. März 1900 fragte sie: *„Was macht Alice? Ich sehne mich sehr nach Nachricht von Euch, besonders auch von Alice, obgleich natürlich eine Braut und dazu eine so viel beschäftigte wenig Schreibdrang empfindet, wenn's nicht an 'Ihn' geht. Ich bin nur froh, daß ich nicht in Alices Haut stecke, ich fürchte, ich würde mein halbes Spital vergiften und allen Kranken die falschen Sachen geben."*

Geburtstagsbrief an Emma und die „Schmerzen des Lebens"

Agnes war krank, als sie den oben zitierten Brief schrieb. Der alljährliche grippale Infekt, der durch die Familie ging, hatte sich bei ihr festgesetzt. Sie schrieb den Brief in ihrem Himmelbett, über sich den weißen Spitzenvorhang.[26] Trotz Krankheit hatte sie den ganzen Vormittag ihre große Wäsche bewältigt und wollte Emma zum morgigen Geburtstag unbedingt schreiben. Emma sollte einen fröhlichen Geburtstagsbrief bekommen, deshalb schrieb sie vorerst nichts von ihrer Krankheit. Gerhards Klavierspiel klang wie so oft durchs Haus und sie schrieb: *„Er wird hin und wieder zum Klavier gerissen von einem inneren Drang (natürlich nicht gerade nach seinem Übungsbuch) ..."* Auch, dass sie *„ihn schrecklich gern klopfen"* hörte, denn es *„ist Temperament drin, trotz der Unbeholfenheit manchmal etwas Musikalisches",* erzählte sie Emma.

Ganz verheimlichen ließ sich ihre gedrückte Stimmung nicht. Denn nach diesem anstrengenden Morgen war sie erledigt. Der Tag der Großen Wäsche war „Großkampftag", d.h. die Wäsche in der dampfenden Waschküche am Waschbrett zu rubbeln, sie kochend im Kessel umzurühren, im eiskalten Wasser zu spülen und per Hand auszuwringen. Man wurde nass, hatte rote, eiskalte Hände und musste die schwere, nasse Wäsche im Weidenkorb durchs kalte Treppenhaus hoch zum Trockenboden schleppen, um sie dort aufzuhängen – oder sie in der ersten Frühlingssonne im Garten aufhängen, wobei man sich erneut erkälten konnte.

Agnes stellte sich aber beim Schreiben ganz auf den Geburtstag ihrer Schwester ein: *„Meine liebste Emma! Zu Deinem morgigen Wiegenfeste sende ich Dir meine herzlichsten Glückwünsche! Mögest Du den Tag recht froh erleben!"* Erst ganz am Schluss wird sie Emma wissen lassen, dass sie krank ist: *„Ich denke es mir sehr nett bei Dir. Ich wollte, ich könnte wandern! Doch ich muß schließen, ich habe leider einen Bronchialkatarrh mit etwas Fieber und muß in meine Klappe, aus der ich nur wegen einer großen Wäsche gekrabbelt bin, Rudolf sendet Dir auch seine besten Glückwünsche und herzliche Grüße. Bitte grüße alle von uns, besonders unsere Diakonissenbraut! Dich umarmt Deine Agadé."*

Auch wenn sie Emma mit ihrem eigenen Zustand verschonen wollte, wurde ihre Befindlichkeit am Anfang des Briefes deutlich: *„Leider werden die Semester etwas höher, als einem gerade lieb ist. Ich wenigstens befinde mich bereits in einem scheußlichen Übergangsstadium, wo man nicht mehr jung und doch noch nicht alt ist. Zudem wächst jetzt eine neue geistliche Generation empor, der man bereits als Meergreisin erscheint, und während man bis jetzt noch zur Jugend gehörte, muß man für die Neuen das Alter und die Würde darstellen, letzteres ist namentlich nicht mein Fall."*

Agnes war noch 36, im Sommer würde sie 37. Ihr netter Pfarrkranz hatte sich durch Wegzug ausgedünnt.

Nun las Emma: *„Es ist eine schwere Zeit zum Leben!"* Agnes bezog sich dabei auf den zweiten Burenkrieg in Afrika, der im Oktober 1899 begonnen hatte und jetzt zum dramatischen Höhepunkt kam. *„Ich denke dabei an unseren Burenjammer von heute, der bei meinen Buben je nach Temperament Tränen oder glühende Haßgefühle hervorruft. Es ist eben leider nicht mehr wie im Alten Testament, und die Erde verschlingt keinen Cecil Rhodes mehr mit seiner Rotte ..."* Agnes und ihre Buben fühlten sich persönlich betroffen, das brutale Geschehen war für sie nicht weit weg. Sie empfanden Trauer und Zorn, Ohnmacht und sogar Hass. Es war nicht mehr wie in der Bibel, wie im Alten Testament: Gott ließ das Leid zu, er griff nicht ein. Das Leid der Welt empfand Agnes als „Schwere Zeiten", obwohl es sich anderswo abspielte und sie nur durch die Zeitung darüber informiert wurden. Damals gab es noch keine anderen Medien, Zeitungen waren die einzige globale Nachrichtenquelle, doch vernetzten sie die Welt und verbanden so die Empfindungen der Menschen. Dies drückte sich in Agnes' Brief im März 1900 aus. Dazu kam ihre Befindlichkeit an diesem Großwaschtag, den sie trotz Bronchitis wacker durchgeführt hatte.

Vermutlich berührte dieser ungerechte Krieg der Engländer Agnes, da sie sich als „halbe Engländerin" davon tangiert fühlte.

„Ich ließe ja auch gerne mein kleines Lichtlein leuchten …"

Fest stand: Überall war mehr los als in Langenburg. In Magdeburg hatten Friedrich und Emma gemeinsam mit Polly eine große Einladung gegeben. Vielleicht wurde hier schon der Gedanke an die regelmäßigen „Sonntags-Familienabende" geboren. Agnes schrieb Emma: *„Ich gratuliere Dir zu Deinem Debüt! Ich bewundere Dich riesig mit Deiner Kocherei! Das flößt mir aufrichtigen Respekt ein und der schön gedeckte Tisch und auch noch Singen! Dies wäre mir unmöglich! Muß ich bei so einer Gelegenheit zuviel kochen, dann verspritze ich abends, wenn die Gäste da sind, gewiß keinen argen Geist mehr."* In der Magdeburger Gesellschaft operierte man bei solchen Einladungen mit Lohndienern. Agnes meinte, das könnte ins Geld gehen. Sie gab der Schwester den Ratschlag, durch einen *„Jour fix"* mit *„kontinuierlichem Theegelage"* sich die Sache zu erleichtern: *„Da singst Du dann etwas, Du liebes Nachtigällchen, und die Leute sind alle hochentzückt und begeistert. Es ist dann ungezwungen und muß nur ein bißchen nett arrangiert werden. Das kannst Du ja vorzüglich! Doch vielleicht lachst Du mich aus, aber ich habe es seinerzeit in England gesehen und weiß, wie man*'s *macht. Die Intimen sind der eiserne Bestand, und die übrigen kommen und gehen, und wer sich gerne treffen möchte, trifft sich."* Sie merkte, wie sie durch die Ausführung belebt wurde: *„Du siehst, die Vorstellung erweckt in mir ein gewisses Behagen und Freude!"* Aber auch Sehnsucht drückt sie aus: *„Ich ließe ja auch gerne mein kleines Lichtlein[27] leuchten, anstatt es hier immer unter den Scheffel zu stellen. Aber so ist*'s. *Wie ich*'s *habe, wird*'s *wohl für mich auch am besten sein. Dich umarmt Deine Agnes."*

Die „Lichtlein"-Bemerkung zeigt Agnes' innere Entwicklung: Sie war nun eine reife Frau, deren Lebenszweck es nicht mehr sein konnte, nur dem Ehemann zu dienen. Ihr Leben spielte sich im reduzierten Umfeld von Langenburg ab. Sie nahm es hin als von Gott bestimmt, wenngleich man ihr Bedauern darüber herauslesen kann.

Alice und Johannes Lepsius wollten bald heiraten. Am 17. Mai schrieb Alice ihm noch aus Freiwalde im Spreewald, es wäre ja bald soweit, dass sie eine große Familie sein würden. Die Hochzeit war Ende Mai.[28] Ihre Mutter blieb weiter bei ihnen wohnen, sie sollte ihr Leben lang ihr Zuhause bei der Familie Lepsius haben.

Besuch in Magdeburg im Sommer 1900

In diesem Sommer konnte Agnes nach Magdeburg reisen und Emmas Familie im neuen Domizil besuchen. Sie reiste allein. Vermutlich war sie gespannt, wie Zellers neues Leben aussehen würde, und freute sich auf ihr Patenkind Nelly. Sie war früher, wenn sie nach Biesenrode reiste, nur bis nach Mansfeld gefahren, nun ging die Strecke weiter durch die flache, fruchtbare Magdeburger Börde. Vom Zug aus konnte man schon von weitem das Stadtbild mit den vielen hochragenden Doppeltürmen sehen. Sicher werden sie ihre Schwestern vom Bahnhof abgeholt haben. Sie nahmen eine Droschke nach Alt Overstedt, dort wohnten die Zellers in der Nähe der Stadtmission. Unterwegs werden sie Agnes' Eindruck über die zahllosen Kirchen bestätigt haben, es gab zusätzlich zum Dom über vierzig Kirchen, die das mittelalterliche Stadtbild prägten.

In der Johanniskirche war Friedrich feierlich eingesetzt worden. Die Stadtmission war seit sechs Jahren in der Poststraße 8/9 [29] untergebracht, doch der Umzug (in ein neues Gebäude) stand schon in Aussicht. Friedrich war zur Zeit stark eingebunden in Verhandlungen für das große Haus Hasselbacherstraße 1. Da Agnes sich für alles interessierte, was zur Arbeit der Stadtmission gehörte, erfuhr sie, dass die Armenspeisung immer wichtiger wurde. Immer mehr verarmte Menschen zogen durch die Industrialisierung aus der Großstadt Berlin aufs flache Land. Mit Interesse wird sie von der Vergrößerung des Einsatzbereiches der Stadtmission noch in diesem Jahr gehört haben: Neben dem bestehenden „Magdalenen-Asyl" für Frauen in Womirstedt sollten die „Kellnerfürsorge" und die „Schreibstube" hinzukommen, wo Arbeitslose mit arbeitsuchenden Kaufleuten und Strafentlassenen Beschäftigung fänden. Auch waren für dieses

Jahr die „Bahnhofsmission" und das eigene „Sonntagsblatt", der „Magdeburger Sonntagsfreund", geplant.

Der Diakonie-Verein und Friedrich als Leiter der Stadtmission versuchten die hochgesteckten Ziele umzusetzen: Es ging ihnen um Linderung von materieller, sozialer und geistiger Not. Friedrich war engagierter Organisator und Verwalter dieser diakonischen Einrichtung. Seine Aufgaben waren vielseitig: Er hielt Vorträge und leitete Konferenzen der verschiedenen christlichen, pietistischen Gemeinschaften oder nahm als Sachverständiger daran teil.

Es war Ende Juni. Sicher zeigten die Schwestern Agnes das alte Magdeburg. Sie werden die Elbinsel mit dem ausgedehnten Stadtpark genossen haben. Wahrscheinlich standen sie am „Roten Horn", sahen das Flussbett der Stromelbe mit den Schleppdampfern, die mit Lastschiffen an ihnen entlang zogen, und auf der anderen Seite die Fischer in zierlichen Ruderbooten im fast stehenden Gewässer der Alten Elbe. In den städtischen Parkanlagen, im „Friedrich-Wilhelm Garten" und im „Luisen Garten" war es im Schatten der Bäume angenehm. Die weltberühmten Gruson-Gewächshäuser mit der exotischen Pflanzensammlung sollte Agnes als Blumenfreundin auch besucht haben. Die imposanten Gewächshäuser waren für die Magdeburger gebaut worden, anders als die Cannstatter Wilhelma, die der königlichen Familie vorbehalten war. Man betrat eine zauberhafte Welt, die der große Ingenieur und Naturfreund Gruson seiner Heimatstadt als Vermächtnis hinterlassen hatte.

Vor allem aber wollte Agnes die Zeit mit Emma, Friedrich und Polly in der Familie verbringen, deren Leben sich grundlegend verändert hatte, seit sie nicht mehr im idyllischen Biesenrode und ihrem prächtigen Pfarrhaus wohnten. Für die Kinder war es schulisch gesehen gut, dass sie in Stadtnähe wohnten, noch besser würde es nach dem Umzug in die Hasselbacherstraße werden.

Agnes staunte über Didi, der mit seiner Kindergeige ernsthaft spielte, und über Herbert, der gern malte. Er hatte das zeichnerische Talent seines Großvaters Breuning. Auch Nelly war künstlerisch begabt. Als Agnes am Ende der ersten Juli-Woche heimfuhr, hatte sie eine Vorstellung vom neuem Leben ihrer Schwestern. Wie hatte sich das Leben gewandelt bei Alice, Emma und Polly. Nur sie kehrte als „Frau Dekan" in ihr kleines Bergstädtchen zurück.

1900, die zweite Jahreshälfte

Als sie zurückkam, erging es Agnes wie immer, wenn sie ihr bescheidenes Haus mit Abstand sah. Sie schrieb Emma und den anderen einen Tag nach der Ankunft: *„Ihr Lieben! Das Heimkommen in die Hütte Kedars ist immer etwas Schmerzliches. Ich habe gestern einen ganzen Tag in Gedanken gerückt und geändert, aber die Sache ist hoffnungslos. Von dem Neubau hat man auch nichts mehr gehört, so habe ich in Gedanken arg gegen meine Lage gewütet."*

Man hatte beim Einzug schon von einem neuen Dekanat geredet, und so hofften sie seit neun Jahren auf das neue Haus, mussten aber weiterhin Geduld haben. Der Neubau des Pfarrhauses in Herrentierbach dauerte bereits drei Jahre und *„es wird heuer wieder nicht fertig"*, wie ihr Rudolf nach ihrer Rückkehr erzählte und was sie gleich nach Magdeburg weitergab: *„In dem Tempo bekomme ich das neue Haus 1907. Geduld ist euch not."* Ein neues Haus wäre im Grunde nötig, gerade bei diesem Wetter: *„Leider ist das Wetter nicht sehr schön, stürmisch, und wenn ich eine Zeitlang fort war, finde ich, daß meine Wohnung doch ein Zugloch erster Güte ist. Friedrich könnte es einfach nicht aushalten, denn sowie eins die Türe hereinkommt, wird man fast weggeblasen."*

Bei ihrer Heimkehr erlebte Agnes zweierlei: Einerseits war es lieb, wie sie von den Kindern und sogar der Nachbarin empfangen wurde. Anderseits musste sie sich erst wieder mit allem arrangieren, auch mit der „Männerwirtschaft". Ihr gemütlicher „Turm"! Sie schrieb an Emma: *„Natürlich haben die 3 Herren in meiner Abwesenheit auch nicht gerade zur Verschönerung der Räume beigetragen, sie haben immer im Turm gewohnt und ihre lieben Ranzen auf den Sofas abgelegt, was ich jetzt alles wieder ausrotten muß."* Es tat Agnes gut, sich Emma mitteilen und vom Empfangsstrauß der Nachbarin schreiben zu können: *„Frau Doktor hatte mir ein großartiges meterhohes Blumenarrangement geschickt, ich liebe aber die Dinger nicht, am anderen Morgen war alles welk."*

Ihren Söhnen war es in ihrer Abwesenheit gut gegangen. Sie waren viel an der frischen Luft gewesen, mit Erfolg: Erich war *„braungebrannt und pausbackig"*, Gerhard *„wenigstens sommersprossig"*. Erich hielt am Abend ihrer Ankunft eine Begrüßungsansprache, Gerhard brachte ihr am nächsten Morgen *„nach der* *ersten Schulstunde eine Rose mit Strahlaugen"*. Auch Rudolf war froh, dass Agnes wieder da war. Er wollte alles wissen. Sie schrieb: *„Rudolf will nun immerfort erzählt haben, den ganzen gestrigen Tag ließ er seine Akten liegen und saß bei mir, ein unerhörtes Ereignis. Natürlich zog er mit seinen Fragen mir alles aus dem Herzen, es schien ihn aber nichts besonders zu überraschen, nur daß Johannes den Gnadauern* (Theologischer Verbund mit Pfingsttreffen) *nicht mehr so nahesteht, erschreckte ihn am meisten. Er hat noch die naive Ansicht, man könne mit Johannes reden und ihn auf gewisse Klippen aufmerksam machen, nun, er wird schon sehen."*

Ihr Erlebnis im Zugabteil auf der Heimreise musste sie Emma auch noch mitteilen: eine streitbare Unterhaltung mit einer Dame über *„Vorzüge und Nachteile des Diakonievereins"*. Durch ihren Magdeburger Aufenthalt im Hause der Stadtmission bestens informiert, war Agnes im Gespräch richtig in Fahrt gekommen. Die Dame brachte sie schließlich in Rage, als ihr einziges Gegenargument am Ende darin bestand, dass die Kaiserin sich neulich auch in einer Versammlung dagegen ausgesprochen habe. Agnes' Fazit: *„ ... es scheint mir, als ob da oben kein Mensch ein Rückgrat habe. Ich ärgerte mich sehr und habe hoffentlich mit den Augen geblitzt."*

Solange Rudolf bei ihr saß und sich von ihrer Reise erzählen ließ, konnte Agnes Strümpfe stopfen und für Erich *„Gerhards abgelegte Waschanzüge"* durchgehen. Doch als das Wetter wieder schön wurde, schrieb sie Emma: *„Unten im Gärtchen blühen gegenwärtig alle meine Rosen aufs herrlichste. Ich freue mich so aufs Malen. Ich mache grundsätzlich jetzt keine Kleider und will mir ein kleines Mal-Intermezzo gestatten."*

Agnes hätte Rudolf auch eine Reise gegönnt, da sie erlebt hatte, wie erfrischend Tapetenwechsel sein konnte, und er dazu abgearbeitet war. Hinzu kam, dass es in Langenburg etliche Typhusfälle gab. Ihre Sorge galt nicht ihren Buben, auch nicht sich selber, allein um Rudolf hatte sie Angst. Sie schrieb Emma: *„Der Typhus ist hier und schleicht überall herum, ohne daß man bis jetzt einen Grund gefunden hätte oder vielmehr eine Ursache. Grund gibt's ja überall, wo die Metzger ihre Därme herumwerfen dürfen, aber das tun sie ja schon lange und ist nie etwas vorgekommen. Gegenwärtig sind's 6 Fälle, einer schon gestorben, 2 andere noch in* *großer Lebensgefahr. 2 Fälle sind nebenan, einer im Spital, einer bei Bäcker Kellermann. Rudolf sollte bald in Urlaub, wie wäre mir's recht, wenn ich ihn fortbekäme, denn er ist sehr herunter, und da ist man weniger widerstandsfähig.* " Ihrer Meinung nach wäre es nötig, mit ihm wegzugehen: *„Rudolf erholt sich besser, ist er allein, so sinniert er zuviel, daß er fast vergißt, um sich zu schauen.* " Nachdem sie bei Alice angefragt hatte, ob die Mutter nicht zum Einhüten kommen könnte, erkannte sie: *„Mama hat aber scheint's keine rechte Lust. "*, doch sie war sich sicher: *„Wenn sie aber einmal bei mir ist, ist sie doch vergnügt, das weiß ich gewiß. "* Da die Mutter nicht kommen wollte, musste es anders gehen. Und es ging anders: Sie fuhren nicht weg und Rudolf wurde nicht krank.

Im Herbst wickelte Agnes wieder Zigarren. Sie wollte Emma eine Lieferung für Friedrich schicken, da Emma ihr ein Dutzend Gläser geschenkt hatte als Ersatz für alle Gläser, die bei ihnen zerbrochen waren, als das Hausmädchen das ausziehbare Büffetbrett zu weit herausgezogen hatte. Doch die Zigarrenkiste wurde nie voll. Rudolf leerte sie schneller, als Agnes mit der Herstellung nachkam.

Auch als Alice kürzlich bei ihr zu Besuch war, hatte sie Zigarren gewickelt. Dabei hörte sie zu, was die junge „Frau Pastor Lepsius" erzählte. Sie waren ungestört. Rudolf ging an diesem Nachmittag mit den Söhnen zur Besichtigung der neuen Eisenbahnstrecke, die von Blaufelden nach Langenburg führen würde. Mit Interesse schauten sie immer wieder nach, wie der Schienenverlauf langsam Formen annahm. Später schrieb Agnes an Emma: *„Besuch von Alice, der mich sehr freute ... leider ohne Johannes, mit dem Rudolf auch zu gerne geredet hätte! Alice war nicht wenig sorgenbedrückt, armes, armes Wurm. Ihren Johannes hat sie auch noch nicht in wünschenswerter Weise in der Hand und unter dem Pantoffel – wo er hingehört nach meiner Überzeugung, wenn je ein irdischer Mann darunter gehört hat. Ihren Kindern bringt Alice ein sehr starkes Gefühl ihrer Pflichten mit, was ja sehr gut ist. "*
Das waren überraschende Töne: den Ehemann „in der Hand und unter dem Pantoffel" haben! Und das beim engagierten, genialen Johannes Lepsius, der in anderen Dimensionen dachte, der sich ganz in seine Missionsaufgaben und deren Organisation kniete und

Verhandlungen mit Regierungen im Orient und mit internationalen Mitstreitern führte. Dazu hielt er theologische Vorträge, verfasste Artikel und baute ein Predigerseminar für ehemalige Moslems auf. Diesen Mann kann man nicht unter den Pantoffel stellen, das wusste sie. Aber Alices Leben erschien ihr bedauernswert – mit der großen Verantwortung für die Kinder ihres Mannes. Alices ungesicherte Position ohne Pfarramt und kirchliche Anstellung sah Agnes mit großen Sorgen. Sie hätte mit ihr nicht tauschen wollen!

In der Vorweihnachtszeit 1900 hatte Agnes wieder eine begeisternde Idee für ein häusliches Theaterstück. Sie selber würde das „alte Haus" spielen, ihr altes baufälliges Dekanat, das ihnen und *„vielen früheren Geschlechter(n) in so vielen Jahrhunderten und unter mancherlei Bedrängnissen eine Heimat gewesen war".* Sie nähte sich einen *„grau und rötlich schillernden Seidenüberwurf"* und bastelte sich *„ein altes Ziegeldach auf den Kopf".* Gerhard war der *„gestrenge Pfarrherr aus dem 17. Jahrhundert",* der „Blätterer", der sich in ihrem „Großen Salon" aufhielt und sich in ihr Leben einmischte. Erich war der kleine *„verschwenderische Prinz mit lockeren Sitten,* der *koramiert"* [30] wurde. Agnes begrüßte als „altes Haus" jeden einzelnen Gast und Freunde, die dem Spiel beiwohnten, mit einem netten Spruch. Gerhard Günther erinnerte sich, dass auch Großvater Günther, der zu Weihnachten bei ihnen weilte, mit einem Vers begrüßt wurde sowie die „getreuen Nachbarn".

Bekanntschaft mit Pfarrer Betz – Entwicklungen 1901
Im neuen Jahr zog in Herrentierbach der 28-jährige Pfarrer Wilhelm Betz ins neue Pfarrhaus. In einem festlichen Investiturgottesdienst wurde er durch Rudolf am 13. Januar 1901 eingesetzt. Nach dem Gemeindefest begleitete er seinen Dekan zu Fuß zur nächsten Bahnstation. Diesen gemeinsamen Weg wird er nie vergessen und Jahre später in einem Brief erwähnen. Rudolf war umgekehrt vom jungen Herrentierbacher Pfarrer angetan, da er großes literarisches Interesse zeigte und schon etwas von der Welt gesehen hatte.
    Wilhelm Betz stammte vom Gutshof Klumpenhof bei Öhringen. Nach dem Studium hatte er jahrelang als Hauslehrer in Russland auf dem Gut der reichen Familie Rothermund gelebt. Rudolf

spürte einerseits Pf. Betz' Heimatverbundenheit und innere Tiefe, anderseits erkannte er dessen weiten geistigen Horizont. Bei Rothermunds hatte W. Betz Margarethe Plagge kennengelernt, die zur Bildung der Töchter angestellt war. Inzwischen waren sie verlobt und im Sommer würde die Braut nach Deutschland zurückkehren.

Pf. Betz wartete auf sie in seinem neuen Pfarrhaus aus rotem Backstein, das modernste Sanitäranlagen hatte. Sie konnte sich auf ihr neues Zuhause freuen, es gab fließendes Wasser und Elektrizität auf neuestem Stand. Hierher würde er seine Zukünftige nach der Hochzeit in ihrer Heimat Braunschweig „heimführen". Ihr Onkel, der Bruder ihrer Mutter, war der bekannte Schriftsteller Wilhelm Raabe, dessen Bücher Rudolf und Agnes schätzten.

Anfang 1901 ging in England eine lange Ära zu Ende: das Viktorianische Zeitalter. Am 22. Januar war Queen Viktoria mit 81 (nach 64 Jahren Regierungszeit) gestorben. Das Britische Empire wurde jetzt von ihrem Sohn Eduard VII. regiert. In Stuttgart regierte nach wie vor König Wilhelm II.

Im Februar lag bereits erster Frühling in der Luft, als Rudolf und Agnes in Stuttgart einen wunderbaren kurzen Urlaub zu zweit erlebten. Sie machten bei Rudolfs Vater Quartier und konnten sich in aller Ruhe in den Geschäften umsehen. Vielleicht hatte Rudolfs Vater die Kasse ein wenig aufgebessert, so konnten sie sich beide etwas für ihre Garderobe leisten. Rudolf sollte endlich – wie Friedrich schon seit Jahren – vom schwarzen Gehrock wegkommen. Sie fühlten sich wieder wie damals, als sie junge Brautleute waren. Langenburg war weit weg, sie waren ganz dem Alltag enthoben, als sie sich der romantischen Musikwelt Wagners hingaben. Sie waren in der Oper „Tristan und Isolde". Agnes schwelgte hinterher noch: *„Ach Tristan und Isolde, das ist nichts als Meer und Liebe!"*

Spürbar verändert kamen sie nach Langenburg zurück. Vor allem Rudolfs neuer Habit fiel den Söhnen auf. Gerhard Günther schrieb in seinem Erinnerungsbuch: *„Mein Vater schien mir verändert und gleichsam verjüngt. Das mochte daher kommen, daß er nicht wie sonst einen schwarzen Gehrock, sondern einen neuen, modischen Jackett-Anzug trug; auch war an die Stelle der schwarzen Krawatte eine farbig schimmernde getreten. Auch die Mama*

war anders als sonst. Sie erzählte von einer wunderbaren Auffüh-
rung von Tristan und Isolde.“

Agnes schwamm in einem Meer von Liebe und Glück: In ihr wuchs noch einmal ein Kind heran. Diesmal war sie sicher, dass es eine Schwester für die beiden Söhne werden würde. Sie bezog sie als werdende Brüder mit ein, als sie an Gerhard appellierte, man dürfe sie jetzt nicht erschrecken oder ängstigen, da sie wisse, dass sie dieses Jahr noch ein Geschwisterchen bekämen. Als Gerhard fragte, woher sie es wisse, gab sie ihm eine Antwort, an die er sich zeitlebens erinnerte: *„ ... daß, wenn Mann und Frau den selben Traum miteinander träumten, der ihnen ein Kind verhieße, dies auch der Fall sein würde.“* Das war eine zufriedenstellende Antwort. Die Kinder lebten nun mit dem Wissen, dass sie bald zu dritt wären, da sie eine Schwester namens Erika bekämen. Sie wurde bereits ins abendliche Nachtgebet mit einbezogen. Es war spätes Mutterglück, Agnes wurde im Juli 38 und Rudolf im Oktober 42.

Wie glücklich saßen die Eheleute in der Holderbachklinge unter den sonnenbeschienen maiengrünen Buchen! Agnes sah voller Freude dem erweiterten Familienleben entgegen. Sie erblickte im Maiwald ihre „Gisela“, die seit dem ersten Wiederauftreten in Tierberg immer wieder real geworden war. Aber wie schön war es, die junge blonde Frau in ihrem Silberkleid hier im lichtdurchfluteten Frühlingswald zu sehen. Dabei stellte sie sich das Leben mit ihrem Mädchen vor, dem Rudolf ein verständnisvoller Vater sein würde.

„Denke, wie sich die Welt für mich verändert hat“

Ihr Glück endete jäh! Dieser Nachmittag war ihr letzter glücklicher Tag, wie sie nach einem halben Jahr Rudolf schrieb: *„ Verzeih mir, wenn ich nicht ganz leicht fertig werde mit mir selbst, denke, wie sich die Welt für mich verändert hat, seit wir zusammen an dem Weg in der Holderbachklinge auf dem Boden saßen, in den blauen Maienhimmel hineinsahen und die jungen Buchenzweige wie grüne Flämmchen in der Sonne zitterten! Was für Träume und Hoffnungen in mir blühten und welch ein schöner Lebenstag um mich herum. Es war unser letzter schöner Tag, ich werde ihn nie vergessen.“*

Wie war alles gekommen? Als Agnes merkte, dass es ihr nicht gut ging, legte sie sich hin. Als sie dann heftiges Ziehen im Leib spürte, bekam sie Angst und schickte Gerhard ins Doktorhaus. Der Doktor solle schnell kommen! Er kam auch gleich. Doch er konnte nicht verhindern, dass sie ihr Baby verlor. Beide Geburten hatten sie nicht so geschwächt wie diese Fehlgeburt.

Todunglücklich lag Agnes im Bett – wochenlang – und trauerte um das Töchterchen, *„das wieder in die himmlische Heimat zurück gegangen* war". Um ein Haar hätte sie noch ein Kind verloren – ihren Erich! Der Achtjährige erkrankte nur ein paar Tage nach dem Verlust des Babys an Typhus. Sie konnte sich nicht um ihn kümmern. Er musste in den oberen Stockwerken unter Obhut der Gemeindeschwester in Quarantäne liegen. Die Diakonisse Luise wachte und schlief bei ihm. Jegliche Berührung der beiden war wegen Ansteckungsgefahr untersagt. Ob Erich die schlimme Krankheit überhaupt überlebte, blieb lange ungewiss. Im Jahr zuvor hatte es etliche Todesfälle gegeben. Seltsamerweise war Erich in dieser Zeit der einzige Typhusfall im ganzen Ort.

Angst und Schwere legten sich auf das Haus. Agnes lebte zurückgezogen in ihrer Trauer und kam nicht mehr auf die Beine. Rudolf war schweigsam. So gut er konnte, ging er seiner Arbeit nach. Gerhard vermisste seinen Bruder. Er erkannte erst jetzt, wie wichtig dieser ihm war. Man befürchtete, Erich würde sterben. Gerhard war einsam in dieser Zeit, niemand kümmerte sich um ihn. Doch an Pfingsten ging der Vater mit ihm spazieren, blieb nach langem Schweigen plötzlich stehen und sagte zu ihm: *„Seit heute ist Erich außer Gefahr und wird wieder gesund sein."* So lautete die *„erlösende Botschaft"*, erinnerte sich Gerhard sein Leben lang.

Mit Fantasie und Geisteskraft – die Anfänge des Romans

Endlich konnte Agnes nach vielen Wochen wieder auf sein. Sie war noch geschwächt, und als sie erste kleine Wege im Freien ging, war es ihr lieb, dass Gerhard sie begleitete. Langsam liefen sie zum Schlosspark. Hier erzählte sie ihm zum ersten Mal ihre Geschichte von einer kleinen Prinzessin namens Lilian, die sie an den folgenden Tagen fortsetzte. Lilian war inzwischen eine verheiratete junge Frau, hatte ein Kind und der frühe Tod der Prinzessin war absehbar. Gerhard wehrte sich gegen den traurigen Schluss, dass die *„Liebliche so früh sterben mußte".* Er stellt in seinem Erinnerungsbuch fest: *„In den Grundzügen muß damals schon der Roman, an dem sie so lange weiterspann, festgelegt gewesen sein."*

Diese erdachte Geschichte war Agnes geistige Leistung. Sie setzte ihre Fantasie ein, um von ihrer eigenen schmerzhaften Enttäuschung abzusehen. In ihrer Jugend hatte sie sich selber bei *„mechanischen Tätigkeiten"* Geschichten erzählt. Sie hatte sich nicht in ein glückliches Leben geträumt, sich nicht in irgendeine interessante, „glückvolle" Lage imaginiert, wie es häufig geschieht. Sie hatte sich mit kreativer Gedankenkraft Farbe ins Leben gebracht. Dabei hatte sie von ihrer eigenen Person abgesehen und gelungene, glückliche Lebensbilder zur eigenen Freude entworfen.

In ihrer Trauer griff sie dieses wieder auf. Sie flog gewissermaßen über den See der Traurigkeit hinweg. Auch wenn es teilweise eine traurige Geschichte wurde, war es eine tröstende geistige Arbeit. Dass sie von einer Prinzessin erzählte, lag auf der Hand. Sie liebte Märchen. In Märchen gibt es gute und böse Königinnen, weise und weniger weise Könige, Prinzessinnen, Prinzen, die Prinzessinen „erlösen" und Prüfungen bestehen, den „Dummling", der zu scheitern scheint, dennoch sein Glück macht und zum Lohn die Prinzessin bekommt. In dieser Welt war sie zu Hause.

Märchenbilder sind archetypische Seelenbilder, das ist längst bekannt. Agnes setzte sie auf ihre Weise um. Sie ersann kein neues Märchen, sondern die Entwicklungsgeschichte einer Prinzessin, die hier im Schloss real leben könnte. Im „hessischen Prinzesschen", das machmal in Langenburg weilte, oder in Ferdinandes Kinderporträt[31] mit verträumt blauen Augen und blonden Haaren wie ein Heiligenschein fand sie Vorbilder. Dieses Gemälde hing in Schloss Tierberg, man konnte darin ein echtes „Seelchen" sehen. Ihre nicht geborene Tochter, dieses Seelchen, musste sie loslassen! Dafür erzählte sie Gerhard und sich die Geschichte von Prinzessin Lilian; er durfte mit ausschmücken, die Geschichte bereichern.

Agnes hatte ihre Tochter verloren. Dafür erwuchs aus ihrer Trauer die Uridee zum Roman „Die Heilige …". Man könnte dieses Buch als geistige „Tochter" ansehen, Mutter einer leiblichen Tochter wurde sie nicht mehr. Töchtern und Müttern, aber auch männlichen Lesern – in Deutschland und anderen Ländern – bedeutet dieser Roman bis heute viel.

In diese Zeit fielen ihre traurigen Verse, an die sich ihr Sohn später noch erinnerte: *„Frau Königin geht über die braune Heid', an ihrer Seite schreitet das Leid."* Das Bild der Königin finden wir in ihrer späteren Romanheldin wieder: denn die junge, erwachsen gewordene Prinzessin Rosmarie (sie hieß nicht mehr Lilian) schreitet, *„wie Königinnen schreiten"*, und neben ihr unerkannt das Leid. Rosmarie wird in ihrer traurigsten Zeit von Fremden an ihrem besonderen Gang, ihrer aufrechten Haltung und ihrer Schönheit, die innere Schönheit ausdrückt, als wahre „Königin" erkannt.

An ein paar wesentlichen Stellen des Romans wird der königliche Gang besonders erwähnt. Er hat eine Funktion wie das Drossellied: *„Aus ihren sanften Augen schaut die zweite Seele, die in ihr wohnt, heraus. Sie schreitet, wie Königinnen schreiten, die die Hoffnung vieler Menschen in ihrem gesegneten Leibe tragen. Und die Drossel jubelte über ihnen ..."* Selbst auf der Römerwiese kurz vor dem Schuss, der sie treffen wird, gibt es folgende Szene: Der junge Bruder der Fürstin hilft Rosmarie, pflückt ihr die schönsten Blumen. *„Rosmarie trägt ihren Strauß, der immer größer und größer wird, und schweigt und lächelt vor sich hin. Und Harro geht immer hinter ihr, damit er genießen kann, wie sie geht – wie Königinnen schreiten. Wie Musik ist ihr Gang. Eine Drossel singt ..."*

Auch wenn Agnes immer noch traurig war, sich geschwächt fühlte und der Bronchialkatarrh, der sich wieder eingestellt hatte, nur vorübergehend abklang, ging das Leben weiter.

Es gab in diesem Sommer noch ein paar bedeutsame Ereignisse. So kam es zum Mordanschlag auf Rudolf durch den Schlosser Brumm. Gerhard hat diese Episode später als Kurzgeschichte gestaltet und sogar im „Schwäbischen Merkur" veröffentlicht.

Ein anderes Geschehen betraf Gerhard als Schüler. Agnes nähte eine Matrosenbluse für ihn und entdeckte bei einer Anprobe, gegen die sich Gerhard massiv wehrte, auf seinem Rücken blutige Spuren schlimmster Schläge. Sie stammten vom cholerischen Oberpräzeptor. Agnes rief Rudolf, und als sich herausstellte, dass Gerhard nur ein grammatischer Fehler unterlaufen war, ging Rudolf persönlich zum Oberpräzeptor. Er fand die richtigen Worte, sodass Letzterer nie mehr in der Form die Beherrschung verlor.

Der weiße Hirsch ist tot und nicht nur er

Ein weiteres Erlebnis hatten Agnes und Gerhard auf dem Heimweg vom „Kalten Brunnen" in der Nähe der Domäne Ludwigsruhe. Ein Jagdwagen, den eine Dame im Jagdkostüm kutschierte, überholte sie. Dabei nahmen sie den weißen Hirsch wahr, der auf der Pritsche verendet lag. Deutlich sahen sie die blutige Einschussstelle. Agnes wurde kreidebleich, so machte sie die Tatsache betroffen, dass der seltene Albino-Hirsch aus dem Tierpark Ludwigsruhe abgeknallt worden war. Denn dieser weiße Hirsch besaß für sie tiefe Bedeutung. Sie hatte ihn nicht nur immer wieder in seiner Schönheit im Tierpark bewundert, er gehörte auch zu ihren persönlichsten inneren Bildern. Das Erlebnis jetzt hatte in gewisser Weise etwas mit ihrem Roman zu tun; sie wird es abgewandelt verwenden. Hier wird kein weißer Hirsch das „Jagdopfer" einer kaltherzigen Dame im Jagdkostüm, sondern ihre Prinzessin im weißen Kleid. Sie wird von einer Dame abgeknallt, doch Rosmarie überlebt und leidet noch ein paar Monate.

Agnes ging es in dieser sommerlichen Zeit gesundheitlich wieder schlechter. Ihr Bronchialkatarrh war diesmal sehr hartnäckig.

Gegen Ende des Sommers gab es für die Günthers noch eine weitere Erschütterung. Ihre Freunde „Dekan Eytels" verloren ihren jüngsten Sohn Wolfgang durch eine Blinddarmentzündung. Da es in der Nähe kein Krankenhaus gab, in das er rasch gebracht werden konnte, kamen zwei Ärzte ins Haus und operierten das Kind. Beim nächsten Besuch schilderte Hedwig Eytel der Freundin die ganze Operation. Agnes und Gerhard konnten sich bei dieser Schilderung alles drastisch vorstellen: Das zur Operation umgeräumte Zimmer, den Spieltisch, der zum Operationstisch geworden war, die blutigen Laken und blutig verfärbte Gummihandschuhe.

Interessant ist, dass eine häusliche Notoperation auch im Roman vorkommt: Rosmarie wird noch in derselben Nacht, nachdem sie beim „Jagdunfall" von der Kugel getroffen wurde, im „Festsaal" ihres Schlosses Thorstein operiert. Man muss die Kugel, die unter dem Herzen steckt, entfernen. Diese schwierige Operation glückt im Roman, Rosmarie lebt weiter, jedoch sehr geschwächt.

Agnes hatte kurz nach dem Tod des kleinen Wolfgang Eytel ein heftiges Erlebnis: Hedwig Eytel war wieder einmal bei ihnen. Wie so oft, sang sie Schubert und begleitete sich *„brillant am Klavier"*. Sie sang den Erlkönig, dieses unheimliche Lied, in dem der Erlkönig den „feinen Knaben" verführerisch einlädt und am Schluss der Ballade der Vater seinen toten Sohn im Arm hält. Während des Gesangs sah Agnes den verstorbenen Wolfgang ganz realistisch neben seiner Mutter stehen. Gerhard Günther schreibt: *„Meine Mutter, schneeblaß im Gesicht, sagte mir später, sie habe das Wölfchen ganz körperlich neben seiner Mutter stehen sehen."*

Dass frühere „Bewohner" aus längst vergangenen Jahrhunderten ihr uraltes Pfarrhaus noch immer behausten, war nichts Besonderes. Agnes, die ihre übersinnlichen Erscheinungen seit Kindheitstagen als Gegebenheit hinnahm, hatte jedoch noch nie einen frisch Verstorbenen so gesehen, als ob er noch lebe. Dies war ihr als Schock in die Glieder gefahren.

Agnes' Gesundheitszustand hatte sich in diesen Wochen nicht gebessert, sondern verschlechtert. Mit Sorge sah man der kalten Jahreszeit entgegen. So wurde beschlossen, dass sie sich Anfang September – man ging von sechs, höchstens acht Wochen aus – im milden Klima des Lago Maggiore kurieren sollte. Ihr war Baveno empfohlen worden. Agnes wollte nicht nach Arosa ins Hochgebirge, was auch im Gespräch gewesen war. Sie ging lieber nach Baveno am Lago Maggiore. Einmal in Italien zu sein war ein lang gehegter Wunsch von ihr, sie nannte es *„das Land meiner Träume"*.

Ihre Mutter hatte zugesagt, für die Zeit ihrer Abwesenheit nach Langenburg zu kommen, um den Haushalt zu führen und für die Kinder sowie für Rudolf da zu sein. Aber sie hatte nur begrenzt Zeit, denn eigentlich wollte sie bei Alice sein, die ihr erstes Kind erwartete.

8. „Im Land meiner Träume":
September 1901 – Mai 1902

Aufbruch zur Genesung nach Baveno

Ihre Mutter war aus Groß-Lichterfelde nach Langenburg gekommen und es blieb genug Zeit, sie einzuweisen. Dann ging es ans Packen, für sechs bis höchstens acht Wochen musste Agnes vorausdenken. Sie packte auch etliche Schals ein und nahm ihren Pelzmantel mit, denn sie rechnete damit, dass es Mitte/Ende Oktober, wenn sie zurückführe, schon Frost und Schnee in den Alpen geben könnte. Am 3. September brach sie – mit gemischten Gefühlen – auf.

Sie fuhr an diesem Tag nur bis Stuttgart, so konnte sie bequem den Morgenzug nach Italien nehmen. Mit der praktischen Übernachtung beim Schwiegervater machte sie ihm eine große Freude. Was sie nicht wusste: Es war das letzte Mal, dass sie ihn sah.

Heilung gesucht am Lago Maggiore

Am Mittwoch, dem 4. September 1901, kam sie gut in Baveno an und fand eine kleine Pension, deren Wirt ihr zuvorkommend schien. Er gab ihr ein schönes Zimmer mit Balkon. Jetzt war sie in Italien! Sie sah den See, Berge, Palmen, hörte italienische Laute und das Glockengeläut vom Campanile der kleinen Klosterkirche mitten im alten Ort. Körperlich ging es ihr alles andere als gut, sie fieberte, hustete und spuckte Blut. Das schrieb sie nach Hause, wo sie sich große Sorgen um sie machten. Ihre Mutter berichtete Alice am 12. September 1901 (in ihrem holprigen Deutsch): *„Agnes ist seit letzten Mittwoch in Italien. Agnes war sehr krank, ich bin sehr in Sorge wegen ihr Befinden. Soeben schreibt sie, daß es ihr sehr schlecht sei und hat wieder Blut gespuckt."*

Agnes rappelte sich auf und konsultiere den italienischen Arzt, der ihr vom Wirt empfohlen wurde. Der Doktor bestellte sie nach der ersten Konsultation gleich wieder für den nächsten Tag. Er meinte, sie müsse jetzt regelmäßig in die Sprechstunde kommen, er wolle ihr eine Spritzenkur verabreichen. Er ließ sie die englische Beschreibung des Mittels „Kakodyl" lesen. Doch was sie las, konnte sie nicht überzeugen. Sie war froh, als sie aus der Praxis wieder draußen war.

Auf dem Weg durch Baveno kaufte sie sich Briefpapier und Umschläge sowie Briefmarken. Auf Italienisch! Sie hatte Rudolfs Wörterbuch eingesetzt, das er ihr mitgegeben hatte; es stammte aus seiner Zeit in Mentone. Hiermit war sie richtig in das italienische Leben eingetaucht. Wegen der „Kakodyl"-Frage war sie beunruhigt und schrieb an Rudolf: *„Die meiste Sorge macht mir jetzt noch die Kur, die mir dieser Italiener vorgeschlagen hat. Schon das, daß er mich in Gewalt bekommt und mich so oft behandeln muß, ist mir gar nicht recht. Dann habe ich nie von etwas ähnlichem gehört, das Ding heißt 'Kakodil'[32], soviel ich mich erinnere, und scheint eine arsenikartige Säure zu sein, die man mit viel Wasser verdünnt unter die Haut einspritzt. Er ließ mich die Anpreisung des Mittels lesen, sie war englisch und versprach natürlich alles. Könntest Du nicht Staudenmopsen darüber fragen. Ich habe mich schon fast entschlossen, wenn mir die Geschichte nicht sofort behagt oder wenn es eine zu arge Quälerei ist, dem Doktor nebst Baveno einfach durchzubrennen. Nun jetzt muß ich wenigstens das Unwohlsein abwarten, vorher wird nichts mehr angefangen. Bis dahin kannst Du mir vielleicht einen Rat geben."*

Agnes konnte den ganzen Tag nur in ihrem Zimmer sitzen oder auf dem Bett liegen, dabei lesen oder Briefe schreiben. Ihr zuvorkommender Wirt versorgte sie mit englischer Lektüre; er musste ihr oft etwas Neues geben, da sie alles schnell ausgelesen hatte.

Das Wetter war schlecht. So hatte sie sich Italien nicht vorgestellt! Im Zimmer war es kühl und sie musste sich warm einpacken: *„Alle die verschiedenen Shawls, die ich mitgenommen habe, werden gebraucht"*, schrieb sie nach Hause. Und es sollte noch kälter werden. Ein paar Tage später schrieb sie: *„Gestern hatten wir einen Tag, an dem von morgens bis abends unausgesetzt Ströme von Regen herunter kamen, See und Himmel verschwammen in grauer Nässe, und es war so kalt, daß ich in meinem Pelzmantel kühl wurde. Überhaupt seit ich hier bin, ist es mir nur ein- oder zweimal warm geworden und habe ich einmal ohne Shawl auf dem Balkon sitzen können. Die Regel ist, daß ich den Pelzkragen anhabe, jedermann findet jedoch, daß ich besser aussehe, aber ich habe wenig Hoffnung, daß in der mir noch übrigen Zeit das Loch in meiner Lunge zuheilt. Staudenmops hat mir viel zu kurze Zeit weisge-*

macht." Was sollte man von ihrer Genesung zu Hause halten? Sie schrieb: „*Ich verliere seit 2 Tagen fast kein Blut mehr, aber leider kann ich durchaus nicht finden, daß mein Katarrh irgendwie besser ist.*" Agnes fühlte sich schwächer als in der letzten Zeit zu Hause, da hatte sie noch nach Bächlingen hinunter und hinauf laufen können. Das könnte sie jetzt nicht mehr „*ungestraft tun*".

Ihre Zimmernachbarn – ein englisches Ehepaar namens Story – waren freundlich; leider war er blind und rauchte viel, das war für Agnes Lungenleiden ungünstig. Rudolf las im Brief: „*Die Zigarette des blinden Herrn findet leider sehr gern ihren Weg durch meine Fenstertüre zu mir herein, armer Tropf, das ist die einzige Freude, die er wohl hat. Die zwei armen Seelen machen alle Tage die schönsten Ausflüge miteinander, um die man sie nicht zu beneiden braucht. Du siehst also, für Schweigen ist schon gesorgt.*"

Gern hätte Agnes etwas vom Land gesehen, wollte wenigstens bis zu der Insel, die sie immer vor Augen hatte, gelangen. So nützte sie einen Tag mit besserem Wetter, um mit dem Schiff zur „Isola del Pescatori" zu fahren. Sie erklärte Rudolf im Brief: „*Ich kann doch nicht im Land meiner Träume wohnen und nicht einmal um die nächste Ecke sehen! Und wieder zurückkommen und für immer Abschied nehmen und nicht gesehen haben, was die ordinärsten Hochzeitsreisenden sehen und was täglich, stündlich vor meinen verlangenden Augen liegt.*" Sie hatte sich mit diesem Ausflug allerdings bis an den Rand ihrer Kräfte gebracht. Dennoch bereute sie ihn nicht, auch das schrieb sie Rudolf.

In diesen Wochen ging ein eifriger Briefwechsel hin und her. Alle schrieben ihr lieb und die Briefe bedeuteten Agnes viel. Ebenso wichtig war ihr, dass die Lieben zu Hause an ihrem Leben hier teilnehmen konnten. Vor allem Rudolf sollte über alles Bescheid wissen. Ihr italienischer Arzt hatte ihr angeboten, er würde bei ihr ab jetzt Krankenbesuche machen, so müsse sie nicht mehr den Weg in seine Praxis gehen. Doch dann schrieb sie Rudolf: „*Mein Doktor war auch nicht wieder da, ich warte täglich auf ihn, was mir sehr unangenehm ist. Heute hat der endlose Regen etwas aufgehört, ich kann wieder auf meinen Balkon und habe ein entzückendes englisches Buch, was mir das Leben ungemein erleichtert.*" Sie bat ihren Mann um ein bestimmtes Buch: „*Könntest Du mir nicht durch Bücherpost einen Band Goethe schicken, der, in dem Tasso kommt! Ich wäre Dir sehr dankbar.*" Überhaupt brauchte sie viel Lesestoff und ergänzte: „*Freue mich riesig an Briefen und selbst am alten 'Merkur'* [33]."

Auch ohne Arzt ging es ihr langsam besser und sie nützte das schöne Wetter für einen größeren Ausflug nach Lugano: „*In Lugano war es über alle Begriffe herrlich. Wenn nicht die Stadt mir zu groß vorgekommen wäre, so wäre ich geblieben. Ich ging hinunter an den See und da gemächlich spazieren, überall Bänke, wo ich ausruhen konnte, die erste Pinie gegen den blau, blauen Himmel rührte mich fast zu Tränen.*" Es war für sie wie eine Offenbarung: „*Eine Stadt sah ich auf einem Berge um einen schlanken Campanile gebaut, die aussah wie das himmlische Jerusalem ... Und ich sah nicht einmal alles, die höchsten Spitzen waren verschleiert. Über Pallanza muß der Monte Rosa sichtbar sein. Auch so war es ein herrliches Bild, diese Bäume, Hecken, Gärten ...*" Dafür hatte sie herkommen müssen – ins Land ihrer Träume!

Da jetzt anscheinend die Genesung begann, meinte Rudolf, Agnes solle noch nicht nach Hause zurückkommen. Die ungemütliche Zeit mit kaltem Nebel und Herbststürmen würde in Langenburg nicht mehr lange auf sich warten lassen. Diese Witterung würde Agnes wieder zurückwerfen, daher wäre das Beste, sie bliebe den Winter im Süden. Das erklärte er der Schwiegermutter, die Alice am 29. September (Gerhards 12. Geburtstag) schrieb: „*... vorige Woche hat Rudolf gemeint, Agnes soll den ganzen Winter in Italien bleiben, es war mir ein Schreck, ich sagte ihm, ich hätte Dir versprochen, Ende November zu kommen.*" Nun erlebte sie seine übliche Reaktion: „*Er gab mir kein Antwort darüber, was er immer tut, wenn ihm etwas nicht gefällt.*" Und ihr Urteil über den Schwiegersohn lautete: „*Rudolf ist ein sehr sonderbarer Mann, aber doch ist er viel lieber und angenehmer als früher.*" Sie fühlte sich von ihm jetzt anerkannter und schrieb Alice: „*Er hält ein für nicht so ganz einfältig und nur Sinn hat ein gutes Mittagessen zu richten und Haus in Ordnung zu halten.*" Auch nahm sie seine veränderte Haltung ihr gegenüber wahr: „*Er bringt mir jetzt Bücher und Zeitschriften und sagt; dieses mußt Du lesen.*"Aber das half ihr nicht: „*... ich habe schrecklich Heimweh.*" Ob Agnes das ahnte?

Agnes entschied sich wirklich, ihren Aufenthalt zu verlängern, um die Genesung zu fördern. Denn die ersten vier Wochen waren verlorene Zeit gewesen, das schlechte Wetter hatte ihr geschadet. So musste die schwangere Alice auf ihre Mutter warten. Diese schrieb ihr am 4. Oktober 1901: *„Leider werde ich erst Ende November oder Anfang Dezember zu Dir kommen, denn gehe ich direkt von hier nach Lichterfelde. Ich kann Dir dann immer noch helfen."*

Bis dahin wollte sie in Langenburg die mutterlose Zeit überbrücken helfen, ihr ging es dabei um den Schwiegersohn: *„Ich kann Rudolf nicht allein lassen."* Sie beschrieb Alice, wie sie ihn erlebte: *„Er wird immer stiller und ungemütlicher; wir sitzen zusammen von ½ 9 Uhr abends bis 11 Uhr, ohne etwas zu sprechen, von den Buben will er auch nichts wissen, sein Antwort ist immerzu, die Buben laß mir doch in Ruhe, auch wenn Gerhard ihn etwas über sein Aufgaben fragt, ein sonderbarer Mann. Agnes hat doch schwer ..."* Großmama Breuning wusste sehr wohl, wie nötig sie in den nächsten Wochen in Langenburg gebraucht wurde.

Auf der Reise in den Süden, Mailand und Genua

Im Oktober brach Agnes ihren Aufenthalt in Baveno ab. Nicht um nach Hause zu fahren, sondern in den wirklich warmen Süden. Das englische Ehepaar aus der Pension – die Storys, mit denen sie sich angefreundet hatte – reiste Richtung italienische Riviera, um in wärmeren Gefilden den Winter zu verbringen. Sie hatten Agnes überzeugt, ebenfalls im (damals) anerkannten Lungenheilort Bordighera die nächsten Wochen zu verbringen. Sie fuhren getrennt und wollten sich in Bordighera treffen. Agnes reiste in Etappen, um unterwegs etwas vom „Land ihrer Träume" zu sehen. Mailand und Genua waren ihr kleine Aufenthalte mit Übernachtung wert.

Agnes, die Kunstverständige, m u s s t e in Mailand das Gemälde „Sposalizio" (die Vermählung der Maria) von Raffael gesehen haben, das in der Brera [34] zu sehen war. Mit Kennerblick schaute sie das Kunstwerk an und gab Rudolf ihren Eindruck wieder: *„ 'Das Sposalitio' von Raffael sieht gar nicht aus wie ein gemaltes Bild, dies war ein geheimnisvoller Mensch, der dies malte! Das sind keine Farben und keine Leinwand und keine Pinselstriche. Da ist einfach ein kleines Guckloch geschnitten, und Du siehst in den*

Himmel hinein, wo alles ganz einfach ist, wie es sein sollte und wie es Gott gemeint hat mit Welt und Menschen. Man kann die schönsten Meisterwerke daneben sehen, sie sind ganz und gar anders, Du siehst Farben, Du siehst, wenn Du ein bißchen etwas von Malerei verstehst, doch immer den Pinselstrich, Licht und Schatten. Das siehst Du beim schärfsten Hinsehen nicht auf diesem Bild. Es ist einfach ein Fenster, wo Du durch einen goldenen Dunst hindurch in das Vollkommene hineinsiehst ..."

Dass sie dies sehen konnte, hatte ausgerechnet ihr schlechter Gesundheitszustand ermöglicht! Auf ihn wollte Agnes im Moment nicht achten. Sie konzentrierte sich auf die großartige Kunst und auf das italienische Leben, in Bordighera würde genügend Zeit sein, sich wieder der Genesung zu widmen.

Jetzt erlebte sie mit jeder Faser ihres Herzens I t a l i e n ! Sie genoss alles. Hier fand ihre Begeisterung Ausdruck: *„Genua, da ist erst Italien, ach, das Gäßchengewimmel drum herum, diese Erkerchen, Hänge, Säulenhallen, Balkone, Brunnen mit waschenden Weibern, Heiligenbildern, flatternden Wäschefahnen, herunterhängendem Blumengewirr. Ich war in einem Rausch des Entzückens. Dann die Straße der Paläste, in deren Hofräume ich hineinsah."* Sie wagte in den schönsten Hof hineinzugehen. Es war der Hof der Universität mit zwei riesigen Marmorlöwen auf der Treppe und mit Säulengängen, dahinter der tiefblaue Himmel. Es war für sie der *„schönste Hof Genuas, vielleicht der ganzen Welt"*.

Sie besichtigte fünf Kirchen. Ihr war es fast peinlich, als Touristin *„zu der Sorte Andächtler zu gehören, die mit dem Baedecker als Gebetbuch herumgehen"*. Sie sah in den Kirchenräumen andächtig betende Frauen, die knieten oder auf Stühlen saßen. Vor denen schämte sie sich, da sie nur aus Neugierde und zur Kunstbetrachtung kam. Deshalb setzte sie sich still hinter eine Säule.

Agnes, die protestantische Pfarrersfrau, genoss es, dass die katholischen Gotteshäuser für jeden zur Andacht geöffnet waren. Es freute sie, als sich die Kirche langsam zum Gottesdienst füllte. Hinter ihrer Säule nahm sie still Anteil an der Messe und *„sah die Priester in ihren Brokatgewändern aufziehen, hörte der Orgel und dem melancholischen Gesange zu"* und *„hielt"* ihre *„Sonntagsandacht"*. Sie ließ Rudolf im Brief an ihren Gedanken teilhaben:

„Ach, was sind diese offenen Kirchen eine Wohltat. Hier hat doch jeder Mensch ein Plätzchen, wo er mit seiner Seele allein sein kann!" Es waren zeitkritische Gedanken, die sie ihrem Mann, dem Theologen, schrieb: *„Wo gibt es für einen Großstadtarbeiter in Berlin einen solchen Ort? Muß nicht schon darum die Seele verschmachten, wenn nicht ein Augenblick des Lebens ihr die Möglichkeit gibt, dem Lärm der Welt zu entfliehen? Es ist ein Unrecht des Protestantismus, daß er dem armen Volk, das immer heimatloser wird, noch diese letzte Zuflucht raubt. Früher war ja das anders, als die Städte noch nicht so entsetzlich groß und die Heimatlosigkeit nicht so allgemein war. Aber heutzutage!"*

Im Lungenheilort Bordighera

Schließlich kam sie in der kleinen Küstenstadt Bordighera an. Sie fand für ihren Aufenthalt die Pension Jolie in der „Via Regina Margherita". Die Hausgäste waren international: Deutsche, Engländer und Franzosen. Ihr Zimmer mit Balkon im 1. Stock war das schönste im ganzen Haus. Ihr Balkon war der größte, er wurde von dem des Zimmers über ihr, der wesentlich kleiner war, halb beschattet, was praktisch war. Sie konnte sich je nachdem in den Schatten oder in die Sonne setzen. Als sie sich eine Korbliege gekauft hatte, lag sie in aller Ruhe in der südlichen milden Herbstsonne.

Über das Marmorgeländer sah sie aufs blaue Meer, das sich bis zum Horizont erstreckte. 50 Schritte von ihr entfernt kamen alle zwei Stunden große weiße Dampfschiffe in den Hafen. Sie stießen aus ihren Schloten schwarze Wolken aus und zogen diese in langen Fahnen hinter sich her. Sie sah auch wunderbare Segelschiffe und die Fischerboote, die in den Hafen ein- und ausfuhren. Links war die „Chiesa de Terrasantam" zu sehen, die neue, große katholische Kirche, die vor dem Strand gebaut worden war. Rechts davon der Bahnhof. Dort war sie angekommen und würde sie in den nächsten Wochen wieder abfahren. Zwischen Bahnhof und Kirche lag der Musikpavillon. Von dort wehten immer wieder die Töne der Kapelle zu ihr herüber. Manchmal sah sie die Musiker auch, wenn sie einen Spaziergang mit dem Weg zum Postkasten verband.

Agnes war die Via Regina Margherita bis zur „Stazione" gegangen. Von hier nahm sie den Weg über den „Lungomare Agentina", um zum Kirchlein und zu den Bänken auf der felsigen Landzunge zu gelangen. Als sie am Strand spazieren ging, sah sie italienische Jungen barfuß am Strand laufen. Immer wenn eine große Welle kam, rannten sie davon. Manchmal waren sie nicht schnell genug und hatten Spaß daran, nass zu werden.

Da dachte Agnes an ihre beiden! Die hätten auch Spaß gehabt. Nun konnte sie Gerhard nur davon schreiben. Und Erich schrieb sie von der feinen Dame, die mit einem schneeweißen Schaf spazieren ging und es mit „bäh, bäh" rief. Es folgte ihr wie ein Hündchen.

Bei allem fehlte ihr Rudolf. Mit ihm wäre sie gern zum Felskirchlein gegangen. Sie beschrieb ihm alles im Brief. So viel Schönheit allein zu erleben machte sie traurig. Rudolf, der früher für ein halbes Jahr im nicht weit entfernten Mentone gewesen war, konnte sich alles gewiss vorstellen: *„Unten am Strand ist ein graues Kirchlein, auf eine Klippe herausgebaut ins Meer. Dort stehen Bänke, auf die alle Sonnenstrahlen fallen, von dort aus sieht man Meer und Berge, Mentone, Monako mit seinen Felsen, den Schnee auf den Seealpen, den grünen Saum der blauen Wogen – mehr Entzücken geht nicht in die Seele hinein. Es ist so schön, daß es fast weh tut."* Nur zehn Minuten brauchte sie dorthin von ihrer Pension aus. In den Tagen nach dem Sturm war sie wieder dort und schrieb darüber an Rudolf: *„Neulich hätte ich mich fast wieder einmal wie in früheren Tagen überfreut, es war eines Morgens, als ich an den Strand hinunterging, ein so herrliches Meer zu sehen, ohne jeden Wind am Strande kamen die ungeheuersten Wellen hergerollt, sie schlugen bis zu dem Kirchlein, dessen Bild ich Euch schickte, empor ..."*

Zur Zeit ging es Agnes gesundheitlich recht gut, deshalb war sie oft unterwegs. So erlebte sie das muntere Leben in der historischen Altstadt: Maultiere, die zweirädrige hohe Karren zogen, und Esel. Sie genoss die engen, schmalen Gassen mit italienischem Singsang und bunter Wäsche, die im Wind flatterte, bis sie trocken war – kurz gesagt, das ganze bunte Treiben des italienischen Alltags.

Auch noble Gesellschaft hielt sich in Bordighera auf. Die Herrschaften wohnten in den Palazzi. Kürzlich hatte Agnes sich in der Via Romana an die Mauer drücken müssen, als die Kutsche mit der alten Herzogin von Genua vorbeigefahren kam. Kutsche samt Leibwache nahmen die ganze Straßenbreite ein. Zwei prächtig uniformierte Reiter und zwei Soldaten in Uniform auf Fahrrädern gaben der alten Dame das Gefühl von Sicherheit. Ihr Sohn, König Umberto I., war im Jahr zuvor an den Folgen eines Attentates gestorben. Und jetzt erschütterte der Tod des amerikanischen Präsidenten Mac Kinley durch ein Attentat im September (1901) die Welt.

Den Schwestern schrieb Agnes ebenfalls von ihren Eindrücken und ihrem Leben in Italien. Dabei hatte sie sich wohl nicht in Alice hineingedacht. Alice war empört, dass Agnes, die „Schwerkranke", durch die Kunstwelt Italiens reiste und sich einbildete, dabei gesund zu werden. Alice fand, dieser Bordighera-Aufenthalt wäre nicht das, was bei TB wirklich helfen würde. Deshalb schrieb sie Agnes einen Brief über den Unfug mit der Kunstreise (Emma schrieb Ähnliches) und gab ihr den Rat, ins Hochgebirge in ein richtiges Lungensanatorium zu gehen. Sie sollte sich nicht aus purer Sparsamkeit in einer Pension im milden Klima ohne ärztliche Überwachung und Behandlung aufhalten. Auch meinte sie, Rudolf müsse Opfer für seine Frau bringen. Sie wolle ihm das noch schreiben und ihm ins Gewissen reden, ließ sie Agnes wissen.

Dieser Brief kam zu einem Zeitpunkt an, als bei Agnes alles nicht mehr stimmte. Sie hätte schon tot sein können. Von jetzt auf gleich war sie eine schwerkranke Frau geworden, ganz unvermittelt. Es war der Tag, als sie der Einladung der Storys nachkam und die Freunde zum ersten Mal besuchte. Sie hatte sich freudig auf den Weg gemacht, hatte sich eine Droschke geleistet, damit sie die Villa Riposa auch fände, die etwas verborgen lag. Der Wagen fuhr die Via Regina Margherita hinauf bis in die Via Romana, wo sie neulich der Herzogin von Genua begegnet war. Sie bogen nach links ab, an prächtigen Villen vorbei, die in den letzten 20/30 Jahren gebaut worden waren. Da lagen das „Museo Bicknell" mit dem Arkadeneingang und die „Villa Etelinda" mit ihrem hohen Turm, dahinter die Bibliothek, ebenfalls vom englischen Naturforscher und Gelehrten Clarence Bicknell für die Bevölkerung und die englischen Touristen gestiftet. Hier hatte sich Agnes mehrmals Lektüre ausgeliehen. Es waren Bücher in englischer, deutscher, französischer Sprache und auch ein italienisches Buch.

Die Via Romana war nicht allzu belebt, man sah ab und zu eine Kutsche, sogar einige der ersten Autos fuhren stinkend und knatternd vorbei. Agnes' Droschke passierte das palastartige Grandhotel[35] „Angst". Der schweizerische Hotelier Adolf Angst hatte es erbaut und verwöhnte nun mit 100 Bediensteten 200 noble Gäste mit modernsten Annehmlichkeiten. (In „Die Heilige …" wird Agnes Harro und den Fürsten im feudalen „Hotel Angst" Quartier nehmen lassen.) Es gab weitere Villen unterhalb der Via Romana, alle von großen Gärten umgeben. Kleine Sträßchen führten an ihnen vorbei. Eines davon war der Weg zur Villa Riposa.

An dieser Straßenecke musste Agnes die Droschke verlassen und den schmalen Weg zu Fuß hinunter gehen. Alles war herrlich anzusehen! Sie kam in einen riesigen Garten, in dem die verwunschene Villa Riposa stand. Agnes kam sich wie im Traum vor, so märchenhaft blühten die Rosen und standen die hohen Palmen, ganz anders als im Garten um die Pension Jolie. Sie wird diesen verwunschenen Garten und das Häuschen als wichtigen Ort des Geschehens in den Roman übernehmen. „Villa Riposa" heißt es dort, eigentlich hieß es „Villa Riposo".[36]

Dann war sie beim „Villino" angelangt. Die Freude war auf beiden Seiten groß, als die englischen Freunde sie begrüßten. Die Hausführung war schnell beendet, da es winzig war. Agnes amüsierte die Reihe kleiner Miniatur-Marmorlöwen, die das Häuschen zu bewachen schienen. Im späteren Brief schilderte sie Rudolf, was dann kam: *„Wir aßen dann zu Mittag, und die beiden waren so lieb, so gut gegen mich, erklären mir immer wieder, für mich hätten sie das gemästete Kalb geschlachtet – mir ging ganz das Herz auf. Wir waren eben mit dem Essen zu Ende, als ich mitten in einem Wort aufhörte und plötzlich mir eine Eiseskälte durch meine Glieder kroch. Mr. Story hatte mich auf einmal im Arm … dann lag ich auf dem Sofa und endlich, endlich konnte ich wieder atmen."*

Dies war der Beginn ihres besorgniserregenden Zustandes. In nächster Zeit erlebte sie tiefe Ohnmachten und war unglaublich geschwächt. Sie konnte nur liegen. Aber gleichzeitig mied der Schlaf sie, nun schon zehn Tage lang.

„Wir haben so sehr schlechte Nachrichten von Agnes"

In ihren Briefen nach Hause berichtete Agnes von ihrem Zustand. Ihre Familie hatte sich, wie sie selber, schon auf ihre Heimkehr eingestellt. Ihr Bericht von größter Schwäche, tiefen Ohnmachten und anhaltender Schlaflosigkeit waren für Rudolf und ihre Mutter ein Schock. Am 17. November schrieb die Mutter an Alice: *„Wir haben so sehr schlechten Nachrichten von Agnes ... Rudolf ist sehr unglücklich darüber, er läuft herum so elend und gestern mit ganz roten Augen."* Mutter und Mann dachten, einer müsse zu Agnes reisen. Deshalb schrieben sie Polly. Die Mutter konnte wieder nicht zu Alice fahren, das Ganze nahm sie sehr mit. Sie war selber nicht gesund und zählte Alice ihre Leiden auf: *„Ich bin leider wieder krank gewesen, Asthma, Gicht, Migräne zusammen ist doch bißchen zu viel gewesen und die Sorge um Agnes macht mir noch elender ..."*

So war dies für alle eine schwierige Zeit: Für die kranke Agnes, die sich wie in Verbannung fühlte, für die Familie sowie für die Mutter. Agnes' Söhne wehrten sich schon die ganze Zeit gegen die Ersatz-Haushaltsführung der Großmutter. Sie wollten keine Neuerungen oder Änderungen. Sogar bei Großmamas Nachspeisen blieben sie hartnäckig und aßen sie nicht, obwohl sie diese eigentlich mochten. Die Großmutter hatte es mit beiden nicht leicht und meinte, sie käme *„mit den Buben der Agnes ganz und gar nicht zurecht"*.

Schließlich musste Polly die weite und teure Reise nicht antreten, da es Agnes langsam wieder besser ging. Nun übernahm Emma die Wochenpflege bei Alice, Polly blieb in Magdeburg bei Zellers und Großmama Breuning hielt die Stellung in Langenburg.

Agnes litt an Blutarmut, die wohl Ursache der Ohnmachtsanfälle und der großen Schwäche war. *„Diese Blutarmut hätte, wie der Arzt jetzt erkannte, einen Aufenthalt im Gebirge nie zugelassen"*, erklärte Rudolf später in seinem Erinnerungsbuch. Ihre Anämie konnte eine Folge des Blutverlustes durch das häufige Blutspucken sein, eine nicht seltene Begleiterscheinung des Lungenleidens.

Nun war Agnes eine Schwerkranke. Vor fast 16 Jahren war sie schon einmal schlimm dran gewesen. Vieles erinnerte Agnes an damals, doch manches war ganz anders. Damals war sie von Emma und ihrer Mutter gepflegt worden, war von der Familie umgeben und sie konnte sich fallen lassen. Sie hätte sich noch weiter fallen lassen können in Gottes Vaterhand, Sterben war ihr in jener Zeit als annehmbarer Weg erschienen. Auch jetzt konnte sie sich in ihrem „wie-in-Watte-gepackten-Zustand" vorstellen, in die jenseitige Welt zu wechseln. Sie spürte sogar große Sehnsucht nach den „himmlischen Gärten". Zugleich zog das irdische Heimweh, die Sehnsucht nach Mann und Kindern, umso mächtiger an ihr.

Sie war nicht zum Sterben von zu Hause aufgebrochen, sondern zur Gesundung! In ihr stritten beide Kräfte miteinander: Todessehnsucht und Lebenswille. Ihre Nächte wurden zur Hölle. Agnes kämpfte einen schweren Kampf, von dem sie Rudolf Einblick gab: *„Denk, daß es nicht nur Deine alte Agnes, daß es auch eine arme Seele ist, an die Du schreibst, eine Seele unter einem großen Leid. Denke nicht, ich mache zuviel aus dem Fernesein von Euch, dem augenblicklichen Entbehren meiner gewohnten Freuden – ich habe wirklich einen Kampf zu kämpfen in mir."* Sie gestand : *„Und die Gedanken, die ich habe, sind kein Phantasiespiel oder Sinniererei, die stehen vor mir die ganzen Nächte lang, und ob ich mich in Qual von ihnen wegwenden möchte, sie sind da und ich muß mit ihnen fertig werden ..."* Wie gern würde Agnes sich wieder auf das Leben einlassen: *„Will Gott mir Genesung geben, o mit welchem Glück will ich sie aus seiner Hand nehmen; bedeutet aber die innere Stimme etwas anderes, so muß ich auch damit fertig werden."*

Sie lebte wie in „Verbannung", zwangsgetrennt vom normalen Leben. Bei ihrer späteren Romanfigur Rosmarie, die sie in Bordighera leben lässt, wird es eine wirkliche Verbannung sein: vom Zusammenleben mit Vater und Stiefmutter ausgeschlossen, aus der Gesellschaft entfernt. Das Empfinden, das Agnes Rosmarie andichten wird, entsprach teilweise ihren eigenen Erleben. Rosmarie ist kurz davor, sich und ihr Leben aufzugeben, wie auch Agnes es kennengelernt hatte. Im Brief an Emma vom 9. Januar 1902 ist zu lesen: *„Aus meinem Leiden mache ich mir gar nicht so viel, ich habe auch eine große Sehnsucht manchmal nach Vollkommenheit, weißt Du, nach dem Ewigen, Sehnsucht herauszukommen aus den Schranken seiner Persönlichkeit, nicht mehr verhaftet sein mit immer wieder den alten Mängeln und Fehlern. Ich habe den Hauch von Oben über mein armes Herz wehen gefühlt, dann hat man* *immer wohl ein Heimweh. Es ist unter allem verborgen, was der Tag bringt, man hat ein Geheimnis vor der Welt, und man darf es sie, nämlich die Welt, absolut nicht wissen lassen. Bei Dir ist's etwas anderes, Du weißt ja selbst, wie es ist."*

Sie schrieb Emma auch, dass Rudolf am besten wüsste, was es sie koste, in Verbannung zu leben. Sie glaube, er wundere sich, dass sie überhaupt so lange in Bordighera durchhielt. Denn am liebsten wäre sie längst nach Hause gereist. Nur weil sie für ihre Kinder – vor allem für Erich, der sie am meisten brauchte – wieder gesund werden wollte, musste sie hier bleiben. Bei der Abfahrt hatte sie kurz in Erichs verzweifelte Kinderseele schauen dürfen. Sie hatte seine Augen gesehen, als er sie zum Abschied anblickte. Deshalb erklärte sie Emma: *„Aber Erich ist ein strenger Wächter, er sieht mich an, und ich bereue sofort. Von allen Menschen scheint der mich am allernötigsten zu brauchen. Wenn er nicht wäre, ich hielte hier nicht aus, ich ginge nach Hause und es müßte auch gehen, d.h. ich würde es schon noch ein paar Jahre aushalten."*

Erichs Briefe erfreuten sie in diesen Wochen besonders. Der fast Neunjährige schickte ihr philosophisch-theologische Geschichten. Sie gab Emma eine davon im Brief wieder. Es war die Geschichte vom goldenen Faden, mit dem Gott jeden Menschen bei seiner Geburt an sein Herz bindet. Dieser Faden geht in den Himmel hinauf und ein Engel gibt auf alle Fäden zwischen Gott und den Menschen Acht, dass sie sich nicht verwirren. Der Engel beobachtet immer Gottes Finger, damit er weiß, was er zu tun habe. Es kann passieren, wenn Menschen böse sind, mit dem Herzen fluchen (wer aus Verzweiflung flucht, flucht nur mit dem Kopf, meinte Erich) und sich von Gott abwenden, dass Gott ihren Faden abschneidet … Dann käme der Teufel. Eine andere Geschichte schrieb er ebenfalls: *„Wie die Schnecke den Heuschreck heiratete und welche Schwierigkeiten sie mit ihrer Haushaltung hatten."* Emma erfuhr, auch Rudolf staune über Erich, dass dieser so tiefe Gedanken entwickle und ganz selbstständige Schlüsse ziehen könne.

In dieser Zeit war Agnes sehr mit Rudolf verbunden, das erkennen wir in einem ihrer tiefgründigsten Briefe: *„… ich kann mir aber kein geistiges Leben, kein Leben der Seele denken ohne Dich, und Du*

bist mir immer dabei, wenn sich das Ewige in mir regen will ... So
habe ich denn auch stillhalten müssen, und ich bin so froh, daß der
Sturm über mich gekommen ist. Und betrübe Dich nicht, daß ich
allein bin, wir sind ja alle allein, wenn unsere Stunde kommt, wo
der feste Boden, der die Welt solange für uns war, sich plötzlich in
ein Schiff verwandelt und wir fühlen, daß wir die unendliche Tie-
fe unter uns haben und auf einer Reise begriffen sind ..." Ihren Mann
ließ sie teilhaben am „Traumblau", das sie einmal im Traum gesehen hatte: „*... ich darf nur die Augen schließen, so ist es da. Viel-*
leicht kommt es auch aus dem Vollkommenen, in das Raffael hin-
eingeschaut hat ..." Dieses Blau konnte sie nirgends mehr finden,
nicht einmal das Meer konnte es aufbringen, wie sie ihm erklärte.

„Allerhand Talente"

Agnes musste Weihnachten in Bordighera bleiben. In Langenburg
hatte ihre Mutter mit den Weihnachtsvorbereitungen alle Hände voll
zu tun. Dazu galt es, Agnes' einzigen Weihnachtswunsch – ein ak-
tuelles Foto von ihren Söhnen – zu erfüllen. Rudolf beauftragte seine Schwiegermutter, mit beiden Enkeln für zwei Tage nach Nürnberg zu reisen und dort mit ihnen zum Fotografen zu gehen. Nürnberg war von Langenburg aus einfacher zu erreichen als Stuttgart.

Von diesem Nürnbergausflug bekam Agnes in höchst merkwürdiger Form etwas mit. Sie konnte es sich erst nachträglich erklären.
Es hatte mit ihrer neuen Fähigkeit des „Außerkörperlichen Rei-
sens" zu tun. Ihrer Schwester Emma schrieb sie dazu, dass sie „*al-*
lerhand Talente" entdeckt habe. Wichtig war, dass sie ungestört in
ihrem geschwächten Zustand auf ihrem Bett lag. Zwischen fünf
und sechs Uhr abends „*ging sie dann nach Hause"*. Zuerst dachte
sie konzentriert an ihre Lieben daheim und war mit einem Mal im
alten Dekanat vor der Tür. In ihrem Roman wird sie es Rosmarie
beschreiben lassen: „*Ich darf an nichts anderes denken, ich muß*
stark wollen, ich darf nur wenig gegessen haben, ich muß ganz still
sein. – Und nun nehme ich einen Tag, eine Stunde, wie ich sie im
Gedächtnis trage, auf die stelle ich mich ein. Dann liegt mir ein
Druck auf der Brust, der wird stärker und stärker, dann ein Rau-
schen, als flöge ich durch Luftmeere." So kam auch Agnes ins Dekanat. Sie hätte jetzt durch die Tür ins Wohnzimmer gehen müssen.

Leider brachte sie die Tür nicht auf und anders konnte sie nicht ins Zimmer gelangen. Sie blieb vor der Tür, hörte die Stimmen ihrer Kinder und ihr Lachen. Manchmal vernahm sie auch nichts, dann waren sie noch in der Schule oder Gerhard hatte Klavierstunde. Auf diese Weise hatte sie mitbekommen, dass Erich noch mehr Sehnsucht nach ihr hatte als Gerhard, was sie etwas überraschte.

Als sie am ersten Advent wieder nach Hause „ging", war es im Wohnzimmer totenstill. Jedoch waren rollende Räder und Rauschen zu vernehmen. Wie sich nachträglich herausstellte, war das die Zeit, als die Söhne mit der Großmama im Zug nach Nürnberg saßen.

Hin und wieder „besuchte" Agnes auch Rudolf. Seltsamerweise hatte sie dabei keine Ruhe, war immer in Hast, konnte nur für Sekunden versuchen, zu ihm ins Studierzimmer zu gelangen. Er aber bemerkte ihre Gegenwart nie, drehte sich nicht zu ihr um. Dabei hatte er sie doch früher einmal als Phantom in seinem Tübinger Stift gesehen. Agnes ergänzte, als sie ihrer Schwester Emma von ihren Talenten schrieb: *„Ich fürchte aber, sie weiter auszubilden."*

Im Roman wird Agnes beschreiben, wie Rosmarie unbeabsichtigt zum ersten Mal mit ihrer Seele Hunderte von Kilometern entfernt bei Harro in Thorstein ist: Er packt gerade ihr Weihnachtsgeschenk aus, die Kristallschale mit einem Veilchenstrauß, der mit einer Strähne ihrer blonden Haare umwickelt ist. Dabei bringt er aus Versehen die Schale zum Klingen. Dieser Klang ist die hörbare astrale Brücke von ihm zu ihr. Bei Agnes und Rudolf hat es nicht geklappt. Aber das machte nichts, sie fühlte sich ihm geistig verbunden. Er durfte als Einziger von ihrer seelischen Not wissen.

Ihre schlimmste Zeit der Schwäche, in der sie so müde war, lag hinter ihr. In dieser Phase hatten sie nicht einmal mehr Bücher erfreut. Nur noch *„hie und da Goethe"* und ihr Gesangbuch mit den ihr so wichtigen Kirchenliedern waren die einzige Lektüre gewesen. Nun ging es mit ihr aufwärts, sie war wieder etwas kräftiger, wodurch ihre außerkörperlichen Reisen nicht mehr gelingen wollten.

In „Die Heilige …" griff Agnes später die Zeit in Bordighera sehr lebendig auf. Rosmarie gibt sich aus seelischem Kummer auf, kann nicht mehr essen, verschenkt ihre Mahlzeiten, wird immer schwächer und schwächer – beinah stirbt sie.

Für Agnes bestand auch das Gebot „tüchtig essen". Ihr Arzt schwor darauf, nur so könne man TB besiegen. Er selber war einmal so von seiner TB geheilt worden: Essen und frische Luft!

Weihnachten getrennt von der Familie

Wie hatte Agnes es verkraftet, ohne Familie im fremden Land Weihnachten zu verbringen? Wie ging es den Kindern, Rudolf und der Großmutter in Langenburg ohne sie? Obwohl sich die Großmama alle Mühe gegeben hatte, war und blieb es im Dekanat Langenburg ein trauriges Weihnachten. Agnes hatte für die Söhne ein wunderbares Buch zusammengestellt und ihnen zu Weihnachten geschenkt. Darin ließ sie Gerhard und Erich auf dem Zauberteppich nach Bordighera fliegen und mit eigenen Augen sehen, wie es bei Mama aussah: Dafür hatte sie Postkarten eingeklebt, eigene Bilder gemalt, alles anschaulich gestaltet und beschriftet.

Natürlich dachte Agnes Weihnachten sehr an ihre Lieben. Man könnte vermuten, dass sie kreuzunglücklich war, nicht bei ihnen zu sein. Weit gefehlt: Sie erlebte in Bordighera ihr schönstes, herausragendstes Weihnachten, sozusagen ihr „Urweihnachten".

Sie war Heiligabend bei Storys eingeladen. Schon als sie ihr festliches Samtkleid anzog, empfand sie eine gehobene Stimmung. Miss Taylor, ein englisches Fräulein, auch Gast der Pension Jolie, mit der sie sich angefreundet hatte, kam zu ihr ins Zimmer und war beim Ankleiden und Frisieren behilflich. Schließlich begleitete sie Agnes zum bereitstehenden Wagen und deckte sie gut zu. So fuhr Agnes wieder in der Droschke bis an die Ecke der Via Romana, wo der schmale Fußweg abging.

Wie im Traum lief sie diesen Weg in der Heiligen Nacht zwischen den Gartenmauern hinunter. Ihr Mann durfte nachträglich daran teilhaben: *„Es war eine warme Nacht und Vollmond, und wie ich da ganz allein den Weg an himmelhohen Zypressen vorbei, dann durch den großen Riposagarten mit seinen im leisen Wind flüsternden Palmen wanderte, da kam mir so recht zum Bewußtsein, daß ich am Heiligen Abend da hindurchwandern durfte unter Palmen und Rosen und es eine Nacht sei wie die, da Jesus geboren ist. Ich dachte an Euch, an die gespannten Kinder und an Dich, und ich war so glücklich, daß ich in diesem fremden Lande auf ein-*

mal dem Christkind näher war, als ich es je im heimatlichen Christ-trubel sein konnte. Die Rosen, die alle Wege einfaßten, leuchteten sanft im Mondschein, und über den Bergen stand ein sanft verschleierter Mond, und da wanderte ich in der Heiligen Nacht – ich hatte Mühe, mich mit mir selbst zu identifizieren …"

Sie ließ ihre bunten Flügel nicht hängen, entfaltete sie vielmehr und breitete sie weit aus. Nur so ist ihr Glücksgefühl unter südlichem Vollmond mit Palmen und blühenden Rosen zu verstehen. Sie fand einen neuen Zugang zum Weihnachtsgeschehen, zur Geburt des Jesuskindes, das vor 1900 Jahren in Palästina, in Bethlehem geboren worden war. Nicht als Familienmutter und Hausfrau – sondern ganz für sich allein – erlebte sie ihr Weihnachtswunder.

Im Roman wird auch Rosmarie in diesem verzauberten Garten unerwartet ein „Wunder" erleben, nur nicht direkt an Weihnachten.

Mancherlei Erfahrungen und Reaktionen

Während ihres Aufenthaltes in Bordighera machte Agnes unterschiedliche Erfahrungen. Unangenehm waren die regelmäßigen Untersuchungen bei Dr. Koch. Zu Hause war sie bei ihrem Hausarzt, dem benachbarten Dr. Staudenmeyer, nie in diese peinliche Situation gekommen. Alle zwei Wochen war es ihr ein Graus und bereitete ihr Pein, sich nackt auszuziehen, um gewogen zu werden. Auch beim Abhorchen musste sie mit entblößtem Oberkörper dastehen. Außer Rudolf hatte sie noch kein Mann nackt gesehen. Im Roman griff sie dieses Thema abgewandelt auf, als sie Rosmarie sich aus Liebe zu Harro und seiner Kunst als Akt malen ließ.

Von ihren Untersuchungen schrieb Agnes ihrer unverheirateten Schwester Polly: „Alle 14 Tage muß ich zum Doktor, mich untersuchen lassen, vorher auf die Waage. Ich wiege 105 Pfund, 100 Gramm nach der letzten Wägung. Die Untersucherei ist mir gräßlich. Ich stehe allemal auf der Treppe vor dem Sprechzimmer, und es dreht sich alles in mir herum. Staudenmeyer kann einen ja durch 7 Nachthemden aushorchen, hier heißt's, alles herunter, brr… o Pölle, laß Dir so etwas nicht einfallen!"

Die Kleidung, die sie hierbei ausziehen musste, war ein anderes betrübliches Kapitel. „Ich bin mit meinen Kleidern auf dem trostlosesten Hund. Ich wollte ja nur auf 6 Wochen fort, konnte mir *nichts mehr machen lassen, weil ich zu schnell fort mußte, und bin jetzt solange hier, wo ich doch alle Tage anständig zum Essen kommen sollte und wo man abends zum Diner sich umkleidet. Wenn ich denke, daß ich erst Mai nach Hause komme, so muß ich befürchten, zu einer wahren Vogelscheuche zu werden.*"

Agnes wusste, dass sie bis Anfang Mai in Bordighera bleiben musste: *„Ich muß auch noch riesig Geduld haben, es wird bei mir ein langer Kummerstrick werden. Wenn ich essen könnte, wie ich sollte, so wäre es sehr gut. Aber leider geht es nicht, wie es sollte.*"

Daher musste sie sich überwinden, mehr zu essen. Ihre Mahlzeiten nahm sie wieder im Hotel ein. Sie müsse *„Zungen reden"*, schrieb sie. Damit meinte sie, dass sie mit einem Englisch sprach, mit dem nächsten Französisch, Hochdeutsch mit den norddeutschen Gästen und – sie war in Italien – hinzu kam Italienisch. Das alles im ständigen Wechsel. Nur ihr geliebtes Schwäbisch hatte sie seit Beginn der Reise nicht mehr gesprochen. Darunter litt sie ein wenig.

Für Emma skizzierte sie ihr tägliches Einerlei: *„Es ist immer das gleiche, das tägliche Zungenreden, die Chaiselongueliegerei, die ewig zerrissene Wäsche, die mehr als schäbige Garderobe. Wie (ich) das Kleiderwesen bis zum Mai aushalten soll, ist mir dunkel – die täglichen Freudenstunden, wenn die Post kommt, oder auch schmerzliche Enttäuschungen, das letztere ist aber selten, denn Rudolf ist ein wahrer Engel und schreibt, soviel er kann.*"

Die Beschreibung der *„Hotelesserei"* wird Emma amüsiert haben: *„Oben sitzt ein quiszierter Straußenjäger, der 20 Jahre in Südafrika den wilden Strauß gejagt hat. Der hat sich das Sprechen natürlich ganz abgewöhnt. Dann kommen 2 alte Jungfern von Königsberg, sehr schweigsam, die eine milder Essig, die andere schärfer; dann eine Rentière mit Diamanten und einer Villa. Dann zwei Berliner, Mutter und Tochter, sie haben in Berlin ein öffentliches Ball-Lokal ... Dann kommen 2 uralte, sehr geschminkte Damen, Engländerinnen, die eine malt sich die Augenbrauen immer krumm, das stört mich ... sie haben schneeweiße Blusen mit goldenen Gürteln und sind mindestens 75 Jahre alt. Denk Dir unsere zahnlose Großmutter mit geschminktem Gesicht, jugendlichem Hütchen, rosa Bluse, noch ein bißchen Zittern dazu, so hast Du sie vor Augen ...*"
Agnes' Fazit: *„Es ist etwas Trostloses, diese lange Hotelesserei!*"

Erklärungen sind nötig

Agnes wollte jetzt in den Briefen an die Schwestern deren Mutmaßungen über ihren Genesungsaufenthalt zurechtrücken. So schrieb sie an Alice und wünschte ihr zuerst zur Geburt der kleinen Tochter Brigitte, die am 28.12.1901 geboren worden war, alles Gute. Anschließend gab sie einen ausführlichen Bericht über ihre Behandlungen und die erforderlichen Maßnahmen. Nun konnten Alice und Emma, die noch bei Alice als „Wochenhilfe" weilte, beruhigt sein, dass sie *„nicht ganz wie eine Henne ohne Kopf in der Welt herumrenne, kunstgenießenderweise"* und sich einbildete, so *„gesund zu werden"*. Nachdem dies geklärt war, erzählte sie ihnen von ihrem Leben in Bordighera und von ihrer Befindlichkeit.

Sie schrieb an Polly, dass Alice irrte, als sie meinte, Agnes wäre hier, weil Rudolf das Geld für ein deutsches Sanatorium sparen wollte, und *„er solle nicht auf den Kostenpunkt sehen, sondern müsse auch ein Opfer bringen"*. Die Wahrheit war: *„Rudolf würde ja jedes Opfer bringen, um mir zu helfen! Jedes!"* Und sie rechnete Polly vor: in Bordighera für ihr *„wunderschönes Einzelzimmer mit großem Balkon 5 Mark 60 täglich, hinzuzüglich Milch und Thee mittags, das ist ein Haufen Geld"*. Im Vergleich hierzu ein deutsches Sanatorium, das ihr lange nicht die guten Voraussetzungen und Annehmlichkeiten wie hier bieten würde: Für das billigste Zimmer im 3. Stock, ein *„schmales Cave"*, müsste sie 8 und für die besseren Zimmer 10-12 Mark bezahlen. Dazu kam ihr großer Balkon: *„Eine Chaiselongue habe ich mir auch gekauft aus Korbgeflecht."* So konnte sie den ganzen Tag draußen liegen, was sie in einem deutschen Sanatorium jetzt im Winter nicht gekonnt hätte.

Hiermit waren wohl alle Bedenken der Schwestern aus dem Weg geräumt. Jede bekam einen auf sie abgestimmten Brief. Mal schrieb sie über tiefste Dinge, mal salopp vom Bordighera-Leben. Sie gab erst kürzlich auf ihrem Balkon eine nette *„Tea-party"*, an der sie viel Freude hatte. So konnte sie für ein paar Stunden ihr Heimweh und alle anderen schwermütigen Gedanken vergessen.

Agnes schrieb Rudolf, wie sie Dr. Koch die Augen für die Schönheit der Landschaft von Bordighera öffnete, die er nicht mochte, weil er die *„scheußlichen gelben Kalkfelsen"* mit den *„weißen Schneebergen der Alpen"* und *„die paar Palmwedel"* mit dem „*Grün der Matten seiner Heimat*" verglich. Nun lernte er differenzierter zu schauen. Mit ihrer Anleitung entdeckte er viel Schönes, das ihm bislang entgangen war. Von ihren kleinen Ausflügen, die ihr wieder möglich geworden waren, erzählte sie, auch von der englischen Kolonie mit der „Chiesa Inglesa", in die sie gerne ging.

Solange ihr Heimweh niedrig gehalten werden konnte, ließ es sich gut in Bordighera leben, in dieser sonnigen, südlichen Welt. Nachdem es Agnes wieder besser ging, konnte sie öfter ihren Lieblingsweg zum Felsenkirchlein oder am Strand entlang gehen.

Der Frühling kam mit Macht nach Bordighera. Ging Agnes spazieren, saugte sie alles Schöne auf und nährte ihre Seele: Hier waren die vielen Palmen und die feuerroten wilden Lilien am Strand, die dunklen Zypressen und der weiße, duftende Jasmin, der süß riechende Ginster mit seinen Blütenrispen und die weichen Mimosenblüten mit betörend mildem Duft. Gegen den blauen Himmel hoben sich hohe, rote Blütenstände der Aloe-Vera-Pflanzen ab und unten leuchteten in ihrem Pink und Purpur die den Boden bedeckenden Mittagsblumen. Diese farb- und duftintensive Pflanzenwelt war unbeschreiblich. Dazu das Meer! Agnes sollte es später gelingen, so viel wie nur möglich von jener überschwänglichen Schönheit in ihrem Roman wiederzugeben.

Im Februar war in Bordighera nicht nur Zeit zum Schwelgen und Dichten, sondern auch zum Frieren, da die Häuser keine Öfen hatten. Sie schrieb nach Hause: „*Jetzt sind die Berge um Bordighera alle mit Schnee bedeckt, es sieht wunderschön aus, aber es ist recht kalt bei uns, und wir armen Tropfen dürfen doch kein Feuer haben, und so frieren wir manchmal recht jämmerlich.*" Es war die Zeit der reifen Mandarinen, 30 Centimes das Dutzend. Wie gern hätte sie eine Kiste nach Hause gesandt, doch das Porto war zu teuer.

Ihr ging es inzwischen so gut, dass sie kleine Ausflüge in die Höhenlagen machen konnte. Wie genoss sie den Ausflug die „Via Colli" hinauf bis nach Sasso, wo man den Bergen näherkam, unten das Meer sah, die Bergrücken und die Küstenorte. Nach links San Remo, nach rechts Richtung Nizza, das alte Ventimiglia auf der Bergnase mit seinen Römerburgen und den verwaschenen lateinischen Inschriften, die sie vergeblich zu entziffern versucht hatte.

Hier hatte Agnes die unangenehme Begegnung mit der Bettlerin und ihrem Kind, die sie stark bedrängte. Zuerst wollte die Frau ihr und ihrer Begleiterin die Kirchen zeigen, was sie aber nicht mochten. Dann heulte die Frau und drohte, wenn sie ihnen nicht gleich etwas gäben, würde sie ihr Kind den Felsen hinunter ins Meer werfen. Agnes hatte kein Geld dabei und ihre Begleiterin blieb eisern und gab nichts. Deshalb riss die Bettlerin ein Büschel Gras aus der Mauer, zeigte es Agnes und tat so, als wolle sie dem Kind das Gras in den Mund stopfen. Sie heulte ihnen vor, sie habe nichts für das Kind zu essen. Wenn sie ihr kein Geld gäben, müsse es verhungern. Agnes floh, sie hatte großes Mitleid mit dem Kind und konnte die Situation nicht aushalten. Sie hörten später in der Pension, dass diese Bettlerin alle Fremden so bedränge. Wenn man ihr etwas gebe, würde sie umso fordernder. Agnes ging die Begegnung sehr nahe. Im Brief erzählte sie es Gerhard und Erich.

Das Leben in Bordighera war ihre Gegenwart und was nicht hier war, erschien ihr weit entfernt und unwiederbringlich vergangen. Nur wenn Briefe von daheim kamen, war die Brücke erneut hergestellt. Immerhin schien sich die Heimkehr am Horizont abzubilden. Es gab auch erfreuliche Nachrichten, die sie nach Hause schreiben konnte. Agnes' Mutter gab sie an Alice weiter: *„Von Agnes immer gute Nachrichten. Dr. Koch verspricht eine vollkommen Heilung der Lungen, wenn Agnes ganz seinen Verordnung lebt. Mitte Mai kommt sie zurück. Rudolf muß ihr ein Gartenhaus bauen lassen in Kreith unten, da muß sie den ganzen Tag liegen … vor Herbst wird ich kaum daran denken weg zu kommen. Rudolf will, ich soll ganz hierbleiben, das kann und will ich nicht.“*

Auch wenn ein Ende ihres Aufenthaltes abzusehen war, wurde für Agnes manchmal das Heimweh überstark. Wir lesen im Brief an Polly: *„Was bin ich für eine arme vagierende Mutter! Seit September habe ich mein eigen Fleisch und Blut nicht mehr gesehen!“* Da halfen die Fotos, die sie zu Weihnachten bekommen hatte, nur wenig. An Emma schrieb sie kritisch: *„Mit Erichs neuem Bild bin ich zufrieden, nur ist er scheußlich angezogen, Gerhard hat den Mund verzogen oder ist er im letzten Augenblick auf die Schnauze gefallen. Zu scheußlich! Sein Mund ist grade das allerbeste in seinem Gesicht. Er ist nämlich eine Schönheit, liebe Emma, und ich* *hoffe, Du hast ein mitfühlendes Herz und lachst mich nicht über diese Behauptung aus.* " Über das Foto, das Agnes von Rudolf hatte, machten die englischen Freunde eine positive Bemerkung. Diese gab Agnes weiter: „… *Die englischen Freunde heißen ihn 'the Sage', den Weisen, weil ihnen sein Bild so gefällt …* " Hiermit hatte Rudolf seinen Spitznamen im Familien- und Freundeskreis erhalten, den auch Agnes gern verwendete.

Dass sie ihr altes Leben in Langenburg wieder aufnehmen könnte, schien ihr manchmal unmöglich. Es war ihr, als ob die Hälfte der Menschen bei ihrer Rückkehr nicht mehr lebten, die Hälfte der Häuser nicht mehr stehen würde. Es traf sogar ein wenig zu. Der Kastenbrunnen vor dem Dekanat wurde abgebaut, den hatte sie geliebt. Sie hoffte nur, dass man bei dieser Gelegenheit auch *„einige Misten"* an der Hauptstraße abgeschafft hätte.

„Ich wollte doch für Mann und Kinder da sein"

Für Agnes bedeutete diese lange Zeit, in der sie gezwungenermaßen für sich allein lebte, einen schmerzlichen Widerspruch zu dem, was sie eigentlich leben wollte. Sie erklärte Emma: *„Denke doch … wie unendlich schwer es mir wird, immer an mich selbst zu denken. Etwas was ich mir doch abzugewöhnen versucht habe, ich wollte doch für Mann und Kinder da sein."*

Als sie ganz bei Rudolf hätte sein wollen, konnte sie es nicht: Sein Vater war am 13.2.1902 gestorben, am Aschermittwoch. Agnes hatte gerade einen – sich mit der Todesnachricht überkreuzenden – ahnungslosen Brief mit ihrer Schilderung des Karnevals nach Hause geschickt. Sie beschrieb die unvorstellbare Pracht der Blumenwagen, so auch den Veilchenwagen. Er war voller Girlanden von Veilchen, die Räder waren mit Veilchen geschmückt, die Pferde ebenso und der Kutscher im weißen Anzug hatte einen Veilchenkranz auf dem Kopf. Über dem Wagen war ein Baldachin aus Pfirsichblüten und im Wagen saßen schöne Mädchen in weißen Kleidern, die Veilchensträuße und Papierschlangen in die Zuschauer warfen. Es folgte der Kirschblütenwagen und der Levkojenwagen, dann kam der Nelkenwagen … Ein Blumenwagen nach dem anderen fuhr an Agnes und den anderen Zuschauern vorbei.

Agnes erzählte auch von der Blumenschlacht: *„Das war ein Wer-*

fen von Blumen von einem Wagen zum anderen, von der Straße in die Wagen, von bunten Confetti und flatternden Bändern, die Luft war voll von dem Duft der Blumen, eine solch strahlende Sonne dazu, all die Leute lachten, wenn sie einmal so eine ordentliche Ladung Blumen oder Confetti ins Gesicht bekamen ..." Agnes schilderte alles genau, damit Erich sich dazu eine Geschichte ausdenken könnte. Doch nun waren sie plötzlich eine Trauerfamilie.

Natürlich erhielt Rudolf einen teilnahmsvollen Brief von seiner Frau. Agnes schrieb auch an Gerhard, der seinen geliebten Großvater vermissen würde. *„Ich habe immer an Dich denken müssen und wie weh es Dir tun würde, Deinen lieben Großvater verlieren zu müssen. Wir müssen ihm seine Ruhe gönnen und das Aufhören seiner Leiden, aber wir werden ihn sehr vermissen – als ich in Stuttgart im September von ihm Abschied nahm, ahnte ich nicht, daß ich ihn nicht wiedersehen würde. Nun ist es doch so geworden. Und der arme Papa hat an seinem Grabe gestanden, und als er nach Langenburg zurückkam, war ich nicht einmal da und konnte mit ihm trauern ..."* Dann sprach sie ihren 12-jährigen Sohn direkt an: *„ ... Ich denke von Dir, daß Du, was so ein Kind wie Du eben kann, Deinem armen Papa eine Freude sein wirst. Du mußt recht aufmerksam gegen ihn sein, sorgen, daß es namentlich beim Essen kein unnötiges Gestreite unter Euch Buben gibt und daß auch sonst nichts passiert, was den Papa ärgern oder betrüben könnte ..."*

Sie legte ihrem „Großen" noch ans Herz, er solle als großer Bruder erzieherisch auf Erich einwirken, denn es war ihre Sorge, dass Erich doch *„hoffentlich nicht eitel"* würde. Was meinte sie damit?

Erich hatte Agnes wunderschöne eigene Geschichten geschickt, die sie freuten. Doch gefiel ihr seine gewaltige, verschnörkelte Unterschrift darunter weniger: *„Nur die eitlen Leute tun das. Und Erich ist doch nicht eitel? Er soll nur Papas Unterschrift ansehen, und der Papa ist doch ein so gelehrter und ausgezeichneter Schriftsteller, wie unser Erich in seinem Leben nicht sein wird. Und macht doch keinen Schnörkel unter seinen Namen. Lieber Gerhard, mein herzliebster Fridolin [37], ich hoffe, daß Du mit dieser kleinen Ermahnung Deinen lieben Erich nicht zum Heulen oder sonst in Kummer bringst! Das darfst Du nicht tun, denn Erich kann wirklich sehr nett Geschichten erzählen. Aber dazu braucht man keinen Schnörkel!"*

Agnes hielt ihren Söhnen wieder einmal den Vater als unerreichbares Vorbild vor Augen. Sie glaubte von ganzem Herzen, dass er ein gelehrter, ausgezeichneter und zugleich bescheidener Schriftsteller sei. Es war für sie unvorstellbar, dass einer der Söhne einmal an die väterliche Leistung herankäme. Vor allem nicht der kleine, erst kürzlich 9 gewordene Erich. (Erst recht nicht sie selbst.) Eigentlich erwartete sie von Gerhard zu viel mit dem erzieherischen Auftrag, der großes Fingerspitzengefühl verlangte. Wahrscheinlich wollte sie Rudolf in seiner Trauer um den Vater nicht mit diesem Thema, das ihr wichtig schien, belasten.

Wenn Agnes an ihren verstorbenen Schwiegervater dachte, stiegen in ihr verschiedenste Erinnerungen auf. Sie hatte ihn 15 Jahre gekannt, diese *„ehrwürdige Erscheinung"*, Rudolfs Vater *„mit seiner festen Statur, seinem kräftig modellierten Gesicht und dem schlohweißen langen Haar ..."* Er war für ihren kleinen Gerhard damals das Protobild vom lieben Gott. Sie kannte ihn als „kernigen Mann", der es bis ins letzte Lebensjahr verabscheute, auch wenn es noch so kalt war, einen Wintermantel anzuziehen. Er lehnte das *„verweichlichte Geschlecht"* ab. Und sie kannte ihn als duldsamen Mann, der seine schwierige Mathilde so lange ertragen hatte. Umso dankbarer konnte Agnes zurückschauen, dass es ihr damals gelungen war, den unerklärlichen Konflikt mit der Schwiegermama beiseite zu schieben. Es hatte viel von ihr abverlangt, doch nur so war es zum Familienfrieden gekommen.

**Der Schwiegermutter-Konflikt wird
im Roman zum Stiefmutter-Konflikt**

Im Roman übernimmt Agnes diese Erkenntnis. Den Schwiegermutter-Konflikt verwandelt sie in einen Stiefmutter-Konflikt und dramatisiert ihn. In „Die Heilige ..." kann am Ende der Hass, entstanden aus seelischer Not, überwunden werden. Es zeigt sich, wie wichtig es ist, die Hassspirale zu unterbrechen: Rosmarie verschweigt Harro die schreckliche Wahrheit, die er nicht ertragen könnte. Er würde nicht verkraften, dass Rosmaries Stiefmutter seine blühende junge Frau durch den unseligen Schuss in schweres Leiden gebracht hat und letztlich ihren Tod verschuldet. Auch er lernt die Hassspirale zu beenden, wie es Rosmarie am Ende ihres Lebens kann.

Die Frage des Hassens beschäftigte Agnes bereits in Blaubeuren. Sie wird im Roman ein Gespräch über dieses Thema in Bordighera ansiedeln. Vielleicht hat sie sich hier in Bordighera die Unterhaltung zwischen den beiden Romanfiguren ausgedacht. Rosmarie[38] sagt zu Harro: *„Nein, hassen will ich nie wieder – nie …"*

„Das himmelblaue Meer werde ich sehr vermissen …"

Das Ende der Zeit in Bordighera rückte näher. Agnes schrieb an Gerhard: *„Nun ist heute der 19. Februar, ist der Februar herum, so sind es nur noch 8 Wochen, bis ich heimkomme, denn am 1. Mai will ich zu Hause sein. Ich habe eine große Sehnsucht nach Euch allen und muß mich mühsam durch die Wochen hindurchschleppen …"*

Sie mussten Ostern noch getrennt feiern. Agnes erfuhr aus der Zeitung, dass in Deutschland das Wetter nicht mitspielen würde, sodass die Jungen ihre Osternester nicht im Freien suchen konnten.

In Bordighera dagegen war es *„heiß"* wie *„zu Hause Mitte Mai, wenn die Kastanienbäume"* blühten: *„Nun sehe ich den Frühling zweimal, einmal hier und das zweitemal, wenn ich nach Hause komme. Gewiß gefällt mir zu Hause der frischgrüne Buchenwald auch sehr gut, das himmelblaue Meer werde ich sehr vermissen."*

In Langenburg würde sie ihre Freunde, Familie Dekan Eytel, vermissen. Sie waren nach Heidenheim gezogen. Agnes schrieb ihrem Mann: *„Ich bin recht traurig drüber."* Ihre Mutter teilte Alice ihre Gedanken hierzu mit: *„Dekan Eytels kommen nach Heidenheim schon nächste Woche, es ist ein viel bessere Stell. Jetzt hat Rudolf niemand mehr in der Umgegend, es ist mir sehr leid für Agnes, doch ist die Freundschaft nicht mehr besonders, Rudolf könnte Frau Dekan nicht gut ertragen. Sie hat ihn nicht genug gelobt. Ach ich bin wieder bös und ich habe mir so vorgenommen lieb zu sein …"*

Agnes' Mutter hatte ihren scharfen Blick als Menschenkennerin nicht verloren. Sie durchschaute die Menschen und ihre Beziehungsgeflechte. Wir gewinnen durch sie auch einen etwas kritischeren Blick auf Agnes. Bereits am 28. Januar hatte sie im Brief an Alice geschrieben: *„Agnes ist in Bordighera sehr verwöhnt worden von den englischen Damen dort, daß ich glaube, es wird ihr und uns schwer, wenn sie heimkommt …"*

9. Die Zeit nach Bordighera: 1902 – 1905

Heimkehr und Nachkur im Villino

Gemischte Gefühle gehören zum Leben. So reiste Agnes einerseits voll Vorfreude nach Hause, aber auch mit leichter Sorge. Wie sehr würden sich ihre Jungen inzwischen verändert, sich von ihr fortentwickelt haben? Und Rudolf? Hatte er sich sehr in seine theologische Arbeit eingesponnen? Solche Fragen tauchten auf. Sie trauerte dem Meer und den Menschen nach, die dort mit ihr das Leben geteilt hatten. Sie freute sich auf den Frühling zu Hause mit blühenden Obstbäumen und dem frischgrünen Buchenwald in Langenburg, auf ihren zweiten Frühling in diesem Jahr.

Monat für Monat war aufs Neue im „Journal de Bordighera", in der Fremdenliste zu lesen: *„Frau Dekan Günther, Langenburg".* Jetzt würde sie endlich wieder vor Ort die „Frau Dekan" sein.

Willkommen daheim! Nun lebte sie wieder mit ihrer Familie zusammen, schlief nachts in ihrem Schlafzimmer im Himmelbett mit weißem Spitzenhimmel. Ihre Mutter übernahm weiter die Hausfrauenpflichten. Zu Agnes' Frischluftkur gehörten tägliche Spaziergänge von etwa einer Stunde. Sie wählte dafür die Zeit nach dem Frühstück. Dann legte sie sich ins Gartenhäuschen, das neu erbaut worden war. Sie kam zum Mittagessen ins Haus oder sie aßen, wenn das Wetter es erlaubte, unten im Garten. Eine Errungenschaft war die kleine Drahtseilbahn, an der dann der Korb von der Straßenmauer aus direkt zum Gartenhaus herunter schwebte. So wurde das Essen durch den viel kürzeren Weg nicht mehr so rasch kalt.

Stundenlang lag sie bei jedem Wetter in ihrem Gartendomizil. Schreiben, Lesen, Denken, Träumen waren ihre Beschäftigungen. Sie schrieb Briefe, und sie schrieb einiges zur „Gisela-Geschichte". Sie musste das „Gesehene", das „Gehörte" niederschreiben, ihre innersten Erlebnisse aus Langenburg und Tierberg. Nebenbei konnte sie an ihrem Prinzessinnen-Roman den Faden weiterspinnen. Fest stand, dass das Kind „Seelchen" genannt werden sollte, dann folgten „Rosmarie" und am Ende „Rose".

Wie schön war es im Kreuth-Garten! Die Blumen blühten in voller Pracht. Sie griff zur Gartenschere und schnitt die verwelkten Blüten ab, zupfte in ihren Beeten. Doch sie musste vernünftig sein, sich wieder hinlegen und das Arbeiten anderen überlassen. Wenn das Wetter schön war, wurde nachmittags bei ihr der Tee eingenommen. Hin und wieder schaute eine Besucherin vorbei.

Wenn es Abend wurde, kehrte Agnes ins Haus zurück. Dann hielt sie sich zusammen mit ihren Söhnen im „Turm" auf und war richtig daheim. An lauen Sommerabenden in den Sommerferien saß die Familie zuweilen noch lange unten im Kreuth-Garten. Agnes lag in Decken gehüllt auf ihrer Liege und alle lauschten in die Stille hinein, auf die Stimmen der hereinbrechenden Nacht. Sie hörten dem leisen Rauschen des Flusses zu, der sich unten im Tal über das Wehr ergoss. Dazu erklang das unermüdliche Grillengezirpe. Man konnte die letzten Vogelstimmen und das Rascheln im Unterholz vernehmen. Wenn es Zeit wurde, räumten sie alles zusammen und gingen zurück ins Haus. Manchmal hatte Großmama sich schon zurückgezogen, sie brauchte Zeit für sich. Sie freute sich darauf, endlich zu Alice zu gehen. Sie hätte gern die kleine Brigitte, genannt Gitta, gesehen, die schon ein halbes Jahr alt war!

Im Spätsommer 1902 erlebte die Familie etwas Seltsames: Alle meinten, der Vater wäre von der Kirchengemeinderatssitzung schon nach Hause gekommen. Die Haushaltshilfe und die Großmama sahen ihn auf der Treppe oder im Flur. Die anderen hörten seine Schritte oben im Studierzimmer. Großmama Breuning fragte ihn sogar etwas, bekam aber keine Antwort. Nun sollte Gerhard ihn zum Essen holen, doch das Studierzimmer war dunkel und leer. Allen war klar, dass er noch einmal weggegangen sein musste, man rätselte nur, wohin und weshalb. Dann kam er erneut nach Hause und sie fragten ihn sofort, weshalb er noch einmal fortgegangen wäre. Er versicherte jedoch, dass die Sitzung erst jetzt zu Ende gegangen und er eben erst nach Hause gekommen sei. Keiner konnte sich daraus einen Reim machen. Gerhard und Erich fanden gleich die abenteuerliche Erklärung: Ein Räuber hätte sich als ihr Vater ausgegeben und hielt sich nun versteckt. Sie stürmten aus dem Zimmer und hätten am liebsten das ganze Haus durchsucht. Daran wurden sie von den Erwachsenen gehindert und endlich wurde zu Abend gegessen.

In diesem Jahr konnte Fürst Hermann von Hohenlohe-Langenburg am 31. August seinen 70. Geburtstag in Langenburg feiern. Schon am Vorabend war von der Bürgerschaft zu Ehren des Fürsten ein Fackelzug durchs ganze Städtchen bis in den inneren Schlosshof organisiert worden: Der Musikkapelle folgten viele sich bewegende Lichtfackeln. Gerhard und Erich durften wie die anderen Kinder der Stadt mit leuchtenden Papierlaternen mitziehen.

Rudolf waltete seines Amtes, er stand im Ornat mit an erster Stelle bei den Honoratioren an der Freitreppe, auf der der Fürst den Fackelzug empfing und die Festreden gehalten wurden. Bei der anschließenden Schlosshof-Illumination tauchte das bengalische Feuer alles in grünes und rotes Licht.

Zum Geburtstag des Fürsten gab es jedes Jahr am Sonntag danach ein großes „Festschießen". Diesmal fiel der Geburtstag auf einem Sonntag, so wurde das Schützenfest genau am Geburtstag gefeiert. Morgens früh begann der Festtag mit Kanonendonner zweier alter Geschütze. Die Kanonen standen weit außerhalb auf der Höhe und schickten ihre Salven ins Tal. Rudolf hielt den Festgottesdienst und am Nachmittag traf man sich auf dem Schießplatz auf der Nordseite des Schlosses. Das Wettschießen begann und die krachenden Schüsse waren weit zu hören. Alles feierte und war fröhlich. Gerhard blieb ein Weilchen dabei, dann floh er. Er litt bei jedem Knall und ging nach Hause, doch auch dorthin verfolgten ihn die Schüsse. Er lief in den Kreuth-Garten, wo Agnes lag. Nun saß Gerhard bei ihr und hielt sich bei jedem Schuss die Ohren zu. Denn auch hier litt er unter seiner Geräuschempfindlichkeit. Erich kam mit der Neuigkeit zu ihnen, dass dieses wie jedes Jahr der Förster Sieger sei. Auch der Fürst habe einmal auf die Scheibe geschossen und der Baron von Crailsheim sei gut gewesen, aber Sieger blieb der Förster.

Die Erbprinzessin Alexandra hatte am nächsten Tag, am 1. September, ebenfalls Geburtstag. Wie jedes Jahr musste man sich schnell umstellen, denn dann wurden statt der rot-weißen andere Fahnen gehisst (Sachsen-Coburger Farben grün-weiß).

Die Honoratioren feierten bis tief in die Nacht in der „Post" den Geburtstag des Fürsten. Um Mitternacht wurde dann das erste Hoch auf den Geburtstag der Erbprinzessin ausgerufen.

Inzwischen begann schon der Oktober und Agnes sollte bei der nächsten Untersuchung erfahren, ob sie als geheilt gelten konnte. Ihre Mutter schrieb an Alice am Samstag, den 4. Oktober 1902: *„... Agnes geht am Montag nach Nürnberg, um Dr. Koch zu treffen. Ich bin sehr begierig auf die Resultate. Daß Agnes wieder fort muß, ich glaube ist beinahe sicher, aber wohin? Sie sieht sehr gut aus, ist viel stärker geworden. Aber das Haus ist zu ungünstig und der Langenburger Klima ist schauerlich. Heute 10 Grad Wärme mit dicker Nebel ... Fräulein Büchner[39] war 4 Wochen hier. Es war beinah zum Ekel mit ihr, so ein Geschichte hat Rudolf mit ihr gemacht, es wurde Agnes beinah zu viel ..."* [40]

Am 6. Oktober, an Rudolfs Geburtstag, fuhr Agnes nach Nürnberg. Das erfreuliche Resultat der Untersuchung wurde sein größtes Geburtstagsgeschenk: Der Arzt war mit Agnes' Gesundheit zufrieden, nur musste sie weiter ihre Frischluftliegekur durchführen, auch im Winter bei Minusgraden, dann aber warm eingepackt.

Freundschaft mit Frau Pfarrer Betz

Als Agnes im vergangenen Jahr nach Baveno gereist war, hatte Pfarrer Betz wie geplant in Braunschweig geheiratet. In diesem Jahr (Juli 1902) war das erste Kind im neuen Pfarrhaus in Herrentierbach auf die Welt gekommen. Irgendwann lernten sich Agnes und die junge Pfarrfrau kennen und mochten sich auf Anhieb. Es erfolgte eine Einladung an die „Frau Dekan" ins Pfarrhaus. Ob es das erste Mal war, dass sie im November zu Besuch kommen wollte, wenn Rudolf die turnusmäßige Visitation in Herrentierbach durchführen würde, ist unbekannt. Wir können nur Rudolfs amtlichen Brief lesen, in dem er sich für den 23. November 1902 schriftlich bei Pfarrer Betz zur Visitation ankündigt: *„Verehrter Herr College! Falls es Ihnen geschickt ist, könnte ich die Inspektion am Donnerstag, den 27. November vornehmen, etwa von 10 Uhr an."* Er schrieb ihm weiter, dass die *„Inspektion auf Religionsunterricht in der Oberklasse, Kassensturz und Registratur beschränkt"* sei. In Amtsdeutsch fuhr er fort: *„Im Kirchengemeinderate ist das Erscheinen zu einer Besprechung freizustellen, meinerseits liegt kein Beratungsgegenstand vor."* Jetzt folgt der interessantere private Abschnitt: *„Meine Frau laboriert heute an Kopfweh, doch hof-*

fentlich ist sie bis Donnerstag reisefähig. Ihre und Ihrer Frau Gemahlin Grüße erwidern wir herzlichst. Ihr erg. R. Günther."

Agnes konnte mitfahren. So lange Rudolf und Pfarrer Betz die Amtsgeschäfte tätigten, verbrachten beide Frauen die Zeit zusammen. Agnes konnte sich mit der feinsinnigen Frau über vieles unterhalten, insbesondere über die Literatur ihres Onkels Wilhelm Raabe. Auch war Frau Pf. Betz eine liebevolle junge Mutter und Gustav ein wonniges Baby, der Gesprächsstoff ging ihnen nicht aus. Als die Männer fertig waren, saßen sie in angeregter Unterhaltung zu viert beieinander. Man verstand sich gut. Am Ende vereinbarten sie für die Weihnachtstage eine Lesung im Hause Günther.

Am 22. Dezember 1902 schrieb Rudolf ganz privat an Pfarrer Betz: *„Verehrter Herr College! Meine Frau geht schon lange damit um, die freundlichen Zeilen der verehrten Frau Pfarrer zu erwidern, ist über ihren Aufenthalt im Freien und bei ihrem kurzen Arbeitstag mit bedrängenden Weihnachtsvorbereitungen über Gebühr lange nicht dazu gekommen. Nehmen Sie beide nur vorläufig mit meinen Zeilen vorlieb. Ich möchte Sie sehr bitten, mit Ihrer Frau Gemahlin die verabredete Lesung in unserem Hause während der Weihnachtstage doch gewiß auszuführen."* Es folgte der herzliche Dank für *„die freundliche Aufnahme neulich in Ihrem Hause",* zum Schluss der Weihnachtgruß: *„ ... nun wünschen wir Ihnen ein frohes Christfest und hoffen auf baldiges Wiedersehen."*

So begann eine Freundschaft, die ein Leben lang halten sollte.

Zum Glück war Großmama Breuning in der arbeitsreichen Weihnachtszeit noch bei ihnen. Die Weihnachtsbäckerei konnte Agnes selber übernehmen. Gerhard half ihr: Er wog die Zutaten ab, schälte Mandeln, hackte sie klein, rührte den Teig und schlug den Eischnee schaumig, was damals mühsam war. Mit ihrem „Fridolin", wie sie ihn nannte, wenn er ihr zur Seite stand, machte das Backen Freude. Sie nutzten, wie schon vor zwei Jahren, die Zeit der Weihnachtsbäckerei, um nebenbei den Theatertext für eine Weihnachtsaufführung zu lernen. Kurzfristig war Agnes dies eingefallen. Beim Backen verbesserten sie noch manchen Vers. Zwischendurch lag Agnes dick vermummt in der klaren Winterluft unten im Garten. Die Zeit bis Weihnachten wurde knapp, weil sie noch für das Theaterstück Kostüme nähen wollte. Damit sie fertig wurde, half ihr die Mutter, obwohl sie so viel mit den Weihnachtsvorbereitungen zu tun hatte.

Am 25. Dezember 1902 schrieb die Mutter ausführlich an Alice und unterrichtete sie über den Stand der Dinge: *„Agnes muß nicht weggehen, es geht ihr sehr gut, aber sie muß immer noch einige Stunden jeden Tag in ihrem Garten liegen. Nun ist sie jetzt aber über den Weihnachtszeit natürlich nicht dort gewesen. Nun meint Agnes, es sei doch nicht so ganz weg, nächste Woche will sie wieder unten gehen und wieder mit den kalten Waschungen anfangen!"* Sie hatte Alice auch von der turbulenten Theatervorbereitung geschrieben, ebenso von der schönen Weihnachtsmette an Heiligabend. Dann berichtete sie über den schriftstellerischen Erfolg der Cousine Eugenie Faber, die unter dem Pseudonym Eva Ber die Novelle „Der Andere" geschrieben hatte (eine selbst erlebte, tragische Liebesgeschichte). *„Have you heard or read Eugenie Faber's book she had great suxess with it and has just finished her second book."*

Agnes ersann ihre Romanhandlung bei ihrer Liegekur und ihre Cousine Eugenie schrieb bereits an ihrem zweiten Buch, nachdem das erste ein großer Erfolg geworden war. Ob das Agnes beflügelte?

Mutter Breuning ist noch in Langenburg

Es war ausgemacht, dass die Mutter noch bis zu Gerhards Konfirmation im Frühjahr bleiben würde. Danach könnte sie nach Groß-Lichterfelde zu Alice fahren. Aus den ursprünglich sechs Wochen waren eineinhalb Jahre geworden! Der allerletzte Termin ihrer Abreise sollte gleich nach Ostern sein. Nun waren sie dabei, die Konfirmation vorzubereiten, die am 29. März 1903 sein würde.

Am Abend vor dem Konfirmationssonntag wurden Gerhards Paten, Herr und Frau Geheimrat Lang aus Blaubeuren, erwartet, die mit dem Zug um 8 Uhr abends kommen sollten. Frau Dekan Eytel war schon eingetroffen und sie tranken gemütlich Tee im „Turm".

Da Großmama Breuning sich für alles verantwortlich fühlte, ging sie nach oben, um noch einmal nach Gerhards Konfirmandenanzug zu sehen. Er hatte ihn bereits eine Woche zuvor bei einer Beerdigung in Stuttgart getragen. Deshalb überprüfte sie, ob die weißen Manschettenstulpen, *„die Röllchen"*, einwandfrei waren, da sie aus den Anzugsärmeln hervorschauten. Sie sah auch nach der gestärkten Hemdbrust mit hohem Kragen und nach den Schuhen, ob sie frisch geputzt waren. Da kam Agnes zu ihr und konnte nur noch sagen: *„Mir ist so schrecklich schlecht."* Dann wurde sie ohnmächtig. Die Mutter schildert den seltsamen Vorfall im Brief an Alice: *„Sie wurde ganz gelb und wie steif. Ich habe ihr zuerst ein sehr heißes Fußbad gegeben, das etwas geholfen hat, und nachher ein heißes Sitzbad; ihr Bett durchgewärmt und sie hineingelegt, nachher kam heftiges Erbrechen, dann wurde es besser."*

Agnes lag noch oben im Bett, als die Blaubeurener ankamen. Die Mutter musste die ihr unbekannten Gäste empfangen. Langsam ging es Agnes wieder besser, erst recht, als sie die Nachricht bekam, dass die Freunde eingetroffen waren. Es brauchte noch eine Weile, bis sie nach unten zu ihren Konfirmationsgästen gehen und die Neuankömmlinge begrüßen konnte.

Was das für eine Attacke war, weiß man nicht. Hatte sie etwas Ungutes gegessen, hatte es mit der Aufregung zu tun? Mit Gerhards Konfirmation und dem Schritt aus dem „Kinderland"? Oder hing es mit der baldigen Abreise ihrer Mutter zusammen?

Jedoch führte die heftige Attacke dazu, dass ihre Mutter ihre Abfahrt in weite Ferne verschob. Das musste sie Alice irgendwie „beibringen". Gerhard veröffentlicht den Brief vom 15.4.1903 (zwei Tage nach Ostern) nicht vollständig, gleich am Anfang ist eine Auslassung: *„Meine liebe Alice ... wie soll ich es Dir sagen, daß ich erst im Herbst zu Dir kommen kann. Ich habe mich überreden lassen. Ich kann nichts dafür als meine Wankelmütigkeit und Schwäche. Agnes wurde am Abend bevor dem Konfirmationstag mit einem schlimmen Anfall zu leiden gehabt."* Da wir wissen, was sich ereignete, beginnen wir mit der Stelle, als Langs da waren: *„... Um 9 Uhr konnte Agnes wieder aufstehen und dann habe ich ihr versprochen, länger zu bleiben. Sei nicht böse, wir denken, wenn dem Sommer günstig ist und Agnes sich recht schont, daß sie dann doch geholfen wird, nur ich habe beiden gesagt, noch einen Winter in Langenburg zu bleiben ist mir unmöglich. Gott gebe, daß die Opfer, das ich ihnen wieder bringt, nicht vergeblich werden. Wirklich geht es ihr ziemlich gut – kein Zeichen seit Samstagabend vor der Konfirmation. Aber so sehr matt und müde. Appetit sehr gut, Aussehen auch gut."*

Es wurde ein harmonisches Fest: *„… alles ging ohne Miß-klänge."* Alice erfuhr, dass sie 12 Personen bei Tisch waren. Es wurden *„sehr schöne Reden"* gehalten. Die Stimmung war gut. Vom Gottesdienst schrieb die Mutter, dass Rudolf eine *„wunder-volle Predigt"* gehalten habe über *„Sei fröhlich in Hoffnung"* und vom Konfirmanden Gerhard erzählte sie: *„Gerhard war sehr er-griffen. Am Nachmittag hat er schrecklich geweint."*

Den Konfirmationsspruch hatte Rudolf für seinen Sohn mit Be-dacht ausgewählt, gab ihm aber keine Erklärung. Die sollte er wohl im Lauf seines Lebens herausfinden: *„Ich schäme mich des Evan-geliums von Jesu Christo nicht; denn es ist eine Kraft Gottes, selig zu machen alle, die daran glauben, die Juden[41] vornehmlich, doch auch die Griechen."* (Röm 1,16)

Die Mutter blieb also ein halbes Jahr länger. Vorläufig war der Druck des Abschieds von Agnes genommen

Kurz vor Ostern 1903 war Johannes Lepsius auf seiner Vortrags-reise nicht weit entfernt von Langenburg gewesen, hatte aber mit ihnen keinen Kontakt aufgenommen. Günthers hatten es nicht ein-mal gewusst, erst nachträglich davon in der Zeitung gelesen. Sie wa-ren enttäuscht. Großmama Breuning schrieb dazu an Alice: *„Daß Johannes (Lepsius) in Rothenburg war ohne uns wissen zu lassen, hat uns alle sehr weh getan. Wir wären gerne nach Rothenburg ge-fahren ... Rudolf wäre gern nach Stuttgart gefahren, so sehr gern möchte er Johannes kennen lernen. Eigentlich ist er etwas beleidigt darüber. Ich bin sehr betrübt darüber."* So lange hatte sie den Schwie-gersohn nicht mehr gesehen. Zudem hätte sie gern etwas von Ali-ce und der kleinen Gitta sowie von den anderen Kindern gehört.

Rudolf war aus anderem Grund enttäuscht. Sein Interesse galt vor allem dem kontrovers diskutierten Theologen Lepsius, der große Fragen in seiner theologischen Monatszeitschrift „Das Reich Christi" zum Bibelverständnis aufgeworfen hatte. Diese Ausein-andersetzungen waren weit über die Zeitschrift hinausgegangen. Er hatte schon in den vergangenen Jahren eine theologische Dis-kussion um das Taufverständnis ausgelöst. Nun verlangte Lepsius kritische Bibelforschung! Im Gegensatz zu seinen Kontrahenten, die auf die „Verbalinspiration" pochten: Die Bibel sei Wort für

Wort Gotteswort. Lepsius wollte Textvergleiche. Es ging ihm um die von Gott inspirierte Bibel, wie sie ursprünglich gemeint war. Daher wollte er sie von Übersetzungsfehlern, Fehlern bei der Abschrift und Widersprüchlichkeiten der Aussagen befreien.

Johannes Lepsius war deutschlandweit ein gern geladener Redner. Er berichtete in seinen Vorträgen über die Not der teils christlichen Armenier im osmanischen Reich (Türkei), die wegen der Massaker nach Russland oder in die benachbarten Balkanländer geflohen waren. Er finanzierte die tatkräftige Hilfe der DOM (später dann die „Armenienhilfe") durch Spenden, die durch seine Vorträge zustande kamen. Lepsius hatte im vergangenen Jahr über Monate seine vierte Orientreise gemacht. Unermüdlich warb er um geistige und finanzielle Unterstützung für die Mitchristen im Orient.

Auch die deutschen Gemeinden waren ihm wichtig. Er gab Impulse zu sozialen und christlichen Fragen sowie zu lebendigem Gemeindeleben. Er veröffentlichte im „Reich Christi" interessante Artikel und ließ dort ebenso Andersdenkende zu Wort kommen.

Diesen verwandten, mutigen Theologen kannte Rudolf nicht einmal! Es wäre eine gute Chance gewesen, ihn persönlich kennenzulernen. Welche Gründe Johannes Lepsius hatte, sich nicht bei Schwiegermutter und Schwägerin zu melden, bleibt offen.

Die Zeit war nicht stehengeblieben. Gerhards Schulzeit in Langenburg würde mit diesem Schuljahr zu Ende gehen. Es wurde für ihn langsam ernst: Am Montag, den 13. Juli 1903, fuhr er mit seiner Mutter frühmorgens nach Stuttgart. Er sollte an der zentralen Aufnahmeprüfung, am sogenannten „Landexamen" für die württembergischen ev. Klosterschulen, teilnehmen. Agnes war guter Dinge, er würde es schon schaffen. *„… Agnes ist sehr vergnügt mit ihrem Gerhard am Montag früh nach Stuttgart gereist",* schrieb ihre Mutter an Alice. Während des mehrtägigen Examens wohnten sie bei Julie Günzler, einer Tante aus Rudolfs Verwandtschaft.

Agnes begleitete den 13-jährigen Gerhard zum Eberhard-Ludwig-Gymnasium. Sie brachte ihn sogar bis zum Prüfungssaal und meinte, nun trete er in *„den harten Daseinskampf"* ein. Bis Donnerstag 12 Uhr sollten die Prüfungen gehen. Wenn er das Examen bestand – davon war auszugehen –, würde Gerhard für vier Jahre diese weiterführende Schule mit Internat besuchen. Das Gute daran war, die Eltern mussten kein Schulgeld zahlen, und wenn er zu den 36 Besten gehörte, wären Kost und Logis auch frei. Er bekäme sogar Taschengeld. Später hätte er die Verpflichtung, in den württembergischen Staatsdienst zu gehen, vorzugsweise als Theologe oder Lehrer. So war es seit Generationen gewesen. Schöntal – Urach oder Maulbronn – Blaubeuren, das bedeutete zwei Jahre Unterstufe am einen Ort und zwei Jahre Oberstufe am anderen.

Gerhard würde nach Maulbronn kommen wie schon sein Vater.

Blaubeuren und Gerhards Verletzung Sommer 1903

Nach dem Examen hatte Gerhard noch ein paar freie Tage, erst am Montag musste er wieder in Langenburg zur Schule gehen. Sie nutzten die Zeit und fuhren gemeinsam nach Heidenheim zu den Eytels. Gerhard sollte am Sonntag nach Hause fahren, Agnes noch etwas länger dort bleiben. Es war seit Bordighera ihr erster kleiner Urlaub vom Alltag und sie konnte froh sein, dass ihre Mutter daheim inzwischen die große Wäsche erledigte. Die Mutter wusste, warum sie es tat, und schrieb an Alice: *„Wir haben in Agnes ihren Abwesenheit benützt, um einen großen Wasch zu haben. Agnes ist immer so schrecklich widerwärtig an Waschtagen und doch muß es sein. Agnes braucht schrecklich viel Wäsche. Helle Kleider, Blusen. Sie macht ihre Kleider bei ihr Gartengeschäft schrecklich schmutzig."* (Ende des veröffentlichten Briefes; ob noch weiter Kritisches kam, erfahren wir nicht.) Das Thema Urlaub erwähnt die Mutter ebenso in diesem Brief: *„Ich glaube, Rudolf macht wieder kein Urlaub. Agnes fragt ihn nicht einmal. Er kauft sich immer und immer Bücher. Agnes sagt oft, die ganze Familie könnte verreisen auf ein, zwei Monaten, wenn er nur etwas weniger Bücher kaufen würde."* Wir erfahren auch etwas vom Verhältnis der Großmama zu den Enkeln: *„Erich habe ich immer lieber, er kann gar nicht sein ohne mich. Wirklich ich thun alles für ihn, ausgehen, erziehen; dagegen mit Gerhard komme ich immer weniger gut aus. Er hat etwas, was mir sehr zu wider ist ..."* Hier veröffentlicht Gerhard Günther den Brief nicht weiter. Wir erfahren also nicht, was die Großmama am pubertierenden Gerhard nicht leiden mochte.

Der schön geplante Heidenheimer Aufenthalt bekam eine unerwartete Wende: Gerhard brach sich den rechten Arm und verletzte sich die linke Hand. Sein Freund Heinz Eytel und er hatten am Sonntagmorgen Weitsprünge über ein Gitter vom langen Korridor aus geübt, bis es beim dritten Mal nicht mehr klappte. Gerhard war lässig mit einem Butterbrot in der Hand und viel Anlauf gesprungen, streifte das Geländer und stürzte in den Hof. In diesem desolaten Zustand erfuhr er, immer noch in Heidenheim, von seinem bestandenen Examen. Er war der 23. von 64 Prüflingen. Man konnte zufrieden sein, auf seine Eltern kamen keine Unterbringungskosten zu. Sein Vater war allerdings ein wenig enttäuscht, er hätte eine bessere Leistung vom Sohn erwartet. Er selber war 1. gewesen. Agnes hingegen verstand es als Ansporn für Gerhard. Sie glaubte, er würde sich nun noch mehr anstrengen.

Nachdem Gerhard die Prüfung bestanden hatte, hörte Erich von seinem Oberpräzeptor Beckh, dass er wie Gerhard in der Lage sei, das Landexamen zu bestehen – er sei nur ein bisschen faul. Das wollte Erich ändern, zumal er ein klares Lebensziel hatte: *„Schriftsteller will er werden und sehr viel Geld verdienen. Überhaupt nur etwas sein, wo er viel, viel Geld bekommen kann. Das ist Erichs Wunsch ...“*, las seine Patentante Alice im Brief der Großmama.

Agnes und Gerhard waren gemeinsam knapp eine Woche bei Eytels: Ihren 40. Geburtstag am Dienstag, den 21. Juli, verbrachte Agnes bei den Freunden. Zwei Tage danach fuhren sie heim. Etwas beschwerlich war es, denn Gerhards rechter Arm ruhte in Gips, die linke Hand war wohl fast verheilt. Zehn Tage später nahm Dr. Staudenmeyer den Gips ab. Jetzt wurde erst sichtbar, dass der Arm in Heidenheim nicht ordentlich eingerichtet worden war. Er musste erneut gebrochen werden, damit er richtig zusammenwachsen konnte! Gerhard Günther schrieb hierzu: *„Ich habe nie wieder die volle Beweglichkeit des Handgelenks erlangt.“*

Der Unfall hatte Gerhards ganze Ferienpläne zunichte gemacht. Seine Eltern hatten ihm eigentlich eine Eisenbahn-Schülerferienkarte schenken wollen. Damit hätte er so viel und oft er wollte für nur 20 Mark in den Ferien durch das ganze Königreich Württemberg fahren können. Auch hatte er daran gedacht, sich von seinem

Ersparten ein Rad zu kaufen. Eine schöne mobile Zeit hätte auf ihn gewartet, wenn nur der Arm in Ordnung gewesen wäre. Und Agnes hätte das Abschiednehmen üben können. Es wäre nicht für lange gewesen, nicht für Monate – wie bald, wenn er von Schuljahrsbeginn bis Weihnachten nicht mehr heimkommen würde.

In dieser Ferienzeit, in der er nichts unternehmen konnte, half Gerhard seinem Vater, die uralte Pfarramtsbibliothek, die im bisher abgeschlossenen Raum vor sich hindämmerte, durchzusehen und zu ordnen. All die Jahre hatte Rudolf sich das vorgenommen. Gerhard inspizierte gemeinsam mit ihm die alten lateinischen Bücher und sie sichteten die Stapel des mehr als 50 Jahre lang gesammelten Oberamtsblattes „Der Vaterlandsfreund".

Gerhard kommt ins Internat; die Zeit bis Weihnachten 1903

Im September packte die Großmama Gerhards Sachen, die er für Maulbronn brauchte, zusammen. Als es am 14. September soweit war, reisten sie zu dritt nach Maulbronn: Vater, Mutter und Sohn. Rudolf ließ es sich nicht nehmen, den Sohn in seiner alten Klosterschule abzugeben. Es hätte auch Schöntal werden können, aber dieser Jahrgang begann – wie seiner vor 30 Jahren – in Maulbronn. Die 50 Zöglinge kamen in vier Stuben, jede seit Schülergenerationen mit klassischem Namen: Forum, Hellas, Athen, Germania.

Bis zur Reformation war es ein Zisterzienserkloster gewesen, mit spitzen kleinen Kirchtürmchen. Im sogenannten Klosterfrieden, innerhalb der alten Ummauerung des Klostergeländes, standen die verschiedenen Gebäude in unterschiedlichen Baustilen: vom Romanischen übergehend ins Gotische – mit hohen lichten Fenstern, weiten Gewölben, herrlichen Spitzbögen und Kreuzrippengewölben – bis zu Bauelementen der Renaissance. Immer wurde in der Vergangenheit etwas der jeweiligen Zeit Angemessenes dazugebaut.

Alles war Rudolf aus seiner Zeit bekannt, doch er staunte über die Modernisierungen, die in den Seminarräumen vorgenommen worden waren. Inzwischen war das Internat mit elektrischer Beleuchtung, neuen Wasserleitungen und sogar einer modernen Badeeinrichtung ausgestattet. In der alten Klosteranlage war noch das ehemalige Klosterleben durch die verschiedenen Fachwerkgebäude deutlich zu erkennen: Pfisterei (Bäckerei), Waschhaus, die

Klostermühle aus großen Sandsteinquadern, zum Internatsgebäude umgebaut, das repräsentative Abtsgebäude, die alte Klosterschenke mit den Gastzimmern. Durch das „Paradies" – die berühmte Vorhalle der Klosterkirche – betraten Rudolf und Agnes mit ihrem Sohn die helle feierliche Basilika mit reich geschnitztem Chorgestühl und eindrucksvoller, weißer Gewölbedecke mit Kreuzrippen. Viel gab es im Schnitzwerk zu entdecken: Moses im Dornbusch oder die Jungfrau mit dem Einhorn, auch zahlreiche Namen der Seminaristen waren hineingeritzt. Rudolf erinnerte sich gut und Agnes konnte sich nicht genug umsehen.

Wie sich in ihren Briefen zeigen wird, nahm Agnes alles mit ganzer Seele auf. Hier würde nun ihr Gerhard leben! Den großen alten Magnolienbaum würde er für zwei Jahre im Mai in seiner Blüte sehen und seinen Duft einatmen. Das unermüdliche Plätschern des dreischaligen Brunnens würde er immer hören. Dort oben im sogenannten Hörsaal würde er über seinen Büchern sitzen.

Agnes bemerkte mit Freude, dass sich Gerhard an diesem Ort ausgesprochen wohl fühlte. So konnte sie ihn leichter seinem neuen Leben überlassen. Es würde ihm hier gut gehen, dessen war sie sich sicher. Sie sollte recht behalten. Gerhard schrieb in seinem Erinnerungsbuch: *„Ich habe die ganzen zwei Jahre die altertümliche Schönheit des Klosterbaus und die Anmut der Umgebung mit sanften Hügeln, Seen und Wäldern und den angrenzenden Weinbergen immer wieder aufs Neue genossen. Und habe auch die Zucht des Internats, wie sie hier gehandhabt wurde, nie als drückend empfunden."* Rudolf freute sich, dass sein Sohn wie er damals hier leben und lernen würde. Allerdings wunderten sie sich, dass Gerhard nicht nur im Schlafsaal „Hellas"[42] wie damals sein Vater, sondern auch im selben Bett schlafen und am selben Pult (Pult 12) lernen würde. So ging er sichtbar in Vaters Fußstapfen.

Für Gerhard hatte ein neuer Lebensabschnitt begonnen und es lief bestens. Er fand sich rasch zurecht. Mit einigen Kameraden hatte er sich bereits während des Landexamens gut verstanden und so hatte er von Anfang an Freunde. Am ersten Sonntag nach Schulbeginn schrieb die Großmama an ihre Tochter Alice: *„ ... Am 14. ist Gerhard mit seinen Eltern nach Maulbronn gefahren. Agnes hat* *schrecklich Heimweh nach ihm und macht sich beinah krank. Die letzte Zeit war für mich sehr unruhig, bis ich Gerhard sein Siebensachen beieinander gehabt habe, hat viel Arbeit gemacht. Ich war erst ruhig, als Agnes zurückkam und sagte, Mama, es hat an gar nichts gefehlt, Du hast alles recht und schön gemacht. Da war ich froh. Es ist ganz merkwürdig, daß Gerhard das gleiche Pult und Bett wie sein Vater seinerzeit gehabt hat ..."*

Agnes konnte sich mit der neuen Situation nur schwer abfinden. Nachdem sie einen Brief von Gerhard erhalten hatte, schrieb sie gleich am 20. September zurück: *„Mein lieber Gerhard! Dein lieber Brief hat mich sehr gefreut. Du kannst Dir denken, daß ich ihn mit Sehnsucht erwartet habe ..."* Sie ging auf seinen Brief ein, freute sich über seinen neuen Freund Ernst Schieber, dessen Eltern sie gern hatte. Anschließend stellte Agnes die typische Frage: *„Der wievielte ist er denn?"* (Rangfolge in der Leistung.) Ihre Mutter sah es wohl richtig: *„Agnes ist schrecklich ehrgeizig."*

In Langenburg nahmen alle Anteil und erkundigten sich, wie es Gerhard in der Fremde gehe, fragten, ob er schon geschrieben habe. Schwester Luise freute sich, Gutes zu hören, und Frau Doktor von nebenan *„wird sich freuen, wenn ich nun einen Brief von Dir habe"*, schrieb Agnes ihrem Sohn und fuhr fort: *„Das kannst Du Dir denken, daß ich in Gedanken immer bei Dir bin und mich erst daran gewöhnen muß, nur einmal in der Woche von Dir zu hören. Natürlich weiß ich wohl, daß es nicht anders sein kann, aber es ist doch schwer für mich, weil Du mir immer ganz besonders am Herzen liegst und ich Dich stündlich vermisse. Nun, das ist im Leben so, und je bälder man sich dareinfindet, desto besser."*

Agnes bemühte sich, ihren Schmerz zu relativieren und Vernunft walten zu lassen. Trost und Motivation lesen wir aus folgenden Zeilen heraus: *„Du machst uns gewiß recht Freude mit Deinem Lernen, dann bin ich wieder stolz und glücklich mit meinem gelehrten Sohn. Und die Vakanzen* (Ferien)*! Das wird ganz herrlich."*

Agnes richtete sich innerlich auf das herbeigesehnte Wiedersehen aus. In unterschiedlichsten Variationen wird dies in nächster Zeit in ihren Briefen in Erscheinung treten. So meinte sie gleich im ersten Brief an Gerhard, dass sie sich diesmal nicht viel daraus mache, dass der Sommer dahinginge. Was ihr sonst *„schrecklich*

leid" war, war ihr jetzt gleichgültig, wenn sie nur die Zeit gut überstand und sie sich an den *"gegenwärtigen Zustand"* gewöhnte.

Seinen Geburtstag, der vor der Tür stand, würde er zum ersten
Mal nicht zu Hause feiern. Sachlich erkundigte sie sich nach sei-
nen Geburtstagswünschen. Ihren Brief beendete sie jedoch wieder
emotional: *"Nun muß ich schließen, lieber Fridolin, tausend Grüße
Dir, Du bist immer mein letzter Gedanke vor dem Einschlafen!
Großmama und Erich grüßen einstweilen. Dich umarmt Deine
Mama. Sei auch nicht so streng, wenn ich Komma vergesse!"*

Hier wird die enge Mutter-Sohn-Beziehung erkennbar, wie
schon einmal, als Agnes sich in seiner Kleinkinderzeit so große
Sorgen um ihn machen musste. Ihre eigene Mutter sah dies als
schädlich an. Sie ließ Alice wissen: *"Ich glaube, daß es Gerhard
sehr gut ist, daß er von Hause wegkommt. Es war ein Lobgesang
über jede Arbeit, von Agnes: 'Ach mein Gerhard, der wird immer
schöner, Mama, findest Du nicht, daß Gerhard ein schöner Bub
ist?' Vor ihm, daß ich oft bös bin, es ist ganz gewiß ungesund für
Gerhard, ein so zu vergleichen mit Herbert[43] ..."*

Agnes war sich dessen nicht bewusst und meinte wohl, es richtig zu machen, da sie Gerhard gleich im ersten Brief etwas erzog.
Es ging um die richtige Anrede: *"Bitte schreibe in Deinem nächsten Brief oben hin, lieber Papa und liebe Mama, es gehört sich so."*

Agnes war fast krank durch ihren Trennungsschmerz, sie nannte
es "Heimweh nach Gerhard". Alle nahmen wahr, wie sie darunter
litt. Wenn Post von Gerhard kam, wusste Rudolf, wie seine Frau
darauf gewartet hatte. Deshalb brachte er ihr den frisch eingetrof-
fenen Brief aus Maulbronn gleich ans Bett. Sie schrieb an Gerhard:
*"Ich habe mich sehr gefreut, wie mich der Papa mit Deinem Brief
geweckt hat."* Damit Gerhard oft schreiben konnte, stattete ihn sein
Vater mit Briefumschlägen, Briefpapier und Briefmarken aus, denn
auch er freute sich über die Berichte seines Sohnes.

Agnes wollte Gerhard nicht nur von ihren eigenen Gefühlen
schreiben, vielmehr schickte sie ihm mütterliche Gedanken, so
auch zu seinem Geburtstag: *"Und nun bist Du 14 Jahre alt, lieber
Gerhard, und Dein Geburtstägle kannst Du nicht mehr bei uns feiern. Aber feiern kannst Du es doch, mit einem Gunkuchenschmaus,
mit dem Du auch andern mitteilen kannst, geteilte Freude ist dop-*

pelte Freude.“ In diesen Kuchen hatte sie all ihre guten Wünsche hineingebacken: *„Du kannst Dir denken, wieviel gute Wünsche ich für Dich auf dem Herzen habe. Für Dein körperliches und geistiges Wohl, daß Du immer kräftiger wirst und daß Du auf Dein noch liebevolles Herz keine zu harte Kruste wachsen läßt, daß es die Freude und das Leid anderer nicht mehr spürt. Und dann noch einen Hauptwunsch! Ein guter Freund ist ein Trost des Lebens!“*

Sie ließ ihren Sohn brieflich am Leben zu Hause teilhaben. Da Gerhard die Briefe später teilweise veröffentlichte, bekommen wir einen Einblick: Als Agnes den Geburtstagsbrief schrieb, wurde es langsam herbstlich. Sie *„saß im Gartenhäuschen, das neue Vorhänge bekommen hatte“,* und schrieb an ihren Sohn. Noch blühte es üppig in ihren Beeten, von denen sie kürzlich der Gattin des Professors Nestle (der Schulleitersfrau von Maulbronn) einen Strauß Chrysanthemen und Astern per Post geschickt hatte, der frisch ankam. Erich war bei ihr im Kreuth-Garten, tanzte herum, holte sich Zwetschgen vom Baum und probierte die ersten Äpfel, die im Gras lagen. Jetzt streifte Agnes' Blick über das Tal und sie erzählte Gerhard, dass sie immer größere Spaziergänge machen könne, neulich einen langen mit dem Stadtvikar bis nach Rappoldshofen: *„Der Wald war schön rötlich angehaucht, und die Gänse triumphierten auf allen Äckern.“* Dass sie wieder so gut zu Fuß war, machte sie glücklich und stolz. Kürzlich war sie mit seinem Vater und dem Stadtvikar unterwegs und es ging lustig zu: *„Neulich haben wir eine arge Kletterpartie gemacht. Herunter ans Nixenbad über die glitschig, nassen steilen Weglein, es war köstlich, wie Herr Stadtvikar abfuhr und balancierte, auf der anderen Seite stiegen wir dann von der Jagst auch ganz steil hinauf über nasse Grashalden.“*

Über ihren Trennungsschmerz schrieb sie ihm nur indirekt: *„Wenn man einmal Oktober schreibt oder gar November, dann lacht Deine alte braune Kappe in meinem Schlafzimmer schon eher, bis jetzt hängt sie noch sehr weltschmerzlich herunter.“*

Es war nicht nur für Agnes eine harte Zeit, auch Erich musste sich an die neue Situation gewöhnen. Bei Tisch saß er als einziger Junge mit drei Erwachsenen. Ihm fehlte sein Bruder an allen Ecken und Enden, vor allem bei den Hausaufgaben, wenn er allein im „Turm“

(mit der Mutter im Hintergrund) saß. Zum Glück hatte er seinen Freund Hermann! Mit ihm konnte er wenigstens draußen spielen. Zudem musste sich Erich an einen Lehrerwechsel gewöhnen. Sein bisheriger Oberpräzeptor Beckh war Professor an der ev. Klosterschule in Schöntal geworden. Bei ihm war der Unterricht interessant gewesen, beim neuen Oberpräzeptor war es gähnend langweilig. Agnes konnte es nachempfinden, ihr tat Erich von Herzen leid, wie sie Gerhard schrieb. Auch ihr kam der Mann unsagbar trocken vor, sodass sie einmal in der Familie die Vermutung äußerte, dass er ursprünglich ein in der Amtstube vergessener Regenschirm wäre, der dann so viel Latein und Griechisch mitbekommen hätte, dass er Präzeptor wurde. Auch wenn Erich darüber lachen konnte, änderte es nichts am langweiligen Unterricht, der schwer zu ertragen war.

Ende Oktober konnte Agnes Gerhard von einer schönen Abwechslung schreiben, die durch erfrischenden Besuch ins Haus gekommen war. Bertie (Albert) Zeller, Friedrich Zellers jüngster Bruder, der Medizin studierte, und sein Freund waren mit dem Fahrrad von Magdeburg nach München unterwegs. Sie kamen am Wochenende auf der Durchfahrt bei den Verwandten vorbei und wollten zu Semesterbeginn in München sein. Beide Studenten erzählten von ihrem Leben, vom Cellospiel, den Musikabenden und von ihren Erlebnissen unterwegs. Agnes hätte sich gewünscht, dass Gerhard dabei gewesen wäre. Er hätte Bertie Zeller miterleben sollen, dann hätte Gerhard ein gutes Vorbild gehabt. Denn so wie Bertie, wünschte sich Agnes, sollte Gerhard auch einmal sein.

Im Brief vom 20. Oktober 1903 hatte Agnes ihrem Sohn bereits einiges Erzieherische schreiben müssen. So begann sie freundlich und ging dennoch deutlich auf Gerhards genüsslichen Bericht über die „Schlacht" unter den Klosterschülern ein: *„Mein lieber Gerhard! Am Montagmorgen sind wir alle sehr erfreut worden durch Deinen lieben langen Brief. Auch die Schlacht hat uns natürlich sehr interessiert, nur möchte ich bitten, die Gefangenen mit Maßen zu verhauen, es könnten auch kleinere und schwächere darunter sein ... Also bitte, lieber Gerhard, laß Gnade walten, weißt Du, Du könntest auch einmal selbst auf dem Tisch liegen, um 'dalkig' gehauen zu werden, das wär Dir dann doch auch unangenehm."*

Ihr nächstes mütterliches Anliegen betraf seine zum ersten Mal geschickte Waschkiste mit Schmutzwäsche: *„Nun muß ich Dir noch eine Abhandlung über die Behandlung der Wäsche schreiben, die ich Dich zu beherzigen bitte, so wird mich die Ankunft der Waschkiste nicht jedesmal in den tiefsten Seelenschmerz stürzen. Du sollst immer an der ankommenden Waschkiste eine rechte Freude haben, wenn sie so recht schwibbelig schwabbelig voll mit guten Sachen ist, und ich will zufriedengestellt sein, wenn eine Sendung kommt."*

Beim Öffnen der Waschkiste war Agnes zurückgeprallt und konnte nur einen Seufzer von sich geben. Gerhard hatte die Wäsche nass zusammengerollt in den Wäschesack gesteckt – mit üblen Folgen. Agnes erkannte daran, dass er in Wäschefragen noch keine Ahnung hatte. So verwendete er in vier Wochen nur ein Taschentuch und wechselte selten seine weißen Kragen. Den einen Kragen trug er dafür so lange, dass er kaum sauber zu kriegen war!

Daher gab sie ihm eine präzise Anleitung, die so begann: *„Also 1. der Mensch ziehe alle Sonntage ein frisches Hemd an, ebenso mindestens zwei frische Krägen in der Woche."* 2. betraf das Taschentuch und 3. erklärte sie ihm: *„Die Wäsche darf nicht patschnaß zusammengerollt und in den Waschsack geworfen werden ... Kommen die Sachen naß zusammen, so entwickelt sich ein Pilz, der die Wäsche zerstört. Zuerst sind es schwarze Flecken, dann gibt's Löcher. Dies alles war deutlich an Deinen neuen Sachen zu meinem großen Leidwesen wahrzunehmen. Ein Handtuch und ein Hemd waren verspackt."* Sie beendete die Belehrung folgendermaßen: *„Da Du dies natürlich noch nicht wissen kannst, schreibe ich Dir dies so deutlich und denke, eine einmalige Belehrung wird genügen. Nun wäre dieser prosaische, aber bitte, höchst beachtenswerte Teil zu Ende, und wir gehen zu etwas anderem über."*

Jetzt erzählte Agnes ausführlich vom netten Besuch der beiden Studenten, und dass der Vater gerade viel Arbeit hätte, da er sechs Wochen ohne die Unterstützung eines Vikars arbeiten müsse. Nun kam erst die sie persönlich belastende Nachricht: *„Übermorgen geht Großmama, es wird mir schrecklich schwer, wie Du Dir denken kannst, die gute liebe Großmama wird mir überall fehlen, wenn ich nur gesund bleibe, denn nun hängt doch wieder alles an mir."*

Es folgte: *„Nun sind die schönen Blumen erfroren, bis gestern*

war noch eine große Pracht unten. *Der Winter ist mir sonst viel gräß-*
licher gewesen, wenn das Laub von den Bäumen fiel, das machte
mich immer traurig, nun diesmal ist's anders, ich denke an Weih-
nachten bekomme ich meinen Gerhard wieder, wenigstens für eine
Zeitlang, und dann bin ich wieder vollständig, so fehlt eben immer
etwas, und mein Herz wird auch von seinen Freuden nie ganz satt."

In zwei Tagen würde Großmama Breuning Ernst mit der Abreise
machen. Agnes kränkelte ein wenig. Vorsichtshalber blieb sie zwei
Tage im Bett, um sicherzugehen, dass es nicht schlimmer würde.

Doch ihre Mutter hatte schon am 19. Oktober einen „händerin-
genden" Brief an Alice geschickt: „*Agnes meinte, ich könnte noch*
acht Tage hier bleiben und das will ich nicht. So bitte ich Dir drin-
gend, mir zu telegraphieren, daß ich sogleich kommen sollte. Agnes
liegt heute im Bett, aber Rudolf meinte, ich könnte nicht Agnes ver-
lassen, aber es ist nicht nötig, daß ich hier länger bleibe. Ich glau-
be nicht, daß ich Unrecht tue, wenn ich Dir bitte, mir zu telegra-
phieren ..." Wir können uns vorstellen, dass es jetzt, als Alices
Telegramm kam, auch Agnes klar wurde, dass es kein Verschieben
mehr gab. Alice erwartete ihr zweites Kind, sie brauchte dringend
die Unterstützung der Mutter, das leuchtete ein.

So war es endlich geschafft! Über zwei Jahre war ihre Mutter in
Langenburg gewesen. Agnes vermisste nun beide, Gerhard und ihre
Mutter. Sie ließ es Gerhard wissen: „*Großmama vermisse ich sehr,*
namentlich jetzt, Papa ist jeden Abend in seinem Studierzimmer. Da
bin ich alle Abende allein, und das bin ich nicht mehr gewöhnt."

Auch Erich fehlte Großmama, die sich um ihn so gekümmert
hatte. Ihm ging es im Moment nicht gut. Besonders sonntags, wenn
seine Eltern von ihm verlangten, er solle mit ihnen einen ausgiebigen Spaziergang machen, obwohl er (ohne Gerhard) überhaupt
keine Lust hatte. Agnes konnte es nicht begreifen, da es im Herbst
draußen so schön sei, der Mensch an die Luft müsse und ein Junge
Bewegung bräuchte, so lauteten ihre Argumente. Doch Erich blieb
dabei. Im Brief vom 7. November 1903 schrieb Agnes an Gerhard:
„*Gestern haben wir einen herrlichen Spaziergang auf den Kat-*
zenstein gemacht. Erich wollte wie gewöhnlich nicht mit, da er
schon so manche Spaziergänge durch fortgesetzte Widerwärtigkeit

verdorben hat, ließen wir ihn eben laufen. Aber hintendrein, wenn wir so erfrischt heimkommen und der Erich sieht so grasgrün aus, macht man sich doch Vorwürfe, daß man ihn nicht gezwungen hat. Es ist zu schwierig mit Erich, zwingen will man am Sonntag und Geheul in Kauf nehmen nicht, und doch gehört der Bub in die Luft. Er wird dann geradezu beleidigend in seinem Zorn – er wolle nicht neben 'anderen Leuten' hertappen, sagte er gestern, mit 'anderen Leuten' meint er seine Eltern".* Ihr Zusammenleben war nicht einfach, Agnes nahm sein Verhalten im Augenblick recht persönlich: *„Und ich gebe mir die ganze Woche Mühe mit ihm, lerne alle Aufgaben mit ihm, was ich doch mit Dir nie tun mußte, und da ist er auch ganz lieb, aber am Sonntag ist das alles wie weggeblasen."*

Rudolf war in dieser Zeit mehr als ausgelastet. Er hatte noch immer keinen Vikar und war zusätzlich mit einem großen Projekt beauftragt worden: Er sollte den Entwurf für das neue Kirchengesangbuch für Württemberg erstellen. Agnes schrieb Gerhard: *„Gegenwärtig brauchte der Papa einen Sekretär, soviel Schreibereien und Tabellen hat er für die Gesangbuchfrage auszuarbeiten. Die gute Schwester Luise schreibt jeden Abend für ihn, oft bis ½ 12 Uhr."*

Das damals gültige Gesangbuch stammte von 1850 und galt als veraltet. Es gab allerhand Vorgespräche mit dem Verleger Gundert (Calwer Verlag). Leider hatte Rudolf den Auftrag nicht allein bekommen, sondern ein *„ausgezeichneter Kenner der Gesangbuchdichtung"*, ein *„einfacher Bauer"*, eine *„Größe in den pietistischen Kreisen"* sollte den Entwurf mitgestalten. Das erschwerte alles. Denn dieser angesehene Pietist sollte dazu beitragen, möglichst viel pietistische Dichtung in den neuen Entwurf hinüberzuretten. Wenigstens konnte Rudolf die alten Lieder wiederherstellen, die Originalmelodien dazu verwenden und neue Lieder auswählen.

So sah es im Hause Günther im Herbst 1903 aus. Im Herbst vor zwei Jahren war Agnes in Bordighera gewesen, letztes Jahr lag sie eingewickelt stundenlang im Freien. Und jetzt?

Agnes gelang es, nicht mehr den Kopf hängen zu lassen. Sie entwickelte großen Schaffensdrang und konnte die viele Zeit, die sie allein war, auskosten. Sie nützte den ganzen Tag: *„Morgens stürze ich mich gleich an meine Malerei und male bis ½ 5 Uhr …",* erfuhr Gerhard. Sie konnte sich in die frei gewordene Kammer, die bisher ihre Mutter bewohnt hatte, zurückziehen und malte ein Bild ums andere, damit sie wieder einigen Menschen eine Weihnachtsfreude machen konnte. Am 23. November malte sie bereits am fünften Bild. *„Es reicht für jedermann"*, schrieb sie. Das Bild war für Frau Dr. Staudenmeyer bestimmt: *„Ich male unser Gartentürchen, auf dem letzten Zaunstecken sitzt eine Blaumeise – die male ich nach der Natur und muß schrecklich viel Vogelfutter hinaustun, daß meine Modelle auch fleißig kommen."* Nebenbei freute sie sich über ihre späten Blumen: *„Über den Zaun hängen die herrlichsten Chrysanthemen herüber. Es macht riesig Freude."*

Um halb 5 musste sie mit Malen aufhören, um mit Erich zu lernen, der viele Hausaufgaben hatte. Dazu verlangte der Oberpräzeptor, jeder Buchstabe müsse wie gestochen sein – das dauerte! Erich konnte sich lateinische Wörter nicht so leicht wie Gerhard merken. So empfand Agnes das Lernen als wahre *„Ochserei"*.

Sie konnte abends, wenn sie wieder stundenlang alleine saß, ihre Briefe schreiben: *„Ich bin alle Abende allein, was meiner Korrespondenz sehr zugute kommt. Nach Blaubeuren schrieb ich einen 20 Seiten langen Brief"*, ließ sie Gerhard wissen. Sie bekam auch Antwortbriefe; so sagte zum Beispiel Miss Taylor ihren Besuch fürs Frühjahr an, was Agnes sehr belebte. Sie plante, mit der Freundin aus der Bordighera-Zeit nach Maulbronn zu reisen, und schrieb im nächsten Brief an Gerhard: *„Ich freue mich nur, bis ich Dich im Frühjahr mit Miß Taylor besuche, wir machen schon Pläne, wie das nett wird, und wie wir zusammen in der Post wohnen, zum Kaffee kommst Du dann heraus, und wir sehen mit Dir das Kloster an. Da wirst Du dann eine Masse Geschichten wissen."*

Sie war voll Vorfreude, aber noch mehr freute sie sich auf Weihnachten. Dass Gerhard in absehbarer Zeit (in einem Monat schon!) heimkommen würde, beflügelte sie und sie plante alles Mögliche. Seine Schlittschuhe sollte Gerhard unbedingt mitbringen, vielleicht könnten sie gemeinsam Schlittschuh laufen. Neulich lag schon hoher Schnee, der jetzt wieder geschmolzen war, bis Weihnachten könnte aber alles wieder fest gefroren sein. Agnes schrieb ihm am 23. November 1903: *„Heut ist die Jagst riesig angeschwollen, füllt fast das ganze Tal aus – alle Morgen sehe ich 2-3 Rehe in Popps*

Garten herumspazieren, das freut mich so. Neulich, als einmal der tiefe Schnee lag, kamen sie ganz herauf, und das sah märchenhaft aus, wie sie zwischen den verschneiten Büschen herumstiegen."

Sie dachte wieder an ein Theaterstück, das sie im häuslichen Kreis aufführen könnten. Hierzu überarbeitete sie das Stück vom Vorjahr. Gerhard sollte wieder die Prinzessin sein, die mit ihrem Sohn (Erich) in eine hohenlohische Spinnstube kommt. Dort werden Gespenstergeschichten erzählt. Sie schrieb ihre Überlegungen zu Kostümen und Inhalt auf. Es sollten Langenburger Geschichten von einst und von heute sein, die erzählt wurden.

Der Brief enthielt für Gerhard noch eine traurige Nachricht. Das *„reizende kleine hessische Prinzeßchen"* mit den lebendigen Augen, das sie von allen fürstlichen Kindern am liebsten mochten, war gestorben. Die kleine Prinzessin Elisabeth von Reuss war eine Nichte der Erbprinzessin von Hohenlohe, die ab und zu im Schloss zu Besuch gewesen war. Die Todesnachricht betrübte Agnes zwar, doch sie konnte dennoch guter Dinge sein, voller Ideen für die Weihnachtstage und vor allem voll Vorfreude auf die Heimkehr ihres Sohnes. Agnes drückte diese so aus: *„Deine Kappe fängt schon an, sich aufzublähen, hängt nicht mehr so weltschmerzlich herunter. Was wünschst Du Dir zu Weihnachten? Grüße von dem traurigen Zahnweh-Erich und von Luise. Deine Mama"*

Doch etwas stimmte Agnes traurig. Ihre Freundin Frau Pfarrer Betz war ernsthaft krank, sie hatte einen Lungenkatarrh. Agnes wusste aus eigener Erfahrung, wie ein Lungenkatarrh einem zusetzt. Dabei war ihr Baby, der kleine Gustav, erst ein halbes Jahr alt! Agnes wollte trösten, soweit sie nur konnte. Als sie die Kranke besuchte, brachte sie ihr das schönste Buch mit, die neue Gedichtsammlung „Hausbuch der deutschen Lyrik", herausgegeben von Ferdinand Avenarius. Eigentlich war es Gerhards verspätetes Geburtstagsgeschenk, das sie ihm schicken wollte, doch nun war eine Aufmunterung für die kranke Freundin wichtiger. Daher schrieb Agnes an Gerhard: *„Deinen Avenarius werde ich Dir nicht schicken können – sofort – er ist nach Herrenthierbach gewandert, die arme Frau Pfarrer Betz zu trösten, die wieder an einem Lungenkatarrh festliegt."*

Bald war Weihnachten und Gerhard würde einen Tag vor Heilig-abend heimkommen. Schon jetzt machte ihnen ihr Weihnachtsge-schenk für Gerhard *„großes Vergnügen"*. Es war ein Fotoapparat. Sie hatten den braunen Kasten aufgestellt, durch die Mattscheibe gesehen und dabei etwas Lustiges entdeckt. Sie schrieb darüber an Emma: *„Der Apparat hat eine famose Mattscheibe, und es macht uns gegenwärtig riesig Spaß, den Apparat aufzustellen am Fenster und unter dem Tuch hervor die Leute durch den Apparat laufen zu lassen. Das gibt die entzückendsten Kinematographenbilder, die man sich denken kann."* Man stelle sich vor, oben aus der Woh-nung des Dekans wurden die braven Langenburger wie „lebende Bilder" betrachtet. Dabei wurde viel gelacht.

Am 23. Dezember kam Gerhard endlich! Wie hatte er sich in dem knappen Vierteljahr verändert! Er war in die Höhe geschossen, sprach mit tiefer Stimme, hatte den Stimmbruch hinter sich. (Da-her konnte er mit seiner Kopfstimme die Prinzessinnenrolle über-nehmen.) Und wie er aussah! *„Gänzlich abgerissen"*, schrieb Ag-nes ihrer Schwester Emma, *„so daß ich ihn hätte verleugnen müssen, wenn ich ihm in Maulbronn begegnet wäre. Loch im El-lenbogen etc. Schuhe mit 7 Löchern, versporte Handtücher, das sind die Freuden."* In seinen *„Vakanzkleidern"*[44], ging der heimgekehrte Sohn in die Wälder und holte Misteln. Er brachte die schönsten *„Misseltoe"*. Sie schrieb Emma: *„An keinem englischen Edelsitz kann man schönere haben wie wir, wie grüne Riesenbouquets hän-gen sie mit unzähligen weißen Beeren von der Decke herunter."*

Für Agnes war nun alles gut. Jetzt konnte Weihnachten werden, ihr Gerhard war da! Es wurde ein wundervolles Fest. Selbst ihr Weihnachtsgebäck war dieses Jahr besonders gelungen. Daher bekamen ihre Schwestern in Magdeburg davon geschickt. Sie schrieb: *„Laßt Euch die famosen Lebkuchen recht schmecken, das ist eine Spezialität von mir, sie sind aus allerfeinstem Honig ge-macht und ist kein bißchen greuliches Gewürz drin, nur eine Menge Mandeln. Heuer sind sie besonders schön ... "*

Weihnachten 1903 war sehr harmonisch und alle waren dankbar für die Geschenke: *„Gerhard war überglücklich, bewunderte un-aufhörlich sein Apparätchen, das 23 Mark bei Schaller gekostet hat und dafür ganz Erstaunliches leistete, d.h. wenn's die Leute können."*

Erichs Freude war auch groß, da er sein gewünschtes Aquarium erhielt. Obwohl mit diesem Geschenk nicht alles wie erhofft geklappt hatte. Seine Patentante Emma hatte es in Magdeburg ausgesucht und den Transport in Auftrag gegeben. Sie und seine Eltern teilten sich die Kosten. Es wurde spannend für Agnes und Rudolf, da es bis zum Heiligen Abend noch nicht eingetroffen war. An Heiligabend um 10 Uhr kam dann der Postbote und brachte eine Sendung Aquarienfische ins Haus. Die Fische mussten vorerst mit einer Waschschüssel vorliebnehmen. Das Aquarium wurde nach Weihnachten geliefert, die Wasserpflanzen kamen nie an.

Die Günthers erlebten ausgefüllte Weihnachtstage. Alle waren vergnügt und fotografierten unterschiedlichste Motive. Agnes fotografierte lieber innen, wollte Personen auf die Platte bekommen (die aber nicht still genug hielten), Gerhard fotografierte im Freien, wie Agnes der Schwester schrieb, *„wo einem jetzt die Finger an die Schrauben gefrieren ... Aber die Freude ist groß bei jung und alt."* Sie machten ihre Erfahrungen, die Zeitaufnahmen gelangen besser als die Momentaufnahmen, da der Momentverschluss, der mit 1/70-stel Sekunde funktionierte, nicht zum Objektiv passte, wie Agnes meinte. Sie wässerten und entwickelten die Fotoplatten, dann konnte man erst sehen, was aus der Aufnahme geworden war. Es gab viel zum Lachen und zum Staunen. So entstand ein beeindruckendes Porträt von Rudolf. Agnes schickte es im Brief an Emma mit und erklärte ihr, dass er aussehe *„wie ein Meergreis, aber die herrliche Schädelwölbung und seinen Gesichtsausdruck"* hätte noch kein Fotograf so ausgezeichnet aufgenommen.

Foto der vierzigjährigen Agnes (> Seite V)

Bei diesem Fotografieren war auch das Foto von Agnes in ihrer geliebten Natur entstanden. Gerhard hatte es auf dem Weg zu den Gärten gemacht.[45] Man sieht eine wunderschöne Winterstimmung mit Schnee auf dem Lattentor und der kahlen Hecke im Vordergrund, dahinter leicht verschneite Fichten und aufrecht stehende Tannen vor dem verschneiten Tal und dem gegenüberliegenden Wald. Hinter dem geschlossenen Gartentor steht seine Mutter im dunklen Mantel mit weiten Ärmeln und weitem Kragen, der über ihren schmalen Schultern liegt. Im Ausschnitt sieht man ihre geschlossene Spitzenbluse, darüber ihre doppelreihige Lieblingskette. Ihre rechte Hand im Pelzfäustling umschließt eine Latte des Tores.

Ihr Gesicht ist fein geschnitten, die gerade Nase drückt ihre Zielstrebigkeit aus, der schmale Mund lächelt freundlich und die dunklen Augen ruhen auf ihrem Sohn. Doch lange kann sie den Gesichtsausdruck nicht mehr wahren, schon ändert sich der warme Blick in aufmerksame Skepsis: Ob das Bild bald fertig ist und gelingt? Man kann sich das befreite Lachen vorstellen, wenn sie aus dieser Ruheposition entlassen wird. Ihr dunkles Haar liegt sorgfältig gescheitelt über den Ohren und ist in dicken Zöpfen am Hinterkopf hochgesteckt. Die Aufnahme wurde als Postkarte entwickelt und in den nächsten Wochen Gerhard nach Maulbronn geschickt. Seine liebe, rational denkende, temperamentvolle und witzige, aber auch damenhafte Mutter wird ihn im Internat immer wieder aus dem Foto ansehen. Sie war eine schöne Frau.

In den Weihnachtstagen bekamen sie viel Besuch, nicht nur Tagesgäste, auch „*fast jeden Tag Dauergäste*". Außerdem hatten sie sich vorgenommen, ihr Theaterstückchen gleich in den ersten Januartagen vor einer Anzahl geladener Zuschauer im Dekanat aufzuführen. Dafür mussten sie etliche Male üben.

Dennoch lag auch ein leichter Schatten auf diesen fröhlichen und harmonischen Weihnachtstagen: Ihre verehrte Fürstin Leopoldine von Hohenlohe-Langenburg, geb. Prinzessin von Baden, war in Straßburg einen Tag vor Heiligabend mit 66 gestorben. Doch wurde keine allzu große Lücke ins Leben der Günthers gerissen, da die schon lange leidende Fürstin seit Jahren nicht mehr dauerhaft in Langenburg weilte. Die Beisetzung in die Familiengruft erfolgte am 28. Dezember 1903. Gerhard konnte sie miterleben, weil es in die Ferientage fiel. Er schrieb in seinem Buch: „*Ich stand neben meiner Mutter auf der Straße in der kalten Winternacht, als der Leichenzug vom Tor her sich näherte. Auf dem mächtigen Leichenwagen, der von vier schwarzverhüllten Pferden gezogen wurde und von Fackelträgern begleitet war, ruhte der mit Kränzen überdeckte Sarg, hinter dem barhäuptig, den Helm in der Hand, der Fürst mit einem Gefolge von Fürsten und Generalen einherschritt. Plötzlich wies meine Mutter auf die sanft erleuchteten Fenster der Schloßfront hin, hinter deren Seidenvorhängen sich ein unendlicher Zug von Gestalten zu bewegen schien, als wären die Ahnen vergangener Jahrhunderte noch einmal auferstanden, um die heimkehrende Tote zu begrüßen."*

Diese Anteilnahme der Ahnen wird Agnes in „Die Heilige …" aufnehmen. Auch den Wunsch der Fürstin, den sie lange vor ihrem Tod geäußert hatte, nicht in der Familiengruft unter der Kirche begraben zu werden. Da der Fürst ihn erfüllen wollte, ließ er in den kommenden Jahren ein Mausoleum, eine besondere Grabkapelle [46] erbauen. Sie steht auf der Höhe vor der Stadt neben dem heutigen Friedhof. Die Fürstin bekam 1905 in der Wiese unterhalb des Mausoleums ihr schlichtes Grab, wie auch die nachfolgenden fürstlichen Familienmitglieder hier ihre letzte Ruhestätte fanden.

Agnes wird im Roman Rosmarie (statt in der Braunecker Familiengruft) an einem Ort begraben lassen, wo man den Wald rauschen hört. Sie wird auf einer kleinen Insel im Park von Lindenbronn ihre Ruhestätte bekommen. Rosmarie hatte testamentarisch festgelegt, dass Harro ihr ein Grabmal aus pentelischem [47] Marmor an passender Stelle in der Natur gestalten solle. Agnes nahm ihre Beobachtung ins Buch auf, wie wichtig die Umsetzung des Wunsches der geliebten Verstorbenen für den trauernden Fürsten war. So wird der Witwer Harro in seiner ersten Trauer beflügelt, als er die ersten Ideen zum gewünschten Kunstwerk hat. Der Künstler und Bildhauer in ihm wird angesprochen. Diese sinnvolle, kreative Aufgabe lässt ihn mit seiner geliebten Rose tief verbunden sein und hilft ihm, die nächsten Schritte in Richtung Zukunft zu tun. Das war die Absicht Rosmaries, er sollte nicht in Verzweiflung verharren. Um ihren Auftrag auszuführen, muss er nach Rom reisen, um dort den pentelischen Marmor zu besorgen. Mit dieser Perspektive gelingt es Agnes, ihrem Roman einen alle Tragik überwindenden tröstlichen Schluss zugeben: den Ausblick in die nahe Zukunft. Der Leser weiß, dass es für die Hinterbliebenen weitergehen wird.

Bei den Günthers ging es nach der Beisetzung der Fürstin (vorerst in der Familiengruft) und dem Jahreswechsel fröhlich weiter. Gleich zu Beginn des neuen Jahres fand ihr Theaterabend statt. Agnes schrieb ausführlich an Emma: *„Gerhard war entzückend, aber bis er einen Fächer in der Hand halten konnte, mußte er sehr*

geschurigelt werden ... Nun nach vielen Proben konnte gestern
abend vor 17 Leuten die Sache losgehen. Es war alles sehr gut ge-
lungen, sogar der Theaterzettel. Wir mußten das Stück sofort auf
stürmisches Verlangen wiederholen, denn der Eintritt der geheim-
nisvollen Prinzessin hatte alles so konsterniert, und Erich hatte
alles so zu fortwährendem Lachen gebracht, daß unsere schönen
Verse hoffnungslos verknallt wären ... Ich weiß nicht, ob ich so gut
gespielt habe wie sonst. Jedenfalls sah ich sehr sybillenhaft aus,
mit einem wundervollen smaragdgrünen Atlasrock, schwarzem
Samtspenzer, sehr tief eckig ausgeschnitten, halblangen Ärmeln
und einem herrlichen Kopfputz. Alles Haar ganz hochgestellt, weiß
gepudert und einen wundervollen schwarzseidenen Kopfputz, aus
einem schwarzen Chiffontuch gemacht, schwarzen Perlenkragen
um den Hals. Es paßte alles zusammen. Durch das hinaufgestellte
graue Haar sah ich noch viel älter, aber ziemlich geistig aus. Auch
recht verändert. Gerhard meinte: Du siehst wie eine bedeutende
Frau auf einem Bild aus ... Die Kostüme hatte ich alle schon vo-
riges Jahr gemacht, und sie paßten noch, namentlich Erichs Fräck-
chen, das ich gleich aufs Wachsen eingerichtet hatte. Erich spielt
ja immer am besten, das tat er auch gestern ..."

Als nach der Vorführung der gemütliche Teil kam, blieben sie
alle in ihren Kostümen. Erich durfte servieren, er war und blieb in
jeder Bewegung ein Prinz. Er unterhielt alle 23 Personen, die *„eng
aneinandergepreßt"* im „Turm" saßen, mit großartigen Reden,
stand in der Mitte und *„machte seine Verbeugungen und war in
jeder seiner Bewegung der 'kleine Herr'"*. Agnes konnte sich nicht
genug über ihren Sohn wundern, wie sie ihrer Schwester schrieb.
Sie erzählte ihr auch, wie der Abend weiterging. Sie spielten Erichs
geliebtes Wortspiel „Geköpfte Wörter". Erfahrungsgemäß konnte
er hinterher nicht schlafen, da er geistig so angeregt war. Seine Patentante erfuhr: *„Dieses Spiel darf ihm leider nie oder fast nie erlaubt werden. Ein ganzes Jahr habe ich ihn nicht ein einziges Mal
spielen lassen. Nun gestern hat er sich denn gründlich ausgetobt.
Er schläft nicht vor 12 Uhr ein und hat am anderen Morgen einen
richtigen Kater, obgleich er nur unter den Punschgläsern der anderen ein großes Milchglas stehen hatte. Nun, heut hat er sich von
11 Uhr an, wo er aufwachte, recht munter befunden."*

Als Agnes diesen Brief gegen Ende der Weihnachtsferien schrieb, stand ihr der erneute Abschiedsschmerz bevor, wie sie Emma wissen ließ: *„Am Montagfrüh fährt Gerhard ab. Er ist ziemlich gebeugt darüber und rechnet mir eben die 14 Wochen aus, die es heuer bis Ostern ist. Es wird mir allemal schwer, wenn er geht, ich spür's am ganzen Leib und bin allemal wie zerschlagen."* Von dem *„netten"* Fotoapparat musste sie sich auch trennen, er gehörte Gerhard: *„Leider geht dieser Apparat am Montag ab nach Maulbronn."* Schade, dass sich Rudolf und Agnes nicht selber einen kauften. Lag es am Geld oder daran, dass sich Agnes darin geübt hatte, ihre eigenen Wünsche und Bedürfnisse zurückzustellen?

Die lange Zeit bis Ostern 1904
Nach der turbulenten Weihnachtszeit wollte sich Agnes bei den „Bleichfreunden" in Blaubeuren erholen. Außerdem würde sie sich so vom Trennungsweh um Gerhard ablenken. Nur konnte sie erst verreisen, wenn er ihren Koffer zurückgeschickt hätte. Deshalb schrieb sie ihm: *„Lieber Gerhard! Hoffentlich hast du meinen Wunsch erfüllt und den Koffer abgesandt, ich rüste mich eben zu meiner Blaubeurener Reise ..."* Dieser kühle Briefanfang verblüfft ein wenig und hatte einen Grund: Gerhard hatte im ersten Brief nach den Weihnachtsferien seine Beteiligung an einer Schlägerei beichten müssen. Sein Hut, den er zur Konfirmation im vergangenen Jahr bekommen hatte, war dabei „draufgegangen". Deshalb schrieb ihm Agnes, ihr wäre es lieber, er würde sich nicht herumbalgen, *„du olle unreputierliche Prinzessin von Langenburg"*. Sie fügte hinzu: *„Papa meint auch, damit solltet Ihr jetzt aufhören, sonst geschehe noch etwas, was Euch nachher recht unliebsam sein würde!"* Sie wollte ihm zwar in Blaubeuren einen neuen Hut kaufen, aber wenn der *„wieder im Faustkampf untergehen"* sollte, *„werde ich mich weigern, einen neuen zu beschaffen"*.

Agnes musste lernen, mit einem „halbstarken" Sohn umzugehen, was ihr, die mit Schwestern und einem lieben kleinen Bruder aufgewachsen war, eigentlich fremd war. Rudolf erklärte ihr, dass diese Phase der „Froschstil" sei. „Frösche" nannte man in Maulbronn die jüngsten *„Seminärler"* und er meinte, es sei, ein *„wohl unvermeidlicher Durchgangspunkt"*.

Auch Erich hatte altersbedingte Eigenheiten. Rudolf berichtet in einem Brief: *„Erich geht es wohl, er macht seine Aufgaben ordentlich, ein wenig bringe ich ihn an die Luft, abends wird er unter dem üblichen Gepolter und Handgriffen zu Bett gebracht, wenn er nicht Schwester Luise, die um die Nachtessenszeit nach ihm sieht, gewinnt, daß sie ihn mit einer Geschichte zu Bett bringen darf.“*

Agnes hatte sich schon in Langenburg körperlich unwohl gefühlt, sie hatte deshalb gehofft, sich in Blaubeuren zu erholen. Doch nun litt sie auch hier unter starkem Kopfweh. Am Vorabend ihrer Abreise hatte sie noch ihren Missionsverein geleitet und einen Versuchsvorführabend in Elektrizität gehalten. Sie hatte sich im Vorfeld vom Stadtvikar alles zeigen lassen, damit sie den Mädchen erklären konnte, wie Elektrizität funktioniert. Sie schrieb Gerhard: *„Ich bin bei der Vorführung vor den Mädchen doch jämmerlich stecken geblieben, weil ich die Elektrode dann an den falschen Platz aufgehängt habe ...“* Sie hatte wohl Plus- und Minuspol verwechselt und ein Mädchen musste schnell zum Stadtvikar hinüber, damit er es noch einmal zeigte. *„Dann ging es aber famos, und der elektrische Funke lief durch alle 28 hindurch, daß es ein Staat war.“* Wir sehen, womit sich der Missionsverein alles beschäftigte.

In den veröffentlichen Briefen, die Rudolf in dieser Zeit an Agnes nach Blaubeuren schrieb, lernen wir ihn als aufmerksamen, großzügigen und mitteilsamen, aber auch zerstreuten Ehemann kennen: So wollte er ihr für die starken Kopfschmerzen ein Pulver schicken, nur hatte er das Rezept verlegt. *„Infolgedessen habe ich viel Aktenkram durchstöbert, ob mir's nicht da hineingeraten sei, endlich, wie ich den überlebenden Steinschen Zwilling taufen ging, fand ich das tückische Objekt zufällig im Schlafzimmer. Ich hoffe, Du brauchst das Pulver bei seiner Ankunft nicht mehr.“*

Schon öfter war Geld, das ihm der Postmann gebracht hatte, unter seinen Papieren verschwunden und irgendwann zur großen Freude wieder zum Vorschein gekommen. Dann rollten einem Geldstücke entgegen und Geldscheine flatterten hinunter. Das berichtet später Margarete Ehrle in ihrer schriftlichen Erinnerung an die Günthers.[48]

Rudolf war großzügig und wollte es Agnes überlassen, wann sie heimkäme: *„Wenn Dir das Ausruhen, wie ich wohl glaube, so bekommt, so hast Du von mir aus Freiheit, Deinen Aufenthalt in Blau-*

beuren über die besprochene Zeit hinaus zu verlängern. Nament-
lich ist auch der zeitige Bettgang für Dich gut, von dem Du durch
mein schlechtes Beispiel zuhaus Dich abhalten läßt."

Auch war Rudolf beschäftigt. Er bereitete sich auf einen Vortrag zum Thema „Das Leben nach dem Tode" vor. Ein wenig fehlte
ihm Agnes dabei, sie konnte ihm diesmal nicht „*als Phantom bei*
der Vorbereitung und als Stützpunkt bei der Ausführung dienen".
Dies schrieb er ihr und fügte hinzu: „*Genieße dafür recht die wohl-*
tätige Atmosphäre der Bleiche, das ist ja auch besser." Er schätzte
seine Frau als Beraterin, denn sie konnte ihm das richtige Feed-
back geben, ob seine Ausführungen verständlich waren oder „ab-
gehoben". Rudolf vertiefte seinen Vortrag in den nächsten Tagen.
Er schrieb, dass es zu diesem Thema keine Bücher gebe, „*sondern*
man ist auf seine Gedanken angewiesen, die man sich immer schon
gemacht hat. Leider sind es wenige, welche die Ehrfurcht vor dem
Geheimnis kennen, so werde ich viele enttäuschen."

Rudolf konnte ihr zu „kirchlichen Bauvorhaben" Neues mitteilen, leider nicht das Dekanatshaus betreffend, worauf sie schon so
lange warteten. Es ging um die Stadtkirche: Dieser Tage sei ein
Gutachten über deren baulichen Zustand gekommen. Es stehe fest,
dass die baulichen Arbeiten „*heuer gemacht werden".* Rudolf war
sich klar, dass dies für ihn eine weitere Belastung sein würde. Er
schrieb: „*Als Privatmensch sehne ich mich nicht nach dem Bauen,*
schon um des Raubs an meiner Zeit willen."

Agnes war inzwischen bald zwei Wochen in Blaubeuren. Rudolf riet ihr, noch länger zu bleiben und sich richtig zu erholen,
damit sie etwas von ihrem Aufenthalt habe. Sie könnten daheim
noch etwas warten. Er fand klare Worte. „*Du bist ja hier so sehr*
einsam ohne weibliches Echo, daß dieser Wechsel geradezu eine
seelische Notwendigkeit ist." Weiter schrieb Rudolf selbstkritisch:
„*Ich weiß von mir selbst, wie sehr sich das eigentliche Leben in*
dieser Einsamkeit immer mehr von der Oberfläche zurückzieht und
in der Tiefe sich einkapselt." Das sollte Agnes nicht tun müssen!
„*Also komm oder bleibe nach Deinen Wünschen. Ich möchte, daß*
Du froh und zufrieden bist."

Nun berichtete er in seinem Brief, dass er mit seinem Vortrags-
abend zufrieden sein konnte: „*sehr stark besucht, gute Gesänge,*

animierte Stimmung ". Er wusste jedoch nicht, wie weit es ihm gelungen war, *„für die Mehrzahl gut verständlich zu sein ".*

Als Agnes wieder zu Hause war, schien ihr Gerhard nicht mehr so zu fehlen. Sie lebte zufrieden in ihrem Alltag und berichtete in ihren Briefen an Gerhard alles, was es von zu Hause zu erzählen gab: Der Entwurf für das Kirchengesangbuch war immer noch nicht fertig, obwohl Schwester Luise eifrig mithalf. *„Schwester Luise schreibt noch immer – o wenn die Lieder einmal alle geschrieben sind! Ich feiere ein Freudenfest!"* Das war Mitte Februar. In dieser Zeit studierte Agnes Gartenbücher und schien voller Tatendrang zu sein: *„In 14 Tagen geht's los. Ich freue mich riesig, ich will alles aus Samen ziehen. Soll ich amerikanische großfruchtige Brombeeren ziehen?"* Sie schrieb, das Hausmädchen Luise backe Fastnachtskrapfen in schwimmendem Fett aus, sodass es im ganzen Haus köstlich rieche, auch dass Erich und seine Freunde sich draußen mit Schneebällen bewarfen. Ein andermal hieß es: *„Wir haben alle etwas Katarrh, aber sind sonst munter; die Vögel belagern uns, fast ganz Langenburg steckt im Schlamm."* Dann machte Agnes einen fragwürdigen weltpolitischen Schwenker: *„Ihr werdet das Schicksal der Russen und Japaner auch mit Interesse verfolgen, ich glaube, es ist recht gut für uns, wenn den Russen ein wenig Blut abgezapft wird, die Gelben mit ihrem unausstehlichen Dünkel liebe ich auch nicht."*

Diesmal war sie nicht mitfühlend wie beim Burenkrieg. Sie las nur mit Interesse, was man an Informationen aus der Zeitung mitbekam. Ihre Aussagen müssen uns heute verwundern.

Endlich hatten sie die lange Zeit bis Ostern geschafft. Am 3. und 4. April war dieses Jahr (1904) das Osterfest. Gerhard war wieder zu Hause und alle konnten glücklich sein. In diesem Jahr hatte Agnes selber die Osternester gerichtet, zwei Jahre lang hatte es ihre Mutter getan. Großmama Breuning war wieder bei Alice, deren große Familie sich etwa in einem Monat weiter vergrößern würde. – Doch dann kam eine unerwartete Todesnachricht aus Lichterfelde. Der fünfjährige Josua Lepsius [49], Margarethes und Johannes' jüngster Sohn, war in der Woche nach Ostern gestorben. (Das kommt aber nirgends in den Erinnerungsbüchern zur Sprache.)

April 1904 – Juli 1904: „Liebster Gérard!"

Beim vierzehnjährigen Gerhard war die ruppige Zeit anscheinend vorbei; der Frühling brachte eine neue Phase. Gerhard dichtete, schrieb ein Epos und schickte den ersten Teil des Werkes an seine Mutter, die seine „jünglingshaften Ergüsse" mit dem Titel „Dichterfreuden" liebevoll las. *„Ich habe sie auch gleich verborgen, denn das ist natürlich unser Geheimnis!"*, schrieb sie ihm am 20. April 1904. Er hatte sie gebeten, ihm zu helfen, für sein *„holdes Traummädchen"* in seinen „Dichterfreuden" einen passenden Namen zu finden. Agnes schrieb ihm ihre Gedanken zur Macht der Dichter: *„... es ist zu herrlich, wenn man den Gegenstand nach Belieben umbringen und wieder ins Leben rufen kann"*, und dass der Dichter seinen erfundenen Gestalten *„alle Vorzüge innerlich und äußerlich"* andichten könne. Sie fragte ihn, ob er sich erinnere an *„jene Prinzessin von Langenburg, deren Kinderschicksale wir allemal im Park ausgesponnen haben. Sie hieß Lilian ..."*

Gerhard Günther hielt in seinem Erinnerungsbuch fest, dies war *„die erste schriftliche Erwähnung der Prinzessinnengestalt, die später in dem Roman im Mittelpunkt stand"*.

Mutter und Sohn hatten einen neuen Zugang zueinander gefunden, begegneten sich auf der gemeinsamen Ebene der Dichtung. Seit diesem „allerschönsten Mai" sprach sie ihn in ihren Briefen öfter als *„Liebster Gérard!"* an. Nachdem er ihr seine „Lebenserinnerungen" geschickt hatte, meinte sie, es gehöre unbedingt dazu, wie er als kleiner Junge, zu Tränen gerührt war, *„wenn Genoveva* (ihm) *zuwinkte von ihrer Hirschkuh herunter und sagte: auch Du hast um mein Schicksal geweint! Dies war allemal der Glanzpunkt."* Hat nicht später mancher Leser – vor allem manche Leserin – von Agnes' Roman nicht auch um Rosmaries Schicksal geweint?

Gerade in diesem „allerschönsten Mai" litt Agnes wieder unter einer fiebrigen Erkältung. Oder war es eine Bronchitis, ein Lungenkatarrh? Als Kranke schrieb sie an Gerhard: *„Jetzt hast Du bestimmt schon Maiglöckchen gefunden, Du Glücklicher! Du darfst doch hinaus ins Grüne, ich muß immer herumliegen, weil ich immer noch Fieber habe."* Es kam sie hart an, nicht im Garten arbeiten zu können: *„Ich bin auch immer unten, nur leider ist es* *manchmal eine Qual, wenn ich nichts tun kann und doch etwas tue, denn alles schreit ja da immer um Hilfe.* " Der Magnolienbaum in Maulbronn blühte und Gerhard schrieb davon. Ein Magnolienbaum, für Agnes *„ein steter Wunsch von mir – vielleicht krieg ich auch einmal einen, auch ein kleiner ist schon schön, aber erst ein großer! Ich möchte den Eurigen wohl auch in Blüte sehen."* An Reisen war jedoch nicht zu denken. Nicht einmal in den Wald konnte Agnes gehen: *„Im Wald war ich jetzt kein einziges Mal in seiner schönsten Zeit ..."* Aber sie erfreute sich am Kreuth-Garten: *„Im Garten ist's jetzt wunderbar, namentlich Popps Garten ist so schön mit seinen blühenden Äpfelbäumen in dem tiefen Gras voll goldener Blumensterne. Unser Apfelbaum steht da wie eine Braut."*

Diesmal war nicht nur Agnes krank. Rudolf fühlte sich ebenso nicht gut: *„Papa ist gar nicht wohl, schläft schlecht und hat nervöse Herzbeklemmungen. Er sollte sich erholen können, aber man darf nichts zu ihm sagen, es regt ihn nur auf, und er tät's doch nicht. Das ist ein Jammer",* klagte sie in einem Brief an den Sohn. War Rudolf nur überarbeitet oder hatte sein Befinden mit dem kürzlich Erlebten zu tun? *„Papa war letzten Sonntag in der Holderbachklinge bei einem schrecklichen Gewitter, wir alle standen erwartungsvoll und schreckensbleich am Fenster, auf einmal sah man den langen Stadtvikar wie einen Hasen herumhüpfen, und richtig, hinten kam ganz gemächlich der Papa, dem alles gerührt in die Arme stürzte; 100 m von ihnen habe es eingeschlagen."*

Inzwischen werden sie die Nachricht von der Geburt der kleinen Veronika Lepsius erhalten haben, die am 5.5.1904 geboren wurde.

Agnes konnte, als es ihr wieder besser ging, in der Pfingstzeit ihre Freundin, Frau Pfarrer Betz, besuchen. Zusammen studierten sie die Landkarte, um Gerhards Klassenfahrt zu verfolgen, die ein paar Tage ins Elsaß ging. Frau Pf. Betz kannte sich dort aus. Sie waren auch in frauliche Gespräche vertieft, denn Frau Pf. Betz erwartete ihr zweites Baby, das im August zur Welt kommen sollte.

Rudolf hatte jede Menge Termine, alle Sonntage waren verplant. Er stand mit Pfarrer Betz brieflich in Kontakt. In seinem Brief vom 20. Mai 1904 ging es wieder einmal um die Verabredung einer turnusmäßigen Visitation: Vorerst war für Herrentierbach noch kein

Termin frei. Am „*29. d. Mts*" war in Ruppertshofen Investitur, am 5. Juni in Lendsiedel und der 12. Juni war mit Dünsbach belegt, deshalb käme der 19. Juni infrage: „*Sollte der 19. Juni nicht gelegen sein, so wäre ein Tausch mit Dünsbach möglich.*" Nun fragte Rudolf beim Kollegen an, wie er bei der gemeinsam geplanten literarischen Arbeit vorgehe: „*Wir sollten die Thesen bis Ende Juni möglichst ausgeben oder doch in Druck geben können.*" Er fragte weiter, ob er „*Tolstoi und Nietzsche oder nur einen von beiden nehmen*" wolle. Behutsam folgten private Fragen: „*Gelegentlich hörten wir, daß Frau Pfarrer nicht recht wohl sei, was hoffentlich nun vorüber ist ...*" Auch fragte er, ob sie zur Einladung von Schnizers in Kirchberg kämen: „*Sehen wir Sie vielleicht in Kirchberg? Mit Laterne?*"

Der besagte Ausflug, so erfahren wir später aus einem Brief von Agnes, „*war gründlich verregnet*", aber „*es war aber doch recht schön in Kirchberg*". Unter diesen Brief an Gerhard, der nun von seiner Klassenfahrt zurück war, schrieb Rudolf drei Sätze: „*Einen Gruß von Papa. Hoffentlich ist Eure Reise wenigstens im ganzen gelungen. Das nächste Schöne ist dann ein Besuch von Mama.*"

Dieser angekündete Besuch sollte nicht stattfinden. Alles kam anders. Agnes war inzwischen von Alice gefragt worden, ob sie für die kleine Veronika die Patenschaft übernehmen wolle und zur Taufe käme. Sie wurde für die Ferien zu ihnen nach Groß-Lichterfelde (Berlin) eingeladen. Seltsamerweise kam zur selben Zeit auch für Gerhard eine überraschende Einladung: Rudolfs Bruder lud ihn ebenfalls nach Berlin ein und zu einem anschließenden gemeinsamen Familienurlaub im Sommerhaus an der Ostsee. Gerhard wurde im Brief der Mutter die neue Situation mitgeteilt: „*Und nun kommt das Wichtigste, Merkwürdige! Nach Maulbronn komme ich nicht mehr, liebe Seele, aber heute habe ich mit Papa gesprochen, und hat mir den Auftrag gegeben, daß ich Dir sagen soll – nun denkt der Gerhard, kommt's endlich –, daß Du Deine alte Mama in Berlin treffen wirst. Wenn alles gut geht, und so wie wir hoffen und uns nichts mehr dazwischenkommt. Was sagst Du nun, alter Seelenbottel! Ist das nicht großartig! Papa war so rührend gut und hat es mir so schön erlaubt. – Wenn wir auch keine Luise* (Hausmädchen) *haben, die ist heute morgen fort zur Erholung, ob sie wiederkommt, das wissen die Götter. "*

Am Ende des Briefes an Alice, in dem sie zusagte, erwähnte Agnes, wie sie die inzwischen immer häufigeren Autos störten: *„Gegenwärtig beleben die Automobile mehr als angenehm die Gegend. Glücklicherweise sind wir noch keinem zu Wagen begegnet, die Pferde sind's eben noch nicht gewöhnt. "*

Automobile und eine skandalöse Liebesgeschichte

Die Langenburger sahen besonders häufig einen ganz bestimmten Automobilisten spazieren fahren. Es war der Großfürst Kyrill, der jüngere Bruder des Zaren, der sich bei seiner Cousine, Erbprinzessin Alexandra zu Hohenlohe-Langenburg, geb. Prinzessin von Sachsen-Coburg und Gotha, und deren Mann, Erbprinz Ernst II. von Hohenlohe-Langenburg, einquartiert hatte. Seine Gastgeber waren meistens nicht zu Hause, sondern entweder in Straßburg oder in Coburg (bis 1905), da Ernst II. dort das Herzogtum seines noch unmündigen Schwagers verwaltete. Nur die geschiedene Schwester der Erbprinzessin war mit Kyrill im Langenburger Schloss – beide waren ein Liebespaar, der Skandal war riesengroß.

Rudolf und Agnes nahmen an dieser Geschichte Anteil. Denn die Bürger von Langeburg und somit auch Günthers erlebten die große europäische Geschichte der Fürstenhäuser direkt mit.

Die Schwester der Erbprinzessin war Großherzogin Viktoria Milita von Hessen, gleich alt wie ihr Cousin, Großfürst Kyrill. Bereits mit 15 hatten sie sich am Zarenhof kenngelernt und waren sich nahegekommen. Eine Ehe wurde jedoch von Viktorias Mutter ausgeschlossen. Später wünschte sich ihre Großmutter Queen Viktoria, dass Viktoria Milita ihren anderen Enkel, Erbprinz Ernst Ludwig von Hessen-Darmstadt, heiraten sollte. Eigentlich wollten beide nicht. Doch sie konnten sich gegen den Wunsch der Großmutter nicht durchsetzen und willigten schließlich ein. Sie wurden die Eltern des „hessischen Prinzesschens", das Agnes und Gerhard so mochten und das im Herbst 1903 auf seiner Heimreise vom Zarenhof in Polen an Typhus verstorben war. Sie war nur 8 geworden.

Die Ehe ihrer Eltern war im Grunde beendet, als das zweite Kind, ein Sohn, tot geboren wurde. Viktoria Milita und ihr Mann lebten seither getrennt. Kyrill wurde von Zarin Alix zum Schuldigen am Scheitern der Ehe erklärt und deshalb in den Japanisch-Russischen Krieg geschickt, von wo er jedoch als gefeierter Held zurückkehrte. Nun lebte er in „Verbannung" in Deutschland – zusammen mit seiner großen Liebe, Viktoria Milita.

Die Langenburger erlebten dieses späte Glück mit, manche waren schockiert. Agnes schrieb an Alice: *„Kyrill, der ein sehr schöner Mensch ist, gondelt fleißig und meistens allein mit seiner Großherzogin herum. Fräulein Speyer ist vor dem shocking Anblick nach Stuttgart geflohen. Ich finde auch, daß sie dadrinnen etwas sehr 'nach dem Gefühl' leben. Unserer Fürstin hätte es auch nicht gefallen. Hier sagt man nur das 'Liebespaar'. Netter ist's für den Kyrill schon in Langenburg als in dem ungemütlichen Port Arthur ..."*

Später schrieb Rudolf (August 1904): *„Im Schloß ist alles leer. Die Aktien der Kyrilla sind gestiegen, doch hat ihre Liebe so viele Gegner, daß die Erreichung des Ziels auch jetzt noch unsicher ist."*

Gerhard berichtet: *„Meine Mutter beschrieb den Großfürsten*[50] *als einen ungewöhnlich schönen Mann; er habe ausgesehen 'wie ein griechischer Gott' und sei in einem Auto gefahren, das nicht nach üblicher Weise geknallt und gestunken habe, sondern leise wie ein schwarzer Schwan über die Straßen geglitten sei."*

Ein fürstliches Automobil baute Agnes auch in ihr Buch ein: Der Fürst, Rosmaries Vater, möchte seine Frau mit der Anschaffung eines Autos überraschen und bespricht dies mit dem jüngsten Bruder der Fürstin. Dieser ist das „schwarze Schaf" der Familie – wobei man an Agnes' Bruder denken kann. *„Er ist ein leichtsinniges Huhn, und seine Familie ist so ziemlich fertig mit ihm. Es bleibt ihm vermutlich doch nur USA ..."* Das fürstliche Automobil ist im Roman wichtig als Rettungsfahrzeug, um die vom Schuss getroffene Rosemarie nach Hause zu fahren. Die ärztliche Hilfe wird auch per Automobil geholt: *„Später muß der Würzburger Professor, die medizinische Kapazität, vom Schnellzug abgeholt werden: 'Mit dieser Teufelskutsche ist alles möglich. Etwas Lebendiges, was zum Glück auf vier Füßen ging, haben wir schon unter uns gebracht. Nein, wir geben nicht alle Hoffnung auf, Herr Graf.'"*

Erstes Foto
von Agnes
Breuning
(> S. 19).

Porträt
als Schul-
mädchen,
7 Jahre alt
(> S. 23).

I

Agnes
Breuning
als Kon-
firmandin
(> S. 35).

Die „eman-
zipierte"
Agnes
Breuning
(> S. 47).

II

Agnes
Breuning
als junge
Braut mit
23 Jahren
(> S. 53).

Agnes
Breunings
Bräutigam,
Lic. Rudolf
Günther
(> S. 54).

III

Agnes
Günther
als junge
Pfarrfrau
und Mutter,
Blaubeuren
(> S. 83).

Agnes
Günther,
die junge
„Frau
Dekan"
(> S. 96).

IV

Agnes
Günther
40-jährig
in Langen-
burg
(> S. 192).

Spätes Bild
von Agnes
Günther in
Marburg
mit etwa
47 Jahren
(>S. 357/419).

Spätes Bild
von Agnes
Günther in
Marburg,
vergrößer-
ter Aus-
schnitt
(> S. 357/426).

Lic. Rudolf
Günther
(Ehemann),
etwa 1907.

VI

Hermann
Breuning,
jung (Vater
von Agnes
Günther).

Hermann
Breuning,
Anfang 30,
nach dem
Reitunfall
(Gemälde).

Mutter
Mary Ann
Breuning
(Gemälde).

Toten-
maske der
Mutter
Mary Ann
Breuning
(gestorben
im Februar
1909).

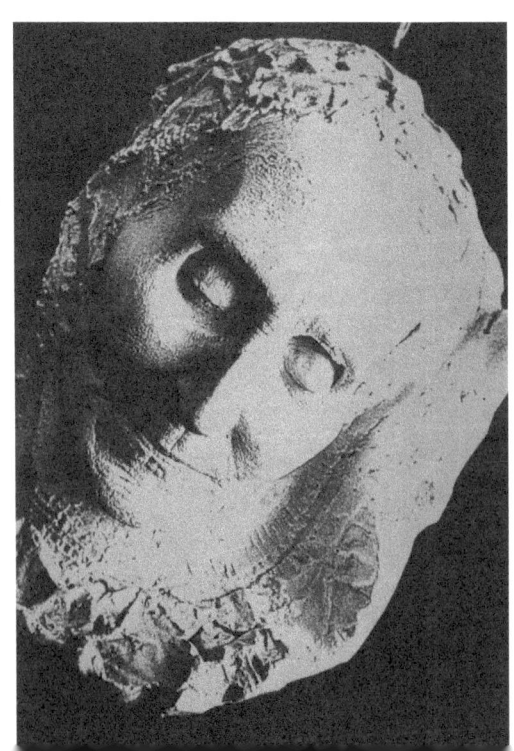

VIII

Gerhard
Günther
(Sohn)
und Mia
(Maria)
Hensel –
Theater-
spiel im
Herbst
1909.

Verlo-
bungs-
bild von
Gerhard
Günther
und Mia
Hensel
(1912).

IX

1. Ausgabe des Romans (1913) in zwei Bänden.

Manu-skriptseite, Kapitel „Der Lilientag" in dem Roman „Die Heilige und ihr Narr".

X

Freund Pfarrer Wilhelm Betz, Herrentierbach.

Agnes Günthers Aquarell „La France Rosen" hängt noch heute im Rathaus von Langenburg.

Die „Göttin Concordia", seit 1863 auf dem Stuttgarter Schlossplatz.

Wohnung der Familie Breuning im 1. und 2. Stock Reinsburgstraße/Herrmanstr., von hier aus fand die Beerdigung des Vaters Hermann Breuning statt.

Evangelisches Pfarrhaus Blaubeuren vom Kirchplatz gesehen, erste Pfarrstelle (1887–91).

Märchenhaftes-Schloss Langenburg mit der daran anschließenden Stadt.

Langen-
burger
Marktplatz
im Fest-
schmuck
1887.

Blick zum
Träumen,
wie ihn
Agnes
Günther
in Langen-
burg hatte.

Schloss
Langenburg
(Fürsten-
schloss
Brauneck)
mit Rosen-
girlanden.

„Journal de Bordighera", Liste der Ausländer, „Frau Dekan Agnes Günther, Langenburg", ist aufgelistet.

Blick ins Jagsttal und nach Bächlingen bei Agnes Günthers Freiluftkur im Kreuth-Garten.

Morstein (Schloss Thorstein oder „das Goldhaus").

XIV

Burg Tier-
berg im
Herbst
(Schloss
Schweigen).

Herrentier-
bach, hier
schrieb
Agnes
Günther im
Pfarrhaus
(großes
Gebäude
in der
Bildmitte).

Das ehe-
malige
Pfarrhaus
von
Herrentier-
bach, hier
schrieb
Agnes
Günther
ihren
Roman.

Marburg, Barfüßertor 25, Haustür, hier ging Agnes Günther ein und aus.

Früheres Sanatorium „Concordia" in Davos.

Grab von Agnes und Rudolf Günther in Marburg.

10. Reisen und den Roman entwickeln: August 1904 – Winter 1904

Sommerreise 1904 – Groß-Lichterfelde und Magdeburg

Gerhard reiste direkt von Maulbronn nach Berlin, dann weiter an die Ostsee. Agnes fuhr Anfang August nach Lichterfelde und verbrachte fast einen Monat bei Alice und ihrer Familie in der Zehlendorferstaße 16 (heute Finckensteinallee), eine schöne freistehende Villa ohne die DOM mit den verschiedenen Mitarbeitern. Man hatte das Privatleben und die DOM etwas getrennt, für diese war eine Wohnung im stattlichen Haus Ringstraße 50 angemietet worden.

Fast vier Jahre hatten sich die Schwestern nicht gesehen! Alice und Mama waren bei der Begrüßung von der Kinderschar umgeben, alle waren herangewachsen. Agnes wollte keinen mit ihrer Erkältung anstecken, besonders die 3-jährige Gitta und das Baby nicht.

Rudolfs Antwort auf Agnes' ersten Brief aus Groß-Lichterfelde zeigt Verständnis: *„Daß Du die Anstrengungen der Reise leidlich überstanden hast, ist mir sehr lieb, möchte Dir die nötige Ruhe nun gut tun und den Katarrh zum Stillstand bringen. Hier hättest Du diese Ruhe nicht gefunden."* Dabei erfuhr sie, dass es Rudolf und Erich gut ging. Zum Glück für Erich war in der Nachbarschaft ein junges Mädchen zu Besuch und kam oft ins Dekanat. Rudolf schrieb: *„ … Erich besonders ist durch Besuche der Heilbronner Eugenie, die einen Bruder in seinem Alter hat, sehr beglückt. Sie gibt sich nett mit ihm ab und hält meist abends mit ihm sein Abendgespräch."* Ohne sie wären Erichs Sommerferien trist gewesen, da sein Freund Hermann bei Verwandten war. Rudolf ließ Agnes wissen, dass Luise bald wiederkäme. *„Wir freuen uns mäßig darauf. Es ist, solange Erich und ich nicht allein am Tisch sitzen, lange nicht so einsam und still."* Bis dahin kochte Schwester Luise für sie: *„Wir bekommen im allgemeinen gut zu essen, was freilich Schwester Luise viel Nachdenken verursacht. Es kommen auch Unglücksfälle vor."* Wenn auch nicht jedes Essen glückte, sorgte die Diakonisse für beide und leistete ihnen sonntags Gesellschaft. Zu dritt hatten sie einen großen Waldspaziergang gemacht, *„von dem freilich Erich noch gründlich müde"* wurde. Agnes war nun im Bilde, dass sie es daheim zu zweit gut meisterten. Rudolfs Briefschluss lautete: *„Grüße Mama und die Geschwister, sei sehr zur Ruhe ermahnt und vielmal gegrüßt. Rudolf."*

„Sehr zur Ruhe ermahnt." Das konnte Agnes jetzt sogar umsetzen. Sie erholte sich trotz der großen Familie. Mama und Alice hatten mit Hilfe der großen Töchter – vor allem Renate und Lore – alles gut im Griff. An ihrem kleinen Patenkind Veronika konnte sie sich erfreuen und das Leben im gemütlichen Haus inmitten grüner Gärten genießen. In der „lichtvollen Villenvorstadt" nahe der Millionenstadt konnte man „lustwandeln", die Parks genießen und sich in die Restauration oder in die Badeanstalt begeben. Bei der Sommerhitze waren die adeligen Herrschaften, die sich in der Nähe der großen Kadettenanstalt angesiedelt hatten, kaum auszumachen. Sie schienen alle verreist zu sein, vielleicht an die Ostsee wie Gerhard.

Agnes genoss die Zeit, die sie nun mit Alice und der Mutter zusammen sein konnte. Es gab viel, worüber sie sich austauschen konnten. Agnes wird vielleicht zum ersten Mal von ihrem Plan erzählt haben, einen Roman zu schreiben, der in Langenburg und Umgebung spielt. Umgekehrt wird ihr Alice erzählt haben, wie es vor drei Jahren in der DOM Streit gab: Die Freunde und Mitträger der DOM wollten die Teppichmanufaktur, die Johannes von Friesdorf nach Ufra transferiert hatte, um den Armeniern einen Broterwerb zu ermöglichen, nicht mehr mittragen. Ihnen war die Produktion zu teuer und zu risikoreich geworden. Die DOM verschuldete sich immer weiter. Doch wenn man die Fabrikation eingestellt hätte, wäre den Armeniern die Arbeit und Lebensgrundlage genommen worden. So entschied sich Johannes, der DOM eine Riesensumme aus seinem Privatvermögen in bar zu zahlen. Jetzt gehörte die Manufaktur ihm, die Produktion lief auf sein Risiko. Aber die Gewinne gehörten auch ihm und blieben in der Firma.

Agnes erlebte, wie Johannes mit seinen Kindern lebte, dass er Alice wirklich liebte und wie wohl sich ihre Mama hier fühlte. Ihr selber ging es auch so, sie wurde durch viele interessante Gespräche, durch die ganze Atmosphäre im Haus geistig angeregt. Alice war sehr mütterlich, dabei aber tatkräftig und bestimmt. Dass sie Johannes geheiratet hatte, wunderte Agnes nicht mehr. Auch sie schätzte ihn zunehmend. Die Gespräche mit ihm waren tiefgründig und vielseitig. Sie war ihm vor allem dankbar, weil er ihr einen

Theaterbesuch ermöglichte: Das „Nachtasyl" von Maxim Gorki, ein russischer Dichter, der mit diesem Stück in aller Munde war.

„Nachtasyl" stand im Sommer 1904 schon seit eineinhalb Jahren auf dem Spielplan. Die Theaterbesucher bekamen Einblicke in ein unbekanntes, finsteres russisches Milieu, aber auch in die Seelen der verschiedenen Charaktere. Die hervorragenden Schauspieler: Max Reinhardt, Richard Vallentin – gleichzeitig der Regisseur – und Eduard von Winterstein begeisterten. Auch die Frauenrollen waren bestens besetzt. Es war ein Theaterstück, das aufrüttelte.

Für Agnes war neben der Handlung die szenische und schauspielerische Umsetzung der Emotionen interessant. Das Gefühl der Eifersucht wurde in der Übersteigerung gut gezeigt: Brennend heiße Eifersucht will verbrennen, will Verbrennungen zufügen. So fügt die Wirtin im Stück ihrer vermeintlichen Rivalin Verbrennungen zu, verbrüht ihre schöne, gute und glückliche Schwester.

Kam es Agnes hier in den Sinn, dies in ihrem Langenburger/ Prinzessinen-Roman aufzugreifen? Wir finden dieses Motiv in der „Heiligen" wieder: Am Morgen des Verlobungsfestes wird die neidische und eifersüchtige – im Grunde unglückliche und mit ihrem Leben unzufriedene – Stiefmutter die glückliche junge Braut mit kochend heißem Wasser aus der Teemaschine verbrühen.

Agnes spürte Johannes gegenüber große Dankbarkeit. Durch den Theaterbesuch ermöglichte er ihr diese lehrreiche Erfahrung! Jetzt konnte sie sich an eine größere Inszenierung bei ihrer Winteraufführung in Langenburg wagen.

Auch wenn Agnes Rudolf alles ausführlich schreiben wollte – sie kam nicht dazu. Er schrieb ihr deswegen: *„Gestern kam Deine recht erwartete Nachricht."* In seinem nächsten Brief vom 15. August 1904, der nach Erichs Eidechsenpostkarte kam, stand: *„Wir hatten allerdings auf weitere Nachricht gewartet, doch begnügen wir uns auch mit einer Karte oder einem kurzen Brief, da Deine Zeit ja sonst so ausgefüllt ist und Du im übrigen doch auch ruhen sollst."* Doch war die Zeit schnell vergangen: *„Nun sind bald 14 Tage hingegangen! Wie schnell das geht!"* Ihren letzten langen Brief hatte Rudolf gern gelesen, doch meinte er, es wäre auch recht, wenn sie sich *„noch etwas fürs Mündliche"* aufsparen würde. *„Dein Brief kam nach der Kirche, ich mußte ihn Erich vorlesen."*

Wollte er sie zur Mäßigung ermahnen, wenn ihre Begeisterung auf dem Papier Ausdruck fand, doch Erich nicht alles wissen sollte?

Erich war mit dem Vater lange allein und sie unternahmen etwas zu zweit: *„Wir gingen wieder wie neulich in das Waldhaus und erfrischten uns durch Obst und Eisbonbons. Für Erich hatte der Spaziergang einen besonderen Reiz, da sich uns ein Langenburger Ami (Foxterrier) anschloß."* Wieder schrieb Rudolf, dass Erich *„an Eugenie einen Herzenstrost"* hatte, sie käme *„zum Zorn der L. (Luise) öfters zu ihm zu einem Abendgespräch".* Luise, das ruppige Hausmädchen, hatte ihre Arbeit wieder aufgenommen, führte wieder Regiment. Agnes konnte es dagegen genießen, von freundlichen Menschen umgeben zu sein. Rudolf riet ihr für die Zeit, die sie mit Gerhard bald gemeinsam in Berlin sein würde: *„Übereile auch mit der Rückkehr nicht, auf ein paar Tage kommt's ja nicht an, und genießt jetzt was und wie ihr könnt. Also richte Dich zum besten ein."*

Inzwischen war die kleine Veronika am 14. August getauft worden. Rudolf schrieb am Ende seines Briefes: *„Sag überall meine Grüße, zur Taufe noch meine Wünsche."* Gleich in den Tagen nach der Taufe kam der braungebrannte Gerhard nach Lichterfelde, wo er seine Mutter wohlauf und glücklich in der Familie Lepsius antraf. Gerhard Günther schreibt in seinem Erinnerungsbuch: *„ ... und ich befand mich plötzlich in einem ganzen Kreis hübscher und anmutiger Mädchen, die mit mir ganz vertraut umgingen, weil ich doch ihr Vetter sei."* Interessant war, dass beide Brüder zur gleichen Zeit – Erich zu Hause und Gerhard in Lichterfelde – den für sie ungewohnten freundlichen Umgang mit Mädchen erlebten.

„Das Befinden von Frau Pfarrer läßt zu wünschen übrig"

In diese glückliche Zeit kam Rudolfs Brief vom 18. August 1904 mit beunruhigenden Nachrichten. Frau Pfarrer Betz hatte am 12. August eine Tochter auf die Welt gebracht. Bei der Geburt war alles gut gegangen, doch dann begannen die Probleme: *„Herr Pfarrer Betz hat mich auf eine Stunde besucht, das Kind wiegt 8½ Pfund, erträgt aber seine Nahrung nicht gut. Das Befinden von Frau Pfarrer läßt zu wünschen übrig. Am Montag (4. Tag nach der Geburt) hatte sie hohes Fieber, am folgenden Tag war es zurückgegangen, heute weiß ich noch nichts."* Rudolf war besorgt und berichtete, wie er versuchte zu helfen: *„Ich habe Herrn Pfarrer aber gesagt, daß, wenn das Fieber nicht sofort weicht, er einen zweiten Arzt zuziehen soll, habe ihm auch das noch ausdrücklich geschrieben."* Er befürchtete, dass Pf. Betz die Lungenerkrankung, um die es sich handelte, unterschätze: *„Wenn man aus einer so gesunden Familie stammt, hat man keinen rechten Begriff von der Tücke der Krankheit."* Rudolf machte sich Gedanken, wie der Patientin zu helfen sei: *„Kommt noch die Frage der 'Erholung', welche der Hausarzt wünscht. Kann nichts Größeres geschehen … habe ich gedacht, ob wir sie nicht einige Wochen zu uns einladen könnten? Sie kann ja im Gartenhaus liegen und Du auch noch den Aufenthalt im Freien nachholen."*

Er hatte Agnes' Brief abgewartet und schrieb dann am 24. August 1904 an Pfarrer Betz: *„Verehrter Herr College! Mit herzlichem Bedauern habe ich Ihre Nachricht von der immer noch andauernden Erkrankung Ihrer Frau Gemahlin erhalten. Und daß Sie mit Sorge dem Winter entgegen gehen müssen, thut uns sehr leid …"* Nun gab er verschiedene Informationen über Sanatorien, eines in Davos: *„… falls der Kräftezustand der Patientin einen Höhenaufenthalt gestattet".* Es würde von den Haller Schwestern (Diakonissenverband) geleitet und *„der Tagessatz beträgt 6 bis 7 Fr.".* Wenn das Fieber nicht aufhöre und *„das Allgemeinbefinden sich nicht wesentlich hebt",* könne sie – allerdings nicht allein – auch an die Riviera reisen, sie bräuchte dann eine Pflegerin. Bei einem Aufenthalt in mildem Klima musste man seine Pflegerin selber mitbringen. Zuvor ging er noch auf die ärztliche Betreuung ein: *„Bei Lessing sind Sie gut beraten, er wird sie eventuell auf Herrn Bernus und sein Comité Frankfurt a. Main verweisen, wo man eventuell auch anzufragen hätte."* Rudolf wusste noch ein deutsches Pflegehaus in Nizza, von Diakonissen geleitet und mit *„mäßigen Preisen (soweit ich mich erinnere, täglich 5 Mark)".* Hier war ein Bekannter von ihm gewesen, der wieder gesund geworden war. *„Dort könnte die Patientin allein sein."* Rudolf machte sich Sorgen und hatte sich so gut wie möglich umgehört. Es war ihm ein persönliches Anliegen. So schloss er: *„Grüßen Sie die Ihrigen herzlich. Sie sind nun wenigstens mit guter Pflegerin versehen. Möchte es sich doch bald zum Guten wenden! Es grüßt Sie Ihr R. Günther."* – Das war auch Agnes' Wunsch für ihre Freundin: *„Möchte es sich doch bald zum Guten wenden!"*

Bei Zellers in Magdeburg

Diesmal war nur eine Stippvisite in Magdeburg gemeinsam mit Gerhard geplant. Anschließend wollten sie noch ein paar Tage Berlin von Lichterfelde aus erkunden. Begleiten wir sie bei ihrer Zugfahrt die etwa 130 km von Berlin nach Magdeburg durch die flache Börde mit schwerem dunklen Ackerboden, wo normalerweise alles gut gedieh. Nur dieses Jahr war es zu heiß und trocken. Sie sahen Stoppelfelder, trockene Rübenäcker und Zuckerrübenfelder, dazwischen das fast ausgetrocknete Flüsschen Bode. Von weitem konnten sie den Harz ahnen und die vorgelagerten schwarzen Hüttenhalden. In der Nähe waren Zuckerrohrfabrikschlote in der weiten, platten Landschaft zu sehen. Dann sahen Agnes und Gerhard die Magdeburger Stadtsilhouette, die Elbe, die sich in zwei Arme aufteilt, den imposanten Dom oberhalb des Flusses. Nun ging es über ein technisches Wunderwerk, die eiserne Hubbrücke, die 1,7 Meter mit Hydraulik für die Lastkähne und Dampfer gehoben werden konnte. Und jetzt fuhren sie schon im Bahnhof ein.

Sicher holte die „Zellersche Mannschaft" sie vom Bahnhof ab. Der Weg bis zur Hasselbacherstraße war nur ein Katzensprung. Dafür brauchte man keine Droschke und kein Taxameter. Es ging nur um die Ecke und man war schon da, gleich vorne das Eckhaus war die neue Stadtmission, in der Zellers auch wohnten.

Agnes und Gerhard wurden in die Wohnung geführt, die über den Räumen der Stadtmission lag. Man konnte nur staunen, wenn man an ihr altes Zuhause in Biesenrode dachte oder an die Zwischenlösung in Overstedt! Alles war renoviert. Die Zellers waren wieder behaglich eingerichtet mit Orientteppichen, stattlichen Möbeln, Kronleuchtern, Zimmerpflanzen; so wirkte die Stadtwohnung sehr gediegen. Die Familie war groß, da nun Friedrichs Mutter bei ihnen lebte, nachdem sein Vater gestorben war. Auch Bertie war in den Semesterferien zu Hause. Emmas Kinder waren herangewachsen. Doch Nelly kam Agnes etwas blass vor, sie machte sich ein wenig Sorgen um die Patentochter. (Sie wird es später in einem Brief Emma gegenüber erwähnen.) Über den jungen Geiger Didi (Wolfgang Zeller) konnte Agnes nicht genug staunen, er war erst elf und spielte traumhaft. Und Herberts (Herbert Magnus Zeller) Zeichnungen waren perfekt.

Die Elbe führte in diesem Sommer (dem trockensten seit Jahrzehnten) fast kein Wasser, sodass sie ihren Namen „Stromelbe" zur Zeit nicht verdiente. Die Schifffahrt war seit Monaten eingestellt. Die Elbauen waren nicht grün wie bei Agnes' letztem Besuch. Wie geruhsam ließ sich damals im „Herrenkrug" im Schatten der Bäume eine Erfrischung einnehmen. Jetzt wirkte alles staubig und leblos.

Von diesem Besuch können wir in keinem Brief, der veröffentlicht wurde, lesen. Vielleicht erlebten Agnes und Gerhard einen der sonntäglichen Familienabende, von denen heute noch im Archiv der Stadtmission zu lesen ist, dass Pastor Zeller sie einführte. Die Geschichte Magdeburgs konnte Gerhard am Rande mitbekommen: Zuerst Königsstadt, dann freie Hansestadt, dazu noch Lutherstadt. Interessant war, dass sein Onkel, Pastor Friedrich Zeller, gerade in der Johanniskirche in sein Amt eingesetzt wurde, wo Martin Luther am 26. Juni 1524 seine berühmte Magdeburger Predigt gehalten hatte und mit ihr in Magdeburg die Reformation begann. Der Dom wurde bald zum evangelischen Gotteshaus.

Bestimmt führten Agnes und ihre Geschwister lange Gespräche über verschiedene Themen, das Zeitgeschehen, kirchliche Fragen und die Lepsius-Diskussion. Rudolf hatte seiner Frau im Brief vom 18. August 1904 auch etwas genannt, worüber er mehr wissen wollte: *„Bringe mir auch einige intime Aufschlüsse über die Heiligungsbewegung mit* (Methodisten, Heilsarmee entstammen dieser Bewegung)*, Gruppenbildung, Hitzegrad des Enthusiasmus, antikirchliche Entwicklung, internationale Zusammenhänge ..."*

Hierzu wird Agnes bereits Johannes befragt haben. Nun hörte sie manches von Friedrich, denn auch er hatte Einblicke in verschiedene Kreise. Vieles wollten sie sich erzählen, im Gedankenaustausch miteinander teilen. Agnes hat sicher auch Emma von ihrem Romanvorhaben erzählt und Friedrich legte ihr ein paar lesenswerte Bücher ans Herz, so den Bölsche. Sie nahm sich vor, wenn sie wieder in Langenburg wäre, dieses Buch – „Das Liebesleben in der Natur" – in der Bibliothek zu bestellen.

Gerhard genoss unterdessen die *„streitbaren Bubenunterhaltungen"* mit den Vettern. Sie kannten sich ja schon aus ihrer Kleinkinderzeit und wurden langsam erwachsen. Die Zeller-Jungen wollten „*Herren werden*". Das verblüffte Gerhard, als er eine längere Rede mit dem Appell beendete: „*Wir wollen doch alle richtige Männer werden!*" Da erwiderten Herbert, Wilfried und Didi: „*Wir wollen keine Männer werden, wir wollen Herren werden!*" Vielleicht war dies in Magdeburg angemessen, schließlich hatten sie den „Herrenkrug" und es gab jedes Jahr am 22. September die „Herrenmesse" zum Gedächtnis des „Heiligen Mauritius".

Zurück in Berlin Lichterfelde galt es, die Zeit für die Besichtigungen zu nützen. Rudolf schrieb an Agnes am 24. August 1904: „*Du mußt schon nach Möglichkeit die durstige Seele mit Eindrücken füllen, denn der Winter wird lang und still.*"

Agnes entwickelt in Berlin ihren Roman weiter
Agnes füllte ihre Seele in Berlin mit verschiedensten Eindrücken. Später wird sie vieles davon in ihr Buch hineindichten. Sie wird ihre Romanheldin in der Vorweihnachtszeit an diese Orte versetzen, wo sie selber im Sommer war. Wie wird es in der Friedrichstraße und Unter den Linden im Winter aussehen, wenn es schneit? Agnes konnte sich das bestens vorstellen. An diesem Platz wird Agnes später im Roman die Begegnung zwischen Harro und Rosmarie stattfinden lassen. Man liest in der „Heiligen":
„*Unter den Linden in Berlin drängte und schob sich die hastige Menschheit. Die Linden streckten kahle dürre Zweige in den grauen Himmel, von dem leise Schneeflocken herabkamen. Wenn sie auf den Boden fielen, zergingen die glänzenden Sternchen und wurden zu einer grauen, schmutzigen Masse, die viele Füße zertraten. Eine bunte Menge ist es, die da vorübereilt, und jeder Augenblick bringt neue Gruppen vor das Auge. Die Menschen tauchen auf und verschwinden wieder, und wieder neue kommen, wie das Gestiebe vom grauen Himmel. Es sind die Stunden, wo die elegante Welt Einkäufe macht; jetzt zur Weihnachtszeit trägt fast jedermann irgendein, wenn auch allerkleinstes Paket. Elegante Wagen schieben sich nebeneinander, Taxameter, pfauchende Autos zittern und pulsieren vor den Juwelierläden, dazwischen fliegen kleine Zeitungsverkäufer, Apfelsinenhändler...*"
An diesem Ort wird Rosmarie, die junge Prinzess von Brauneck,

unverhofft auf Harro stoßen. Aber sie können sich nicht öffentlich unterhalten, ohne ins Gerede zu kommen. Agnes wusste, welche Wellen ein fürstlicher Skandal schlagen kann. Die Liebesgeschichte der „Kyrilla", der Großherzogin Viktoria Melita, war Beispiel genug. So musste Harro im Roman bei dieser Begegnung notgedrungen auf Rosmaries guten Ruf achten. Das war ja die Brisanz in dieser erfundenen Liebesgeschichte: Rosmarie, die Fürstentochter – er der arme Künstlergraf. Agnes würde die beiden auf Rosmaries Wunsch hin sich diskret in der Nationalgalerie treffen lassen.

Agnes war selber mit Gerhard dort gewesen und beide konnten den „Kaiser Wilhelm", wie er da prangte, nur scheußlich finden. War es nicht eine köstliche Idee, genau dort auf der Bank die Prinzess auf Harro warten zu lassen? Agnes konnte ihre eigene Kritik an diesem Kunstwerk geschickt einflechten, wenn sie Harro denken ließ: *„Da, unter der Apotheose Kaiser Wilhelms, ausgerechnet unter diesem Riesenschmarrn, auf der runden Bank allein, sitzt die junge Dame mit des Seelchens Augen und Stimme und Goldhaar."*

In Berlin bekam Agnes noch weitere Impulse für ihr Werk: den Gedanken „maßgeschusterter" Fußbekleidung. In Berlin gab es eine Werkstatt, die sogenannte Reformschuhe individuell auf den Fuß abgemessen herstellte. In den nächsten Jahren sollte sie für Erich solche Schuhe aus Satin für ein Theaterstück nähen. Später wird ihr „Seelchen" im Roman dank dieser Schuhe – die den Fuß nicht verformen – ihre *„schönsten Füße"* behalten. Dies führt zu ihrem besonders schönen Gang, „wie Königinnen schreiten".

Denkbar ist, dass Agnes in den feinen Berliner Geschäften eine wunderschöne Kristallschale, eine Jugendstilschale sah. Sie verinnerlichte diese. Im Roman ist sie Rosmaries Weihnachtsgeschenk für Harro: *„ ... die herrliche Schale auf dem Silberfuß, der so schön in feinen Verästelungen das blanke Kristall umspinnt. Schon aus der Form, die unter hundert anderen vielleicht dem Meister so vollkommen geglückt ist, daß sie wie ein Naturerzeugnis wirkt – schon daran allein kann er die Hand erkennen, die das ausgewählt hat."*

Agnes hielt noch an anderer Stelle ihren Berlinaufenthalt im Roman fest. Sie ließ Rosmarie als jungverheiratete Ehefrau aus einem ihr wichtigen Grund zum Vater nach Berlin reisen. Der Vater erwartete sie: *„Er war schon eine Viertelstunde auf der Plattform des Anhalter Bahnhofes auf und ab gewandelt, als der Zug endlich hereindampfte. Die Türen öffneten sich, und eine bunte Menschenmenge füllte in einem Augenblick den leeren Platz."* Von diesem Bahnhof fuhren Agnes und Gerhard über Würzburg nach Hause. Sie war vor knapp einem Monat am Anhalter Bahnhof angekommen und in den Vorortzug nach Groß Lichterfelde umgestiegen.

Literarische Idee für Rudolf – Erich – Kriminelles in Langenburg

Die Heimfahrt von Mutter und Sohn war mühselig. Agnes schrieb Alice davon, als sie wieder zu Hause war: *„Die Reise war so weit ganz angenehm, nur alles war schrecklich überfüllt, und auch die drei Stunden Mergentheim sind uns schrecklich lang geworden. Mir war auch gar nicht gut ..."* In Blaufelden konnten sie wieder aufleben: *„Erich stand da und führte seinen bekannten Freudentanz auf."* Als sie nach Hause kamen, fanden sie *„alles bekränzt. Alle Vasen mit Blumen gefüllt."* Es ging ihr wie immer, wenn sie bei den Schwestern zu Besuch gewesen war: *„ ... das Auge muß sich wohl erst wieder auf den Hasenstall einstellen – denn so muß man doch die Wohnung im Gegensatz zu der Euren benamsen. Als ich am nächsten Morgen aber zum Fenster hinaussah, in einen wahren Abgrund hinunter, vom Tal und grünem, grünem Wald, da hatte sich gottlob das Auge wieder zurecht gefunden."*

Nicht nur Agnes musste sich neu zurechtfinden, auch Rudolf musste sich umstellen. Wenn sie verreist war, gewöhnte er sich fast das Sprechen ab. Agnes schrieb im selben Brief: *„Rudolf war so schweigsam und verschlossen wie immer, wenn ich ihn lange alleingelassen habe, er gewöhnt sich da den Verkehr mit lebenden Wesen ab ..."* Denn Erich war nach jenem langen Spaziergang mit dem Vater nicht mehr bereit gewesen, weitere Märsche mit ihm zu machen; das war nicht seine Sache. (Später erfahren wir aus einem Brief, dass er Fußprobleme hatte.) Im Grunde war es bewundernswert, wie er all die Wochen mit dem schweigsamen Vater gelebt hatte, solange die Mutter und Gerhard es sich in der Ferne gut gehen ließen.

Gerhard hatte nun schon zum zweiten Mal in Maulbronn Geburtstag. Wie letztes Jahr bekam er einen Kuchen geschickt. Erich schenkte ihm etwas Nützliches, eine Butterschale, die möglichst häufig voll sein sollte, und von den Eltern bekam er Bücher. Agnes schrieb ihm: *„Wenn ich an den Morgen an Deinem ersten Geburtstag denke! Das war doch der seligste Moment in meinem Leben, als ich zum erstenmal Deine Stimme hörte! Nun bist Du schon durch die ganze Tonleiter von Stimmen gekommen, und immer noch muß ich mich an Deine Mannsstimme gewöhnen. So groß ist mein Junge und doch in meinem Herzen immer der gleiche! ..."* Der Nachsatz dieses Briefes vom 27.9.1904 lautet: *„Gestern war unser siebzehnter Hochzeitstag."*

An einem ruhigen, warmen Septembertag saßen Rudolf und Agnes geruhsam im Kreuth-Garten unter ihrem mächtigen alten *„Syringenbaum"* (Flieder). Rudolfs Werk „Das Evangelium und das moderne Geistesleben" wurde gerade gedruckt. Auch der ihn nicht ganz befriedigende Kirchengesangbuchentwurf würde bald abgeschlossen sein. Was sollte Rudolfs nächstes Projekt werden? Was wäre den Menschen in dieser Zeit wichtig?

Agnes hatte einen guten Einfall, der Rudolf überzeugte, und ließ Gerhard daran teilhaben: *„Ich habe neulich mit Papa die Idee gehabt, und sie verfolgt mich seither – wie wäre es, wenn Papa seine unvergleichliche Kenntnis der alten Lieder und sein poetisches Gefühl und seinen feinen Takt in all diesen Dingen einmal auf das Zusammenstellen eines geistlichen Liederbuches richtete und Deutschland ein solches Buch schenken würde, wie Dein Avenarius allgemein fürs Poetische ist."*

Agnes konnte nicht ahnen, dass dieses Unternehmen in den nächsten Jahren Rudolf und sie in Trab halten würde. Im Moment zerbrach sie sich den Kopf, was sie Rudolf zum Geburtstag schenken könnte. Sie schrieb Emma nachträglich zum gemeinsamen 17. Hochzeitstag: *„Es ist für Rudolf ja riesig schwer, etwas zu finden, oder auch sehr leicht – schwer, wenn man ihm etwas anderes als Bücher geben will, und leicht, wenn man über mehr Moneten verfügt und die ewigen Bücher kaufen will – da weiß ich immer ein halb Dutzend mehr oder weniger brennende Wünsche."*

Nach dem trockenen Sommer herrschte auch in Langenburg Wassermangel, Ende September versiegten die öffentlichen Brunnen! Agnes schrieb davon an Emma, zuvor fragte sie nach dem Wasserpegel der Elbe: *„Läuft bei Euch die Elbe wieder? Bei uns ist es allmählich so, daß die Brunnen geschlossen werden, d.h. daß man unter Umständen bei Doktors ein Häfele Wasser pumpen muß. Damit man sich einen Thee machen kann. Da muß man Euch um Euer Salzwasser beneiden. Die Brunnen sind dann jeden Tag zwei Stunden geöffnet, und man steht Queue davor.“* (Noch bis November fuhr in Magdeburg kein Schiff.) Als in Langenburg die Trockenheit vorüber war, konnte sich Agnes an ihren Blumen freuen und Emma schreiben: *„Im Garten wird alles aber doch nachholen, was es im Sommer versäumt hat. Ich habe eine Asternpracht da unten, herrliche und wundervolle Rosen, aber nur wenig.“*

Rudolf hatte alle Hände voll zu tun. Die Druckfahnen seiner Publikation waren zu korrigieren, er bekam allerdings Unterstützung durch die Diakonisse Luise, die bis spät in die Nacht half. Als Rudolfs Buch „Das Evangelium und das moderne Geistesleben" auf den Markt kam, war Agnes sehr stolz auf ihn. Sie meinte, es sei für Gerhard leider noch *„etwas zu hoch"*, er könne es noch nicht verstehen. Aber Emma kündigte sie das Büchlein als *„etwas Schönes von Rudolf"* an, sie wollte es ihr bald schicken.

In Langenburg gab es in diesen Wochen einen Mord. Agnes schrieb Gerhard am 31. Oktober 1904, wie Rudolf damit konfrontiert worden war: *„Der Mörder hat Papa seine Untat eingestanden. Nun reut es ihn aber, daß er's getan hat, und er möchte es auf andere schieben und macht seine Sache nur noch schlimmer dadurch ..."*

Er musste mit der Todesstrafe rechnen. Seine Tat war eine „Kain und Abel-Geschichte", ein Brudermord. Lange hatte der Täter geleugnet. Er saß als Verdächtiger im Gefängnis. Eines Tages kam der Gerichtsdiener zum Dekanat. Er wollte den Dekan holen, weil der Gefangene nach ihm verlangte. Rudolf war gerade nicht da, er war dienstlich unterwegs. Der Gerichtsdiener kam nach einer Stunde nochmals, da der Gefangene den Dekan sofort bräuchte. Dieser konnte ihn erst nach seiner Heimkehr gegen Mitternacht aufsuchen. Nun hörte er das Geständnis: Der Mann hatte seinen Bruder im Streit wegen ungerechter Erbteilung beim Pflügen draußen auf dem Feld erschossen. Man hatte bereits sein Gewehr, die Mordwaffe (die tödliche Kugel passte zum Gewehr), bei ihm zu Hause gefunden. Nun hatte er sein Gewissen mit dem mitternächtlichen Geständnis erleichtert und beauftragte den Dekan offiziell, das Geständnis ans Gericht weiterzugeben. Anderntags bereute er sein Geständnis und widerrief alles, was ihm nichts half. Doch das vom Gericht ausgesprochene Todesurteil wurde durch die Begnadigung des Königs in eine lebenslängliche Gefängnisstrafe umgewandelt.

In diesen Herbstwochen geschah manches. Agnes litt unter dem kalten Nebel. In dieser Befindlichkeit erlebte sie zum ersten Mal aus der Ferne, dass Gerhard ebenfalls länger krank war. Sie schrieb ihm: „ *Liebster Gérard, wenn ich gewußt hätte, daß Du so lange, beinahe acht Tage auf der gräßlichen Krankenstube warst, hätte ich nach Dir gesehen! Ein andermal will ich's gleich wissen, wenn Dir etwas fehlt! Ich war recht betrübt und konnte nur an Dich denken, wie es Dir geht.* " Agnes schickte ein „Stärkungspaket" mit Streichwurst und Hasenbraten, damit er wieder zu Kräften kam.

Hier zu Hause musste sie Erichs Schulnöte miterleben. Sie schrieb an Gerhard: *„Erich geht es soweit gut, Schuljammer immer gleich. Dazu ist er jetzt der drittletzte geworden, was ihn sehr schlaucht, daß ich ihn gar nicht zu zanken brauche."*

Im Brief an Emma vom 2. November 1904 drückte sie auch ihre Freude über Erich aus: *„Abends lerne ich mit Erich Französisch und freue mich an seiner geistigen Auffassung der Sache, er lernt nichts mechanisch, sucht sich immer Verbindungen zwischen den verschiedenen Sprachen und macht sich Merkwörter für die verschiedenen Regeln. Griechisch muß er nun auch betreiben und quält mich, ich müßte die herrliche Sprache auch betreiben."* Man sieht seine Motivation, für Griechisch sogar Begeisterung. Wenngleich Agnes die traurige Wirklichkeit sofort folgen lässt: *„Aber ein miserabler Schüler ist's doch. Er sitzt jetzt zuletzt wegen seiner vielen Fehler, er vergißt alle i-Tüpfchen (ein Hauptverbrechen) und schreibt sechsmal Aminius statt Arminius. Nun, das sieht man ihm später nicht mehr an, aber mit den Examina wird's hapern."*

Wochen später, als es schon Winter war, schrieb sie Gerhard:

„ 'Dein Erich' ist ein sonderbarer Kauz, manches fällt in seinen Kopf hinein, daß man einfach baff ist" (Rollen lernen). Aber:

„Gestern war Dein Erich in Aufsatznöten, nicht wegen des überaus einfältigen Themas, sondern wegen der Qual des sauberen Abschreibens. Er mußte sogar von mir eine Ohrfeige einheimsen, daß ihm der Ernst der Sache einging. Die Ohrfeige scheint aber moralisch bessernd gewirkt zu haben, denn Erich ging mit größter Liebenswürdigkeit und gänzlich ungezwungen mit uns spazieren."

„Wenn der erbärmliche 'Räuber' soviel wert war, warum nicht mein Erich?"

Als sie Erich die motivierende Ohrfeige gab, lag große Angst um ihn gerade ein paar Tage hinter ihr. Nicht die Schule hatte ihr diesmal Sorgen bereitet. Die war harmlos gegen die *„größten Herzensnöte"*, als sie Erich und seinen Freund Ludwig fast als vermisst melden musste. Rudolf und Agnes hatten sie beim Sonntagsspaziergang im Brüchlinger Wald verloren. Sie waren ohne die beiden nach Hause gelaufen, weil sie dachten, die Jungen würden nachkommen. Das war jedoch nicht der Fall, sie kamen nicht. Agnes machte sich große Sorgen, wobei es für sie am schlimmsten war, der Mutter des fremden Kindes den Verlust bald mitteilen zu müssen. Zum Glück traf sie auf der Straße den „guten Albert", einen Langenburger, den sie bitten konnte, die Zwei im Wald zu suchen. So ging es gut aus. Sie schildert Gerhard das Ereignis:

„... ich überlege mir 30 fürstliche Jäger. Wenn der erbärmliche 'Räuber' soviel wert war, warum nicht mein Erich? Endlich im Dämmerlicht in sinkender Nacht, während ich wie ein Häuflein Elend mit Liddy beim Thee sitze, erscheint der 'verlorene Sohn' ... Papa ließ ihn gehörig herunterlaufen, und dann mußte er erzählen, wo er herkomme. Ja von den lichten Eichen, das Häuschen hätten sie nicht gefunden, die Schlauberger, sie gingen dran vorbei, unter eine Tanne hätten sie sich gesetzt, und der Ludwig hätte behauptet, über den Suhlberg sei es näher, dann hatte der Ludwig seine goldene (?) Uhr verloren, weil er immer drauf gesehen habe – und da haben sie umkehren müssen und die Uhr suchen. Erich mußte zur Strafe sofort ins Bett – die Moral von der Geschicht, am Sonntag keinen Ludwig nicht! Du siehst, ich kann auch dichten ..."

Was meinte Agnes mit dem „Räuber", nach dem 30 fürstliche Jäger suchen mussten? In den Wochen zuvor hatte es in der weiteren Umgebung von Langenburg an verschiedensten Orten Einbrüche gegeben, dabei war viel gestohlen worden. Agnes schrieb Gerhard (am 21. November), wie sie nun alle ängstlich ihre Häuser verschlossen. Man ging von einer Bande aus, mit einem besonderen Anführer. Der habe – so wurde erzählt – einmal nichts gestohlen, sondern einer Bäuerin, deren einzige Kuh verpfändet werden sollte, mit 100 Mark aus ihrer Not geholfen. Man glaubte an eine Art Robin Hood. Die Einbrüche wurden immer dreister und jemand hatte die Bande anscheinend gesehen, als sie am Sonntagvormittag während der Gottesdienstzeit maskiert einen Bauernhof plünderte. Seitdem wurde der Anführer von 20 Gendarmen, dem Langenburger Stadtpolizisten und dem einzigen Landjäger im weiten Umkreis gesucht. Auf diesen Trupp bezog sich Agnes' Bemerkung. In diesen Tagen ging die Angst um. Hausväter bewaffneten sich mit Scheibengewehren und Reiterpistolen, alte Spieße und Hellebarden wurden hervorgeholt. Auch daher Agnes' große Sorge.

Rudolf fühlte sich ebenfalls gefährdet, als er nach Herrentierbach zu Pfarrer Betz ging. Damit seine wertvolle goldene Uhr nicht dem Räuber in die Hände fiel, gab er sie Agnes, bevor er ging. Ihr wurde bänglich zumute. Es war Winter und früh dunkel. Und der Bahnhof Rappoldshausen lag einsam, man musste noch ein Stück zu Fuß nach Herrentierbach gehen. Den Rückweg musste Rudolf in der Dunkelheit zurücklegen, doch Pfarrer Betz begleitete ihn.

Unterwegs hatten sie ein merkwürdiges Erlebnis: Ein Mann auf der anderen Straßenseite erwiderte ihren Gruß nicht. Kaum waren sie an ihm vorbei, krachte hinter ihnen ein Schuss. Sie blieben stehen, der Mann schoss erneut und rannte in die Dunkelheit. Weiter geschah nichts. Jahre später erfuhr Pfarrer Betz, dass der Mann ein Bauer aus seiner Gemeinde war und aus lauter Angst vor den zwei schwarzen Männern, in denen er die Räuber vermutet hatte, zweimal in die Luft schoss, um sie in die Flucht zu schlagen.

Diese Räubergeschichte sollte mit Agnes' Roman zu tun haben. Schließlich war auf den vermeintlichen Anführer der Bande mit einer ganzen Bataillon-Infanterie Treibjagd gemacht worden. Sie stießen dabei auf einen Mann, der im Wald nachmittags gemütlich seine Mahlzeit einnahm, bestehend aus Brot, Backsteinkäse und einer Flasche Sekt. Man fand bei ihm zwischen 2000 und 3000 Mark. Er war ein entflohener, vorbestrafter Häftling, der noch lange im Zuchthaus hätte sitzen müssen. Vorerst wurde er im nächsten Dorf im Spritzenhaus verwahrt. Da die Bevölkerung in ihm einen Volkshelden sah, versuchten ihn die Hollenbacher Frauen und Mädchen zu befreien. Nur mit Mühe konnten sie daran gehindert werden.

Mosaiksteinchen für den Roman

Agnes verwendete den Mord und die Räubergeschichte in ihrer Dichtung. Der Langenburger Brudermord geschah aus Hass und aus Leiden an Benachteiligung. Im Roman lässt Agnes die Fürstin (Stiefmutter von Rosmarie) ebenfalls im Affekt aus angestauten Hassgefühlen den Schuss abfeuern. Sie zielt auf den Bock, schießt absichtlich daneben und trifft die ahnungslose Rosmarie, als sie auf der Wiese mit ihrem Mann Harro und dem Bruder der Fürstin spazieren geht. Schwer verletzt bricht Rosmarie zusammen. In Gedanken hatte die Fürstin diesen Schuss auf die Stieftochter schon hundertmal abgefeuert. Bei ihren Schießübungen traf sie die Zielscheibe erfolgreich, wenn sie sich ihre „Feindin" als Ziel vorstellte. In der „Heiligen" wird bei der jungen Fürstin (Stiefmutter von Rosmarie) mit großer Einfühlung die Entwicklung bis zur potenziellen „Mörderin" aufgezeigt. Es ist kein erfolgter Mord, sondern ein Mordversuch, der nach monatelanger Leidenszeit tödlich endet.

Für die Geschichte kam Agnes der Sekt trinkende Räuber, der entsprungene Zuchthäusler aus dem Langenburger Herbst 1904, gelegen, da sie eine schwierige Situation in der Handlung ihres Buches zu lösen hatte. Im speziellen Fall darf die Tat nicht offiziell mit der Fürstin in Zusammenhang gebracht werden. Sie muss als Täterin unentdeckt bleiben. Dies ist für die seelisch-geistige Entwicklung der Personen wichtig. Daher muss in der Romanentwicklung eine plausible Erklärung gegeben werden, dass der unentdeckte Mordversuch im Fürstenhaus für die Justiz uninteressant ist. Der Eindruck soll vermieden werden, dass für die Fürstin Immunität besteht oder dass diese Untat aus politischen oder gesellschaftlichen Gründen vertuscht wurde.[51] Die Lösung dieses literarischen Problems liest sich im Roman folgendermaßen:

„Im Wald ... finden die streifenden Landjäger einen Menschen bei einem sonderbaren Frühstück. Es besteht aus Champagner, Speck und Käse. Für die Landjäger genügt die Zusammensetzung, um den Menschen festzunehmen. Und im Dachsbau liegen wollene Decken, Kleider und Stiefel, eine Ziehharmonika, Uhren und Revolver und eine fürstliche Jagdflinte, auch ein halbes ausgeweidetes Reh. In der letzten Zeit sind in der sonst sicheren Gegend viele Einbruchsdiebstähle vorgekommen ... Nun war die ganze Bande in der Person des einsamen Frühstückers gefangen, und dieser entpuppte sich als ein entsprungener Sträfling. Er wurde in Haft genommen und ein Karren herbeigeschafft, auf dem die bunte Beute verladen ward. Das Gewehr war in einer Wirtschaft gestohlen worden, wo ein Jäger vielleicht etwas zu lang beim Bier gesessen hatte. Das Kaliber des Geschosses stimmte auch. Der Mensch leugnete zwar, den Schuß abgegeben zu haben, aber seine Personalien enthielten über siebzig Vorstrafen, auch hatte er noch verschiedene Jahre gut. Immerhin nahm das Gericht auch hier nur einen unglücklichen Schuß an."

Anders als im realen Fall will keiner den Delinquenten befreien, wie es in Hollenbach geschah, im Gegenteil. Im Roman bricht der Volkshass aus: *„Die Landjäger vermochten kaum den Menschen vor den Fäusten der Bauern zu schützen. Wären es nicht ihrer fünf gewesen, es wäre ihm übel ergangen. Das Gefängnis nahm ihn wieder auf, und dem umfangreichen Material über ihn fügten sich weitere Aktenstöße bei."* An dieser Stelle fügte Agnes ihre allgemeine Beobachtung ein: *„Die Volksseele ist erleichtert, daß es keiner aus der Gegend ist, sondern ein Fremder. Nur einem Fremden ist eine solche Summe von Freveltaten zuzutrauen."* Agnes durchschaute die Abwehr von Fremden. Ihre Mutter hatte diese bei der Stuttgarter Verwandtschaft zu spüren bekommen.

In den Roman wob Agnes ihre Lebenserfahrung und Erkenntnisse ein. So entwickelte er sich nach und nach. Sie schrieb zunächst nichts auf, behielt alle Handlungsstränge im Kopf und flocht die neuen Gegebenheiten ein. Gerhard hingegen brachte seine Gedichte in diesem Herbst eifrig zu Papier, wie Agnes Emma erzählte: *„In Maulbronn rauscht's überall von Brunnen, im Ephoratsgarten plätschert ein Brunnen in einer Rosenlaube, im Kreuzgang ist die wunderbarste Brunnenkapelle, die es gibt. Das Rauschen hat ihn* *offenbar zu Versen begeistert. Ich habe noch eine Menge Gedichte von ihm. Vielleicht findet er auch nicht immer die besseren heraus, ein rechter Dichter muß ja immer viel dümmer als er selber – und viel gescheiter als er selber sein. "* Diese Erkenntnis müsste sie später auf sich selber beziehen. Auch wenn sie keine Verse schrieb, erdichtete sie ihren Roman und man sprach von ihr als Dichterin.

Winterzeit 1904/05 – Krankheit der Freundin – Lektüre

Gesundheitlich ging es Agnes wechselhaft. Sie thematisierte ihr Befinden im Brief an Emma vom 2. November 1904: *„Jetzt ist bei uns ein scheußliches Nebelwetter, mir geht es aber dennoch besser, es ging mir nämlich recht schlecht in der letzten Zeit, so daß ich ganz betrübt war. Man geht auch soviel schwerer in den Winter hinein. Aber scheint's, es wird doch noch etwas besser, Fieber habe ich ja keins ... Ich habe mich gestern furchtbar alteriert, daß ich hohes Fieber bekam wegen meiner geliebten Frau Pfarrer Betz. Ich habe sie besucht, und es schien mir, als sterbe sie in meinen Armen, das Leiden! Entsetzlich! Und so soll es noch Wochen gehen ..."*

Dass sie die Lungentuberkulose ihrer Freundin sehr mitnahm, ist verständlich, und das bekannte „Auf und Ab" dieser Krankheit machte es nicht leichter. Freudig schrieb Agnes ihr gleich, als sie gute Nachrichten erhalten hatte: *„Liebe Frau Pfarrer! Gottlob geht es Ihnen doch ein wenig besser, und mein lieber Mann hat mir heute von einem besseren Tag bei Ihnen berichten können. "* Sie kündigte ihren Besuch an: *„Ich komme bald wieder zu Ihnen, liebe Frau Pfarrer, liebe, süße Genoveva, um nach Ihnen zu sehen. Sobald die scheußliche Nebelluft nachgelassen hat, die mir auch gar nicht gut tut. "*

Die Freundinnen hatten seit dem Arztwechsel einen Mittelsmann: *„Von Dr. Staudenmeyer kann ich nun doch immer erfahren, wie es Ihnen geht. Herzliche Grüße auch von meinem lb. Mann, dem sein Gang recht gut getan hat. In herzlicher Liebe Ihre Agnes G. Herrn Pfarrer und der lieben Mama*[52] *tausend Grüße. "* In seinem Erinnerungsbuch schreibt Gerhard Günther: *„Ich glaube, daß sie zu den Menschen gehört, die meine Mutter am meisten geliebt hat. "*

Als es Agnes in diesen Wochen nicht gut ging, las sie den Bölsche, den sie auf Friedrichs Empfehlung hin ausgeliehen hatte. „Das Liebesleben in der Natur" war 1898 erschienen, darin ging es um eine ungewöhnliche Zeugungsphilosophie, einerseits naturwissenschaftlich und anderseits poetisch-philosophisch. Agnes schrieb am Ende eines Briefes an Emma: *„Grüße die Kinder vielmals von mir, empfiehl mich dem Herrn Gemahl und sage ihm, den Bölsche hätte ich doch intus. Ich habe ihn mir von der Bibliothek kommen lassen. Allerdings keine Lektüre für die heranwachsende Jugend. Ich habe ihn immer versteckt, in der Angst, es findet ihn einer."*

Auch las sie theologische Bücher. Sie empfahl Gerhard „Das Leben Jesu" und schickte ihm *„ein entzückendes Buch über Seelenwanderung, das Dich gewiß sehr freuen wird"*. Sie meinte nur: *„Das letzte Kapitel ist etwas schwieriger, da halte Dich eben an die beigefügten wundervollen Verse, dann wirst Du es schon verstehen."* Dass Agnes dieses Buch über Seelenwanderung schätzte, kann uns eine Erklärung für ihre späteren Aussagen geben: „Als ich die Rose d'Artin war" oder „Als ich die 'Gisela' war".

In der „Heiligen" gibt es auch mehrere Zeitebenen. Zwei Paare aus verschiedenen Jahrhunderten stehen in Bezug zueinander: Rosmarie und Harro in der „modernen Zeit" um 1900 und Gräfin Gisela sowie Heinz von Brauneck Ende des 17. Jahrhunderts. Die Ebenen vermischen sich geheimnisvoll, manches bleibt rätselhaft. Der Gedanke einer Wiedergeburt könnte eine mögliche Erklärung geben. Auch die dritte, mittelalterliche Ebene mit einer legendären Vorfahrin – eine Fee namens „Schweigen" – und dem Vorfahren der Braunecker – einem Kreuzritter – könnte mit Reinkarnation erklärt werden. Harro und Rosmarie „wissen" um diese alte Geschichte: Rosmarie sitzt ihrem Künstlerehemann Harro Modell. Er malt sie als Fee und sich als ihren Ritter. Doch so nebulös, wie das Thema Seelenwanderung ist, wird es im Roman nur angedeutet.

Das Buch über Seelenwanderung überließ sie Gerhard als wichtige Lektüre und schrieb weiter: *„Papa ... war mit einverstanden, daß ich Dir das hübsche Buch schicke, Du sollst es aber ja gewiß an Weihnachten wiederbringen."* Nach Weihnachten empfiehlt sie ihm erneut zwei Bücher: *„Ich habe schon wieder ein schönes Buch für Dich, 'Hiob, ein Glaubenskampf vor 2000 Jahren', es ist sehr schön, Du bekommst es, sobald Papa es gelesen hat ... Dann lese ich mit Andacht und Hingebung 'unsere' Mörike-Biographie."*

Wir gehen nun zurück zu den Vorbereitungen für Weihnachten 1904, die ganz anders als im Vorjahr ausfielen. Diesmal fehlte ihr aller Schwung, obwohl Gerhard einen Kameraden mitbringen wollte. Sie schrieb ihm: *„Das wird nett, wenn wir Euch an Weihnachten abholen! Das ist wohl des Schweißes der Edlen wert. Denn davor steht noch eben die gräßliche Weihnachtsarbeit, vor der ich mich diesmal richtig fürchte. Luise ist eben auch riesig granzig.“*

Es gab auch kein neues Theaterstück, sie probten noch einmal das vom letzten Jahr, doch mit anderer Besetzung: Doktors Anna als Prinzessin, Gerhard spielte eine Männerrolle im Frack. Die Aufführung fand vor größerem Publikum statt. Dass Agnes in Berlin im „Nachtasyl“ war, wirkte sich in ihrer Regie aus. Die Zuschauer waren begeistert, wie sie Emma und Polly schrieb: *„... so wurde ich so berühmt in Langenburg wie noch nie.“* Dies hatte folgende Auswirkung: *„Nun hat man sich an mich gewandt, ich solle einer Wohltätigkeitsfeier für das Haller Diakonissenhaus auf die Beine helfen, indem ich der hiesigen Gesellschaft ein Stück einübe.“*

11. „So berühmt in Langenburg wie noch nie“: Januar 1905 – Oktober 1905

Zwei „Töchter“ zum Bilden

Wie so oft im Leben war es auch bei Agnes, Verschiedenes kam gleichzeitig zusammen: Dauerbesuch, Dienstmädchenwechsel, Theaterstück schreiben und einstudieren. Der Dienstmädchenwechsel kam nicht überraschend. Dass ihre „ruppige“ oder – wie Agnes sie auch nannte – „böse“ Luise kündigen würde, hatte Agnes bereits geahnt. Schon Anfang November schrieb sie an Emma: *„Meine Luise will offenbar bei mir nur noch ein Weihnachtsgeschenk schinden und dann abschwirren. Wenn ich ihr nur nicht nachweinen muß.“* Im Februar kam ein neues Hausmädchen, Fräulein Julie. Diese hatte vom Kochen leider nicht die geringste Ahnung und musste Schritt für Schritt angelernt werden. Die ersten Fortschritte schrieb Agnes an Gerhard: *„Fräulein Julie kann nun schon ein Ei sieden und geröstete Kartoffeln zu Papas Zufriedenheit machen, ein rührendes, wohlweises äußerst tugendhaftes Wesen.“*

Etwas „weinte" Agnes Luise doch nach, da sie zur Zeit vieles selber machen musste. Fräulein Julie arbeitete gewissenhaft und langsam. Auf Agnes wartete noch eine Aufgabe: Die 18-jährige Clothilde aus der weitverzweigten Zellerschen Verwandtschaft sollte einige Zeit bei ihnen leben. Gerhard wusste anscheinend mehr über das Mädchen. Agnes schrieb ihm: *„Aber jetzt setze Dich hin und schreibe mir alles, was Du von Clothilde weißt. Deine mysteriösen Worte haben mich etwas beunruhigt. Gelt bitte?"*

Anfang Februar waren Julie und Clothilde noch beide neu bei Günthers. Agnes schrieb: *„Also, lieber Gerhard, ich habe mich nicht über Langeweile zu beklagen, im Gegenteil, ich renn von einer Tochter zur anderen."* Es wurde bald einfacher, im März 1905 konnte Agnes ihrer Mutter schreiben: *„… jetzt ist mein Küchenfräulein schon etwas gewandter, da brauch ich mich nicht halbtot zu hetzen mit Kochen, Nähen etc. wie bisher. Es war ungeschickt, daß alles zusammen kam, ich kriegte das entsetzlichste Heimweh nach der rauhen Luise, die mir doch wenigstens gekocht hätte …"*

Sie gab ihrer Mutter Einblicke ins wunderliche Verhalten ihres „Barmherzigkeitskindes" Clothilde: *„Sie ist ein sehr liebes Kind mit vorzüglichem Charakter, fein, gebildet, gescheut, und doch fürs Leben unbrauchbar. Das gute Kind! Ich sehe rabenschwarz in ihre Zukunft. Sie stellt jeden Tag etwas anderes an, wenn ich sie nicht fortwährend beaufsichtige. Soviel Dummheiten, wie sie an einem Tag macht – das gibt's gar nicht. Wenn ich strafend sage: 'Aber Clothilde, was hast Du gedacht?', so sagt sie traurig: 'Nichts, liebe Tante!' Ich muß Alice um Rat wegen ihrem Schicksal fragen, so habe ich neben allem noch eine Kleinkinderbewahranstalt."*

In der „Heiligen" verwendete Agnes diese weltfremden Besonderheiten der feinsinnigen Clothilde. Der jungen Rosmarie dichtet sie ähnliche Züge an. Wie Clothilde mit der Zeit unter Agnes' Fittichen erblühte, entwickelt sich „Seelchen" ebenfalls bestens, seit sie von ihrer neuen Erzieherin, einer verständnisvollen älteren Dame, betreut wird. Selbst vom Aussehen übernahm Agnes einiges, das heranwachsende Seelchen ähnelt Clothilde. Agnes gab Gerhard zu Beginn des Aufenthaltes ihres Schützlings folgende Beschreibung: *„Ich fürchte, Du würdest sie nicht schön finden, da sie eine lange Latte ist und ihre Kleider erbarmungswürdig an ihr* herunterhängen. *Aber einen schönen Kopf hat sie mit schönen braunen Augen und lockigen Haaren. Aber entsetzlich schüchtern. Sie lispelt nur mit Papa und zitterte wie Espenlaub vor mir. Erich gibt mir den Auftrag, nun zu sagen, daß er Clothilde sehr möge. Sie macht hübsche Witze, aber in Gesellschaft haucht sie nur.*"

Im Roman wächst das blonde „Seelchen" mit den grauen Augen viel zu rasch, ihr Körper streckt sich in die Höhe und sie sieht ebenfalls wie *„eine lange Latte"* aus, an der die Kleider unförmig herunterhängen. Sie gilt als hässlich und scheint auch im Verhalten nicht ganz von dieser Welt zu sein – so wie Clothilde.

Bei Agnes' „Mündel" änderte sich in kurzer Zeit vieles. Ein, zwei Wochen später schrieb sie: *„Clotho wird jeden Tag unter meiner Behandlung hübscher und schwimmt in Seligkeit. Es gefällt ihr alles ... sie muß erst einmal Selbstvertrauen kriegen."*

Agnes hat sich wohl gefragt, wieso es gerade ihre Aufgabe war, Clothilde zu „bilden". Ihre Antwort schrieb sie im Brief an Alice und die Mutter: *„Nun, ich habe so etwas tun wollen, und da find ich ein reiches Feld. Nun komme ich mir komisch vor als strenge praktische Tante, Euch doch wohl auch! Ich, streng praktisch und ordnungsliebend! Ja man erzieht nicht die Jugend, sondern sich!"*

„Alt-Langenburg" – Februar 1905

Agnes hatte zugesagt: *„einer Wohltätigkeitsfeier für das Haller Diakonissenhaus auf die Beine helfen, indem ich der hiesigen Gesellschaft ein Stück einübe".* Danach musste sie rasch ein Theaterstück schreiben, denn sie wollte nicht irgendein Stück, einen Schwank oder dergleichen aufführen. *„Ich erklärte aber, eine solche Bühne und Gelegenheit zu einem läppischen Lustspiel sei mir zu schade, bat mir zweimal 24 Stunden Bedenkzeit aus – und war gefangen. Ich hatte mich verwortet! Ich mußte mich also hinsetzen und binnen 6 Tagen mein erstes größeres Drama liefern und zum Vortrag bringen."* Sie schrieb „Alt Langenburg": *„Das Stück behandelt eine Episode aus der Belagerung Langenburgs im 30jährigen Krieg, und selbst Rudolf hat mir keinen einzigen historischen Lapsus nachweisen können – alles aus handschriftlichen Quellen entnommen, mit nur hier und da ein wenig poetischer Lizenz – den Leuten hier gefällt's ja jedenfalls – aber gefreut hat es mich doch, daß es Rudolf gefiel."*

Ihr Brief an die Schwestern begann so: *„Ich habe mich in etwas ganz Gräßliches eingelassen! Zu einem ordentlichen Brief langt's nicht vor 3 Wochen."* Die Schwestern erfuhren, weshalb sie sich auf das Theaterspiel eingelassen hatte: *„Was ich wünsche, solle absolut geschehen, Kostenpunkt komme nicht in Anschlag, Serenissimus*[53] *werde sich ein Vergnügen daraus machen, mir seinen Ahnensaal nebst darin aufgeschlagener schöner Bühne zur Verfügung zu stellen."* Nun der eigentliche Grund: *„Auf diesen Köder fiel ich herein, denn einmal ganz nach Wunsch in allen Schloß-schätzen, Bibliothek, Waffensaal, sämtlichen Gemälden etc. wühlen zu können, dem konnte ich schon im Interesse meines berühmten Langenburger Romans nicht widerstehen."* Agnes nahm sich wohl ein wenig auf die Schippe, als sie von ihrem „berühmten Langenburger Roman" schrieb. Andererseits war es ihr fester Glaube, dass dieser Roman berühmt würde. Da sie für die Theateraufführung die Requisiten aus dem Schloss nehmen durfte, konnte sie in Räume gehen, wohin sie seither nicht gekommen war. *„Fürstens"* weilten in Straßburg. Für diese Chance nahm sie die große Arbeit der Aufführung auf sich. Es beflügelte sie: *„ … große Genüsse habe ich bei meinen Streifereien über Schloßböden, Bibliotheken etc. doch schon gehabt, und der Theatersaal ist herrlich."* Zum Schluss noch einmal: *„ … mich freut am meisten, daß ich jetzt in jeden Winkel im Schloß herumstieren kann."*

Das Stück in so kurzer Zeit neben den Alltagsanforderungen zu schreiben war eine enorme Leistung. Dann aber kam erst die Hauptarbeit auf sie zu. Die ganze Inszenierung bewerkstelligte sie allein: Regie, Nähen der Kostüme, das Bühnenbild mit Requisiten.

Sie hatte in diesen Wochen zwei extreme Seiten: Da war ihre Unsicherheit gegenüber Rudolf, was ihr Stück betraf. Sie legte es ihm in schönster Reinschrift vor, nachdem sie es zuvor einem *„Versuchskaninchen"* (wohl Frau Dr. Staudenmeyer) zum Lesen gegeben hatte, das *„vorgab, ganz entzückt zu sein".* Als sie ihr Werk der Kritik ihres hochgebildeten Rudolfs überließ, hatte sie Angst: *„Vor meinem Rudolf fürchtete ich mich doch zu sehr."* Davon machte sie alles abhängig. *„Wenn ich vor ihm bestehe, so fürchte ich mich sonst vor keinem Langenburger Menschen."* Erleichtert war sie, als die „Höchste Instanz" *„auch zufrieden, sogar überrascht"* war.

Die andere Seite war ihr Hochgefühl der Wichtigkeit: *„abends bilde ich die Langenburger".* Sie konnte ihr Licht leuchten lassen. *„Ich bin sehr berühmt in Langenburg, so berühmt war ich noch nie."* Dies schrieb sie bereits zu Beginn der Proben an Gerhard.

Nach der erfolgreichen Aufführung am 24. Februar 1905 ließ Agnes ihre Mutter brieflich an allem teilhaben: *„Letzten Freitag war es sehr schön – seit der König da war, war keine solche Wagenburg vor der 'Post', schwarz wimmelte es von Menschen, daß es uns hinter den Kulissen Angst wurde. Schließlich mußten wir schließen lassen, obgleich noch viele dastanden. Im ganzen mögen es 500 Personen gewesen sein. 750 Mark habe ich an dem einen Abend dem Diakonissenhaus verdient – denn Unkosten wurden keine berechnet ... Ich hatte hinter meinem Kulissenloch arg Angst. Wenn Du doch dagewesen wärest! Du allein fehltest mir schmerzlich."*

Ihren Sohn musste sie nicht missen. Er hatte frei bekommen, was eigentlich undenkbar war. Emma und Polly hatte sie noch geschrieben: *„Gerhard bricht das Herz, daß er für den Abend nicht aus seinem Kloster entweichen kann."* Agnes wollte nichts unversucht lassen und fragte ihn: *„Ist es ganz aussichtslos, das Ephorat zu fragen, ob Du in den drei Tagen hierherkommen könntest, wenn wir auch nicht taufen? Ist das schier nicht seltener, wenn eine Mutter aufgeführt wird – taufen können alle Leute einmal, aber aufgeführt werden nicht alle."* Gerhards Antwort kennen wir nicht.

Jedenfalls hatte seine Mutter dem Herrn Ephorus geschrieben und so das Unmögliche geschafft! Gerhard bekam mitten im Schuljahr die Bewilligung für diese außergewöhnliche Heimreise. Dafür musste er allerdings viel in Kauf nehmen: Er wurde nicht für den einzigen Mittagszug von Maulbronn Richtung Heilbronn vom Unterricht befreit, sondern musste noch 1 ½ Nachmittagsstunden „absitzen". Nach 1 ½-stündigem Fußmarsch bergauf zum Mühlacker Bahnhof begann die lange Zugfahrt mit fünfmal Umsteigen, bis er schließlich um Mitternacht in Blaufelden und nach anschließendem Fußweg um 2 Uhr nachts in Langenburg ankam. Sein Vater war ihm ein Stück entgegengegangen. Als sie in Langenburg spät nachts eintrafen, sahen sie überall noch erhellte Fenster; *„fieberhafte Unruhe"* war vor dem großen Ereignis des nächsten Tages spürbar.

Die gelungene Aufführung übertraf aller und auch Agnes' Erwartungen: *„Daß es so schön werden würde, konnte ich doch nicht denken. Alle die Menschen lachten und weinten mir auf Kommando. Ich mußte ihnen immer einige Minuten Zeit lassen – zum Glück ist gerade an den Stellen die Bühne leer –, daß sie sich wieder fassen konnten."* Im Brief an die Mutter resümierte Agnes, was zu diesem *„Riesenerfolg, daß in jedem Bauernort auf 3 Stunden* (in der) *Runde man von nichts anderem mehr spricht",* beigetragen hatte. Zuerst stellte sie fest, dass sie ihn nicht ihrer *„Dichtung"* zu verdanken habe (obwohl Rudolf schon bei den Proben die lebendige Sprache des Stückes lobte): *„Sondern einem stimmungsvollen Saal ... und meinem Talent, die Leute so anzuziehen, daß sie sich selbst nicht mehr kennen vor Schönheit ..."* Sie erwähnte die gelungenen Kulissen mit allem Zubehör aus dem Schloss, denn einige Szenen waren im Schlosssaal lokalisiert. Agnes hatte sich beim Herstellen der Kostüme an die historischen Vorgaben gehalten. So saß die Darstellerin der Gräfin unter dem Ahnenbild der damaligen Gräfin, in der Aufmachung, als wäre sie dem Bild entstiegen.

Auch die Regie gelang ihr. Wie sie der Mutter berichtet, sprach die wunderschöne Gräfin *„hübsch, deutlich und ich holte nach und nach solche Herzenstöne aus ihr heraus, daß sie selbst erstaunt war."*

Agnes hatte sogar bei Clothilde bewirkt, dass dies schüchterne Mädchen, das anfangs bei ihnen nur *„gelispelt"* und *„gehaucht"* hatte, sich zutraute, *„gleich in der ersten Szene beim Öffnen des Vorhangs auf der Bühne"* als *„rührendes Kräuterweiblein"* zu stehen.

Selbst beim kirchenfernen Domänenrat Mutschler hatte Agnes einiges geleistet: In seiner Rolle [54] sollte er inbrünstig sagen *„Seine starken Engel über Euch!"* Doch nie gelang es ihm. Agnes schrieb ihrer Mutter, was sie ihm sagte: *„ 'Herr Rat, Sie glauben eben nicht an die starken Engel! Sie mögen betonen, wie Sie wollen – das fühlt man eben. Ich verlange aber gar keine besonders ausgeprägten religiösen Gefühle von Ihnen, aber stellen Sie sich einmal vor, Sie ließen alles, was Sie lieben, schutzlos zurück, allem preisgegeben, Sie können keine Hand rühren, wenn das Ärgste geschieht – wird da der Mensch nicht wenigstens seine Hand ins Dunkle hinausrecken?' "*

Agnes erklärte der Mutter, weshalb ihr diese Theaterregie so glückte: *„ ... ich habe alles einstudiert und bitte Johannes zu sagen, daß* *ich durch seine Güte diesen Sommer in Berlin soviel gelernt habe. Namentlich die größte Einfachheit in der Wiedergabe. – Gar kein theatralisches Wesen und bis auf eine Dame auch kein Pathos – alles im 'Nachtasyl' gelernt und behalten. Natürlich mußte der Stil anders sein, viel herrischer – das waren auch Menschen, vor denen trotz des augenblicklichen Elends doch noch eine Zukunft lag."*

Agnes hatte Großes als Regisseurin geleistet und viel bewirkt. Sie schrieb ihrer Mutter: *„Domänenrat Mutschler, den ich vollständig gezähmt habe – liebe Mama, wer hätte das gedacht! Die beiden, er und sie, meines Winks gewärtig. Liebe Mama, ich übertreibe kein bißchen, so unwahrscheinlich es klingt, aber die Domänenrätin – soll nur ein Mensch von ferne etwas gegen mich heraushaben wollen, und sie stürmt auf ihn her! – Das und früher! Es lebe die Mimerei."*

Noch einen weiteren Grund für den Erfolg nannte sie: *„Dann habe ich den Erfolg hauptsächlich dem Erich zu verdanken, der eine ganze Gesellschaft minderwertiger Leute herausgerissen hätte."* Sie hatte in ihrem 12-jährigen Sohn einen genialen Schauspieler, dem sie nichts beibringen musste, der alles aus sich heraus sprach, spielte und mimte, sodass er alle Zuschauer mitriss, zum Lachen oder Weinen brachte. *„Bei ihm ist alles Natur, und zwar eine vergeistigte höhere Natur, jeder Laut, jeder Ton steht ihm zu Gebot, sein feiner Körper allein in seiner Geschmeidigkeit und Anmut ist ein Genuß zu sehen. Er hatte zuerst einen Prolog zu sprechen als spukhaftes Scherenmännlein."* Er turnte wie ein Seiltänzer auf die Bühne. *„Im Saal war es dunkel, die Lampen von hinten brannten geschützt, und das rote Körperchen zuckte wie ein Flämmchen in dem grauen Geistermantel. Natürlich mußte er denselben Weg wieder zurück, schon unter riesigem Beifall …"*

In seiner zweiten Rolle überzeugte er anders. Seine *„Hauptleistung war in der letzten Szene"*. Es war eine erschütternde Szene, wo er Angst und Schmerz des Hofratssohnes in gestammelten Worten ausdrückte: *„Bei den letzten Worten heulten mir alle 400 Leute. Ihr seht also, daß leider die Dichterin nicht schuld war an dem Erfolg, sondern die einmal und nicht wiederkehrende Möglichkeit, solche Kinderangst und Schmerz, die uns ja immer mehr ergreift als die Leiden der großen Leute, durch ein Kind selbst dargestellt zu sehen."*

War Erich nun der kleine Held des Abends? Nein, denn sein Name erschien nirgends. Es bestand auch ansonsten keine Gefahr, dass ihm der Ruhm zu Kopfe stieg, wie Agnes der Mutter schrieb: *„Weil er die Sache so ernst mimt, ist er auch gar nicht eitel oder eingebildet geworden – er mußte natürlich nachher sofort bei guter Zeit ins Bett –, weil er nicht künstlich hinaufmontiert ist zu so etwas, so ist er gerade so lächelnd nachher, wie wenn Didi seinen Geigenbogen sinken läßt und sofort wieder Baby ist."*

Sie hatte Erich diesen Auftritt anscheinend nicht für die Förderung seines schauspielerischen Talents ermöglicht, sondern nur *„als Gegengewicht gegen die entsetzliche Schullangeweile. Ich kann ihn doch nicht ganz darüber verkommen lassen."* Erich war bei der Nachfeier in der „Post" nicht mehr dabei. Die anerkennenden Reden und den Dank an die Verfasserin hörte er nicht. Gerhard hingegen konnte stolz auf seine Mutter sein und brachte es auf den Punkt: *„Mama jetzt bist Du die Königin von Langenburg."*

Die gelungene Theaterinszenierung führte nach sich, dass Agnes einen neuen Auftrag erhielt: *„Nun soll ich ihnen, den Langenburgern, eine Schillerfeier herrichten, womöglich wieder ein Stück dichten – weil man so etwas nur aus dem Ärmel schüttelt. Die Schillerfeier soll so sein, daß man noch nach 50 Jahren davon spricht, wie von der letzten Anno 1859, die auch so schön gewesen sein muß ..."*

Als die Kritik über die gelungene Wohltätigkeitsveranstaltung in den Zeitungen erschien, schickte Agnes die Artikel an Gerhard: *„Lese und beherzige den beiliegenden Vaterlandsfreund! Er ist sehr schön. Es kam auch im 'Merkur', es erinnern sich manche Leute nun meiner, und ich bekomme Briefe, die mich freuen. Es war doch recht schön, so schön wird es nie mehr."* Anfang März schrieb sie ihm: *„Schiller liegt noch im argen, ich habe aber manches liebes Zeichen bekommen, von Blaubeuren etc., das mich gefreut hat. Der Fürst hat sich eine Abschrift des Stückes Alt-Langenburg erbeten, dann werde ich auch in den Haller Blättern berühmt, weil Pfarrer Waisser Herrn Pfarrer Schweikhardts Artikel dort hat abdrucken lassen ..."* Pfarrer Schweikhardt war Pfarrer von Bächlingen, er bediente verschiedene Zeitungen („Merkur", „Vaterlandsfreund", „ev. Gemeindeblatt für Langenburg") mit Artikeln.

Auf den Bericht in den „Haller Blättern" musste Agnes lange warten, und berühmt wurde sie dadurch auch nicht. Der Artikel kam erst in der Herbstausgabe.[55] Zuerst wird allgemein für die bis zum 1. August eingegangenen Gaben gedankt. Nach allgemeinen Worten kommt endlich die Langenburger Aufführung an die Reihe: „*Am Abend des 24. Februar, so schreibt das 'Ev. Gemeindeblatt für Langenburg', war eine dichtgedrängte, festlich gestimmte Menge, die aus der näheren und ferneren Umgebung herbei gestömt war, in dem von S. D. Fürsten Hermann zu Hohenlohe-Langenburg für diesen Zweck eingeräumten Festsaale des Schlosses versammelt, um eine anderthalbstündige K o n z e r t a u f f ü h r u n g und nach kurzer Pause die Darstellung des historischen Stückes 'A l t - L a n g e n - b u r g ' entgegenzunehmen.*" Dass ein Konzert vorausging, war in Agnes' veröffentlichten Briefen nicht erwähnt worden. Wir erfahren hier, dass „*Kirchenchor und Frauenchor unter ihren Leitern, Herrn Präzeptor Dautel und Frau Oberamtsarzt Staudenmayer[56], ihr möglichstes taten*". Die Gesangssolisten und Instrumentalisten wurden mit Namen genannt. „*Alle Mitwirkende gaben sich so ganz an ihre Aufgabe hin und hatten diese so sympathisch erfaßt, daß ihnen der reichste Beifall zu teil wurde. Besonderer Dank gebührt Frau Oberamtsarzt Staudenmayer, die die Vorbereitungen und Oberleitung der gesamten musikalischen Aufführung übernommen hatte. Nach kurzer Pause begann die Vorstellung ...*" Ausführlich wird die Handlung des Stückes mit den in Klammer gesetzten Namen der Darsteller geschildert. Erich wird nicht genannt. Sein großes schauspielerischen Talent bleibt unerwähnt. Anders ist es bei den erwachsenen Laienspielern, ihr Spiel wird mit Namensnennung und Titel jeweils hervorgehoben und gewürdigt. Schließlich folgt die allgemeine sehr positive Kritik: „*Schon der Umstand, daß das Spiel im Saale des Schlosses vor sich ging, das die Kämpfe jener Tage umtobt hatten, machte es sehr stimmungsvoll. Vollends aber die Hingebung aller Mitwirkenden und ihr harmonisches Zusammenspiel sicherten ihm einen bleibenden Eindruck ...*"

Erwähnt wird dann „*das gesellige Beisammensein der Mitwirkenden und der Besucher im Saale der Post, bei dem der Dank für alles Gebotene zum Ausdruck kam*". Man erfährt, dass der Vorstand des Diakonissenhauses, „*Herr Pfarrer Weißer*", persönlich erschienen war und Gelegenheit fand, „*seinen Dank für den seiner Anstalt be-wiesenen Liebeseifer*" auszusprechen. Der Ertrag der Feier wird genannt, „*er beträgt einschließlich der reichen Gaben des fürstlichen Hauses 745 Mark*". Der „*besondere Dank*" am Schluss gebührt „*dem Veranstalter des Ganzen, Herrn Domänenrat Mutschler … für alle Bemühungen*". Und Agnes? „*Die Verfasserin des Stücks 'Alt-Langenburg' ist Frau Dekan Günther hier.*"

So wenig Würdigung für Agnes' Leistung? Nur eine rundherum gute Kritik für die Aufführung. Ob es ihr Wunsch war? Gab es eine Absprache mit dem Berichterstatter Pfarrer Schweikhardt? Wie Erich sollte sie vielleicht auch selber nicht groß herausgestellt werden. Für Agnes galt Bescheidenheit als eine Tugend. Aber wie passt dies zu ihren Aussagen: „*Jetzt bin ich berühmt! So berühmt war ich noch nie!*" Hier erkennen wir eine innere Diskrepanz.

Nachfolgende Arbeiten und Tod der Freundin
Anschließend war Agnes mit der Abschrift ihres Stückes für den Fürsten in schönster Schönschrift beschäftigt. Auch machte sie sich Gedanken zu einem Schillerstück, las viel darüber und überlegte, wie sie es angehen sollte. Sie schrieb an Gerhard: „*Ich 'schillere' heftig, d.h. ich lese viel über Schiller. Bin aber in gelinder Verzweiflung, weil ich zu den Schillerszenen keine Leute habe.*" Agnes fühlte sich mit der Aufgabe ziemlich allein gelassen. „*Frau Doktor macht mir so gräßlich geschmacklose musikalische Vorschläge! Alle Leute hier sind so sehr ungebildet, was wissen die von Schiller – nichts. Und wenn die Begeisterung so mühsam zusammengepumpt werden muß! Wie paßt der Schillersche Überschwang? … Schiller wäre schon irgendwie beizukommen, wenn man nur die Menschen hätte, ein paar Studenten! Und alles wäre gerettet.*"

Bei ihrem großen Arbeitsaufwand im ganzen Februar hatte Agnes nicht viel Zeit für Frau Pf. Betz gehabt. Erst nach der Aufführung konnte sie die Freundin wieder besuchen. Agnes schrieb im März an Gerhard: „*In Herrenthierbach geht es eher besser. Zu seltsam …*" (Leider wurde der Brief nicht weiter von Gerhard Günther veröffentlicht.) Zum Glück ging es ihrer Freundin besser!

Umso heftiger traf Agnes die Todesnachricht: Am Samstag, den 11. März [57], war die Freundin gestorben. Am 23. März 1905 schrieb sie nach Lichterfelde: *„Tief betrübt sind wir alle durch den Tod der lieben Frau Pfarrer Betz – tief – betrübt – es war schrecklich, an dem Sarg zu stehen, der das holde junge Leben, das Mutterherz – barg – ich wurde auch gleich krank nachher und bin erst jetzt wieder etwas instand. Es ging zuletzt sehr schnell – ein Blutsturz und in wenigen Minuten zu Ende. Das arme Wurm von einem Kind lebt noch – und hat es scheint's noch eine Weile im Sinn."* Auch Rudolf ging dieser Tod nahe. Er hatte die Beerdigung gehalten.

Im Erinnerungsbuch beschreibt Gerhard Günther ein schockierendes Erlebnis mit seiner Mutter, das er jedoch nicht selber gehabt haben kann. Er berichtet, wie sie von der Beerdigung von Frau Pf. Betz heimkam. Mitte März gab es jedoch noch keine Osterferien, da Ostern in diesem Jahr erst am 23./24. April[58] war. Ich übernehme seine Schilderung, doch muss es sein Fantasiebild sein. Er hat sich vielleicht eine Schilderung, die er in den Osterferien von Agnes selbst oder von einem Familienmitglied bekommen hatte, so stark vorgestellt, dass er es als etwas Selbsterlebtes speicherte.

In seinem Buch ist zu lesen: *„Die Frau unseres Freundes Pfarrer Betz, die meine Mutter sehr geliebt hatte, starb, während ich zu den Osterferien zuhause war. Ich war nicht bei der Beerdigung. Bei der Rückkehr von dieser Beerdigung war die Mama in beängstigender Weise erregt; ich mußte sie in ihr Zimmer begleiten, wo sie sich das Kleid, das sie bei der Beerdigung angehabt hatte, fast vom Leibe riß. – Sie erzählte dabei in einer unheimlichen Erregung von dem Friedhof in Herrenthierbach, über den Regenwolken hinweggefegt seien. Sie war dem Weinen nahe, konnte kaum sprechen, und während sie an ihrem Kleid zerrte, sagte sie: 'Wie ich an dem Grab gestanden habe, da kam ein langer lehmgelber Arm aus der Erde hervor und zerrte und riß an meinem Kleid. Jawohl, er wollte mich herunterreißen in das Grab.'"* Er schrieb als Erklärung dazu: *„Mir ist diese Szene so bedrängend in Erinnerung geblieben, weil das ahnungsvolle Wissen um ihr eigenes Krankheitsschicksal sich in dem furchtbaren Bilde zugleich offenbarte und verbarg."*

Trotz der Trauer und Erschütterung durch den frühen Tod ihrer Freundin – die nur 32 Jahre alt geworden und fast auf den Tag zehn Jahre jünger als sie war (* 20. Juli 1873) – schrieb Agnes zielstrebig ihr Theaterstück für die Schillerfeier im Mai. Es wurde ein interessantes Stück. In jeder Szene setzte sie ihr gesamtes „Schiller- und seine Zeit"-Verständnis in Handlung um.

Für die Proben bekam Agnes unerwartet Unterstützung durch Bertie (Albert) Zeller, der erneut bei ihnen auf der Durchfahrt hereinschaute. Er half ihr, die Männerrollen einzustudieren, und spielte u.a. selber den jugendlichen Schiller. Sie erklärte ihrer Mutter: „... *ich wäre ohne ihn nicht zu Streich gekommen mit meinen vielen Herren. Die Herren einzustudieren ist für eine Dame schwer. Ach wenn Du dagewesen wärest. Der Bertie wurde gleich doppelt verwendet.*" Erich spielte wieder „*herzig wie immer*" und „*zwei Arme voll Schokoladeschachteln brachte er nach Hause*". Wieder brauchte sich Agnes keine Sorge zu machen, der „Ruhm" stiege ihm zu Kopfe: „*Er macht sich übrigens recht wenig aus der allgemeinen Bewunderung. Gegenwärtig hat er das ganze Aquarium voller Kaulquappen, die freuen ihn riesig. Und die ganze Katzenwirtschaft.*"

Clothildes Zeit bei Agnes war indessen zu Ende. Agnes schrieb der Mutter, wie es jetzt mit ihrem Hausmädchen ging: „*Mein Fräulein Julie kann schon nett kochen, ist recht pünktlich und eifrig, aber natürlich, es ist schon ein Übelstand, wenn man nie auch nur einen Strumpf gewaschen kriegen kann. Meine Blusen mache ich selbst, ein Glück, daß die Scheiterlein*[59] *noch da ist.*" Ihre Mutter kannte Agnes' schmutzige Gartenkleider und helle Blusen zur Genüge, da sie diese damals für Agnes waschen musste.

Von Pf. Betz schrieb Agnes: „*Um Herrn Pfarrer Betz nehmen wir uns treulich an, er verkommt sonst ganz in seiner Einsamkeit, der Arme! Ich sehe auch von Zeit zu Zeit nach den Kindern ...*" Mehr wird in Gerhard Günthers Erinnerungen nicht veröffentlicht.

Noch einmal am selben Grab

Bereits am 6. Juni 1905 starb die kleine Erika Betz. Sie war nie richtig lebensfähig gewesen, brauchte von Anfang an viel Pflege, in den letzten Wochen jedoch war es anders geworden: „*Gerade die letzten Wochen schienen neues gesundes Gedeihen zu bringen*", meinte Rudolf in seiner Traueransprache, die er folgendermaßen begonnen hatte: „*Leidtragende Freunde! Noch kein viertel Jahr ist es her, daß wir an derselben Stelle gestanden sind und letzten Abschied ge-*

nommen haben von einem treuen Leben. Damals ist die Mutter ins Grab gesunken und heute betten wir ihr zur Seite ihr Kind ..." Am Ende seiner einfühlsamen Ansprache wandte er sich direkt an Gott: *„Erhalte und stärke die Gewißheit, daß denen, die Gott lieben, alle Dinge zum Besten dienen müssen, daß nicht Leben noch Tod uns scheiden kann von deiner Liebe in Christo. Amen."* [60]

Nun lag auch dieser schwere Tag hinter ihnen. Mit dem Freund hatten Günthers tiefstes Mitgefühl und besuchten ihn jetzt öfters.

Renate Lepsius zu Besuch – ein intensiver Schreibsommer

Im Sommer 1905 hatte Agnes eine erfreuliche Zeit. Sie bekamen Besuch von Renate Lepsius. Da Agnes noch einmal nach Maulbronn fahren wollte, bevor Gerhards Zeit dort um sein würde, machten sie und Renate die Fahrt gemeinsam. Es wurde ein schöner Besuch bei Gerhard, der ihnen die weitläufige Klosteranlage zeigte und erklärte.

Auch in Langenburg und Umgebung sollte Renate alle schönen Plätze kennenlernen. Begleiten wir Agnes und Renate bei einem ausgedehnten Spaziergang auf der staubigen Landstraße über Atzenrod bis in die Nähe der Domäne Ludwigsruhe. Das fürstliche Sommerschlösschen und der Bauernhof waren hinter der Mauer zu sehen, auch der große Wildpark. (Dieser Park war der Ort, wo Rosmarie auf der Insel des kleinen Sees ihre Grabstätte bekommen sollte. Agnes verwandte den früheren Namen dieser Domäne: „Lindenbronn".) Renate und Agnes verließen an der nächsten Kreuzung die Landstraße und nahmen den schmalen Fahrweg Richtung Brüchlingen. Bald sahen sie die prächtigen alten Eichen mit den knorrigen Ästen auf den „Schweizer Wiesen". (Später beschrieb Agnes diese für ihre Leser.) Sie machten Rast am „Kalten Brunnen", den Agnes „Kühlen Brunnen" nannte. Hier gab es Unmengen Walderdbeeren. (Im Roman wird „Seelchen" hier für Harro Erdbeeren auf einen Grashalm spießen und viele Jahre später werden Rosmarie und Harro dorthin am Tag der Verlobungsfeier ihre Spazierfahrt machen.) Wieder auf dem Weg Richtung Langenburg kamen sie an den „Lichten Eichen" vorbei, uralte Baumruinen. Sie wählten den Weg zum „Waldhaus", dem fürstlichen Jagdhäuschen, zu dem Günthers einen Schlüssel hatten. Es war schön unter dem großen Kastanienbaum, nachdem sie sich oben in der Stube mit den hellen Fenstern umgesehen hatten! In der Ecke stand ein Ofen und das Mobiliar lud zum Verweilen ein. Agnes kannte das Zimmer gut. Sie würde in nächster Zeit, wenn Renate wieder heimgefahren wäre, sich in diese Waldeinsamkeit zurückziehen. Jetzt saßen sie unten im Schatten der Kastanie. (Später wird Agnes im Roman Rosmarie mit Harro und ihrem Baby die schönsten Sommerwochen hier im Waldhaus am Rand der Römerwiese[61] verbringen lassen.) Agnes erzählte Renate manche Geschichte: Von Gisela, von den Romanplänen, die nun zurückstehen müssen, da sie erst ein Theaterstück schreiben würde. Es sollte „Die Hexe" heißen. Doch von ihren „unsichtbaren Freunden" und von „Gisela", die in engem Zusammenhang mit dem Stück stand, verriet sie der liebenswerten, intelligenten Renate nichts.

Viele schöne Tage wurden ihnen geschenkt. Doch einmal musste Renate eines jener heftigen Langenburger Gewitter miterleben. Sie sah gemeinsam mit Gerhard (der in den Ferien zu Hause war) vom „Turm" aus, wie sich die Gewitterfront zusammenballte und alles zunehmend bedrohlich wirkte, bis dann der erste grelle Blitz vor ihren Augen in Bächlingen in einen Bauernhof einschlug und es zu brennen begann. In den Wochen, in denen Renate bei ihnen war, ging Agnes und Renate der Gesprächsstoff nicht aus.

Nachdem das junge Mädchen abgereist war, empfand Agnes das *„Leben nun lange nicht so unterhaltlich wie in der Zeit",* als sie bei ihnen gewesen war. Agnes nützte die ruhigen Sommertage, ging in ihr Gartenhäuschen, setzte sich an die Nähmaschine und begann mit ihrer Näharbeit. Doch dann ließ sie es ruhen, lief in das stille Waldhaus und schrieb weitere Szenen für das neue Theaterstück. Die Szenen, die sie vor Augen hatte, waren teilweise erschütternd. Agnes schrieb Dialoge, die sie hörte, auf; vorerst nur Fragmente, meist Gespräche in einem bestimmten Zusammenhang. Schon etliche Hefte hatte sie gefüllt. Mit der Zeit sollte es das zusammenhängende Theaterstück geben, von dem Renate schon einiges wusste.

Heute sieht man am Wanderparkplatz die große Wegekarte mit dem Eintrag „Agnes-Günther-Haus". Es ist jenes Jagdhaus, in dem Agnes sich so gern aufhielt. Hat man zum „Waldhaus" gefunden, liest man dort auf der Gedenktafel, sie habe hier ihren berühmten Roman geschrieben. Das trifft nicht zu, hier schrieb sie ihre anderen Texte.

Auch in Langenburg hängt am ehemaligen Spielplatz der früheren Kinderschule unterhalb des heutigen Areals des „Rumänenhäusles" die Gedenktafel „Agnes-Günther-Platz". Man kann hier ebenfalls lesen, dass an dieser Stelle Agnes Günther „Die Heilige …" geschrieben habe. Falls sie hier wirklich einmal geschrieben hat, waren es Briefe oder Texte zu ihrem „Hexen-Thema".

Von älteren Menschen aus Langenburg und Umgebung kann man noch Anekdoten zur dichtenden Dekanin hören. Nachdem sie drei erfolgreiche Theaterstücke geschrieben und sie mit den Langenburgern aufgeführt hatte, nahm man sie als dichtende „Frau Dekan" wahr. Als „Die Heilige …" berühmt wurde, erinnerten sich die Leute gut an die bemerkenswerte Frau, deren Rocksaum oft heruntergetreten war. Man sprach von ihr. Auch dass der Staub am späten Vormittag noch auf dem Buffet im Salon der Frau Dekan lag, wird nach mehr als 100 Jahren weitererzählt. Aber sie war etwas Besonderes und nicht mit gewöhnlichem Pfarrfrauenmaß zu messen.[62] Inzwischen waren die Langenburger stolz auf sie. Die Fotos der Theateraufführungen wurden in mancher Familie gehütet und weitervererbt – und werden dies heute noch.

Agnes und ihre „Gisela" – der Stoff des „Hexendramas"

Welche Inhalte beschäftigten Agnes in dieser Zeit? Welcher Art war der Stoff des neuen Dramas? Lesen wir es im Zusammenhang: Es ging um die „Gisela", deren Vorgeschichte in die Dialoge des Theaterstückes floss. Die wunderschöne Grafentochter wuchs elternlos (Vater im Krieg gefallen, Mutter früh gestorben) von einer Wärterin behütet in ihrer ererbten Burg „Thorstein" auf. Diese Burg war ein Lehen des Grafen von Brauneck, der nicht weit entfernt wohnte und ein Kriegskamerad ihres Vaters gewesen war. Auch wenn sie ohne eigene Familie aufwuchs, war sie nie einsam: Sie sprach in ihrem Burggarten mit den Blumen, allen Tieren, dem Schlangenkönig und den Pflanzen. Mit den Naturwesen lebte sie in Freundschaft.

Gisela beherrschte als junges Mädchen (wie Agnes) die gärtnerische Kunst des Okulierens (Pfropfen). In ihrem Garten wuchsen auf diese Weise weiße und rote Rosen an einem Strauch. Dieses Phänomen und Giselas Schönheit (langes, blondes, glänzendes Haar, tiefblaue Augen, die klar und wahrhaftig strahlten) verwirrte das Landvolk. So kam sie in den Ruf, eine Hexe zu sein. Dabei war sie zu jedermann arglos und freundlich.

Der Glaube, Gisela sei eine Hexe, nimmt unter der Bevölkerung zu. Langsam werden die Leute aggressiv. Die junge Gräfin wird durch den alten Graf Krafft von Brauneck zum Schutz vor dem Landvolk – gegen ihren Willen – für etwa zehn Wochen in Gewahrsam genommen. Sie ist auf Burg Brauneck einsam und hat keine Kontakte. Der alte Graf will sie nicht sehen und nicht anhören, da auch er ihre Zaubermacht fürchtet. Das Gerücht, sie sei eine Hexe, bekommt durch die lange Schutzhaft Nahrung. Sonst würde sie nicht so lange auf der Burg festgehalten. Deshalb muss der Graf endlich entscheiden und ein Verhör anberaumen. Wegen ihrer vornehmen Herkunft bleibt sie vom „hochpeinlichen Gericht" verschont.

Ein Unwetter, das die ganze Ernte vernichtet, bestärkt die Gerüchte. Die verzweifelten Bauern glauben, die Hexe sei für das Unglück verantwortlich. Der Graf beauftragt seinen Hofprediger herauszufinden, was an den Gerüchten wäre. In diesen Tagen kommt der junge Grafensohn nach Abschluss seiner Studien von der Universität Straßburg zurück, er studierte dort Rechte und Musik. Sein Vater befürchtet, die wunderschöne Hexe könne über ihn Macht bekommen. Jedoch erkennt der Hofprediger beim Verhör, dass Gisela eher eine Heilige als eine Hexe ist. Er ist von ihrer Unschuld überzeugt. Der Graf schenkt ihm keinen Glauben und will Gisela vor seinem Sohn verstecken. Wenigstens für eine Nacht wird sie ins Burgverlies gesperrt, ins Gewölbe vor der Folterkammer. Von dort würde sein Sohn selbst die schönste Hexe nicht mehr heraufholen.

Dort unten haust ein finsteres Weib, von deren Existenz der Graf nichts weiß. Sie ist die Frau des Schließers und will mit allen Mitteln von der schönen Gefangenen ihr Hexenwissen erfahren. Vor allem geheime Zaubersprüche will sie aus ihr herauspressen. Deshalb quält sie Gisela. Doch Gisela kann ihr keine Zaubersprüche sagen, deshalb wird sie weiter gefoltert. Auch jetzt erfährt das „Scheusal" nicht, was es hören will. Dafür kommt ein Kirchenlied auf Giselas Lippen: „Jerusalem, du hochgebaute Stadt, ich wollt, ich wär in dir …" Zum Trost erscheinen Gisela Lichtgestalten. Es sind Märtyrerinnen, die Hl. Dorothea, die Hl. Blandina, die auch Folterungen erlitten haben. Zuletzt kommt der „Engel Leiden".

Diese Szene war ungeheuerlich: Der „Engel Leiden" verlangt von Gisela, sie solle ihre Peinigerin von deren Wahn befreien. Als das „Scheusal" endlich mit der Quälerei aufhört und ihrer Gefangenen einen Becher Wasser reicht, taucht die fiebernde, geschwächte Gisela ihre Hand hinein. Sie zeichnet das Kreuz der Vergebung auf die Stirn der Frau, voller Mitgefühl für dieses unglückliche, neidische Weib, das in solcher Gottesferne dahinexistieren muss.

Nun kommt es zur Rettung und Flucht. Der Grafensohn holt die schwerverletzte Gisela mit Hilfe seines treuen Knechtes aus dem Gewölbe. Er reitet nachts mit der ohnmächtigen Gisela in wildem Ritt, um ihr Leben bangend, zum Jagdschloss Schweigen. Gisela wird dort während vieler Wochen von der liebevollen „Frau Trost", der Frau des Kastellans, und ihrem Enkelkind, dem Mädchen „Engela", betreut. (Das waren die ersten Bilder in Tierberg, die Agnes vor vielen Jahren gesehen hatte.)

Lange liegt Gisela in ihren Schmerzen. Ein Gespräch mit dem „Engel Leiden" zeigt, dass Heinz sie hätte rechtzeitig aus dem Gewölbe entführen können. Doch er wurde daran gehindert durch den „Engel Leiden". Wie sollte das verstanden werden?

Das Gespräch gehört auf keinen Fall in das Theaterstück für die Langenburger. Agnes notierte sich das fragmentarische Gespräch in ihr Heft. Es heißt: „Wie Gisela mit dem Engel Leiden stritt."[63]

In einer neuen Szene spielt der junge Graf Heinz von Brauneck mit der Laute und wirbt um Giselas Liebe. Aber sie ist die Gefangene seines Vaters, der Hexerei bezichtigt, ohne Ansehen und Ehre. Sie will sich ihre Liebe zu ihm nicht gestatten. Als es ihr besser geht, bittet sie Heinz, sie zu verlassen. Er solle aber seinen Vater bewegen, zu ihr zu kommen, um ihre Ehre wiederherzustellen.

Als Heinz in Brauneck ist, kommt die Meute der Bauern nach „Schweigen". Alle neuen Unglücksfälle soll die Hexe sühnen. Das Volk will die Burg überfallen und die Hexe lynchen.

Gisela lässt das Tor öffnen und tritt der Meute entgegen. Dialoge hin und her. Es geht um ein todkrankes Kind, an dessen baldigem Tod Gisela Schuld tragen würde. Wenn es dem Kind helfen könnte, wollte sie lieber selber sterben. Um dies zu zeigen, verlangt sie nach einem Messer. Die Mutter des todkranken Kindes reicht ihr einen Hirschfänger, der ihr selber gereicht wurde. Gisela ergreift die Hand mit dem Hirschfänger, richtet das Messer auf ihre eigene Brust und heißt die Frau zuzustoßen, wenn sie glaube, dass dadurch ihr Kind gerettet werde. Die Frau lässt das Messer fallen. Jetzt legt Gisela ihre Arme um die Frau. Sie ist froh, dass die Frau nicht zur Mörderin wurde, fragt nach dem Namen des Kindes und schickt sie mit einem Gebet, das sie für ihr Kind sprechen solle, nach Hause. Die Frau rennt weg, um zu ihrem Kind zu kommen, doch der Tumult geht weiter.

Schimpfende, aufgebrachte Bauern. Der Jäger, angestellt beim Grafen und für Giselas Sicherheit zuständig, will sie verteidigen. Gisela verbietet es ihm. Das „Hex-Hex"-Geschrei nimmt zu, das Volk will sie brennen sehen. Reisig wird zusammengetragen.

Gisela wird immer heftiger angegriffen. Sie verlangt vom Jäger, er solle sie auf das Reisig heben. Er macht es. Oben kniet sie hin. Der Jäger steigt auch auf den Reisighaufen, stellt sich neben sie. Doch Gisela will das nicht. Sie sorgt dafür, dass er heruntergeholt wird. Ein schweres Hin und Her unter den Leuten. Sie sind uneins, ob noch ein Vaterunser für die Hexe gebetet werden soll oder nicht.

Irritation über Gisela. Dann die Botschaft der glücklichen Mutter, ihr Kind sei gesund. Die Menschen erkennen, sie wären fast an Gisela schuldig geworden, die keine Hexe, sondern eine Heilige ist.

Die Szene, in der Heinz mit seinem alten Vater eintrifft, führt zum glücklichen Ende. Gisela wird nun die Grafenbraut.

So weit der Inhalt des Hexendramas, das sie bis zum 15. Dezember 1905 fertig schreiben sollte.

Das Leben bringt allerlei

Vorerst kam Agnes nicht mehr zum Schreiben. Anfang September 1905 schickte sie Renate noch den Entwurf ihres ersten Aktes, damit diese sich ein Bild von ihrer schreibenden Tante machen und an ihrer schriftstellerischen Arbeit teilhaben konnte. Sie berichtete ihr voll Freude, von Pf. Schmitthenner (ein erfolgreicher Schriftsteller, den sie persönlich kannte), dem sie ihr Schiller-Stück zugeschickt hatte, sei eine positive Reaktion gekommen. Im Brief an Renate lesen wir: *„Herr Schmitthenner hat mir meinen Schiller zurückgesandt mit einem sechs Seiten langen Brief. Er spricht sich mehr als anerkennend darüber aus, ja beide Herren der Familie zweifelten*

daran, ob sie mir den Brief, den sie zuerst lasen, auch geben könn-
ten, sie fürchteten, zuviel Lob könnte mir in den Kopf steigen."

Was sollte Agnes mit dem Schillerstück machen? *„Ich weiß aber*
deshalb doch nicht, was ich mit dem armen Biest anfangen soll ..."

Es wurde nie veröffentlicht und ging verloren. Immer wieder gibt
es Schillerjahre. Vielleicht hätte eine Schulklasse oder ein kleines
Ensemble Agnes' Stück „Vor dem letzten Schritt"[64] gern aufgeführt.

Im Augenblick war trotz aufbauender Anerkennung nicht ans Weiterschreiben zu denken. Wie in jedem Frühherbst hatte sie Nähar-
beiten an der Winterkleidung zu bewältigen. Gerhard sollte gut
ausgestattet nach Blaubeuren ins neue Seminar gehen. Seine
Klasse (inzwischen in der Oberstufe) wechselte zu Schuljahrsbeginn geschlossen dorthin.

Lästig war die unumgängliche Einquartierung zum Manöver ins
Haus, wie Renate in Agnes' Brief darüber las: *„Ich bin im besten*
Nähen zuerst von der wilden Soldadeska gestört worden, die vier-
zehn Tage lang dermaßen sich in dem winzigen Häuschen breit
machte! Stets zwei Offiziere (jeder ein eigenes Zimmer) und zwei
Burschen, und alle wollten alle Augenblicke etwas anderes. Du
wirst mit Recht fragen, wie ich das gemacht habe? Nun, in dem
großen Zimmer, in dem Du warst, schlief ein Offizier, in Onkel Ru-
dolfs Schlafzimmer der andere, das untere Zimmer neben dem
Salon hatten zwei Burschen inne. Rudolf schlief in meinem Bett in
meinem Zimmerchen, ich neben ihm in Erichs Kinderbett, Erich
auf dem Salonsofa und Gerhard auf dem oberen Boden. Die
Schlepperei, bis alles soweit war, kannst Du Dir denken! ... Zudem
mußte ich die ganze Bühne (Boden)[65] putzen, um dieselbe für Ger-
hard zu einem menschenmöglichen Aufenthalt zu machen."

Gerhard konnte dort aber nicht ruhig schlafen: Nacht für Nacht
spukte es auf dem Dachboden. Zuerst behielt er es für sich. Agnes
fiel nur auf, dass er immer sehr kleinlaut zum Schlafen hinaufging
und über den „Zug" klagte. Erst als sie meinte, so ein bisschen Zug
dürfe einem zukünftigen Soldaten nichts ausmachen, erzählte er von
dem Kobold- oder Gespensterzug, den er Nacht für Nacht mitbe-
käme. (Emma hatte den auch einmal erlebt.) Ab jetzt durfte Gerhard auf der Gartenliege im roten Salon schlafen und war sehr dank-

bar. Agnes schilderte Renate den Spuk anschaulich: „*Unsichtbare Leute hüpfen die ganze Nacht um den Gerhard herum, mit ganz weichen Füßen tappten sie hinter einander her.*" Machte er Licht, war es still und er sah nichts, „*löschte er es, liefen sie weiter*". Auch die Katzen, die er als Trost mitgenommen hatte, fürchteten sich.

Sie sprachen nicht von Gespenstern, sondern nur von den „Bühnenkerlen", so nannten sie die unsichtbaren Leute. Agnes übernahm Gerhards Erlebnis ins Buch: Hier erlebte es der arme Alfred, der Bruder der Fürstin, in den Nächten vor dem Schuss auf Rosmarie im Schloss Brauneck. Nachdem Rosmarie schwer verwundet war und er geholfen hatte, sie nach Hause zu bringen, schlief er einige Tage im Schloss Thorstein. Nun war die Frage, ob er wieder nach Schloss Brauneck zurückkehren solle: „*'O Gott nein!' rief Alfred mit solchem Entsetzten, daß Harro staunte. 'Niemals wieder. Ich könnte nicht ... meine Nerven hielten es nicht aus. Es spukt in Brauneck. Entsetzlich spukt's. Dreimal hatte ich mein Schlafzimmer gewechselt. Es tappt in den Gängen, es seufzt. Es knarrt auf den Treppen, die Galerien zieht es auf und ab. Ich habe einmal deutlich zehn Leute hintereinander den Prinzessinnengang hinuntergehen hören. Meinen Sie nicht, ich habe etwa nur die Decke über die Ohren gezogen – nein, ich habe das Licht angeknipst und bin herausgegangen. in den Gang, blitzschnell ... alles taghell und leer ... Nur die Bilder zwinkerten. Ich drehe aus und gehe wieder hinein. Oh, die sind nur auf der Stelle stehengeblieben, wo sie standen, als das Licht kam. Und gehen nun weiter. Schwere Füße, leichte Füße.'*" Die eingebaute Spukgeschichte hat im Roman verschiedene Funktionen. Eine davon ist, die dramatische Zuspitzung aufzuzeigen, da selbst die Geister im Heimatschloss der Rosmarie unruhiger sind als zuvor.

September 1905: Blaubeuren und Gerhards Sturz

Als Gerhard zum Schulbeginn nach Blaubeuren fuhr, begleitete Agnes ihn. Sie verband die Fahrt mit einem Besuch bei ihren „Bleich-Freunden". Gleichzeitig konnte sie sehen, wie sich Gerhard im Internat einlebte. Lustig war es für beide, als sie in der Eisenbahn unbeabsichtigt ein Gespräch mithörten: Einquartierte Soldaten hatten während des Manövers in einem Geisterhaus übernachtet. Wie sich herausstellte, sprachen sie vom Dekanat in Langenburg.

In den paar gemeinsamen Stunden, die Agnes mit Gerhard in Blaubeuren verbringen konnte, wurde sie Zeugin seiner waghalsigen Klettereien an den schroffen Kalkfelsen, wobei er sich mit bloßen Händen Stück um Stück hochzog. Einerseits zitterte ihr Herz vor Angst, andererseits war sie stolz auf ihn und vertraute seinen Schutzengeln (er brauchte mehr als einen, wie sie meinte). Sie schrieb ihrer Mutter: *„Da solltest Du ihn an so einem Felsen kleben sehen, die beherrschte Kraft, die Vorsicht, der kühne Schwung über so einen Zacken, und dann steht er oben, gegen den blauen Himmel, so sah ich ihn oft … Ich habe ihm nie gewehrt."*

Nicht beim Klettern passierte Gerhard Ende der ersten Woche ein Missgeschick mit langwierigen Folgen: Er glitt in der Mittagspause auf einem steilen Bergpfad oberhalb des Klosters aus und zog sich eine heftige Sehnenzerrung zu, die ihn für Wochen ans Bett in der abgelegenen Krankenstube fesselte. So etwas geschah ihm nun zum dritten Mal an der Schwelle eines neuen Lebensabschnittes. Agnes war froh, wenigstens bei ihm zu sein und ihn pflegen zu können. Sie beschrieb Rudolf die unbefriedigende Situation der ausgelagerten Krankenstube und bekam sogleich seine Antwort: *„Es ist mir auch eine Beruhigung, Gerhard nicht bloß in der mehr als prekären Seminarpflege zu wissen. Man wird doch von dieser klösterlichen Einrichtung der Krankenstube für alle ernsthaften Fälle auch absehen müssen und den Seminaristen zuwenden, was jeder Arbeiter hat."*

„Solange also Dein Bleiben angebracht ist oder erwünscht"

Aus diesem Grund blieb Agnes länger als vorgesehen in Blaubeuren, was ihr nach dem überstandenen Tumult der Manövereinquartierung gut tat. Dagegen war es für Erich hart, dass die Mutter so lange wegblieb. Agnes las in Rudolfs Brief: *„Wir leben sehr still, nur Erich fragt täglich: 'Wann kommt Mama?' Es ist ihm langweilig …"* Rudolf hingegen war es nicht langweilig, er hatte jede Menge Arbeit und Termine. *„Die letzten Tage waren unruhig, Schulkonferenz, Schulprüfung, Missionsfest etc. Namentlich der gestrige Tag war lang, 2 ¼ Stunden nachmittags in der Kirche, nachher 2 ½-stündige Sitzung in der Post, mein spezielles Sonntagsvergnügen, und abends hatte ich den Herrn Missionar zu Gast. Er erzählte übrigens zu Erichs Begeisterung abends seine mit*

Abenteuer verknüpfte Besteigung des Kamerunberges. Nun wird Dich nicht gereuen, daß Du über Sonntag weggeblieben bist."

Agnes hätte an diesem Sonntag nichts von Rudolf gehabt. Die Arbeit für den Gesangbuchentwurf ging in die Endphase, wie sie in seinem Brief lesen konnte: *„Heute erhielt ich einen vernünftigen Brief von D. Gundert; ich habe ihm ziemlich deutlich geschrieben und nun auch aufgegeben, nichts drucken zu lassen, was nicht vorher durch meine Hand gegangen ist. Ich bekomme dadurch freilich noch lästige Geschäfte, jetzt habe ich die meisten Akten wieder und muß mich vollends wieder mit der Sache beschäftigen und das Buch vollends zum Druck vorbereiten. Dem Hochwürdigen Synodus soll ein Probestück schon im November gedruckt vorgelegt werden."*

Am 6. Oktober war Rudolfs Geburtstag. Agnes wollte eigentlich bis dahin zurück sein, doch er schrieb ihr, wie wir es von ihm kennen: *„Solange also Dein Bleiben angebracht ist oder erwünscht, auch zu Deiner eigenen Erholung, rede ich Dir nichts darein."* Nun kam ein ganz neuer Gedanke: *„Erich hofft auf eine Einladung, er brennt darauf jetzt mehr als auf Dein Kommen, im Gegenteil, er möchte noch mit Dir in Blaubeuren sein. Vakanz*[66] *hat er vom 6. Oktober bis 15. Oktober."* Agnes eventuelle Bedenken, ihr Mann könnte nicht gut versorgt sein, räumt er aus: *„Mit Fräulein Julie komme ich zu Streich, es ist ja nichts Besonderes los, und sie lebt ohnedem so still vor sich hin und macht an niemand weitere Ansprüche."*

Als Beraterin wäre Agnes in Langenburg gebraucht worden, wie Rudolf erzählt: *„Herr Pfarrer Betz besuchte mich neulich auf einen Abend. Er ist daran, einen Grabstein zu beschaffen ... er (hat) sich in Niederstetten ein hübsches altes Steinkreuz abgezeichnet, ich weiß nur nicht, wie sich dieses inmitten der Kolosse der Bauernaristokraten ausnimmt. Könntest Du ihm einen Rat geben? Dann aber sogleich, denn es eilt wegen des Winters. Ich kenne kein Vorlagenwerk. Er läßt Dich grüßen ..."* Während ihrer Abwesenheit wurde endlich der Dekanatsneubau ins Visier genommen. Rudolf schrieb am 3. Oktober 1905: *„Heute war der berühmte Erbauer des hiesigen Amtsgerichts* (ein imposanter hochgezogener Bau im Stil der Gründerjahre unterhalb der Stadt) *mit einem Techniker da, um das Dekanatshaus zu besichtigen. Er scheint dazu zu neigen, den Bau auf der gleichen Stelle auszuführen. Im übrigen hüllt er* *sich in Geheimnis."* Das würde den Abriss bedeuten, doch noch war nichts entschieden.

Der 12-jährige Erich reiste zu Ferienbeginn allein mit dem Zug nach Blaubeuren. Rudolf hatte seine Ankunftszeit mitgeteilt und den Brief an Agnes fortgesetzt: *"Daß Du gleich darauf am nächsten Tag abreisen willst, ist nicht in meinem Sinn. Man kann ja zu zweien doch kein Fest feiern, sondern müßte damit bis zu Erichs Rückkehr warten. Wenn Du also aus anderen Gründen bleiben kannst, freut es mich mehr, falls Du Dir noch gute Tage machst."* Er legte ihr nahe, bei den Freunden zu bleiben: *"Der Winter hier ist lang. Und zum Dichten und Theaterspielen braucht man Nerven."* Hinzu kam wohl sein Bedürfnis, endlich in Ruhe seine Arbeiten tun zu können. Seinen Geburtstag zu feiern war ihm nicht wichtig, die Mutter sollte lieber bei den Söhnen sein. Er war wohl froh, dass Erich bald bei ihr wäre und im Haus Ruhe herrschen würde. Für seine viele Arbeit war ihm dies recht. Er schrieb: *"Die 8 Tage gehen für mich vollends schnell herum. Ich habe genug zu tun. In Stuttgart oder sonstwo haben sie meinen Gesangbuchplan verlegt, hoffentlich nicht verschwedert, das wäre eine Arbeit von verschiedenen Tagen, wenn ich den Plan nochmals machen müßte."* Der Ärger mit dem Gesangbuchentwurf sollte jedoch auch in Zukunft nicht aufhören.

Agnes' Kritik am Seminar Blaubeuren
Inzwischen erlebte Agnes nicht nur die Situation in der Krankenstube mit, sondern das Seminar an sich. Sie saß bei den Freunden, wenn sie nach Gerhard schauten. Die Seminaristen machten offen ihrem Kummer und ihrer Wut Luft. Sie konnten sich nicht genug über das neue, streng reglementierte Seminarleben auslassen. Manchmal lachten sie auch darüber und die Jungen verrieten ihr Streiche, die sie anstellten. Dafür hatte Agnes Verständnis, denn sie war einer Meinung mit ihnen: *"... Blaubeuren ist nicht Maulbronn, sondern ein arges Zuchthaus, wo die armen Tropfen immer eingeschlossen werden und ihnen jede kleine Freude erschwert wird ..."* Sie tat für ihren Sohn in dieser Zeit, was sie konnte, und er erhielt manches Zugeständnis von der Schule. Renate erfuhr: *"Gerhard war als Halbinvalider freier, und ich rutschte bei all den alten Mandarinen herum, um ihm noch ein bißchen Freude zu verschaffen ..."*

Im Brief, den sie ihrer Mutter erst viel später schrieb (nachdem Gerhard an Weihnachten zum ersten Mal wieder nach Hause gekommen war), fand sie ebenfalls kritische Worte: *„Gerhard ist ein langer Mensch ... und wäre ein stattlicher Mann, leider aber vornübergebeugt und dünn vom ewigen Hocken und Lernen. Blaubeuren ist ein gemeines Zuchthaus und nur, weil er dort Freunde hat, laß ich ihn dort. Er geht jeden Sonntag zum schönen Mittagessen auf die Bleiche und wird von allen unseren Freunden verwöhnt."*

Beim Schreiben kam sie richtig in Fahrt: *„Aber sonst ist er sehr unglücklich, so zufrieden und froh er in Maulbronn war. Es fehlt ihm eben alles, was ihm teuer ist. Er darf nicht an die Luft, nur jeden Tag anderthalb Stunde. Ich frage Dich! Ist das genug für einen langen sechzehnjährigen Menschen. Immer eingesperrt, nie einen freien Nachmittag, außer wenn er nach Ulm zu Jägers*[67] *geht. Ich würde mich sehr gerne über die Sache im 'Merkur' aussprechen, ich könnte es wohl auch, aber Gerhard will nichts davon wissen, solang er dort ist. Aber nachher! Das vergeß ich nicht. Denen will ich links und rechts um die Köpfe schlagen, den Jugendverderbern – alten pergamentenen Knochengerüsten. Ich finde meine Worte schon! Da fürcht ich mich nicht davor. Natürlich fällt es uns nicht ein, Erich in die gleiche Sklaverei hineinzubringen – es muß irgendwie anders gehen ..."* Es wird auch anders gehen, ganz anders. Doch das wusste damals noch keiner.

Agnes wird in ihren Briefen während der zwei Seminarjahre in Blaubeuren immer wieder über das Internatsleben klagen, vor allem darüber, wie Musik *„unzulänglich geübt"* wurde. Gerhard musste seine Klavierstunde während der knappen Mittagspause – die einzige Zeit, in der er an die frische Luft konnte – nehmen. Die Zeit fürs Klavierüben war reglementiert und viel zu knapp bemessen: zweimal in der Woche eine halbe Stunde in der Mittagspause! Dies tat ihr für ihren musisch begabten Sohn in der Seele weh.

Den Seminaristen wurde in ihrer Freizeit verboten, allgemein anerkannte Lektüre zu lesen. Gerhard bekam Ärger, als er ein Buch las, das ihm sein Vater zur Lektüre mitgegeben hatte. Er wurde zur Rede gestellt und musste es dem Vater sofort zurückschicken. Das empörte nicht nur Gerhard.

Doch zurück zu Agnes Aufenthalt in Blaubeuren Anfang Oktober 1905. Sie schickte Rudolf ein Briefchen für Pfarrer Betz mit, um den Witwer zur Nachfeier von Rudolfs Geburtstag einzuladen, die für den Sonntag (15. Oktober) geplant war. Sie schrieb ihm: *„Ich möchte meinem lieben Mann, den ich nun so lange allein gelassen habe, einen recht freundlichen Abend bereiten und da gehören Sie, lieber Herr Pfarrer, notwendig dazu. Bitte dies dem Tyrannen auch klar zu machen, dem ich einen Kuß schicke."* Mit dem „Tyrannen" ist der kleine Sohn gemeint. Agnes wird diese Bezeichnung im Roman für Rosmaries und Harros Söhnchen übernehmen (Harro wird ihm den Namen geben). Rudolf schickte den Brief seiner Frau mit einem eigenen Begleitschreiben Pfarrer Betz zu:

„Langenburg, 12. Oktober 1905. Lieber Herr College! Meine Frau schreibt mir, sie habe Sie auf Sonntagnachmittag-abend zu uns gebeten. Ich lege ihr Briefchen bei. Nur bin ich zweifelhaft, ob sie ihren Plan, am Samstag zu kommen, auch nach meinem neuesten Vorschlag durchführt. Sollten Sie aber auf die Gefahr hin, nur mich zu treffen, doch am Sonntag kommen mögen, so wird's mich recht freuen. Bei dem schlechten Wetter werden Sie das Rad nicht benutzen können. Und ich bitte Sie sehr, sich so einzurichten, daß Sie bei mir übernachten können ..." Agnes und Erich fuhren am 14. Oktober heim. Am Tag darauf konnten sie gleich zwei Geburtstage feiern: nachträglich Rudolfs 46. und den von Pf. Betz. Denn es stellte sich heraus, dass er genau an diesem Tag 33 wurde.

12. Eine starke, besondere Zeit: Ende 1905 – Ende 1906

„Da jetzt die Gräfin Gisela aus ihrem himmlischen Gloria kommt"

Erst nach ihrer Rückkehr konnte sich Agnes vermehrt ihrem neuen Drama widmen; langsam nahm es Gestalt an: Es sollte klassisch in fünf Akte aufgebaut sein. Fest stand, dass die Aufführung wieder im Langenburger Schloss sein und der Erlös der neuen Kleinkinderschule von Langenburg zugute kommen sollte. (Der Bau war Agnes' Vorschlag gewesen, wie Margarete Ehrle berichtet.)

Agnes erlebte eine nie gekannte „dichte Zeit". Sie war nun sogar in ihrer Wohnung von „ihren Geistern, den unsichtbaren Freunden", umgeben, war selten ohne sie. Besonders die „Gräfin Gisela"
kam ständig. Agnes wusste jedoch nie, wann es der Fall sein würde.
Sie kam, wenn es ihr *„gerade paßte, aus ihrem himmlischen Gloria herunter".* Arbeitete Agnes an ihrem Drama, stand sie plötzlich
bei ihr, half ihr dabei, diktierte ihr die Dialoge, duldete keine Abweichungen und forderte mit blitzend strengen Augen *„stimmige,
wahrhaftige Sätze".* Damit hatte Agnes keine Schwierigkeiten und
korrigierte willig ihren Text. Nur dass sie beim Schreiben die Umsetzung in spielbares Theater bedenken musste, ließ die „Gisela"
außer Betracht. Das konnte Agnes zur Verzweiflung bringen: Wie
sollte die Schauspielgruppe das im Schloss aufführen? Wie sollten
die Kulissen aussehen? Das interessierte die „Gisela" nicht!

Agnes entschied, dass manches nicht ins Theaterstück gehörte,
auch wenn sie es bereits als Szene fertig hatte: Sie erklärte Gerhard: *„ ... Ich habe zuviele schöne Dinge – die ich aus dem Drama
hinauswerfen muß, da tröst ich mich mit dem Buch ... "* (Ein Buch
über die „Hexe" zu schreiben war Agnes' neuer Gedanke.)

Rudolf arbeitete in diesen Wochen ebenfalls viel. Eine kleine Arbeit war das Manuskript der Rede zur Einweihung des fürstlichen
Mausoleums. Fürstin Leopoldines sterbliche Überreste sollten um-
gebettet werden. Agnes hätte gerne dem Fürsten einen von ihr ver-
fassten Text geschenkt – ein „Lied in Prosa": „Selig sind, die da
Leid tragen, denn sie sollen getröstet werden." Sie hatte schon einen Brief an den Fürsten begonnen: *„Ich arbeite gegenwärtig an
einer Dichtung, die die Geschichte einer Seele darstellen soll. Weil
ich nun heute immer an Euer Durchlaucht denken muß und an die
hohe Frau, die wir morgen zu ihrer letzten Ruhestätte bringen, so
wage ich es und schicke Euer Durchlaucht ein kleines Stückchen
von der Arbeit, so wie man Blumen bringt, wie sie einem eben im
Garten gewachsen sind. "* Sie ließ es dann doch bleiben, legte den
begonnen Brief und den Entwurf des Liedes in eines ihrer Hefte
zum Hexenroman. (Hier fand es später Gerhard im Nachlass.)

Am 15. Dezember teilte sie Gerhard mit: *„Das Drama ist nun
fertig, aber das Buch ... Es ist in meinem Kopf fast fertig ... Die*

besten Gedanken, wie alle meine schönen Gedanken, habe ich von dem lieben Vater. Es war doch die Einweihung des Mausoleums ... Papa hat eine Rede gehalten, ganz kurz, aber herrlich. Daraus nehme ich mir wieder meine Sachen heraus und drehe sie um, und sie verklären sich in mir wie Poesie. Aber ich habe doch alles von ihm! Also freu Dich nur, mein Sohn!"

Rudolfs Gedanken aus der christlichen Theologie waren für ihr Drama und für das Buch „Die Hexe, die eine Heilige war" wichtig. Nun hatte Agnes zwei Romane im Kopf: ihren „Langenburger Roman" oder – wie sie sagte – den „Prinzessinnen-Roman" sowie ihren „Hexen/Gisela-Roman". Im Moment war sie nur mit dem zweiten Thema beschäftigt. Den Langenburgern war das Hexenthema bekannt. Rudolf hatte im Jahr zuvor einen Vortrag zur „Geschichte der Kirche von Langenburg" gehalten und dafür im Archiv des Schlosses alte Dokumente studiert. Hierbei war er auf die Protokolle der Hexenprozesse von 1668-72 gestoßen. In fünf Fällen waren junge Frauen und Mädchen wegen Hexerei angeklagt und verbrannt worden. Da Rudolf in seinem Vortrag auf dieses dunkle Kapitel der Geschichte Langenburgs eingegangen war, war seine Gemeinde dafür sensibilisiert. Vielleicht erkannten sie dadurch, wohin Angst vor Zauberkräften und sogenannter Satanszugehörigkeit damals geführt hatte. Agnes war von den Protokollen, die ihr Rudolf gezeigt hatte, ergriffen, auch kannte sie seit Jahren das Kriminalmuseum von Rothenburg. Als sie nun verstärkt ihre Gisela-Bilder gesehen hatte, wusste sie diese zu deuten. Bei den historisch belegten Hexenprozessen spielte der Hofprediger als Beichtvater eine wichtige Rolle. So auch in ihrem Hexen-Drama.

Ihre „Gräfin Gisela", die zur Hexe erklärt wurde, hatte mit den beurkundeten Hexen-Prozessen nichts zu tun. In Langenburg gibt es keinen historischen Beleg für „Gisela", hier hat sie nie gelebt.

Beim großen Hexenprozess in Langenburg, in dem die Müllerin von Hürden[68] der Hexerei angeklagt wurde, handelte es sich im eigentlichen Sinne nicht um Hexerei, sondern um einen Mordanschlag, der zum Tod der falschen Person führte. Das mit Rattengift präparierte Fastnachtsküchle war für den lästigen Schwiegersohn bestimmt, von dem man sich „befreien" wollte. Doch traf es die schwangere unschuldige Nachbarin, die unerklärlicherweise plötzlich starb. Es musste Hexerei gewesen sein. Der Fall wurde gründlich untersucht. Offensichtlich war kein Hexenwesen betrieben worden. Aber der Glauben an Hexenkräfte war noch mächtig im Volk. Der Obrigkeit brachte es Vorteile, die Leute im Aberglauben zu belassen. Deshalb kam die Wahrheit absichtlich nicht ans Licht.

Hätte Agnes den historischen Mordanschlag und den Hexenprozess fürs Theater geschrieben, wäre vielleicht ein interessantes Stück entstanden. Doch mit der „Hexe" sollte gezeigt werden, wie das schwerste Gebot „Liebet eure Feinde" aus dem Herzen heraus im Leben der Gisela umgesetzt wurde. Und beim Schillerstück wollte Agnes aufzeigen, worum es im Grunde beim Freiheitsgedanken in Schillers persönlichem Leben ging.

Verständlich ist, dass Agnes in diesem Jahr für die üblichen Vorbereitungen überhaupt keinen Kopf hatte. Einerseits war sie vom Theaterstückschreiben erfüllt, andererseits freute sie sich auf die Zeit, in der Gerhard wieder einmal zu Hause war. Auf die Frage nach Weihnachtswünschen gab sie als Antwort: „ ... *schenkt mir doch nichts. Ich bin beseligt; ich brauch gar nichts. Wenn ich nur meinen Gerhard habe!"* Auch sie wird kaum etwas schenken. Für aufwendige Weihnachtsgeschenke war in diesem Jahr kein Raum.

Agnes stand im Briefkontakt mit ihren Schwestern und wusste, dass in Lichterfelde in den vergangenen Monaten einiges geschehen war. Johannes war im September (17.-19. 1905) bei der Konferenz der evangelischen Christen in Russland in Astrachanka gewesen. Anschließend setzte er seine Reise quer durchs Land fort, um die Situation der evangelischen Gemeinden im politisch unruhigen Zarenreich mitzuerleben. Seinen Russlandbericht hatte er Rudolf und Agnes zugeschickt. Für Alice war die lange Abwesenheit ihres Mannes nicht einfach gewesen, da sie ihr drittes Kind erwartete. Am 25. November 1905 wurde Manfred geboren.

Zuvor hatte Agnes ihrer Mutter einen langen Brief über ihre intensive Arbeit am Schauspiel geschrieben. Sie ließ in ihrer Begeisterung die Mutter an der Gegenwart ihrer Gisela und der anderen „unsichtbaren Freunde", die bei ihr ein und aus gingen, teilnehmen. Sie teilte ihre Gedanken zum Theaterstück mit. Alles, was sie gerade „beseligte", schrieb sie ihr. Doch von der Mutter kam keine Resonanz, sie antwortete nicht. Darum schrieb ihr Agnes nochmals und gestand ihr, wie sie sich fühlte: „*Liebste Mater, ach wenn Du mir nur eine Postkarte geschrieben hättest auf meinen letzten Brief. Ich fühl mich so verlassen, wenn keine Stimme noch Antwort kommt.*" Sie hatte der Mutter hiermit gesagt, wie es ihr ums Herz gewesen war. Damit ließ sie es gut sein und erzählte aus ihrem Leben weiter: „*Jetzt ist also mein Drama ganz fertig, die denken schon an nichts anderes mehr und streiten sich darüber, wie es werden wird. Es wird schon! Ach ich muß jede Minute sparen, nicht einmal Rudolf hat etwas von mir bekommen. Aber einmal in meinem Leben will ich meinen Gedanken nachlaufen.*"

Agnes erwähnt im Brief die wunderschöne Feier bei der Einweihung des Mausoleums, und dass Rudolf noch nie so geredet hätte. Sie schreibt, wie es sie freue, dass Johannes ihnen „*seinen höchst interessanten Artikel über seine Erlebnisse in Rußland geschickt*" habe. „*Ach ist das ein Jammerland! Da ist ein Elend, das wird ja in hundert Jahren nicht wieder gut, was die zusammenreißen.*", sind ihre Empfindungen. Im selben Brief schwärmt sie von Gerhard: „*Nun kommt Gerhard bald! Wie freue ich mich auf ihn, so hab ich mich noch nie auf ihn gefreut – das ist ein lieber, ein feiner, ein frommer Mensch. Das goldene Herz! Wie hat er sich entwickelt in den letzten Monaten. Erich ist auch überglücklich, sein Gerhard, das ist ihm das Höchste.*" Wenn nicht die Freude über Gerhards baldige Heimkehr das Thema ist, geht es um ihr Hexen-Drama: „*Es kommt für Euch alle etwas heraus. Ich weiß nicht, ob es mir reicht, Dir die Stücke, die ich Dir daraus bestimmt habe, abzuschreiben, es geht eben das Schreibgeschäft immer nebenher.*"

Inzwischen hatte die erste Leseprobe stattgefunden. Wichtige Leute waren eingeladen, die Resonanz war stark, wie Agnes an Gerhard schreibt: „*Am gerührtesten war die Domänenrätin, die geheult hat! Nein. Sie hat mir nachher gedankt. Und wie! Wenn man mir das früher einmal gesagt hätte!*" Besonders beeindruckte alle die Szene im „Rotem Turm". Hierbei geht es um ein Zwiegespräch der Gisela mit ihrem Hofprediger. Rudolf las dessen Rolle, Agnes die der Gisela. Sie berichtet ihrem Sohn die allgemeine Meinung: „*Es*

sei wundervoll gewesen. Der Herr Baron weinte auch mit dem Ta-
schentuch, der Domänenrat machte schlechte Witze! Er mußte sich
mit Leibeskräften gegen den Eindruck wehren. Er sagte: 'Es gibt
eine Überschwemmung im Theatersaal, wenn das gespielt wird. Aber
eine Gisela gibt es nicht! Gottlob, daß es keine auf der Welt gibt und
vollends in der wilden Zeit! Die glaub ich nicht!'" Agnes bekam
von Frau Doktor Staudenmeyer eine tröstliche Bemerkung zu hören: „*... er wird die Gisela schließlich doch glauben, der wehrt sich*
noch! Der will sich keine Lieder vorbeten lassen ..."

Es erscheint mutig, dass Agnes den Langenburgern die Gisela
nicht nur als fiktive, sondern als real-historische Figur anbot, von
deren Existenz sie überzeugt war. Ihre besonderen übersinnlichen
Erlebnisse, die sie bis dato sogar vor Rudolf als Geheimnis gehütet hatte, kannten mit der Zeit einige Menschen. Dass Agnes hierbei auch auf Skepsis und Widerspruch stieß, verwundert nicht.

„Nun ist es wirklich an uns, einmal nach Ihnen zu sehen"
Langsam wurde es Weihnachten und Rudolf schrieb einen Weih-
nachtsgruß (am 23. Dezember 1905) an Pfarrer Betz: „*Nun ist es*
wirklich an uns, einmal nach Ihnen zu sehen. Namentlich in diesen
Tagen, in welchen die Einsamkeit besonders einsam ist. Da ist ein
Kind unter dem Weihnachtsbaum ein Geschenk Gottes ... Heute
erwarten wir Gerhard. Er schrieb nicht, wann er kommen wird,
will uns wohl überraschen ... Wir grüßen Sie herzlich zum Heili-
gen Abend ..." Er wünschte ihm noch am Ende des Briefes, dass
er seine zahlreichen Gottesdienste ohne Schaden überstehen möge.

Bei Günthers waren auch liebe Briefe und unerwartete Geschenke eingetroffen. Agnes schrieb im Januar 1906 nach Lichterfelde:
„*Liebste Mutting! Aber was habt Ihr getan? Doch gegen die aus-*
drückliche Instruktion gehandelt und mir eine solche Menge schö-
ner und guter Dinge geschickt. Und gar noch für den Gatten, den
notleidenden der Dichterin." Sie leitet zu seiner derzeitigen Situation
über: „*Er leidet öfters Not, zwar nicht an seinem Magen, den ver-*
sorgt Fräulein Julie in hervorragender Weise, aber doch leidet er,
wenn die Frau so von ihren Geistern umgetrieben wird und ganz
hohlwangig und dürr aussieht ... Aber, liebste Mater, so ist es nun
einmal, und ich bin dankbar für alles, was ich neuerlich erlebe."

Von ihren großen Sorgen durch Erichs Krankheit schrieb sie der Mutter nichts. Nur: *„Weihnachten war schön! Und Erich hatte rote Flecken gehabt und war zwei Tage recht krank, namentlich arge Nächte, jetzt möchte er aber seine roten Fleckengeschichte nicht hergeben, weil er noch drei Tage daheimbleiben darf.“* Sie waren noch vor seiner plötzlichen Erkrankung am 27. Dezember gemeinsam nach Herrentierbach gefahren, um Pfarrer Betz und dessen Sohn wie verabredet zu besuchen. Im Briefwechsel mit Pf. Betz lesen wir Rudolfs anschließende Sorge, dass der kleine Gustav von Erich angesteckt worden wäre. Denn Erichs heftige, noch unklare Erkrankung war in derselben Nacht ausgebrochen. Damit Gustav nicht angesteckt würde, musste der geplante Neujahrs-Gegenbesuch bei Günthers verschoben werden. Dies war bedauerlich, aber das Beste. Deshalb schrieb Rudolf an Pf. Betz, er solle erst am 6. Januar, dem Dreikönigstag, kommen und fügte hinzu: *„Wenn Sie an Epiphanias kommen, bringen Sie auch etwas Weihrauch für die Dichterin mit, als Balsam auf Wunden, die ich geschlagen.“*

Rudolf tat es leid, dass er Agnes unglücklich gemacht hatte. Was gesagt worden war, erfahren wir nicht, es bezog sich auf Agnes' Dichtung. Pf. Betz sollte es wiedergutmachen. Das war rührend. Wir sehen, dass sowohl Agnes als auch Rudolf sich andeutungsweise über ein gemeinsames derzeitiges Problem in den Briefen äußern.

„Wenn er einmal lobt, dann könnte ich vor Wonne die Sterne vom Himmel schlagen"

Nach Dreikönig war Agnes dankbar, dass Pfarrer Betz immer wieder von Herrentierbach herübergeritten kam und nach ihrer Dichtung fragte. Er ließ sich dann von ihr die Szenen im gemütlichen „Turm" vorlesen. Hier rankte der Efeu, den Agnes einmal als Ableger vom Grab ihres Schwiegervaters mitgenommen hatte, die Wand empor und wuchs in den gemalten Wilden Wein hinein, sodass man immer mehr wie in einer richtigen Laube saß. Hier war der Ort, an dem Pf. Betz seine Trauer ein wenig beiseite schieben konnte. Er hörte konzentriert zu und half Agnes, einiges zu verbessern. Bloß konnte er beim nächsten Mal nicht verstehen, dass der verbesserte Text nicht belassen, sondern wieder geändert oder ganz gestrichen worden war.

Deshalb erklärt ihm Agnes, warum es so war. Auf diese Weise erfuhr Pf. Betz von der „Gräfin Gisela", die beim Schreiben beteiligt war. Wenn Agnes die verbesserten Texte ins Reine schrieb, mischte sich Gisela ein, verlangte neue Formulierungen und diktierte weitere Passagen. Pf. Betz redete ihr die leibhaftige Gegenwart der seltsamen „Besucherin" nicht aus. Agnes schrieb Gerhard: *„Das Dichtwerk geht daneben weiter. Es ist recht anstrengend ... Herr Pfarrer Betz beklagte sich bei Papa über die Gisela, hinter meinem Rücken – weil ich ja das meiste nun wieder ganz anders habe ..."*

Es war mühselig, die vielen Texte für jeden einzelnen Spieler als Rollentext abzuschreiben. Auch hierbei änderten sich die Szenen und das Szenen-Ende passte nicht mehr zum Anfang der bereits fertigen nächsten Szene. So gab es ein ständig verändertes Theaterstück: An Gerhard schrieb Agnes: *„Papa kennt nun noch nicht die Szene mit Gisela und dem Hofprediger. Ich bin sehr gespannt, bis ich ihn dazu kriege, sie anzuhören. In guter Stimmung muß er sein! Und Zeit muß er haben – beides leider sehr selten beisammen, d.h. die gute Stimmung schon, aber die Zeit! Da hapert's ..."*

Rudolf hatte gerade jetzt mehr als genug zu tun, da die Organisation der Kirchenrenovierung hinzukam. Die Gelder lagen dafür bereit, die Große Lotterie der Gemeinde hatte 25 000 Mark eingebracht und die restlichen 7 000 Mark wollte der Fürst stiften. Jetzt ging der Umbau mit den Ausschreibungen wirklich los.

Irgendwann brachte Rudolf für Agnes' Drama endlich die nötige Zeit auf, wie wir aus dem Brief an ihre Mutter ersehen können: *„Mein lieber Rudolf ist bei meinen Arbeiten immer beteiligt. Er macht den Kritiker. Wenn er einmal lobt, dann könnte ich vor Wonne die Sterne vom Himmel schlagen. Er hört alles – zu dem Buche brauche ich ihn nicht so schmerzlich nötig –, aber zu dem Drama, da ist er aber unerbittlich. Ich bin am Anfang todunglücklich gewesen – nun aber bin ich ihm riesig dankbar –, er ist selber erstaunt, daß er mir gegenüber so objektiv sein kann."* Für Rudolf war es nicht einfach, doch Agnes erklärt der Mutter: *„Er sagt: Seit Du das Höchste erreichen willst, kenn ich die Maßstäbe, da verschwindet jedes 'Wohlwollen'. Unerbittlich ist er dann. Jetzt lerne ich auch Kritik sofort mit gebührender Dankbarkeit annehmen. Und zwar sofortiger. Zuerst mußte ich seine Kritik 'beschlafen'.*

Jetzt bin ich schon in fünf Minuten bekehrt. Und wenn etwas recht ist, so sagt er mir's auch. Fast scheu sagt er mir's."

An anderer Stelle schreibt sie, wie gut sie es habe, dass alle in der Familie und auch sonst auf ihr Bitten hin alles Erdenkliche tun. Nur eine besondere Bemerkung*: „Es wird mir schwer werden. Ich bin eben verwöhnt, und da verlier ich zu früh die Geduld."* Ob Agnes bereits ahnte, dass sie es mit dem Drama nicht leicht haben würde? Was meinte sie damit? Dachte sie schon an eine Veröffentlichung des Dramas? Zärtlich beendet sie den Brief an die Mutter: *„Du wünschest mir alles Gute. Sei nochmal innig umarmt, liebste Mater, von Deiner Agadé. Was hätte mein Vater jetzt Freude ..."*

Vorbereitungen für die Aufführung der „Hexe"

Im Januar 1906 bereitete Agnes die Inszenierung des Dramas konkret vor, es begann mit der Rollenbesetzung. Beim Schreiben hatte sie immer Renate Lepsius als Gisela gesehen und war davon ausgegangen, Renate würde für drei Wochen nach Langenburg kommen. Diese Zeit müsste reichen, das Stück einzustudieren und Mitte Februar aufzuführen. Agnes schrieb ihr, welche Kostüme sie für die Rolle brauche, was sie beschaffen müsse, was sie wohl habe und was sie gestellt bekomme. Agnes war sich sicher, Renate – die so viel von Gisela wusste – würde sofort verstehen, wie die Attribute aussehen sollten. Sie nannte ihr auch die Melodie eines bestimmten Liedes, die sie einüben müsse. Für Giselas silbernes Kleid gab sie Hinweise, wen aus der Verwandtschaft Renate um Hilfe bitten könne: ihre Tante Sabine Lepsius oder Nelly (Emmas Tochter). Agnes malte auf, wie das Kleid schlicht geschnitten sein sollte. Begeistert schrieb sie: *„Alle Mann auf Deck! Ihr sollt mir alle helfen! Nicht wahr bitte!"* Ein wichtiges Utensil war die weiße Spitze: *„Ich brauche weiße Spitze, soviel Du auftreiben kannst. Sie werden nicht zerschnitten. Jedermann hier hilft mir. Hier memorieren sie schon. Gib mir bald Antwort ... Tausend Grüße von Deiner Tante Agnes"*

Mit einer Absage hatte Agnes nicht gerechnet. Daher traf sie diese mit ganzer Wucht. Agnes wurde von Verzweiflung übermannt, denn ohne die Hauptdarstellerin konnte sie alles abblasen. Eine andere Besetzung als die anmutige und einfühlsame Renate, die mit dem Gisela-Thema so vertraut war, war unvorstellbar.

Agnes hatte bei ihrer Anfrage die Situation im Hause Lepsius nicht mit einbezogen: Renate stand vor ihrem Abschlussexamen gleich nach Ostern. Auch wurde sie als Älteste der großen Kinderschar dringend gebraucht. Zumal Alice nach der Geburt ihres dritten Kindes anscheinend noch nicht wohl auf war, das Baby war noch keine sechs Wochen alt. Agnes hatte in ihrem Brief einmal kurz darauf Bezug genommen, als sie schrieb, dass Renate bestimmt Hilfe beim Silberkleid bekäme, *„wenn die Mama wieder auf ist"*.

Renate hatte nicht grundsätzlich abgesagt, nur für Februar. Sie würde gern die Rolle übernehmen – nach Ostern, wenn ihre Prüfungen hinter ihr lägen. Bis dann bräuchte sie auch nicht mehr *„täglich 6 Stunden im Haushalt nötigerweise"* mithelfen. Die Aufführung konnte jedoch nicht verschoben werden, da Agnes sonst auf einen anderen wichtigen Darsteller, der auch für alles Technische zuständig war, hätte verzichten müssen. Als sie mit der schlimmen Nachricht zu Frau Doktor Staudenmeyer ins Nachbarhaus rannte, wurde ihr erst einmal ein Schnaps zur Herzstärkung eingegossen.

Bald sollte sich eine wunderbare Lösung finden. Ihre „Gräfin Gisela" wies Agnes auf den richtigen Ersatz für die Rolle hin. Bei der nächsten Leseprobe war Frau Domänenrätins neue Haustochter dabei, die nur für ein paar Wochen in der Familie lebte: das 19-jährige „Fräulein Seitz" aus Nürnberg. An Renate schrieb sie nach der Schilderung ihrer ursprünglichen Verzweiflung die glückliche Lösung: *„Da erbarmte sich die Gräfin Gisela meiner. Du weißt vielleicht nicht, daß ich des festen Glaubens bin, daß die Gräfin Gisela nicht etwa ein Gebilde meiner Phantasie ist, sondern ein Wesen außerhalb meiner selbst, das die große Güte hat, sich hie und da zu mir herabzulassen."* Agnes wurde von der „Gräfin Gisela" gefragt: *„Warum spielst du denn Theater? Braucht dich die Renate! Wer wird sich wieder neben das Waisenkind hinsetzen und dem eine Welt eröffnen, in die es noch nie einen Blick getan hat? Hast du den sehnsüchtigen Blick vergessen, der dich aus den blauen Augen traf, eine Sekunde nur, als du mit dem Mädchen zusammen warst? Wecke diese schlafende Seele. Kannst du sie nicht wecken, so wirf ein Samenkorn in das junge Herz. Einmal geht es auf, und wenn es erst in vielen Jahren sein sollte!"*

Agnes' schwierige Aufgabe war es, die „kleine Soubrette", wie sie Fräulein Seitz für sich nannte, so weit anzuleiten, dass sie die Hauptrolle ausfüllen konnte. Frau Doktor und die andern Damen konnten sich nicht vorstellen, wie aus ihr Gisela werden sollte. Agnes schrieb an Renate, dass sie Heidenangst habe, wie es weitergehen solle: „Im Februar wollen wir fertig sein. So um den 15ten. Aber viel Freude verspreche ich mir nicht davon. Aber Scham. Weißt Du, wenn alles gequält und falsch herauskäme, was so schön, so schön hätte sein können. Nun, ich werde es überstehen. Hier ist alles begeistert. Sie lernen schon fest. Bedenke: 5 Akte. Du kennst nur einen. Von dem zweiten blieb nicht ein Stein auf dem anderen. Dann habe ich noch ein ganz anderes Drama fertig. Das neue Drama behält vom alten nur ... (zwei Szenen), von da an ist es ein völlig neues Stück. Ich habe furchtbar viel zu tun. Schon das Schreibwerk alles. Du solltest meinen Stoß von Heften ansehen. Und dann das Buch, das die Geschichte der Hexe weiterführt bis zu ihrem Tode. Nun leb wohl liebe Renate, überarbeite Dich ja nicht. 6 Stunden Hausarbeit ist zu viel! In inniger Liebe, Deine Tante Agnes."

Alle Sorge war unnötig geworden. Agnes leitete das junge Mädchen so gut an, dass es eine wunderbare Gisela wurde. Anna *Staudenmayer*[69], die damals auch mitspielte, schrieb als alte Frau – auf Gerhard Günthers Anfrage –, wie sie es erlebt hatte. Ihr Eindruck war: „Deine Mutter spielte 'auf ihrer Harfe', wie sie selbst sagte, und das Fräulein Seitz nahm nicht nur alle äußeren Bewegungen, die ihr die Mutter beibrachte, an, sondern die Stimme des Fräuleins verwandelte sich vollständig, und also war sie wirklich das Instrument, auf dem Deine Mutter nach Belieben spielen konnte ..."

Am liebsten wäre es Agnes gewesen, Gerhard hätte mitgespielt. Ursprünglich war sie davon ausgegangen. Als er dann von seinem Darmkatarrh und seltsamen bedrückenden „Visionen" schrieb, antwortete sie, sie wolle in den Visionen nichts Prophetisches sehen: „Sorg mir also für Deinen Leib und halte die Visionen möglichst vom Leib ... sorge mir für Deinen Magen und sei mir möglichst vergnügt, bis Du eine berühmte Mutter hast – denn das kommt sicher!"

„Bis Du eine berühmte Mutter hast." – Hier wurde die Idee des Berühmtwerdens ausgesprochen. Sie schrieb ihm gleich anschließend, er könnte ihr dabei helfen: *„Namentlich wenn Du mir keinen Spuk dazwischen machst: Denn wenn ich in Sorge um meinen Herrn Sohn bin, geht das Dichtwerk miserabel. Ja, unter Umständen müßt ich der Gisela sagen, geh nur wieder in Dein himmlisches Gloria, ich habe keine Zeit für Dich. Und dann hab ich die vielleicht für immer gesehen – dann ist's aus mit der Berühmtheit. Und ausgelacht werd ich erst noch, weil ich mir etwas eingebildet habe."*

Gisela war ihr Genius oder ihr „Dämon" (wie man damals sagte), und so wird Agnes später im Roman Rosmarie ebenfalls diesen „Dämon" andichten, den Harro ihr nicht glauben will.

Welche Haltung hatte Rudolf zu ihrem besonderen Schreiben? Wie stand er zu diesem Genius? Hierüber schrieb Agnes an Gerhard: *„Überhaupt gefällt Papa jetzt fast alles – manches sehr gut. Er meint, ich sei eine bedeutende Frau, fast ein Genie, aber die Gisela glaubt er mir nicht. Dies letztere ist mir schmerzlich – denn nach soviel Beweisen sollte er sie mir glauben. Du verstehst, wie ich meine, er nimmt an, ich dichte alles allein. Und die Gisela sei ich eben noch einmal, gewissermaßen meine dichtende Seele. Das ist mir ein Schmerz und brachte mich für einige Tage außer Konzeption."*

Im Brief fuhr Agnes mit der Erklärung fort, weshalb sie Giselas reale Existenz als bewiesen ansehe: *„ … denn eine Gisela gab es einmal und im himmlischen Gloria wartet die auf mich. Denn wenn ich allein dichtete, so könnte ich wohl immer dichten, aber ich kann es oft jahrelang nicht, es fällt mir nichts ein. Dann ist die Gisela eben wieder im himmlischen Gloria, nach dem sie natürlich Heimweh bekommt. Und ich habe eben zuviel Beweise ihrer Mithilfe. Denk nur an das Fräulein Seitz und meinen Jammer …"*

Sie war in einer schwierigen Situation. Bisher war Rudolf ihre höchste Instanz, nun musste sie ihm widersprechen. Sie konnte seiner Deutung ihrer Gisela nicht zustimmen. Agnes musste und wollte zu ihrer eigenen Wahrheit stehen. Das war schmerzhaft. Den Konflikt muss später in der „Heiligen" das Seelchen auch austragen.

Agnes ließ sich nicht beirren, sie wollte berühmt werden. Nicht für sich, um des Ruhmes willen, sondern um endlich finanziell besser dazustehen. Gerhard gegenüber formulierte sie es, als er nach den Weihnachtsferien am liebsten ausgerissen wäre und sie ihm dies ausreden musste: *„Du mußt schon oben im Seminärle bleiben. Denn gehst Du durch, so wirst Du entlassen. Das hat Papa gesagt. Es wäre also ein Schrecken für uns, wenn Du ausrücken würdest. Und würde wohl tausend Mark kosten. Wenn ich die hätte, so wärest Du aber gewiß nicht im Seminärle. Sowie das Theater fertig ist, schreibe ich auf Mord und Brand, daß ich bald berühmt werde. Papa meint, wenn alle Stränge reißen, einen Verleger für mein Buch werde ich wohl finden. Und dann wird's schon weitergehen."*

„Bis Du eine berühmte Mutter hast"

Berühmt werden wollte sie nicht mit dem Hexen-, sondern mit dem Prinzessinnen-Roman. Gerhard erklärte sie: *„Gegenwärtig bin ich an der 'Prinzessin'. Die gefällt jedermann. Die ist ein Gemisch von Gisela, Erich und mir und einer richtigen Prinzessin. Was ich Papa von ihr erzähle, entzückt ihn meistens. Es wird für mich leichter sein als die 'Hexe', denn ich kann doch modern schreiben, freilich das Deutsch ist nicht so schön, da Gisela nur in dem alten Deutsch diktiert. Auch sprechen da die Leute auf allerhand Weise. Gisela kommt eben auch in der 'Prinzessin' vor, wie es ja von jeher war. Das silberne Kleid – doch werden die Namen etwas verändert, auch ist die Frau im silbernen Kleid, die auf dem Lindenstamm sang, eine mystische Persönlichkeit, die niemand der Prinzessin glaubt."*

Agnes wertete das geplante Buch selber als *„das schönste Andenken"* für ihre Kinder, weil *„jeder schöne Langenburger Sommertag, jeder Ausflug nach Mistlau etc."* darin steckt. Sie meint: *„Auch für Papa ist es nett."* Sie hätte richtig Lust, es schon jetzt zu schreiben: *„Ach könnt ich schon daran! Gegenwärtig ist keine Aussicht. Ich kann nicht schreiben wegen ewiger Proben ..."*

Berühmt werden und dadurch für die Familie genug Geld zusammenzubekommen war Agnes' ernsthafter Wunsch. Und sie wusste, dass sich in ihrem Leben seither all ihre Wünsche erfüllt hatten. Sie schrieb an Gerhard: *„... Wie lang lange habe ich in meinem Leben auf die Erfüllung meiner Wünsche gewartet – es kam immer alles, ich mußte nur Geduld haben. Jetzt steht auch noch manches aus, obgleich ich jetzt mehr für Euch als für mich wünsche."* So verhielt es sich auch mit dem Wunsch nach einem Autorinnenerfolg, er sollte der Familie nützen.

Die Proben dauerten an, der Schullehrer, der den Grafensohn mimte, brachte Agnes zur Verzweiflung: *„Was fang ich mit dem Esel von Schulmeister an?"* Sie meinte, Gisela wäre gestraft mit so einem Mann! Schließlich belegte sie die Rolle des Grafen Heinz kurzfristig um. Rudolf und Pf. Betz, die bei der Theaterprobe dabei waren, bestätigten ihren Entschluss, ließ sie Gerhard wissen.

Agnes wagt sich an ein „Novum"

Agnes war in Hochform, das drückte sich auch in anderer Weise aus: Gerade in der Zeit der Theaterproben plante sie, beim diesjährigen Diözesanvereinstreffen der Pfarrer im Februar einen Vortrag über christliche Kunst zu halten. Der „Kunstwart" hatte so schöne Drucke, zum Beispiel „Ritter, Tod und Teufel" von Dürer, und andere christliche Werke, die genau zum Theaterstück passten. Agnes wusste, dass sie im Sinne ihrer Gisela den Pfarrern zu den Werken einiges zu sagen hatte. Für die inhaltliche Planung des Treffens war der befreundete Stadtpfarrer Schnizer aus Kirchberg verantwortlich, für die Organisation Pfarrer Schweikhardt von Bächlingen. Fest stand, dass das Treffen in Langenburg im Saal der „Post" stattfinden würde. Stadtpfarrer Schnizer war mit Agnes als Referentin zu diesem Thema einverstanden und teilte seinem Kollegen Schweikhardt Vortragstitel und Referentin mit.

Postwendend schrieb der am 17. Januar 1906 zurück: *„Sehr geehrter Herr Stadtpfarrer! Soeben erhalte ich Ihre Karte, die mir mitteilt, daß Frau Dekan die Erklärung der Bilder selbst zu übernehmen sich bereit erklärt habe. Ich weiß nun eigentlich nicht recht, wie das zu nehmen ist, u. erlaube mir deshalb in aller Aufrichtigkeit die Frage, wie diese Sache nun eigentlich vor sich gehen soll? Will wirklich Frau Dekan die Bilder vorzeigen u. den hierzu nötigen erklärenden Vortrag, Besprechung, oder wie mans heißen mag, halten? Das wäre auf unserem Diözesanverein denn doch ein Novum, vor dem ich, selbst wenn es vereinzelt bleiben sollte, sehr bange bin."*

Ihm machte das „Novum" Angst. Denn noch lange galt in Kirchenkreisen das Paulus-Wort: „Das Weib schweige in der Gemeinde." Nun war Pfarrer Schweikhardt in der Bredouille, denn Agnes war die Gattin seines Vorgesetzten, der seine Frau anscheinend nicht gebremst hatte. Er schrieb: *„Sie wissen selbst, in wie* *nahem Verkehr ich mit dem Dekanatshaus stehe, weshalb mir diese Sache doppelt peinlich ist, weshalb ich aber auch nicht zu befürchten brauche, dahin mißverstanden zu werden, als ob es sich mir mehr um die Persönlichkeit als um das Prinzip handle. Eben sowenig spricht gekränkte Eitelkeit aus mir, daß nun dieses Referat m i r 'entgeht'. Auch bin ich überzeugt, daß Frau Dekan Geist u. Verständnis genug besitzt, um dieser Aufgabe vollkommen gerecht zu werden – meinethalben besser noch als z.B. meine Wenigkeit, aber wenn ich mich in die Lage hineinversetze, die daraus entsteht, so regt sich in mir ein starker Widerspruch.*" Seine Bedenken klingen so: „*Denken Sie sich, da sitzen oder stehen (abges. v. d. Gästen) 10-15 Pfarrer herum, von denen doch etliche auch was von Kunst verstehen, alle aber meiner Ansicht nach in diesem Fall mehr B e r u f haben, davon zu reden, aber wer erklärt, dessen Sicht ist die erste, wer referiert in dieser h a l b a m t l i c h e n Versammlung? – eine Frau.*" Er merkt an: „*Ich gestehe für meine Person, daß ich nicht modern genug bin, auf einem Diözesanverein von Geistlichen eine Frau als Referentin zu ertragen. Und was werden die Gäste u. wer es sonst hört dazu sagen, daß die Langenburger Pfarrer sich von einer Frau ein Referat halten lassen.*"

Hiermit war alles gesagt, doch er wollte seine Position noch überprüfen: „*Ich weiß nicht, ist diese Auffassung allzu tragisch, u. ob ich damit allein stehe, aber ich mußte es heraussagen u. will nun nächster Tage andre Kollegen darüber hören.*" Er fragte noch einmal nach, ob es sich um keinen Irrtum handle: „*Oder ist das Ganze 'blinder Eifer' und Sie haben sich einfach verschrieben u. es muß heißen. H e r r D e k a n G.?*" Und als Schluss: „*Entschuldigen Sie dieses freimütige 'Bedenken eines Sorgenvollen', das sich meinem um Mannes- und Standesehre vielleicht allzu besorgten Gemüt aufgedrängt hat, u. verscheuchen Sie es, wenn es auf falschem Wahn beruht. Mit hochacht. Gruß Ihr erg. Pfr. Schweikhardt*"

Die Mannes- und Standesehre galt es zu verteidigen, das bekam Agnes in aller Heftigkeit ab. In einem Brief an den Freund Pfarrer Schnizer schildert sie, was sie erlebte, als sie ahnungslos wegen der Terminabsprache im Pfarrhaus von Bächlingen war: „*Das Pfarramt Bächlingen empfand große Entrüstung über meinen Ge-*

danken der Bildererklärung, da dasselbe mir in nicht mißzuverstehender Weise (er hatte einen Zorn) nahe legte, daß Frauen auf Diözesanvereinen unter allen Umständen bei ihren Strickstrümpfen zu verbleiben haben. Der Diözesanverein sei zur Besprechung kirchlicher Angelegenheiten da, nicht zum Amusement. Auch verständen sämtliche Pfarrer alle Bilder von vorne herein, man dürfe doch mit keiner Erklärung kommen." Es war während des Gespräches anscheinend zu einem „Kompromiss" gekommen, den sie nun weitergab: Agnes durfte beim Aufhängen der Bilder helfen und er hielt dann einen Vortrag: *„Wie verbreiten wir Pfarrer christl. Wandschmuck in unseren Gemeinden ..."*

Agnes hatte dieses als recht spaßig empfunden. Sie begann ihren Brief: *„Lieber u. verehrter Herr Stadtpfarrer! Diesmal ist's mirs aber komisch gegangen. Immer noch lache ich in meiner Seele darüber, u. wie ich dies schreibe, fange ich zu grinsen an."* Anschließend erzählt sie, was sie erlebte, und erklärt Pf. Schnizer, wie es sich mit dem geplanten Vortrag und der „Gräfin Gisela" verhalte. Sie betont: *„Ich bitte aber strengstens meine Person und die Gräfin Gisela auseinander zu halten. Denn Sie kennen ja mich schon lange, also brauche ich mich Ihnen nicht mehr vorzustellen – die Patronin kennen Sie aber noch recht wenig."* Es war erstaunlich, wie offen Agnes inzwischen gegenüber Freunden mit ihrer „Gräfin Gisela" umging. Sie schrieb über sie so realistisch, so exakt, dass es keinen Zweifel an dieser – nur für Agnes wahrnehmbaren – Person geben konnte: *„Ach daß ihre Kirchlichkeit so in Zweifel gezogen wird, ist recht schmerzlich! Sie war ja vielleicht immer in der Stille ihres Herzens etwas eine Ketzerin – auch stand sie in ihrer Jugend, wie Ihnen bekannt, nicht immer auf dem wünschenswert festen Fuß mit der Geistlichkeit ...* (Agnes hatte wohl schon bei einem Besuch von ihr gesprochen.) *...aber in ihrem späteren Leben war ihr kirchlicher Wandel vorbildlich. Alle Sonntage in die Kirche mit Mann und Schwiegervater! Immer beim ersten Glockenschlag über die Schloßbrücke u. beim letzten in ihrem Käfiglein* (die geschlossene Herrschaftsempore) *gegenüber der Kanzel ..."*

Es folgt ihre Erklärung, dass sie es kein zweites Mal wagen würde, sich um Unterstützung bei einem Vortrag *„an eine Dame"* zu wenden: *„... noch dazu eine aus dem himmlischen Gloria her-*

aus, das geht nicht an. Es verlangt's ja auch niemand. Deshalb bin ich aber sehr gern bereit, mit Nägelchen und Reißnägeln die Bilder schön aufzuhängen. Der Postsaal hat Holzwände, da wird es am besten so gemacht." Am Ende des Briefes lädt sie die befreundeten Schnizers nochmals herzlich zur Theateraufführung ein.

„Sie haben mir eine große Freude gemacht ..."

Eine Woche später kam etwas völlig anderes per Post ins Haus. Rudolf erhielt den Brief und nach dem Lesen ging er zu seiner Frau: Musikdirektor Prof. Lang aus Stuttgart widmete ihr eine chorische Komposition! Agnes wusste gar nicht, wie sie zu der Ehre kam, als Rudolf ihr das Notenblatt mit einem ihr zugeeigneten Lied feierlich überreichte. Es war das Chorwerk zu Anette von Droste-Hülshoffs Gedicht „In seinem Namen darf ich beten".

Im Dankesbrief vom 24. Januar 1906 lesen wir: *„Verehrter Herr Professor! Sie haben mir eine große Freude gemacht ... Zum Glück hatten wir gleich jemand da, der uns das Lied schön vorspielen konnte* (wohl Frau Doktor Staudenmeyer). *Und nun soll ich mein eigenes Lied haben, und eine so herrliche Musik soll zuerst mir gehören. Ich war sehr glücklich ... Ich liebe die Musik von jeher, sie ist mir eine der höchsten Offenbarungen Gottes. Nie bin ich seliger, als wenn ich religiöse Musik genießen kann. Insofern bin ich Ihrer Gabe nicht ganz unwürdig. Für mich sind die Kirchengesangsfeste der Höhepunkt des Jahres. Schöneres kann es für mich auf der ganzen Welt nicht geben als so ein schönes Gotteshaus, gefüllt mit andächtigen Menschen, in dem alle Instrumente und alle Chöre zum Lobe Gottes erklingen."* Agnes hat ihn zuletzt bei einem Konzert in Reutlingen mit Freude wahrgenommen: *„Ich sah Ihnen an, verehrter Herr Professor, daß Sie zufrieden waren mit der Wiedergabe (von Psalm 105). Ach, dachte ich mir, das muß ja ein Höhepunkt des Lebens sein, wenn das, was man im Herzen getragen, einem nun entgegenklingt – 'mit Instrumenten schön' – und man nicht nur das eigene Herz, sondern alle Herzen um einen herum mit himmlischer Musik erfüllen kann."*

Dieser Abschnitt im Dankesbrief enthält einen Schlüssel zu Agnes' Werk und Leben. Die Aufführung einer alten Notenschrift in der Kirche wird letzter Höhepunkt in der „Heiligen" sein.

In dieser Zeit hatte Agnes ihre Fragmente, die neben dem Hexen-drama entstanden waren, an Prof. Rade, der in Marburg „Die Christ-liche Welt" herausgab, geschickt. Er hatte zugesagt, jeweils eine Se-quenz in Folge zu veröffentlichen. Die Theateraufführung rückte nä-her. Wieder sollte Gerhard überraschenderweise frei bekommen, da Agnes sich dafür einsetzte. Sie schrieb zuvor an ihn: *„Auch dach-te ich mir, ich will beim Ephorat lieber weniger verlangen, damit ich es dann sicherer bekomme, Papa, nach reiflichem Bedenken und in seiner Weisheit sich den knöchernden Menschen vorstellend ... hat es so als am besten und einfachsten angesehen."*

„Seid klug wie die Schlangen" ist ein Bibelspruch, den Agnes beherzigte: Die Bitte um Gerhards Befreiung wurde so begründet, dass er als Reisebegleitung seiner gehbehinderten Patentante – der Gattin von Herrn Geheimrat Lang, dem Patriarchen von Blaubeu-ren – benötigt würde, denn ohne Gerhards Begleitung könnte ihre Freundin der Aufführung im fürstlichem Schloss (zum Besten der Kleinkinderschule) nicht beiwohnen. Gerhard durfte seine Paten-tante und Lobin Lang (ein junges verwandtes Mädchen) begleiten.

Erfolg beider Aufführungen im Februar 1906
Am 16. und 19. Februar wurde das Drama „Die Hexe" im fürstli-chen Schloss aufgeführt. Am 20. erschien im „Schwäbischen Mer-kur" ein Artikel voll höchster Anerkennung: *„Jedesmal wohnten der Aufführung etwa vierhundert Personen aus den verschiedenen Ständen bei, soviel der Raum zu fassen vermochte; jedesmal war zu bemerken, wie alles mit größter Spannung und wachsender Teil-nahme dem Gang des Stückes folgte."* Neben dem fürstlichen Raum, der dankend Erwähnung fand, wurde herausgestellt: *„Aber durchschlagend für den Erfolg war hier ganz entschieden der in-nere Gehalt des Stückes, der auch die Schauspieler mehr und we-niger alle trug und mit sich fortriß ... Besonders günstig hierfür war es, daß die Dichterin, eine Langenburger Dame, selber die ganze Einstudierung und Arrangierung auf sich genommen hatte."*

Zur Qualität des Stückes hieß es: *„Es sind echt dramatische Sze-nen von wunderbarer Schönheit; die auftretenden Personen sind klar und charakteristisch gezeichnet; die Sprache ist geistreich und pointiert, zuweilen von tiefer Leidenschaft; alles ist eingetaucht in* *das echte Gold einer reichen und schöpferischen Phantasie, mitunter ragt eine märchenhafte Stimmung herein, ohne daß doch der überzeugende Eindruck des Lebenswahren dadurch gestört würde."* Es handle sich hier um echte Dichtung und würde nach den Aufführungen weitergehen: *„So fühlte jeder, er stehe hier vor einer wirklichen herzerfreuenden Dichtung, die wohl auch noch an weiteren Kreisen ihre große Wirkung ausüben wird."*

Es hatte bereits einen positiven Artikel im Gemeindeblatt von Langenburg[70] gegeben. Hier wurde erwähnt, der dramatische Aufbau sei straff geführt worden: *„Der deutlichste Beweis dafür ist, daß bei der teilweise stundenweit herbeigekommenen, aus den verschiedenen Kreisen bestehenden Zuhörerschaft sich trotz der annähernd dreieinhalb Stunden beanspruchenden Aufführung an keiner Stelle ein Nachlassen der inneren Beteiligung merken ließ."*

Wieder fehlt Agnes' Name. Gerhard erklärt in seinem Erinnerungsbuch: *„In beiden Berichten wurde der Name meiner Mutter nicht genannt; sie sprechen von der Verfasserin als 'einer Langenburger Dame', dies entsprach ihrem eigenen Wunsch."*

Wie passt dies zum „Bald bin ich berühmt!" im Brief an Gerhard? Warum mochte Agnes nur eine „Langenburger Dame" für die Öffentlichkeit sein? Wollte sie Gisela als Verfasserin mit hineinnehmen, war diese eigentlich die „Langenburger Dame"? Denkbar wäre es. Und Agnes wusste bereits, dass ihr Name bald in großem Umfang erscheinen würde. Darauf hatte sie Gerhard schon vorbereitet: *„Jetzt hast Du bald eine Mater, deren Gedenklein man in Australien, Afrika, Amerika, China liest. Denn überall hin kommt die 'Christliche Welt'. Bedenke dieses! Und alle kriegen Heimweh, wenn sie das himmlische Gloria lesen, nach einem deutschen Maientag im Buchenwald. Von meinem Buch: 'Von der Hexe, die eine Heilige war', habe ich nun schon viel geschrieben; Papa meinte, ich sollte der 'Christlichen Welt' die weiteren Stücke anbieten."*

In den Tagen vor der Aufführung schrieb sie. *„Nun habe ich schon meine erste Korrektur (für die Christliche Welt) gelesen!"* Daher konnte Agnes in den Zeitungsartikeln ungenannt bleiben. Wer sie kannte, wusste sowieso, dass sie die Aufführung inszeniert hatte.

Ab März 1906 wurde je einer ihrer Prosatexte, die zur „Hexe, die eine Heilige war", gehörten, in der „Christlichen Welt" abgedruckt.

Übrigens: Den Artikel im „Schwäbischen Merkur" schrieb Pfarrer Betz, den im Gemeindeblatt sein Freud Adolf Dörrfuß, der kurz darauf Archivar am Schiller-Museum in Marbach wurde.

Gerhard Günther gab in seinem Erinnerungsbuch an, Pfarrer Schweikhardt aus Bächlingen habe die Kritik im „Schwäbischen Merkur" verfasst, doch da irrt er. Auch dass der Artikel am 22. 2. 1906 erschienen sei, trifft nicht zu. Nach Einsicht im Landesarchiv Stuttgart war der Artikel schon am 20. 2. 1906 im „Merkur" gekommen.

Im Brief an Pfarrer Betz können wir Agnes' Dank für seinen Einsatz lesen: *„Freund Dörrfuß hat an den Staatsanzeiger geschrieben. Aber derselbe hätte wohl niemals die Sache angenommen, wenn Ihr Artikel nicht gedruckt worden wäre. So meint der Weise, ich dürfe auch auf den Staatsanzeiger hoffen und so ist auf Umwegen doch alles durch Ihre persönlichen Verbindungen zu Wege gekommen. Also Wohltäter und erster Ritter! Ich danke Ihnen also vielmals ..."*

Am Sonntag, den 25. Februar, sollte der geplante Gemeindenachmittag in Langenburg stattfinden. Agnes schrieb an Pfarrer Betz: *„Morgen helfe ich dem Pfarramt Bächlingen die Bilder aufhängen, eine große Mühe, ich habe mich freiwillig dazu angeboten und hoffe, dadurch das Pfarramt endgültig zu versöhnen. Der Weise fand diese Tat äußerst liebenswürdig von mir. Das fast, als ob die Gräfin Gisela es getan hätte."* Agnes war bei der Vorbesprechung mit Pfarrer Schweikhardt dabei gewesen, in der noch einmal über den Verlauf gesprochen wurde: Das Thema der Christlichen Kirchenkunst sollte praktischerweise beim Gemeindenachmittag übernommen werden, dann könnte man die Bilder für das Diözesantreffen hängen lassen. Rudolf stand zu seiner Frau, gerade in diesem „pfarrherrlichen Konflikt" mit Pfarrer Schweikhardt. Agnes schrieb Pf. Betz: *„Aber nachher erklärte mir mein Gatte, das sei nun seine Veranstaltung in seiner Gemeinde und da sollte ich ihm mit dem Vorzeigen der Bilder helfen. Also bin ich voraussichtlich am Sonntagnachmittag, und zwar um 3 Uhr, damit beschäftigt."*

Agnes war ihrem Mann dankbar, weil er mit ihr gemeinsam die Veranstaltung durchziehen und sie zu Wort kommen lassen wollte mit dem, was sie zur alten Kunst zu sagen hatte. Sie war glücklich, dass ihre Freundinnen aus Blaubeuren es miterleben würden. Diese waren die ganze Woche zu Besuch. Agnes schrieb am Ende des Briefes: *„Könnten Sie nicht am Sonntag kommen? Es würde mich und meine Blaubeurener Freunde sehr freuen ...“* Leider könne sie ihm noch nicht – wie erbeten – das Drama-Manuskript überlassen, weil sie es mit nach Blaubeuren nehmen wolle.

Besuch in Blaubeuren Frühjahr 1906 – Probleme

Rudolf schrieb seiner Frau nach Blaubeuren: *„Liebe Agnes! Du wirst nun glücklich in den Friedenshafen der Bleiche eingelaufen sein, mögest Du Dich recht erholen und von der Gisela nicht all zu sehr heimgesucht werden!“* Er berichtete, dass die Fürstentochter Prinzessin Feo noch 100 Mark für die Kleinkinderschule gestiftet habe. Sie kamen zum Reingewinn von 1 200 Mark hinzu.[71] Den freundlichen Brief der Prinzessin an Agnes legte Rudolf bei. Er erzählte von seiner vielen Arbeit und vom großem Schneegestöber, das er durch das Fenster sah, als er diesen Brief schrieb. Bei ihm lagen die Druckbogen seines Gesangbuchentwurfes, die ihm der Calwer-Verlag zur Korrektur geschickt hatte. Er fragte noch, ob Agnes das Haushaltsgeld irrtümlich mitgenommen habe, da er keines fand. Er wird es wie so oft irgendwo in seinem Studierzimmer abgelegt haben, vielleicht unter den Druckbögen. Wir kennen ihn als zerstreuten – aber liebenswerten – „Professor“.

Die Sendung, die Agnes mit Rudolfs Brief bekam, war dick. Er schickte ihr einen Stapel Papier, damit sie weiterschreiben könne, erklärt: *„Heute bekommst Du ohne Zweifel zur Ermunterung in Deinem literarischen Schaffen eine Papiersendung ...“* und ermutigt sie: *„Wenn die 'Gisela' bei Dir bleibt, so kannst Du im höheren Interesse ja länger von hier fort sein, denn es ist natürlich die Arbeitsangelegenheit für Dich viel günstiger als hier mit den unsäglichen Störungen.“* Außerdem war er zufrieden, dass sie sich die ersten Tage Zeit zum Schlafen nahm. *„Fahre fort darin“*, riet er. Rudolf schickte noch eine Karte von Prof. Rade mit, worauf stand, dass ihre „Hexe, die eine Heilige war“ in der „Christlichen Welt“ ab dem 8. März in sechs Folgen erscheinen werde.

Auch sandte Rudolf ihr den Brief von Pf. Schmitthenner mit. Sie konnte sich freuen! Soviel Anerkennung bekam sie als Dichterin! Rudolf hatte sich ihrem Sprachgebrauch angepasst, sprach von Gisela so wie Agnes. Ihretwegen gab es keine eheliche Trübung mehr. Rudolf nahm das „Phänomen" ernst, ging respekt-, ja: liebevoll damit um. Auch schätzte er Agnes' Texte: *„Deine beiden Stücke habe ich heute zweimal wieder durchgelesen mit gleichstarkem Eindruck."*

Jedoch wurde Agnes durch die Reaktion des alten „Bleichfreundes" Geheimrat Lang bekümmert. Er konnte mit dem Manuskript des Theaterstücks nichts anfangen, lehnte die ganze Thematik ab. Es passte nicht in sein pietistisches Glaubensbild. Agnes schrieb ihren Kummer darüber an Rudolf, der antwortete: *„Die 'Gisela' stößt also auf Hindernisse. Sie ist ja schon zu Lebzeiten nicht verstanden worden. Warten wir eben einmal ab. Des Eindrucks bei den Christlichen-Welt-Leuten kannst Du sicher sein …"*

Als ihr erster Text in der „Christlichen Welt" erschienen war, tröstete er sie: *„Das Bewußtsein Deines dichterischen Berufes trägst du in Dir, und so wirst Du auch inmitten des Unglaubens Deiner nächsten Umgebung Dich trösten können."* In Bezug auf die ablehnende Haltung des Geheimrates konstatiert er: *„Es ist der Pietismus, der zerstört die feineren Seelenorgane. Sonst könnte man ja das 'Pilgerleben' E. Schrenks nicht aushalten. Ich habe das seinerzeit durchgesehen. Was in der 'Christlichen Welt' steht, ist echte Poesie und eigener Ton. Darauf kannst Du Dich verlassen."*

Rudolf gab Agnes Einblick in seine Gefühle bezogen auf sein kirchliches Amt: *„Das doppelte Leben, ich kenn es ja auch, seitdem ich am Karren der Kirche ziehe. Es ist nicht immer leicht, aber man kann nicht anders."* Das wird sie verstanden und nicht vergessen haben. Der Tag würde kommen, da sie ihn bestärken sollte, dies „doppelte Leben" beim „Karrenziehen der Kirche" nicht fortzuführen.

Weitere häusliche Probleme

Ein anderes Problem tauchte auf. Bereits vor Agnes' Abreise zeigte Julie seltsames Verhalten, das anhielt, als Agnes nach Blaubeuren gereist war: Das Hausmädchen starrte stumm vor sich hin und war nicht ansprechbar. Solche Phasen waren bei ihr bekannt und irgendwann vorüber gewesen. Auch diesmal. Luises Gesicht hellte sich auf. Doch Rudolf musste nun schreiben: *„Liebe Agnes! Fräulein Julie trug mir auf, Dir mitzuteilen, daß sie wegen ihrer angegriffenen Nerven in diesem Monat austreten möchte. Ich habe ihr*

*gesagt, auf 1. April; wenn wir früher jemand Passendes bekommen,
auch vorher. Du wolltest Dich ja ohnedies nach jemandem umsehen, hoffentlich hast Du guten Erfolg. Das mit der Nervosität ist
richtig und daher der Austritt ebenso notwendig als erwünscht."*

Erneut musste Agnes spüren, wie ausgeliefert man Hausange-
stellten sein kann – dies nicht zum letzten Mal. Wie hatte sich diese
freundliche Haushaltskraft, die bei Agnes erst kochen lernte, in
einem Jahr verändert. Hatten die „nervlichen Zustände" mit dem
zeitweiligen Spuk im alten Dekanat zu tun? Oder überforderte
Agnes Julie mit ihrer „Gräfin Gisela", dem vielen Schreiben, dem
ganzen Theatertrubel und zuletzt dem Besuch der Blaubeurener?
Agnes vermutete, dass hinter den sogenannten „Nerven" Absicht
stehe. Rudolf glaubte an „periodische Verrücktheit". Egal, was es
war: Agnes brauchte eine neue Kraft. So informierte sie brieflich
Freund Pf. Betz von Blaubeuren aus. Auch Rudolf hörte sich nach
einem geeigneten Hausmädchen um und bestätigte Agnes' Vermutung: *„Fräulein Julie ist zwar wieder ganz menschenfreundlich
geworden, seitdem sie bemerkt zu haben scheint, daß sie Dir eine
Verlegenheit angerichtet hat. Sie hörte mich mit Herrn Pfarrer Betz
von ihrer Angelegenheit sprechen, darauf hat sie den ganzen Nachmittag das Maul vor Grinsen nicht mehr zusammengebracht. Du
scheinst sie richtig taxiert zu haben."*

Pf. Betz war bei der Suche erfolgreich, fand eine Lösung, sogar
zwei Lösungen: eine zur Überbrückung (Margarete Ehrle) und eine
endgültige ab einem späteren Zeitpunkt. Die Günthers waren ihm
sehr dankbar, dass er ihnen aus dieser Not half.

Freunde und „Umarbeitungswahn"

Umgekehrt half Rudolf ihm in seiner Not. Der Todestag seiner Frau
jährte sich zum ersten Mal. Rudolf war es wichtig, ihm beizustehen. Er schrieb zuerst ein Brieflein, da er glaubte, er könne nicht
persönlich am Tag des Gedenkens kommen. Überraschend kam er
doch, gemeinsam mit Erich. Vom Friedhof auf der Anhöhe sah Pf.
Betz bereits von weitem Vater und Sohn kommen. Er und Gustav
brachten gerade einen Schneeglöckchenstrauß zum Grab. Nun warteten sie, bis Rudolf und Erich zu ihnen an das Grab der Verstorbenen kamen. Am folgenden Tag wurde Pf. Betz durch einen

großen Grabkranz, abgegeben im Namen der „Familie Dekan Günther", überrascht. Als er wegen der Hausmädchenfrage Agnes nach Blaubeuren Bescheid gab, berichtete er von dem schönen Kranz, drückte Freude und Dankbarkeit aus: *„Ich werde Ihnen beiden immer dankbar sein, für all die Freundlichkeit und Liebe, die ich besonders im letzten Jahre von Ihnen erfahren habe."*

Nach ihrer Rückkehr von Blaubeuren sagte Agnes bei Pf. Betz ihren Besuch an, da Rudolf dienstlich ins benachbarte Billingsbach fuhr: *„Ich bin dort zu einem 'Kaffeele' eingeladen. Ich muß die Einladung annehmen, kann aber doch nicht wohl von dem Kaffeele den ganzen Tag leben, weshalb ich mich zuerst nach Herrenthierbach begeben möchte ... Nachmittags müßte ich allerdings wieder nach Billingsbach zu besagtem 'Kaffeele' geliefert werden. Gisela hatte sehr Heimweh nach Langenburg, es gefiel ihr gar nicht in der Fremde. Sie ist eben verwöhnt. Bei Lebzeiten war sie doch auch nichts Besseres gewöhnt. Ihre treue A.G."* Beim Besuch in Herrentierbach wird Agnes auch erste Bekanntschaft mit dem zukünftigen Hausmädchen Maria machen, so war es abgesprochen.

Der Frühling 1906 war nasskalt. Wieder einmal war Agnes lange krank, ein immer wiederkehrender fiebriger Lungenkatarrh machte ihr zu schaffen. Sie lebte zurückgezogen, *„ganz abgeschieden von der Welt, nur eine gute Nachbarin kam zuweilen"*, erzählt sie hinterher. Seit sie aus Blaubeuren zurück war, hatte sie mit dem Umschreiben ihres Dramas begonnen; es streckte sich über Monate hin. Sie musste die Spieldauer von 3 ½ Stunden kürzen, ohne dass Wesentliches verloren ging. Das war schwierig. Vor allem bearbeitete sie den fünften Akt. Sie kämpfte verbissen mit ihrem Text. Rudolf sprach schon von ihrem „Umarbeitungswahn".

Am 16. Juni 1906 schrieb sie an Gerhard: *„Nun geht es entschieden besser bei mir. Und endlich scheint auch eine Sonne. Ich freue mich sehr darüber und gehe jetzt um abzuschreiben in den Garten hinunter. Es duftet alles nächtens, Pfingstnelken und Jasmin ... Wir erhoffen jetzt schönes Wetter für Eure Exkursion, denn nun hat es wahrhaftig genug geregnet. Mein Umarbeitungswahn ist sowohl schmerzlich als auch verwirrend. O, wenn ich den überstanden hätte. Ich helfe mir dadurch, daß ich das ganze Stück ins*

271

Reine schreibe. Dann komme ich so wörtlich noch einmal hindurch, so werde ich doch endlich das Richtige finden." Auch während ihrer wochenlangen Krankheit hatte sie eisern umgeschrieben und kämpfte sich durch den Text. War das vielleicht mit ein Grund, weshalb sie so lange nicht gesund wurde?

Im Frühling und im weiteren Jahr war Rudolf mit dem Kirchenumbau beschäftigt. Stunden stand er auf dem Bauplatz, sonst wäre es nicht „voran" gegangen. Der Bau der Kleinkinderschule kam auch noch hinzu. Etwas ganz anderes und wesentlich erfreulicher war, dass er nun mit der Verwirklichung seines lang gehegten Planes begann. Für seine Lied- und Gedichtsammlung, dies Hausbuch für das außerkirchliche religiöse Leben, hatte er schon die verschiedenen Kapitel in 26 Themenkreise eingeteilt. Diese Strukturierung vereinfachte es, mit der Fülle der zusammengetragenen modernen Gedichte und ganz alten Hymnen und Gebete umzugehen. Agnes war von der unterschiedlichen Textsammlung begeistert.

Am 16. Juni schrieb sie Gerhard vom Fortschritt der Arbeiten. Von der Langenburger Kirche schrieb sie: *„Bis 21. Oktober Einweihung. Ich glaube es aber noch nicht ... Jetzt wird die Empore gemacht, auf die wir seit Wochen warten wegen einem Zimmermann, der uns sitzenließ."* Agnes bezieht sich in Rudolfs Arbeit ein. (Mit „wir" drückt sie es aus.) So wird die große geistige Verbundenheit zwischen Agnes und ihrem Mann spürbar. Sie war immer voll und ganz dabei. Sie hatte es ihm als junge Braut zugesagt und lebte es nun in ihrer bereits 18 Jahre dauernden Ehe.

Von der offensichtlichen Einmütigkeit schrieb Agnes schmunzelnd an Gerhard: *„Gestern brachte mir Papa ein Verzeichnis im 'Kirchl. Anzeiger' von theologischen Schriften in Schwaben. Ich soll's auch mal durchlesen, ich müsse lachen. Richtig, da stand ich ganz breit mit meinen Artikeln in der 'Christlichen Welt' über dem Papa mit seinem Gesangbuch. Es sah so einträchtig aus ..."* (Wir erinnern uns an „Concordia", die „Göttin der Eintracht", auf der Jubiläumssäule in Stuttgart, die vor ihrer Geburt eingeweiht wurde.) Den Brief beschloss Agnes mit *„Deine theologische Mama"*.

Einmütig sorgten beide auch für den Freund Pf. Betz und nutzten jede Gelegenheit, ihm die Einsamkeit zu erleichtern: *„Morgen (Sonntag) dürfen wir alle Papa begleiten im Wagen nach Ried-*

bach, d.h.: wir, Erich und Maria gehen nach Herrenthierbach, worüber Herr Pfarrer sehr beseligt ist. Papa und ich fahren erst am Montag zurück, weil Papa da noch zu tun hat."

Veränderungen und verschiedene Arbeiten

Bei Zellers änderte sich im Sommer wieder vieles. Ab 1. Juli 1906 wurde Friedrich Direktor des Evangelischen Diakonieverbandes in Berlin-Zehlendorf. Die Familie zog von Magdeburg nach Berlin. So lebten die drei Schwestern und die Mutter im Großraum Berlin.

Für Günthers gingen Leben und Arbeit in Langenburg weiter. Rudolf hatte mit Agnes' Hilfe alle Texte des Hausbuches sortiert und dem Verlag Salzer zum Druck geschickt. Leider hatte ihr Wunschillustrator keine Kapazitäten frei, den Auftrag anzunehmen. Die vom Verlag ausgesuchten Bilder gefielen beiden nicht, aber sie mussten es hinnehmen. Agnes schrieb Gerhard von der gemeinsamen Arbeit im Juli 1906: *„Jetzt kommen fleißig Korrekturbögen. Jetzt erst sieht man das Buch so vor sich. Wir pappen die einzelnen gedruckten Gedichte auf Bogen auf mit den Illustrationen. Das kostet viel Kopfzerbrechen. Herr Pfarrer Betz hilft auch."*

Ihr begeisterter Einsatz für Rudolfs Buch hielt Agnes nicht ab, weiter an ihrem Drama zu arbeiten, zu kürzen und umzuschreiben. Es war ermüdend, sie kam zu keinem Ende! Inzwischen hatte sie verschiedene zeitgenössische Dramen genauer studiert, las auch deren Kritiken, um zu wissen, was sie berücksichtigen müsse. *„Ach, man kann aus den Fehlern anderer so viel lernen. Meinen V. Akt hätte ich nicht ganz weggestrichen, wenn ich nicht den 'Meier-Helmbrecht' gelesen hätte. Dem sein Schluß ist nämlich so unnötig und abfallend ..."*, schrieb sie Gerhard.

Freuden und schlimme Ereignisse

Im Juli kam Miss Taylor zu Besuch und blieb zehn Tage, auch über Agnes' 43. Geburtstag, was diese sehr freute. Diesmal feierte Agnes ausgiebig, sogar zweimal, Samstag und Sonntag. Sie machten eine wunderschöne Kutschfahrt nach Schloss „Schweigen". Davon las Gerhard: *„In Thierberg war's herrlich, die Fahrt so schön und doch so riesig gemütlich, weil die Försterin uns wieder im Schloßhof deckte. Ich hatte alles mitgenommen, Herr Pfarrer Betz war begeistert."*

Sie bekam noch ein nachträgliches, unverhofftes Geburtstagsgeschenk: Am 24. Juli wurde Agnes von einer Geldsendung der „Christlichen Welt" überrascht. Sie bekam viel mehr als erwartet, 70 Mark! *„Soviel hatte ich mir nicht vorgestellt. Das erste Geld in meinem Leben, das mir gehört. Papa sagt, ich solle mir etwas dafür kaufen. Solange ich es habe, gibt es tausend Möglichkeiten."*

Die nächste kleine Freude war das neu im Druck erschienene Notenblatt von Prof. Lang mit öffentlicher Widmung „Für Agnes Günther", wie in der Monatsschrift zu lesen war. Eine weitere Freude: Rudolfs Gesangbuchentwurf *„wurde von allen Seiten über Erwarten aufgenommen".* Agnes war gespannt, wie die noch ausstehende Entscheidung der Kommission in nächster Zeit ausfallen würde.

Erfreulich war das friedlich-schöne Arbeiten und Leben mit der Herrentierbacher Maria, die Pf. Betz vermittelt hatte. Auch an Erich konnte sie sich freuen. Er wurde ein großer junger Mann, der mit 13 ½ so in die Höhe geschossen war, dass er schon in Gerhards Konfirmandenhemden passte. Grund zur Freude gab sein gutes Rechenexamen, in dem er eine 8 hatte (Bestnote 10). Gesund und glücklich fühlte sich Agnes in dieser Zeit. Im Brief an Gerhard steht: *„Noch nie hab ich's so schön gehabt wie jetzt. So im Garten und im Hause ein Frieden ohne die böse Julie ist herrlich. Und es geschieht der Reihe nach. Ich freue mich nun schon sehr auf meinen Besuch und bis Papa wieder Einsicht in meine Arbeit nimmt."*

In diesen Sommertagen waren Rudolf und sie bei der neuen fürstlichen Waldhütte an der Holderbachklinge gewesen. Wie herrlich war die Römerwiese! Die alte Sage von der Dame, die auf ihr hin und wieder zu sehen sei und deren Röckerauschen man hören sollte, faszinierte Agnes. Sie schrieb: *„Sie soll immer dort gehen von alten Zeiten her und sie rauscht. Vor 14 Tagen erst hat sie wieder einer gesehen."* Agnes bedauerte, dass sie selber die Dame nie zu sehen bekam. Vielleicht könnte Gerhard mal schauen, meinte sie. Er als Sonntagskind habe vielleicht mehr Glück. Seltsam, dass sie die „Gräfin Gisela", deren Begleiter und den „Blätterer" sah, jedoch diese Erscheinung nicht. Die Sagengestalt ließ Agnes abgewandelt in ihren Roman einfließen: Rosmarie lebt im fürstlichen Waldhaus mit Mann und Kind in der Sommerfrische, bis sie beim Abendspaziergang auf der Römerwiese durch den Schuss der Stiefmutter schwer verletzt wird. Die Fürstin kommt als Täterin immer wieder zwanghaft zum Ort ihrer Tat zurück, sie kann seit dem Verbrechen die Beine nicht mehr still halten, sodass ihre Röcke unaufhörlich rauschen. Zur legendären Dame auf der Römerwiese gab Agnes Gerhard weiter: *„ ... auf der Römerwiese zwischen Licht und Dunkel, und sie rauscht sehr. Von sehr alten Zeiten soll sie sein. Papa meinte: So lange müsse man doch nicht umgehen. "*

Agnes' Ansicht hierzu: *„Ich meinte, auf der Römerwiese an einem Sommerabend zu wandeln, wenn nur ein Mähder noch seine Sense dengelt oder ein Reh ins feuchte Gras taucht, ließe ich's mir auch aus dem Paradiese heraus gefallen. O! Eine Gelegenheit! Aber laß das in Blaubeuren nicht laut werden. Ich bin eben ein Weltkind. Mir gefällt's so gut, so gut, wenn die Rosen blühen, oder auf Waldwiesen, wenn so ein blauer Wald um eine sanft geneigte grüne Fläche steht. "* Diese Haltung wird sie in „Die Heilige …" Harro einnehmen lassen, der nichts von den „himmlischen Gärten" seiner Rosmarie hören will. Erinnern wir uns, dass es Zeiten gab, in denen Agnes eine große Sehnsucht zum Jenseitigen hatte. Wir lesen es in den Briefen aus Bordighera.

So glücklich dieser Sommer ansonsten war, wurde Agnes doch durch schlimme Ereignisse erschüttert. Das erste ging gut aus, hätte jedoch schlimm enden können. Drei oder vier Wochen vor Agnes' Geburtstag hatte Pf. Betz einen Fahrradunfall. Agnes schrieb Gerhard: *„Er hat jetzt Dein Rad in Gebrauch, weil er mit dem seinigen auf einer nächtlichen Fahrt nach Langenburg schrecklich verunglückt ist. Die Lenkstange kaputt und alles schief: Und er war unglücklich darüber, aber noch mehr greinig, daß ihm so etwas hatte passieren können. Er hätte tot sein können, so ist er heruntergestürzt. "*

Das nächste Ereignis war das tragische Unglück am 17. Juli 1906 am Ende des Kirchenchorausfluges: 22 Langenburger Sänger schwebten in Lebensgefahr und *„unser bester und treuester Sänger, der Tenor "* Heinrich Leiser war an seinen Verletzungen im Spital gestorben. In Langenburg waren sie darüber erschüttert. Agnes hatte noch nie so viele Menschen bei einer Beerdigung gesehen. Rudolf musste sie am 19. Juli halten, was ihm schwerfiel, wie sie Gerhard schrieb. Alle kannten Herrn Leiser, den Ladenbesitzer von Langenburg, bei dem jeder einkaufte. Er führte Lebensmittel und Stoffe. Doch sie wussten nicht (wie jetzt Rudolf), dass er verschuldet war und die Schuldenlast nun auf der Witwe und den Kindern lag. Der Unfall war auf der Heimfahrt kurz vor Langenburg passiert, *„als ein Leitzügel brach und das vollbesetzte Fuhrwerk bei Atzenrot umstürzte"*. So war dies für die Grohs, die das Fuhrunternehmen führten, auch ein schwerer Schicksalsschlag, da sie wohl für den Schaden aufkommen mussten. Wahrscheinlich blieb der Familie nichts anderes übrig, als alles zu verkaufen. Der Unfall trieb die Gemüter sehr um. So viele Schwerverletzte gab es in dem kleinen Städtchen, so viele Schmerzen und Not!

Zwei Tage nach der Beerdigung war Agnes' Geburtstag. Wie erwähnt, feierte sie ihn ausgiebig. Überhaupt verbrachte Agnes mit Miss Taylor glückliche Tage: *„Es war sehr schön"*, war ihr Resümee. Alles stand im selben Brief, das Schöne, das Langenburger Unglück und, was sie Gerhard zu dessen Erschütterung aus seinem Seminar sagen wollte (ein Repetent hatte sich umgebracht; das ganze Seminar musste ihn suchen und er wurde von Schülern im Wald tot aufgefunden, vergiftet): *„Wir sind alle aufs tiefste erschüttert durch den Schmerz, der Euch alle betroffen hat. Ein so hoffnungsvolles Leben und so plötzlich und schrecklich beendet. Der einsame Tod im Wald verbarmt einen so, und daß kein Mensch in diese verschlossene Seele sehen konnte und ihr beistehen. Da handelt es sich oft um Stunden, und der schwärzeste Augenblick ist wieder überwunden. Auf der anderen Seite ist eine Schwermut etwas so Schreckliches, und wer einmal einen schwermütigen Menschen gesehen hat, weiß, daß der Tod da immer eine Erlösung ist."*

Die „Altarbekleidung" – Vierwaldtstätter See

Die Langenburger Frauen hatten beschlossen, die Paramente [72] für die frisch renovierte Kirche zu sticken. *„Die Damen wollen eine Altarbekleidung sticken"*, ließ sie Gerhard wissen. Dass sie selber stickte, schrieb sie nicht, doch heute noch werden in Langenburg ihre erstaunlich schönen Paramente gezeigt. Es könnte sein, dass sie während des Besuches von Miss Taylor damit begonnen hat. Sie konnte sich dann unterhalten und gleichzeitig sticken. Vielleicht hat sie zunächst das dichte Mittelkreuz gestickt, das sie separat anfertigen und nachträglich auf den wertvollen Seidendamast nähen konnte. Ihren Entwurf hatte sie sicher sorgfältig geplant: ein Mittelkreuz aus vier goldenen Pfeilen, darauf ein geschlungener Dornenkranz. Vier Heckenrosenblüten ruhen auf dem Kranz genau über jedem Kreuzpfeil. In jeder rosa changierenden Blüte strahlt die Blütenmitte lichtgelb wie eine kleine Sonne. Goldstrahlen, geometrisch angeordnet, streben vom Dornenkranz nach außen.

Agnes griff bei ihrem Entwurf die eingewebte Ornamentik des Seidendamastes auf. Sie verband eine äußere, regelmäßige Bordüre mit Heckenrosenblüten und dreigliedrigem Blattwerk mit dem Ewigkeitszeichen (liegende 8). Diese Stickereien werden heute noch bei literarischen Führungen zu Agnes Günther in der Stadtkirche gezeigt. Die Paramente wurden vor einigen Jahren fachmännisch restauriert. Übrigens lässt Agnes in ihrem Roman Rosmarie wunderbare Stickbilder, Stickgemälde, anfertigen, die ausdrücken, was ihre Seele sagen möchte. Harro versteht die Botschaft darin zu lesen.

Wir wissen nicht, ob Agnes ihre Stickarbeit mit in die Ferien am Vierwaldstätter See nahm, auch nicht, ob sie die Reise in diesem Jahr machte oder in einem anderen. In keinem veröffentlichten und unveröffentlichten Brief ist davon zu lesen. Dass die Reise stattfand, ist sicher, da ihr Mann davon in seinem Erinnerungsbuch schrieb. Alles spricht dafür, dass es in diesem Jahr war. Anzunehmen ist, dass sie sich mit ihrer englischen Freundin Miss Taylor dort traf. Körperlich konnte Agnes sich die Reise zutrauen. Sie machte (nach der langen Krankheitsphase im Frühjahr) wieder ausgedehnte Sonntagsspaziergänge mit Rudolf, wie sie Gerhard schrieb. Und durch das kürzlich erhaltene Verlagshonorar konnte sie sich die Reise leisten. Gerhards diesjährige Klassenfahrt ins Hochgebirge, wo er einen Zweieinhalbtausender bestiegen hatte, wird sie auch animiert haben. Ihr Mann schrieb in seinem Buch über ihre Reisen: *„Sonst gingen die Erholungsreisen teils zu den Geschwistern in Berlin und Potsdam, teils an den Vierwaldstätter See. Agnes' Anziehungskraft bewährte sich auch hier. Sie zog Deutsche und Ausländer, selbst Russinnen an. Von dort aus hat sie auch den Rigi bestiegen, ohne Beschwerden, kurz nach Sonnenaufgang erreichte sie den Gipfel. Als sich die Bergketten mit ihren silbern strahlenden Firnen vor ihr aus-*

breiteten, ahnte sie wohl nicht, unter welch anderem Gestirn sie die-
se leuchtende Herrlichkeit wiedersehen sollte."

War es während Agnes' Reisezeit gewesen? Sicher ist, in diesen
Sommerferien begann die Freundschaft zwischen Gerhard und Pf.
Wilhelm Betz. Letzterer war doppelt so alt wie der fast 17-jährige
Gerhard, aber sie fanden Gefallen aneinander. Sie strichen ge-
meinsam durch die Wälder oder diskutierten über den Lehrstoff
des Seminars. Gerhard schrieb auch an den *„lieben Herzbruder".*
Vielleicht gehörte zur Freundschaft die besondere Konstellation:
Gerhard war der „Fridolin" (der Page) für seine Mutter und Wil-
helm Betz seit der Theateraufführung für „Frau Dekan" der „erste
Ritter", wie sie ihn dankbar bezeichnete. Verband dies beide?
  Einmal rief Gerhard (als Agnes wohl wieder zurück war) den
Freund herbei, damit dieser seiner Mutter erneut beim Umarbeiten des Dramas beistehe. Gleichzeitig gab er ihre leichte Kritik
weiter: *„Mama ist nicht mit Dir zufrieden und verlangt, daß Du*
wiederkehrst. Aber nicht mit düsteren Wolken des Unmuts auf der
Stirn, auch nicht den blauen Lehnstuhl in die bekannte Schwer-
mutshöhle verwandelnd, sondern strahlend wie das Tagesgestirn,
das allerfreuende. Oder wie es heißt. Also komme, setz Dich in den
Sattel, sobald Du kannst. Mama braucht einen geduldigen Zuhö-
rer, auf den sie ungestraft die Baustelle und ihren 365. fünften Akt
loslassen kann ... Papa dankt für die Mitteilung des Gedichttitels.
Wir warten auf Dich. Inzwischen viele Grüße, Dein Gerhard Gün-
ther." In einem folgenden Brief bedankte er sich für die Geburts-
tagskarte, die Freund Betz ihm geschrieben hatte: *„... viele, viele*
Grüße von Deinem jungen Freund Gerhard Günther."

In Gerhards zweitem Jahr (1906) in Blaubeuren war Agnes am Geburtstag nicht wie im Jahr zuvor bei ihm. Dafür schrieb sie ihm liebevoll: *„Mein lieber Gerhard! Morgen wirst Du siebzehn Jahre alt!*
Daß ich schon einen so großen Sohn habe!" Sie dachte zurück, wie
es bei ihr war, als sie 17 wurde: *„Es ging mir herzlich schlecht, und*
ich war ein armer Tropf ... Ich lachte aber doch so oft wie möglich,
und ich bin jetzt froh daran. Es ist mir ja dann auch über alles Er-
warten gut gegangen, und ich darf jetzt am 26. September auf 19

Jahre der allerglücklichsten Ehe zurücksehen. Es ist recht schön gewesen, mag jetzt kommen, wie es muß. Das kann mir niemand nehmen. Du bist ein weit glücklicheres Kind, als ich es war. Du hast ja noch den besten Vater und eine Heimat, die hatte ich in Deinem Alter nicht mehr." Einerseits: „Es ist recht schön gewesen", andererseits: „Mag jetzt kommen, wie es muß." Man ahnt eine Schicksalsmelodie, die das Glücksgefühl untermalt.

Im Hause Günther gingen die begonnenen Arbeiten im Herbst 1906 weiter. So Rudolfs Anthologie. Sie wählten für das „Hausbuch" den Titel „Die verlorene Kirche" nach einem Gedicht von Ludwig Uhland. Dieses eindrückliche, religiöse Sehnsuchts-Gedicht enthielt viel von dem, was Rudolf durch seine Sammlung anstoßen und den Menschen geben wollte. Doch bevor das Buch veröffentlicht werden konnte, waren die Urheberrechte zu klären. Rudolf schrieb daher mit Agnes' Unterstützung die verschiedenen Autoren oder ihre Erben an. Dies war mühselig und schwieriger als erwartet: Nicht alle Erben wollten eine Genehmigung erteilen, was weiteren Aufwand und Schreibereien erforderte.

Die Kirchenrenovierung machte ebenfalls nur langsame Fortschritte. Ende September war die Decke des Chores dran. *„Blaugrün, entzückend"*, wie Agnes Gerhard schrieb. Auch ins Dekanatshaus kamen die Handwerker und besserten einiges aus: *„Jetzt eben kommen wieder die Maurer und wollen in die Registratur, noch einmal das ganze Haus voller Schmutz machen ..."*

In diesen Tagen hätte Agnes gern endlich ihr Drama für den Verlag fertig gehabt, damit sie mit dem Romanschreiben beginnen könnte. Schon im Sommer hieß es im Brief an Gerhard: *„Nun wollen wir sehen, wie es mit dem Drama geht. Papa unkt. Er hat aber doch einen Glauben an das Buch. Nun, ich erwarte Dich und Deine Hilfe mit Sehnsucht. Dann wird an S.(alzer) geschrieben. Nimmt er das Drama, so kriegt er auch das Buch. Ich will sehen, ob er hereinfällt."* Man konnte nur abwarten, wie es werden würde.

Agnes hatte richtig vermutet, der Verleger Salzer war am Roman interessiert. Doch sie wollte zuerst ihr Drama an den Mann bringen. Sie schrieb Gerhard am 28. 9. 1906: *„Heute habe ich mir das Pfarramt Herrenthierbach bestellt, zum Kommamachen und anderem. S. fragte nämlich nach meinem Roman. Den kriegt er aber* *nicht, bis er das Drama gedruckt hat. Nun werde ich ihm sogleich das Manuskript zuschicken. Er soll es einmal lesen."* Agnes pokerte hoch – das Drama war ihr zunächst die Hauptsache. Viel Hoffnung hatte sie wohl nicht und traute Salzers verlegerischem Urteil kaum. Sie schrieb: *„Ich habe zwar nicht den allerstärksten Fiduz, weil er gar so begeistert von der guten Anna Schieber[73] ist."*

Salzers Interesse am Hexen-Roman brachte Agnes dazu, ihre bisherigen Aufschriebe zu sichten. Sie ließ Gerhard wissen: *„Ich habe gestern alle Manuskripte geordnet und gefunden, daß ich von meinem Hexenbuch schon sehr viel habe, daß bald der erste Teil beieinander ist. Ich such jetzt emsig die verbindenden Fäden ... Ich schaffe."* Nicht einmal schönstes Herbstwetter konnte sie abhalten: *„Schier zu schön zum Daheimsitzen. Aber es muß geschriftet sein."*

Im nächsten Brief heißt es: *„Deine arme Mutter sitzt schon wieder über ihren unglückseligen Manuskripten. Herr Pfarrer Betz hat verschiedene mit ziemlich höhnischen Randbemerkungen versehen, und Papa lacht natürlich nur und verweigert jeglichen Beistand."* Sie war nahe dran, *„den ganzen Krempel in den Ofen zu packen"*, um endlich ihren *„Seelenfrieden wieder zu bekommen"*. Was sie abhielt, verwunderte sie selber, *„es muß irgend ein fahler Hoffnungsschimmer irgendwo leuchten, daß ich Euch am Ende doch noch damit dienen kann. Für mich selbst erwarte ich nichts mehr davon als Ärger und täglichen Kummer."* Das klang resigniert.

Dieser resignierten Stimmung war ein wunderschöner Herbstausflug vorangegangen. Sie erzählt davon im selben Brief: *„Am Montag haben wir einen über die Maßen schönen Gang nach Herrenthierbach mit den beiden Schwestern* (Diakonissen Luise und Eva) *gemacht. Wie war der Wald so herrlich noch! Diese leuchtenden Farben!"* Auch in Langenburg war es in diesen Herbsttagen sehr schön: *„Es ist wundervoll hier, das Schloß mit seinem königlichen Behang von dunkelrotem Wein und grünem Efeu sieht aus wie ein Gemälde. Dazu die goldklare Luft."* Doch das Ende des Ausflugs ließ sie so unglücklich werden, wie es im oben zitierten Abschnitt des Briefes bereits anklang: Es war zu einer ganz unerwarteten Auseinandersetzung zwischen Pfarrer Betz und ihr gekommen. Sie schrieb Gerhard: *„In Herrenthierbach blieb ich über Nacht. Ich hatte das neue Drama von Ege mitgebracht,*

'*Meier-Helmbrecht*', *und wollte mit Pfarrer Betz das Beherzigenswerte daraus entnehmen.* Aber wir kriegten schier Händel über den Ege, den er einen traurigen Dilettanten nannte und an dem er an jedem Satz herumbiß und stänkerte. Mir wurde ganz unsicher zumute. Ich hatte das Stück für ein richtiges Drama gehalten und konnte mich schier nicht erwehren. Bühnengerecht ist er gewiß. Dafür sitzt ja sein Autor alle Abend im Theater. Und ich! Ich daure mich selbst.* " Agnes wusste, dass sie ihr Drama vor der Veröffentlichung erneut kürzen musste. Sie zählte Gerhard auf, welche Szenen sie entweder ganz herausnehmen oder kürzen wollte. Ihr Abschlussgruß klang traurig: „*Für heut leb wohl – wenn ich Land sehe, schreib ich wieder. Deine verunglückte Dichtermutter.* "

Agnes war wegen Pf. Betz' scharfer Kritik irritiert. Drei Tage später schrieb er ihr und schickte mit freundlichen Worten beide ausgeliehenen Bücher zurück. Er dankte herzlich für den „Meier Helmbrecht" von Wernher dem Gärtner (Versnovelle aus dem 13. Jh.). Diese hatte er mit Freude gelesen. Umso mehr schrieb er gegen Pf. Ege, „*den Wirrkopf des 20. Jahrhunderts*", der diese „*feine mitleidsvolle, tapfere Satire mißverstanden*" in seinem Schauspiel aus „*aufgeblasenen Worten*" aufgegriffen habe. Es überraschte ihn nicht, dass sich Ege selbst für einen Dichter hielt, aber dass er kürzlich den 2. Schillerpreis [74] (er hatte es im Kunstwart gelesen) erhalten hatte, regte ihn auf. „*Den 2. Schillerpreis! Das muß einen ja erbosen.* " Pf. Betz hatte am Vortag von Erich Besuch erhalten, er war von Rudolf auf einer Dienstfahrt vorbeigebracht worden. Dafür bedankte Betz sich ausdrücklich, auch Agnes dankte er: „*Nochmals vielen Dank für Ihren Besuch! Schade, daß ich heute keinen Gast habe zu den Feldhühnern, die in der Pfanne schmoren. Herzlichen Gruß! Ihr ergebener W. Betz* "

Für Pf. Betz schien damit alles eingerenkt. Weshalb er an diesem Montagabend Frau Dekan gegenüber so wenig einfühlsam gewesen war, wusste er wohl selber nicht. Er ahnte auch nicht, dass er sie persönlich verletzt hatte. Für ihn spielte nur noch der Ärger über das Schauspiel „Meier-Helmbrecht", das Agnes sich als Vorbild nehmen wollte, eine Rolle. Könnte aber auch anderes ein Grund gewesen sein? War er vielleicht der zähen Umschreiberei und Kürzerei ihres Dramas überdrüssig? Könnte er irritiert gewesen sein durch „Frau Dekans" alleinige Gegenwart? Rudolf und die beiden Diakonissen waren am selben Abend noch nach Langenburg zurückgekehrt, nur Agnes war wegen der „Dichterei" über Nacht geblieben. Wir müssen es dahingestellt sein lassen.

Wie fand Agnes ihren Weg aus dem Konflikt: Pf. Betz hatte am kommenden Montag Geburtstag, so schrieb sie ihm einen freundlichen Brief – „*Ihnen die allerherzlichsten Glückwünsche*" – und legte ein Buchgeschenk bei: eine Predigttext-Hilfe für den Fall, dass „*gerade die Zeit zur Vorbereitung knapp ist*". Sie fuhr fort: „*Ich möchte Ihnen noch besonders vielmal danken für Ihre treu besorgte Kritik, die Sie mir haben angedeihen lassen. Wie sehr ich Ihnen dankbar bin, ist mir erst so recht zum Bewußtsein gekommen.*" Damit hatte er wohl nicht gerechnet. Und erst recht nicht mit ihrer Reaktion: „*Ich habe gestern die ganze 'Bastei' in das Feuer geworfen, und nicht ein Wort daraus übrig gelassen. Natürlich gingen auch die Kommas mit in Flammen auf, aber ich belerne mich sehr eifrig mit den Kommas, so kann ich vielleicht doch die meisten wenigstens selbst hinsetzen. Ihrem zweiten Punkt, über den mir Ihr vernichtendes Urteil so weh getan hat, daß ich gar nicht noch darüber sprechen konnte, betraf ja die 'Volksfeme'*[75]."

Agnes sprach nun klar aus, wie es sich für sie mit seiner harten Kritik verhielt: „*Ein, zwei Stellen hätten Sie ja verbessern können, und die Sache wäre geschehen. Aber darüber hätten Sie sich doch nicht so sehr absprechend verhalten dürfen ...*" Ihr eigenes Problem nannte sie in diesem Zusammenhang auch: Es waren ja nicht ausgedachte Szenen, sondern Szenen, die sie g e s e h e n habe. „*Die Sache ist w a h r, ob ich sie habe wiedergeben können, ob ich den verschiedenen Geistern habe auch einen Leib geben können, ist wieder eine andere Sache.*" Sie selber sah ihren „*schriftlichen Niederschlag*" als „*dürftig*" an, „*nachdem der Zauber der Erinnerung verblaßt ist*". Doch sie konnte nichts anderes erfinden: „*In meinem Kern halte ich fest.*" Sie fragte sich, ob das ganze Dichtwerk nicht langsam ein „*glänzendes Theaterstück würde*", aber dass „*die Wärme, die Seele*" dabei „*zum Teufel*" wäre. Je mehr sie daran „herumgebastelt" hatte, umso seelenloser erschien es ihr. Sie hatte noch im Ohr, dass Pf. Schweikhardt bei der Langenburger Aufführung sagte: „Das Problem der Gräfin ist aber nicht gelöst."

Darum bat Agnes Pf. Betz: *„Ach wenn Sie doch noch einmal Geduld haben wollten mit mir, lieber Herr Pfarrer, so könnten wir vielleicht selbstdritt* (Mit Gisela? Oder mit Rudolf?) *noch etwas zustande bringen. Oder ist es Ihnen über? Ich kann es freilich Ihnen nicht übelnehmen ...* " Als alles für sie wieder im Lot war, bat sie den Freund herzlich: *„Bitte, lieber Herr Pfarrer, feiern Sie Ihren Geburtstag bei uns. Ich halte dann einen Spruch auf Sie und mein Mann eine Rede. Montag ist so ohnehin der Pfarrertag. "*

Abgeschlossene Arbeiten zu Weihnachten 1906

Rechtzeitig zum Weihnachtsgeschäft kam Rudolfs Anthologie „Die Verlorene Kirche" auf den Markt. Rudolf überreichte Agnes das erste Exemplar mit persönlicher Widmung *„ Unter dem Syringenbaum ".* Nun konnte sie sich daran freuen und aufatmen. Rudolf hatte zu Weihnachten auch endlich die Belastung mit der Kirchenrenovierung überstanden. Gerhard hatte einmal im Brief der Mutter gelesen, wie mühevoll für den Vater die Bauaufsicht gewesen war: *„Erzähle der Tante Luise von Papas Baunöten. Seit 3 Tagen nun läuft er herum und sucht Türen und Fenster für die Kirche und findet sie nicht. Sie kommen eben nicht. Und es sollte anfangen gemalt zu werden, und keine Farbe hält auf den nassen Wänden. "*

Die große Einweihungsfeier der renovierten Stadtkirche „Zum Heiligen Blut" war auf den 26. 12. 1906, den zweiten Weihnachtstag, festgesetzt. Die Gemeinde musste wohl bereits am Heiligabend nicht mehr im Provisorium (dem Fabrikraum) Gottesdienst feiern. Vermutlich erstrahlte schon zur Christmette die renovierte Kirche im festlichen Glanz. Agnes hatte alle weihnachtlichen Vorbereitungen zu Hause geschafft und auch für Pf. Betz und seinen Sohn ein großes Paket zusammengestellt: Spittelers Buch „Lachende Wahrheiten", ein Bilderbuch für Gustav, Lebkuchen, „Weihnachtsgutsle", Zigarren, Apfelsinen und *„oben auf ein duftender Tannenzweig mit Weihnachtsschmuck ".* Betz hatte am 18. Dezember einen trübseligen Brief geschrieben, dies war ihre Antwort darauf. Er schrieb von einem angedachten Stellenwechsel, mehr noch, er wollte ins Ausland gehen: *„Meine Meldung um Schömberg nehme ich heute zurück und knüpfe dafür mit Barmen an wegen Südamerika. Sie dürfen aber davon noch niemand etwas sagen ... "*

Agnes konnte sich an Heiligabend über vieles freuen: Rudolfs „Verlorene Kirche", Gerhard war nach Hause gekommen und es schneite herrlich. Dazu die Vorfreude auf die Einweihungsfeier [76] der renovierten Kirche und den damit verbundenen Besuch von Hedwig Walcher, dem „Wiggele" aus Blaubeuren, die im Nachmittagskonzert mit ihrer glockenreinen Stimme zu hören sein würde.

Aber am ersten Weihnachtstag lag Agnes hoch fiebernd im Bett. Draußen schneite noch immer „die ganze Welt" ein. „Wiggele" hatte es geschafft, rechtzeitig zu kommen. Leider konnte Agnes Konzert und Feier nicht miterleben, sie war zu krank. Pf. Betz kam auch nicht, weder zum Konzert noch zum Privatbesuch, wie ausgemacht. Dafür brachte der Postbote seinen Brief, auf den Rudolf am 28. Dezember 1906 antwortete: „ *... die letzten Tage waren wir hier so vom Weltverkehr abgeschnitten, daß wir auf Ihren Besuch nicht ernstlich hoffen konnten. So wird das alte Jahr wohl zu Ende gehen, ohne daß wir uns noch sehen, und so möchte ich für Ihren letzten Brief, ganz besonders für die Mithilfe an der 'Verlorenen' danken.*" Rudolf hoffte, dass der Salzer-Verlag die von ihm für Pfarrer Betz bestellten Exemplare geliefert hatte. Am Ende des kurzen Briefes berichtete er von Agnes' plötzlicher Krankheit: „*Meine Frau hat uns dieser Tage durch plötzliche heftige Erkrankung in Schrecken versetzt, gottlob! geht es heute doch schon wieder besser. Möge das Neue Jahr Ihnen Gutes bringen!*"

13. „Möge das Neue Jahr Ihnen Gutes bringen!": Januar 1907 – November 1907

„Eine großartige Einsamkeit bei mir"

Seitdem die Renovierung hinter ihm lag, lebte Rudolf auf. Endlich konnte er sich neben den üblichen pfarrdienstlichen Dingen vermehrt seinen theologischen Interessen widmen. Mit Schwung arbeitete Rudolf an diversen Beiträgen für theologische Zeitschriften, so auch an einem Artikel über Paul Gerhard, dessen Jubiläumsjahr gerade begann (300 Jahre, * 12. März 1607).

Indessen lag Agnes wochenlang krank im Bett.

Am 28. Januar 1907 schrieb Rudolf an Pf. Betz: „*Meine Frau findet der Arzt besser, sie muß aber ihre Kur noch Wochen lang fortsetzen.*" Agnes war noch Wochen, ja Monate krank, obwohl sie ihre kalten Waschungen gewissenhaft durchführte. Sie konnte nicht in die schöne „neue" Kirche und nicht spazieren gehen, erlebte die Welt nur vom Haus aus. Im März 1907 schrieb sie an Gerhard: „*Nun soll es dem Frühling zugehen, und heute nacht waren meine Fenster ganz mit Eisblumen bedeckt. Heute eine herrliche Sonne auf blendendem Schnee. Gestern waren Schweikhardts beim Thee! Ach wie war ich froh, daß ich wieder Menschen sehen konnte. Eine großartige Einsamkeit bei mir in den letzten Monaten.*" Sie gestand: „*Leider geht es mir seit ich aufstehe recht wenig gut, sonst hätte ich Dir schon eher geschrieben, heut krabble ich wieder versuchsweise heraus.*" Er erfuhr auch: „*Die 'Lachenden Wahrheiten' von Spitteler las ich gestern in einem Zug. Was er über die Persönlichkeit des Dichters wie über dichtende Arbeit sagt, ist vorzüglich, im tiefsten wahr und hat noch niemand vorher so gesagt, ich liebe auch seine Sprache, die solche Granitblöcke vor sich her wälzt.*" Agnes lag im Bett, las und fühlte sich in der kalten Jahreszeit im Dekanatshaus geborgen – und eingesperrt.

Jetzt im Vorfrühling sehnte sie sich nach draußen ins Leben: „*O, wenn ich doch wieder aus meiner Haft entlassen wäre, ich habe solches Verlangen nach einem, nur auch dem kleinsten Flug in die Welt. Hier ist alles höchst langweilig, man hat ohne mich gar nichts unternommen.*" Doch wird es Agnes nicht langweilig geworden sein. Bestimmt hat sie sich geistig aufgeschwungen, ihre Flügel trotz Krankheit nicht hängen lassen. Holte sie im Geiste zuerst den Hexen-Roman hervor? Eher ihren „Langenburger Roman", der unbelasteter war. Dazu gab es noch keine Aufschriebe, sie hatte alles im Kopf und konnte es dort weiterentwickeln. Solange sie im Bett lag, konnte sie in Gedanken nach Bordighera fliegen und nach Berlin. Die Bilder standen vor ihr, als wäre sie gerade dort gelandet. Wie könnte sie die Gisela-Geschichte, die mit hinein gehörte, einbauen? Rosmarie sollte ihre Vorfahrin Stück um Stück kennenlernen, so wie Agnes es selber erlebte. Rosmarie wird mit Giselas Hilfe ihr Schicksal meistern. Alle Personen würden sich im Lauf des Romans weiterentwickeln. Wann sollten die ersten Hinweise für etwas gegeben werden, das erst viel später in der Handlung erneut aufgegriffen würde? Immer ließ sich etwas „umbauen". Es galt vom ersten Kapitel an, den Bezug zum Ganzen im Auge zu behalten. Das Romanentwickeln war, als ob man einen schönen Zopf aus den verschiedenen Handlungssträngen flechten würde.

Rudolfs Warten auf Rezensionen – Pf. Betz' Wiederheirat?

Rudolfs Produktivität konnte ihn etwas davon ablenken, dass er noch immer auf die Besprechung der „Verlorenen Kirche" wartete. Die „Christliche Welt" und der „Kunstwart" ließen sich Zeit. Agnes wurde ungeduldig. Wenn das Buch vor der Konfirmation durch Rezensionen bekannter würde, könnte es ein wundervolles Konfirmationsgeschenk werden, so ihre gemeinsame Hoffnung.

Wenigstens hatte der „Kunstwart" Rudolf um Hilfe bei der Auswahl von Kirchenliedern für eine Notensammlung gebeten. Er bekam zusehends einen Namen als Experte, war anerkannter Hymnologe in Fachkreisen. Was jedoch aus dem Württembergischen Gesangbuch würde, war noch immer unklar. Auch hier musste er abwarten, was die Gesangbuchkommission beraten würde. Gerhard erfuhr im Brief der Mutter, dass zum Glück *„Papas treuester Freund, Geheimrat Köstlin"* Mitglied der Kommission sei. So war zu hoffen, dass der Entwurf angenommen würde.

Endlich konnte Agnes im März ein wenig spazieren gehen. Beglückt schrieb sie Gerhard: *„Das erste Gänseblümchen habe ich schon gefunden ... Herr Pfarrer Betz war vorgestern hoch zu Rappen da, im Augenblick wandert er noch nicht aus."* Und sie konnte zum ersten Mal wieder in die Kirche gehen, in aller Ruhe die Veränderungen nach der Renovierung auf sich wirken lassen. Am eindrücklichsten war, dass der alte Langenburger Graf[77] aus dem 16. Jh. und seine Gemahlin[78] (beide vom Forchtenberger Bildhauer Michael Kern aus Sandstein gehauen) endlich ihre ursprünglich geplante Ruhelage auf dem Hochgrab erhalten hatten. Bisher standen sie Jahrhunderte unterhalb der Fürstenlogen-Empore an der Wand. Man hätte seinen Seufzer der Erleichterung hören müssen, meinte Agnes, als er seine unbequeme Haltung aufgeben durfte. Jetzt ruhte der alte Krieger neben seiner Gräfin friedlich hinter dem

Altar. Das herrliche Licht des Stifterfensters, des in *„wunderbars-ten Farben leuchtenden Chorfensters"* mit dem Mittelbild der Strahlenkranz-Madonna aus dem Mittelalter, fiel jetzt sanft auf beide. Die anderen neugestalteten Kirchenfenster im Chor sah sie nicht von ihrem Sitzplatz aus, hatte sie aber schon beim Einsetzen genau betrachtet. Am neuen Türkis der Rippendecke des Chores mit der Bemalung von Blüten und Zweigen konnte sie sich nicht sattsehen, genau wie am Sternenhimmel[79] auf dem zutage gekommenen Tonnengewölbe. Die bisherige Zwischendecke war beseitigt worden. Dafür gab es die neue Empore. Wie anders wirkte der Raum nun. Das mittelalterliche Fresko aus der Zeit der Erbauung, das erst in diesem Jahr freigelegt worden war, sah man nur, wenn man in den Chorraum ging und die Krönung der Maria genauer betrachtete. Welche Kleinode barg ihre Kirche!

Während Agnes' Krankheit und dem schneereichen Winter hatten Günthers lockeren Kontakt zu Pf. Betz: ab und zu ein Brief, gelegentlich ein Besuch. Hierbei hatte Agnes in letzter Zeit seine mögliche „Wiederverheiratung" zur Sprache gebracht. Er war seit bald zwei Jahren Witwer und litt unter der Einsamkeit im hintersten Dorf im hintersten Winkel der Welt. Er begann sich dem Leben zu öffnen und war in das junge Fräulein Walcher mit der wunderbaren Sopranstimme, das „Wiggele" aus Blaubeuren, verliebt. Es war jedoch eine einseitige Liebe. Vielleicht konnte das warme Gefühl sein Herz ein wenig über die Trauer hinwegtragen. Der Wunsch nach Neuanfang irgendwo in der Welt war groß. So tauchte bei ihm vor Weihnachten der Wunsch nach einer Auslandspfarrstelle auf.

Angespannte Zeit der Umorientierung

Pfarrer Betz dachte im Frühjahr erneut ans Auswandern und Rudolf machte sich Gedanken über eine Anfrage, die an ihn ergangen war. Da er durch seine Publikationen bekannt geworden war, wollte man die Koryphäe aus Langenburg für die Leitung des Predigerseminars in Friedberg gewinnen. Verlockend war, dass diese Stelle mit einem Ordinariat für Praktische Theologie in Gießen verbunden war. Sollte er seine Bewerbung dorthin schicken? War es nicht die Gelegenheit, endlich nicht mehr so schwer *„am Karren der*

Kirche" ziehen zu müssen? Dies würde für die ganze Familie den Abschied von Langenburg bedeuten.

In Langenburg hatte sich in all den Jahren vieles verändert. Mit Agnes' tatkräftiger Unterstützung war Erstaunliches erreicht worden: Die Gemeinde war zusammengewachsen, die Honoratioren gingen in die Kirche! Ihre Theateraufführungen hatten wesentlich zur positiven Veränderung beigetragen. Agnes schrieb Gerhard: *„Sogar der Domänenrat geht fleißig in die Kirche, das kirchliche Leben bildet jetzt den Mittelpunkt der Gesellschaft."* Umgekehrt ging Rudolf inzwischen auch einmal ins Langenburger Gasthaus. So war er an „Königs Geburtstag" (25. Februar) freiwillig und gern in der „Post" gesessen. *„Das hätte man früher nicht für möglich gehalten, daß Papa so lange bleiben könnte."*

Rudolfs Bewerbung lief, er hatte sich für den Wechsel entschieden. Seitens der Friedberger war die Entscheidung noch nicht ausgesprochen worden. Wir lesen im oben zitierten Märzbrief an Gerhard: *„Hier passiert nichts, aber manchmal sehe ich mir mit Wehmut die Wälder an, die ich jetzt wohl zum letztenmal hier grün werden sehe. Doch es kann immer noch kommen, wie es will."*

Es herrschte Stillstand: Warten auf Antwort von Friedberg und Warten auf Rezensionen für die „Verlorene Kirche" (sie nannten sie nach Erichs Übersetzung „templum amissum"). Der Verleger legte anscheinend keinen Wert auf Rezensionen. Agnes schrieb Gerhard: *„Die 'Christliche Welt' erschöpft mich sehr. Sie hat noch nicht einmal 'templum amissum' erwähnt. S. ist ein Langweiler. Wo ihn die Haut anrührt. Ich möchte mit meinem Drama tausendmal lieber zu Cotta, hab aber den Mut nicht. 'Geduld ist euch not!' Ach wenn ich doch kein solches Hasenherz wäre ..."*

In dieser Zeit des Wartens nahm sich Agnes wieder einmal schwierige theologische Lektüre vor: Arnold Meyers „Ostern", die Auferstehungsgeschichte. Sie schildert Gerhard, wie es ihr damit ging: *„Dieses Stellen-hin-und-her-Ziehen ist peinlich, muß aber sein. Sonst wäre die Lektüre aber anziehend ..."* Agnes stieß beim Lesen auf eine Reihe bekannt gewordener Menschen mit religiösen Visionen: *„ ... ich suchte mir die betreffenden Personen in der Real-Enzyklopädie auf. Dabei bin ich auf eine spanische Nonne des 16. Jahrhunderts gestoßen, Therese a Jesus* (Teresa von Avila) *heißt sie, das hat mich mächtig gepackt.* " Die Informationen „*im trockenen Lexikonstil*" waren für Agnes höchst interessant. Es gab ihr wichtige Bestätigung: „*wie genau meine Inspiration, die ja nicht von mir stammt, der Gisela Seelenbilder mit denen der Nonne sich so vielfach berühren*". Das Gespräch mit Rudolf darüber war angeregt und sie „*beschlossen, ein Buch über die 'Heiligen Frauen' zu schreiben*", wie sie Gerhard berichtet: „*Papa will nur die katholischen, ich möchte aber auch andere, wenn solche zu finden.*" Der gemeinsame Plan wurde jedoch nicht umgesetzt.

Es war eine angespannte Zeit der Umorientierung. Gerhards Schulzeit ging zu Ende, nach dem Examen musste er seine einjährige Militärpflicht angehen, danach sein Studium beginnen. Agnes schrieb an ihre Freundin Anna Schnizer am 1. März 1907: „*Meines Gerhards Militairpapiere hab ich versandt, auch ein Lebensabschnitt! Guter Bub ist er ja immer noch!*" [80] Gerhard überlegte, ob er in Tübingen studieren und dort einer Studentenverbindung beitreten sollte. Agnes riet ihm zu warten: „*Entscheide daher noch nicht, es kommt alles anders, als man denkt.*" Zuallererst musste er den „Konkurs machen", das heißt das Abitur mit der Zulassung zum Tübinger ev. Theologischen Stift.

Auch für Erich stand ein großer Schritt an, der ihm Angst machte: seine Konfirmation und das Ende der Langenburger Schulzeit. Er war in der Abschlussklasse, die vor den Sommerferien verabschiedet wurde. Wie und wo würde es weitergehen? Auf ihn kam – auch wenn die Eltern nicht wegzögen – ein Wechsel zu. „*Die Zukunft erscheint ihm rabenschwarz*", schrieb Agnes ihrer Freundin Anna Schnizer, „*er will nicht fort, u. er möchte im Kindheitszustand verharren, weil man da noch spielen darf.*" Gerhard schrieb sie: „*Seine Konfirmation erfüllt ihn mit schwarzen Ahnungen, als ob dann der Ernst des Lebens beginne, dem er noch so abgeneigt ist.*"

Zuerst sollte Ostern kommen, zwei Wochen später würde Erichs Konfirmation am 14. April, am Sonntag Miserikordias [81], anstehen. In der Korrespondenz spielte für Agnes dieses Ereignis schon im Vorfeld eine Rolle, vor allem die Frage nach den Konfirmationsgeschenken. Schnizers wollten Erich das neu erschienene „Paul Gerhard-Liederbuch" mit „*wunderschönen Bildern von Rudolf*

Schäfer in blauer Leinenausfertigung mit Goldschnitt" schenken. Agnes war sich sicher, das wäre Erich am liebsten. Die „Bleich-Freunde" ließ man durch Gerhard wissen, Erich interessiere sich für Geschichte. Vielleicht könnte er von ihnen eine „zweibändige Weltgeschichte" bekommen? Gerhard äußerte der Mutter gegenüber seinen eigenen großen Wunsch (auch wenn er keine Konfirmation hatte), den Agnes gern erfüllen würde: *„…wie gerne kaufte ich Dir eine Laute! Immerhin kannst Du Dich nach dem Preis erkundigen. Wenn Deine Mama etwas wäre! Ach! Und hätte, statt ewig herumzuliegen, meine verschiedenen Romane geschrieben! Aber ich bin so scheu, so scheu! Und etwas Schwächliches ist mir so verächtlich! Es muß ja wiederkommen, im Augenblick ist mein Gemüt so unruhig. Wenn ich Dich bei mir hätte, so könnte ich mich ein wenig aussprechen, so muß ich gerade warten, bis Du kommst."* So sehr verunsicherte diese Zeit der Unklarheit Agnes.

„Es kommt alles anders, als man denkt"

Zwei Wochen vor Ostern, am 17. März, besuchten zwei Abgesandte der Universität Gießen den Gottesdienst, um Rudolf predigen zu hören. Anschließend fand, wie üblich, mit dem Bewerber ein persönliches Gespräch statt. Für Rudolf war die Berufung reine Formsache, der man gelassen ins Auge sehen konnte. Zwei Tage später schrieb er wegen der untröstlichen Marie, die ihnen Pfarrer Betz vermittelt hatte, an ihn: *„19. März 1907, Lieber Herr Pfarrer! Marie ist seit Samstag von einem Seelenkummer erfüllt, es ist aber nichts aus ihr herauszubringen. Könnten Sie vielleicht herüber kommen und mit ihr reden? Sie werden ja schon vielleicht wissen, was die Ursache des Jammers ist. Natürlich muß alles ganz vertraulich bleiben."* Rudolf wies noch auf den neuen „Kunstwart" hin, bei dessen Ausgabe er beraten hatte. Er schloss: *„Dieses schreibe ich alles unter der Voraussetzung, daß Sie weder an den Comersee noch an die Newa entflohen sind. Meine Frau muß leider wegen Magenkatarrhs wieder liegen. Fr. Gr. Ihr R. Günther"*

Marie hatte Seelenkummer und Agnes einen Magenkatarrh. Bestand ein Zusammenhang? Hatte beides dieselbe Ursache? Hatten die Gießener Herren damit zu tun, die gewiss schon Samstag ankamen, um Sonntag die Predigt zu hören? Wir erfahren nicht, ob das Hausmädchen einen anderen Seelenschmerz hatte oder durch den drohenden Umzug der Dekanfamilie aus dem Gleichgewicht gekommen war. Sie wäre jedenfalls mit betroffen.

Agnes war bewusst: Dies würde wohl ihr letztes Ostern in Langenburg. Der letzte Ostergottesdienst in der schönen Kirche, der letzte Osterspaziergang! Zum letzten Mal blühten für sie die Veilchen unter dem Syringenbaum (Flieder) am Südhang, sie blühten wie immer seit Mitte März, weil sie dort so ein warmes Plätzchen hatten. Dann kam der unvergessliche Ostermontag, der 1. April 1907. Gerade am Ostermontag wurde kurz vor Gottesdienstbeginn der Brief aus Friedberg mit der Post [82] gebracht. Eine Absage! Unvorstellbar! Man müsse aufgrund der Schwerhörigkeit des Bewerbers von seiner Berufung absehen. *„Sein Gehör reiche für die Leitung eines Seminars und das Abhören von Probepredigten nicht aus."* Diese Mitteilung traf Rudolf wie ein Keulenschlag. Noch unter Schock stehend hielt er den Gottesdienst. Agnes schrieb ein paar Wochen später an Gerhard. *„Dies ist ein bitteres Jahr, ein Tränenjahr: Papa sagte, an das werden wir denken, und wir sprechen von jenem Ostermontag, 5 Minuten vor der Predigt."*

Es war das Jahr der Tränen: Auch in Lichterfelde war Trauer eingekehrt. Alices kleiner Sohn Manfred war am 4. April 1907 mit einneinhalb an Masern gestorben. Ob es ein Trost war, dass Alice in den nächsten Wochen ihr viertes Kind erwartete? Wie es sich wiederholte! Vor drei Jahren starb vor Veronikas Geburt der kleine Josua – auch in der Woche nach Ostern! Wie konnten sie dies verkraften? Warum machte in dieser Familie nun zum zweiten Mal ein Sohn sozusagen für das nächste Kind Platz? In diesem Jahr kam für Agnes viel zusammen! Erichs Konfirmation war vorzubereiten, Rudolf ging es schlecht, dazu der Todesfall im Haus ihrer Schwester.

Die Konfirmation am 14. April führte Rudolf durch. Hierzu wurden keine Briefe veröffentlicht. Wie Erichs Konfirmationstag zu Hause verlief, ist deshalb unbekannt. Erich wurde gemeinsam mit seinem besten Freund Hermann Popp konfirmiert. Gleich in den nächsten Tagen musste er von ihm Abschied nehmen, die Familie zog fort, unfreiwillig: *„Popps sind jetzt fort, die Kinder taten* *mir furchtbar leid. Der ehemalige Poppgarten wird immer schö-ner.“* So berichtete Agnes Gerhard noch im April 1907.

Wie sollte es mit Günthers in Langenburg weitergehen? Rudolfs Amt als Dekan war von der erwiesenen Schwerhörigkeit ebenfalls betroffen. Bei den Visitationen und der Ausbildung der Vikare hatte er Predigten zu beurteilen. Agnes schrieb Gerhard: *„Jetzt sind die Würfel gefallen, mit Langenburg ist's wohl zu Ende. Ich kann es fast noch nicht glauben. Papa hat noch einen letzten Versuch gemacht und sich an den Fürsten gewendet, ob nicht auf einige Jahre das Dekanat von der hiesigen Stelle getrennt werden könnte. Der Fürst hat heute geantwortet, er halte es für unmöglich ... Papa hat es hart getroffen. So ging es jetzt in diesem Jahr Schlag auf Schlag.“*

Seine Schwerhörigkeit war bisher kaum aufgefallen. Normalerweise verstand Rudolf vertraute Stimmen und manchmal hatte man nicht gewusst, ob er nur in Gedanken war oder wirklich schlecht hörte. Doch jetzt war seine Schwerhörigkeit ärztlich bestätigt worden. Es war für ihn ein gewaltiger Schicksalsschlag. Agnes berichtet: *„Kein Wunder, daß Papa sich gar nicht erholen kann. Er schläft nur noch 3 Stunden, und sein Unglück drückt so auf ihn, daß freilich keine Arzneien helfen. Ich bin froh, wenn er sich nur auf Augenblicke vergißt.“* Sie ergänzt: *„Ich habe es gleich gewußt, daß die Friedberger Geschichte ihm beinah das Herz brechen würde, nun ist's so schlimm geworden oder noch schlimmer geworden, wie ich's mir gedacht habe. Seine Augen sind ganz matt und er sitzt oft ganze Nachmittage im Turm, weil er nicht arbeiten kann. So dürfte es nicht länger fortgehen. Wenn man auch nicht weiß, wohin. Das ist das Schwerste.“* Von ihrer Situation erfuhr Gerhard: *„In letzter Zeit fing ich wieder zu dichten an, wenn ich aber im Zuge wäre, kommt immer wieder ein Hagelschlag, und ich stehe da und muß mein eigenes Herz geschweigen. Der Schluß der Hexe, den Du ja kennst, ist gleich geblieben. Aber ein ganz anderes Mittelstück hat sie bekommen ... Also gar so exzentrisch ist der Roman nicht mehr. Aber ich muß meine Ruhe haben und nicht den ganzen Tag mir Kopf und Herz um den armen Papa zerbrechen.“*

Irgendwo mussten sie bleiben, Agnes war bereit, überall hinzugehen, sogar ins Dorf bei Tübingen. Sie schrieb Gerhard: *„Wir wer-*

den uns also um Derendingen melden, einen Ort, wo keins je hin-
begehrt hat. Von mir will ich gar nicht reden, denn ich schlüpfe in
ein Mausloch, wenn Papa nur glücklich gemacht werden könnte!"

Agnes war gerade beim Satz vom Mausloch, als Rudolf sie zu
einem Spaziergang abholte. Sie ließ alles liegen und ging mit ihm
hinaus in den Frühling. Während sie liefen und noch einmal über-
legten, kam Rudolf ein neuer Gedanke. Plötzlich fand er ein
„Schlupfloch": die Pensionierung! Wenn er für seinen Beruf nicht
mehr arbeitsfähig war, musste er frühpensioniert werden, auch mit
erst 47! Er brauchte nur ein Grundeinkommen, dazu könnte er an
der Universität Vorlesungen halten. Agnes schrieb den angefange-
nen Brief an Gerhard später weiter und berichtete ihm von der Idee:
„ ... Wenn es reicht, daß wir immer einen Untergrund haben, will
sich Papa habilitieren. Der bloße Gedanke erfrischte ihn ganz. In
der Freiheit! Aus dem Joch heraus! Nicht im Württembergischen
Pfarramt verkommen! Nicht an einen Ort hingehen, wo man nicht
begraben sein möchte ..." Nur wie sollte es mit den Söhnen weitergehen? Für Gerhard war gesorgt, er konnte kostenlos nach Tübingen ins Stift, und Erich bliebe bei ihnen.

Die Zukunft wollte angegangen, der Abschied verschmerzt werden. Agnes bezog Gerhard in die unterschiedlichen Gefühle und
momentanen Gegebenheiten ein: *„Ach unsere liebe Kirche, Gar-*
ten und Park! Noch einmal haben wir alles im Maienschein ge-
nossen. Ihr habt doch solange eine Heimat gehabt. In Deinem Alter
war ich schon längst wurzellos. Schon am 9. Platz. Mit 18 Jahren!
... Und nun hab ich hier die erste Heimat gefunden, immer lieber
mit jedem Jahr. Das wird ein arges Losreißen. Aber wenn nur Papa
nicht mehr so gebrochen ist wie in letzter Zeit ... Wenn Papa seine
Bücher wieder hat und arbeiten kann, was ihn freut, erholt er sich
auch wieder ... Ich muß den Kopf oben behalten, mein Schmerz
drückt ihn noch mehr nieder. Jetzt jagen wir einmal dem 'Ideen-
käfer' nach! Ich gebe Dir Nachricht, sobald ich etwas weiß."

Eine Hilfe beim „Kopf-oben-Behalten" war Gertrud Stähles Besuch. Für Agnes und Rudolf bedeuteten Gäste Zerstreuung. Gerhard „*schanzte*" [83] für sein Examen, Erich bereitete sich mit
großem Spaß auf seinen Neuanfang in irgendeiner neuen Schule
vor: Freiwillig lernte er alle Geschichtszahlen auswendig.

Nachdem Gertrud Stähle wieder abgereist war und Rudolf die anstrengenden Schulinspektionen durchgezogen hatte, kam sein körperlicher Zusammenbruch: ein ausgeprägter Erschöpfungszustand, wie Doktor Staudenmeyer feststellte. Rudolf sollte unbedingt ausspannen. Gerhard erfuhr: *„Ich bin immer bei Papa, der natürlich im Bett schafft. Aber keine Akten. Er hat 76 Seiten für den Druck geschrieben. Aber das schadet ihm nicht. Alles andere halte ich fern."* Diese Bettruhe im Mai war lästig. Agnes schrieb an Gerhard: *„Im Wald gegenüber ist ein wundervoll maigrüner großer Baum, und durch das Braun der Wipfel schimmert es ganz grün hindurch, alles Unterholz muß heraus sein. Wer jetzt wandern könnte! Aber man ist eingesperrt, Du auch, armer Schelm!"* Er musste viel lernen.

Es kommt in diesem Jahr Schlag auf Schlag

Rudolf konnte nichts mehr in Bett und Haus halten. Lieber machte er einen Genesungsausflug mit der Familie nach Rothenburg o.T. und nahm auch die beiden befreundeten Diakonissen mit. Gerade weil ihn schon wieder eine negative Nachricht erreicht hatte, tat der Ausflug gut. Gerhard erfuhr: *„Mit Papas Gesangbuch steht es ja recht traurig, Du wirst gelesen haben, daß sogar beschlossen wurde, von dem Entwurf ganz abzusehen! Und einen neuen zu machen. Aber wer? Mir hat's sehr weh getan, auch um Papas Riesenarbeit."*

Distanz kann hilfreich sein. Rothenburg lag hinter der Landesgrenze des Königreichs Württemberg. Im Augenblick der richtige Ort! Von dort schrieb Agnes Gerhard, als sie im Garten vom „Eisenhut" bei einer Tasse Tee saß, solange die anderen den hohen Rathausturm bestiegen. Beim Schreiben kam ihr das Eine wieder in den Blick: *„Nun, in der letzten Zeit ist's in Langenburg so herrlich geworden, daß ich gar nicht weiß, wie man sich da einmal losreißt."*

Aus Lichterfelde kam wenigstens die gute Nachricht von der Geburt der Viola Lepsius am 14. Mai. Aber wie ging es Alice nach dem Tod des Sohnes? Ein Umzug stand bevor: Noch in diesem Jahr würde ihre Familie nach Potsdam ziehen, in eine Villa unter dem Pfingstberg unweit des Cecilienhofs. Diese wurde Johannes vom Bankier Henkel [84] für seine Familie und die DOM angeboten. Hier sollten auch muslimische Prediger christlich ausgebildet werden.

Inzwischen ergab sich für Rudolf eine neue Hoffnung: Er sollte die Redaktion der Pastoraltheologischen Monatsschrift übertragen bekommen. Für diese hatte er schon oft Artikel geschrieben. Sein Freund Heinrich Adolf Köstlin wollte ihm seinen Part in der Redaktion übertragen. Auch hier kam es wieder anders als gedacht: Köstlin starb, bevor alles geregelt war. Wieder mussten Rudolf und Agnes warten, wie sich der andere Herausgeber und die Verlagshandlung entscheiden würden. Langsam waren sie *„das stumpfsinnige Warten schon so gewöhnt"*, dass es ihnen nicht mehr viel ausmachte. Selbst die Frage, ob Rudolf pensioniert würde, war offen. Das Stuttgarter Konsistorium hatte bisher nur entschieden, die vakante Pfarrstelle in Derendingen käme für ihn nicht infrage.

Bei Agnes aber ging es ruckartig vorwärts! Ihr Drama „Die Hexe" war fast zum Versand fertig! Seit fast zwei Jahren schrieb sie daran und kam jetzt im Juni 1907 endlich zum Abschluss. Dies hatte Gertrud Stähle zuwege gebracht. *„Denk Dir nur"*, schrieb Agnes an Gerhard, *„dieser Engel von einer Dichterin, Fräulein Stähle, hat sich dermaßen in meine Gisela und ein bißchen in mich verliebt, daß sie mit mir noch einmal alles durchgegangen hat, gekommat und, o liebliche Seele, auch noch die ganze Sache abschreibt. Nun bin ich also definitiv fertig und habe ihr den ganzen Pack mit gegeben."* Agnes war darüber unendlich froh und schilderte ihre Qualitäten: *„Fräulein Gertrud ... hat eine großartige Handschrift, wie gestochen. Und versteht mich und schreibt keinen Bafel ab."* Agnes wollte es jetzt beim Verlag Cotta versuchen. *„Papa zweifelt kaum, daß sie es annehmen. Ach, wie wäre ich glücklich. Und wie gut können wir jeden Pfennig brauchen."*

In diesem Sommer wollte Agnes die Schönheit im Kreuth-Garten genießen. So könnte es gewesen sein: Sie setzte sich an ihre Nähmaschine, die sie ins Gartenhäuschen hatte bringen lassen. Bei offener Tür und mit Blick aus beiden Fenstern saß sie in der Blumenpracht und konnte ihr selbstgenähtes Kleid (Reformkleid) verändern. Den neuen „Schlapphut" [85], den sie sich kreiert hatte und so gerne trug, hatte Gertrud bewundert. Denn sie wusste: „Einen einzigartigen Hut zu tragen symbolisiert den Wohlstand der Trägerin." Mit ihr konnte sie gut über die „Seelenfarben" [86] reden, da Gertrud die

Korrespondenz von „Grundfarbe" und Farbe der Kleidung gut verstand. Von ihr wurde sie im Brief „Meine liebste Rote Frau" genannt. Aber konnte eine Pfarrfrau in rotem Kleid umhergehen? Mit roten Rosen konnte man den Hut schmücken und ein Gartenkleid konnte anders als normale Kleider aussehen. Was das „Wiggele" und Lobin Lang dazu sagen würden?

Die beiden Freundinnen würden bald zur Einweihung der neuen Kirchenorgel kommen. (Der reich verzierte Orgelprospekt wurde belassen, die Orgel durch eine etwas unbefriedigende „Fabrikorgel" ersetzt.) Ob ihre gestickten Paramente (Altar- und Kanzeldecke) ausliegen würden? Agnes schrieb Gerhard: „Das Konzert wird schön und wir sind beglückt über Fräulein Hedwigs schöne Auswahl" der Lieder. Jede Ablenkung war willkommen. Agnes war froh über Gäste und erklärte Gerhard: „da Papa dann am ehesten faulenzt, was er ja so sehr nötig hat". Hedwig Walcher („Wiggele") und Lobin Lang waren fünf Tage Gäste der Familie.

Gerhard erfuhr anschließend: „Das Konzert war sehr schön, einiges vollendet. Die Stimme ist ungeheuer gewachsen. Aber ins Bett gingen die 'bunten Flügel' nicht, und waren sie dort, so schwätzten sie erst recht." Ein Ausflug nach Schloss Schweigen war schon im Voraus angesetzt und einer nach Rothenburg o.T. für den 1. Juli geplant. Dabei waren der neue Stadtvikar, den Agnes „Nussknacker" nannte, und Pf. Betz. Zusammenfassend schrieb sie Gerhard: „Herr Pfarrer Betz war sehr selig, verliebt, adorierend, machte sich den Damen sehr angenehm. Auch der Nußknacker liebte."

Abends fuhr Pf. Betz nicht mehr nach Langenburg mit, sondern stieg in Raboldshausen aus dem Zug und lief nach Hause. Den idyllischen Sommerabend in Agnes' Berggarten, wo sie mit Rosenbowle inmitten der Blumenpracht saßen, erlebte er nicht mit. Am nächsten Tag schrieb Agnes an Gerhard: „Heute sind wir alle etwas müde vom Genießen, ich bin noch etwas extra müde vom 'Warten'." Von ihren Kopfschmerzen schrieb sie ebenfalls: „Ich habe fünf Tage lang Kopfweh gehabt, gerade während die Mädchen da waren. Das ist ein bißchen viel, wenn ich dann rauskrabbelte, war meistens etwas los." Ihr derzeitiges Grundgefühl sickert am Ende des Briefes durch: „Eine fabelhafte Rosenpracht ist im Garten heuer ... Und alles blüht mir zum letzten Mal. Das wird ein halbes Sterben."

Als die Gäste in der Kutsche zum Bahnhof fuhren, kam Pf. Betz auf seinem Rappen angeritten und reichte für Fräulein Walcher einen großen Rosenstrauß in die Kutsche. In Langenburg hört man die Geschichte noch heute, aber auch, dass er sie nicht gewinnen konnte. Von diesem Auftritt schrieb Agnes nichts an Gerhard, obwohl der mutige Auftritt ihres „Ritters" sie erstaunt haben mag.

Wieder Hoffnung – wieder Enttäuschungen

Inzwischen schien Günthers Lebensschiff Kurs auf Straßburg zu nehmen. Die Straßburger Universität war für Rudolf als Privatdozent verlockend, da er Freunde unter den Professoren hatte. Agnes schrieb am 2. Juli 1907 von ihren guten Aussichten: „*Und Papa hat sich schon um Wohnungsnachweise in Straßburg bemüht bis 1. Oktober … Eine sehr schöne Wohnung in Straßburg bei der Universität ist uns angeboten. Ach Gott! Auf 1. Oktober oder 1. November sollte es sein.*" Gerhard erfuhr, was ihn betraf: „*Wir wollen in der ersten Zeit zusammenbleiben, lieber Gerhard, Papa hat das auch gewünscht, und so würdest Du in Straßburg dienen. Es wird Dich auch freuen, denn wenn man in die Fremde geht, so muß wenigstens die Familie zusammenbleiben.*" Unklar war, ob sie „*es in dem teuren Straßburg länger aushalten könnten*". Zwar war die Redaktionsleitung Rudolf inzwischen offiziell angeboten worden, aber das Gehalt war offen: „*… wir erwarten noch, was die Verlagshandlung Papa für die Redaktion gibt und was aus der 'Verlorenen Kirche' wird. Dies muß sich jeden Tag entscheiden.*"

Erneut herbe Enttäuschungen: Der Verkauf des Buches war schwach und die Verdienstaussichten in der Redaktion waren gering. Wohin sollte es gehen? Straßburg war ohnehin zu teuer. Erich kam in Not, weil ihn sein Oberpräzeptor am Gymnasium in Schwäbisch Hall anmelden wollte. Erich wusste nicht, wie er sich verhalten sollte, und „*quälte*" seine Mutter „*unsäglich*", er müsse es wissen. Aber Agnes wollte nicht „*unnötig davon schwätzen, wenn alles noch im Fluß ist*". Es war eine schwierige Zeit. Und wir lesen aufs Neue Agnes' Abschiedsgefühle: „*Neulich war es überwältigend schön in 'Schweigen'. Wir müssen noch einmal hin – wir waren bis 10 Uhr unter dem Efeu, und die Leuchtfliegen schwirrten. Solche Plätze gibt es einzig und allein in Langenburg.*"

Langsam kommt Klarheit auf –
ihr Drama wird zu Cotta geschickt

Schließlich hieß das neue Ziel Marburg. Rudolf hörte *„auf den Rat ihm wohlgesinnter Freunde, an die Universität in Marburg zu gehen und dort trotz seines vorgerückten Alters zu habilitieren".* Er erfuhr von der Theologischen Fakultät Erfreuliches: Gerade in Pastoraltheologie, Kirchenkunst und seinem Schwerpunkt Hymnologie wäre Rudolf als Privatdozent am richtigen Platz.

Für Erich eine Erlösung. Er nahm den Umzug gelassen hin. Marburg an der Lahn war ihm recht, er war auf die Stadt gespannt. Anders war es bei Gerhard. Ihm fiel der Abschied schwer. In den Sommerferien lief er alle alten Wege ab und wanderte zu seinen Kindheitsorten. In ihm nagte ein *„ungeheurer dumpfer Schmerz".*

Agnes' Drama „Die Hexe" war fertig! Sie schickte voll Stolz eine Abschrift an ihren Freund Eberhard Knapp und eine an den Verlag Cotta. Eberhard schickte es nach der Lektüre zurück. Seine Kritik war herb, doch hatte der Freund mit seinen Anmerkungen, was die Nebenfiguren und die Form des Dramas betraf, recht. Agnes hatte es selber gespürt. Auch wenn es sie viel Zeit gekostet hatte, wirklich gut war es nicht, wie sie sich selber eingestand. Zum Glück war es bereits beim Verlag Cotta. Es blieb zu hoffen, dass es gedruckt wurde. Sie könnten das Geld gut gebrauchen!

„Wir verkennen nicht das zweifellose Talent ..."

Am 15. September 1907 kam für Agnes der harte Schlag: Der Verlag erteilte eine Absage! So schmerzhaft es war, gab es auch Ermutigendes im Text des Begleitschreibens. Sie bewahrte den Brief auf. In seinem Erinnerungsbuch druckt ihn Gerhard Günther ab:

„J. G. Cottasche Buchhandlung Nchf. Stuttgart und Berlin, Stuttgart, den 14. September 1907. Hochgeehrte Frau! Von unserer Berliner Filiale erhielten wir Ihr Dramen-Manuskript 'Die Hexe' zugesandt, welches mit wirklichem Interesse von uns gelesen wurde. Wir verkennen nicht das zweifellose Talent, welches sich in demselben offenbart, die vielen echt poetischen, zum Teil ergreifenden Stellen sowie die dramatische Wirkung, welche die ersten Teile des 4. und 5. Aktes hervorbringen werden. Trotzdem können wir nicht an einen entsprechenden Erfolg des Ganzen glauben. Da-

gegen sind wir der Ansicht, daß sich von der Dichterin, welche dieses Werk geschaffen hat, noch Gutes und Schönes, sei es auch nicht gerade auf dramatischem Gebiet, erwarten läßt. Und wir würden uns freuen, wenn dieselbe uns spätere Arbeiten zusenden würde. Mit vorzüglicher Hochachtung J. G. Cottasche Buchhandlung Nachf."

Wir können uns die Situation denken: Jetzt saß sie im blauem Lehnstuhl unter dem Efeu, der Sorgenstuhl, in dem Freund Betz einst so sorgenvoll saß, als sie das Manuskript immer wieder umgearbeitet hatte. Sie konnte ihm das Ende aller Dramen-Hoffnungen nicht einmal berichten. Er war verreist. Was er wohl zur Absage und dem redaktionellen „Trostbrief" sagen würde? Agnes schämte sich. Es war ihr missglückt, Gisela in der modernen Zeit (20. Jh.) der Allgemeinheit nahezubringen. Trösten konnte sie, dass etwas in der „Christlichen Welt" abgedruckt worden war. Denkbar wäre, dass „Gisela" ihr dies zu verstehen gab, und auch, dass es mit ihrem Roman weitergehen würde.

1906 war ihr Erfolgsjahr, 1907 das Tränenjahr. Wie viele Tiefschläge hatten Rudolf und sie in diesem Jahr abbekommen! Sie durften ihre bunten Flügel nicht allzu lange hängen lassen.

„Ein arges Losreißen"
Mit Gerhard fuhr Agnes im September nach Marburg. Sie suchten aus dem reichen Angebot die geeignete Wohnung aus. Wie es mit Gerhard weitergehen würde, hatte sich geklärt. Da er seinen Militärdienst nicht zu absolvieren brauchte (zu schmaler Brustkasten), wollte er in Marburg studieren. Er würde bei der Familie wohnen.

Sie entschieden sich für die Wohnung im Barfüßertor 25. Das Gebäude lag etwas außerhalb der Innenstadt am Wilhelmsplatz, hier mündete die Straße in die Ockernhäuser Allee. Die Waldberge waren nah und in fünf Minuten kam man zu Fuß aus der Stadt. Sie würden nicht wie in Langenburg allein im Haus wohnen. Unten waren ein Bäcker und ein Krämer, hinten die Backstube, das ganze Haus roch nach frischem Brot. Sie besichtigten die Etagenwohnung[87] im 3. Stock mit offener Veranda. Eine hohe Birke stand vor dem Fenster. Die Fenster des zukünftigen Salons gaben einen schönen Blick auf den Marburger Schlossberg frei.

Praktisch waren die Mansardenkämmerchen unter dem Dach, von denen man einzelne für die Söhne und das Hausmädchen dazu mieten konnte. Interessant war das einzelne Außenzimmer, das von der Wohnung unabhängig von der Treppe aus zu betreten war. Die Zukunft hatte wieder ein Gesicht und war nicht mehr so ungewiss.

Rudolf und Agnes begingen am 26. September ihren 20. Hochzeitstag noch in Langenburg. Von Pf. Betz hatten sie länger nichts gehört. Er schrieb erst Ende September, als er aus Stuttgart zurück war: *„Entschuldigen Sie gütigst …"* Er ließ sie wissen, es habe mit der Pfarrstelle in Haifa nicht geklappt, wegen dieser Bemühungen habe er länger in Stuttgart bleiben müssen. Auch Gerhards 18. Geburtstag wurde noch in Langenburg gefeiert, er fiel auf Sonntag. Es war der „Michelstag", an dem sie einen herrlichen Spaziergang in die Wälder machten. Es sollte für lange Zeit der letzte Spaziergang in schöner Natur gewesen sein. Rudolf wurde noch in Langenburg 48, Agnes war im Sommer 44 Jahre alt geworden.

Langsam wurde es mit dem Abschiednehmen ernst, sie machten nochmals überall Besuche. In Kirchberg waren sie am 8. Oktober. Agnes schrieb ins Gästebuch[88] der Familie Schnizer: *„Solls wirklich zum letztenmal sein? Das Städtlein mit den fallenden Blättern und dem Purpurteppich der roten Reben von seinen Mauern ist so altvertraut und weiß nichts vom Anderswerden! Wieviel unvergeßlich schöne Stunden haben wir da in der 'Schönsten Laube der Christenheit' zugebracht, welch gemütliche Kaffeestündchen und Abendthees … All die Bilder sind in bunten brennenden Farben eingelassen in den Bögen des stillen Ganges im Garten der Erinnerung. Und die Seele wandelt leise noch einmal hindurch, fühlt noch einmal den warmen Hauch der Liebe, der aus den Bildern strömt, ehe sie hinauswandert in den grauen Nebel der Zukunft. Agnes 8. Okt.1907 "*

Pfarrer Betz hatte am 15. Oktober Geburtstag. Sie waren vermutlich deswegen noch einmal in Herrentierbach, schauten auch bei der befreundeten Familie Ehrle herein und nahmen Abschied von der tüchtigen Margarete. Jetzt kamen die Tage des Einpackens, der Auflösung alles seither Bestehenden: Ihre alte Heimat, das Dekanatsgebäude, würde samt Spital abgerissen. Auf dem Grundstück beider Häuser sollte für die Nachfolger ein neues Dekanat erbaut werden. In ihrem Abschiedsschmerz waren Günthers sogar froh, dass keine nachfolgende Familie in ihre Räume ziehen würde. Ein Leben lang würde dies Haus, ihre Heimat, in ihrem Herzen lebendig bleiben. So empfand es Gerhard, so sah es Agnes.

Erich brachte es nicht übers Herz, die alte Katze Souris zurückzulassen. So durfte Erich Souris im Katzenkorb mit in die Bahn nehmen. Auch Agnes nahm etwas ihr Wichtiges mit: ihren Efeu aus dem „Turm"; auch er wurde nach Marburg verfrachtet.

Rudolf hielt noch am Freitag, den 1. November 1907,[89] seine letzte Kirchengemeinderatssitzung, in der er bekannt geben konnte, dass Stadtvikar Mayer zum Amtsverweser für Langenburg bestellt worden war. Für Rudolf und Agnes drängte sich jetzt alles zusammen: Abschiedsfeier, Umzug und die erste gesellschaftliche Einladung in Marburg, alles an einem Wochenende!

Zum letzten Mal saßen die Langenburger im Saal des Gasthofes „Post" mit ihrem scheidenden Dekan und seiner Familie beisammen. Rudolf hielt eine Abschiedsrede mit einer wesentlichen Aussage, die Gerhard festhielt: *„Ich bin in in diesen 17 Jahren*[90] *hier vielen Menschen begegnet, in deren Inneres ich schauen durfte. Es waren Menschen verschiedener Art. Aber es war kein einziger darunter, in dem nicht irgend etwas war, wovor ich mich im Tiefsten verneigen mußte."* Die Kirchengemeinde schenkte ihrem Dekan zum Abschied eine Schleiermacher-Büste. Agnes schrieb später ihrer Mutter, wie es ihr beim Abschied ergangen war: *„Und das viele Abschiednehmen! Vom alten Baron bis zum Weinmann, man fühlte so recht, wie man ein Stück Leben hinter sich ließ. Nun ist auch das vorüber, aber es war ein halbes Sterben."* Der Möbelwagen stand gepackt, sie nächtigten nicht mehr im leergeräumten Dekanatshaus. Die Söhne schliefen bei Schwester Luise in der neuerbauten Kleinkinderschule. Wo die Eltern übernachteten, ist nicht bekannt, vielleicht im Gasthaus, vielleicht bei Familie Dr. Staudenmeyer. Es war eine klare Frostnacht. Am nächsten Morgen war alles bereift, ein eiskalter klarer Morgen des Abschieds. So ging es auf die Reise in ein neues Lebensumfeld.

14. Marburger Eingewöhnungszeit: November 1907 – Sommer 1908

Das Einleben beginnt

Die Anmeldung im Marburger Magistrat erfolgte am Samstag, den 9. November 1907. Eingetragen wurde üblicherweise nur der Haushaltsvorstand: *„Rudolf Günther, Dekan a. D. und Privatdozent"*, weder seine Frau noch die Söhne oder die Hausangestellte erscheinen im Register. Man musste sich nicht sofort anmelden, so lebten Günthers bereits ein paar Tage in der neuen Stadt. Das Losreißen hatten sie hinter sich. Nun musste die Wunde heilen.

Pfarrer Betz war spontan gleich am Umzugstag, am 2. November, den Freunden nachgereist, um ihnen seine Geschenke zum Einzug persönlich zu überbringen. So war er am Samstag bei ihnen in Marburg aufgetaucht und musste bereits am Sonntag wieder nach Hause zurückfahren. Die getreue Frau Scheiterlein aus Langenburg blieb bei ihnen, sie war als Hilfe für die ersten Wochen mit nach Marburg gekommen. Es war für alle etwas viel auf einmal. Erich fand sich gleich zurecht, er hatte Spaß an seiner Katze, die sich im Chaos erstaunlich benahm: Sie lief inspizierend durch die Räume, suchte sich ein ruhiges Eckchen und war zufrieden. Agnes dachte beim Aufstellen ihres Efeus, man könne nur hoffen, er werde sich wieder „aufrappeln". So hoffte sie es auch für sich, denn sie kam sich ganz „zerklüftet" vor.

Bereits am nächsten Tag, am Sonntag, mussten Rudolf und Agnes zum ersten offiziellen Diner. Prof. Weiß hatte sie als freundliche Geste für die Neuankömmlinge eingeladen. Nur hatte keiner vermutet, dass sie gerade erst „neu angekommen" waren. Dort fühlte sich Agnes wohl, soweit sie sich im Moment wohlfühlen konnte. Sie schrieb an Pf. Betz am Sonntag darauf (10. November 1909): *„Nun ... haben wir unseren Eintritt in die akademische Welt getan. Es war ein großes Diner mit etwa 24 Gedecken, sehr großartig und doch wieder einfach. Die Unterhaltung war aber auf der Höhe, die man von Halbgöttern verlangen kann. Rudolf saß natürlich schon neben einer strahlenden Verehrerin, es mutete mich ganz heimatlich an. Es war ein Frl. Weiß* (Die Malerin Hedwig Weiß, Schwester des Gastgebers), *die die Fresken in Rades Haus gemalt hat."*

Günthers gehörten zum engeren Kreis, der nach dem offiziellem Teil gemütlich zusammensaß. Agnes berichtete dem Freund: *„Nach dem Diner wurden wir heimlich gebeten, noch zu bleiben, es war sehr interessant und Professor Gunkel erzählte von seinen neuesten Entdeckungen. Ich kam ziemlich beflügelt nach Hause."* Bei der Einladung machte Agnes die Bekanntschaft von Prof. Martin Rade, dem Verleger der „Christlichen Welt". Ihr Eindruck: *„Rade sieht sehr schön aus und ist oder schien mir ein wenig geistiger Schwerenöter, wurde übrigens von den Halbgöttern mäßig gut behandelt und mußte bei uns Privatdozenten sitzen."* Rudolf verstand sich mit Prof. Budde gut. Dieser war Alttestamentler und Hymnologe und hatte eine Professur für elf Jahre in Straßburg inne, bevor er 1900 nach Marburg ging. Er lud Rudolf und Agnes zum „Familiendiner" am kommenden Sonntag ein.

Für Agnes hatte ihre erste Berührung mit der Marburger Professorenwelt einen bitteren Beigeschmack. Beim Geplauder mit den Damen, das sie an einen Pfarrkranz erinnerte, wurde ihr in aller Harmlosigkeit von Frau Professor Rauschenbusch eine unangenehme Information vermittelt: *„Die Dame sagte mir heute, bei Rade stürze sich alles auf die Christliche Welt, um mich kennen zu lernen. Es ist mir aber grausig, dies gräßliche Gefühl, als ob man ausgezogen vor den Leuten dastände."* Ihr tiefstes Erleben mit „Gisela" und Schloss „Schweigen", ihre „heiligsten Bereiche" wurden hier aus Neugierde begutachtet. Doch Agnes kannte die Welt und tröstete sich: *„Nun, es wird bald wieder jemand anderes an die Reihe kommen."* Dass dies gleich zu Beginn in Marburg passieren musste, entwurzelt wie sie war, war gewiss nicht einfach.

Die erste Woche lag hinter ihnen und die Wohnung war nicht fertig. Die Vorhänge hingen noch nicht, mussten verlängert oder ganz neu genäht werden. In der Küche herrschte Unordnung, da es an Schrankraum fehlte, und die Bilder wollten aufgehängt werden, vor allem die *„Hl. Cäcilie von Donatello im Goldbrokatgewand"*, die sie als gerahmten Kunstdruck von Pf. Betz zu ihrem Einzug persönlich überbracht bekamen. Für den „Schleiermacher" fehlte in Rudolfs Studierzimmer *„noch der Hintergrund"*. Dies würde anders werden, wenn die Vorhänge hingen.

Rudolf bereitete sich gezielt auf seine Habilitation vor, denn das Kolloquium sollte schon in nächster Zeit sein. Er meinte *„weniger Zeit zu haben als in Langenburg".* Agnes nähte an den Vorhängen. Erich fühlte sich seit dem ersten Tag in Marburg wohl. Die Familie ließ ihn jedoch mit Sorgen ins Examen ziehen, da ihr *„Edelfäuling ... in Latein, Griechisch, Französisch und Mathematik geprüft"* wurde, damit man wusste, in welche Klasse er gehörte. Erich überraschte alle, als er mit der Bestnote heimkam! Agnes berichtete Pf. Betz von seinen schulischen Erfolgen: *„Erich ... besteht mit 1a vorzüglich, und wird vom Aly* (Nachname des Direktors) *der Prima als ein Lateiner, der mehr könne als sie alle, vorgestellt."* Jetzt saß Erich neben dem Klassenprimus und war *„der Stolz der Klasse. Diesem Knaben gefällt es hier sehr gut ... "*

Nachdem die Familie am nächsten Sonntag bei Buddes war, konnte Agnes hinterher an Pf. Betz schreiben: *„ ... heut hat er nun in einem jungen Budde einen Seelenverwandten und ebenfalls Länderbesitzer* (freies persönliches Spiel mit Bleisoldaten) *entdeckt."*

Gerhard musste sich in Marburg erst zurechtfinden. Einmal war er bei der Korpsgemeinschaft „Vandalia" und verbrachte die Zeit in der „Vandalenbaracke", wo es ihm aber nicht gefiel. Er wollte lieber zu einer freien Studentenverbindung, die auch Theater spielte, *„so ist doch seine Einsamkeit nun hoffentlich zu Ende".* Den Namen „Vandale" behielt Agnes bei. Sie schildert im Brief an Pf. Betz, was man in der Universitätsstadt erleben konnte. Sie sahen vor ihrem Haus einen großer Ausritt der „Germanen": *„Auf tadellosen Rossen und geschmückten Wagen, auf dem irgend ein Urmensch in Fell und Trikot turnte, hinten zog der Nachtwächter mit Spieß und Couleurhemd, der einen Stehkragen und Mütze aufhatte."*

Dann gab Agnes dem Freund Einblick in ihre eigentliche Gefühlslage: *„Sonst nichts neues, als daß ich entsetzliches Heimweh nach Langenburg und nach jedem einzelnen Menschen dort habe. Auch nach dem Wind und den bollenden Rehen und nach jedem Stückchen Wegbreit. Ich war nun nicht mehr spazieren seit Micheltag, da es mir seither nicht gut geht, d.h. natürlich nicht wegen des Spaziergangs, sondern aus allgemeinen Gründen. Nun ist das letzte Stück Heimat, die gute Scheiterlein, fort, hoffentlich kam sie auch durch die schaurige Welt der Eisenbahnen nach Hause."*

Doch wollte sie sich vom Heimweh nicht unterkriegen lassen, auch nicht von ihrer schlimmen Erkältung: *„Wenn ich wieder etwas arbeiten kann, wird's schon besser werden."* Sie schränkte ihre Aussage gleich wieder ein: *„Aber 100 Besuche müssen wir machen bei der ganzen Universität. Gräßlich!"* Als Agnes an ihre eigene erste große Einladung für diese Halbgötter mit ihren Gattinnen dachte, kamen ihr die jungen Freundinnen Lobin Lang und Hedwig Walcher in den Sinn. Von Lobin hatte sie einen traurigen Brief bekommen, da das „Wiggele" zur Zeit in Tübingen lebte. Agnes schrieb an Pf. Betz: *„… sie ist eben recht einsam in ihrem Blaubeuren, also für unsere erste Gesellschaft hier wollen wir uns, um mit Glanz anzutreten, die bunten Flügel kommen lassen. Sie dürfen auch dabei sein …"* Doch so weit waren sie noch lange nicht. Die erste gesellschaftliche Einladung musste warten.

„… keine Aussicht, daß ich wieder an meine Dichterei komme"

Agnes ließ ihre Mutter Anfang Dezember ihr Befinden wissen: *„Ach, es ist recht schwer, in unserem Alter so vorne anfangen, und für mich ist so gar keine Aussicht, daß ich wieder an meine Dichterei komme. Ich muß eben Haushaltung schaffen, mit meinem einen Mädchen. In Langenburg, da wäre es noch gegangen, aber hier ist's unmöglich. Das Leben viel zu unruhig und anspruchsvoll. Aber man kann eben nicht alles haben …"* Wenigstens ging es ihr bald gesundheitlich besser. Am 15. Dezember schrieb sie Pf. Betz: *„Mir geht es ausgezeichnet. Ich bin ganz überrascht, wie schnell sich meine schwere Erkältung gehoben hat. Ich bin leistungsfähiger wie den ganzen Sommer nicht. Ich habe auch viel zu tun gehabt mit Nähereien, das schlimmste wird aber wohl vorbei sein."* Stolz berichtet sie: *„Gestern war also der große Tag. Unser akademischer."*

Agnes hatte an Rudolfs Antrittsvorlesung teilgenommen. Bevor sie davon berichten konnte, musste sie das vorausgegangene Kolloquium erwähnen, beides fand innerhalb einer Woche statt: *„Bei dem Colloquium soll der theure Gatte ganz hervorragend abgeschnitten haben. Jedenfalls erzählte mir Weißens davon, Professor Weiß sei noch ganz erhoben nach Hause gekommen."* Agnes beschrieb die Vorlesung, die sie miterlebt hatte und zu der bestimmte (fast rituelle) Gepflogenheiten gehörten: *„Nun also die Vorlesung. Ein ungemeiner Glanz wird da von dem Vortragenden entfaltet. Weiße Binde, Frack (offen), weiße Handschuhe (die man nicht ablegt!!!). Thema: 'Das deutsche Christuslied des 19. Jahrhunderts'. Ich war von 3 Seiten erinnert worden, daß ich auch dazu dürfe, obgleich sonst Unbefugten der Eintritt verboten … Mit ziemlich klopfendem Herzen stieg ich mit Gerhard in die heiligen Hallen an den 'Unbefugten' etc. stolz vorbei. – Wir kamen in den größten Hörsaal, alles voll bis zum Rande!"* Agnes beschreibt nun den großen Hörsaal der „Philippa" (Name der Marburger Universität): *„Also der Hörsaal ist sehr schön mit hohen gotischen Fenstern und den Gemälden verflossener Professoren in Allongeperücken und Zöpfen und Kaiser Wilhelm Friedrich riesengroß."*

Sie schildert das Publikum und den Aufmarsch der Fakultät: *„Zuerst sah ich das Fräulein Hedwig Weiß, die schon sehr freundlich gegen den Gatten gesinnt ist, und dann eine Bank Vandalen* (von Gerhard extra zusammengetrommelt), *sonst lauter Studenten. Wir warteten eine Weile, dann öffnete sich die Tür und in feierlichem Zug erscheint die Fakultät, der Dozent an der Spitze, empfangen von lautem Getrampel, das mich im ersten Augenblick fast erschreckte … Wie Sie sich denken, war der Vortrag, wie Frl. Hedwig Weiß mir nachher zuflüsterte, ein 'Kunstwerk' und an manchen Stellen war atemlose Aufmerksamkeit und Hingabe zu fühlen."* Von der anschließenden „Gratulationscour" schreibt Agnes auch und wie der Tag mit der privaten Feier zu Hause endet: *„Dann gingen wir nach Hause und es gab gebackene Schollen, Gunkuchen und 2 Fläschchen Niersteiner. Sind Sie nun zufrieden mit der Schilderung!"*

Die Antrittsvorlesung war am Samstag vor dem 3. Advent. Nach der Anspannung der letzten Wochen wanderte Rudolf mit Gerhard am Tag danach auf den Frauenberg. Agnes erlebte mit ihrem Hausmädchen Margarete (auch aus Herrentierbach, hatte Maria abgelöst) etwas Schönes. Morgens war sie mit ihr in der Kirche gewesen, sie *„hörten eine Musterpredigt"*. Am späten Nachmittag besuchten sie den *„Sonntagschulchristtag[91] in der Universitätskirche"*. Im Brief gab sie die abendlich-adventliche Stimmung wieder: *„Nachher gingen wir durch die erleuchteten Gassen heim, rückwärts sahen wir* *die langen Fenster der Kirche im goldenen Glanz durch die Gäss-lein leuchten, vor uns die Menge, Kopf an Kopf, die ganze Breite wie ein Strom füllend, Studenten, Fräuleins mit großen Hüten, Rot-käppchen, Hessenmädchen mit grünen flatternden Röcken, die Mas-se Kinder vom Christtag, so daß kein Durchkommen war.*" Als sie nach Hause kamen, trafen auch Vater und Sohn ein, deren Tag eben-so erfüllt war. Pf. Betz las: „*Es muß herrlich oben gewesen sein, Basaltklippen, Mauerwerk, hoher Schnee, ein vollkommener Blick auf den Vogelsberg und die anderen unendlich vielen Bergkuppen.*"

Agnes war mit Margarete auch bei einer anderen Veranstaltung, da keiner ihrer „drei Männer" Zeit hatte. Sie waren bei „*der Feier zu Ehren der Heiligen Elisabeth in den Stadtsälen*". Dabei hatten sie das „*große Orchester, einen Vortrag und lebende Bilder ge-nossen*" und Margarete wurde „*so gebildet, daß sie über die Ei-genschaften der Mutter der Hl. Elisabeth conversieren*" konnte. Es handelte sich um die Abschlussfeier des Marburger „Elisabeth-jahres", das mit vielen Veranstaltungen zum 700. Geburtstag der Elisabeth von Thüringen zu Ende ging.

Damit sich Pf. Betz die häusliche Atmosphäre an diesem Sonn-tagabend vorstellen konnte, schilderte sie, wie sie zu dritt am Tisch saßen: Sie selber schrieb den Brief, Erich saß über seiner „*Mo-dellstadt, für die er eine neue Kombination ersonnen hatte mit kom-plizierter Politik*". Der „*Weise*" saß neben ihr über seiner nächsten Arbeit, einer Lektorenarbeit „*für einen armen Dichter*". Er betreute auch drei Dichterinnen, eine davon Gertrud Stähle. Agnes ermutigte den Freund zu seiner eigenen Lyrik, er könne sie dem „Weisen" schicken. So leitete sie geschickt zu einem anderen Thema über: Wenn da nichts komme, dürfe er „*über Praktisches, wie zur Ver-sorgung oder Lösungen der Frauenfrage*", etwas schreiben. Da war wieder ihr „kleiner Wink": „*Warten Sie, bis mein Trostbaum seine grünen Herzlein wieder heraushängt, kommen Sie zu mir, es wan-delt hier doch manche nette Weiblichkeit herum ...*"

Gerhard hatte nach dem ausgiebigen Winterspaziergang (auf den Frauenberg) für den Abend etwas vor. Pf. Betz konnte sich ihn nach Agnes' Zeilen gut vorstellen: „*Er geht eben mit dem größten Stehkragen Marburgs angethan, lilafarbene Krawatte etc. zu Ra-des Offenem Abend, der ihn sehr dringend eingeladen hat ...*"

Sie berichtete dem Freund gern, wie es ihren Söhnen inzwischen ging: Gerhards „*Weltschmerz*" schien sich leicht gebessert zu haben. Er besuchte regelmäßig seine Vorlesungen, obwohl er der Mutter erklärte, „*daß man selten in der ersten Zeit so viel ins Colleg gehe*". Ansonsten spielte er zu Hause „*fleißig Klavier*" und versuchte „*wieder zu singen*". Noch ging es nicht richtig, die Stimme drückte aus, wie es ihm wirklich ging. „*Ach, wenn's doch wieder käme*", war der mütterliche Wunsch. Von Erich las Pf. Betz: „*Erich geht weiter mit Eifer in seine Penne, sein Ruhm in Marburg ist groß. Neulich unterhielt er eine große Kindergesellschaft ganz allein, alles schaute bewundernd auf ihn, beinahe wie das Scherenmännlein in Langenburg. Mit Mathematik wird er aber schier erdrückt, so daß er schon eine Abscheu davor bekommt. Gar zu viel Mathematik kann eben ein Sohn von mir nicht verkraften.*"

Nachdem die Aufregung mit Rudolfs Habilitation hinter ihnen lag, konnte sich Agnes auf Weihnachten einstellen. Sie schrieb von den Weihnachtsbäumen, „*die in der nächsten Gärtnerei schon dufteten*", und dass sie sich ans Lebkuchenbacken machen wolle, wobei ihr der „Vandale" dieses Jahr wieder helfen würde.

Agnes ging es gesundheitlich erstaunlich gut, sie konnte am 26. Dezember 1907 schreiben: „*Mir geht es vortrefflich nun, und es scheint, Rauch, Ruß und Nebel sind das einzige, was mir bisher gefehlt hat ...*" Für den 4. Advent hatte sie Prof. Rade mit Familie eingeladen. Sie schrieb ihrer Mutter am Samstag, den 21. Dezember: „*Am Sonntag kommt er mit seinen Kindern zu meinem Puppentheater, das wieder auferstanden ist.*" Sie wird ihnen die Fallada-Geschichte, das Märchen „Die Gänsemagd" vorspielen.

Das erste Marburger Weihnachten

Im Weihnachtsbrief drückt Agnes ihrer Mutter gegenüber die überwundenen Anfangsprobleme deutlich aus: „*... Es geht ja nun ein wenig besser, ich bin nicht mehr so todunglücklich wie am Anfang, ich wollte ja nicht von Langenburg fort und mag die Städte so gar nicht. Das einzig Gute an Marburg ist, daß man bald draußen ist, wir wohnen ja auch außerhalb, so daß wir schon in fünf Minuten auf einem schönen Weg sind, wo es sicher Veilchen gibt und wo der Ginster im Frühling blüht.*" Wir erkennen Agnes' Fähigkeit, sich im Kummer Positivem zu öffnen. Der Anblick des Besenginsters weckte ihre Vorstellungskraft; sie sah bereits in der Adventszeit den blühend goldgelben Ginster und die violetten Veilchen vor sich, wodurch sie hoffnungsvoller dem ersten Frühling in Marburg entgegensah. Was sie sich nicht vorstellen konnte: Bereits im nächsten Sommer wird sie von Marburg schwärmen. Noch schwingt die Last des vergangenen Jahres mit: „... *ein schweres Jahr war's, das bitterste meiner Ehe. Aber wie gut habe ich es immer gehabt, wunderschön, namentlich in den letzten Jahren in Langenburg. Der letzte Sommer, ach da waren noch schöne Tage!"* In warmen Worten fügt sie an: „*Unsere Langenburger Freunde haben uns noch sehr viel Liebes erwiesen ..."* Sie berichtet nochmals vom schweren Abschied, der zu viel für sie gewesen sei. Dass sie in der alten Heimat nicht vergessen waren, tröstete sie etwas: „*Auch versorgen sie uns jetzt immer noch mit guten Dingen, Butter, Eier, es kommt alle paar Tage eine Schachtel."*

Kurz bevor Prof. Rade mit seinen Kindern am 4. Advent kam, packte Agnes das Weihnachtspaket mit all den „*lieben, schönen Sachen"* (wie Pf. Betz ihr im Dankesbrief schreiben wird) für den Freund in Herrentierbach und schrieb als Gruß dazu: „*Fröhliche Weihnachten wünschen Ihnen die Leute hinter den Bergen! Das Bildchen liebte ich so, denn es schien wie ein Stückchen zwischen Langenburg und Herrenthierbach, deshalb sollen Sie es haben, denn man muß immer etwas herschenken, was einen selbst freute."* Vom Puppenspiel, das sie gleich aufbauen würde, schrieb sie: „*Das wäre etwas für Sie und Bi. Tausend Weihnachtswünsche. Ihre Agnes G."* Das Weihnachtspäckchen kam genau am Heiligen Abend bei Pf. Betz an. Am 26. Dezember fragte sie im nächsten ausführlichen Brief: „*Freut Sie Ihr Bildchen? Es gefiel mir zum Verlieben gut, so heimatlich mit dem Weg über die Waldwiese."*

Umgekehrt beschenkte Pf. Betz seine Freunde mit einem köstlichen Geschenk: einer Weihnachtsgans! So termingerecht, dass Margarete sie in aller Ruhe für den Festschmaus zubereiten konnte. Genau im richtigen Moment wurde sie als großes Paket überbracht: Agnes und Margarete saßen ratlos in der Küche und fragten sich, „*wo sie ihre alljährliche Weihnachtsgans in Marburg erwerben könnten"*. So war die Freude besonders groß.

Am Heiligen Abend gingen die Günthers in die reformierte Kirche zur Andacht. Agnes meinte: „ ... *dort werde ich jetzt und überhaupt hingehen, denn dort habe ich meinen Stuhl, einen feierlichen Stuhl auf der Empore, einen Stuhl mit Armlehnen!"* Sie war anscheinend besten Willens, sich vom Heimweh nicht unterkriegen zu lassen. Zu Hause gelang es ihr nicht ganz: „*Es waren doch so wenig Leute gegen unser Langenburger Fest und so wenig Sachen auch, da war man gleich herum. Auch die Margret flüchtete dann aus der Küche herein, und wir saßen dann in unserem hohen Haus, ein Häuflein Verschlagener beieinander."* Aber es gelang Agnes, sich und die Familie aus dem Stimmungsloch herauszuholen: „*Doch hatte ich einen guten Gedanken, daß uns der Weise vorlesen sollte, und so lasen wir denn den Herrn Arche Morus aus der Christlichen Welt: 'Alla valla del silencio'."*

Pfarrer Betz bekam ein kurzes Günthersches Stimmungsbild vom Heiligen Abend: „*Erich anmutig auf dem Teppich vor der Krippe liegend (er macht alles anmutig), Gerhard auf dem blauen Sofa sich räkelnd, Margret und ich visitenfeierlich auf dem roten Sofa, der Weise unter der neuen Salonkrone* [92] *und von der bestrahlt."* Nach dem Vorlesen ging es gesellig weiter: „*Dann, um weiter keine Rührung aufkommen zu lassen, kochte der Vandale Punsch und deklamierte Balladen aus dem neuen Balladenbuch von Avenarius, das wir uns geschenkt haben."*

Sie hatten dieses erste schwierige Weihnachten gut gemeistert. Der Freund erfuhr noch, wie es am 1. Weihnachtstag weiterging. Nach dem Gänsebratenessen am Weihnachtstag waren sie zum Kaffee bei Prof. Rauschenbusch [93] eingeladen. Agnes erklärte: „*Bis jetzt haben wir noch niemand hier gefunden, mit dem man hoffen könnte, in ein näheres Verhältnis zu kommen ... Nur Rauschenbuschs sind gar so allein wie wir und froh an uns."* Erich war bei den fünf Rauschenbusch-Kindern begehrt: „*Erich wird von ihnen beinahe so geliebt wie vom Gustele* (Bi). *Es gab Tränen, bis ausgemacht war, wer neben ihm sitzen sollte."* Die kleine Tochter erinnerte sie an Pfarrer Betz' Sohn: „*Rauschenbuschs haben ein Pendant zum Bi, eine ebenso blonde kleine Dame in Bi's Alter, die weiß gut meine Theaterstücke zu würdigen ..."*

Der erste Langenburger Besuch

Günthers freuten sich schon an Weihnachten auf den 27. Dezember: *„Wir bekommen ja Langenburger Besuch morgen! Aber Sie dürfen es vorderhand niemand sagen, daß nicht zuviel Leute ihre Nase dreinstecken. Schwester Luise will kommen und die weite, weite Reise in die wildfremde Gegend machen! Ist das nicht lieb!"*

So bekam Pf. Betz Bescheid – verbunden mit der Hoffnung, auch er wiederhole seinen Besuch: *„Dürfen wir aber doch noch auf Fortsetzung der Freundschaft und auf ein Wiedersehen in Marburg rechnen?"* Bei seinem kurzen Umzugsaufenthalt hatte er in der Hektik etwas bei ihnen liegen lassen: *„Verschiedene Ihrer Besitztümer habe ich einstweilen in Verwahrung, gewissermaßen als Pfand. Sie haben ein Bartbürstchen und ein paar Socken bei mir abzuholen! Einstweilen verbleibe ich, cher Monsieur Levignée, votre toute devotée [94] – A. Günther."*

Die französische Anrede bekam er wohl bei seinem kurzen Besuch. Agnes begann die letzten Briefe immer hiermit. Lesen wir den Briefbeginn vom 2. Weihnachtstag: *„Lieber Herr v. Levignée! Eben haben wir ausgemacht, daß für den Fall meines Ablebens Ihre Briefe schön zusammengepackt in meiner mittleren Schreibtischschublade zu finden sind. Die Nachwelt darf nicht um sie betrogen werden, damit man nicht vom gegenwärtigen Säculum einmal sagen könne – es habe kein Mensch mehr Briefe schreiben können. Ach war die Gans gut und wird noch gut sein ..."*

„Jetzt sind wir eben beim harten Anfang" – Januar 1908

Im Januar 1908 erlebten die Günthers einen herrlich kalten Winter mit dickem Raureif. Die Lahn war zugefroren und die Vögel kamen ans Futterhäuschen, das auf der Veranda stand. Rudolf und Agnes freuten sich an ihnen und sie schrieb davon an den Freund, wobei es ihr wohl mehr um die Weisheit ihres Mannes ging: *„Auch kommen die Marburger Meisen und Dompfaffen zu Rudolfs Freude jetzt sehr fleißig zu uns. Zuerst waren es nur eine böse Sorte schwarz-grün-golden glänzender Drosseln, schlimme, böse Gesellen, die hier ein arges Sündenregister führen. Der Weise meinte aber, gerade die Raubmörder müsse man füttern, um sie von Schandtaten fern zu halten (sie sollen den kleinen Vögeln die Schä-*

del aufhacken): Nun kommen nur noch die sanften Blaumeischen und andere Lieblinge, so daß wir beruhigt sind."

Vor ihrem Nähplatz am Fenster konnte Agnes das bereifte Geäst der Birken sehen *„und durch die Zweige hindurch sieht man aufs Schloß".* Hier saß sie zur Zeit häufig und erklärte ihrer Mutter: *„ ... ich muß eben recht viel nähen und flicken, weil ich aus Sparsamkeitsrücksichten mir leider keine Hilfe leisten kann. Vielleicht geht es uns einmal besser, jetzt sind wir eben beim harten Anfang ..."*

Rudolf hatte mit Vorbereitungen zu tun: Für seine erste Predigtvertretung – die ihm im neuen Umfeld nicht leicht fiel – und zwei Vorlesungen (Collegs) über christliche Kunst im nächsten Semester. *„Ob er Zuhörer bekommt, weiß man nicht",* schrieb Agnes ihrer Mutter, da sie erfahren hatte, dass Vorlesungen mangels Hörerschaft nicht zustande kommen konnten. Man musste abwarten.

Er „befindet sich leider gegenwärtig im Stadium des faulen Hundes"

Sie selber gab seit kurzem einer jungen Amerikanerin Malstunden. Erich nahm daran teil, so lernte er auch etwas Maltechnik, *„ist aber noch viel zu gemütlich bei der Sache",* war Agnes' Urteil. Weit kritischer sah sie Gerhards Verhalten. Das Zusammenleben mit ihm als Student war spannungsreich. Es wäre wohl einfacher gewesen, er hätte sein studentisches Leben nicht vom Elternhaus aus führen müssen: *„Der Vandale befindet sich leider gegenwärtig im Stadium des faulen Hundes, was das Zusammenleben mit ihm nicht gerade erfreulich macht, und der Mann meint erst noch, er sei in seinem guten Recht und ein Wunder der Tugend, weil er nicht gerade häufig das Colleg schwänzt ..."* Gerhard hatte am Studium keinen Spaß, die Professoren lagen ihm nicht, der Stoff war langweilig. Von „Philosophie" hatte er anderes erwartet, auf keinen Fall hatte er mit so viel dozierter Mathematik gerechnet. Im theologischem Kurs lernte er „brav", was er über die Propheten wissen musste. Gerhard war zum Stubenhocker geworden, nicht einmal das herrliche Eis nützte er zum Schlittschuhlaufen. Agnes schrieb Pf. Betz von den großartigsten Eisbahnen: *„Man kann auf der Lahn von Bingen bis nach Wehrda laufen, das ist ja fast russisch. Und keiner der Trauerwedel von Söhnen schnallt sich einen Schlitt-*

schuh an. Das ist eine Jugend. Erich ist ja entschuldigt, sein Fuß
ist ja etwas defekt und er hat es nie lernen können, aber Gerhard!"

Als Pf. Betz das über seinen jungen Freund lesen musste, nahm
er sich wohl vor, Gerhard in den Semesterferien nach Herrentierbach einzuladen. Das würde allen Beteiligten guttun. Er half seinen Freunden, wo er konnte. So hatte er neulich eine gute Rezension über die „Verlorene Kirche" für die „Christliche Welt" verfasst,
die er für Agnes abschrieb. Sie bedankte sich für die Mühe und
meinte: *„Ihr Aufsatz über die Verlorene Kirche war wunderschön,
ich fand keinen Fehler daran, sondern durchaus die Vorzüge Ihrer
entzückenden Schreibweise. Wenn nur Rade den Aufsatz nehmen
wollte ... Es wäre uns ein so großer Vorteil, wenn die Christl. Welt
uns doch ein wenig mehr helfen wollte. Leider kann Rudolf, weil es
sein eigenes Buch betrifft, es nicht Rade selbst empfehlen."*

Drei besondere Briefe

Gerhard wird in der angespannten häuslichen Stimmung seine
Mutter nicht wiedererkannt haben. So hatten sie sich noch nie aneinander gerieben. Er fand für sich schließlich heraus, woran es
lag: Seine Mutter musste mit ihrem Leben unzufrieden sein, da sie
nicht mehr schreiben wollte, sondern wie jede andere als Hausfrau
aufging. Was war an ihrem Dilemma schuld? Die Antwort lag auf
der Hand: die Enttäuschung bei der Ablehnung ihres Dramas durch
den Verlag Cotta und der kritische Brief von Prof. Knapp.

Gerhard wollte seiner Mutter helfen und schrieb deshalb an Prof.
Knapp (22.1.1908). Er begann mit einem allgemeinen Bericht über
das neue Leben in Marburg und kam später zum Hauptanliegen: *„Nur
eines drückt mich besonders. Hätten Sie geglaubt, daß meine Mutter sich durch Cotta und zum Teil auch durch Ihre Kritik so hat her-
abstimmen lassen, daß sie ganz aufgehört hat, irgend etwas zu dichten, wenigstens zu schreiben. Sie können sich kaum vorstellen, wie
sie es als ihren wahren Beruf erkennt, Öfen zu schüren und so fort."*
Gerhard räumte ein: *„Ich glaube zwar auch, daß ihrer dramatischen
Dichtung zur Vollendung manches fehlt ... Doch ist sicher diese Gisela eine echte Dichtung. Sie wollte ja auch ein Buch schreiben über
denselben Stoff. Das ist nun alles vorbei."* Er appellierte an den
Freund der Familie: *„Jetzt bitte ich Sie also: Schreiben Sie ihr, aber*

bald! Machen Sie ihr Mut! Ich weiß, daß sie auf Ihr Urteil etwas gibt. Ich weiß, daß ich Sie um nichts Leichtes bitte, aber die heilige Hexe darf nicht so sachte wieder im Dunkel verschwinden. Inzwischen grüßt Sie herzlich ihr junger Freund Gerhard Günther."

Gleich am 24. Januar 1908 schrieb Eberhard Knapp an Agnes: *„Verehrte und liebe Frau Dekan a. D. Licenziatin, Privatdozentin! Eben erhalte ich einen Brandbrief von Ihrem Sohn, diesem Vandalen, worin dieser mir die unglaubliche Mitteilung macht, Sie hätten es als Ihren wahren Beruf erkannt, Öfen zu heizen, Strümpfe zu stopfen und den Rührlöffel zu schwingen ..."* So schrieb er blumig, wie ihn die Tatsache erschrecke, dass er mit seinem damaligen Brief daran schuld sein solle. Er meinte, sie hätte *„sein dilettantisches Urteil"* damals *„vollkommen überschätzt"*. Doch habe er *„gegen die Form Ihres Werkes"* und gegen die *„Nebenfiguren gewisse Einwendungen erhoben"*. Er habe aber *„den Kern der Sache, den Charakter der Gisela und demgemäß die Partien, die von diesem Charakter getragen sind, rückhaltlos anerkannt, ja bewundert"*. Jetzt forderte er sie auf, dass sie sich in Marburg wieder aufs Schreiben besinne, den Besen in die Ecke stelle, das solle das Hausmädchen machen. Im Grunde bezweifelte er sowieso, dass sie zeitlebens nicht mehr schreiben wolle: Denn was in ihr angelegt war, sollte Ausdruck finden *„wie ein Samenkorn, das ... im guten Mutterboden unfehlbar keimen, wachsen und Früchte treiben muß"*, und wie *„ein Kristall seine Strahlen"* schießt. Er nannte die allgemeine Weisheit, dass man in der Stille auf sich horchen müsse, und *„darf nicht fragen: recht? ... der rechte Ton geht darüber verloren, daß man auf zweierlei hat gehorcht."* Er nannte später etwas, das wie ein Weltgesetz sei: *„... daß ein Moment, den man einmal verpaßt hat, nicht wieder kommt ..."* Zusammenfassend appellierte er an Agnes: *„Also, liebe Frau Dekan, seien Sie lieb und lassen Sie sich nicht durch meine und Cottas Groschentrompete drausbringen, und seien Sie gescheit und warten Sie nicht zu lang, sondern schließen Sie sich ein, rufen Sie die Geister von Schloß Schweigen."*

Als dies unerwartete Schreiben bei Agnes ankam, fiel sie aus allen Wolken. Schließlich gehörte Eberhard Knapps Brief noch ins alte

Langenburger Leben. Was fiel Gerhard ein, einfach neben ihrer *„Ahnungslosigkeit"* einen solchen Brief zu schreiben!

Da saß der „Vandale" bei ihr am Tisch und hatte keinen Mucks verlauten lassen! Aber hatte er nicht recht? So schrieb sie am 26. Januar postwendend an Eberhard: *„Ich bin allerdings hier in der letzten Zeit in einem kläglichen Zustand herumgelaufen. Ein scheußliches niederträchtiges Heimweh nach Langenburg, das, so hoffnungslos und unvernünftig es ist, absolut nicht durch diese so verständige und vernünftige Betrachtungsweise geheilt werden kann, begleitete mich durch den Tag und leider auch die Nacht."*

Agnes erklärte ihm, dass Langenburg ihre Heimat und zusätzlich auch der Ort ihrer „Geister" geworden war. Hierin lag der eigentliche Grund ihres Heimwehs: *„Die Geister schweigen."* Gisela gehörte seither nicht mehr zu ihrem Leben. Sie bereute bitter, dass sie ihren Gisela-Roman nicht in Langenburg geschrieben, sondern die Zeit mit der Umarbeitung des erfolglosen Dramas vergeudet hatte. Sie wusste: *„Ich habe eine falsche Form für meine Dichtung gewählt, darüber Zeit und Stunde verpaßt, die Geister sind wohnhaft in Langenburg, und schweigen, und bequemen sich nicht zu einer Reise in diese wohlgebildete, mit Geist und Elektrizität erleuchtete Stadt. Ich hätte alles längst fertig haben können, wenn ich nicht diesen schrecklichen Irrweg gegangen wäre!"*

Sie schloss die Erklärung für ihn an, wie sie überhaupt auf die Form eines Dramas gekommen war. Dazu musste sie weiter ausholen und ihn zuerst über ihr „Gisela-Erleben" in Kenntnis setzen:

„Es kommt von der eigentümlichen Art der Inspiration her, die mich von meinem dritten Jahr an immer wieder, ich möchte sagen, überfallen hat." Agnes schilderte ihm, wie es ihr über die Jahre mit Gisela und den anderen „Geistern" ergangen sei. Am Ende drückte sie ihr Vertrauen aus: *„Sehen Sie, ich traue Ihnen zu, daß Sie dieses Bekenntnis nicht belächeln, obwohl es seltsam genug klingen mag, namentlich wenn es von jemand kommt, der beruhigt über all diese Dinge sein Lebtag hat schweigen können."* Sie erklärte ihm offen, wie sie erst mit, dann viele Jahre ohne Kontakt mit Gisela gelebt hatte. Wie sie als junge Pfarrfrau und Mutter mit anderen Themen (Theologie, Sparen, Gerhards Krankheit) befasst war und dann, als Erich noch klein war, wieder Gisela und die an-

deren „unsichtbaren Freunde" gefunden hatte. „ … *das Licht war wieder angezündet, und in der Nacht, als ich von Schweigen zurückkehrte, hörte ich das Lied vom 'Ewigen Brot', das ich in der 'Christlichen Welt' wiederzugeben versucht habe.*" Sie erklärte ihm, nicht jeder Geistererscheinung ausgeliefert zu sein und bestimmen zu können, mit wem sie es zu tun haben wolle und mit wem nicht: „ … *Denn wie könnte ich, die ich ein reinliches Dasein liebe, mir eine solche Gesellschaft krankhafter, zuwiderer, perverser, dekadenter Leute, wie sie ein moderner Romancier um sich hat, zu meinem intimsten Umgang auswählen!*"

Agnes fuhr fort: Nachdem sie die Szenen von „Alt-Langenburg" erfolgreich in Szene gesetzt hatte, kam die verführerische Idee, dieses Hexendrama zu schreiben und zu spielen. „*Und zuerst schien's, als hätten die Geister nur darauf gewartet. Nie habe ich in meinem ganzen Leben soviel Umgang mit ihnen gehabt. Und ich war doch schon so alt!*" Sie hätte es richtiger gefunden, es wäre früher geschehen, „*in des Lebens Mai*" wie bei anderen „*bewährtesten Leuten*", in deren Biographien es so zu sein pflegt. „*Und nun kommen sie zu einer gestandenen und gereiften Matrone und Speziälin!*"

Anschließend schildert sie dem Freund ihre Not beim endlosen Umarbeiten. Agnes erklärt ihm die eigentliche Absicht, die sie mit dem Theaterstück ihres Hexen-Dramas verfolgte: Sie wollte den ersten Teil der Gisela-Geschichte verwenden „*und sehen, ob nun überhaupt jemand zuhören will und ich jemand für meine Geister interessieren kann. Und so geht's am schnellsten.*"

Die Theateraufführung – ein Vorversuch: „*Und diesen Dienst hat mir auch die Langenburger Aufführung getan. Die Sache zerfloß nicht im Nebel, wie ich gefürchtet hatte. Und ich bekam ein bißchen Mut, was bei mir hoch nötig, denn ich bin sehr verzagt und habe immer eine Heidenangst, mich vor dem Weisen zu blamieren.*"

Agnes bedauert, dass der Verlag ihr Drama nicht angenommen hat, da sie das Geld gebraucht hätte. Sie begründet es diesmal nicht damit, dass sie es für die Familie benötige, sondern für sich! Sie erklärt: „*Schon die allerbescheidenste Einnahme aus dem Drama hätte genügt, mir Muße zu verschaffen, nur für ein paar Monate wenigstens, das Genähe und Geflicke und sonstige Gewurstel eine Weile hätte ruhen können …*" Dann könnte sie weiter am Hexen-Roman arbeiten. Sofort kommen wieder ihre Selbstzweifel und die Sorge durch, es würde ihr erneut misslingen: *„Darum die schmerzhafte Rückkehr, doppelt schmerzhaft nach so intensivem Umgang zu Staublumpen und Rührlöffeln, was hier akademische Kaffeevisiten und sonstige Gelegenheiten zu stiller Verzweiflung bedeuten."*

Zu den verabscheuten „Kaffeevisiten" kam das Gefühl, am „Eigentlichen" vorbeizuleben. Denn es war für sie nicht ausgeschlossen, wieder Kontakt mit Gisela zu bekommen: *„Ich weiß ja nicht, ob ich noch einmal in der Weise wie in Langenburg von ihr Besuch bekomme."* Hier klang leise Hoffnung an. Würden die anderen Gründe des Nicht-schreiben-Könnens dann hinfällig werden?

Wenn sie wieder schreiben könnte, hätte es für ihre „drei Männer" Konsequenzen: *„Sollte es sich aber so fügen, so wird eben, fürchte ich, der arme Weise und die Buben schlimme Tage sehen, sich selbst um frische Hemdkragen bemühen müssen, und das ist doch für den gebildeten Deutschen kein menschenwürdiges Dasein. Sie werden es ihnen auch nicht wünschen wollen."*

Es ging um den Rollenkonflikt zwischen dem herkömmlichen Hausfrauen-/Mutter-/Ehefrauen-Leben und der Verwirklichung als Schriftstellerin: *„Eine ordentliche Hausfrau, wenn sie nicht das Glück hat wie die herrliche Frau Supper,*[95] *die mit einer Hand Betten macht, und beinahe hätte ich gesagt, mit der anderen – die schönsten Sachen schreibt, muß bei ihren Geschäften bleiben. Ich kann und kann bei meiner Arbeitsweise beides nicht vereinigen."*

Dazu kam ihr größtes Problem: Sie hatte keinen Freiraum und keine Ruhe. Nie war sie in Marburg ungestört. Agnes war mehr in die Familie eingebunden als früher. Hier war sie die „Immer-Präsente" ohne Garten und Gartenhäuschen. Das familiäre Leben spielte sich in der Wohnung ab mit ihr als Dreh- und Angelpunkt. Sie fasst zusammen: *„Immer Bescheid geben über alles und alles im Kopf haben, nie im Leben ein ungestörtes Winkelchen!"*

Kämpferisch stellt sie Eberhard die rhetorische Frage: *„Welcher Mann könnte es übrigens, oder welchem wollte man so etwas zumuten! Aber wir Frauen müssen's können oder bleibenlassen.* Ihr Resümee: *„Jetzt kann ich mir gar keine Abkehr von der Tagesarbeit gestatten, wo hier alles neu ist, ich 120 Besuche machen soll, alles, was Nähen und Flicken heißt, von mir gemacht werden muß."*

Rudolf und Agnes fragten sich anscheinend schon länger, ob er und die Söhne nicht etwas zurückstehen könnten, damit sie Freiraum zum Schreiben bekäme. Agnes wusste, sie durfte Rudolf diese Geduld nur zumuten, wenn ihr Schreiben erfolgssicher wäre. Dies brachte sie in neue Nöte, wie sie Eberhard gestand: *„So sagt aber der Weise mit Recht: Du mußt den Beweis erbringen, daß Du etwas leisten kannst, dann will ich mich gerne fügen, auch wenn ich zurückstehen muß. Nun hatte ich gehofft, daß ich den Beweis erbracht hätte, es ist aber doch nichts gewesen."*

Mit dem Beweisen-Müssen stand sie unter ungeheurem Leistungsdruck: *„Und ich soll also noch einmal 'Beweis erbringen'? Damit schlägt man mich, wie ich einmal genaturt bin, tot."* Dies war nicht leichtfertig dahin geschrieben, sondern entsprach ihrer tiefsten Wahrheit. Rudolf war sich gewiss nicht darüber im Klaren, wozu seine vernünftige Argumentation bei ihr führte:

„Einen Teil von meinem Besten habe ich schon gegeben, genügt das nicht, so muß ich darauf verzichten." Mit ihrem Verzicht opferte sie bewusst die „Dichterin" in sich. Aber würde Agnes damit ihren Seelenfrieden wieder finden können? Vernünftige Worte findet sie: *„Und der törichte Schmerz darüber wird schließlich auch vergehen. Denn ich bin doch eigentlich eine schier zu alte Dame – heuer werde ich 45 – für so heftige Gefühle."*

Ihre heftigen Gefühle rührten noch von etwas anderem her: *„O diese Schlange in meinem Paradies! Hätte ich niemand hineinsehen lassen!"* Dass sie alles preisgegeben hatte, bereute sie. Sie hatte ihr „Heiliges" in die unheilige Welt gebracht. Hatte das, was ihr innerstes Seelenleben betraf, zum Allgemeingut gemacht. Deswegen hatte sie ihren Seelenraum nicht mehr ungeteilt für sich: *„Hätt ich Orplid* (die heilige Insel) *wieder allein für mich"*, klagt sie.

Abrupt kehrte sie im Brief der ganzen Thematik den Rücken zu: *„Nun kann's Jahre währen, bis ich wieder heil und glücklich und zufrieden hinter meinen zu flickenden Strümpfen bin ... ich bin schon soweit herabgekommen, daß ich dem Weisen einen Stuhl mit Kreuzstichmuster, 7 hinauf, 3 rechts hoch, 4 links tief, genäht habe. Vielleicht erfinde ich einmal Häkelmuster ..."* Ihr gelingt es, über Marburg, *„eine sehr schöne und interessante und geistreiche Stadt"*, und die *„wundervollsten Bauernhäuser der Welt in den um-*

liegenden Ortschaften" zu schreiben. Sie plaudert über Rudolfs *„Studium der Trachten"*, wobei es *„protestantische und katholische Schürzen"* und *„mehr derartige Finessen"* gebe.

Wie sollte der Freund ihre Bemerkungen am Ende des Briefes verstehen? *„Bis zum Sommer hoffe ich entweder tot oder gesund zu sein, eins von beiden, ich bin immer fürs Ganze. Wenn ich wieder gesund, clothed and in my right mind bin, dann besuchen Sie uns. Es blüht der Ginster überall, wo er darf. Es muß wundervoll aussehen."* Zum Schluss weist sie Eberhard Knapp auf Spittelers „Lachende Wahrheiten" hin, dort könne er über den Verkehr mit Dichtern nachlesen. Versöhnlich fügt sie hinzu. *„Ich verspreche Ihnen, bis Sie kommen, werde ich wieder zum Zivilstand zurückgekehrt und so vernünftig wie nur möglich sein. Heute nichts für ungut!"*

Frühjahr 1908 – Gerhard in Herrentierbach, Krankheiten

Gerhard nahm die Einladung ins Herrentierbacher Pfarrhaus für seine ersten Semesterferien gern an und plante von dort aus eine kleine Rundreise mit verschiedenen Besuchen. Am Ende des Semesters hatte die ganze Familie Grippe. Als er abreiste, hinterließ er eine halbauskurierte Mutter und ein Hausmädchen, das mit Halsentzündung im Bett lag. Daher war es für die Haushaltung nicht schlecht, dass der junge Mann nicht bekocht werden musste.

Gerhard genoss das entspannte Ferienleben bei Freund Betz, sie besuchten Langenburg, waren bei Staudenmeyers zum Essen und schauten in den verlassen Kreuth-Garten hinein.

Während er in Herrentierbach war, brach in Marburg der Haushalt zusammen. Seine Mutter hatte einen schweren fieberhaften Rückfall und Margarete musste ins Krankenhaus, da aus der Halseine Nierenentzündung geworden war. Agnes stand um das junge Mädchen viel Angst aus. Weil es so elend dran war, hatten sie den angesehensten Arzt geholt. Nun stand eine langwierige teure Krankenhausbehandlung an. Agnes fiel es schwer, den Eltern des Mädchens die schlimme Nachricht zukommen zulassen. Sie wählte den Weg über Pf. Betz, der es ihnen beibringen musste. Margarete war im Krankenhaus in besten Händen und ohne Beschwerden, nur schied sie weiter Eiweiß aus. Günthers hatten für die lange Behandlung und den Krankenhausaufenthalt aufzukommen.

Agnes war als Patientin zu Hause schlechter dran. Da der Haushalt weiterlaufen musste, stand sie zu oft auf, um das Nötigste zu machen. So hatte Pf. Betz das einzig Richtige veranlasst: Eines Tages stand Babette Pommer aus Herrentierbach vor ihrer Tür und wollte mit der Arbeit anfangen. Der Freund war wieder Retter in ihrer Hausmädchen-Not geworden. Auf der Karte vom 6. April 1908 bedankt Agnes sich für Gerhards Ferienaufenthalt und für diese neue Hilfe: *„Nochmals unseren innigsten Dank für alles ... ich hoffe sehr, Sie erfreuen uns einmal in Marburg wieder, am schönsten wär's so die Treppe heraufstürmend kommend, daß man auf einmal draußen Ihre Stimme hörte. Das bleibt mir in ewiger Erinnerung. Gegenwärtig ist auch täglich eine Engländerin bei mir ..."* Die junge englische Studentin *„mit den allerschönsten roten Haaren"* kam regelmäßig, inzwischen mit ihrer Schwester. Dann las Agnes mit ihnen Goethes Faust und häufig gingen die jungen Engländerinnen gemeinsam mit Rudolf spazieren. Agnes schrieb: *„und alle unterhalten sich vorzüglich"*. Jetzt der kleine Hinweis für Pf. Betz: *„Also liebliche Weiblichkeit gibt's doch in Marburg, freilich etwas Singendes war noch nicht zu entdecken."*

Es wurde Frühling! Die trübe Zeit war zu Ende: *„Viele liebe Besuche bekomme ich, und jetzt singen die Amseln."* Im Garten *„blühen di*e schönsten blauen Anemonen und Krokus". Rudolf ging es gut. *„Mein lieber Mann ist recht zufrieden, er hat eine ganze Reihe schöner Gänge gemacht und fühlt sich so wohl wie seit Vorzeiten nicht."* Dazu berichtete Agnes von der Zeugnisnot, die sie zum ersten Mal mitbekamen: *„Erich ist vermutlich über die schreckliche Versetzung hinüber geturnt, heute zittern alle Mütter, denn heute ist große Zeugniskonferenz. Das ist eine alljährliche Aufregung in dem Marburg! Mit diesem alljährlichen Kinder-Mütterschrecken."*

Wenn es auch im Brief so klang, dass es allen gut gehen würde, ging es Agnes nicht gut. Sie hatte wieder wochenlang hohes Fieber. Langsam sorgte sie sich, wie es bei ihnen weitergehen sollte, da Babette spätestens zur Heuernte wieder nach Herrentierbach musste. Und Margarete, die ihnen schon 100 Mark Krankenhauskosten verursacht hatte, wollte nach der Entlassung – verständlicherweise –

erst einmal nach Hause zu den Eltern nach Herrentierbach. Agnes sehnte sich *„nach sicheren Zuständen".*

Pf. Betz half ihr wieder, so weit er konnte. Er hatte bei Babettes Eltern erreicht, dass sie noch bleiben konnte, um Agnes zu unterstützen. Agnes litt, sie konnte das Haus nicht verlassen und wegen der häufigen Regenschauer nicht einmal auf ihre offene Veranda gehen. Sie brauchte viel Geduld. Pf. Betz las: *„Zuweilen verzweifle ich daran, ob es noch anders wird. Und überlege mir den Marburger Kirchhof."* Dieser neue Friedhof lag unterhalb des Dammelsbergs an der Ockerhäuser Allee. Sie sahen in seine Richtung von ihrer Wohnung aus. Agnes hatte schon Ende Januar dem Freund Eberhard Knapp geschrieben, dass sie im Sommer entweder gesund oder tot sein wolle. Sie wäre immer für ganze Sachen.

Agnes blieb am Leben. War sie wohlauf, las sie mit den beiden englischen Studentinnen weiter den Faust oder andere deutsche Literatur. Fühlte sie sich schlecht, übernahm Rudolf das Lesen. Die Engländerinnen wurden anschließend zum Nachtessen eingeladen.

Mit der Zeit ging es mit Agnes wirklich aufwärts. Nach vier Monaten, konnte sie zum ersten Mal wieder am gesellschaftlichen Leben teilnehmen, als sie Gast bei einer Tauffeier war. Weil alte Verbindungen zur Familie Weizsäcker bestanden, war Rudolf gebeten worden, das Kind zu taufen. (Er hatte früher eine Biographie über den Großvater des Täuflings geschrieben, der Kanzler an der Universität gewesen war.) Agnes schrieb ihrer Mutter beglückt von dieser Taufe, vom Taufgottesdienst und dem anschließenden Taufessen. *„Es waren sehr liebe Menschen, bei denen wir waren."*

Da es ihr endlich besser ging, traute sie sich einen Spaziergang auf den Frauenberg zu. Seit Rudolf und Gerhard von der weiten Sicht, der Burgruine und den Basaltbrocken begeistert erzählt hatten, wollte sie dorthin. Sie machte sich mit Erich gemeinsam auf den Weg in die sommerliche Landschaft. Wir sehen Mutter und Sohn vor uns, die immer wieder stehen bleiben, um auszuruhen und sich in der noch unbekannten Gegend umzusehen. Der Holunder und die Heckenrosen blühen und am Waldrand leuchtet letzter Ginster, der noch nicht verblüht ist. Zum Ausruhen befestigt Erich für seine Mutter die Hängematte zwischen zwei Bäumen und sie schaukelt sanft unter dem Laubdach der Waldbäume liegend, über sich den blauen Himmel. Die Vögel singen, wie sie es im Brüchlingerwald taten und sie es am Waldhaus so gern hörte.

Den Berg hoch schaffte sie erstaunlich gut, natürlich mit Verschnaufpausen. Als sie auf dem Frauenberg, dieser herrlichen Erhebung am Rand der Lahnberge, angelangt waren, war Agnes vom Ausblick ergriffen – wie im Winter Rudolf und Gerhard. Ein Rundblick in alle Richtungen! Hier mitten in dieser Weite und Schönheit der Landschaft kann die Seele Flügel bekommen, falls man sie nicht starr festhält. Am nächsten Tag berichtet sie ihrer Mutter:

„ ... es geht mir endlich wieder besser. Gestern machte ich sogar einen Spaziergang auf den Frauenberg mit Erich, der die Hängematte im Rucksack trug, es war sehr schön, überwältigend schön, viel schöner, als ich mir's gedacht da oben und nicht einmal so schwer zu erreichen. Aber ich kann mich hier nicht einleben. Hier in Marburg ist's unglaublich schön nach allen Richtungen, wenn ich mir nur endlich, endlich ein Herz zu aller Schönheit fassen könnte ..." Sie schreibt anschließend zu ihrem Seelenzustand: *„Mein ganzes Milieu ist zerrissen und zerstreut, und alles banal und häßlich geworden. Ich mache auch alle Besucher krampfhaft auf die schöne Aussicht aufmerksam, und die ist allerdings so schön, daß die Leute meistens darauf hereinfallen."*

Sehen wir uns in der Wohnung um: Die Möbel waren 21 Jahre alt, manches hätte aufgepolstert gehört; der Teppich war verschlissen. Die hohen Räume der damals neu erbauten Stadtwohnung waren in der Raumaufteilung völlig anders als im „Helferhaus" oder im Langenburger Dekanat. Die Zimmer waren „Zimmerfluchten", man gelangte von einem Raum in den anderen. Einladend war der Blick aus dem Fenster auf den Schlossberg, die Stadt und die bewaldeten Berge dahinter. Die Zimmer mit Parkettboden und abgewohntem Mobiliar wirkten dürftig, einzige Ausnahme war der moderne Kronleuchter im Salon. Auch hier schmückten Bilder die Wände, aber der Gesamteindruck war anders. Es gab keine lauschige „Turm"-Ecke. Auch wenn der Efeu begann, die Wand zu begrünen, war es keine „Laube" mehr. Günthers fehlte das Geld, um geschmackvolle Jugendstilmöbel und schöne Teppiche zu kaufen.

15. Marburg – Das volle Leben: Juli 1908 – Juli 1909

Sommer 1908: 45. Geburtstag – Reise nach Potsdam und Berlin

Im Juli schwärmte Agnes Pf. Betz von Marburg vor: *„Marburg muß man im Semester sehen, so bunt von Flaggen und Mützen, mit den hängenden Rosen über den Mauern und aus jedem Viertel eine andere Musike ..."* Sie lud ihn zum ersten öffentlichen Theaterspiel von Gerhards Stück *„Die Übermüthigen"* ein, das vor Publikum im Theatersaal aufgeführt wurde. Agnes war mit Feuereifer dabei, sie hatte bei den Kostümen mitgeholfen und der „Pater", wie Rudolf bei ihnen hieß, hatte für den Sohn bereitwillig den Prolog gedichtet. Doch Pf. Betz kam zu ihrem Bedauern nicht.

Seit Agnes wieder am allgemeinen Leben teilnehmen konnte, wurde sie in der Öffentlichkeit wahrgenommen. So war sie kürzlich gefragt worden, ob sie bei den studentischen Frauenrechtlerinnen Ehrenmitglied sein wolle, wie sie ihrer Mutter salopp kundtat: *„Die hiesigen Frauenrechtlerinnen möchten mich sehr gern ködern, sie versuchen es immer wieder, aber dies wär mir das letzte, wofür ich mich begeistern könnte."* In London hatten die „Soufragetten"[96] im Juni dieses Jahres (1908) für das Frauenstimmrecht demonstriert. Früher hatte sich Agnes in Langenburg selber über die Ungerechtigkeit ereifert, dass der dümmste Mann wählen dürfe, aber sie als Frau nicht. Doch öffentlich zu kämpfen und gar zu demonstrieren war nicht ihre Art. Im Brief an die Mutter ergänzte sie: *„Du siehst, ich bin viel rückschrittlicher als Du."* Allerdings wird sie ihrer Mutter noch im selben Jahr schreiben: *„Neulich habe ich dem Verein studierender Frauen die Weihnachtsfeier machen helfen. Das wird Renate interessieren."*

Am 21. Juli wurde Agnes 45 und ihr erster Marburger Geburtstag sollte ein wirkliches Fest werden: Sie kochte ein Diner und war mit *„studierender Jugend, männlich und weiblich gemischt"*, umgeben. Mittelpunkt der kleinen Gesellschaft war das „Geburtstagskind", die lebhaft-geistreiche „Mater", und Rudolf würdigte sie. *„Mein Gatte hielt eine schöne Rede."* Es war ein rundum schöner Geburtstag, *„ ... dazu ein himmlischer schöner Tag und er* *wurde noch mit einem Gang nach der entzückenden Dammühle würdig abgeschlossen".* Von all den Lieben aus der Ferne erhielt sie Geburtstagspost. Sie sammelte ihre *„schönen lieben Geburtstagskarten",* band sie mit roten Bändern zusammen, *„so daß sie ein herziges Büchlein bildeten".* Auch die Karte von Pf. Betz hatte sie *„riesig gefreut".* Ausführlich erzählt sie ihm im Dankesbrief (erst im September) vom glücklichen Geburtstagsfest.

In den Sommerwochen waren der „Heimwehschmerz" und das Gefühl, in der Wohnung fremd zu sein, wohl zurückgetreten. Da so viele junge Menschen die Räume belebten und Freude sie an ihrem Ehrentag erfüllte, zog ein neues Lebensgefühl ein. Der Mutter schrieb Agnes im oben zitierten Brief: *„Vielleicht komme ich doch noch zu Euch im Laufe des Sommers, wenn mich eins brauchen kann, denn nach Langenburg möchte Rudolf nicht in diesem Sommer. Er fürchtet auch für sich wieder den Heimwehschmerz. Auch ich möchte den noch kaum eingenickten Kummer nicht aufwecken."*

So reiste sie in den Sommerferien mit Erich zu Alice nach Potsdam. Pf. Betz las: *„Dann war ich bei meiner Schwester, wo es hoch feudal ist, man mußte sich an der Nase packen, ob man es selber sei, wenn man, an der Hand eines der engelschönen Kinder, im Park spazieren ging, zuweilen von Ausflüglern oder sonstigen besitzlosen Klassen durch das Gitter angestaunt."* Sogleich erklärte sie ihm, was dies mit dem Besuch bei der Schwester zu tun hatte: *„Die Villa liegt nämlich in dem wundervollen Park des Prinzen Fr. Leopold von Preußen, und den Park benützt man. Dieser ist eine Viertelstunde groß und zieht sich von den königlichen Gärten zum Pfingstberg hinauf."* Pf. Betz kannte Renate Lepsius und erfuhr: *„Renate ist noch schöner geworden, eine wahre Fee, ein Glück, daß Sie sie nicht zu sehen kriegen."* Agnes ergänzte: *„Der einzige Fehler an ihr ist, daß sie sehr strebsam ist, und wie die Mädchen ihr Studium betreiben 'lernt'."* Das störte Agnes etwas, aber Renate erklärte ihr: *„daß, wenn die Mädchen etwas erreichen wollten, sie eben so fleißig sein müßten. Bei den Herren wäre das anders."*

Für Erich war dieser Besuch bei seiner Patentante Alice, die er einige Jahre nicht mehr gesehen hatte, schön. Ihm gefiel es in der Familie Lepsius, wo auch seine Großmama Breuning lebte. Agnes schrieb Pf. Betz, Erich fühle sich bei den vielen *„Basen sehr wohl,*

es gefiel ihm außerordentlich. Namentlich die liebliche Lore ge-
wann sein Herz." Was sie damals nicht wussten: Drei Jahre später
sollte er sich an diese Zeit erinnert fühlen. Er würde sich dann in
Potsdam unter ganz anderen Umständen aufhalten.

Agnes und Erich besuchten anschließend Emma (seine andere
Patentante). Zellers lebten seit etwa zwei Jahren in Berlin-Zehlendorf eng verbunden mit dem Diakonieverband, dessen Direktor
Friedrich war. An Pf. Betz schrieb Agnes vom Besuch bei der anderen Schwester nur: *„Dort habe ich wieder eine liebliche Nichte*
(ihr Patenkind Nelly), *eine Seele von einem 18-jährigen Kind, mit*
Leidenschaften ganz anders ausgestattet wie die kühnen Lepsia-
den. Gegenwärtig träumt sie die kühnsten Träume, sie will Archi-
tekt werden, nicht mehr und nicht weniger. Ich war ganz sprachlos,
als mir das zarte Ding ihre Pläne entwickelte. Sie ist schon ein
Jahr bei einem Architekten und lernt dort Innendekoration, so will
sie sich in die Höhe arbeiten. Schön, wenn der Mensch Großes vor-
hat! " Agnes fand mehr Zugang zu Nellys hochgesteckten Zielen
als zum Studium der strebsamen Renate. Sie wird sich wohl an ihre
und Emmas Pläne aus der Jugend erinnert haben, als sie sich mit
ihren erlernten Künsten selbst ernähren wollten. Häuser zu entwerfen und bauen zu lassen ist ebenfalls ein kreativer, künstleri-
scher Beruf. Auch in der „Heiligen" übernimmt Harro – der
„Ruinengraf", Kunstmaler und Bildhauer – die Planung und Bauaufsicht sowie die künstlerische Gestaltung beim Wiederaufbau
seiner abgebrannten Burg. Hatte Nelly ihre Tante dazu inspiriert?

Als Agnes wieder zu Hause in Marburg war, musste sie sich erneut mit der leidigen Hausmädchenfrage beschäftigen: Vorausgegangen war, dass Babette, die Agnes so fabelhaft bekochte und
überhaupt ein Juwel war, leider nur zur Überbrückung (bis die
kranke Margarete wieder gesund sein würde) eingesprungen war.
Sie hatte ihren Aufenthalt verlängert, da man darauf wartete, dass
Margarete endlich zurückkehre, die zur Erholung nach Hause gefahren war. Sie kam jedoch nicht wieder, blieb in Herrentierbach,
da sie nicht mehr so weit von zu Hause weggehen wollte. Dafür
kam Martha, wieder eine Zwischenlösung, damit Babette endlich
abgelöst werden konnte. (Pf. Betz organisierte dies.)

Nach Agnes' Reise nahm Martha unter Tränen Abschied, da sie zu Hause gebraucht wurde. Dies war Agnes' derzeitige Notsituation. Pf. Betz versuchte, ein neues Hausmädchen für Günthers zu finden. Mit warmen Worten bedankte sich Agnes hierfür: *„Nochmals innigen Dank im voraus für Ihre Bemühungen! Ach wie bin ich froh, wenn ich sicher für den Winter versorgt bin."*

Er fand Sophie. Nur konnte sie erst am 23. Oktober kommen. Solange musste sich Agnes irgendwie behelfen.

In diesen Herbstwochen 1908 hatte Agnes liebe englische Gäste, die Scotts. Ihre geschätzten Verwandten aus London waren nach Marburg gekommen und logierten in einem Hotel, so wurde es eine angenehm entspannte Zeit des „Noch-besser-Kennenlernens".

Karl J. Friedrich kommt ins Haus

Agnes hatte seit dem Sommer viele junge Leute um sich. *„Studierende und Nichtstudierende"*, wie sie später der Mutter im Weihnachtsbrief schreiben wird. Gerhard brachte sie nach Hause. So backte er einmal mit einer ganzen Mannschaft Weihnachtsgebäck. (Er hatte es beim Helfen so gut gelernt, dass alles gelang).

Einmal brachte er nach seinem Vorbereitungstreffen für die Kinderkirchhelfer einen jungen Theologiestudenten mit nach Hause. Es war ein grauer Novembertag. Agnes stopfte gerade Strümpfe und deklamierte ein Frühlingsgedicht. Sie lief mit dem Stopfstrumpf in der Hand das Gedicht laut rezitierend mal in die Küche und wieder zurück in den Salon. Sie bekam nicht mit, dass Gerhard nicht allein gekommen war. Als sie in den Salon kam, wo er und sein Besuch saßen, ließ sie sich durch die Gegenwart des unbekannten jungen Mannes nicht stören. Erst als sie das Gedicht zu Ende gesprochen hatte, begrüßte sie ihn lachend: *„ 'Im November muß man Frühlingsgedichte sprechen, dann wird es Frühling im Herzen!' "* Gerhard stellte Karl Friedrich [97] als den „Sachsen" vor, bei dem er neulich gewesen sei, und seine Mutter als „Mater". Agnes lud den Gast zum Kaffee ein. Bevor er heimging, wurde er für kommenden Sonntag zum Mittagessen eingeladen.

Als er am Sonntagvormittag kam, waren Gerhards Eltern noch nicht von der Kirche zurück. Gerhard wartete mit ihm am Fenster, so sahen sie beide schon von ferne aus der Stadt kommen. Karl

Friedrich schilderte später seinen Eindruck: Das Elternpaar lief *„schweigend, der Vater immer den Kopf etwas schräg und dabei immer etwas nickend, die zierliche Frau neben ihm fast feierlich schreitend".* Nach dieser ersten Sonntagseinladung war Karl Friedrich während des Wintersemesters an vielen weiteren Sonntagen ein gern gesehener Gast. Immer gab es gutes schwäbisches Mittagessen, schreibt er in seinen Erinnerungen: erst Suppe, dann Kalbsbraten mit Spätzle und Kartoffelsalat; dazu eine Flasche leichten Moselwein, zuletzt Kompott als Nachtisch. Nach dem Essen zog sich die „Mater" zurück. Dass der junge Mann zum Kaffee bleiben sollte, war ausgemacht. So lange Agnes ruhte, lud ihn Rudolf in sein Studierzimmer ein, um mit ihm eine Zigarre zu rauchen. Nach dem Kaffeetrinken *„rannten sie spazieren"*, wie Agnes es lachend bezeichnete: Vorne Rudolf und Gerhard, die sich angeregt unterhielten, wobei sie immer schneller wurden, dann kamen in größer werdendem Abstand „Frau Dekan" (wie Karl Friedrich sie nannte) und „Herr Friedrich", auch ins Gespräch vertieft. Sie wurden immer langsamer, je hochgeistiger sie sich unterhielten.

Für Agnes war es erstaunlich, dass dieser junge Theologe so viel „Merks" hatte. Er verstand, um was es ihr bei der „Hexe, die eine Heilige war", ging. Karl Friedrich schrieb in seinem Buch: *„Frau Dekan, sie sprach ganz unbekümmert, ganz frei und herzlich und vertrauensvoll ihr inneres Glaubensleben, Seelenleben aus ... Ich fühlte, diese Frau log nicht, sie log auch nicht fein, sie gab sich nicht, sie steigerte sich nicht, sie war ganz lauter. Sie sprach so ernst und doch so fröhlich, so schlicht und so wahr nur das, was sie geschaut, erlebt, empfangen hatte. Indem sie ihre Seele, ihren Glauben aussprach, stellte sie mich mit einer Selbstverständlichkeit ohnegleichen in den Raum Gottes ..."* Die beiden unterhielten sich über alles Mögliche. Agnes erzählte ihm die Wunderdinge von Pf. Blumhardt aus Bad Boll. Aber der junge Theologiestudent war gegenüber Wundern misstrauisch, wie er berichtete: *„Frau Dekan aber lebte in Wundern, sie fühlte Wunder, erfuhr Wunder, tat Wunder."* Doch überzeugte sie ihn langsam. Am Ende konnte er es auch glauben: *„Wenn Gott will, grünt ein Besenstiel. Gott, der den Menschen einmal geschaffen hat, kann ihn auch zweimal schaffen."* Karl Friedrich erkannte: *„Sie hatte heimlichen Zugang zu dem Reich und Raum* der Seelen. *Das Reich der Seelen ist zeitlos, ewig, und sie, die eine tiefschauende und hellsichtige Seele war, stand inmitten der Geburtenreihe der Seelen, die um Gott reigen.*" Mit großem Ernst machte sie dem jungen Mann klar – was er später auch als Pfarrer nie vergessen würde, *„daß nichts, was wir erlebten, in uns verloren ginge, es bleibe alles unvergessen und treu bewahrt und sinke in die Seele hinab und bleibe und lagere im Seelengrunde. Und wenn die Stunde käme, steige es alles wieder empor, wie Glocken aus der Tiefe, das Ferne und längst Vergessene, alles, was unsere Seele jemals geschaut und geweint, geglaubt und gelitten habe ... Wir müssen nur lauschen, müssen stille werden, müssen hell fühlen.*" Ihm, der es im Herzen bewahrte und verstand, erzählte sie von ihren Geistern, den „Freunden", die in der alten Heimat geblieben waren.

„Frau Dekan, diese Meistererzählerin ..."
Karl Friedrich erlebte ein paar Mal die Puppentheater-Vorstellungen für die Kinder der Kinderkirche mit. Danach *„blieben noch die Erwachsenen vergnügt bis Mitternacht zusammen, denn es fanden sich immer allerlei Gäste und Freunde ein.*" In seinem Buch schreibt er: *„Da war es denn ganz wunderbar zu beobachten, wie bald Frau Dekan die ganze Gesellschaft in ihren Bann zog. Bald schwieg jedermann, und alles lauschte atemlos nur noch der Frau Dekan, dieser Meistererzählerin, Meisterplauderin, Meisterbezauberin. Sie saß nur noch auf der Kante des Stuhles und war ganz Geist und erzählte und erzählte und riß uns fort. Und wir, wir saßen auch alle bald nur noch auf des Stuhles Kante und waren ganz Ohr und ganz Geist und ganz Herz und ganz Spannung. Ach dieses unvergeßliche allgemeine Wohn- und Eß-, Begegnungs-, Plauder-, Dicht- und Musikzimmer, das zugleich Lachraum, Singraum, Vorleseraum war, vortrefflich geeignet für Theologie und Philosophie, für Theaterei und allgemeine Vergnügungen! Hier war Frau Dekan nicht nur Hausfrau, sondern Herrscherin über uns alle. Frau Dekan strahlte, und wir, angestrahlt von ihr, strahlten ebenfalls. Licht und Wärme gingen von ihr aus, und wir alle wurden licht und warm durch sie.*"

Günthers waren inzwischen gut eingelebt und Erich hatte im Winter Tanzstunde. Von Charlotte Bergengruen erfahren wir, wie sie als

jugendliche Lotte Hensel die Günther-Söhne erlebte: „*Der jüngere ging ins Gymnasium eine Klasse höher als mein Bruder Albert, der wenig Sympathie äußerte. Wir fanden ihn auch nicht sehr ansprechend. Er hatte eine salbungsvolle altkluge Art zu sprechen, war äußerst ungepflegt, und ich hörte von meinen älteren Klassenkameradinnen, die mit ihm Tanzstunde gehabt hatten, daß er der Schrecken aller Damen gewesen war. Er konnte nicht tanzen und gab sich auch keine Mühe, es zu lernen, und statt sich die vorgeschriebenen Walzerschritte anzueignen, lief er einfach mit kleinen Trippelschritten um seine Partnerin herum. Erich war nicht hübsch, obwohl er sehr schöne braune Augen hatte, und überschwemmte jede Partnerin mit einem Redeschwall über die abgelegensten Themen. Seine wirklichen Talente: Witz, Originalität und geistige Gewandtheit kamen beim weiblichen Geschlecht nicht an, und so neigte er wohl dazu, aus der Not eine Tugend zu machen.*"
Das hieß, er suchte sich keine „Jugendliebe", sondern propagierte „reine Kameradschaft". Lotte Hensel war mit ihren 15 Jahren auf derselben Linie; so wurde er im Jahr darauf ihr „*höchst unterhaltsamer Kamerad*", mit dem sie gern ungezwungen zusammen war.

Ihre Erinnerungen an Gerhard gab sie auch weiter: „*Im Gegensatz zu Erich war Gerhard sehr reizvoll. Lockige braune Haare, ein dreieckiges Gesicht mit spitz zulaufendem Kinn, dazu die uns damals noch fremde schwäbische Sprache, oft von einem eingestreuten, empörten 'Hanno!' unterbrochen. Er war musikalisch und begleitete sich mit der Guitarre, zierlich und nur mittelgroß, war er der vergötterte Liebling seiner Mutter, die nicht müde wurde, Wunderdinge aus seiner Kindheit zu berichten. Sie liebte auch Erich, doch machte er ihr das nicht leicht, wenig ansprechend wie er war, mit glatten, strähnigen, ungepflegten Haaren, seiner Art, pausenlos Allgemeinbetrachtungen über das Leben zu äußern, sozusagen von hoher Warte aus.*"

Agnes' Beschreibungen vom Leben der Söhne lesen sich im Brief an Pf. Betz anders: „*Erich tanzt und macht gefährliche Augen. Gerhard tanzt und dichtet und vandalt als gegenwärtigen Lebenszweck, und der wissenschaftliche Trieb ist noch so schwach, daß derselbe lange nicht genügt, ihn morgens um 10 Uhr ins Colleg zu locken. Vater und Mutter müssen mit vereinten Kräften nachhelfen.*"

Über Rudolf schreibt Agnes: *„Der Pater ist froh und liest ein begehrtes Kunstcolleg."* Dies relativiert sich, wenn wir Karl Friedrichs Bericht lesen: *„Von Stund an besuchte ich auch seine wenigen Vorlesungen, die leider ganz schlecht besucht waren. Manchmal waren der Sohn und ich die einzigen Hörer, aber ich hielt treulich aus, aus Barmherzigkeit. Es war nicht leicht, zuzuhören; denn Herr Dekan sprach, wie alle Schwerhörigen, bald sehr laut, bald leise, und dazu im prachtvollsten Urschwäbisch. Aber was er sagte, war immer feinsinnig, klug, gefühlvoll."* Charlotte Bergengruen erlebte als 14-Jährige Rudolf und Agnes in ihrem Elternhaus – ihr Vater war der bekannte Mathematik-Professor Kurt Hensel: *„ ... das Ehepaar Pfarrer Günther wurde zum Thee gebeten. Er kam uns uralt und greisenhaft vor, er war, damals 1908, 49 Jahre alt ... Während er sehr still in unserer sogenannten 'Kalten Pracht'* (Salon in der neuerbauten, großartigen Villa auf dem Berg neben dem Schloss) *auf einem der fraisefarbenen Louis-Seize-Möbel saß, beherrschte sie mit schwäbischer Lebhaftigkeit die Unterhaltung. Klein, mit enggescheitelten ganz dunklen Haaren, in einem schwarzen, nicht besonders sauberen Samtkleid sprühte sie von Witz und Temperament. Meine Mutter hörte ihr höflich zu und fragte am Schluß, ob sie Kinder hätten und ob man sie einmal kennenlernen dürfte. 'Lauter Söhne!' rief sie enthusiastisch, 'welchen wollen Sie?' Es stellte sich heraus, daß es nur zwei waren, und es wurde eine lose Verabredung getroffen."* Soweit die verschiedenen Schilderungen, die uns beide Zeitzeugen überließen.

Ihre Weihnachtsgeschichte wird gedruckt, eine Tür geht auf
„Herr Friedrich" kam jeden Adventssonntag und Agnes konnte dem interessierten jungen Mann ihre ureigenen Wahrheiten und Erlebnisse erzählen. In dieser Zeit bekam sie von Prof. Rade eine unvorhergesehene Anfrage, die zum Durchbruch führen sollte: Agnes *„dichtete"* wieder! Sie veröffentlichte die Weihnachtsgeschichte „Waldweihnacht", das 1. Kapitel ihres „Prinzessinen-Romans" („Die Heilige ..."). Ihrer Mutter schickte sie die Geschichte und schrieb: *„ ... hier ist auch die kleine Überraschung. Vorderhand freilich nur wieder eine kleine Abschlagszahlung, Du mußt lange Geduld haben mit Deiner Ältesten, liebste Mater. Dies ist nämlich nur das ers-*

te Kapitel aus dem Buche 'die Prinzessin', das zwar lange schon in meinem Kopf fertig ist, aber nun wirklich trotz und trotz geschrieben werden soll. Rade bat mich um eine Weihnachtsgeschichte. Ich wollte ihm nichts geben, was für diesen Zweck gedichtet ist, denn das ist nie was Schönes und Echtes, sondern wählte ein Stück, das auch schließlich für sich allein stehen kann. Nun hat Rudolf eine große Freude dran gehabt und mir sehr zugeredet, meine Hexengeschichten, bei denen die Form so entsetzlich Schwierigkeiten macht, einstweilen auf die Seite zu legen und mit diesem zu beginnen.*

Auch Wilhelm Betz wurde davon informiert und war sicher freudig überrascht. Agnes schrieb ihm am 4. Advent (19.12.1908): „*Heute habe ich eine kleine Atempause, wie ich aber fertig werden soll bis Donnerstag* (Heiligabend), *das weiß ich noch nicht. Darum nur diese Zeilen. Die Arbeit geht mir auch hart, sehr hart an, denn es dichtert mich gewaltig, und ich täte lieber etwas anderes als allen Potztausendeln nachspringen, wie es meine Pflicht ist. Ich schicke Ihnen hiermit eine kleine Probe, um die mich Rade gebeten hatte. Eigentlich ist's nämlich, was Sie aber niemand sagen dürfen, das erste Kapitel mit einigen kleinen Änderungen von meinem Buch 'Die Prinzessin', das nach Weihnachten angefangen werden soll, wenn der Himmel und Sofie und die Influenza es gestatten ...*" In ihrem Briefschluss lesen wir außer ihrem herzlichen Abschlussgruß noch eine wichtige Bitte: „ *... Seien Sie ein bißchen freundlich gegen das Seelchen, das zum ersten Mal seinen Ausflug in die Welt macht. Ihre Agnes G.*"

Lieber dichten als „*allen Potztausendeln nachspringen*". Hierbei klang der bereits bekannte Konflikt „Schriftstellerin versus Hausfrau" an, wie auch im Brief an ihre Mutter: „*Ich habe große Freude daran, wenn ich mir auch die unsäglichen Schwierigkeiten, die es haben wird, ein Buch neben der turbulenten Haushaltung und einer kopflosen Sophie zu schreiben – nicht verhehlen kann. Einen letzten verzweifelten Versuch will ich noch machen. Schon um unserer Finanzen willen.*" Nun sollte es anscheinend wirklich mit ihrer Schriftstellerei weitergehen!

Wie anders war dieses Weihnachten im Vergleich zum letzten Jahr! Ihre Söhne überraschten Agnes mit einem selbst gedichteten Theaterstück, das so viel Anklang fand, dass sie es in den nächsten Tagen sogar viermal vor *„den höchsten Spitzen"* der akademischen Welt aufführten. Darauf konnte die Familie stolz und glücklich sein. Über die erste veröffentlichte „Seelchen-Geschichte" der „Mater" ebenso. Doch von noch größer Bedeutung war für Agnes ein Erlebnis, das sie in den Tagen der „12 Heiligen Nächte" hatte: Ihre unsichtbaren „Freunde" waren wieder bei ihr! Anders als in Langenburg, doch sie hatte neuen Zugang zur „geistigen Welt". Alles, was sie verloren zu haben meinte, war wieder bei ihr eingekehrt. Nun konnte das Heimweh endgültig ein Ende haben.

Agnes schrieb an Pf. Betz in ihrem Dankesbrief (für sein wunderschönes Schillerporträt): *„Diesmal haben wir sehr schöne Weihnachten gehabt, denn wir hatten Besuch aus der IV. Dimension. Es tat sich der grüne Schrank auf, dessen Geschichte Sie ja kennen. Es wurde mir erst jetzt klar, daß er doch einen Teil der Trümmer des heiligen römischen Reiches deutscher Nation bildet."*

Der grüne Schrank war jener Schrank, der schon lange Zeit vor 1803 im Langenburger Dekanatsamt stand und zum Inventar gehörte. Seit 1803 wurde er nicht mehr im Inventarverzeichnis geführt, daher gab es ihn offiziell nicht mehr. Günthers hatten den „nicht existierenden" Schrank beim Umzug mitgenommen, er stand seitdem breit und geräumig im Zimmer und war das letzte Relikt des inzwischen abgerissenen alten Dekanats. Aus diesem Schrank entstiegen nach und nach Agnes' „Freunde". Nicht die Gisela, aber die Gestalten erklärten ihr, *„sie seien mit Frau Giselas silbernen Nebelwagen mit derselben dahergeflogen, sie hätten ein Tälchen entdeckt – so wunderschön, so heimlich, so weltverloren –, das Pfädchen sehen nur die Träumer und Toren – ein altes Kreuz steht einsam dort … denken Sie sich meine Freude."*

Agnes nahm sich vor, in die Marburger Umgebung *„auszuschweifen"*, um irgendwo Gisela zu treffen. So lautet ihr Schlusssatz: *„Nun wird's bald grün, dann gehe ich das Pfädlein suchen und Sie, lieber Freund, bleiben im Lande und nähren sich redlich! Das wünscht Ihre treue Freundin und Dichterin Agnes Günther."*

Agnes schrieb im Laufe des Januars noch einen zweiten herzlichen Dankesbrief: Es war der Brief an Frau Doktor Klemm-Jäger, Arztgattin und Malerin in Kirchberg. Diese hatte beide Günther-Söhne, als sie noch in Langenburg lebten, skizziert und nun den Günthers das fertige Bild zu Weihnachten geschenkt.[98]

Als Abschluss ihrer Dankeszeilen schrieb Agnes: *„Hoffentlich gestattet Ihnen, liebe Frau Doktor, immer der Moloch Haushaltung etwas mehr Muse zu Ihrer künstlerischen Betätigung. Es wäre zu schade!"* Agnes brachte ihren grundlegenden Gedanken zu Papier: *„Und so ganz glücklich kann man doch nicht sein, wenn man einem so wichtigen und ausschlaggebenden Teil seines Selbst nur noch mühselig seine Freiheit gestatten kann. Ich kenn das und fühle von Herzen mit."* Sie führte dieses Thema noch weiter aus: *„Diese kleinen Gegenstände der Haushaltung üben eine scheußliche Tyrannei aus, man muß ihnen nachspringen und ihnen hofieren, man hat nicht die Dinge, sondern die Dinge haben einen. Deshalb suche ich immer unsere Lebenshaltung, unbekümmert um hiesige Gewohnheiten, auf dem denkbar einfachsten Fuß zu halten, und die Menschen kommen doch gern zu uns."*

Würde Agnes bald dem wichtigen und ausschlaggebenden Teil ihrer Selbst – der Dichterin – den nötigen Freiraum lassen? Noch war es nicht so weit. Ihr Leben war zur Zeit viel zu ausgefüllt und bunt. Sie erzählt Frau Doktor davon: *„Heut Abend ist eine große Affaire, ich gehe nämlich auf einen Ball. Dies ist für eine alte Pfarrfrau wie ich ein Ereignis ... Es ist nämlich der Rektoren Ball, und ungemein viel Gelehrsamkeit wird in schwarz und weiß an den Wänden herumstehen."* Sie schreibt, dass sie noch auf eine Quadrille mit Gerhard, dem 1. Chargierten seiner Verbindung, hoffe. Am Ende des Briefes stellt sie die Frage: *„Ob ich wohl in diesem Jahr in die alte Heimat fahren darf? Im letzten Jahr war es noch zu früh, ich hatte noch zu starkes Heimweh zu überwinden. Nun ist's ja viel besser geworden, und unser Leben gestaltet sich immer wärmer und reicher."* Frau Doktor erfährt, wie gut es ihnen in Marburg gefällt. Sie singt ein Loblied auf die alte Universitätsstadt: *„Marburg ist entzückend, im Sommer, an lauen Abenden, wenn über allen Mauern – und Marburg ist die Stadt der Gartenmauern – die Rosen hängen, von den Bergen aus den erlauchten Gärten wie Lieder klingen, ist es wie ein Gedicht von Eichendorff. Und Menschen gibt es hier, die es eine Ehre und Freude ist zu kennen.*

Am meisten erfreut mich der Verkehr mit der Jugend. Es verkehren Studenten und Studentinnen bei uns und der Umgang mit der Jugend ist immer erfrischend. Ich hatte gestern 15 junge Leute zum Kaffee, Studenten und eine junge Dame."

Gerhard, dramatischer Dichter und erster Chargierter

In nächster Zeit wurde es bei Günthers immer umtriebiger. Das Leben der Familie wurde zunehmend von Gerhard und seiner „Dichtkunst" geprägt, da er immer neue Theaterstücke verfasste. Die Stücke wurden einstudiert und aufgeführt, wofür je andere Kostüme notwendig wurden. Anstatt selber an ihrem Roman weiterzuschreiben, hatte Agnes alle Hände voll mit anderem zu tun. Sie erzählt ihrer Mutter: „ ... *Gerhard hat für den Winterball seiner Verbindung noch einmal ein Stück geschrieben, diesmal half ich ihm beim Einstudieren und machte ihm dann die Freude, daß ich auch zu seinem Bällchen kam. Als Ballmutter natürlich, das muß man jetzt auch kennenlernen. Es war aber wirklich reizend."* Agnes kann der Mutter nicht genug über Gerhard, den ersten Chargierten, berichten, der „*feierlich im Gehrock und breiter Schärpe"* die Gäste empfing und mit erstaunlich flüssiger Rede begrüßte, „*gewissermaßen ein lyrischer Redner. Er spricht ganz erstaunlich sanft und ruhig, mit fabelhafter Wortbeherrschung und ohne ein einziges Mal seine schwierigsten Satzwendungen nicht zu Ende führen zu können."* Seine „*sanfte Ruhe"* überraschte sie besonders. Agnes war stolz auf ihren Sohn und berichtete, dass Gerhards Stück gut ankam: „*Mit sehr großem Erfolg bei den Herren und den alten Damen."*

Ein noch größeres Ereignis war der bereits erwähnte Rektorenball. Im Brief an ihre Mutter lesen wir: „*Rudolf, der natürlich keine große Lust hatte, wurde von allen Seiten bestürmt, er solle doch kommen, alles käme, Altes Testament und Neues Testament, und zudem würde aufgeführt, was immer interessant sei."* Gerhard, der als erster Chargierter seiner Verbindung auch geladen war, konnte sie nicht genug anschauen: „*Ein feierlicher langer Mann im Frack, die Lockenfülle möglichst gebändigt, ein sehr schönes goldgesticktes Cerevis* [99] *auf dem Haupt, das ihm sehr gut steht."* Zu diesem „Festwichs", wie es in der Studentenschaft hieß, gehörte auch die

Schärpe im Couleur seiner Verbindung über dem schwarzen Frack. Auch Rudolf kam im Frack und sah darin gut aus, *„überhaupt nicht langweilig oder wie ein Oberkellner"*, wie Agnes beteuert. Sie selber war beim Friseur gewesen, hatte die Haare waschen und frisieren lassen und *„trug ein glattes, durchbrochenes Silberband darin"*. Es stand ihr gut. Damit ihre Mutter den Abend richtig miterleben konnte, wollte Agnes es ihr alles genau beschreiben: Sie gehörten zu den 300 geladenen Gästen, die in die Stadtsäle gingen. *„Zuerst machte man die Cour vor seiner Magnifizenz mit, nebst Gemahlin, dann wurde Tee gereicht, den entzückend kostümierte Pagen, etwa zwanzigjährige Jungen, anboten."*

Als Nächstes erzählt sie der Mutter vom beeindruckenden 2 ½-stündigen Theater, das für sie aufschlussreich war. Dann kam das Diner, danach der Ball, *„wobei jeder Herr zuerst mit seiner Dame die Polonaise schreiten mußte. Dann war's reizend, wie die gelehrten alten Häuser ihr Tanzbein hervorsuchten. Es tanzte fast alles, Altes und Neues Testament, wir natürlich nicht, Rudolf mußte sich auch bei seiner Dame entschuldigen. Aber auch zusehen war sehr hübsch. Die vielen schönen Gestalten, fast alle in fließenden Gewändern, 'Taille' sah man nur noch ganz vereinzelt, gewissermaßen als veraltete Ausnahme."* Bedauern, dass sie mit Rudolf, dem Nichttänzer, zum Zuschauen verdammt war, hatte bei ihr keinen Raum. Agnes ging in ihrer „mütterlichen Aufgabe" auf: *„Ich hatte verschiedene Töchter zu bemuttern",* und genoss die geistreiche Unterhaltung: *„ ... dann gab es reizende Ecken, wo man mit der hohen Wissenschaft gemütlich plaudern konnte."* Sie tranken gegen 4 noch Kaffee mit dem *„berühmten Professor Hermann, der den 'Verkehr des Christen mit Gott' geschrieben hat, einer unserer allererersten Theologen."* Sie erläutert Prof. Hermann weiter: *„Der ist immer sehr freundlich gegen mich und nennt mich ein entsprungenes Stück Romantik."* Der schönste Moment des Abends war für Agnes, als Gerhard mit ihr die *„Quadrille"* tanzte, *„das war sehr nett, und Rudolf stand an einer Säule und sah uns mit Vergnügen zu".*

Sogar für Rudolf war es ein gelungener Abend: *„Auch er war sehr vergnügt gewesen und hatte sich immer mit jemand gut unterhalten. Das ist das Nette, es sind so viele feine Leute da, und man hat so ganz die Freiheit."* Anscheinend fühlte sich Agnes in der

Marburger Gesellschaft inzwischen wesentlich freier als bei den Honoratioren oder Pfarrkreisen in Langenburg.

Ihr nächstes Projekt schildert Agnes der Mutter auch: Sie war dabei, mit Studenten der theologischen Fakultät ein Reformationsstück einzustudieren: „… *es macht mir noch recht Kummer, das Stück gefällt mir nicht besonders.*" Auch waren die Studenten schwer „*zu den Proben zu kriegen*". Doch musste Agnes „*es durchreißen, so oder so*", denn es war alles schon festgelegt und es würde keine kleine Aufführung werden: „*Wir haben hier das große Theater wie beim Rektorenball, 27 Schauspieler, es ist eine große Aufgabe …*"

Traurige Nachricht aus Potsdam

Als Agnes diesen begeisterten Brief schrieb, ahnte sie nicht, dass es ihrer Mutter schlecht ging. Nachdem sie kurz darauf Alices Nachricht über den bedenklichen Zustand der Mutter erhalten hatte, fuhr sie gleich nach Potsdam und traf ihre Mutter noch lebend an. Sie erlebte die Sterbende in ihrem „*schmerzgequälten Leibe, und ohne daß sie ihre Umgebung und die Menschen noch registrierte*". Als die Mutter in der Nacht vom 1. auf den 2. Februar starb, hatte Agnes unter demselben Dach geschlafen. Wochen später schrieb sie ihrer Schwester Alice am Gründonnerstag (8.4.1909). „*Tausendmal danke ich Euch, das bleibt mir immer im Herzen eingegraben, und die Mama durfte ich noch sehen. Freilich war der Abschied gräßlich, das habt ihr nicht merken können, es hat mir fast das Herz zerrissen. Mama konnte aber nicht so von mir fortgehen. Vor ihrem Tode rief sie mich noch durch alle Zimmer hindurch, ich war tief im Schlaf, daß ich die Stimme nicht kannte. Und dann nachher war sie noch einmal bei mir und so freundlich und liebevoll und so ganz wie das allerschönste in ihrem Wesen. Ich war ganz getröstet und möchte sie gewiß nicht mehr in ihrem armen schmerzgequälten Leibe mehr wissen. Aber ein arger Verlust ist's und noch schier am meisten für Dich. Mein äußeres Leben ging wenigstens im gleichen Gange weiter, aber Du mußt sie doch jeden Tag vermissen …*"

Sie selber sah immer das liebe, entspannte Gesicht der Mama, das zu lächeln schien, vor sich. Die Totenmaske, die Alice vom Gesicht der Mutter nahm, gibt dieses Lächeln wieder. Das Foto der Totenmaske wurde bis an die heutige nachfolgende Generation weitergegeben. So kann man immer noch das liebevolle Wesen der Mary Ann Breuning, geb. Barell, die von Polly zur Pauline, zur Mama, zur Groß- und „Amama" geworden war, sehen. (> Seite VIII)

„Auf einmal ist das Leben herum"
Rudolf gab seit einiger Zeit der jungen Lola du Bois Eymond, einer Nichte von Frau Professor Hensel, privaten Konfirmandenunterricht. Es kamen weitere Privatstunden hinzu: *„Die schöne Ruth Hensel, die Erich glühend bewundert, hat nun Philosophieunterricht und abendliche Unterweisungen bei dem Weisen"*, wie Agnes an Pf. Betz schrieb. Ruth Hensel blieb anschließend noch gern bei Agnes. Manchmal schaute sie mit ihren Schwestern bei ihr vorbei und spielte auch bei den Theaterproben mit. Für Prof. Buddes Tochter Otilie, die schon länger regelmäßig zu Agnes kam, hatte Agnes Verständnis: *„Otti Budde ist etwas unglücklich, daß so viel Weiblichkeit bei uns aus- und eingeht, sie will bei mir alleine sein und das ist nicht gut mehr möglich ... Die neueste Errungenschaft sind die Damen Hensel[100] von der herrlichen Villa oben auf dem Berg."*

Agnes' Leben blieb auch nach dem Tod der Mutter von Hausarbeit und dem Umgang mit jungen Menschen geprägt. Ein Universitätsprofessor bat sie, ein englisches Lustspiel für eine Aufführung mit den Studenten seines Kurses gemeinsam einzustudieren. Sie sagte zu, und da es eine geistreiche, amüsante Komödie war, hatte Agnes viel Spaß dabei. Ihr Leben war ausgefüllt, der Frühling lag in der Luft, wie sie Pf. Betz schrieb: *„... viele, viele Schneeglöckchen, grüne Stachelbeerbüsche und frische Vorhänge und neugewichste Möbel ..."* Das Erfreulichste war: *„Ich bin seit zehn Jahren nicht so wohl gewesen, behauptet der Weise, und der muß es wissen."*
Rudolf schrieb an seinen geisteswissenschaftlichen Arbeiten. Erich war sehr gut versetzt worden. Er gehörte sogar zu den Besten seiner Klasse, obwohl er sich überhaupt nicht anstrengte und alles bei ihm nebenher ging. Gerhard dichtete wie wild Theaterstücke und hielt sie weiter in Atem, denn jeden Monat führten sie ein neues Stück auf, oft nur ein einziges Mal. Während der Probenzeit wurde die ganze Wohnung auf den Kopf gestellt. Agnes schildert diese Situation im Brief vom 30. März 1909 an Pf. Betz:

„... *das Büfett wird ohne Gnade vollständig ausgeräumt und steht im Flur. Der „Nächtliche Hain"* (Kulisse einer Theaterszene) *versperrt dem Weisen den Weg in sein Schlafzimmer ..."* Erich machte eine witzige Bemerkung diese Kulissenwelt betreffend, „*der dichtet dir noch einen feuerspeienden Berg im Hintergrund".*

Agnes kam beim besten Willen nicht zum eigenen Schreiben, wie sie gestand: „*Ich such mir immer noch jemand, der meine Arbeit tut (flicken, nähen, Männer schweigen), daß ich schreiben kann, und finde nichts passendes, sehr schmerzlich."* Anschließend folgt ihre Einsicht: „*Auf einmal ist das Leben herum."* Agnes war erst 45.

Manchmal litt Rudolf an seiner zunehmenden Schwerhörigkeit. Vor allem, als er deshalb nicht an einem ihm wichtigen Ereignis teilnehmen konnte: In der Osterzeit hatte Theophil Krawielitzki (der wichtige Mann aus der Heiligungs- und Gemeinschaftsbewegung, der seit 1908 in Marburg lebte und ein „Gemeinschafts-Schwesternhaus" neu aufbaute) gemeinsam mit dem Zungenredner J. Paul in Marburg „*den großen Sturm begonnen".* Gerhard war in dieser Zeit bei seinem Freund im Bergischen Land in Ferien. Agnes schrieb ihm von diesem großen religiösen Ereignis und wie es seinem Vater damit ging „*Papa ist es schmerzlich, daß er die Sache nicht mitgenießen kann, er fürchtet nicht genügend zu hören. Du solltest da sein, dann müßtest Du Bericht erstatten."* Das weitere große Ereignis dieser Tage war der ungewisse Flug des Zeppelins, auch davon erfuhr Gerhard: „*Die letzten Tage bebbern wir um Zeppelin, wenn er nur gut nach Hause kommt."*

Bei Günthers ging es jetzt ruhig zu, zu ruhig. Agnes fehlte Gerhard mit seinem Klavierspiel, auch wenn Erich seiner Mutter zu Liebe ein wenig Klavier spielte. Sie schrieb im Osterbrief: „*Bei uns ist's sehr still, Erich sucht mich zwar durch eifrige Fingerübungen zu erfreuen, aber es 'battet' nicht recht."* Wenigstens kam eine Abwechslung ins Haus: „*Eben ist die interessante Ruth zur Philosophie angerückt, nachher ist noch ein Plauderstündchen eingerichtet. Erich ist auf Dienstag dort in der Villa zum Nachtessen eingeladen."* Diese Plaudereien waren für Agnes erfreulich, da Erich momentan „*sehr tragisch gestimmt"* und „*es mit ihm kaum auszukommen ..."* war. Ein wenig „*tröstete ihn"* die Einladung „*zu ei-*

nem Tanzstundenball" (bei Sievers, dem Vizebürgermeister). Alles empfand Agnes in diesen Tagen als fad, selbst in der Stadt fehlte ihr das übliche studentisches Leben. Gerhard las: *„... in Marburg ist es totenstill, gestern fackelte wenigstens die Fleischerinnung"*, und auch *„bei Rades war es schier langweilig. Es wurden aus nur drei Büchern vorgelesen, und wir gähnten kunstvoll durch die Nase. Papa ist am besten dran, hört nichts und bleibt ungeschoren."*

„'Vorüber' – und das mußt Du jetzt alles durchleiden"

Agnes hätte diese Osterzeit, in der nichts los war, zum Weiterschreiben ihres „Prinzessinnen-Romans" nützen können, doch ihr fehlte der Schwung. Vielleicht trug die Trauer um ihre Mutter dazu bei.

Zwei Wochen nach Ostern bekam sie die nächste Todesnachricht: Emmas Mann Friedrich starb am 25. April 1909, nachdem er am 23. April einen Schlaganfall erlitten hatte. Seit einigen Monaten hatte er bereits ernste Gesundheits-Probleme. Die Todesanzeige lautete: *„Heute Mittag ½ 12 Uhr entschlief nach längerem Leiden im Frieden Gottes mein geliebter Mann, der treue Vater meiner Kinder, Pastor Friedrich Zeller, Direktor des Evangelischen Diakonievereins, im 49. Lebensjahr. Berlin-Zehlendorf, 25. April 1909."* Agnes schrieb ihrer Lieblingsschwester, die sie in Gedanken sehr begleitete: *„Ich kann ja alles mitfühlen, ich darf nur einen Augenblick allein gelassen sein, so sehe ich Friedrich vor mir auf seinem Sofa sitzen, Kind und Hund und Weib neben sich, und dann wird mir's zum Verzweifeln nah, daß alles vorüber ist."* Dies „Vorüber" schockierte Agnes: *„Ein solches Höllenwort – 'vorüber', und das mußt Du jetzt alles durchleiden ... Man hat eben an Friedrich gar so viel verloren, er war so ein roter Rosenkranz!"*

Agnes empfand Emmas baldigen Umzug als beruhigend. Es hatte sich die beste Lösung dafür ergeben. Emma und Polly konnten mit den Kindern nach Potsdam in die „Kleine Wachtmeisterstraße" ziehen, die ganz in der Nähe von Alice war. Die Wohngegend um den Pfingstberg und die wunderbaren landschaftlichen Gegebenheiten kannte Agnes. Sie schrieb ihr: *„Mir ist's immer ums Herz leichter dabei, daß ich Dich in Gedanken nicht mehr Deinen Kummer in den Berliner Straßen herumtragen sehe. Ganz gewiß, Du wirst es fühlen, unter Bäumen geht's leichter. Man hat ja doch*

das Gefühl, als ob man direkter aus Gottes Hand lebe. Es geht eine
Sonne so herrlich unter, es träufelt etwas Sanftes vom Sternen-
himmel auf das müde Herz, es rauscht etwas mit den Ästen, die sich
bewegen. Für die Buben sind die Seen und Wälder herrlich, Didi
kann sich seine Nerven stärken, die er als Geiger einmal doch stär-
ker braucht." Ob Agnes oder Emma in dieser Zeit wohl an die aber-
gläubischen „Unkenrufe" von Großmama Breuning dachten, die sie
vor einer Doppelhochzeit gewarnt hatte?

„Und soll es denn nie mehr werden?"
Seit dem Sommersemester 1909 studierte Renate Lepsius [101] in
Marburg. Sie hatte sich in der Philosophischen Fakultät für Geschichte und Germanistik eingeschrieben, um später an Gymna-
sien zu unterrichten. Sie lebte in der Familie Günther. Agnes hatte
für sie oben im Haus eine Mansardenkammer mieten können. Hier
schlief sie nicht nur, es war auch der Platz, wohin sie sich zum Lernen aus dem Trubel der Familie zurückziehen konnte.

Das war öfter nötig, denn im beginnenden Sommer herrschte bei
Günthers wieder viel Umtrieb. In den letzten Juni-Tagen sollte ein
„rauschendes Fest" mit Gerhards Theateraufführung sein. Hierzu
luden Agnes und Gerhard Pf. Betz dringlich ein. Lange hatten sie
schon nichts mehr von ihm gehört. Als er nun trotz herzlicher Einladung nicht kam, waren sie enttäuscht. Erst recht, als sein reumü-
tiger, seltsamer Brief eintraf und sie zu lesen bekamen, dass er *„bei-*
nahe gekommen wäre": Er wollte zu ihnen reisen, war schon zu Fuß
die lange Strecke über Land zum nächsten Bahnhof gelaufen, kam
aber zu spät und sah den Zug nur noch aus dem Bahnhof fahren.
Traurig machte er sich wieder auf den Heimweg, da es für ihn fest-
stand, dass eine spätere Zugverbindung nichts brächte; bis er an-
käme, wäre das Fest vorüber. So blieb er ganz weg.

Agnes war darüber so enttäuscht, dass sie ihm die nächste Zeit
überhaupt nicht schreiben konnte. Wer weiß, wie lange es so geblieben wäre? Dann aber bekam sie Post aus Tübingen von „Herrn
Friedrich", dem jungen Theologiestudenten, der bald zurück nach
Dresden fahren würde. Er wollte seine Heimreise unterbrechen und
fragte am 12. Juli 1909 bei „Frau Dekan" an, wie er reisen müsse,
um zu Schloss „Schweigen" zu kommen. Er freue sich schon *„über-*

menschlich "auf das Schloss und solle sicher die Försterin von ihr grüßen, die ihm die gelbseidene Decke zeigen müsse.

Die freundliche Anfrage tat im Hause Günther unterschiedliche Wirkung. Gerhard packte unbändige Sehnsucht nach der alten Heimat. Agnes überwand ihren stummen Groll und schrieb an Pf. Betz: *„Lieber Herr Pfarrer, Sie haben uns so arg enttäuscht, daß ich erst jetzt Worte finde! 'Beinahe unterwegs!' Ach wenn Sie doch trotzdem gekommen wären! Sie hätten noch allerhand erleben können ... das Fest war so reizend, und es regnete einmal wirklich nicht."* Anschließend fragte sie für den jungen Freund, den *„goldigen Jungen"*, der *„ein lieber entzückender Mensch, ein richtiger begeisterter Jüngling und insofern ein Pendant"* zu ihrem Sohn Gerhard sei, um ein Quartier für paar Tage. Sie legte den Brief von Karl Friedrich bei, damit Pf. Betz sich selber ein Bild machen könne. Sie erklärte ihm noch, dass Karl Friedrich sehr musikalisch und mit einem Tenor gesegnet sei und dass sie annehme, dass er seine Freude an dem Gast haben werde. Abschließend erzählte sie vom bisherigen Sommer: Seit Himmelfahrt (20. Mai) habe es etwa zwei Monate lang jeden Tag geregnet, ein *„schrecklicher Sommer"*. Sie hätten nicht ein einziges Mal auf ihrer offenen Veranda gesessen, weil es immer gestürmt oder gewindet habe. Die Sehnsucht nach der alten Heimat fand ihren Ausdruck, als sie von einem Ausflug nach Simmetshausen (Nachbarort von Herrentierbach) schrieb, wie nett es dort sein könnte. Bis sie schließlich zugab: *„Ich habe immer noch Heimweh nach dem Waldwinkel."* Ein wenig unsicher war sie sich am Ende des Briefes wegen ihrer *„frechen Anfrage"*, daher fragte sie: *„Bin ich nicht gar zu unbescheiden gewesen?"* Voll Wärme schloss sie: *„Wir grüßen Sie alle von Herzen und soll es denn nie mehr werden?"* Nur diese kleine, sehnsüchtige Frage, die leise nachklang, war von der bitteren Enttäuschung der letzten Woche übrig geblieben.

Anschließend schrieb Agnes an „Herrn Friedrich" von ihrer großen Freude über seine *„wundervollen Pläne"*, und dass sie ihn soeben bei ihrem Freund Betz angemeldet habe, dem eine Aufheiterung in seiner Einsamkeit zu gönnen sei: *„Dort werden Sie auf das allerbeste beraten werden und können von dort alles besuchen, was es bei uns Schönes gibt."* Es folgte die Angabe der

341

Zugverbindung und wie er zu Fuß von Schrozberg-Kälberbach über Land bis zum Pfarrhaus Herrentierbach gehen müsse.

Am 21. Juli kam Agnes' Geburtstag. Wieder erhielt sie viel Post, einen besonders lieben Brief von Gertrud Stähle, von der sie lange nichts gehört hatte. Gertrud hatte bereits im Januar einen Brief begonnen, der dann liegen geblieben war. Jetzt schrieb sie einen neuen, sehr persönlichen, freundschaftlichen zum Geburtstag: über die Freude an der Lilienpracht und an den darüber hängenden üppigen Rosenzweigen im Pfarrgarten von Lichtenstern. *„Ich dachte an Dich und was Du für eine Freude hättest an diesem Garten."* Gertrud schrieb ihr, sie verbände solche Schönheit immer mit ihr. Diesen Platz habe Agnes in ihrem Herzen! Anschließend kam noch etwas Wichtiges: *„Wie oft habe ich Dein entzückendes Prinzeßlein gelesen."* Agnes las von ihrer Erfahrung, wie die *„schwer bewegliche hiesige Pfarrfrau, bei der ich's nie gedacht hätte, ganz aus dem Häuschen war und sagte, sowas habe ich noch nie gelesen."* Seitdem hatte Gertrud die Pfarrfrau *„um ein gutes Stück lieber ..."*

Jetzt die entscheidende Frage: *„Wann wächst das Prinzeßlein weiter, oder ist's schon fertig? Das holde Seelchen!"* Damit traf sie bei Agnes ins Schwarze. Karl Friedrichs Anfrage nach Schloss Schweigen hatte schon das Ihre getan, nun noch diese Frage.

Ihren 46. Geburtstag feierte Agnes mit der Familie und dem jungen Volk. Ihr zu Ehren wurde ein Gerhardsches Theaterspiel aufgeführt, es gab Rosenbowle und sie sangen schöne Lieder.

Bei Wilhelm Betz hatte die leise, klagende Frage *„Soll es denn nie mehr werden?"* tiefer gewirkt, als Agnes es vermutet hätte: Binnen einer Woche war er in Marburg! Nach seinem Besuch schrieb er am 27. Juli 1909 einen enthusiastischen Dankesbrief an die *„verehrten Gastfreunde"*: Die Tage in Marburg würden alles überstrahlen, was er *„in langen Monaten der letzten Zeit"* erlebt hätte.

Er war mit Günthers beim großen Fest der Hensels in der Villa auf dem Schlossberg gewesen, in diesem *„Haus von Musen und Grazien"*, und hatte sich sehr wohl gefühlt. Hensels Gartenfest führte dazu, dass eine ihrer Töchter spontan für eine Zeit mit nach Herrentierbach kam, um einmal von zu Hause fortzukommen.

In seinem Brief ließ auch *„Mia"* Günthers *„herzlich grüßen"*. Sie wohnte als Sommergast bei der befreundeten Bauernfamilie Ehrle, aß aber oft im Pfarrhaus zu Mittag. Dass sie nicht dort wohnte, hatte einen Grund: Bald sollte Agnes nach Herrentierbach kommen, da Pf. Betz ihr einen Schreiburlaub ermöglichen wollte. Damit sie endlich ihren „Langenburger Roman" zu Papier brächte! Gerhard zog es gleichfalls in die alte Heimat, auch er würde als Gast im Pfarrhaus wohnen. Das Wichtigste war, dass die Mutter ungestört schreiben könnte. Er würde in den Wäldern herumstreifen, nach Langenburg gehen, Besuche machen, lesen, studieren und gelegentlich mit Pf. Betz zusammen Hörer oder Leser sein, wie damals beim Hexen-Drama. Pf. Betz rechnete damit, dass auch seine Mutter für ein paar Wochen im August ins Pfarrhaus zu Besuch käme. Aber das sollte Agnes nicht beeinflussen, sie würde sich zurückziehen und schreiben können. Und wenn Pf. Betz Ende August Urlaub haben und wie vorgesehen mit seinem Freund Dörrfuß im Thüringer Wald wandern würde, könnte Agnes in aller Ruhe im Pfarrhaus bleiben, so lange sie wollte.

Rudolf gab seine Zustimmung. Er sah wohl, dass Agnes nach dem Tumult zu Hause die Zeit zum Schreiben brauchte. Die Weihnachtsgeschichte „Waldweihnacht" war gut angekommen, deshalb sollte sie unbedingt den ganzen Roman schreiben. Für sich hatte er seit Längerem eine Rheinfahrt erwogen, ob er sie wirklich antrat, wollte er noch entscheiden. Und Erich? Der stimmte sicher auch zu, er würde ein anderes Mal nach Herrentierbach fahren. Ihm ging es gut, wenn er zu Hause faulenzen konnte. Wenn nur Gerhard nicht zu lange wegblieb, das war ihm das Wichtigste.

Diese Pläne beflügelten Wilhelm Betz, wie sein Brief vom 27. Juli zeigt. Glücklich und poetisch schreibt er der *„verehrten Frau Dekan"*, dass die ganze hohenlohische Landschaft und die Schlösser raunten, die *„Herrin von Schloß Schweigen"* wolle ihre alte Heimat bald aufsuchen. Im selben Brief schreibt er auch sachlich, dass hoffentlich bald Nachricht von ihr kommen werde, damit er sie an einem der Bahnhöfe, entweder Schrozberg oder Blaufelden, abholen könne. Vom Tübinger Studenten sei noch nichts zu sehen. *„Ebenso scheint leider meine Mutter ausbleiben zu wollen."* Und erneut der Fanfarenruf: *„Auf Wiedersehen! Auf Wiedersehen!"*

16.

**Endlich wird der Roman geschrieben:
August 1909 – März 1910**

Schreiburlaub in Herrentierbach: August/September 1909

Als Agnes Anfang August 1909 in Herrentierbach glücklich ankam, war Karl Friedrich zwischenzeitlich Gast im Pfarrhaus gewesen und hatte Pf. Betz die Wartezeit etwas verkürzt.

Agnes wurde am Bahnhof erwartet und war glücklich, als Pf. Betz und der 6-jährige Gustav sie mit dem Einspänner am Bahnhof abholten. Ob Mia mitgefahren war, um die „Mater" abzuholen, ist unbekannt. Jedenfalls wurden Agnes' Koffer und ihre Gitarre im Wagen verstaut, sie nahm Platz und ließ sich durch die altvertraute weite Landschaft fahren, die sanft bis Herrentierbach ansteigt. Über Wiesen und Kornfelder, über den Wald am Horizont spannte sich der Himmel Hohenlohes wie eh und je. Das kleine Dorf (auch heute nur ca. 350 Einwohner) liegt mit seiner behäbigen Kirche, die von weitem schon als Dorf-Mittelpunkt sichtbar wird, westlich von der Bahnstation auf flacher Höhe. Gleich daneben kann man das hohe, rote Dach des Pfarrhauses ausmachen. Die Häuser scharen sich um die Kirche. Die Gärten gehen nahtlos in offene Obstwiesen und damit in die Landschaft über. Alles war, wie Agnes es kannte. Es roch nach reifendem Korn, die Grillen zirpten, die gemächliche Fahrt mit dem rhythmischen Pferdegetrappel wurde vom mäandrierenden Tierbach mit seinem Ufergehölz begleitet.

Im Herrentierbacher Pfarrhaus wurde Agnes' Reich das Gastzimmer unter dem Dach [102] mit weitem Blick nach Osten und aufgehender Sonne. Im Gepäck hatte sie stapelweise Papier. Hier oder unten in der Pfarrlaube hatte sie ein stilles Plätzchen, mehr brauchte Agnes nicht: Frieden innen und außen, Frl. Krafts gute Küche und ab und zu einen Austausch über das Geschriebene mit Pf. Betz.

Anfangs stand das Korn hoch. Es gab Tage, an denen Regenwolken über dem Land lagen, alles in Grau und die Landschaft wie ein zartes Aquarellgemälde, das sie von ihrem Stübchen aus sah. Doch dann kam die heiße Erntezeit: Früh morgens hörte sie das Dengeln der Schnitter und nachmittags standen Garben auf den Feldern.

Agnes schrieb in diesen Tagen vor allem im kleinen Pavillon im

Pfarrgarten. Er war sechseckig mit weiß gestrichenen Gitterwänden und stand neben dem Pflaumenbaum. Innen gab es einen Tisch mit Stühlen, genau richtig zum „Schriften", wie Agnes es nannte. Hier war es luftig, schattig und sie war mitten in der Natur. Frl. Kraft holte am Brunnen Wasser: Man hörte das mechanische Geräusch des Pumpenschwengels und den Schwall des Wassers, das sich in die Kanne ergoss. Gustav half ihr beim Blumengießen. Auf der Dorfstraße fuhr ein Ochsengespann, es holte die Ernte ein.

Agnes konnte abschalten und in ihren Roman eintauchen. Ihr fiel das Schreiben nicht schwer. Die Feder des Füllfederhalters glitt über die großen Papierbögen, die sie in Sütterlin beschrieb. Seite um Seite füllte sich. Eigentlich mochte Agnes dies „Tintenwerk" nicht, doch sollte der Roman endlich nicht nur in ihrem Kopf sein, sondern lesbar und als Buch gedruckt. Das war ihr Ziel.

Nirgends auf der Welt hätte sie dieses Werk besser vollbringen können. Kürzlich war auch etwas frisch Erlebtes hineingeflossen, im Kapitel „Wie man Feste feiert" hatte sie schreiben können:

„Und ein Sommerfest. Da ist das Feld golden, und man muß einen Weg gehen, wo die Ähren einem über dem Kopf zusammenschlagen. Ehe man den Weg nicht gefunden hat, der jedes Jahr woanders ist, kann das Sommerfest nicht sein. Roter Mohn und blaue Kornblumen und steife purpurne Raden, die sich nicht mit den anderen Blumen vertragen und immer einen Strauß für sich wollen, blühen darin. Das Seelchen trägt einen Kornblumenkranz. Man geht zu dem heimlichen Ort, wo man nichts sieht als Ährengold und den schwer graublauen Himmel darüber. An dem uralten Stein, worauf die Braunecker Hirschstangen eingegraben sind, da liegt im Gras ein zinnener Krug, glänzt wie mattes Silber, und darin ist Most, und in einem Körbchen sind Stachelbeeren, von den kleinen süßen, und Bauernbrot, und, in frischgrüne Kohlblätter eingeschlagen, kühle, frische Butter. Das ist das Festmahl."

Dies war wohl ihr Picknick mit Pf. Betz und „Bi" gewesen: Im Blondhaar des Jungen sah der Kornblumenkranz reizend aus. Ehrles hatten ihr beim Besuch am Vorabend frischgebackenes Brot und Butter, zum Kühlhalten in frische Kohlblätter gewickelt, mitgegeben. Die süßen Stachelbeeren stammten aus dem Pfarrgarten,

Frl. Kraft hatte sie morgens mit Bi „gezopft". Die verschließbaren Krüge, der eine mit Most, der andere mit frischem Quellwasser, rundeten ihr Festmahl ab, das sie am Feldrain neben der nur zu ahnenden ehemaligen Burgmauer [103] zu sich genommen hatten.

Abends, wenn der kleine Gustav im Bett lag, las Agnes entweder beim Schein der Petroleumlampe in der Laube oder in der Wohnstube bei elektrischem Licht ihre neuen Texte vor und nahm Anregungen zur Verbesserung entgegen. Sie hatte in Pf. Betz einen aufmerksamen Zuhörer. Vermutlich war Gerhard, der inzwischen auch angereist war, dann lieber bei Ehrles mit Mia zusammen.

An manchem Abend saßen sie in der Pfarrlaube und tranken Most oder ein anderes *„gutes Tränkle"*, unterhielten sich und sangen Volkslieder. Agnes hatte ihre Gitarre dabei und spielte die Begleitung. Gerhard trug seine Balladen vor und begleitete sich selbst mit der Gitarre, die er wie eine Laute spielte. Die Nacht legte sich über das Land, das für Agnes immer nur Waldland hieß.

Am nächsten Tag schrieb Agnes wieder an ihrem Buch, bis die Hand lahm und der Nacken steif wurde. Dann stand sie auf und reckte sich oder legte sich in die Hängematte im Pfarrgarten. Manchmal brachte der kleine Bi diese zum Schaukeln, einmal auch Pf. Betz. Was er nicht beachtet hatte, die Nachbarkinder standen gern am Zaun hinter dem Gebüsch versteckt. Sie fanden diese Situation so bemerkenswert, dass sie den Müttern davon erzählten – so bekam das Dorf seinen Tratsch. Noch heute wird dies von einem Enkelkind der damaligen Nachbarkinder erzählt.[104]

Es konnte sein, dass Mia, die sich von Agnes Stricken beibringen ließ, nahe der schreibenden „Mater" auf der untersten Astgabel des Obstbaumes saß und sich mit der ungewohnten Handarbeit abmühte. War ihr eine Masche heruntergefallen, versuchte sie mit vielen Grimassen und großer Anstrengung ihre Strickarbeit zu retten, möglichst ohne die Schreiberin zu stören. Agnes hatte ihren Spaß dabei. Ein Jahr später wird sie es im Brief an Pf. Betz erwähnen. Wenn es sein musste, half ihr Agnes. Doch lange ließ sie sich nicht ablenken und schrieb weiter an ihren Hunderten von Seiten.

Agnes ging oft spazieren. Der Weg führte sie mittlerweile durch Stoppelfelder. Agnes steuerte jetzt gerne den nahen Wald an, der noch grün und heimelig war. Manchmal gingen sie auch zu zweit, zu dritt oder fünft. Herrlich unbekümmert waren diese Tage.

Nach dem heftigen Regen sprossen die Pilze im Wald aus dem Boden. Da ging Agnes in der Schreibpause mit Bi und Frl. Kraft los und abends kamen Pilze auf den Tisch. Kam sie vom Spaziergang zurück, konnte sie mit frischem Schwung weiterschreiben. Am Ende dieser Zeit in der Pfarrhausidylle wird sie an Pf. Betz schreiben, sie werde nie vergessen, „ ...daß ich so liebliche, so feine, so glückliche Tage in Ihrem lieben Hause verlebt". Sie schrieb auch: „Ich werde Ihnen immer dankbar sein, und wenn es mir je mit meiner armen Geschichte glücken sollte, ist dies in der Hauptsache Ihrer Güte zuzuschreiben, die es mir zum ersten Mal im Leben ermöglicht hat, wochenlang nur meiner inneren Welt zu leben. Und dazu in der schönsten Umgebung und von soviel Freundlichkeit getragen."

Gerhard reist überstürzt ab, Pfarrer Betz reist auch ab
Gerhard musste früher heimfahren. Was war geschehen? Er hatte mit Mia Langenburg besucht, ihr seine alte Heimat zu zeigen. Sie waren in die Kirche gegangen, weil die Tür offenstand. Nachdem Gerhard Mia alles im Kirchenschiff gezeigt und erklärt hatte, ging er mit ihr in die Fürstenloge, in den dahinterliegenden Raum und auf den Kirchturm. War es hierbei zu einer „unkorrekten" Situation gekommen? Hatte er sie geküsst? (In der nachfolgenden Generation von Familie Günther hieß es, es sei absolut harmlos gewesen!) Die Aufregung war groß, als beide sich bemerkbar machten, da die Tür abgeschlossen wurde. Dieses Vorkommnis sprach sich im Städtchen und in der Umgebung schnell herum.

Pf. Betz entschied, Gerhard müsse sofort zurückreisen. Mia blieb noch bei Ehrles bis ans Ende der vereinbarten Zeit. Gerhard hielt alles für aufgebauscht und nahm seinem Freund Betz dessen Reaktion übel. Erst Wochen später konnte er ihm schreiben: „Lieber Freund! Dies ist der zweite Brief, den ich an Dich schreibe, und ich bin froh, daß ich den ersten nicht abgeschickt habe. Denn damals stand ich noch ganz im Bann des heißen Zorns und der verständnislosen Verwunderung, in welche mich der dramatische Abschluß des Herrenthierbacher Sommerglücks versetzt hatte. Aber das liegt jetzt hinter mir ... Als ich damals in wilder Verzweiflung

347

fortfuhr von Dir, hätte ich nicht gedacht, daß gerade dieses letzte Erlebnis mir zur Quelle neuer Freude werden sollte. Und auch was ich am meisten gefürchtet hatte, meine Freundschaft mit Mia hat keineswegs darunter gelitten, ist gerade durch das gemeinsame schwere Erlebnis kräftiger, reicher und eigener geworden ..."

Die Situation hatte sich im ganzen Pfarrhaus geändert: Agnes war nun nicht mehr gemeinsam mit ihrem Sohn Gast im Haus des unverheirateten Pfarrers. Ab jetzt wurde es unkonventionell und das Getuschel über Frau Dekan in der Hängematte und Herrn Pfarrer, der sie zum Schaukeln brachte, war nicht vergessen. So war es ratsam, dass Pf. Betz, so bald er Ferien hatte, nach Hause auf den Klumpenhof[105] ritt und von dort zu einer Reise mit seinem Freund Dörrfuß aufbrach. Agnes blieb und schrieb weiter.

Seither hatte sie noch mehr Ruhe und versenkte sich ins Schreiben. Ab und an kam Post von Rudolf oder eine Karte von Pfarrer Betz an alle: den Bi, Frl. Kraft und „Frau Dekan". Mia, die wieder zu Hause war, schrieb herzliche Briefe an Ehrles und legte ein Foto von der ganzen „Clique" vor der „Räuberhöhle"[106] am Weißenstein bei. Agnes sah darauf mit Wehmut ihre beiden Söhne.

Sehnsucht packte sie. Am liebsten wäre sie gleich nach Hause gefahren! Doch es half alles nichts, sie wollte den Roman fertig bekommen, so schrieb und schrieb sie. Alles, Orte, Gedanken, Gespräche, die sie schon lange für ihren Roman bereithielt, erstanden wieder. Leider erkannte sie erst spät, dass sie Rosmaries Nöte in Bordighera zu ausufernd beschrieben hatte, und musste das Werk der letzten Tage zusammenstreichen, wie sie Pf. Betz in seinen Urlaubsort schrieb: *„Gestern abend habe ich mit einem Aufseufzen der Erleichterung meinen zweiten Abschnitt beendet. Leider war meine Freude gedämpft, als ich anfing Blätter zu zählen und auf 94 Bogen kam, da half alles nichts, jetzt muß vieles heraus, und zwar mindestens 60 Seiten. Dieses hat mich sehr erschöpft ... Aber ich sehe, daß ich eben auch Lehrgeld bezahlen muß."*

Inzwischen war es herbstlich geworden, der Frühnebel lag bisweilen morgens auf dem Land, löste sich vormittags auf und die Sonne schien umso wärmer. Hie und da sammelte Agnes wieder Pilze im Wald: *„ ... gestern waren es lauter feine Semmelpilze und ganz*

kleine Hahnenkämmchen, aus denen wir einen delikaten Salat be-
reiteten ... wir aßen es in Wehmut und gedachten Ihrer dabei." So
las es Pf. Betz. Wehmut einerseits, da er weit fort war, andererseits,
weil Agnes beschlossen hatte, nach Hause zu fahren.

Rudolfs Postkarte vom Vortag hatte den Ausschlag für diese
Entscheidung gegeben. Agnes schrieb dem Freund: *„Zudem habe*
ich gestern eine Karte bekommen, worin mein lieber Mann sich
sehr vorsichtig ausdrückt, er sagt, die Entscheidung bleibt dir
überlassen, auch erzählte er mir, wie doch Geheimrat Achelis mit
'feierlichem Humor' gefragt hatte: 'Sie kommt doch wieder?', so
habe ich nun noch im Sinn, einen Abend bei Ehrles zuzubringen,
heute mein erstes Kapitel im dritten Teil zu schreiben, morgen
meine Koffer zu packen und am Samstag leider! mit meiner Gui-
tarre abzureisen." Agnes war bewusst geworden, sie müsste, um
ganz fertig zu werden, zu lange bleiben: *„Aber leider muß ich eben*
immer wieder sagen, daß ich auch bei größtem Fleiß doch noch
mindestens 3 Wochen gebraucht hätte und ich den guten Herren-
thierbachern dabei immer mehr zu einer Merkwürdigkeit geworden
wäre. Und den Marburgern!" Natürlich wäre es einfacher gewesen, man hätte den Leuten erklären können, wieso sie diesen Aufenthalt in der Stille brauchte. Gerade das traute sich Agnes nicht zu
sagen: *„Und so laut darf ich da gar nicht von meinem Buch reden,*
ehe ich weiß, ob ich es überhaupt anbringen kann."

Agnes wusste, was auf sie zukommen würde, wollte sie in Marburg das letzte Drittel ihres Romans schreiben: *„Nun bleibt mir*
nichts anderes übrig, als abzubrechen und meiner heimatlichen
hohen Kritik die Sache zu unterbreiten. Die werden dann schon
prüfen – um dann wohl an meinen dritten und letzten Teil zu gehen.
Wie schön wäre es gewesen, wenn ich hätte in Herrenthierbach
alles fertig machen können ... Ich muß Sorge haben, wie ich nur
überhaupt mich mit meinen Marburger Anforderungen und mei-
ner Schreiberei auseinandersetze." Ihr ist klar: *„So schön und gut*
wird es mir im Leben nicht wieder gehen ..." Sie fragt am Brief-
ende fast rührend: *„Könnten Sie nicht doch wenigstens über Mar-*
burg zurückreisen, daß ich noch einmal persönlich danken kann
für die große Freundlichkeit und Güte, die Sie mir erwiesen haben,
mich so lange zu beherbergen und mir so viel Schönes zu ver-

schaffen.“ Vorerst schreibt sie ihren *„innigsten Dank“* und verspricht Pf. Betz: *„Ich werde Ihnen immer dankbar sein ...“*

Zurück in Marburg –
Weiterschreiben „im allgemeinen Andrang“

Am 25. September reiste Agnes zurück. So war sie zum 22. Hochzeitstag am nächsten Tag bei ihrem Mann. In Gedanken war sie sicher auch bei ihrer Schwester Emma, die als Witwe ohne ihren Friedrich leben musste, was an diesem Tag besonders traurig war.

Kaum war Agnes zu Hause, belegte sie das Familienleben wieder mit Beschlag. Drei Tage später war Gerhards Geburtstag, am 6. Oktober der von Rudolf – sein Fünfzigster.

Agnes hätte bestimmt gern gewusst, was Rudolf, „die hohe Kritik“, vom bereits Geschriebenen hielt. Er kam nicht dazu, es zu lesen. Zuerst war er mit Gerhard und Mia *„in den Bergen herum gestreift“*, bevor das Semester begann und Mia nach „Hundert Eichen“ bei Osterode gehen sollte. Dort konnte sie sich in der Haushaltungsschule für das Familienleben oder eine Berufsausbildung vorbereiten. „Hundert Eichen“ war ein Pestalozzi-Fröbel-Haus mit angeschlossenem Kinderheim. In dieses Erholungsheim wurden die kleinen Patienten aus der Berliner Charité und aus anderen Kliniken geschickt, um neue Kräfte zu sammeln. Als Mia ihrer Mutter die heimliche Verlobung mit Gerhard anvertraut hatte, war es Frau Professor Hensel aus Sittlichkeitsgründen wichtig, dass das Paar räumlich getrennt leben und bis zur öffentlichen Verlobung nicht mehr ohne Begleitung zusammentreffen solle.

Bei Agnes hatte jetzt das Schreiben Vorrang. In den wenigen Tagen, als in Marburg noch die warme Herbstsonne schien und es mit der Schriftstellerin gut meinte, schrieb sie auf der Veranda. Hin und wieder sah sie in die gelbgefärbte Birke und auf die sich herbstlich färbende Umgebung, auf den Höhenzug des Dammelsbergs und auf den Schlossberg mit der Stadt, die darunter lag. Sie schrieb von Rosmaries Hochzeit, die im September gefeiert wird, und sah vor ihrem inneren Auge Langenburg. Sie schrieb unermüdlich. Einmal brachte Gerhard von einer Wanderung eine beeindruckende Hausinschrift mit, die er unter vielen interessanten Haussprüchen der alten Hessenbauernhäuser gefunden hatte. Dieser Spruch passte genau in ihren Roman und wurde gleich in den bereits geschrieben Text eingefügt. Sie verwendete ihn als Inschrift eines Rings, der ein altes Familienerbstück ist. Diesen Ring wählt der Fürst von Brauneck dafür aus, dass seine kleine Tochter, das „Seelchen", ihn dem „Ruinengrafen" als Dank für ihre Rettung vor dem Erfrieren im Namen des dankbaren Vaters überreiche. Das Motto des Rings zieht sich durch den Roman: *„Gottes Will hat kein Warumb."*

Ihrem Freund Betz schildert Agnes erst im Weihnachtsbrief, wie es ihr nach ihrer Heimkunft mit dem Schreiben ergangen ist: *„Ich konnte meine anderen Pflichten nur sehr oberflächlich erfüllen. Nach Herrenthierbach fiel es mir besonders schwer, mich mit allem abzufinden. Wie vermißte ich die schöne Ruhe und Luft, hier bin ich doch immer ins Zimmer gebannt gewesen, und Fräulein Krafts freundliche Fürsorge für mich und die erholenden Abende. Hier mußte ich natürlich auch abends arbeiten. Und ich mußte alles im allgemeinen Andrang schreiben in der gemeinsamen Wohnstube, wo sich Vandalen und andere Menschenwesen herumtrieben ... Das war namentlich am Anfang hart und es war mir manchmal ganz elend zumute. Ich wäre lieber frierend im oberen Zimmer im Pfarrhaus gewesen als in der menschenvollen grünen Stube. Aber schließlich ging es doch unter den erschwerten Umständen, aber Sie können sich denken, wie oft sehnsüchtige Gedanken nach der Herrenthierbacher Dichtidylle gingen, alles und jede Correspondenz mußte ich aufgeben, denn ich konnte mich, wenn ich am Tag 20 Seiten von meinem Roman geschrieben hatte, nicht mehr mit Tinte und Feder abgeben."* Vor Semesterbeginn feierten sie alle im Wald ein Herbstfest. Auch davon erzählt Agnes rückblickend: *„Ein schönes Herbstfest feierten wir auf dem Dammelsberg, dann ging Mia ins Kloster, zu den Säuglingen, Gerhard ins Colleg, ich hinter meine Bögen. Erich mußte auch feste schaffen."*

Dann kam die Zeit, da man sich um Gerhards Gesundheit sorgte. Sein altes Übel, der Hautausschlag, zeigte sich wieder, *„der seiner Schönheit großen Abtrag tat"* und mit harten *„Kuren"* behandelt wurde. (Zum Glück kam alles erst, nachdem Mia abgereist war.) Dazu hatte er *„eine Zeit lang ein sehr nervöses Herz"*, wie Agnes Pf. Betz im Weihnachtsbrief wissen ließ.

Die Eltern hatten sich gegen den vorgesehenen Studienortswechsel im nächsten Semester entschieden. Rudolf sah mit Sorgen, dass sein Sohn den hohen Anforderungen der Tübinger Universität nicht standhalten würde, deshalb sollte er in Marburg bleiben: *„In Tübingen könnte er doch nur ein sehr mittelmäßiges Examen machen."* Auch für die hessischen Prüfungen musste er sich anstrengen, meinte Agnes: *„ ... freilich arbeiten muß er kolossal, um die zwei verlorenen Jahre einzuholen."* Das Verhältnis zwischen Agnes und Gerhard, das nach den Differenzen vor zwei Jahren wieder gut geworden war, zeigte sich nun belastet. Sie schrieb Pf. Betz: *„Gerhard behandelt mich schlecht, ist nie zufrieden und will eine ablehnende Kritik über mich schreiben. Und dabei will er nicht einmal sagen, was ihm mißfällt, oder behauptet, es nicht zu wissen, nun das ist bei Dichtern so, einander können sie nicht ausstehen."* Wie sollte Agnes in dieser Atmosphäre ihr Buch fertig schreiben?

„Wir sind alles Arbeitstiere gegenwärtig …"

Rudolf arbeitete an seinen Publikationen und musste sich erneut mit seinem Hausbuch „Die Verlorene Kirche" befassen. Es sollte in zweiter Auflage überarbeitet – unter verändertem Titel mit anderen Illustrationen – bei Salzer erscheinen. In Agnes' Brief an ihre Schwester Alice lesen wir: *„Wir sind alles Arbeitstiere gegenwärtig, und jedes hat schrecklich viel zu tun."* Auch Renate, die in Marburg weiterstudierte, lernte intensiv. *„Renate war auch nicht erheiternd. Sie schafft auch die ganze Zeit und wir sehen sie kaum."* Vorbei waren ihre „Taubenschlag-Tage" mit ständiger „Mimerei", Klavierspiel, Gedichtvorträgen, Kostümanproben etc.

Alle hatten zu lernen, auch Erich! Er hatte sich, wie Agnes Alice schrieb, *„in diesem Sommer glücklich bis zum Drittletzten heruntergefaulenzt".* Sie berichtet der Schwester von der *„ Tyrannis"* seines gefürchteten Schuldirektors, da ihr dieses Thema wichtig war: *„Neulich hat er Erich eine große Rede gehalten wegen seiner Sommerfaulheit und ihm vorgehalten: wir wissen, daß Sie sich mit Studien befassen, und kennen Ihre Lektüre, aber wir verbieten sie Ihnen, die Schule verlangt Sie ganz und gar – worin besteht diese verbotene Lektüre? Er hat angeben müssen, was er las. Lessing, Schiller (Historisches), Carlyle, Gobineau, Jakob Burkhardt. Nun,* *die Schule wird auch überstanden werden, aber es tut mir leid, wenn ein sonst tüchtiger Mann so entsetzlich bei der Jugend danebengreift und ihren Trotz und Widerstand weckt."* Doch echauffierte sich Agnes über die Blaubeurener Schule früher mehr.

In der Vorweihnachtszeit bekamen Günthers Besuch aus Blaubeuren. Lobin Lang war für 14 Tage bei ihnen. Sie brachte große Probleme mit, die sie zu Hause durch die Altersstarrheit des nun fast 80-jährigen Geheimrats hatte. Pf. Betz durfte im Weihnachtsbrief daran teilnehmen: *„Die Sache ist schwieriger und komplizierter als je, auch ich weiß mir keinen Rat mehr. Lobin ging nach Blaubeuren wie in den Tod. Sie erwarte, daß sie noch über der Behandlung, die ihr dort zuteil wird, entweder den Verstand verliert oder das Leben. Mir ist ganz Angst um sie, wenn man in ein solches Weihnachtselend hinein muß. Und selbst gar nicht aus seiner Haut kann. Ich habe nach Kräften zu trösten versucht."* Selbst Rudolf sah keinen Ausweg aus diesen schweren Lebensbedingungen.

Agnes nahm in abgewandelter Form das Thema der Aussichtslosigkeit in ihren Roman hinein als „Entwicklung einer Seele" und die Frage, was geht, wenn nichts mehr geht. Dann bedarf es einer anderen Kraft. Agnes schrieb diese Kraft, die Trostkraft, Gisela zu. Der „Schleier der Gisela" wurde als Trostkraft spürbar. Er konnte Leid und Aussichtslosigkeit die Schärfe nehmen.

Gisela, die „Heilige", nahm die Schmerzen anderer in großer Liebe auf sich, sodass es unglücklichen Menschen leichter wurde. Agnes wusste, dass früher ihre „Gräfin Gisela" an Sterbebetten geholt wurde. Durch sie hörten Sterbende auf zu leiden und die Angehörigen spürten eine nicht für möglich gehaltene Tröstung.

Vielleicht half Lobins Leid, dass Agnes dieses Thema in ihrem Roman noch klarer für die armen unglücklichen Seelen einarbeitete. Agnes wird den „Schleier der Gisela" auch selber am Ende des Leben deutlich erfahren – und nicht nur sie.

Der Roman ist fertig

Aus dem Brief an Alice erfahren wir, dass Agnes jetzt wirklich mit ihrem Buch fertig war! *„Am Samstag bin ich fertig geworden, und gestern konnte ich nur den ganzen Tag ächzend in einem Stuhl sit-*

zen, so hatte ich mich überdichtet." Sie hatte am Samstag vor dem
1. Advent, am 27. November 1909, die letzte Seite geschrieben.
Alice gab sie ihre Eigenreflexion wieder: *„Ich glaube zu sehr an*
mich selbst, und das ist sehr anstrengend. Wie es nun geworden
ist, diese Arbeit von mindestens 7 Jahren, habe ich nun keine Ah-
nung. Rudolf hat noch sehr wenig gelesen, weil er ewig keine Zeit
hat, und weiter habe ich niemand. Mit Gerhard lebe ich in dichte-
rischer Fehde." Agnes hatte sich nochmals Großes vorgenommen.
Es galt so schnell wie möglich alles für den Verlag in Reinschrift
zu bringen. Sie hatte ihr Werk dort bereits schriftlich angekündigt.

Folglich hatte sie noch keine Schreibpause, im Gegenteil! Rudolf hatte ihr bisher alle Korrespondenz, auch die zur Weihnachtszeit, abgenommen. An Alice schrieb sie jedoch persönlich, da sie
ihr zur Geburt des jüngsten Kindes am 20. November gratulieren
wollte: *„Meine liebste Alice! Glückliche Mutter 7 schöner Töchter!*
Wir haben das Siebengestirn der Lepsiaden gebührend gefeiert,
und der Pater hat eine schöne Rede gehalten. Ich hoffe, daß Renate
Dir davon erzählt hat." Dieses Mal war zuvor kein Kind der Familie gestorben! Deshalb war die Freude groß. *„Wir freuen uns,*
daß wir so oft Nachricht von Euch bekommen und gottlob jetzt
auch bessere. Zu schön, daß Emma beigestanden hat!"

Emma wohnte mit Polly und ihren Kindern schon einige Monate
in Potsdam in einem der neu im Jugendstil erbauten imposanten
Mehrfamilienhäuser ganz in Alices Nähe. Sie brachte sich als Se-
kretärin in der DOM ein und verdiente so ihren Lebensunterhalt, da
ihre kleine Witwenrente für die große Familie nicht reichte. Polly
bewältigte den Haushalt und war für die jüngeren Kinder da. Die
neugeborene Lepsius-Tochter hatte noch keinen Namen, deshalb
ging Agnes auf die verschiedenen Namenserwägungen ein. Bis sie
schließlich von ihrem Buch schrieb: *„Mein Buch hat endlich einen*
Titel bekommen. Wie gefällt er Dir? (Sehr wichtig der Titel:) „Der
Schleier der Gisela." *Er klingt poetisch, ein bißchen ahnfrauen-*
mäßig, aber ist sehr behältlich. Was meint Ihr?" Sie schreibt Alice,
dass sie nun für den Verlag viel abschreiben müsse: *„etwa 500 Sei-*
ten, große Aktenseiten und mit allen Kommas richtig, mit denen ich
ja immer etwas im Kampfe liege. Gerhard ist nicht imstand, nur ein
einziges Komma zu machen, meine Geschichten regen ihn so auf,

daß er über alles hinwegliest. Ich muß überhaupt mit meiner Dichtung sehr viel ausstehen, es ist ein arges Geschäft."

Ausgerechnet in der Vorweihnachtszeit hatte sie so viel zu tun. Agnes drückte ihrerseits Mitgefühl für Alice aus, die gerade in der beginnenden Adventszeit im Wochenbett lag. *„Leider naht nun die schwere Weihnachtszeit, und Du wirst Dich doch nicht ganz entziehen können dem Trubel. Daß wir uns das schönste Fest so erschweren. Ich leide immer darunter, und zu einer Weihnachtsstimmung komme ich erst, wenn der Baum brennt, und dann nicht einmal immer. Diesmal steht alles rabenschwarz vor mir… ich habe fast gar keine Zeit, und mit den Moneten steht's auch nicht zum besten."* Agnes wollte sich aus der Weihnachtsvorbereitung heraushalten: *„Die Backerei überlaß ich der Sophie und den Buben. Die Buben machen die festen Teige und die Sophie die butternen, die man ihnen weniger anvertrauen kann. Sie sind zu kräftig dazu."*

Da Renate Lepsius Weihnachten nach Hause fuhr, wollte Agnes ihre Schwester darauf vorbereiten, dass Renate etwas missverstanden haben könnte. Sie erklärte ihr Gerhards und Erichs (aber auch Rudolfs) *„blutige Witze"*, die sich meistens auf die Mutter bezogen. Sie meinte, Renate habe dafür kein Verständnis: *„So kapiert sie die Witze der Buben leider niemals, und da die sich sehr häufig auf mich richten, pflegt sie den Eindruck auf dem Gesicht zu tragen, als ob sie mich für eine ungemein mißhandelte Gattin und Mutter halte. Aber da ist nichts zu machen, die Buben machen ihre blutigen Witze weiter, und der Vater ist nicht schuldlos. Daß dem allen eine immer bereite Liebe und Güte namentlich auch bei Gerhard zugrunde liegt, merkt sie wohl nicht so ganz, eben weil ihr der humoristische Sinn fehlt und sie immer nur die eine Seite der Medaille zu Gesicht bekommt."* Agnes wollte es gar nicht anders haben: *„Es gefällt mir und kommt mir als ein höchst, amüsantes, nie ermüdendes Spiel der verschiedenen Geisteskräfte vor, und ich bin ja auch selbst daran schuld."* Renate, die ihre Mutter früh verloren hatte, konnte diese Umgangsform nicht verstehen. Alice sollte in dem Brief aber auch erfahren, wie hilfreich und angenehm Renate für Agnes war. Das weibliche Element tat der Familie gut. Sie schildert, wie ihr Renate rasch half, für eine gesellschaftliche Einladung, die ihr am Herzen lag, ihr Grauseidenes abzustecken, damit sie es enger nähen konnte. Doch ließ sie Alice nicht wissen, warum die Änderung nötig war. Agnes hatte stark abgenommen.

Was Agnes sich mit der Romanabschrift zugemutet hatte, erfuhr Pf. Betz in ihrem ersten Brief (nach ihrer Herrentierbacher Zeit) kurz vor Weihnachten: *„Lieber Herr Pfarrer! Sie werden denken, nun endlich fällt es ihr wieder ein, an ihre Freunde zu denken! Sie tun mir unrecht, ich ächze, ich stöhn, wimmere und klage unter der Last meiner 2000 Seiten, die ich bis zur Vollendung meines Buches noch schreiben werde. Erst am Montag hat Salzer den ersten Teil meines MS*[107] *bekommen, der andere liegt noch mit 680 Seiten in scheußlicher Schrift vor mir und muß reduziert und abgeschrieben werden und dabei bin ich so fleißig, nur, das werden sie mir glauben, in der letzten Zeit mit äußerster Seelenanstrengung.“* Ein bedenklich stimmender Nachsatz folgt: *„... daß ich jetzt wohl einsehe, daß man sich zu Tode dichten kann“.* Sie nennt aber auch ihre große Freude, die sie bei allem Wehklagen erfüllt: *„Der Weise ist auch soweit zufrieden, mit manchem sehr zufrieden.“* Sie hatte Rudolf bewiesen, dass sie etwas zuwege brachte! *„Nun darf ich mir nicht einmal eine Weihnachtspause gönnen, habe Salzer bis 15. Januar einen weiteren Pack versprochen und der Weise fragt mich zweimal am Tage, wieviel Seiten?“* Pf. Betz las wohl erschrocken: *„Ich bin so dünn geworden, daß ich kaum noch einen Schatten werfe, aber wenn der Weise zufrieden und manchmal sehr zufrieden ist, bin ich selig.“* Das viele Abschreiben und Kürzen war nicht alles, was sie belastete, dahinter lauerte ihre Angst, dass der Verlag Salzer den Roman ablehnen würde wie damals der Verlag Cotta ihr Drama. Sie gestand dem Freund: *„Nun habe ich noch sorgenvolle Tage zu bestehen, bis ich eine Antwort von Salzer bekomme, meine Sachen sind doch reichlich sonderbar. Ich wäre sehr betrübt, wenn ich mit dem MS hausieren müßte. Ach was warten da noch für Schmerzen auf einen! In der Verborgenheit war mir wohler.“*

Günthers drittes Weihnachten in Marburg
Trotz Schreibarbeit hatte sich Agnes an einem Nachmittag auf den Weg in die Stadt gemacht und für Pf. Betz ein Weihnachtsgeschenk besorgt: *„ ... heute bin ich nun ausgegangen und habe Ihnen zu*

meiner großen Freude etwas gefunden, von dem ich hoffe, daß es Ihnen Freude machen wird." Sie wusste noch, wie gut ihm „das Original gefiel". Er hatte die kleine Figur der „Hl. Elisabeth" im Sommer gesehen, als er zu Besuch war. So besorgte Agnes eine Kopie der „kleinen Statuette". Sie beschrieb ihm die Technik, wie mit Hilfe einer Punktiermaschine das Original mechanisch „so ähnlich wie möglich" kopiert wird. „Ich habe mich sehr verliebt und mein Mann auch in das feine Gesicht." Dass die kleine Statue hochgestellt werden muss, „so daß man von unten auf sieht und jedenfalls außer Bi's Reichweite", merkt sie noch an.

Ihre Weihnachtsgrüße lauten: „Feiern Sie ein stilles und schönes Weihnachten, und nehmen Sie noch einmal meinen innigen Dank für die große Güte, die Sie mir in diesem Jahre erwiesen haben. Wenn ich einen Erfolg habe, so weiß ich für immer, wem ich ihn schulde, denn bei Ihnen konnte ich zum erstenmale so ganz mir selbst leben, nochmals den innigsten Dank von Ihrer Agnes Günther."

Agnes wurde von Pf. Betz zu Weihnachten ebenfalls beschenkt, sie bekam ein „feines Kirchberger Bild", das sie freute. „Es kommt in mein Schlafzimmer, da will ich auch ein Stück alte Erinnerung haben." An diesem Weihnachten bekam sie sonst wenig geschenkt. Rudolf hatte „ihr nichts", ebenso die Söhne. Im Jahr darauf schrieb sie Emma zum Thema Weihnachtsgeschenke: „Rudolf hat es auch stillschweigend schon im letzten Jahr aufgesteckt, mir etwas zu schenken, die Buben haben natürlich auch nichts ..."

Foto aus den späteren Jahren (> Seite V/VI)
Wann das letzte Foto von Agnes gemacht wurde, ist nicht bekannt. War es über Weihnachten oder zu Beginn des Jahres 1910?

Betrachten wir das Foto „aus den späteren Jahren". Es ist der Aufnahme, die Gerhard von seiner 40-jährigen Mutter in Langenburg gemacht hatte, ähnlich. Womöglich haben sie es bewusst nachgestellt. Es ist wieder eine Winteraufnahme. Schnee liegt auf den Wegen, Agnes steht diesmal im offenen Gartentor. Rechts und links ist erneut eine Hecke, davor eine brunnenartige Wasserstelle. Der Schnee taut bereits, wie man an den Fahrspuren auf dem Weg sieht. Wieder sieht man einzelne Fichten und diesmal eine bewaldete Marburger Umgebung.

Agnes steht aufrecht und hält ihren Kopf leicht schräg, Licht scheint auf ihre helle Stirn, über der ihr strenger Mittelscheitel im dunklem Haar sichtbar wird. Vom Scheitel ausgehend rahmt ihr Haar rechts und links locker fallend ihr Gesicht. Es liegt über ihren Ohren und geht, wie man ansatzweise sieht, in zwei dicke Zöpfe über, die als Krone auf dem Hinterkopf hochgesteckt sind.

Am meisten fällt der große weiße Spitzenumhang ins Auge, der die Schultern bedeckt, vorn in zwei schmalere Spitzenschals übergeht und zweireihig nach unten fast bis zu den Knien über den ganzen Körper fällt. Die Assoziation zusammengeklappter Flügel liegt nahe. Es ist eine schöne Spitzenarbeit. Darunter trägt Agnes ein dunkles Kleid mit Feinstrickpullovereinsatz und hohem Rollkragen, der den Hals bis zum Kinn bedeckt. Rechts schaut ein weißer Blusenärmel heraus, der locker über das breite Armbündchen der Bluse fällt. An ihrer rechten Hand, die nach unten hängt, erkennt man ihren Ehering. Über dem linken Arm hängt ein zusammengelegter Pelzumhang, der die linke Hand bedeckt.

Ihr Gesichtsausdruck wirkt freundlich, aufmunterndes Lächeln scheint auf ihrem Gesicht zu liegen. Doch studiert man ihn genauer – vor allem in Vergrößerung –, sieht man, dass ihre Lippen etwas aufeinander gepresst sind, sie eigentlich nicht lächelt und das Gesicht leicht aufgedunsen wirkt. Auch die unteren Augenlider sind etwas aufgequollen zu sogenannten „Tränensäcken". Agnes sieht anders aus als auf dem Foto, das Gerhard sechs Jahr zuvor von seiner Mutter machte: Jetzt sieht man ein älteres Gesicht, durch Krankheit gezeichnet. Auf dieser Fotografie wirkt sie noch nicht abgemagert. Noch strahlt sie, von fern betrachtet, Tatkraft aus.

„Ich ließ mir vom täglichem Fieber so wenig wie möglich anmerken"

In den ersten zwei Monaten des Jahres 1910 war die Abschrift ihres Romans Agnes' einziges Bestreben. Wie versprochen schickte sie die ersten Kapitel in Reinschrift an den Verlag Salzer, doch sie bekam ihre Seiten mit einer Ablehnung zurück. Der Verlag hatte kein Interesse, es wäre zu mystisch. Rudolf war von vornherein nicht dafür gewesen, dass Agnes ihren Roman diesem Verlag geben wollte, da er persönlich keine guten Erfahrungen mit dem Verleger gemacht hatte. Agnes erklärte Pf. Betz: „*Mein Mann erlaubte mir auch nicht, weiter mit dem guten Mann zu korrespondieren … Ich hatte gegen den ausdrücklichen Rat meines Mannes gehandelt und es befriedigte auch sein eheherrliches Gemüt, daß es kein Glück bringt, wenn man seinem treuen und weisen Rat nicht folgt.*"

Was nun? Sie wollte nicht aufgeben, sondern ihr Manuskript an Cotta schicken. Trotz der Enttäuschung nahm sie alle Energie zusammen, um die letzten 200 Seiten abzuschreiben. Erklärungen, die Agnes dem Verleger Salzer nicht mehr geben konnte (zu der bemängelten hellsichtigen Romanfigur), wollte sie klugerweise dem Verlagsleiter von Cotta in einem Begleitschreiben im Voraus schicken. So setzte sie am 26. Januar 1910 einen Brief auf, der noch einmal ins Reine geschrieben werden müßte, wozu sie zur Zeit nicht kam. Agnes bezog sich in ihm auf das Schreiben von 1907, in dem ihr trotz der Abweisung des Dramas eine Anerkennung poetischer Eigenschaften zuteil wurde, und führt aus: „*Die beigelegten Proben sind Stücke aus den drei Teilen eines Romans. In meiner Handschrift und den beigelegten Bögen 850 bis 900 Seiten lang. Ich wäre Ihnen dankbar, wenn Sie die Proben ansehen wollten, ob Sie der Sache Interesse entgegenbringen und ich Ihnen eventuell das Ganze zur Ansicht schicken dürfte.*" Sie erklärte recht ausführlich den Aufbau des Romans und die enthaltenen Besonderheiten: „*…die Prinzessin hat eigentümliche Zustände, sie ist visionär veranlagt und auch etwas hellsichtig … Wie ich nun darauf kam, gerade das zu schildern, möchte ich Ihnen gerne mitteilen …*" Agnes erzählt von eigenem Erleben seit Kindertagen und wie sie der Prinzessin angedichtet habe, was sie selber erlebte. Damit offenbart sie sich mit ihrer ganzen Person in diesem Briefentwurf, den Gerhard Günther Jahre später im Nachlass fand. Sie hat weder den Brief noch ihr Manuskript an Cotta geschickt.

Sie saß immer noch tagein, tagaus an ihren Blättern, bis ihr schlechter gesundheitlicher Zustand nicht mehr verborgen blieb. Gerhard konnte nicht mitansehen, wie sich seine Mutter eisern an ihre „Abschreiberei" machte und es ihr dabei miserabel ging. Sie berichtet später Pf. Betz: „*Aber Gerhard wurde auf einmal unangenehm energisch, zwang mich, meine Temperatur zu gestehen, und brachte mich schier mit Zwangsmitteln zu Bett. Das war Mitte Februar, ich weiß selbst nicht mehr genau, ich hatte in einer solchen Hetze immer in Gedanken, meinen letzten Teil noch ins Reine zu bekommen, weitergeschrieben. Nun mußte ich also im Bett sein und still halten und die Papiere wurden von Gerhard weggeschlossen. Ich hatte gehofft, eine kleinere Ruhezeit würde mich wieder ein wenig in die Höhe bringen, aber statt dessen wurde es jeden Tag schlechter."*

Bei Agnes war das alte Lungenleiden wieder ausgebrochen. Sie hatte hohes Fieber, litt nachts an Hustenattacken mit Atemnot und schweren Erstickungsanfällen. Dazu kam ihre große Schwäche. Agnes gab im Nachhinein Pf. Betz gegenüber zu: *„Es ist wahr, so krank bin ich noch nie gewesen ... Es war mir selbst recht bedenklich, namentlich weil ich schrecklich mit meinem Hals zu leiden hatte, fast nicht mehr sprechen kann und in manchen Nächten ... ganz neue und recht peinliche Sensationen kennenlernte."* Ihr behandelnder Arzt Prof. Hildebrand meinte, nur ein Sanatoriumsaufenthalt in Davos könne noch helfen. Davon wollte Agnes nichts wissen und wehrte sich dagegen. Wer sollte das bezahlen?

Doch es gab eine Lösung! Wie sie damals bei ihrem langen Bordighera-Aufenthalt Geheimrat Lang unterstützte,[108] fand sich auch in Marburg Hilfe. Gerhard Günther schreibt in seinen Erinnerungen: *„Da ihr Gatte in seiner finanziellen Bedrängnis nicht in der Lage war, die Kosten für diesen Aufenthalt aufzubringen, nahm sie dankbar das Anerbieten einer hochgesinnten, unserem Hause freundschaftlich zugewandten Dame an, ihr diese Kur zu ermöglichen."* Die Dame war Frau Professor Hensel, Mias Mutter.[109]

In dieser Zeit vor Agnes' Reise nach Davos hielt sich Karl Friedrich wieder einmal in den Semesterferien in Marburg auf. Er besuchte die verehrte „Frau Dekan" bis zu ihrer Abreise, so oft er konnte.

Jedes Mal brachte er ihr eine *„erblühte Rose"* aus einem Blumenladen mit.

17. Davos – Ein Jahr ohne Frühling: Ende März 1910 – Mitte Juni 1910

Die Reise – im Sanatorium –
„Ich bin nur müde, schrecklich müde"

Als sie in der Woche vor Ostern von zu Hause aufbrach, konnte Agnes kaum auf den Beinen stehen, geschweige denn, vom 3. Stock im Barfüßertor 25 die Treppe hinuntergehen. Deshalb trug Gerhard seine abgemagerte Mama. Sie sah vielleicht hoch zu den bunten Glasfestern über der Haustür, deren drei große Ornamente, die man heute noch sehen kann, sie oft betrachtet hatte.

Alle trafen sich zum Abschied am Bahnhof. Die jungen Leute, die immer gerne bei Günthers waren, standen gemeinsam mit Rudolf und Erich am Bahnsteig, auch Karl Friedrich war unter ihnen. Gerhard hatte sich bereit erklärt, seine Mutter nach Davos zu begleiten, um ihr auf der Reise beim mehrmaligen Umsteigen zu helfen. Leider konnten sie nicht im selben Abteil sitzen, Agnes fuhr als Kranke 2. Klasse, er hatte (um zu sparen) nur ein 4.-Klasse-Billet. Als der Zug abfuhr, stand sie am Fenster und winkte den Lieben auf dem Bahnsteig. Tränen liefen ihr dabei übers Gesicht.

Die Reise ging mit dem Morgenzug nach Frankfurt. Von dort fuhren sie über Basel und Zürich durch die Schweiz bis Landquart, dann hoch nach Davos. Agnes überstand die Strapazen der langen Reise *„fast mehr tot als lebendig"*. Spät nachts konnte Gerhard sie endlich in Davos-Dorf abliefern. Er fuhr sofort zurück, sparte so die Übernachtungskosten. Er schlief im Zug.

Als sich Agnes ein wenig erholt hatte, schrieb sie Rudolf und erzählte von der Reise: *„Von Zürich an war die Reise unsäglich schön. Wäre es nicht so überwältigend, so großartig, so himmlisch schön gewesen, so wäre ich vermutlich nicht ganz als heulendes Elend hier angekommen. Aber der Wallensee!* [110] *Und wenn ich meinen sicheren Tod in Landquart zu erwarten gehabt hätte, so hätte ich ihn doch angesehen! Er war zu schön im blauen Morgenglanz, vielleicht der schönste Schweizer See ... Ich stand und sah mir die Pracht und Herrlichkeit der schönen Welt an, weniger als je sehnte ich mich nach himmlischen Gefilden, wenn ich nur diese schöne vollkommene Erde geistweis genießen durfte ..."*

Aber bald kam das Ende der *„wundervollsten blauen Vorfüh-lingslandschaft ... plötzlich mit dem Eintritt ins Tal der Winter ... Zuerst war noch auf einer Seite die liebe braune Erde mit kleinen gelben Huflattich und Gänseblümchen, dann von Klosters an ver-schwand sie und wir waren zwischen meterhohen Schneemauern.*"

Sie hatten für Agnes das kleine private Sanatorium „Villa Concordia" ausgewählt, das ein ehemaliger deutscher Pfarrer mit seiner Frau leitete. Es war ein blassrosa dreistöckiges Haus mit Flachdach, ein viereckiger Klotz vor der Schneelandschaft. Viele dreistöckige Häuser in Davos hatten solche Flachdächer. Mitunter gab es auch typische Schweizer Bauernhöfe, die sich unter der Schneelast zu ducken schienen. Wie stolz standen dagegen diese modernen Kästen da mit ihren übereinander gereihten Balkonen an der Seite. Dazwischen sah man die Kirche St. Johann von „Davos Platz" mit ihrem übermäßig spitzen Kirchturm, der erfolgreich mit dem spitzen Berg am Ende des Davoser Hochtales konkurrierte.

Agnes war der 26. Gast im Sanatorium. Wieder einmal „Concordia". (Sie dachte hierbei wahrscheinlich nicht an die Stuttgarter Jubiläumssäule Concordia.) Eintracht! Alle vereint im selben Leiden! Bis jetzt hatte Agnes jedoch noch keine anderen Kranken gesehen. Sie sprachen hier nicht von „Patienten"– sie waren Gäste des Hauses. Manche lagen schon lange hier, wie Agnes Rudolf schrieb: *„Es sind Schwerkranke im Haus, jemand liegt seit 2 Jahren hier, eine kleine Engländerin seit 5 Monaten ..."* Momentan war Agnes der letzte neue Gast. Sie wurde in der Davoser Fremdenliste vom 25. März 1910 als *„Frau Dekan Günther, Marburg"* geführt, ihr Name hatte als Neuzugang ein Sternchen.

So lag Agnes seit Beginn der „Stillen (Kar-) Woche" in ihrem Zimmer, alles in sterilem Weiß: die Wände, Möbel, Vorhänge, Bettwäsche, und beim Blick aus dem Fenster weiße Schneeberge. Vor dem Zimmer zog sich der Balkon – durch Trennwände unterbrochen – über die ganze Hausbreite hin. Ihr Zimmer hatte einen kleinen separaten Balkonanteil, den Agnes nicht nutzen konnte, da sie noch fieberte. Wenn sie nicht gerade einen Brief schrieb, lag sie still in ihren Kissen. War es die Davoser Luft? War es die extreme Höhenlage? Endlich konnte sie sich fallen lassen. Sie schrieb nach der ersten Woche ihres Aufenthaltes an Pf. Betz: *„Ich bin nur müde, schrecklich müde und bin eigentlich zu allem, was nicht sanft duselnde Träumerein sind, nur mühselig zu bringen."*

Jedenfalls gab sie der tiefen Erschöpfung nach – bis sie aus ihrem Schlaf gerissen wurde. Das geschah wiederholt, denn aus dem Zimmer nebenan drang fürchterlicher Radau. Der Nachbar muss in heftigen Wutanfällen Gegenstände durch den Raum geworfen haben. Drei Tage ging es so. Einmal rückte er stundenlang Möbel. Welche Kraft und Ausdauer! Dann war endlich Ruhe. Der Störenfried war abgereist. Agnes hatte kaum etwas von dem Tobsüchtigen und nichts von ihrer Angst, was er noch anstellen könnte, geschrieben. Erst als er abgereist war, konnte sie berichten, was sie erfahren hatte: *„ ... ein Fall von 'dementia praecox'. Ja du liebe Zeit, wenn ich das gewußt hätte. So fürchtete ich immer, plötzlich einen Schuß zu hören oder vielleicht in meinem Bett am nächsten Morgen tot aufzuwachen."* Sie hatte ihren Humor wiedergefunden und machte sich über ihre Angst lustig.

Agnes lag eisern im Bett und ignorierte möglichst ihre hohen Temperaturen, die das Fieberthermometer zeigte, und versuchte, nicht *„immerfort Kummer zu spinnen"*, wie sie Rudolf beruhigend versicherte: *„Dazu bin ich viel zu munter im Geist."* Keinesfalls wollte sie länger als sechs Wochen bleiben! Niemals fünf Monate, wie ein Arzt verlangte. Denn *„wenn es nicht geholfen hat, kann man auch nichts machen, und gar zu lange möchte ich mir eine Sklaverei, wie sie hier betrieben wird, nicht gefallen lassen."*

„Herrlicher Ausblick" – und was führte zur Krankheit?

Sie lebte abgeschlossen in ihrem Zimmer und bekam viel von der winterlichen Gebirgswelt durchs Fenster mit. Morgens war alles blendend weiß, da es nachts geschneit hatte, am Tag schien die Sonne und die weiße Welt glitzerte ins Krankenzimmer herein. Rudolf sollte an der Schönheit teilhaben und bekam sie im Osterbrief geschildert: *„Ich kann mich morgens fast nicht trennen von dem herrlichen Ausblick aus meinem Fenster. Ich sehe das ganze Davoser Tal entlang auf eine wunderschöne Felsengruppe, die das Tinzenhorn überragt ... Ich mache im Laufe des Tages immer verschiedene Entdeckungen an den Bergen, z.B. daß auf ihnen stets ir-*

gendwo eine Sonne scheint, auch wenn der Himmel ganz bedeckt ist. Dort oben glänzen immer wieder lichte Felder auf oder silberne Abhänge oder nur ein fein in Licht getauchter Grat. So verändern sie sich immer, und in jeder Viertelstunde ist das Bild ein wenig anders. Das Tal bleibt im gleichen Schneekleid; ohne Sonne sieht es öde und kahl und recht leichentuchmäßig aus, die Berge aber nie, eben wegen dieses wundervollen Licht- und Schattenspiels." Dies Ostern war anders, als sie es gekannt hatte!

Wenngleich es draußen so herrlich war, beschäftigte Agnes ein Passus aus Rudolfs Brief, in dem es um die Ursache ihres gesundheitlichen Dilemmas ging. Sie wollte sich mit ihm darüber wohl nicht auseinandersetzen, ließ ihm seine Meinung. Aber Pf. Betz gab sie Einblick in ihre Seelenlage: *„Und nun soll, wie mein Mann schreibt, mein armes bißchen Schreiberei an allem Schuld sein! Ich hätte mich zu sehr dabei geschwächt und dabei hätten die Bazillen die Oberhand oder irgend so etwas. Ich weiß auch noch andere Gründe, muß es mir aber wohl oder übel gefallen lassen."* Nicht nur Rudolf erklärte ihre erneute TB-Erkrankung (oder wieder ausgebrochene TB) mit der Überanstrengung beim Schreiben. Auch Gerhard glaubte dies. In seinem Erinnerungsbuch steht, dass die Kräfte seiner Mutter durch die ungeheure Arbeitskonzentration der letzten Monate aufgezehrt worden seien. Doch was meint Agnes mit: *„Ich weiß auch noch andere Gründe ...'"*?

Dazu gibt es einen Gedanken im Erinnerungsbuch von Gerhard Günther: in einem interessanten Einschub über seine eigene Lungentuberkulose, derentwegen er 1924 ebenfalls nach Davos kam. Er las damals den neu erschienenen „Zauberberg" von Thomas Mann. Im Buch ging es darum, weshalb bei der Romanfigur Hans Castorp Tuberkulose ausbrach. Wichtig war für Gerhard die Antwort: *„ ... weil er im Grunde nicht weiß, wofür er in dieser Welt eigentlich leben soll, die ihn ohne seinen Willen zum Werftingenieur bestimmt hat."* Hier erkannte Gerhard ein durchgängiges Muster all *„derer hier oben"* (den TB-Kranken). Dies Muster traf auch für ihn zu: *„Mir wurde mehr und mehr klar, daß ich mich unter dem Zwang der Umstände in einen Weg verrannt hatte, den zu gehen mir nicht bestimmt war ..."* Und seine Mutter? Hatte sie vielleicht auch nicht gelebt, wie es ihr „Eigenes" gewesen wäre?

Ihr „Eigenes" hatte sie in den Wochen bei Pf. Betz in Herrentierbach zum ersten und einzigen Mal leben dürfen. Hätte sie es nicht gehabt, hätte sie es hinterher nicht so schmerzlich vermisst. Das war wohl einer der Gründe, von denen sie wusste. In dem Zusammenhang erinnern wir uns an ihren Satz an Frau Doktor Klemm-Jäger vom Januar 1909: *„Und so ganz glücklich kann man doch nicht sein, wenn man einem so wichtigen und ausschlaggebenden Teil seines Selbst nur noch mühselig seine Freiheit gestatten kann."* Agnes hatte bei ihrem häuslichen Schreiben schwierige Bedingungen. Verwunderlich ist, dass sie es überhaupt geschafft hat, wenn sie auch noch nicht vollständig mit Abschreiben fertig war.

„Das Buch ist für Monate ad acta gelegt!
Sehr schmerzlich!" – Lesen hilft
Jetzt stagnierte ihre Arbeit. Sie war (gegen ihren Willen) in Davos, Sorge und Liebe der Familie hatten sie hierher gebracht.

Das Traurigste für sie war, von allem anderen abgesehen: *„Das Buch ist für Monate ad acta gelegt! Sehr schmerzlich!"* Agnes lag als Kranke in ihrem Zimmer und wurde gut versorgt. Der Arzt hatte genaue Instruktionen für die Behandlung gegeben. Pf. Betz durfte wissen, wie es ihr mit dem „Zwangsaufenthalt" hier ging: *„Es hat mich schon gereut, daß ich überhaupt nachgegeben habe und hierher gekommen bin. Sie ahnen nicht, wieviel Leute dabei geschoben und gedrängt haben und mein Gerhard mit seiner trotzigen Wärme war am allerschlimmsten."* Da Agnes inzwischen wusste, dass die Ärzte gute Heilungschancen für ihre Lungen sahen, war sie noch entschlossener, den Aufenthalt zu beschränken, auch aus Kostengründen: *„Mitte Mai oder Anfang werde ich Flucht meditieren und was bis dahin nicht geflickt ist, muß ungeflickt bleiben!"* Sie konnte schon etwas hadern, wenn sie allein in ihrem sterilweißen Zimmer lag. Einsam war sie hier! Nur hin und wieder kam eine Hausangestellte und irgendwann schaute Pf. Hoffmann, der Besitzer des Sanatoriums, oder seine Frau herein. Von den Mitpatienten, den anderen „Gästen", hörte sie nur aus den Nachbarzimmern, jetzt vom ruhigen neuen Nachbarn, auch ein unglücklicher Mensch: *„An Nachbarn nimmt man ja recht teil. Durch die Wände!"* Agnes konnte nicht mit ihrer Situation zufrieden sein.

Unverblümt beschrieb sie Pf. Betz die Situation: *„Ich muß im Bett liegen ... liege in einem schneeweißen Kasten von Zimmer zu dem schneebedeckte Berge, an denen rabenschwarze Tannen hinaufsteigen, hereinsehen ... und sehe außer den Dienstboten keinen Menschen. Mein armes bißchen Stimme ist schier eingerostet. Aber das soll wohl gut sein ... So ist es eigentlich einsamer als in einer Klinik, wo wenigstens Schwestern sind."*

Ruhe zum Abschreiben hätte Agnes jetzt gehabt, aber die Kraft fehlte. Ihr blieb nur Ablenkung durch gute Lektüre. Daran fehlte es nicht, da Pf. Hoffmann ihr seine große Bibliothek zur Verfügung stellte: *„So habe ich wahre Bücherschätze zur Verfügung, und wenn er sich etwas neues kauft, stürzt er sofort zu mir und bringt es mir."*

Mit Hilfe der Lektüre konnte Agnes die Einsamkeit ertragen. In den Briefen an Rudolf teilt sie ihre Gedanken über das Gelesene mit, auch dies half ihr. Sie las in den ersten Tagen ein *„außerordentlich aufregendes Buch, die Memoiren der Markgräfin von Bayreuth, der Schwester Friedrichs des Großen"*. Agnes fragt sich bei den Schilderungen der drakonischen Erziehung des Soldatenkönigs: *„Wie konnten die beiden unter dem Druck dieser Jugend zu solchen Menschen gedeihen! Bei einem Mann begreift sich das eher, aber bei einem Mädchen ist es geradezu wunderbar."* Und sie macht sich zum Thema Humor Gedanken, findet es *„schrecklich"*, was *„die Leute komisch fanden in der guten alten Zeit. Der Sinn für Humor hat sich doch recht wesentlich verändert."*

Briefe von allen Seiten und Neuigkeiten von daheim

Wie das Lesen Agnes von ihrem betrüblichen Leben ablenkte, machten die Briefe, die sie von allen Seiten bekam, ihren Aufenthalt erfreulicher. Karl Friedrich schickte ihr ein selbst zusammengestelltes Büchlein über Hölderlin mit einem *„nicht allzu närrischen Brief"* (manchmal übertrieb er in seiner Begeisterung und Zuneigung). Mia hatte ihr aus „Hundereichen" ein Päckchen und einen Brief geschickt, davon erzählte sie Gerhard. Auch Ruth Hensel schrieb und Pf. Betz bedachte sie mit seinen Briefen. Mit Emma stand Agnes im Briefwechsel und natürlich mit Gerhard. Am meisten bedeutete ihr wie eh und je der geistige Austausch mit Rudolf.

Wie sah es zu Hause aus? Renate Lepsius war inzwischen nach Berlin zurückgegangen. So waren daheim die „Männer" unter sich und wurden vom Hausmädchen Sophie versorgt. Erich hatte es in die Unterprima geschafft, trotz der Faulheit im letzten Sommer. Er durfte jetzt stolz seine neue Unterprimaner-Mütze tragen. Gerhard war beim Lernen viel mit seinem Freund Karl Wessendorf zusammen, der oben bei ihnen sein Mansardenzimmer hatte. Und seit Kurzem war Renates freigewordene Kammer an Werner Bergengruen vermietet, der bei ihnen nun in Pension lebte. Sie sahen ihn als neues Familienmitglied an und als Vierten im Bund der *„Serapions Brüder"* (Gerhard, Karl Wessendorf, Erich und Werner). Sie nannten sich so aus Begeisterung für E.T.A. Hoffmann.

Pf. Betz wurde von Agnes informiert: *„Gegenwärtig habe ich einen dritten Sohn, einen jungen Russen, der (als) Freund von Erich flehentlich bat, in die Familie aufgenommen zu werden ... er ist nämlich auch ein Dichter, und zwar ziemlich der bedeutendste von dem Haus Günther. Er geht in die Prima, ist 18 Jahre alt und hat schon einen Romanzyklus fertig! Diese Jugend! Der Weise, der strenge Kritiker, findet nur Lob über seine Sachen ..."* Und Gerhard trug sie auf: *"... grüße meinen neuen Sohn und Serapions Bruder!"*

Werner Bergengruen wird ein bekannter Schriftsteller werden. Er war Deutschbalte aus Riga. Sein Vater war Stabsarzt gewesen und hatte den russisch-japanischen Krieg mitgemacht. Nachdem er die russische Armee verlassen hatte, war er nach Marburg gekommen, um sich zu habilitieren. Bald ließ er sich in Bad Kissingen als praktischer Arzt nieder.[111] Sein Sohn Werner blieb weiter in Marburg, machte sein Abitur und begann im Herbst 1910 mit seinem Studium. Er lebte bei Günthers im Mansardenzimmer neben Erich. Über Günthers lernte er die Schwester von Mia Hensel näher kennen. Charlotte (Lotte) wird später seine Frau.

„Dieses Klima höhlt einen geistig dermaßen aus"

Langsam ging es Agnes besser, sodass sie mit der Liegekur auf dem Balkon beginnen durfte. Die Sonne schien, warmer Wind wehte, die Berge standen in weißer Pracht um das Tal. Sie freute sich daran, das Gefühl der Einsamkeit wich, sie nahm das Leben wieder wahr: *„Unablässig klingeln die Schlitten vorbei am Hause."*

So schön es war, in der Sonne zu liegen, brachte es den Nachteil mit sich, dass sie wieder nicht schreiben, nicht einmal mehr lesen konnte. Fest eingewickelt hatte sie keine Hand frei, um ein Buch zu halten. So blieb nur stilles Liegen. Agnes fand, auf ihren Liegestühlen ähnelten sie „menschlichen Raupen". Nicht nur optisch, sondern auch im übertragenen Sinn sah sie sich als *„dicke, fette Raupe, mit kleinem Kopf, die eben im Begriff ist, sich zu verpuppen ..."* Es passte eigentlich nicht zu ihr: *„Ich sehe nicht einmal hin auf die Herrlichkeit. So macht einen die Luft zur Raupe ... Dieses Klima höhlt einen geistig dermaßen aus ..."* Der Föhn trug noch dazu bei. Sie schrieb Rudolf: *„Der Föhn heult, gellt, pfeift, stöhnt, zwei-drei-stimmig und entsetzlich melancholisch. Er tut schrille Schmerzensschreie, als könne und könne er die Qual nimmer ertragen, daß man ganz zusammenfährt ..."*

Um nicht ganz träge zu werden, machte sie sich Gedanken über ihre Lektüre. Sie hatte von August Sperl „Castell – Bilder aus der Vergangenheit eines deutschen Dynastiegeschlechtes" gelesen, das 1908 erschienen war. Eine Vorfahrin aus dem Adelshaus Castell hatte einen Hohenloher-Langenburger geehelicht. So fühlte sich Agnes in Davos innerlich mit dem Hohenloher Fürstenhaus verbunden. Sie erinnerte sich, wie in ihrer Langenburger Zeit ein Fundstück aus Apulien – das alte hohenlohische Wappen von 1230, vom Cousin des Fürsten Kardinal Gustav von Hohenlohe-Schillingsfürst nach Langenburg gebracht – ins Gemäuer des ältesten Schlossteils von Langenburg im Innenhof eingelassen wurde.

Jetzt konnte sie auch wieder über ihre eigene Dichtung nachdenken, die sie in dieses Schloss hineingedichtet hatte, wobei sie sogar den Namen der hohenlohischen Stammburg, „Brauneck" verwendet hatte. „Brauneck" ist kein Fantasiename. Die Stammburg war allerdings schon vor Hunderten von Jahren aufgelassen. Der Bauernhof daneben wird heute [112] noch bewohnt.

Rudolfs Hinweise für ihr „armes Buch" und „der Einzelhaft entlassen"

Rudolf hatte sich in diesen Tagen mit ihrem Werk befasst und äußerte sich anerkennend darüber, jedoch verbunden mit dem Hinweis, dass die „Gisela-Geschichte", die Geschichte der Ahnfrau beider Romanhelden, mehr „verborgen" werden sollte. In ihrem nächsten Brief ging Agnes darauf ein: „*Was Du über mein armes Buch schriebst, hat mich höchst beehrt, und ich glaube, daß Du recht hast. Es muß die Verbindung zwischen der alten und neuen Geschichte lockerer sein, das geht wohl durch kleine Änderungen. Wäre ich jetzt ein englischer Dichter, dürfte ich ganz ungeniert sein, die haben Narrenfreiheit. Aber freilich, Künstler sind sie gerade nicht. Wenn ich kräftiger werd, hoffe ich, die Sache hervorholen zu können.*" Das bedeutete erneute Bearbeitung. Es erging ihr wie mit dem Drama: Was schon fertig war, sollte umgearbeitet werden.

Nach dem Föhn kamen die Schneetage. Es schneite unermüdlich – vier Tage lang. Agnes lag, so lange es ging, weiter auf dem Balkon und sah dem Schneegestöber zu. Die Berge sah sie seit Tagen nicht mehr, nicht einmal den „*nächsten Tannenhang*". Es war ungemütlich in der Kälte auf dem Liegestuhl. Sie schrieb trotzdem ihren Brief weiter, doch langsam begannen ihre Hände „*zu erstarren*". Aber anscheinend half ihr die Hochgebirgsluft, denn sie hatte die letzten Tage kein Fieber mehr! Die Temperatur war dauerhaft auf 37° gesunken. „*Doktor Lucius war eben da und meinte sehr triumphierend, so nun werden Sie wieder, so gut Sie werden können.*" Er gab Agnes auch Hoffnung, es würde mit ihrer Stimme wieder besser. Noch konnte sie nicht klar und hell wie früher sprechen. Sie war heiser und unterhielt sich eher flüsternd.

Weil sie kein Fieber mehr hatte, durfte sie in den nächsten Tagen zum Essen hinunter in den Speisesaal gehen und kleine Spaziergänge machen. Sie war froh darüber! Übertreiben durfte sie natürlich nicht. Es war für sie inzwischen ungewohnt, Straßenkleidung zu tragen und ihre langen schwarzen Zöpfe nicht hängen zu lassen: „*Ich werde mir wunderlich vorkommen, wenn ich wieder ein Kleid anziehe und mich frisiere ...*", schrieb sie Gerhard. Sie war gespannt, wie es sein würde unter den anderen Gästen, die sie noch nie gesehen, nur von oben gehört hatte. Als sie alle guten Nachrichten geschrieben hatte, schloss sie optimistisch: „*Deine schon wieder vom Grauen ins Rötliche übergehende Mama.*"

Pf. Betz berichtet sie zwei Tage später, sie werde demnächst aus „*der Einzelhaft entlassen*". Beim Briefeschreiben ruhte ihr Blick auf dem Sträußchen, das sie am Vortag bekommen hatte: *„Ein klei-ner Frühlingsbote neben mir, eine zarte, wundervoll blau ange-hauchte Pelzanemone u. blauer Frühlingsenzian. Der wächst an schmalen Stellen, die an steilen Halden gegen Süden liegen. Die sind schneefrei, aber über Nacht werden sie wieder zugedeckt, daher die Anemone ihren Pelzkragen sehr nötig hat."*

Mutmach-Geschichten und
„Ich könnte in die Höhe hüpfen vor Freude!"

Agnes ging es gut. Zur Freude über ihre langsame gesundheitliche Besserung kamen zwei Mutmach-Geschichten, die ihr an diesem Tag wie zur Bestätigung erzählt wurden: eine von Frau Pf. Hoff-mann über ihren Mann und sich. Sie waren beide selber einmal an TB erkrankt und konnten sie auskurieren. Ihr Mann war sogar To-deskandidat, als sie sich entschied, ihn zu heiraten. Das war 17 Jahre her! Die zweite Geschichte hörte sie von Frl. Westphal, die am Tag zuvor bei ihr hereingeschaut hatte: Diese hatte *„ein gan-zes Jahr lang mit hohem Fieber (39°) im Bett gelegen und arbei-tete jetzt wieder",* half anderen Patienten.

Diese Beispiele von geglückter Genesung gaben Agnes Zuver-sicht. Sie meinte: *„Da kann ich doch auch hoffen, daß ich meine Hexe noch schreiben kann."* Sie wollte nach dem Umarbeiten ihres fertigen Romans, den sie „Schleier der Gisela" nannte, den Hexen-roman (Gisela-Roman) schreiben. Die viele liebe Post, die sie er-halten hatte, trug gewiss zur gesundheitlichen Besserung bei.

Viele Monate hatte sich der Druck der 2. Auflage der „Verlore-nen Kirche" hingezogen, endlich sollte es konkret werden! Diese Nachricht freute Agnes: *„Ich könnte in die Höhe hüpfen vor Freude! Bitte sage sofort dem Pater meine innigsten Wünsche ... Jetzt kann man erst mit dem Buch Staat machen",* schrieb sie an Gerhard. Ihre andere Freude war, dass sie sicher war, in drei Wo-chen wieder nach Hause fahren zu können. Ihr Arzt hatte eigentlich an Ende Mai gedacht, aber so lange würde ihr Geld nicht reichen. Außerdem wollte sie unbedingt den Frühling zu Hause erleben. Vom Davoser Mai hatte sie bereits gehört, er sei scheußlich und schneereich, das Eis des Sees taue erst Mitte Mai. Für Agnes stand fest, sie wollte nicht so lange bleiben, bis sie als geheilt deklariert würde. Lieber wollte sie, noch 14 Tage „Frauenberg" zur Erholung anschließen. Das *„wäre himmlisch!"*

Agnes erlebte seit kurzem die fürsorgliche Betreuung des jungen Frl. Westphal, was ihr guttat. Sie erzählte Gerhard: *„Du weißt ja, Deine Mutter fährt nie schlecht mit der Menschheit. Nun hat sich Fräulein Westphal, sehr angenehm und gescheut, meiner angenommen. Sie kommt morgens und reibt mich eine halbe Stunde lang nach neuem Heilverfahren mit kaltem Wasser und Kampferspiritus ab und bringt mir alles herbei, und dann führt sie mich spazieren. Wir gehen im Schneckentrott, meine Beine sind noch schlecht und kommen doch weit. Es ist sehr angenehm, spazieren geführt zu werden, man ermüdet nicht so."* Nachmittags packte Frl. Westphal sie in einen dicken alten Pelzmantel (von Pf. Hoffmann), die Füße in einen Pelzfußsack. So eingepackt blieb Agnes bis 5 draußen auf der Liegeterrasse bei den anderen Gästen liegen. Danach schrieb sie im w a r m e n Zimmer („warmen" unterstrich Agnes im Brief fünfmal!) und las bis zum Diner. Anschließend wurde Agnes von Frl. Westphal ins Bett gebracht. (Soviel Betreuung und Zuwendung hatte sie als Kranke seit Jahren nicht gehabt.) Erst im Bett maß Agnes ihre Temperatur, die weiter kaum erhöht war: 37,4°. Damit konnte sie zufrieden sein.

Tag für Tag ging es mit Agnes aufwärts und langsam wurden ihre Spaziergänge länger. Bei herrlichem Wetter sahen Frl. Westphal und sie einmal – auf ihrem Spaziergang nach „Davos Platz" – die weit geöffneten kleinen Krokusse, die den ganzen Rasen bedeckten. Auf dem Heimweg bestaunten sie eine runde weiße Wolke. Der Wolkenball schien auf dem Blau des Himmels zu schwimmen, umgeben von weichem, überirdischem Licht. Daher nannte Agnes sie *„Wolke der Verklärung".* Sie waren nicht die Einzigen, die stehen blieben und hoch schauten. Auch andere Leute wunderten sich, denn so etwas hatte noch niemand gesehen.

„Ach es ist eine Wonne los zu kommen …
Und dann werde ich ganz und gar gehütet und gepflegt …"
Jetzt begannen Frl. Westphal und Agnes weitere Spaziergänge und sogar zwei Ausflüge zu planen: zur „Schatzalp" mit der Bergbahn hinauf zum luxuriösen Sanatorium, wo sich der Adel kurierte – und

nach St. Wolfgang. Welche Freiheit nach der langen Liegezeit! Die Planung beflügelte Agnes. Als sie davon schrieb, jubelte sie: *„Ach es ist eine Wonne, los zu kommen, obgleich ich mich im Bett auch nicht gemopst habe. So beseligt die Freiheit eben doch …"* Trotz allem, was sie gerade Schönes erlebte, bedauerte Agnes, dass man den Frühling in Davos nicht riechen konnte, da die Luft so *„diamantklar hart und trocken"* war. Diese Luft empfand sie sogar als *„widerlich"*, da sie *„weiche feuchte Lüfte"* liebte. Genauso klagte Agnes, dass man den Frühling nicht hören könne. Sie hatte bisher eine einzige Schwalbe gesehen, zu vernehmen waren *„heisere Spatzen"* und die Raben. Wenigstens blühte die Schneeheide herrlich. Mit Frl. Westphal hatte sie große Sträuße gepflückt und anschließend das ganze Sanatorium damit dekoriert. Über die kleine blaue Soldanelle konnte Agnes nicht genügend staunen: Sie *„taut sich ein Löchlein durch 10 cm dickes Firneis und streckt oben ihr liebes gutes Köpfchen heraus, so ein warmes Herz hat sie. Manche kommen nicht durch die oberste Schicht, dann blühen sie in einem Eishöhlchen, wie eine Fliege im Bernstein."*

Agnes genoss die „blaue Nacht" in Davos, wie sie nur in den Bergen sein kann. Auf ihre Weise beschrieb sie Rudolf die einmalige Vollmondnacht. Wie mit Pinselstrichen wiedergegeben, hatte er dies Gesamtkunstwerk der Schöpfung vor Augen. Agnes hatte ein Buch gelesen, darin ging es darum, solche Naturbetrachtungen im Moment des Erlebens festzuhalten (streng Tagebuch führen war das Rezept). Nur der frische Eindruck sei farbig genug, aufgeschrieben zu werden, ältere Eindrücke würden verblassen. Nach der Nachtschilderung schrieb sie Rudolf: *„Es war fast nicht, um ins Bett zu gehen, aufs Sehnsüchtigste wünscht man, ein Geist zu sein, dem diese himmlische Welt zugänglich ist, der über Spalten hinweghuscht und den keine leibliche Schwere hindert, über diese blassen Goldfelder hinwegzugleiten."* Vielleicht waren diese intensiven Betrachtungen der Vollmondnacht nicht gut für Agnes.

Buchumschreiben – Untersuchungen am Kehlkopf
In Davos war in den letzten Tagen noch einmal der tiefste Winter ausgebrochen, mit grässlichen Schneestürmen und Eiswinden, es wurde bitterkalt. *„Da konnte man nur bis über die Ohren einge-*

wickelt, mumienhaft auf seinem Balkon liegen und in den Schnee
starren … Ach, ein bißchen Grün und ein Amselschlag! Immer
krächzen hier die Raben." Das war hart, vor allem wenn Gerhard
vom wunderbaren Marburger Frühling und von schneienden Apfelblüten schrieb. Agnes sehnte sich nach dem Frühling!

Aber jetzt nutzte sie die Zeit für ihr Manuskript. Sie las es noch
einmal mit Abstand und kritischem Blick, danach schrieb sie Rudolf: *„Ich konnte mir dabei nicht verhehlen, daß es nötig sei, den*
ganzen ersten Teil noch einmal umzuschreiben! Eine sehr schmerz-
liche Entdeckung. Aber es ist doch gut, wenn man seine Sachen
etwas liegen läßt. Wenn sie einem selbst nicht mehr ganz gefallen,
wem um Himmels willen sollen sie sonst gefallen! Zum Glück war
ich wenigstens mit den späteren Teilen, soweit ich kam, nicht so
ganz unzufrieden, sonst wäre ich recht traurig geworden. Wenn es
nur ein wenig anständig warm wäre, könnte ich das hier machen."

Es war jetzt Ende April. Bevor Agnes im Mai nach Hause fahren
würde, wollte sie Rudolfs Wunsch nachkommen und die Behandlung ihres Halses (ihrer Stimme) angehen. Es war auch ihr Anliegen, wieder mit normaler Stimme sprechen und sich mit Rudolf unterhalten zu können. Was sie heiser oder gar flüsternd sagte, konnte er nicht hören. Da Dr. Lucius vorübergehend verreist war, musste Agnes einen anderen Arzt aufsuchen. So kam sie zu Dr. von Muralt. Dieser schaute bei der Untersuchung skeptisch und schickte sie
zum Spezialisten Dr. Rüedi. Es folgte ein Hin und Her: Einer schickte sie zum anderen. Dr. v. Muralt bestand darauf, sie müsse vom Spezialisten Dr. Ruedi weiterbehandelt werden. Agnes schrieb nach Hause, dass Dr. v. Muralt bei ihr *„solche Dinge im Hals gesehen"* habe,
was ihn veranlasst habe, sie zu Dr. Ruedi zu schicken.

Sie ahnte wohl, dass es bei ihr, wie es häufiger vorkam, eine
Kehlkopftuberkulose sein könnte. Auch der geheilte Pf. Hoffmann
hatte an dieser Folgeerkrankung gelitten. Schon länger war es her,
dass Agnes an Gerhard im Spaß geschrieben hatte: *„Dieselbe sei*
nach dem Fraß von 6 Pfund Kirschen auf einen Sitz verschwunden
gewesen. Wieviel meinst Du, daß ich vertrage? Denn ich gedenke,
auch einmal Kirschen zu essen, lieber, als von Schwenkendiek in die
moderne Folterkammer genommen zu werden."

„Schlimmer, als ich gefürchtet hatte …"

Agnes hatte geahnt, dass eine gründliche Untersuchung ihr nichts Gutes brächte: *„Ich sagte es ja, wie es mir gehen wird, wenn ein Mensch mir hineinsieht"*, bekam Gerhard zu lesen. *„Aber die Sache ist noch schlimmer, als ich gefürchtet hatte …"* Agnes war klar gewesen, dass sie auf den Stimmbändern vermutlich auch Tuberkelknötchen hatte. Doch dies konnte der Spezialist gar nicht feststellen, da er am Blick ins Innere des Kehlkopfes verhindert war: Ein großer Tumor wuchs auf dem Kehlkopfdeckel. Damit hatte Agnes nicht gerechnet! Auch nicht damit, dass ihr nächstes Mal *„ein Stück abgeschnitten werden"* sollte, um es einzuschicken und *„mikroskopisch"* zu untersuchen. Dr. Ruedis weitere Behandlungspläne klangen auch schlimm: *„Dann muß die Geschichte weggebrannt, geschnitten, gestochen werden, welche liebliche Eventualitäten er mir gestern vorhielt."* Die ersten Untersuchungen hatten den ganzen Vormittag gedauert. Sie waren nicht schmerzhaft, aber äußerst unangenehm. Die Aussichten auf die fürchterliche Behandlung waren deprimierend. Agnes erfuhr, ihr bliebe keine andere Wahl, als sich operieren zu lassen, wenn sie nicht *„… Hungers sterben oder ersticken"* wollte. So wird sie noch oft ins Behandlungszimmer gehen müssen zum *„Rüedi, der ein geschwinder, resoluter schnauziger Schweizer ist, aber seine Sache versteht"*.

So wurde Agnes von einer fast Genesenden, die bald nach Hause fahren wollte, zum „Opfer" der damaligen Behandlungskunst, obwohl sie diese mit ihrer Bemerkung über *„Schwenkendieks moderne Folterkammer"* weit von sich gewiesen hatte. Ob sie bei den ambulanten Operationen betäubt wurde? Sie bedauerte, diese schlechten Nachrichten Gerhard schreiben zu müssen. Hätte sie nicht dringend Rückhalt gebraucht, hätte sie davon wohl gar nicht gleich geschrieben. Sie tröstete sich selber und versuchte, den Lieben daheim Zuversicht zu vermitteln, und zum Glück hatte sie die Fürsorge Frl. Westphals: *„Lieber Gerhard, es ist mir leid, das alles Euch wissen lassen zu müssen, und wenn ich wieder von Euch höre, tröste ich mich schon ein wenig, Fräulein Westphal versorgt mich wie ein Engel! Ach, es wird schon wieder netter, mein Goldener … Ein liebes Wort von Dir und Papa, und ich habe wieder Mut!"*

Es wurde eine schwere Zeit für Agnes. Mitte Mai hatte sie den ersten Eingriff hinter sich. Ein Stück des Tumors war abgeschnitten worden, um es nach Basel einzuschicken. Jetzt konnte ihr Hals einigermaßen heilen, bevor ihr der nächste schwere Gang in Dr. Ruedis Praxis bevorstand. Hinzu kam, dass sie kein Geld mehr hatte. Es war seit zwei Wochen ausgegangen und sie konnte die Villa Concordia nicht mehr bezahlen. Die Besitzer waren verreist und sie war der Haushälterin ausgesetzt, die ihr mit vorwurfsvollen Blicken zeigte, dass sie ihre Schulden nicht beglichen hatte. Was Agnes besonders bedrückte war, dass sie sich dieser Situation nicht einfach (vor der nächsten Operation) entziehen konnte: Ohne Geld und mit Schulden konnte sie nicht einmal mehr nach Hause fahren! Ihre Fluchtgedanken verboten sich so von selbst. Sie musste auf die nächste Geldsendung warten!

Ein Trost war, dass sich langsam der Frühling bemerkbar machte. Es wurde wärmer, Schnee und Regen wechselten sich ab: *„Oben in der Liegehalle zetern die Spatzen über das schlechte Wetter, mich berührt die Feuchtigkeit ganz angenehm ... Ich perpendiuliere leider immer noch zwischen Bett und Liegestuhl, gehen kann ich noch gar nicht und muß jeden Versuch bezahlen. Aber immerhin, es bessert sich, wenn auch sehr langsam.“*

„Mein ärgster Kummer in keiner Weise beseitigt"

Traurig war für Agnes, dass sie mit dem Buch nicht weiterkam. Sie hatte ihr Manuskript inzwischen vollständig durchgesehen und ließ Rudolf ihre neuen Gedanken wissen: *„Dabei freute ich mich doch über meine Gewandtheit und Lebendigkeit, die in dem armen Buche gegen Ende immer besser wird.“* Nur waren ihr Zweifel wegen Gisela (dem „Dämon") gekommen: *„Aber der Dämon? Er macht mir vielen Kummer, Ausmerzen geht nicht, und wenn es mir niemand glaubt ...?“* Mit diesem Selbstzweifel hatte sie nun auch zu kämpfen, daher legte sie den Roman zunächst beiseite. Hier waren nicht der Ort und die Situation, neuen Mut zu fassen.

Ihr *„tiefster Kummer"*, der sie *„Tag und Nacht"* quälte, war: *„Es ist nicht so gut gekommen, wie ich gehofft habe, mein ärgster Kummer in keiner Weise beseitigt. Wenn ich an Papa denke, so bricht mir beinahe das Herz oder nicht beinahe. Während des Ge-*

hens kann ich nun gar nicht mehr sprechen, überhaupt seit an meinem Hals gerührt worden ist, ist das Dasein selbst beschwerlich, auch wenn ich nichts treibe. Und doch will ich noch diesen letzten Versuch machen und wenn irgend möglich durchsetzen." Da das operative Verkleinern des Tumors die einzige Chance für ihre Stimme zu sein schien, wollte Agnes nichts unversucht lassen.

Nachdem sie den zweiten Eingriff hinter sich hatte, konnte sie – aufatmen. Rudolf bekam die freudige Nachricht zu lesen: *„Zum Glück habe ich mich vorzüglich benommen, was ich Dir nicht ohne Stolz berichte. Der Arzt war außerordentlich mit sich und mir zufrieden ... Ich kann Dir sagen, wie mein Herz voll Dank und Seligkeit ist, daß ich wieder wie früher mit Dir reden kann, ungehindert ... Noch bin ich jetzt ein bißchen wie ein Gehängter, den man wieder abgeschnitten hat. Aber das tut ja nichts, das tut ja alles nichts. Meine Freude ist zu groß.*"

Agnes lenkte sich erfolgreich durch philosophische Literatur ab und schrieb ihrem Mann voll Freude: *„Meine philosophischen Studien, die ich immer als gänzlich vergeblich betrachtet habe, sind plötzlich mir wieder nahe gebracht worden. Du wirst mich gebessert wieder finden, endlich fand sich in meinem Kopf ein Häkchen, wo ich die verschiedenen Begriffe aufhängen konnte ...*" Sie las zuerst die „Confessiones" von Augustinus, dann Søren Kierkegaard und meinte: *„Diese beiden Sachen hintereinander zu lesen war von mir eine besondere Finesse. Sie stehen einander erst noch sehr gut. Und dann ist Kierkegaard so unsäglich melancholisch, daß dagegen selbst Davos ein heiterer Aufenthaltsort ist ...*"

Die Besserung ihrer Stimme war nur kurzfristig. Sie bat Gerhard deshalb am 24. Mai, den Vater darauf vorzubereiten, dass er *„seinen Hörapparat wieder herrichten lassen"* müsse, denn *„Schreien wäre für ihre Stimme Gift"*. Agnes konnte ihr nicht die geringste Anstrengung zumuten, sonst verstummte sie ganz. Sie bat den Sohn dringlich, es Rudolf schonend beizubringen. Agnes wusste, wie unangenehm ihm das Hörrohr war. Gerhard sollte wissen: *„Es tut mir entsetzlich weh, daß ich dies Opfer von ihm verlangen muß, das kannst Du glauben, aber was kann ich tun? Nur in der Hoff-*

nung, daß ich wieder reden kann, habe ich diese quälende Geschichte mit mir anfangen lassen ..."

Hatte Agnes nicht ungeheuer schmerzhafte Opfer gebracht ihrer ehelichen Kommunikation zuliebe? Nun tat ihr Rudolf so leid! Sie hatte aus Liebe zu ihm die Torturen auf sich genommen, um mit ihm sprechen zu können. Hatte sich in Davos ihr Wunsch aus der Verlobungszeit erfüllt? Damals schrieb sie ihm: *„Ich möchte ein ganzes Leben haben, um Dich lieb zu haben und Dir zu dienen. Ich meine, erst in vielen, vielen Jahren könne ich Dir gezeigt haben, wie unendlich lieb ich Dich habe ..."* Für Agnes war von Anfang an der geistige Austausch, das Gespräch wichtigster Teil ihrer Ehe. Wie schmerzhaft war jetzt diese Einschränkung!

„Zuhause geht es so weit"

Agnes sah der vollen Wahrheit ins Gesicht. Ende Mai lässt sie Emma wissen: *„Aber es ging mir diesmal recht schlecht, und ein wahres Wunder wird es sein, wenn es noch einmal richtig besser ist, gut kann ich nicht mehr verlangen."*

Wieder ging es ihr wie in Bordighera. Sie musste länger in der Ferne bleiben, als sie vorhatte, und war erneut von ihren Lieben und ihrem Leben abgeschnitten. Wie ihre „Männer" zu Hause zurecht kamen? Sie las andeutungsweise von Spannungen, Rudolf störte sich an der Faulheit seiner Söhne. Vor allem bei Gerhard machte es ihm viel aus. Seinetwegen schämte er sich sogar. Er fühlte sich von diesem schlecht ausgebildeten Theologen blamiert. Im Wintersemester hatte Rudolf schon nicht zugestimmt, dass Gerhard (wie ursprünglich vorgesehen) an die Tübinger Universität wechselte. Diese Blamage wollte sich Rudolf dort, wo ihn alle kannten, ersparen. Doch auch hier in Marburg, wo die Examen nicht so anspruchsvoll wie in Württemberg waren, ärgerte er sich über Gerhard, der allem gelassen entgegensah. Erichs Faulheit ärgerte Rudolf ebenfalls. Der Junge gab ihm wieder Rätsel auf. Er hatte eine Art „Sprechstunde" eingerichtet, in der er für Klassenkameraden ihren Hausaufsatz entwickelte, für jeden einen neuen. Bis er am Schluss für seinen eigenen Aufsatz mühsam neue Ideen suchen musste, da er die besten weitergegeben hatte. Trotzdem bekam er noch einen brillanten Aufsatz spät nachts zustande.

Das meiste bekam Agnes von daheim in den Briefen erzählt. Daher schrieb sie an Emma: *„Zuhause geht es so weit, d.h. ich erfahre, was sie mir sagen."* Natürlich dachte sie dabei an ihre beiden Faulpelze. Bei Gerhard konnte sie sich gar nicht vorstellen, dass er in zwei Jahren auf der Kanzel stehen würde.

Anteilnahme: Sorge und Freude für Emma – „katastrophale orientalische Wirren"

Agnes tat es gut, wenn sie von ihren eigenen schmerzhaften Belangen absehen konnte. Sie war ausgesprochen froh, als sie im Brief auf die Situation der Schwester eingehen konnte. Ihre Sorge um Emma hatte sich glücklicherweise als unnötig erwiesen. Seither hatte Emma im Büro der DOM mitgearbeitet und sich damit ihr nötiges Auskommen verdient.

Rudolf schickte Agnes einen Zeitungsartikel, der über die Vorstands- und Leitungsquerelen der DOM berichtete. Es hieß, Johannes Lepsius sei (kurzfristig [113]) abgewählt worden. Um Alice und Johannes machte Agnes sich kaum Sorgen, da solch *„katastrophale orientalische Wirren"*, wie Agnes es umschrieb, immer wieder auftauchten. Erstaunlicherweise kamen beide mit den Problemen immer wieder zurecht. Natürlich lebte Alice oft auf Pump, wie sie wusste. Aber um Emma, die ihre Stelle bei der DOM dadurch verloren hatte, bekam sie Angst. Glücklicherweise wurde Emma eine neue Stelle angeboten! Agnes schrieb ihr: *„Und nun ist für Dich so schön gesorgt! Und Deinen neuen Chef brauchst Du nicht zu fürchten. Die Hauptsache für Dich: Er ist ein Mannsbild.Und wenn man nur nicht mit Weibern zu tun hat, wie Ihr im Diakonieverein. Es ist eben doch der Segen Deines lieben Mannes auf Dir ..."* Sie erwähnt in diesem Zusammenhang Alices und ihre eigene (sehr bedrängte) finanzielle Situation. Über sich selber mochte Agnes wenig schreiben, am liebsten gar nichts. So schreibt sie von ihrem Davoser Aufenthalt verallgemeinernd: *„Davos ist etwas Fürchterliches, und die Berge trösten einen wenig. Jeder Mensch hier läuft mit einer anderen Tragödie herum. Fast alles gescheiterte Existenzen ..."* Agnes hatte einige Schicksale mitbekommen, am meisten gingen ihr die unglücklichen jungen Verlobten zu Herzen.

„Aber die allgemeine Kummerluft spürt jedes"

Agnes letzte Davoser Wochen wurden immer bedrückender. Die meisten „Gäste" waren bereits abgereist. Bei Tisch saßen die Zurückgeblieben: *„Hier wird es immer stiller und einsamer, die, die dableiben müssen, werden jeden Tag trübseliger, daß beim Essen ein geradezu geisterhaftes Schweigen herrscht. Jeden Tag sitzt eines mit rotverweinten Augen da und schluchzt hörbar."* Das Weinen war auch ihr bekannt. Sie verließ gleichfalls weinend das Sprechzimmer von Dr. v. Muralt durch die Hintertür, um nicht durchs Wartezimmer gehen zu müssen. Es war inzwischen der 28. Mai. Draußen war es tagelang kalt und es goss in Strömen. Sie wartete noch immer auf den Basler Befund und hatte den nächsten Termin bei Dr. Ruedi vor sich, an dem wieder ein Teil des Tumors abgezwickt werden sollte. Mühsam las sie sich durch das Buch von Gustav Freytag: „Deutsche Vergangenheit". Ganz konnte sie ihre eigenen trübseligen Gedanken dabei nicht abschalten. Sie erklärte Rudolf: *„... die allgemeine Kummerluft spürt jedes."*

Wieder gab es etwas, worüber die allgemein Interessierte leichter schreiben konnte als über die eigenen Sorgen und Ängste. Es gab weltweit große Aufregung um einen Kometen: Halley, der 1910 besonders hell mit großem Schweif zu sehen war. Von der Panikstimmung der Ockerhäuser hatte Rudolf ihr geschrieben, die sich wie viele andere in der Welt wegen dieses gefährlichen Schweifs und der knappen Entfernung zur Erde hysterisch fürchteten. Hierauf ging Agnes ein: *„Den Kometen sah ich auch, wie eine Stall-Laterne im Nebel! Und von Schwanz keine Spur, ein miserabler Komet. Doch immerhin ist es ja nett von ihm, daß er nicht das Stück Frauenberg mitgenommen, wie die Ockerhäuser meinten."*

Ende Mai wurde es in Davos langsam Vorfrühling. Die Weiden bekamen Knospen und die Wiesen waren inzwischen grün. Agnes konnte nach dem letzten operativen Eingriff etwas besser schlucken und daher mehr essen. Nun stand der nächste Termin bevor, vor dem sie Angst hatte. Sie wusste, was sie erwartete. Zur Zeit mussten alle (wegen neuer medizinischer Erkenntnisse) flach liegen: *„... damit das Blut in die kranken Lungenspitzen strömt ..."* Agnes hätte sich gern wieder ans Abschreiben ihres Manuskriptes gemacht, das ging nun nicht. In dieser Lage konnte man auch nicht lesen! Sie erklärt Rudolf: *„ ... Schwere Bücher so lange balancieren ermüdet richtig ... Produktive Arbeit ist hier ganz unmöglich, das ist durchaus nicht nur meine Erfahrung. Darauf sollen ja die Heilerfolge auch beruhen, daß alle sonstigen Kräfte so ein wenig brachliegen. Die Luft ist so zehrend oder was sie an sich hat, daß man namentlich an kühlen Tagen in einen gewissen Dämmerzustand kommt, der geistig aktiven Naturen wie mir aufs höchste zuwider ist.“*

Am Montag war ihr nächster Behandlungstag! Dringend brauchte sie die Unterstützung von Rudolf und den Söhnen. Sie sprach ihre Angst vor den Schmerzen allerdings nicht aus, sondern schrieb abgeschwächt: *„Denkt an mich am Montag, da sitze ich verheult am Essen, das ist hier keine Schande, sondern landesüblich.“* Um wieder von sich abzusehen, erzählt sie von den Leidensgenossen an ihrem Tisch im Speisesaal: von einer Russin, einem Polen und einer englischen, sehr jungen Braut. Dass es viel von ihr abverlangte, zur OP zu gehen, konnte Rudolf aus ihren Zeilen herauslesen: *„Nun muß ich schließen, mein Rücken wird müde. Ich schreibe Euch sofort am Montag alles, was es ist, wie lange die Geschichte noch dauert. Gar zu lange kann ich nicht mehr hierbleiben, sonst verbrauche ich zu unmenschlich Geld. Nun, das wird sich zeigen. Wenn nur kein gar so bitterer Strom zu durchschwimmen wäre, bis ich zu Euch komme. Laßt von Euch hören, ich schicke Euch hier das Haus mit Balkon* (Foto)*, ich liege aber unten in der untersten Veranda, mein Balkon ist mir gewöhnlich zu zugig. Leb wohl für heute. Es umarmt Dich Deine Agnes.“*

„Wenn nur kein gar so bitterer Strom zu durchschwimmen wäre …“

Agnes bekam an diesem Samstagabend (28. Mai) plötzlich Schüttelfrost und hohes Fieber. Es sank weder am Sonntag noch am Montag. Sie war beunruhigt und ratlos. Sollte sie den Arzttermin wahrnehmen oder besser im Bett bleiben? Sie nahm ihn wahr! Da sie sich nicht sicher war, ob das Ganze im Zusammenhang mit ihrem Hals stand, wollte sie es abklären lassen. Auf den „Befund“ aus Basel wollte sie nicht länger warten. Mit Hilfe Frl. Westphals schleppte sie sich zur Praxis.

Diesmal schrieb sie Rudolf offen, wie schlimm es ihr ergangen war. Auch wenn man wegen des hohen Fiebers noch nicht die OP vornahm. Es genügte, wie der resolute kleine Schweizer Arzt mit ihr umging und ihr ankündigte, wie es mit der Behandlung weitergehen sollte. Er wird „*den Tumor auf dreimal mit tiefem Stich brennen, schneiden und somit wegbringen.*" Sie bekam den Befund zu hören: Alles war „*schwer tuberkulös*", aber kein Krebs. An Krebs hatte Agnes nie gedacht, ihre beiden Ärzte schon. Das Schlimme für sie war, dass sie nun viel länger für die dreimaligen OPs hierbleiben musste. Wäre die Kehlkopfgeschichte nicht gewesen, wegen der Lungen hätte sie längst nach Hause gekonnt. Sie empfand es „*als fürchterliche Geduldsprobe*" und war verzweifelt.

Wie half Agnes sich an diesem Tag selber? Es war herrliches Wetter und sie legte sich trotz ihres Fiebers auf die Terrasse in den Liegestuhl, hatte ihr Buch und das Briefpapier mitgenommen. Sie nahm das langsame Grünen und Blühen um sich wahr und schrieb davon Rudolf: „*... Der Garten begrünt sich jetzt, die Gebüsche haben dicke Knospen, und der Schnee ist aus dem Tale verschwunden. Es gibt viele Blumen, auch neue Blumen, gelbe Veilchen und schöner Gebirgsmohn, aber alles Kleinzeug und kein blühender Zweig, ohne den man bei uns keinen Frühling denken kann. Es ist eine arme Welt hier oben, es wächst ja nicht einmal Kartoffel ... auch keine Kornblume oder Rade, aber schöner Gebirgsmohn. Ich lese krampfhaft, um mich nicht ganz der öden Gegenwart auszuliefern.*" Agnes hatte eine Woche Schonfrist. Bis zum nächsten Arzttermin am 8. Juni sollte das Fieber gesunken sein. So war es auch, nur kam es am Vorabend des Termins zurück. Doch diesmal half alles nichts.

Etwa eine Woche (8. Juni) später musste sich Agnes erneut für den nächsten operativen Eingriff – trotz Fieber – auf den schweren Weg zu Dr. Ruedi machen. Sie hatten in der Concordia gehört, dass ihr Arzt an diesem Morgen Vater geworden war, sein erster Sohn war auf die Welt gekommen. Agnes ging spontan vor ihrem Termin mit Frl. Westphal zum Gärtner und kaufte „*einen Strauß Päonien*" (Pfingstrosen) für die junge Mutter. Agnes erzählt dies am Ende ihres Briefes an Rudolf: „*Es freute ihn sehr, den guten kleinen Halsabschneider. Er geht mir äußerlich nicht bis an die Augen, was seiner Geschicklichkeit keinen Abbruch tut. Nun hat er mich zu Dr. Lucius geschickt, der soll mir auch hinuntersehen, und ich soll ihm das Stück zeigen, das er mir heute abgerissen hat."*

Agnes hatte bereits am Anfang des Briefes von dem schlimmen Eingriff geschrieben. Obwohl sie Dr. Ruedi die Freude gemacht hatte, war er ruppig zu ihr gewesen. Lesen wir, was sie am Anfang des Briefes an ihren Mann schreibt:

„Lieber Rudolf! Ich danke Dir innig für Deinen lieben langen Brief, es interessiert mich ja alles so sehr, wie sehne ich mich, wieder teilzuhaben an einem reicheren geistigen Leben. Heute habe ich Kummer gehabt, ich war wieder bei Doktor Ruedi, schrecklich ging es zu, andere litten noch mehr, sagte er, mir war's arg genug. Und nun schreckliche Schmerzen und das alles noch wie oft, weiß ich nicht. Heute ist mein Mut klein beieinander, und wenn ich wieder hingehen muß, werde ich eine fürchterliche Angst ausstehen. Die Angst ist ja das Ärgste, und so oft wie ich müssen sich doch die wenigsten Leute plagen lassen. Dazu komme ich kläglich herunter, habe wieder Fieber seit gestern und essen ist ganz unmöglich für jetzt. Das sind Tage, die einem nicht gefallen. Der einzige Trost ist, daß der Ruedi auch jetzt in meinem Kehlkopf nichts Schlimmes sah. Aber freilich das Übel ist einmal da, es kann auch weitergreifen. Ruedi reist ab, Mitte Juni, ich muß Kräfte sammeln, noch einmal hingehen und dann hat das Hiersein wenig Wert mehr ..."

„Die liebe Sonne! Sie scheint hier soviel ..."

Knapp zwei Wochen hatte Agnes noch in Davos auszuhalten und hierbei half ihr Frl. Westphal entscheidend. Agnes war ihr sehr dankbar, wie man aus ihren Briefen herauslesen kann: *„Fräulein Westphal pflegt mich immer gleich rührend und treu ... Sie ist auch so praktisch und energisch und weiß so viel und ist goldig lieb zu mir."* An Spazierengehen war erst wieder zu denken, wenn Agnes fieberfrei wäre. Vorerst lag sie auf der Terrasse, hörte den Kuckuck und erfreute sich an der Schönheit der Natur, wie sie Rudolf schreibt: *„Die Lärchen sind jetzt grün bis oben hinauf, auch die Tannen sehen mit frischen Trieben freundlicher aus ... Manchmal sind die Beleuchtungen herrlich, namentlich ein gewisses Blau, dunkel und tief und doch warm, das die Tannenwälder annehmen,* *wenn der Föhn weht ... Es gibt wundervolle Blumen hier jetzt, alle neu für mich, die freuen mich. Der Garten, an dem ich liege, ist jetzt ganz grün, bis auf zwei schlafmützige Bäume, die es immer noch nicht glauben wollen. Der Schnee wird weniger, am Jakobsberg aber kann man doch noch schneeballen, eine Viertelstunde von der Concordia ..."*

An den neuen Gästen war Agnes interessiert, auch wenn sie still in ihrer Ecke auf der Terrasse lag und mit ihnen nicht sprechen konnte. Sie erfreute sich an dem *„sehr feinen und gebildeten, badischen Theologiestudenten"* und an der Familie, die neu eingetroffen war. Erstaunlich, wie offen Agnes für andere war und Anteil nahm trotz ihrer Schmerzen und seelischen Not. Sie war kein Schwarmgeist. Auch wenn sie die Schönheit der Natur mit ganzer Seele aufnahm, sah sie realistisch die unschönen Gegebenheiten der Davoser Gegend. Jetzt, da sie bald abreisen würde, schrieb sie Rudolf schonungslos: *„Davos selbst ist eine wahre Räude in der Gegend. Von einer geradezu überwältigenden Häßlichkeit die Häuser, ohne Dach, nur Wohnkästen; wenn man wohin kommt, wo man die Bauten nicht sehen muß, kann man oft die Gegend schön finden."*

Für die Zeit nach Davos hatte Agnes einen Wunsch: Sie wollte sich zu Hause nachkurieren. Nicht auf dem Frauenberg, das war finanziell nicht möglich, aber daheim auf der Hochterrasse. Sie schreibt Rudolf: *„Ich hoffe jetzt nur noch auf ein wenig Ruhe bei Euch, ehe der Winter wiederkommt, ich will namentlich Sonnenbäder nehmen. Vielleicht hilft das mir doch etwas. Die liebe Sonne! Sie scheint hier soviel in der letzten Zeit, wir sind ganz verwöhnt. Es regnet stark und schnell, und dann wird's wieder gut ... Also auf Montag in 8 Tagen, wenn Dr. Ruedi noch soviel von mir übriggelassen hat, rapple ich mich zusammen und komme."* Ihr Schlusssatz in diesem Brief vom 8. Juni lautet: *„Einmal geht ja alles vorüber. Es umarmt Dich Deine Agnes."*

18. „Ich habe keine guten Aussichten, leider": Juni 1910 – Februar 1911

„Höllenmäßige" Heimfahrt – Probleme zu Hause

„Montag in 8 Tagen" war vermutlich der 20. Juni 1910. Diesmal musste Agnes die Reise allein antreten. Es war aber ausgemacht, dass Gerhard ihr bis Frankfurt entgegenfahren und ihr dort beim Umsteigen sowie bei der weiteren Heimreise behilflich sein sollte.

Frl. Westphal brachte die gänzlich abgemagerte und geschwächte Agnes zum Zug und half ihr beim Einsteigen. Sie hatte diesmal kein Billet 2. Klasse – es wäre zu teuer gewesen –, sondern fuhr 3. Klasse. Die Heimfahrt war viel länger, als sie normalerweise gewesen wäre. Sie *„dauerte ... 2 Tage, wegen der Zerstörung der Alpenbahnen. Der zweite Tag war höllenmäßig"*, schrieb Agnes ihrer Schwester Emma. Vermutlich hatte ein Erdrutsch in den Alpen die Eisenbahnstrecke lahmgelegt. Dadurch kam der Fahrplan völlig durcheinander. Agnes war zwei ganze Tage im Zug unterwegs. Und in Frankfurt verfehlte sie Gerhard *„wegen eingeschobener Züge"*. Es war entsetzlich! Wie es Agnes ging, lesen wir in ihrem Bericht an Emma: *„Da wankte ich heulend auf dem Bahnhof herum, ein Schaffner hatte Erbarmen mit mir, nahm mich aus der Dritten mit 6 Rauchleuten, die losqualmten, befreite mich und schleppte mich in die Zweite Klasse. Es gibt noch edle Menschen. Natürlich kam ich so zersplittert an, daß Gerhard die ganze Nacht bei mir wachen mußte. Jetzt ist ausgereist vorderhand."*

In seinem Erinnerungsbuch „Unter dem Schleier der Gisela" erzählt Rudolf Günther 1936 ebenfalls von Agnes' Heimreise und Ankunft: *„Die Rückreise ging glücklich vonstatten. Braun gebrannt von der Höhensonne, in aufrechter Haltung und ihrem Schritt von ehedem entstieg die Heimgekehrte dem Wagen, doch im Antlitz nicht zu verkennende Spuren des Leidens. Der Gedanke, nicht mehr in der Fremde und von den Ihren getrennt zu sein, hob sie über manches hinweg."* Was meinte er mit „über manches hinweg"? Hierzu gehörte zum einen die anfangs beschwerliche Kommunikation zwischen Rudolf und ihr, die nur noch schriftlich möglich war. Mit der Zeit wurde es jedoch einfacher. Emma erfuhr von Agnes: *„Ich schreibe ihm ganze Stöße die längsten Un-*

terhaltungen, ich will dadurch mehr mit meinem Rudolf richtig in Kontakt bleiben. Zuerst liebte er die Schrifterei gar nicht, jetzt hat er sich eben gewöhnt und freut sich daran. " Rudolf war außer seinem Gehörleiden gesund, vertiefte sich in seine geisteswissenschaftliche Arbeit, ging ausgiebig spazieren und freute sich darüber, in den Ferienmonaten Vertretungs-Gottesdienste halten zu dürfen. Vor allem das Predigen fand er *„erhebend".*

Zum andern meinte Rudolf wohl das Problem, mit dem Agnes bald nach der Heimkehr konfrontiert wurde: Sophie kündigte! Das war jetzt mit das Schlimmste, was Agnes passieren konnte. Sie verlor den Boden unter den Füßen. Sie schrieb später Pf. Betz, wie es gewesen war: *„ ... sie wollte sich verbessern und auf die Köchin studieren. Ich war wie vom Donner gerührt, denn ich bin natürlich noch zu keiner Arbeit zu brauchen und es war eine sehr ungünstige Zeit. Aber Sofie sprach so viel und so salbungsvoll von meiner Schwindsucht und meinen schlechten Aussichten, daß ich mir denken konnte, sie wolle sich vor noch mehr Arbeit salvieren. Ich wollte schon ganz schwermütig werden und meine Kundschafter liefen überall herum. Doch dann meldete sich noch vor Torschluß eine Schwälmerin, die ich sofort nahm, weil sie von so außerordentlich lieblichen Anblick war. Nun bin ich aber gut versorgt mit meinem Rotkäppchen* (Tracht). *Ich bin sehr erleichtert, daß ich über diese grimme Frage so gut hinübergekommen bin. "*

Gleich nach der Rückkehr hatte Agnes nicht *„unnütz herumliegen"* wollen, sondern hatte sich die angesammelte Flickwäsche vorgenommen. Sie meinte zu Emma, *„das war bitter nötig".* Leider konnte sie nicht, wie erhofft, draußen auf der Veranda in der Sonne sitzen. Das Wetter war in Marburg meistens schlecht, vom Sommer keine Spur! Dabei sehnte sie sich so nach der Wärme *„der lieben Sonne".* War das Wetter besser, war es zu windig oder es begann bald wieder zu nieseln. Zum Glück hatte ihr eine gute Freundin auf der Veranda *„aus einer großen Strohmatratze, einer alten Türe, mit einer rot durchsichtigen Pappe überzogen, eine kleine Schutzhütte gebaut".* So hatte Agnes Schutz gegen Wind, Regen und Sonne, falls die zu heiß scheinen sollte. Oft konnte sie die provisorische Schutzhütte nicht nützen, die Tage waren zumeist stürmisch und regnerisch. Agnes hatte in diesem Jahr keinen Frühling gehabt und wurde jetzt vom Marburger Sommer enttäuscht. Für sie war der fehlende Frühling ein Ausgleich für ihren zweimaligen Frühling von 1902, als sie von Bordighera gekommen war. Aber dass der Sommer kein richtiger Sommer war, kam sie hart an.

An den wenigen heiteren Tagen wollte Agnes kleine Spaziergänge machen. Einmal lief sie mit Gerhard den Weg, wo der Ginster dieses Jahr ohne sie geblüht hatte, weiter in den Wald hinein. Es war ihr die größte Freude, nach der Davoser Bergwelt den heimatlichen Mischwald in seinem Grün zu erleben. Sie konnte tief durchatmen und es lockte sie hinaus in die *„Waldeseinsamkeit"* – bis sie sich plötzlich nicht mehr auf den Beinen halten konnte. Sie setzte sich auf einen Baumstamm und musste dort lange sitzen bleiben. Gerhard berichtet: *„Ich saß neben ihr auf dem Baumstamm, sie erschrak über ihren Zustand. Ich sagte zu ihr: 'Mama, Du hast immer gesagt, Du habest sieben Leben wie eine Katze.' – 'Ja', erwiderte sie traurig, 'aber sechs davon sind schon verbraucht.'"*

Dies war der letzte Waldspaziergang ihres Lebens! Sie konnte nur noch kleine Spaziergänge in der Umgebung machen. Es erschütterte sie so sehr, dass sie möglichst keine Briefe schrieb, in denen sie über sich hätte schreiben müssen. Auch Pf. Betz konnte sie nicht schreiben, konnte ihn noch nicht wissen lassen, wie ernst es um sie stand. Erst Anfang September wird sie innerlich so weit sein, ihm die Wahrheit über ihren Zustand zu schreiben.

Geburtstag – „Ich wurde in Liebe und Güte eingewickelt"

Ihr 47. Geburtstag wurde wieder gefeiert, aber nicht mehr wie in den vergangenen zwei Jahren. Emma las im Brief: *„An meinem Geburtstage war diesmal nur ein kleiner Kreis, aber ein festliches Mahl gab es doch mit schöner Rede ..."* Freunde und Bekannte schauten kurz herein zum Gratulieren, brachten Blumen und mit der Post kamen – wie jedes Jahr – viele Briefe. Von Emma und Polly bekam sie ein wunderbares Geburtstagspaket. Agnes bedankte sich, so bald sie konnte, und schrieb: *„Ach, wie sehr habt Ihr mich an meinem Geburtstage erfreut! Ich war ganz überrascht und beschämt, daß Ihr mich dermaßen mit schönen und guten Dingen überhäuft habt!"* Sie schrieb von der zum Geburtstag empfangenen Liebe: *„Überhaupt war der Tag so schön, ich wurde in Liebe und Güte eingewickelt, und immer neue Leute kamen und Briefe.“*

Auch Emma und Polly hatten ihr *„viel Liebes getan“*, ihr geschenkt, was sie wirklich brauchen konnte: erlesene Unterwäsche! Die Freude war deshalb so groß, da Agnes seit ihrer Hochzeit vor fast 23 Jahren dieselbe Unterwäsche trug! Sie war Teil ihrer ständigen Flickarbeit: *„Ich komme mir zum erstenmal ganz nobel vor in meiner Wäsche, seit ich aus dem alten gelben Bettelmannshabit der Wollwäsche herausgeschlüpft bin in Eure schönen feinen, seidenweichen Hüllen. Natürlich ahnt es Euch ja, daß ich noch immer mit den Trümmern meiner Aussteuer, wieviel tausendmal geflickt, könnt Ihr Euch denken, hause. Nun aber bin ich weiß, fein, köstlich. Der Anfang ist gemacht, und es steht mir ein kleiner Posten Geld in Aussicht, so hoffe ich daran weiterzubauen.“* Agnes wird wohl noch ein Honorar für ihre „Waldweihnacht“ von der „Christlichen Welt“ bekommen. Doch es folgt ein Rückzieher: *„Freilich, ich habe es mir ja zur strengsten Pflicht gemacht, so wenig wie möglich für mich selbst zu verlangen in diesen schweren Jahren.“*

„Wenn einen nach und nach das bunte Freudenspiel der Welt verläßt“

Ihren Geburtstag hatte sie noch als einen glücklichen Tag erleben können. Erst am nächsten Tag brach eine schwere Kehlkopfentzündung aus, die sich aus einer harmlosen Erkältung entwickelt hatte. Bei ständig kalt-nassem Sommerwetter war es nicht verwunderlich, wenn man sich erkältete. Doch die schwerwiegenden Folgen für die ohnehin geschwächte Agnes waren tragisch. Sie schrieb an die Schwestern *„... ich habe sehr leiden müssen, qualvoll, wie ein armer Fisch an der Angel.“* Nach einer Woche ging es etwas besser und man sah klarer. Agnes musste nicht erneut operiert werden, wie alle befürchtet hatten. Der Marburger Spezialist hielt nichts von *„ewigen Schneidereien“.* (Wenn Agnes das in Davos gewusst hätte!) Sie erklärte den Schwestern: *„Wenn es bei jeder Erkältung eine solche Katastrophe gibt, nützt auch die Schneiderei nichts, das Übel ist einmal da und wirft sich eben auf neue Teile, wenn die alten kranken weggeschnitten sind.“* Agnes sah ein: *„Geholfen, wie ich mir einbildete, kann da nichts werden, nur verhin-*

dert, daß man nicht grade erstickt und verhungert." Ihre Aussichten waren nicht gut: *„Ich habe also vorderhand keine guten Aussichten leider und werde immer dünner, obgleich man es nicht für möglich halten sollte, daß man noch dünnere Arme haben kann."*

Sie sprach von *„schweren Tagen, wenn einen ... so nach und nach das bunte Freudenspiel der Welt verläßt".* Agnes konnte zwar aus dem Bett, aber an Spaziergänge war nicht zu denken, dann bekam sie sofort hohes Fieber: *„Da wird eben der Lebenskreis sehr beschränkt, und bei meiner innigen Freude an der Natur ist es ein hartes Vermissen. Und es ist hier alles so schön, der Wald so herrlich, und nun schneiden sie schon das Korn."* Wenn sie an das vergangene Jahr dachte! Wie sie in Herrentierbach durch die Felder spazieren ging, die Picknicks … Doch eine Freude blieb ihr: *„Es erfreut mich gegenwärtig meine Wunder-Akazie."* Der kleine Baum stand im Topf auf ihrer Veranda. *„Dieselbe hat die rührende Eigenschaft, immerfort ein wenig zu blühen. Jetzt blüht sie mit zwei kleinen Blütentraübchen, aber so machte sie es auch letzten Sommer den ganzen Sommer fort bis zum Herbst. Es ist merkwürdig."* Und noch eine Freude: Agnes erlebte viel Fürsorge und Anteilnahme in Marburg, das hätte sie vor drei Jahren nicht für möglich gehalten: *„Es bemühen sich alle möglichen guten Leute um mich, ich bin ja nicht mehr so verlassen, wie im Anfang hier."*

Agnes kam sich nach der plötzlichen schweren Erkrankung unnütz vor. Weder für die Familie noch an ihrem Buch arbeitete sie weiter: *„Freilich ich bin auch stumpfsinnig faul, namentlich seit ich die neue Entzündung habe. Vorher flickte ich noch mit Rieseneifer, aber jetzt ist dieser Brief wieder das Allererste, was ich tue. Wenn ich doch wenigstens mein Buch fertigmachen könnte! Das betrübt mich im tiefsten Herzen. Geschrieben ist es ja, aber der letzte Teil noch nicht abgeschrieben, und ich habe kein Geld, um eine solide Schreiberin bezahlen zu können. Das Buch würde 180 M. kosten, ich habe es mir schon sagen lassen. Und zwischen alldem Davoser Jammer hinein mocht ich kaum noch die Sachen ansehen."*

Auch hier musste sie regelmäßig zum Arzt. Sie lief alleine zum *„Halsdoktor, der am nächsten Eck wohnt".* Dort wurde ihr Kehlkopf nur eingepinselt, geholfen wurde ihr so nicht. Die Nahrungsaufnahme war beschwerlich geworden: Agnes konnte nur noch Flüssiges oder Breiartiges schlucken, selbst das war sehr schmerzhaft. Wenn sie nach Hause kam, musste Agnes am Eingang warten, bis Gerhard hinunter kam und sie die drei Stockwerke nach oben trug.

„Denn zum Briefeschreiben muß man eine etwas befreitere Seele haben ...“

Lange konnte Agnes Pf. Betz nicht schreiben! Obwohl von ihm immer wieder Briefe gekommen waren und er ihr eine große Geburtstagsfreude mit getöpferten Eulen aus Kirchberg gemacht hatte. Endlich war sie innerlich am 7. September 1910 soweit. Sie begann: *„Lieber Freund! Seien Sie froh, daß Sie nicht früher Briefe von mir bekommen haben, sie wären nicht schön ausgefallen. Aber wieviel ich an Sie denke, nun es sich jährt, daß ich so liebliche, so feine, so glückliche Tage in Ihrem lieben Hause verlebt, das wissen Sie freilich nicht ... Ich schreibe Ihnen sehr oft in Gedanken, tue es aber wohlweislich nicht mit der Feder, denn zum Briefeschreiben muß man eine etwas befreitere Seele haben als ich in der letzten Zeit!“* Nun schreibt sie über ihr Befinden: *„Ach lieber Freund, Sie kriegen mich unter, die Biester, es ist kein Aufhalten mehr – hinab mein Geist hinab (ist mir das ärgste Lied im Gesangbuch) – letztes Jahr war es so schön, wir saßen in der Laube, in den grünen Mostgläsern spiegelte es sich noch einmal klar, fein, lieblich, leuchtend das kleine Sommerhaus. Wir gingen in den Wald und suchten Pilze und fanden Herrlichkeiten – wir saßen beisammen und ich schriftete, lief meinen Gedanken der untergehenden Sonne zu, nach. Alles zum letztenmal und vielleicht deshalb war es so schön, so wunderschön. Erinnern Sie sich noch ...“* Sie ruft manche Erinnerung wach, bis sie wieder zur Gegenwart überleitet: *„Alles vorbei, vorbei ... Und die Sonne schien doch zuweilen, hier macht sie nur kurze ungnädige Besuche, zwischen dicken Wolkenkanten eingeengt zuckt sie so ein bißchen weinerlich herunter.“*

Der Freund erfährt von ihren Arztbesuchen, dass sie die Treppe hinaufgetragen werden muss und nicht mehr *„bis zu den Bäumen“* kommt. Sie schreibt weiter: *„Es kommen aber eine Menge Menschen zu mir, schier zu viel, auch vergnügte Jugend. Jeden Tag irgend eines von Hensels, es sind ja ihrer viel.“* Sie geht auch auf seine Briefe ein und freut sich, dass er inzwischen im neuerbauten

Dekanat in Langenburg eingeladen worden ist und Kontakt zu ihrem Nachfolgerehepaar pflegt. Gegen Ende des Briefes lässt sie Ehrles herzlich grüßen und ausrichten, wie viel Mia bei ihnen im letzten Jahr gelernt habe. Auch lässt sie Frl. Kraft grüßen und dankt ihr „... *für alle gute Pflege im letzten Jahre! Ach wenn ich jetzt einen so guten Kaffee bekäme mit Eingemachtem und Butterbrot, was wäre das eine Schlemmerei! Ich lebe kümmerlich von Nestle Kindermehl und ähnlichen Pämpen, doch ich will Sie nicht mit unschönen Details belästigen.*" Glücklich berichtet sie, Rudolfs erweiterte 2. Auflage der „Verlorenen Kirche" sei bald fertig.

Jetzt, da er endlich wusste, dass es bei ihr vermutlich dem Ende zugehe, konnte sie mit ihm in Kontakt bleiben. Sie erklärt ihm: „*Es ist so rührend lieb von Ihnen, daß Sie mir immer schreiben, bitte geben Sie es nicht ganz auf, ich habe ja nun meine Sache gesagt und schreibe Ihnen dann immer gleich wieder. Sie wissen es ja jetzt ... Ich bin in einem gewissen naiven Erstaunen, unter dem ein kindliches Gefühl liegt, als ob einem selbst, der kostbaren Persönlichkeit, so etwas Niederträchtiges gar nicht passieren könne.*"

Ihre Abschlusszeilen runden den freundschaftlichen Brief ab: „*In herzlicher Freundschaft immer Ihre treue Agnes Günther*". Es folgte ein schwerwiegender Nachsatz: „*Sagen Sie aber bitte dem Pfarrkranz nichts von meinem Ergehen, man weiß ja bei so etwas nicht, wie lange man sich noch quälen muß, u. zieht man nicht gleich ab, so werden sie nie zufrieden.*" Agnes rechnete mit ihrem Ableben. Dass es eine längere Quälerei geben könnte, sah sie als Möglichkeit. Was sie über die Reaktion im Pfarrkranz dachte, entsprang ihrer Menschenkenntnis.

Jemand im Leiden zu begleiten ist nicht leicht. Auch dem, der leidet, fällt es schwer, mit anderen verbunden zu sein. Agnes schaffte es bei Pf. Betz, aber lange nicht bei ihren Schwestern.

„Leuchtende Herbsttage nach dem trüben Sommer"

Alles kam in diesem Jahr in der gewohnten Abfolge: Hochzeitstag am 26. September, es war der 23., Gerhards 21., dann Rudolfs 51. Geburtstag. Es folgte Pf. Betz' Geburtstag. Rudolf schrieb dem Freund aus diesem Anlass eine Postkarte an den Klumpenhof und zur Sicherheit einen Brief nach Herrentierbach, damit die Glückwünsche sicher ankämen. Er schrieb behutsam und freundschaftlich, er habe gehofft, Pf. Betz würde sie in diesen schönen Herbsttagen besuchen. Wenn er von seinen Ferienspaziergängen abends heimkehre, denke er manchmal: *„Ich werde Sie hier am Ende doch vorfinden. Aber nun ist doch nichts daraus geworden. Schade, es waren noch so leuchtende Herbsttage nach dem trüben Sommer und wir hätten uns alle auf ein Wiedersehen gefreut."*

Von Agnes berichtet Rudolf: *„Meine Frau hätten Sie freilich nicht in sehr guten Stand getroffen. Sie ist eben chronisch leidend, es ist ein Auf und Ab, und nachdem auch der Hals nun von der Krankheit ergriffen ist, ist der Zustand mit vielen Beschwerden verbunden. Die Kräfte haben während der Nachkur nicht zugenommen und nun stehen wir bald wieder vor dem Winter. Heute ist der erste trübe Regentag nach schönen Herbsttagen und erscheint als ein Vorbote des Winterhalbjahres."* Er fragt den Freund: *„Wie es Ihnen wohl gehen mag? Darüber hätte ich von Ihnen mündlich hören mögen."* Er hätte Pf. Betz auch aus einem bestimmten Grund gern in Marburg gehabt: *„... wie gerne hätte ich mich wie vordem Ihres druckfehlerkundigen Auges bedient."* Rudolf musste die Druckfahnen der neuen Auflage der „Verlorenen Kirche" durchsehen, die noch im Oktober herauskommen sollte. Seinen Brief beschloss er mit dem Wunsch: *„Mögen Sie nun andermal den Weg hierher finden. Nehmen Sie nochmals die besten Wünsche für sich und Ihren Filius und behalten Sie uns in gutem Andenken."*

Letzte Besuche – „Jetzt, wo alle Sachen gesagt waren"
Nachdem Pf. Betz den Brief erhalten hatte, nahm er die nächste Möglichkeit wahr und kam nach Marburg. Dabei gab es wichtige Gespräche und herzliche Momente. Einmal, als er mit Rudolf spazieren ging, zeigte dieser hinüber zum neuen Friedhof unter dem Dammelsberg an der Ockerhäuser Allee. Es sollte der letzte Besuch bei den Freunden im Barfüßertor 25 sein.

Etwas später im Herbst kam auch Emma ihre Schwester Agnes und deren Familie besuchen. Agnes' Freude war groß. Es war wichtig, dass sie noch einmal ungestört Zeit füreinander hatten. Emma musste sich wohl auch (wie Pf. Betz) erst an die veränderte Agnes gewöhnen, daran, dass die einst helle, wohlklingende

Stimme ihrer Agadé nun ganz in heiserem Flüstern unterging. Dennoch konnten sie über alles reden, miteinander lachen und weinen.

Der 17-jährige Erich lebte in dieser nicht einfachen Krankenzeit der Mutter sein eigenes Leben mit seinen beiden Freunden, dem jungen Budde und Werner Bergengruen. Gerhard führte sein Studentenleben mit seinem Freund Wessendorf.

Rudolf hatte sich noch mehr als früher in seine Gelehrtenwelt und Schwerhörigkeit zurückgezogen. Er arbeitete vertieft in seinem Studierzimmer, wenn sich die Schwestern unterhielten. Emma erlebte mit, wie die Zettelkommunikation bestens funktionierte.

„So daß ich zu gar nichts fähig war ..."

Nachdem Emma wieder abgefahren war, ging es Agnes seelisch und körperlich schlecht. In diesem Zustand konnte sie keine Briefe schreiben. Erst einige Zeit später erfuhr Alice: *„Nach Emmas Weggang hatte ich fürchterliche Nächte und war den Tag über zerbrochen, so daß ich zu gar nichts fähig war und ein paarmal einen ziemlichen Verzweiflungsanfall zu überstehen hatte. So mochte ich nicht schreiben, auch kommt es mir meiner nicht würdig vor, wenn ich mich in Jammer hingebe ..."* Agnes wollte niemand mit diesen *„Unschönigkeiten belästigen"*. Wenn sie sich die Seele darüber frei schrieb, mochte es noch angehen, doch abschicken kam nicht infrage: *„Ich schäme, ekle mich vor mir selbst. Andere Leute haben auch scheußliche Leiden und werden irgendwie damit fertig."*

Natürlich bekam die Familie direkt mit, wie schlimm es Agnes zeitweilig ging. Nach einer solchen Nacht, in der sie *„wenigstens hundertmal nach Schnapp japsen mußte"*, war sie am nächsten Tag besonders gerädert. Da kam Gerhard mit einem Vorschlag zu ihr: Er wollte bei ihr ausprobieren, was er gerade über die „Neuen Seelenkräfte" bei Camille Flamarion las. Agnes stimmte zu und so kam Gerhard abends an ihr Bett und versuchte sie zu magnetisieren. Es gelang ihm und es half wirklich! Sie wiederholten es ab jetzt regelmäßig, bis Gerhard an einem schweren Lungenkatarrh erkrankte. Man befürchtete, er leide ebenfalls an Schwindsucht. Als sofortige Maßname wurde er aufs Land geschickt, um dort an der frischen Luft zu sein. (Vielleicht durfte er ins Bergische Land ins Elternhaus von Freund Wessendorf, wo er bereits einmal die

Ferien verbracht hatte.) Zum Glück ging es ihm bald wieder besser. In Marburg hatte Rudolf aus Liebe zu Agnes das Magnetisieren ausprobiert. Er konnte es sogar besser als Gerhard.

Agnes belastete die Erkenntnis, dass gerade sie eine gesundheitliche Gefahr für Gerhard war, und nicht nur für ihn! Anscheinend war ihr das bisher nicht bewusst gewesen. Sie schrieb: *„Es kommen da die allerschlimmsten Gedanken, und es ist fraglich, ob man da die alte Ethik, die einem einmal doch in Fleisch und Blut übergegangen ist, noch umdenken muß. Aber heute will ich nicht mehr davon sprechen, es scheint eine köstliche seltene Sonne, und Gerhard hat sich auch wieder erholt, auch will ich ihn gleich, wenn er nach Hause kommt, untersuchen lassen."*

„… ganz aufgemöbelt" – erneut Hoffnung für das Buch

Emma hatte, als sie von Agnes zurück war, den Schwestern gewiss Bericht erstattet. Alice hatte seit Monaten (aus oben genannten Grund) nichts mehr von ihr gehört. Da es anscheinend Agnes' größtes Anliegen war, ihren Roman für den Druck abgeschrieben zu bekommen, kümmerte sich Alice jetzt darum und fand eine Freundin, die sich bereit erklärte, die Arbeit zu übernehmen. Umgehend schrieb Alice deshalb an Agnes. Als Agnes von der Bereitschaft der Freundin las, ihr beim Abschreiben und bei der Suche nach einem Verlag zu helfen, ging es ihr schlagartig besser. Sie schrieb freudig: *„Im Nu strömte mir wieder Hoffnungsblut zu – brillant rotes – und ich bin ganz aufgemöbelt. Will mir Frau D. einen Verleger mitsuchen helfen, so bin ich gerettet. Das nimmt der ganzen Sache das schwere Hoffnungslose. Denn denke mein schweres Leiden und wie ich mir alle Anstrengung abringen muß, die sichere Aussicht, überhaupt nur noch eine beschränkte Arbeits- und Lebenszeit zu haben, denke Dir dazu ein paarmal zurückgeschickte Manuskripte, was einem doch gut passieren kann, und den Einfluß auf die arme doch recht gefesselte Seele – da frägt man sich – willst du dir das noch antun? Auf der anderen Seite ist Arbeit auch ein Lebenselixier, oder ist sie's nicht, eine anständige Todesart."*

Agnes kam beim Schreiben richtig in Fahrt. Sie erklärt der Schwester die Besonderheit ihres Romanes, die Frau D. erst kennen sollte, damit sie wüsste, worauf sie sich einließe: *„Leider hat* *das Buch eine unmöglich herauszulassende Sonderbarkeit an sich, auf die ich niemals gekommen wäre, wenn ich sie nicht zum Teil selbst erlebt hätte. Das gibt dem Buch etwas Mystisches ...*" Auch das Religiöse hebt sie hervor, das alles wäre bei der Wahl des Verlages zu berücksichtigen. Agnes spürte ihren Lebensmut zurückkehren, kraftvoll schreibt sie: *„Und so, wie ich geartet bin, kann es gut sein, daß die frohe, zukunftshoffende Arbeit mich noch einmal richtig aufkratzt und belebt. Oder auch nur mein Ingenium belebt, was mir meinen Zustand doch ungeheuer verbessern würde."*

Agnes will sich aber nichts vormachen: *„Den Tod fürchte ich nicht, nur das ärmliche, stumpfe, elende gedankenlose Hinsochern, das könnte doch wenigstens hinausgeschoben werden."* Sie will sich gleich ans Werk machen und erklärt: *„In drei Wochen hoffe ich durchkorrigiert zu haben."* Sie will noch etwas kürzen: *„Leider ist's ein bißchen groß; aber ich werde sehr trachten, zu beschneiden, wo ich kann. Wenn ich wieder arbeite, werde ich auch munterer, ich fühle es schon."*

Dank Alices Brief bekam Agnes für die nächste Zeit großen Auftrieb. In der Zettelkorrespondenz mit Rudolf schrieb sie über einzelne Textpassagen, die sie geändert habe. In dieser Zeit konnte man wieder erleben, wie Agnes ihre „bunten Flügel" ausbreitete.

Ein Weihnachtswunsch und nicht abgeschickte Briefe

Agnes bekam in der Vorweihnachtszeit für 14 Tage Besuch von Lobin Lang. Daher war sie bisher nicht dazu gekommen, Emmas Brief zu beantworten, in dem sie nach ihrem Weihnachtswunsch gefragt worden war. Vielleicht schrieb sie auch aus anderem Grund nicht? Ausführlich erklärt sie ihren Wunsch einige Tage vor Weihnachten: *„Ich nehme also sehr gerne etwas an, weil ich nun doch so gerne mich beschenken lasse, und wünsch mir irgendein warmes Umhängle für mein Bett, es muß keine Bettjacke gerade sein, es gibt so einfache Dinger, die fast ein bißchen capeartig sind, ach Ihr wißt das besser. Ich muß sagen, daß ich eine warme gestrickte Jacke für die arge Kälte habe, die ist aber ein bißchen unschön, es braucht also nicht so dick zu sein. Es könnte netter Baumwollflanell sein. Ich habe noch eine hübsche japanische Crêpe-Kimonojacke, aber die ist zu dünn und hilft nicht viel. Manchmal bekommt* *das frische Nachthemd einen Fleck, und da ist man froh, wenn man in etwas hineinschlüpfen kann. Hoffentlich ist der Wunsch nicht zu unbescheiden, es kann ganz einfach sein, sollte aber für Besuche anständig sein.* " In diesem Brief schrieb Agnes, wie es ihr in der Familie mit Geschenken ging, dass sie schon im letzten Jahr von Rudolf und den Söhnen nichts bekommen habe. „*Diesmal bekomme ich totsicher nichts. In diesen Sachen haben die Güntherschen, trotz sonstiger großer Vorzüge, etwas Trockenes, was wohl von mangelnder häuslicher Gewöhnung kommt. Auch der Geburtstag ist abgeschafft, aber den schaffe ich nicht ab. Ich koche ein Festessen und lasse mir von meinen Freunden Blumen schenken, und ihr habt mich ja damals so überschüttet.*"

Agnes hatte Hemmungen, von ihrem schlimmen Zustand zu schreiben. Wie sie es bei Pf. Betz lange nicht gekonnt hatte, vermochte sie es weder bei Alice noch bei Emma. Das heißt, sie schrieb ihnen wie auch anderen viele Briefe, die nicht abgeschickt wurden, sie stapelten sich bei ihr. Doch dies war keine Lösung, wie sie selber merkte. Da die Menschen, die sie liebte, mit ihr in Verbindung stehen wollten, auf ihre Briefe warteten, suchte sie nach einer Form, beidem gerecht zu werden. Sie nahm den Briefwechsel wieder auf, wobei sie ihre niederdrückende Befindlichkeit aussparen wollte, um sich nicht vor sich selbst wegen ihrer Klagen ekeln zu müssen und den Empfängern die „*Abscheulichkeiten*" zu ersparen. Sie nannte ihre nicht abgesandten Briefe „*Geschmier, das so gottsjämmerlich, so klageweiberhaft, so erbärmlich einen angucke*", wollte „*kein schwächlichen Mitleid mit sich selbst, das einen auch nicht gerade ehrt oder schmückt*".

Agnes war mit ihren körperlich-seelischen Zuständen in einem Prozess, den sie allein durchstehen musste. Wie lernt man, als „große Dulderin" Schmerzen, Angst und Verzweiflung zu tragen? Der Mensch muss sich erst dahin entwickeln. Das wusste Agnes seit langem. Sie hatte davon in ihren Fragmenten „Von der Hexe, die eine Heilige war", schon geschrieben: „Wie der Engel Leiden mit Gisela stritt." Und in ihrem Roman ließ sie die Protagonistin Rosmarie sich durch das Leid entwickeln. Diese macht andere, aber ähnlich schwere Nächte durch und erträgt es immer besser. Doch selber im echten Leben zu leiden, Schmerzen und höchste

Not auszuhalten ist etwas anderes, als darüber einen Roman zu schreiben. Aber ihr Richtmaß war im Roman enthalten, das gab ihr Halt. Heiter und gelassen wollte sie nach schrecklichen Phasen mit ihren Lieben in Kontakt treten, wenn diese verstanden, dass sie über das Durchgestandene nichts mehr sagen oder schreiben wollte. Sie wusste von Emma, dass diese auch Zeiten gehabt hatte, in denen sie nicht über ihre „schweren Dinge" schreiben konnte. Daher vertraute sie darauf, Emma würde sie verstehen.

Bewusst wandte sie sich jetzt im Brief Emmas Leben zu, ging darauf ein, dass die Schwester in Berlin eine andere Stelle suchen wollte, und wünschte ihr viel Glück! Die „andere Sache" mit Johannes Lepsius, der sich von Emma Geld leihen wollte, erwähnte sie ebenfalls: „... *das hat mir übrigens einen heillosen Schrecken eingejagt! Du mußt wie eine Löwin ihr Junges Deine Märker vor Johannes bewahren. Denk an Deine Künstler! Du hilfst Alice auch nicht ...*" Für die DOM sollte Emma als Witwe kein Geld aufbringen, dessen war sich Agnes sicher. Über Nellys künstlerische Urtiere, die in Marburg *„ungeheure Bewunderung hervorgerufen"* hatten, schrieb sie, und dass sie gefragt worden war, ob die Künstlerin auf Bestellung etwas her- oder ausstelle.

Agnes wollte bewusst am Leben der anderen teilnehmen. Umgekehrt ließ sie Emma im Brief vor Weihnachten am geselligen Leben der Familie Günther teilhaben: *„Die Jugend und das Alter waren auf dem Rektorball in letzter Woche, sehr sehr glänzend muß es gewesen sein."* Gerhard spielte Theater, war Schiller mit einer wunderbaren *„Plastilinnase, die er selbst modelliert hatte"*. Außerdem freute es Agnes, dass die Jugend ein bisher unbekanntes Theaterstück von Bernhard Shaw aufführen wollte: „... *ein Stück, das ich entdeckt habe. Der 'Pralinésoldat'* ('Helden'), *einfach entzückend geistreich, so ein anständiges deutsches Lustspiel gibt es gar nicht, obgleich ein Bett darin vorkommt."* Emma sollte auch von Agnes' und Rudolfs gemeinsamer Freude über den späten Erfolg erfahren! Die „Verlorene Kirche" war endlich unter dem Titel „Der Heilige Garten" neu herausgekommen. Agnes erklärt der Schwester: „... *und sieht jetzt wunderschön aus, auch innen ganz gereinigt von wüsten Bildern ... Ach, wenn das deutsche Volk, woran es gescheit täte, uns einmal zur Konfirmation kauft, dann* *sind wir gerettet. So hat man immer sein kleines Hoffnungsbeet-chen, es wird aber auch zuweilen verhagelt.* " Ihr vertrauter Brief-schluss wird Emma gefreut haben: *„In Liebe Deine Alte".*

Agnes konnte sich zusammen mit Rudolf über den „Heiligen Garten" freuen. Die gemeinsame Idee aus der Langenburger Zeit trug neue Früchte. Die erhofften Einnahmen durch das Buch waren bitter nötig. Rudolfs Rente war klein, seine Honorare waren ge-ring, bald würde Erich mit dem Studium beginnen und nicht immer im Elternhaus wohnen wollen. Wir können an Agnes' Aussage *„dann sind wir gerettet"* sehen, dass sie trotz schwerer Leidenszeit mit ihrem Denken voll in der Realität des Alltags stand.

„Heute viel geschafft an meinem Buch"

Auf die Frage, wie es mit ihrem Buch weitergegangen sei, gab sie Emma Auskunft: *„Ich bin immer noch auf dem Sied-Brat-Rost wegen meinem armen Buch, scheußlich, scheußlich!"* In der gan-zen Zeit hatte sie sowohl nicht abschickte Briefe geschrieben als auch ihr Manuskript wieder hervorgeholt und einiges umgedichtet. Auf den Zetteln an Rudolf stand: *„Heute viel geschafft an meinem Buch. Viel! Loch gestopft. Dann zweimal arg umdichten ... Mein Rücken ist jetzt geheilt, weil ich einen Luftring habe! Mir ist Stein vom Herzen, weil ich weit bin mit dem Geschrift."*

Mit Ausdauer ging sie trotz ständigem Fieber und *„Gehust"* ans Schreiben. Ihr Buch sollte fertig werden, das war ihr großes Ziel. Sie tauchte wieder ein in ihre „Rosmarie-Gisela-Harro-Geschich-te", war mit allem, das aus ihrem Leben in das Werk eingeflossen war, verbunden. Wenn sie die lebendigen Passagen las, die wunder-schönen Stimmungen, die Gespräche aus ihrem eigenen Roman, gab es ihr neue Kraft, weiter ab- und umzuschreiben und am Leben der Familie und Freunde teilzunehmen.

Sie las auch anderes, etwa zur theologischen Diskussion zwi-schen Albert Schweitzer [114], Arthur Drews [115] und Peter Jensen [116] über die Leben-Jesu-Frage, und tauschte sich mit Rudolf darüber in der Zettelkommunikation aus. Sie bezog eindeutig Stellung ge-gen Drews und Jensen. Gerhard Hauptmanns Buch „Narr in Chris-to Emanuel Quint" las sie mit großem Interesse. Dass einer der Freunde, die Agnes besuchten, der junge Theologe Rudolf Bultmann [117], es auch gut fand, freute sie. Lesen wir ihren Zettel: *„Bult-mann! Er ist 29 Jahre, will sich habilitieren, Schwiegervater bie-tet Kleingeld an, wann, Meinungen geteilt. Du, das Buch von Hauptmann ist sehr schön, Herr Bultmann sagt's auch. "*

Baldiger Tod

So sehr sie am Leben teilnahm, war es für Agnes ebenfalls ange-sagt, Gerhard und Erich auf ihren unausweichlichen Tod vorzube-reiten. Vermutlich stand sie wieder mit Gisela in Kontakt und durfte den hilfreichen „Schleier der Gisela" nun selber kennenler-nen. Daher wusste sie, was sie zu tun hatte, und legte Gerhard einen Brief auf den Nachttisch mit der Aufschrift: *„Admonitorium, un-angenehm, nach lesen sofort verbrennen. "* Darin ließ sie ihn wis-sen, dass sie bald sterben würde, und riet den Söhnen – damit sie sich später keine Vorwürfe machen müssten –, in der nächsten Zeit alle Wünsche der Mutter zu erfüllen. Gerhard verbrannte dieses Schriftstück nicht, er bewahrte es zeitlebens auf.

„Zuerst kommts bitter, dann süß", war Agnes' Erkenntnis. Sie schrieb dies Rudolf auf einen Zettel, auch dass ein „Admonito-rium" bei Gerhard immer helfen würde. Dies stimmte: Gerhard war schlagartig rücksichtsvoll, darauf bedacht, dass seine Mutter alles hatte, was sie brauchte, und schaute oft bei ihr vorbei. Er un-terhielt sich mit Agnes kurz vor Weihnachten über ihren bevorste-henden Tod. Sie konnte ihm sagen, dass sie vor ihrem Sterben noch ein Zeichen erhalten werde. Erich fragte sie, wie es ihrer Meinung nach im Jenseits sei, ob es dort eine Weiterentwicklung der Seelen gebe: *„Erich plagt mich mit der Frage, ob ich an Stehenbleiben oder an eine Fortentwicklung in der Ewigkeit denke und ob ich mich ewig fortentwickeln wollte. Da müßte dann schließlich die Gottheit klein werden",* stand auf dem Gesprächszettel für Rudolf, den Gerhard Günther in seinem Erinnerungsbuch veröffentlichte.

Letztes Weihnachten

An Heiligabend wollte Agnes zusammen mit der Familie im Weih-nachtszimmer sein, *„obwohl sie sonst nie mehr das Bett verließ".* Sie wünschte, von Gerhard hinübergetragen zu werden. *„Ich hob sie auf meine Arme, sie war leicht, federleicht, als könne sie mir* *jeden Augenblick entschweben"*, schreibt Gerhard Günther, so *„dünn und durchsichtig"* war sie geworden. Die Kerzen am Christbaum brannten und Rudolf und Erich warteten auf beide. Als Gerhard mit ihr das Weihnachtszimmer betrat, war es *„sehr still, nur die Kerzen knisterten leise"*. Da klirrte etwas auf den Boden: ihr Ehering, *„als könne er gar nicht aufhören zu rollen, und dieses leise goldene Klingen war das einzige Geräusch in dem stillen Zimmer"*. Schlagartig wurde Agnes bewusst: Das war das Zeichen! Wortlos sah sie Gerhard an, auch er hatte verstanden. Der Kreis schloss sich: Rudolfs und Agnes' Liebesgeschichte hatte am gemeinsamen Heiligen Abend 1886 begonnen, als Agnes durch Rudolfs Mutter ins Heslacher Pfarrhaus gekommen war. Jetzt wurde – wieder am Heiligen Abend, 24 Jahre später – deutlich, dass ihr gemeinsames Eheleben bald ein Ende haben würde.

Ganz so weit war es aber noch nicht, denn Agnes war am 1. Weihnachtstag frischer aufgewacht als seit langem. Sie erlebte einen schönen Christtag. Für den 2. Weihnachtstag hatte Gerhard eine Einladung bei Hensels erhalten. Er zögerte zu gehen, doch Agnes wollte es unbedingt und trug ihm liebe Grüße auf. Kurz nachdem er aus dem Haus war, bekam sie einen schweren Rückfall. Das leichte Fieber vom Morgen stieg rasant und sie litt unter Atemnot. Als sie mitbekamen, wie es stand, rannte Erich den ganzen Weg bis zur Villa auf dem Schlossberg. Atemlos platzte er in die Gesellschaft, die sich gerade zum Mittagessen gesetzt hatte. Gerhard sah Erichs verstörtes Gesicht und hörte von ihm, die Mutter liege im Sterben, er müsse sofort heimkommen.

Sie trafen ihre Mutter schwer atmend an. Jeder Atemzug war mühselig. Sie brachte hoch fiebernd kaum ein verständliches Wort heraus. Als der Arzt kam, sah er gleich, wie es um Agnes stand. Da Rudolf schwerhörig war, nahm der Arzt den erwachsenen Gerhard beiseite und erklärte ihm, dies sei das Ende. Er könne zwar Kampfer spritzen, das würde jedoch das Leben nur um Stunden verlängern und weitere Qual für die Sterbende bedeuten. Agnes würde den nächsten Tag nicht mehr erleben.

Nun musste Gerhard dem schwerhörigen Vater die schlimme Wahrheit vermitteln. Er berichtet in seinem Erinnerungsbuch: *„Fast unbegreiflicherweise hatte er bis zu diesem Augenblick den*

Ernst des Zustandes nicht begriffen oder nicht begreifen wollen. Als ich ihm sagte, wie es stünde, wurde er schneeblaß im Gesicht und sank in den Knien zusammen. So daß ich ihn stützen mußte. Obwohl meine Mutter unsäglich litt, entging ihrem liebenden Auge diese Bewegung nicht. Sie winkte mich dicht zu sich heran und flüsterte mir mit äußerster Anstrengung ins Ohr: 'Der arme Papa, er hat es bis jetzt noch nicht gesehen; er kanns noch nicht ertragen, ich darf doch gar nicht sterben, ehe er gelernt hat, sich an den Gedanken zu gewöhnen.'" Der Arzt, der nichts mehr für die Sterbende tun konnte, hatte die Pflegerin benachrichtigt. Sie hatte schon manche Tage und schlimmste Nächte der vergangenen Wochen bei Agnes den Pflegedienst übernommen, so würde sie es diese Nacht wieder tun. Bei Agnes waren nicht nur ihre Familienangehörigen. Sie war auch von ihren lieben, bereits verstorbenen Anverwandten umgeben. Rudolf Günther schreibt in seinem Erinnerungsbuch: „ *... wie so vielen Sterbenden erschienen ihr ihre Eltern.* " Agnes sah ihren geliebten Vater, den sie so vermisst hatte, ihre Mutter und: „ *... es erschien ihr der Tod, keine Schreckgestalt, sondern ein 'höflicher Herr'.* " Gisela war da, „ *so wirklich, daß sie meinte, auch den Ihren müßten jetzt die Augen dafür aufgehen, und ihr Herr Jesus kam zu ihr wohl in dem Bilde, in dem sie ihn im Leben gesehen hatte. Sie sprach mit großer Freude von diesem Gesicht.* "

Für Gerhard war an diesem Mittag des 2. Weihnachtstages vernehmbar, wie seine Mutter vor sich hin flüsterte: „ *Ich darf noch nicht sterben, ich kann noch nicht sterben.* "

Denkbar wäre, dass sie dies dem „höflichen Herrn" klarmachen wollte oder „ihrem Herrn Jesus". Nicht, weil sie ihrem Tod nicht zustimmen wollte. Aus Liebe und Sorge um Rudolf wandte sie sich an die „höhere Instanz". Sie kannte die biblischen Geschichten und wusste, Jesus hatte das Töchterlein des Jairus auferweckt, den Jüngling von Nain ebenso wie Lazarus. So bat (vermutlich) auch Agnes um der Liebe willen, dass sie noch für Rudolf bleiben dürfe, bis sein Herz bereit sei. Sie nahm in Kauf, dass es für sie eine längere Leidenszeit bedeutete. Agnes wusste, dass ihr Gisela dabei helfen würde. Sie hatte in ihrem Roman bereits Ähnliches geschrieben. Hier durfte Rose für Harro noch eine gewisse Zeit bleiben. Auch Agnes wurde diese Gebetserhörung geschenkt.

„Warum weint ihr denn? Ich gehe doch zu Jesus!"

Gerhard Günther berichtet: „ *…mit ihren großen, leuchtenden Augen wandte sie sich an ihre Familie: 'Warum weint ihr denn? Ich gehe doch zu Jesus.' Und nun gab sie ihre Anordnungen: 'Der Papa soll sich hinlegen, das muß jetzt unbedingt sein! Und du, Gerhard, spielst mir noch einmal die schönsten Lieder, die großen Choräle, die Chöre aus der Matthäus-Passion!'* " Gerhard setzte sich weinend ans Klavier und spielte für die Mutter einen Choral nach dem anderen. Rudolf hatte sich Agnes' Wunsch gebeugt und war in sein Schlafzimmer gegangen, um sich zur Ruhe zu legen. Die Pflegerin war inzwischen eingetroffen und übernahm den Platz am Bett. Anzunehmen ist, dass Erich in sein Dachzimmer ging. Wie er sich wohl fühlte? [118] Spät – kurz vor Mitternacht – schaute Gerhard nach der Mutter. Die Pflegerin schlief im Stuhl, Agnes atmete ruhig und regelmäßig. Sie schlief fest, das Fieber war gefallen.

Am nächsten Morgen war eine langsame Erholung eingetreten. Agnes verlangte sogar etwas zu Essen. Doch Gerhard bemerkte an ihr eine merkwürdige Veränderung: Sie schien nicht mehr ganz im Hier und Jetzt zu sein, ihr Bewusstsein war etwas verschoben. Lebte sie in einem Zwischenbereich? Gerhard erinnert sich: „ *Sie glaubte nämlich, in der vorhergehenden Nacht gestorben und auch bereits begraben zu sein.* " Sie sei froh gewesen, ihn neben ihrem Bett zu sehen, sogar mit ihm sprechen zu können. „ *'Ich habe mich so gefürchtet vor dem kalten Grab im Friedhof, und daß ich dort so alleine liegen müßte. Jetzt sehe ich dich ja ganz deutlich; du stehst ein bißchen hoch über mir, weil ich so tief in der Erde liege; ich sehe dich auch nur ganz klein, aber hören kann ich dich gut.'* " Er berichtet weiter: „ *Sie lebte zwischen uns wie eine Gestorbene, sechs Wochen lang, eben so lange, bis mein Vater die Kraft gefunden hatte, sich in ihren Tod zu finden, ja ihr volle und ganze Ruhe zu wünschen.* " Ihre „ *ungeheure Liebeskraft* " habe „ *den Tod noch einmal zurück gebannt* ". Seine Mutter war bereits entrückt und Gerhard glaubt, sie bekam nicht mehr alles mit, was um sie herum geschah: „ *Alles was zeitlich und irdisch war, schien von ihr abgeglitten zu sein, und ihre wahre und vollendete Gestalt, wie sie sonst nur der Tod aus uns herausarbeitet, trat bereits sichtbar hervor.* "

„Mit ihrer Familie" und im „himmlischen Garten"

Rudolf Günther schreibt in seinem Buch: *„Die Weihnachtstage waren vorüber, am Morgen des vierten Tages, als ihr Mann in ihr Zimmer trat, war ihr erstes Wort: 'Nun schreibe ich auch mein anderes Werk!' Sie kam sich vor wie das Töchterlein des Jairus, das noch unter der Pforte des Todes eine mächtige Hand ins Leben zurück geführt hatte. Ihr Mann bat sie, wenn es ihre Kräfte zuließen, zuerst das Werk von der 'Heiligen' zu vollenden. Sie sagte das zu. Weiter war davon nicht die Rede."* Agnes hatte keine Schmerzen mehr! So etwas hatte der Arzt noch nie erlebt und stand vor einem medizinischen Rätsel. Er meinte, der Kehlkopftumor sei wohl ausgehungert worden *„infolge der wochenlangen Unterernährung"*. Für ihn unerklärlich, wie ihr Herz dies schaffe.

Von Gerhard Günther erfahren wir, wie sie in der nächsten Zeit Agnes erlebten: Sie lebte mit ihnen und ging gleichzeitig durch den „himmlischen Garten", sah den Herrn Jesus, sprach mit ihm, dann wieder mit den Familienmitgliedern. Sie saß im Bett und schrieb neue Geschichten zum Evangelium, eine eigene Vision zur „Heiligen Nacht" – ihre ureigene Weihnachtsgeschichte. Die Familie bekam damals nicht mit, dass Agnes etwas ganz Unbekanntes, Neues geschrieben hatte, sie sprach nicht darüber.

Aus der Korrespondenz von Pf. Betz und Rudolf Günther erfahren wir, dass Agnes diese kleine Geschichte mit einem Brief im Februar (kurz vor ihrem Tod) an den Freund geschickt hatte. 25 Jahre später nahm Rudolf sie in sein Erinnerungsbuch auf.

Agnes hatte schon früher einen anderen ihr wichtigen Brief geschrieben. (Er wird im Deutschen Literaturmuseum im Handschriftenarchiv in Marbach aufbewahrt.) Dieser lange Brief auf altrosa Papier vom 16.1.1911 ist an Frau Stadtpfarrer Anna Schnizer gerichtet, die inzwischen in Bad Mergentheim wohnte. Darin ging Agnes auf den Brief ihrer Freundin ein, den sie am Tag zuvor erhalten und der sie erschüttert hatte: *„Du liebe arme süße Seele liegst so lange im Bett und läßt Deine netten Flügel hängen! Und ich komme Dir nicht zu Hülfe!"* Sie erklärt ihr, dass sie nicht früher hätte helfen können, denn: *„Ich befinde mich erst seit drei Wo-*

chen in meiner fortschreitenden Besserung meiner Affairen." Sie
stellt ihrer Freundin in Aussicht: „... *es genügt, daß das Ende erfreulich und ich wirklich wieder gesund und frisch werde. Nun
freust Du Dich aber liebes Herz u. die Freude tut Dir gut.*"

Die Absicht ihres Briefes war, der gleichaltrigen Freundin zu helfen. Daher versuchte sie, ihr Freude, Zuspruch und konkrete Hilfe
in ihrer gesundheitlichen Not zu geben. Dabei sah Agnes von ihrem eigenen Gesundheitsproblem ab, schrieb nichts davon, damit
Anna nicht belastet würde. Alles, was die Freundin traurig gestimmt
und geschwächt hätte, vermied sie. Sie schrieb ihr voll Verständnis: „*Du hast gewiß Dein Frauenleiden, bist jetzt in den Jahren, wo
die Sache ungemütlich, ehe sie sich verabschiedet. Das ist bei mir
auch so u. vermutlich habe ich abgeschlossen, was mir eine große
Freude wäre ... Nun habe ich mir ausgedacht, Du werdest keinesfalls in Mergentheim solche Doktoren haben wie wir in Marburg.
Und in eine Klinik solltest Du doch.*" Sie erklärt, in Marburg müsse kein „*armes Weiblein unnötig ein Frauenleiden herumschlep-
pen*". Man ginge in die Klinik. „*Warum solltest Du im Bett liegen
u. die Sache hinausziehen, unnötig Traurigkeit leiden.*" Bei den
„*Frauensachen handelt es sich oft darum, daß etwas zur rechten
Zeit geschieht.*" Wie Agnes wusste, hatte Anna schlechte Erfahrungen gemacht. So schrieb sie: „*Angst brauchst Du keine zu haben,
denn seit Du jenem Kannibalen in die Hände fielst in Stuttgart, hat
man einiges gelernt. In Marburg gehen sie sehr zart mit den Patienten um*", wie sie von einer Dame, die dort war, wusste.

Sie würden Anna „*extra zart behandeln*", weil Agnes sich selbst
für sie beim Arzt einsetzen und ihm Annas „*seelische Verhältnisse*" beschreiben werde. „*Er ist ein feiner, lieber Mensch.*" Jetzt
kam sie auf die Reise zu sprechen, vor der sich Anna auch nicht zu
fürchten brauche: „*Du nimmst bis Lauda ein Auto u. steigst dort
ein – natürlich muß Dein lieber Mann mit – u. dann Frankfurt
(Schnellzug). In jetziger Jahreszeit genügt ein Billet u. ein Trink-
geld von 1 Mark an den Billetmenschen, daß Du vollständig in be-
quemer Rückenlage die Reise machen kannst. Ich habe die gleiche
Reise im letzten Jahr auch gemacht, als ich mit Gerhard im Februar aus Davos fuhr.*" Sie riet der Freundin, diesen Brief ihrem
Mann zu zeigen, und sie bat sie: „... *lasse Deine bunten Flügel*

403

nicht mehr hängen. Hilft alles nichts, so helfe ich Dir heulen. Denke besonders daran, daß Du mich aber nur in Marburg hast. "
Sie schrieb ihr für den Fall, dass sie ihr nicht gleich selber helfen könne, sie habe *„viele, viele liebe Menschen in Marburg"*, die ihr *„vielseitig hülfen"*, sie besuchen und ihr vorlesen würden, Blumen brächten und mit ihr Spazierfahrten machten.

Der Brief ist klar geschrieben, nur einmal vertauscht Agnes den Zeitpunkt der Rückreise aus Davos. Doch stutzen wir beim Lesen. Agnes war selber sterbenskrank und wusste es. Warum wollte sie die Freundin in ihre Nähe holen? Der letzte Abschnitt lässt aufmerken: *„Du darfst nicht denken, ich hätte Dir nicht einmal gesagt, auf wieviel Weise ich Dir sonst noch helfen kann. Das spare ich mir auf später auf. In inniger Liebe, Deine Agnes."*

Wie wollte Agnes noch helfen? Meinte sie geistige Hilfe? Agnes erlebte diese selber von Gisela und zeigt im Roman, dass Gisela bewusst fremdes Leid auf sich nimmt (ihr Kleid ist voll fremder Blutflecke). Gisela steht dem bei, der es noch nicht alleine schafft, sein Leid zu tragen. Dies nannte Agnes „das Trostamt übernehmen". Es schien ihr eine Stufe der geistigen Entwicklung zu sein, die nach der Stufe Leid anzunehmen und zu tragen kommt. Dies gehört in den tief mystischen Bereich der Gisela-Geschichte, zur Christologie und zu Agnes' Seelengeschichte. Normalerweise geht menschliches Streben dahin, möglichst wenig Schmerzen und Leid zu ertragen. Bei Agnes und ihren Geschichten ist es anders. In „Wie Gisela mit dem Engel Leiden stritt"[119] wird die mystische Antwort gegeben: Eine Seele, die freiwillig Leid auf sich nimmt, wird am Freudenwein der Ewigkeit teilhaben. Der „Engel Leiden" erklärt Gisela seine Aufgabe: *„Ich bin der Engel, der den Kelch hat, aus dem Jesus trank. Er trank ihn bis zum Grunde. Ein kleiner, kleiner Tropfen nur, ein winziges Tröpflein hing am Rande. Den wollte ich dir geben. Aber deine Seele trägt es doch nicht. Du erschauerst davon ..."* Die junge Gisela wollte es annehmen und durfte deshalb am Freudenwein teilhaben. Von der älteren erzählt Agnes in „Die Heilige …", sie wirke als Helferin beim Leiden der Menschen mit, so auch bei Rosmarie und Harro. Weil sie unter dem „Schleier der Gisela" leben, erhalten sie die Fähigkeit durchzuhalten.

Agnes hatte sich wohl mit Giselas „Hilfe" geistig so weit entwickelt, dass sie ihrerseits der Freundin beistehen wollte, obwohl diese nicht ahnte, dass sie ihr helfen könnte. Dass der Brief an Anna Schnizer in deren Familie aufbewahrt wurde und schließlich ins Handschriftenarchiv nach Marburg kam, ist eine Besonderheit.

Das Trostamt – und wie es mit Erich ging

Wenn wir die Aussage dieses Briefes vor Augen haben, können wir besser den Erinnerungstext Maria Kretschmers verstehen, der so beginnt: *„Auf ihrem Totenbett zu Marburg sagte Agnes Günther, Gott habe ihr ein Trostamt an die Menschen aufgetragen. Wenige Tage vor ihrem Sterben äußerte sie eines Morgens: Ich bin ganz zerbrochen, heute nacht habe ich des Trostamtes gepflegt."* Woher wusste Agnes' frühere Erzieherin dies? Wahrscheinlich von Emma. Diese war noch einmal bei Agnes gewesen, da sie *„an das Kran-kenlager"* gerufen worden war. Vermutlich hatte Agnes ihr die Er-fahrung mit dem Trostamt anvertraut, und später gab Emma diese an ihre gemeinsame frühere Erzieherin weiter.

Als Emma bei Agnes war, diktierte sie Emma halb weinend, halb lachend ihr Testament, wobei sie alles verteilte, was ihr gehörte. Agnes war immer großzügig gewesen. Ihren Hausmädchen hatte sie guten Lohn gezahlt und ihrem letzten Dienstmädchen – „Rotkäpp-chen" – zu Weihnachten eine Uhr geschenkt, da diese nur eine Uh-renkette, aber keine Uhr besaß. Einmal, als Agnes mit Emma im Gespräch war – so wird berichtet –, wurden ihre Augen auf einmal groß und dunkel und sie sagte: *„Ich habe für sieben gelebt und muß auch für sieben leiden."* Es war gut, dass sie Emma noch einmal bei sich hatte. Emma wurde auch Erich eine große Hilfe!

Erich war durch das Leiden und langsame Sterben seiner Mut-ter ziemlich aus der Bahn geworfen. Sein 18. Geburtstag am 8. Ja-nuar 1911 war wohl ganz untergegangen. Er muss in der Familie recht einsam gewesen sein: Zwischen ihm und seinem Vater gab es Spannungen, seine Mutter bekam davon nichts mehr mit. Gerhard lag mit hochfiebriger „Drüsenerkrankung" schwer krank im Bett.

Ein Jahr später wandte sich Emma Zeller an Pf. Betz und be-richtete vom Januar 1911: *„Sehr geehrter Herr Pfarrer, wie Ihnen vielleicht bekannt ist, habe ich meinen Neffen Erich Günther letz-tes Jahr um diese Zeit, als ich an das Krankenlager meiner lieben*

Schwester Agnes gerufen wurde, zu mir nach Potsdam nehmen müssen. Ich konnte ihn hier auf dem Gymnasium unterbringen ..."

Im nächsten Brief berichtet sie dem Freund der Familie Günther ausführlicher: *„Das Zerwürfnis Vater Günthers mit Erich bestand schon, als ich vor einem Jahr nach Marburg kam. Erich stand in der Schule sehr schlecht und wäre nicht versetzt worden. Außerdem hat er Unfug getrieben, wurde einigemale betrunken auf der Straße aufgelesen und war einigen 'gewichtigen' Müttern von Marburg als Verführer ihrer Söhne ein Dorn im Auge. Sie wollten die Vorkommnisse an die Öffentlichkeit bringen, wenn Erich nicht freiwillig von der Schule abginge. Da bat mich Geheimrat Budde im Interesse der Fakultät und einer, dem Hause Günther nahestehenden Familie, Erich mit fortzunehmen. Für Erich sollte eine Anstalt gesucht werden – aber die fand sich nicht –, auch waren keine Mittel da. So hielt ich es für meine Pflicht, um meiner lieben Schwester willen, mit Erich einen Versuch zu machen und ihn zu behalten."* Die den Günthers nahestehende Familie war die von Prof. Kurt Hensel. Erich war mit Lotte Hensel kameradschaftlich befreundet und Mia Hensel besuchte Agnes so oft sie konnte in diesen letzten Wochen.

Erich reiste mit seiner Patentante Emma nach Potsdam. Der Abschied von seiner Mutter muss ihm schwergefallen sein, da er wusste, er würde sie nie wiedersehen. Gerade deshalb war ihm Emma, die Lieblingsschwester seiner Mutter, ein großer Trost.

Rudolf war Erich bitterböse. Harte Worte müssen gefallen sein. Und Agnes? Wie ging es ihr damit? Gerhard Günther schreibt in seinem Erinnerungsbuch: *„Meine Mutter nahm seine Entfernung kaum wahr; in ihren Phantasien lebte er um so intensiver und in verklärter Gestalt. Sie glaubte ihm eine bedeutende Zukunft vorbestimmt; ich selbst trat zurück gegenüber diesem leuchtenden Bild."* Agnes begleitete Erich auf andere Weise, war bei seiner verwundeten Seele und erkannte seinen eigentlichen Wert.

Das fehlende Kapitel – das „Sternenkleid"

Am 8. oder 9. Februar nahm Agnes nach erholsamem Mittagsschlaf Papier und Federhalter. Beides hatte ihr Gerhard gereicht und gemeint, sie solle jetzt das fehlende Kapitel „Oratorium" schreiben, da sie gut ausgeruht sei. Wortlos begann sie, das in der Endfassung noch fehlende Kapitel des Romans zu schreiben, und hörte erst auf, als sie es beendet hatte. Der Roman war nun für sie erledigt.

In den Tagen darauf überfiel Agnes starke Unruhe. Sie sprach von einer großen Reise, die sie machen wolle, und von ihrer Rückkehr nach Langenburg. Sie verlangte, in Gerhards Zimmer getragen zu werden, dort liege ihr Reisekleid bereit, ihr „Sternenkleid". Als Gerhard ihr den Wunsch erfüllte und sie hinübertrug, fand sie das Kleid dort nicht vor. *„Da wurde sie sehr still."*

Es waren kalte Wintertage. Der Ofen in Gerhards Zimmer wurde stark eingeheizt, da er bei offener Zimmertür Agnes' Zimmer mitheizen sollte, weil sie mit ihren kranken Lungen nicht ertragen konnte, wenn in ihrem Zimmer Feuer gemacht wurde.

Als Gerhard sich ein wenig hingelegt hatte, stand Agnes plötzlich vom Bett auf und ging – obwohl sie sonst nicht mehr allein gehen konnte – in ihrem langen weißen Nachthemd hinüber in sein Zimmer. Er traute seinen Augen nicht, als er seine Mutter mit ausgestreckten Händen auf den glühend heißen gusseisernen Ofen zulaufen sah. Er konnte nicht schnell genug aufspringen, um sie davon abzuhalten. In letzter Minute wollte er ihre Hände wegziehen, doch sie leistete mit unbegreiflicher Kraft Widerstand und drückte – wie sie es vorgehabt hatte – beide Handflächen an die heißen Ofenwände. Hinterher betrachtete sie verwundert ihre Hände und erklärte ihm: *„Siehst du, das hat auch noch sein müssen. Ich habe immer so arg Angst vor dem Brennen gehabt, nun weiß ich doch, wie es tut."* Seltsamerweise hatte sie keine Brandwunden, auch keinen Schmerz. Das war am 13. Februar. Es ist bekannt, dass normale Menschen beim sogenannten „Feuerlauf" über einen Glutteppich barfuß gehen, sogar tanzen können, ohne sich zu verbrennen; ein Phänomen wie bei Agnes – und doch anders.

Am Dienstag, den 14. Februar, schrieb Rudolf an Karl Friedrich: *„Ihr großer Brief ist einer der letzten gewesen, in dem meine Frau noch gelesen hat. Auch Davos hat die Krankheit nur aufzuhalten vermocht, und diese ist seitdem unaufhaltsam fortgeschritten. In den Weihnachtstagen war meine Frau am Sterben, sie hatte schon von uns Abschied genommen, aber es ging noch einmal vorüber. Doch ist es nur eine Verzögerung, und jetzt ist der Zustand so, daß es sich nur noch um Wochen handeln wird, ehe das Ende kommt. Sie neh-*

men an diesem so schmerzlichen Schicksal gewiß auch unausge-
sprochen teil. Sie hat sehr viel gelitten und leidet noch, aber sie hat
ihr Leid groß getragen und auch uns dadurch gestärkt. Möchte sie
den bittern Kelch nicht ganz bis zur Neige leeren müssen."

16. Februar 1911

In der Nacht von Mittwoch auf Donnerstag merkte die Diakonisse,
die Agnes pflegte, dass es zu Ende ging. Gegen Morgen um 6 – es
war noch dunkel – weckte sie Rudolf und Gerhard, damit sie ans
Sterbebett kämen. Agnes schien nicht zu leiden, war nur über ihre
Kurzatmigkeit erstaunt, und dass sie röcheln musste. Sie sagte zu
Gerhard: *„Ich weiß nicht, warum ich gar keine Luft mehr kriege;
ich bin doch mein Leben lang nicht kurzluftig gewesen. Du mußt
jetzt zählen, Gerhard: ein, zwei – ein, zwei."* (Vielleicht wusste sie
nichts mehr von ihren Erstickungsanfällen.) Sie erinnerte ihn daran, wie sie ihm damals in der Jagst in Mistlau mit Zählen das
Schwimmen beigebracht hatte, genau so solle er jetzt zählen. Gerhard schob seinen Arm unter ihren Kopf, um sie zu stützen, und
zählte, wie sie gewünscht hatte. Agnes atmete sogleich ruhiger und
zunehmend gleichmäßiger, immer leiser und langsamer. Dabei
schlief sie ein. Irgendwann meinte die Diakonisse, jetzt könne Gerhard seinen Arm wieder zurückziehen und den Kopf seiner Mutter
auf das Kissen betten. Es sei überstanden.

Rudolf Günther erzählt es in seinem Buch etwas anders. Er
schreibt nichts von Gerhards Zählen, sondern nur, dass Agnes zu
schlafen verlangt habe: *„Eine Viertelstunde vor sieben Uhr stand
der Atem stille. Sie, die seit Jahren die Gewißheit eines frühen
Todes in sich trug, sie hat, als er nun wirklich zu ihr trat, den Tod
nicht gesehen".* Gerhard berichtet eine weitere Erinnerung an diese
Stunden. Er erlebte, wie bei seinem Vater der Schmerz ungehemmt
ausbrach. Ihm als Sohn fiel die Aufgabe zu, den Vater zu trösten.
Dies verband beide auf ganz neue Weise.

Die Trauerkarten wurden noch am selben Tag gedruckt und ver-
schickt. Rudolf und Gerhard schrieben sie. Karl Friedrich wurde
bereits am nächsten Morgen der schwarz umränderte Brief aus
Marburg mit der Post zugestellt. Er las: *„Marburg in Hessen, den
16. Februar 1911. Heute ist meine liebe Frau Agnes geb. Breuning*

nach langem, schwerem Leiden sanft entschlafen. Lic. Rudolf Günther mit seinen Söhnen Gerhard und Erich. " Gerhard hatte noch ein paar Zeilen hinzugefügt: *„Lieber Freund! Du wirst verstehen, daß wir in diesen Tagen nicht viel schreiben können. Du hast meine Mutter ja gekannt und kannst ahnen, was wir verloren haben. Als ich ihr Deinen letzten Brief zum Teil vorlas, sagte sie. 'Der Friedrich hat mehr 'Merks' als Du; der weiß viel besser, was ich bin.'"* Die Beerdigung wurde für Samstag, den 18. Februar, festgelegt.

Anteilnahme, Trauer und letzte Worte

Pfarrer Betz erhielt die Todesnachricht am 17. Februar. Noch am selben Tag schrieb er seinem Freund einen warmen Beileidsbrief: *„Es ist ja gewiß eine Erlösung der treuen Dulderin. Sie empfinden das ja noch viel deutlicher als wir in der Ferne, was es für eine Erlösung gewesen ist, und Sie können darum vielleicht auch Ihren Trost schöpfen aus diesem Worte. "* Er drückt aus, dass er erst jetzt ganz empfinde, was sie ihm gewesen sei, *„mir und gewiß noch manchen anderen".* Dies sei ihm bereits in den letzten Wochen bewusst geworden, aber *„da war sie noch unter den Lebenden, erreichbar für Worte meiner Briefe. Heute eben wollte ich wieder schreiben, und ich hoffte doch, trotz Gerhards gestriger Karte, daß mein Gruß nochmal ihr Ohr findet ... "* Pf. Betz fragt sich und den Freund: *„Oder ist es so, wie mir Frau Ehrle heute sagte, daß man die Empfindung habe, sie seien einem nun näher, die Heimgegangenen, als solange sie noch lebten, räumlich so weit von uns getrennt? Ich weiß es noch nicht ... "* Dann geht er auf Rudolf ein: *„Wie still wird es nun bei Ihnen werden! Und nur für die alten Freunde Ihres Hauses, welche die frühere Zeit selber noch gekannt haben, wird sie immer noch vorhanden sein und in einer eindrucksvollen Sprache reden, diese vergangene Zeit. Ihrem Sarge konnte ich nicht mehr folgen; aber die Stätte will ich bald aufsuchen, wo sie nun ruht. Ich weiß noch, wie Sie mir im letzten Herbst von der Steige aus den Friedhof drüben zeigten. Dahin wird nun morgen der Zug von Ihrem Hause ausgehen. Möchten gute und teilnehmende Freunde Ihnen dabei zur Seite gehen, so wie Sie beide einst mir zur Seite gegangen und gestanden sind! "* Er erzählt Rudolf von Agnes' letztem Brief, als sie ihm *„ihre fromme, schöne Weih-*

nachtsgeschichte" geschickt hatte, und geht auch auf Rudolfs häusliche Versorgung ein: *„ ... hoffentlich haben Sie nun jemand Passendes gefunden, der Ihnen äußerlich das Leben im Gang erhält."* Taktvoll bietet er an, Margarethe Ehrle zu fragen, und schließt: *„Eine stürmische Regennacht kommt, und es ist mir, als ob ich das Klagen des Windes verstehen könnte. Immer und immer werde ich ihr Andenken segnen, wie sie mit linder Hand meinen einsamen Weg gesegnet hat. In herzlicher Teilnahme grüßt Sie und Ihre beiden Söhne Ihr dankbarer W. Betz"*

Die Verstorbene lag – wie es üblich war – bis zur Beerdigung aufgebahrt im offenen Sarg in der Wohnung. Bevor der geschlossene Sarg aus der Wohnung getragen wurde, sprach Rudolf zu den nächsten Freunden ein Abschiedswort. Gerhard schrieb in seinem Buch: *„Der sonst so verschlossene Mann hatte den Wunsch, Zeugnis abzulegen für die Genialität des Herzens, von dessen Geheimnissen er wußte."* Er sah seinem Vater die *„fast unmerkliche Anstrengung an, als er am Kopfende des weißen Sarges stand, blaß, aber mit sehr beherrschter Stimme in Sätzen von vollendeter Form von dem Leben und Wirken der Toten sprach".* Er las Agnes' Text aus der Veröffentlichung in der „Christlichen Welt": „Von der Hexe, die eine Heilige war", was der „Engel Leiden" zu Gisela sagte: *„Dich tränke ich mit dem starken Freudenwein der Ewigkeit. Du bist von der auserwählten Schar, die es tragen, das Leiden der Welt – das Leiden Gottes. An ihren Schmerzen zieht Gott durch die Dunkelheiten die Menschen zu sich. Du darfst sie tragen helfen, die Ketten der Welt – durch dich kommt sie vorwärts, aus ihrem Jammer heraus, aus ihrem Sumpf heraus – von ihrem Tränenmeer hinweg. Ich habe nur einen ganz kleinen Tropfen für dich. Nur ein ganz klein wenig darfst du sie haben, die Kette. Für die anderen, für alle, du. Schon der eine Tropfen, er erfüllt deine Seele."* Gewiss meinte er, Agnes habe nun verdienten Anteil am Freudenwein der Ewigkeit.

Der Sarg wurde aus der Wohnung getragen, die drei Stockwerke hinunter durch das Treppenhaus unter dem bunten Ornamentfenster im Türbogen hindurch. Agnes verließ endgültig das Haus Barfüßertor 25. Ihr Grab wurde ihre neue „Adresse", nach der man sich noch heute in der Friedhofsverwaltung erkundigen kann. Auf der Ockerhäuser Allee bis zum Neuem Friedhof bewegte sich der schwarze Trauerzug, der dem weißen mit Kränzen bedeckten Sarg in dem von Pferden gezogenen Leichenwagen folgte. Dazu spielte eine Musikkapelle den Trauermarsch. Außer der kleinen Familie – Rudolf und Gerhard – waren die befreundeten Familien mitgekommen. Mia Hensel, Gerhards heimliche Verlobte und Agnes' Schwiegertochter in spe, war mit ihren Eltern auch dabei.

Gerhard Günther schrieb über die Beerdigung: *„Es war nur ein kleines Gefolge, das dem Sarg meiner Mutter auf dem kurzen Weg zum Friedhof das Geleit gab. Ich vermochte kaum, den Worten des Pfarrers zu folgen. Ich sah zu, wie der Sarg in die Tiefe des Grabes glitt, in dem meine Mutter schon in den letzten Wochen vor ihrem Tod zu liegen geglaubt hatte. Ich horchte erst auf, als unser Freund Betz, den ich vorher gar nicht bemerkt hatte, an das Grab trat und begann: 'Ich komme als ein Bote aus Langenburg.' Dann erst löste sich der Schmerz in Tränen."*

Wir wissen, dass Pfarrer Betz nicht dort war. Für Gerhard jedoch war er es und seine „Gegenwart" half ihm. Wir nehmen an, dass Pfarrer Betz am 18. Februar in Gedanken auf dem Friedhof an der Seite des Witwers und seines Sohnes stand.

Auch Erich wird in Potsdam mit wehem und trotzigem Herz an die kleine Schar an Mutters offenem Grab gedacht haben, zu der er nicht gehörte. Seine Erinnerungen an die gemeinsame Zeit mit der Mama in der Villa Lepsius im Sommer vor drei Jahren konnten ihm vielleicht etwas helfen. (Auch bei Großmamas Tod vor zwei Jahren im Februar war sie noch einmal dort gewesen.) Sie war ihm sicher gegenwärtig und er war mit ihren Schwestern Emma, Polly und Alice sowie mit Renate, die Mama so gut kannte, und ihrer Patentochter Nelly in Liebe und Trauer verbunden. In diesem Kreis der Verwandten war er im Augenblick am besten aufgehoben.

Hier wären wir am Ende der Biographie angelangt. Wenn es nicht posthum mit Agnes' unveröffentlichtem Roman erst richtig weitergegangen wäre. Wie und wann wurde er gedruckt? Wie kam es zum großen Erfolg? Und woher kam später die negative Kritik? Manche interessiert auch, was aus den Hinterbliebenen und Freunden wurde. Daher folgt ein weiteres Kapitel:

19. Wie es weiterging: 1911 – 2011

Vater und Söhne

Im März 1911 besuchte Gerhard in den Semesterferien seinen Bruder in Potsdam und versuchte, zwischen dem Vater und Erich zu vermitteln. Leider verschärfte sich dabei der Konflikt. Erich sollte sich entschuldigen. Er hätte bei einer Entschuldigung jedoch heucheln müssen, das wollte er auf keinen Fall. Dies erklärte er Pf. Betz im Januar 1912, als er ihm von seiner schwierigen Situation schrieb. Das Zerwürfnis zwischen Vater und Sohn sollte noch über einenhalb Jahre bestehen. Auch das Verhältnis zwischen den Brüdern blieb für eine Weile gespannt. Dieser Konflikt und der Tod der Mutter setzten Erich gehörig zu. Dazu kam, dass er wider Erwarten in Potsdam nicht für das Abitur im Frühjahr 1912 zugelassen wurde. Als Emma Zeller im Januar 1912 an Pf. Betz schrieb, wusste sie keinen Rat mehr, wie Erich, der inzwischen sogar wegen nervlicher Anspannung und hysterischer Anfälle einige Wochen in einem Sanatorium hatte verbringen müssen, zu helfen war. Erich fand selber eine Lösung: einen Aufenthalt bei Pf. Betz im stillen Herrentierbach. Daher erhielt Pf. Betz einen Brief von Emma, in dem sie bei ihm deswegen anfragt. Erich wandte sich zudem persönlich an ihn und bat um rasche ehrliche Antwort, nachdem er alles erklärt hatte. Umgehend bekam er die herzliche Zusage und so wurde Pf. Betz wieder einmal der Retter in schwierigen Zeiten. Seit dieser Zeit vertiefte sich die Freundschaft zwischen Erich und ihm.

Allzu lange dauerte Erichs Erholungsurlaub in Herrentierbach nicht, er war nur im Februar dort. Denn auch Johannes Lepsius brachte sich in dieser Notsituation ein, indem er dringend dazu riet, Erich solle sobald wie möglich zurück in die Schule gehen, um zum Nachtermin das Abitur abzulegen. Er bot an, dass Erich bei ihnen leben könne. So wohnte Erich nach seiner vierwöchigen Erholung bei Pf. Betz ab März 1912 in der kinderreichen Familie Lepsius. Alice hatte ihr sechstes Kind im Dezember 1911 auf die Welt gebracht, die kleine Corinna. Als Erich in die Familie kam, war sie erst ein ¼ Jahr alt. Erich nutzte dankbar die neue Chance, die ihm Johannes und Alice gaben. Im September 1912 legte er sein Abitur in Potsdam ab und so konnte der Friede mit seinem Vater langsam wieder hergestellt werden. Als er ihn besuchte, wohnte dieser jedoch nicht mehr in der alten Wohnung Barfüßertor 25. Bereits im Oktober 1911 war Rudolf umgezogen. Er wohnte jetzt in der nicht weit entfernten Schwanenallee 19/I.

Wie ging es Rudolf nach dem Tod seiner Frau? Der Briefwechsel von Pf. Betz mit Erich Günther und mit Emma Zeller zeigt, dass er zu allem schwieg. Er war über ein Jahr nicht in der Lage gewesen, Erichs und Emmas Briefe zu beantworten, als es darum ging, wie es mit Erich weitergehen sollte. Er hatte weder Erich noch den Verwandten Geld für die Lebenshaltung geschickt – finanziell stand es für ihn selber wahrscheinlich nicht gut. Als Erich nun beim Vater weilte, entspannte sich das Verhältnis. In Marburg kam er sich ansonsten wie ein Ausgestoßener vor, ließ er Pf. Betz wissen. Erich begann im Wintersemester 1912 sein Studium in Berlin und hoffte, sein Vater würde für ihn regelmäßig Geld aufbringen.

Gerhard hatte im Januar 1912 sein letztes Examen abgelegt und sein Vikariat in Schlüchtern im Bergischen Land begonnen. Im Juni verlobte er sich offiziell mit Mia Hensel. Pf. Betz gratulierte beiden herzlich. Gerhard bedankt sich am 22. Juli und schreibt stolz aus Schlüchtern: *„Lieber Betz! Zunächst herzlichen Dank für Deine Glückwünsche zu unserer öffentlichen Verlobung, die für meine Braut und mich ein hohes und glückliches Fest war, obwohl sie ja nur die Sanktionierung eines bestehendes Zustandes war. Es ist nun doch etwas anderes und schöneres als die frühere Heimlichkeit mit all ihren Reizen. Romane sind besser zu lesen als zu leben. Ich finde mich nach den acht Tagen voll Rosen und Sonne gar nicht so leicht hinein in meine Tätigkeit …"* Aus dem Bericht von Charlotte Bergengruen, geb. Hensel, erfahren wir, dass ihre Mutter darauf bedacht gewesen war, die „heimlich Verlobten" möglichst zu trennen. Nach dem Jahr in „Hundert Eichen" besuchte Mia nochmals für ein Jahr das Pestalozzi-Fröbelhaus in Berlin, anschließend lebte sie immer wieder länger in Rostock bei ihrer Patentante. War sie einmal in Marburg und das Liebespaar wollte sich treffen, wurde die kleine Schwester Lotte als Begleitperson („Anstandswauwau") mitgeschickt. Warum? Sie durften sich nicht küssen! Es war eine andere Zeit, die heute schwer nachvollziehbar ist. Es bestand jedoch die stille Absprache zwischen Lotte und dem Liebespaar, dass sie bei Spaziergängen 100 Meter vorausging.

Vom Manuskript zum gedruckten Buch

Noch lag das Roman-Manuskript als unordentlicher Packen – durch Rudolfs Umzug in Mitleidenschaft geraten und sogar vom Wischwasser einer Putzfrau bespritzt – im Regal. Da lag es unbeachtet, bis Karl Friedrich in den Weihnachtstagen 1911 den Witwer besuchte und nach Agnes' Manuskript fragte, das er gern einmal gesehen hätte. Er blieb über Weihnachten Rudolfs Gast und begann, die Blätter zu ordnen und das Ganze zu lesen. Mit der Zeit war er vom Werk der „Frau Dekan" restlos begeistert. Karl Friedrich war der Meinung, der Roman sei vollkommen fertig, man müsse ihn unbedingt einem Verlag anbieten. Rudolf und Gerhard waren sich weniger sicher. Karl Friedrich räumte ein, dass natürlich noch Verbesserungen von Kleinigkeiten notwendig seien, vor allem wären Kommafehler zu beheben. Er wird nun als Karl J. Friedrich in unserem Text weitergeführt, da er als Karl Josef Friedrich – Hauslehrer, Schriftsteller, Herausgeber und später Pfarrer – bekannt werden sollte. Auch trennen wir uns langsam von Familie Günther, von der persönlichen Ebene. Agnes wird zu Agnes Günther und Rudolf zu Rudolf Günther, nur die Söhne bleiben Gerhard und Erich.

Karl J. Friedrich verbrachte nach seinem Marburger Aufenthalt das erste Quartal 1912 als Hauslehrer in Schloss Neubeuren/Inn und schloss sich dort dem Dichterkreis, den die Dame des Hauses, Baronin Wendelstadt, um sich versammelte, an. Hier trafen sich Rudolf Alexander Schröder, Alexander W. von Heymel, Anette Kolb und andere; wie auch Rainer Maria Rilke, den Karl J. Friedrich im März 1912 besuchte und dem er Agnes Günther wohl in höchsten Tönen schilderte und von ihrem Roman vorschwärmte.

Seit seinem Besuch bei Rudolf Günther ließ Karl J. Friedrich nicht mehr locker und bedrängte Gerhard, das Buch seiner Mutter müsse gedruckt werden. Immer wieder schrieb er ihm nach Schlüchtern. Schließlich übertrug Gerhard ihm die Aufgabe, das Manuskript für den Druck vorzubereiten und einen Verlag zu finden.

Obwohl es Rudolf Günther und Gerhard nicht leicht fiel, das einmalige Manuskript wegzugeben, schickten sie es dem jungen Freund in zwei Raten per Post. Der nahm es zur Durchsicht mit auf seine Ferienreise, eine Donau-Kahnfahrt. Damals war die Donau noch nicht begradigt, sie war teilweise ein echtes Wildwasser mit Wehren und Stromschnellen. Karl J. Friedrich hatte sich vorgestellt, das Manuskript in einem stillen Donaudorf durchzuarbeiten, fand aber nicht das richtige. Das Skript lagerte vorn im Boot in einer ledernen Reisetasche. Einmal hätte nicht viel gefehlt und der Kahn wäre gekentert, als er vor einem Wehr in den Sog der reißenden Strömung geriet. Wie durch ein Wunder wurde er in ruhige Gewässer gelenkt.

Schließich bearbeitete Karl J. Friedrich das Manuskript in seinem Elternhaus in Dresden. Er teilte die Texte in Abschnitte ein und setzte fehlende Kommas. Einige umgearbeitete Kapitel brauchten noch passende Überschriften und das Kapitel „Oratorium", von Agnes als letztes eine Woche vor ihrem Tod etwas unleserlich geschrieben, ließ er von Rudolf Günther in Endform bringen.

Nach beendeter Korrektur lebte der 24-jährige Theologe Karl J. Friedrich für ein Weile als angehender freier „Schriftsteller" in einem Dorfgasthaus bei Marburg, wo er sich eingemietet hatte. Er wollte hier seine eigenen Manuskripte, seine *„Jugendpapiere",* durchsehen. Von hier besuchte er öfter Rudolf Günther und erlebte dessen Ungemach mit verschiedenen Hausdamen. Er schildert in seinen Erinnerungen, wie es dem armen, schwerhörigen Witwer erging. Die Hausdamen wollten eine nach der anderen den vermeintlich gut situierten Witwer heiraten. Dabei musste Rudolf Günther einiges mitmachen, bis er jeweils das Arbeitsverhältnis kündigte.

In dieser Zeit hörte sich Karl J. Friedrich um, wie er am besten mit dem Manuskript vorgehen sollte. Er korrespondierte mit seinen Dichter-Bekannten und fragte in Buchläden nach. Man machte ihm nicht besonders große Hoffnungen. Es hieß, das Erstlingswerk sei zu umfangreich, zudem von einer bereits verstorbenen Autorin, dafür würde sich kein Verlag interessieren. Schließlich fand er den Steinkopf Verlag in Stuttgart. Vor allem die Frau des Verlegers, Julie Weitbrecht, war beim Lesen des Manuskriptes angetan. Der Titel „Die Heilige und ihr Narr" stammt von Karl J. Friedrich.

Agnes Günther hatte ihr Buch „Der Schleier der Gisela" nennen wollen. Doch Rudolf und Gerhard stimmten dem neuem Titel zu und schließlich war auch der Verleger davon überzeugt.

Im Dezember 1912 unterschrieb Rudolf Günther den Vertrag des Steinkopf Verlags. Im April 1913 erschien nach Auskunft von Frieder Weitbrecht (Enkel des Verlegers Friedrich Weitbrecht) das zweibändige Werk. Karl J. Friedrich allerdings schreibt in seinen Erinnerungen, *„schon Mitte Mai 1913"* sei es herausgekommen.

Als Gerhard und Mia – nachdem Gerhard Ostern zum Pfarrer ordiniert worden war – am 17. Mai 1913 heirateten[120], überreichte Rudolf Günther dem Brautpaar das erste Exemplar des Romans. Zuvor hatte Erich noch fleißig die Druckfahnen zur Korrektur gelesen. Er hatte nicht damit gerechnet, dass das Buch so früh erscheinen würde, und schrieb am 12. Februar 1913 an Pf. Betz:

„Der Roman der Mater, der, wie Du vielleicht erfahren hast, von Steinkopf (Stuttgart) angenommen wurde, ist im Druck und kommt zur Correctur zu mir. Es wäre mir doch lieber gewesen, wenn man gegen manche Flüchtigkeiten und Wiederholungen im Stil bei der Durcharbeitung strenger vorgegangen wäre. Auf den Fremden, der die Entstehungsgeschichte nicht kennt, muß das einen saloppen Eindruck machen, freilich wird gerade durch diese kleinen Fehler der Eindruck des unmittelbar Erzählten gesteigert. Umfang und Preis werden einen größeren buchhändlerischen Erfolg wohl verhindern (2 Bände à 5 M), ich glaube aber nicht, daß jemand von uns mit Massenverkauf gerechnet hat, dazu ist es zu fein und vom allgemeinen Interesse zu fern. Mir macht die Arbeit daran jedenfalls viel Freude. Juni soll es wohl fertig werden."

Durch die Streichung geht etwas verloren

Karl J. Friedrich war erster und einziger „Lektor" der Urfassung des gedruckten Romans. Er entschied sich, den umfangreichen Text an unwichtigen Stellen in Absprache mit Gerhard zu kürzen. So ließ er am Anfang des Romans die „Verlobte" von Harro weg, da sie überflüssig sei und in der weiteren Handlung keine Rolle spiele. Im Manuskript[121] von Agnes Günther sieht man, dass er aus diesem Grund die Seiten 64/65 für den Druck ausgelassen hat.

Karl J. Friedrich sowie Gerhard, beide noch jung (24 und 23),

wussten wohl nicht, dass diese Stelle durchaus zu Agnes' Grund-
gedanken im Buch gehörte. Denn bei der „Episode" handelt es sich
um ein archaisches Motiv, das man in „Grimms Märchen", die
Agnes so liebte, findet: „die wahre und die falsche Braut".

Lange bevor Harro das „Seelchen" im Winterwald am Heiligen
Abend trifft und sich dort unmerklich *„das feine goldene Band von
dem einen der zwei Herzen zum anderen schlingt "*, war er seit seiner Zeit als Offizier bereits verlobt. Er war seit Sommer zurück in
der alten Heimat und längst kein Offizier mehr. Diese Laufbahn
hatte er aufgegeben, um Kunst zu studieren. Jetzt lebt er als „Ruinengraf" und Künstler in der väterlichen, teilweise abgebrannten
Burg. Seinen Lebensunterhalt verdient er mit Gelegenheitsaufträ-
gen, Tapetenentwürfen usw. Als Maler wird er später berühmt. Dazu muss er sich erst entwickeln, braucht „Seelchens" kritische und
hilfreiche Unterstützung. Er lernt das Kind, das auch „Malerau-
gen" wie er selber hat, im Winterwald (an Heiligabend) kennen.
Durch die weiteren Begegnungen spürt Harro, wie schön seelische
Übereinstimmung und die gemeinsame Wahrnehmung des Wesentlichen ist. Die Freundschaft zwischen dem einsamen Kind und
dem Künstler ist für beide wichtig. In dem elfjährigen Mädchen
(das bisher in der geistigen Entwicklung etwas zurückgeblieben
ist) wächst unbemerkt die „wahre Braut" heran.

Harro steht im Konflikt: Seine Braut, die schöne Gabriele, die
ihn als Offizier und Grafen kennen- und (ein wenig) lieben gelernt
hat, lehnt sein Leben als Künstler ab. Sie kann den „Künstler", der
er nun ist, nicht ertragen. Harro trägt nach damaliger Sicht große
Verantwortung für seine Braut. Sie sind aneinander gebunden, da
sie sich die Ehe versprochen haben. Gabriele „vergeudet" ihre Jugend und Schönheit, da er sie noch immer nicht heiratet. Sie flir-
tet bei Offiziersbällen gern. Noch genießt sie ihr „freies" und doch
gebundenes Leben in der Garnisonsstadt. Mit der Zeit wird sie als
ewige Braut „verwelken". Harro müsste konsequent sein und sie
freigeben. Vielleicht wird sie auch bald die Verlobung von sich aus
lösen … Dies alles thematisiert Agnes Günther in einem Gespräch
zwischen der mütterlichen Freundin Frau v. Hardenstein und Harro, nachdem er einen Brief seiner Verlobten erhalten hat.

Das „Seelchen" weiß von alldem nichts, Gabriele taucht in der späteren Handlung nicht mehr auf. Harro und Gabriele lösen den Konflikt für sich. Deshalb ließ Karl J. Friedrich die kleine „Episode" ganz weg. Dennoch nahm er dem Ganzen damit etwas: Harro wird zu einer lebensfremden Figur reduziert, zu einem seltsamen Hagestolz, der mit Mitte 20 an Frauen uninteressiert ganz ohne Lebens- und Liebeserfahrung zu sein scheint und sich als großer Kamerad mit dem elfjährigen Kind abgibt.

Genau das wollte Agnes Günther nicht. Für sie war Harro ein Mann mit Erfahrung, der sich innerlich weiterentwickelt, als er die Offizierslaufbahn für sein Kunststudium aufgibt. Harro nimmt mit seiner Lebensentscheidung, die seiner Braut unverständlich ist, alles in Kauf. Er weiß, dass ein Künstlerleben Armut und gesellschaftlichen Abstieg bedeutet. Nun kostet es sogar die Verlobung, denn für Gabriele ist es unzumutbar. Sie sieht in seiner Malerei nur *„Leinwandbeschmieren"*. Er passt nicht mehr zu ihrem Lebensumfeld, deshalb ist eine Trennung angebracht.

Agnes Günther brachte ihre Lebenserfahrung mit ein. (Eduard Knapps unglückliches Verlöbnis wurde seinerzeit ebenfalls gelöst. Die Auflösung eines Verlöbnisses war möglich, Scheidungen gab es kaum und waren zumeist ein Skandal.) Im Roman wollte sie zeigen: Nur durch die Trennung wird Harro für seine weitere Entwicklung frei, frei für die spätere Ehe mit Rosmarie, frei für die „wahre Braut", obwohl sie zu dem Zeitpunkt noch ein Kind ist. Anderseits darf er dabei mithelfen, dass sie ihre Qualitäten, die sie bereits in sich trägt, entwickeln kann. Nur durch ihn kann sich das „Seelchen" positiv entwickeln. (Das archetypische Märchenmotiv, der „erlösende Prinz", steckt darin.) Somit war die „kurze Episode" der verflossenen Verlobten nicht entbehrlich; leider ist sie nur noch in der Handschrift zu finden. Die Streichung war überflüssig; ein, zwei Druckseiten hätten die Länge des Romans kaum verändert.

Ein Druckfehler verändert die Aussage

Auch wurde beim Druck der allerletzte Satz[122] im Manuskript verändert wiedergegeben. Dies war keine Entscheidung Karl J. Friedrichs, er hatte hier nichts verändert. Es muss beim Druck passiert sein: Nur ein kleines Wörtchen wurde nicht gedruckt, dadurch wird der Sinn verändert. Im Manuskript heißt es: *„Ich verstand es nur* *nicht ... ihr ganzes Leben ist sie darunter gegangen, unter dem Schleier der Gisela.* " Im Buch steht: „ *... ihr ganzes Leben ist darunter gegangen ...* " Was das kleine „*sie* " ausmacht! Nicht ihr Leben ist darunter gegangen. Das klingt wie dahin-, verloren gegangen. Nein, es ist die wichtigste Aussage für Agnes Günther: Sie und ihre Rosmarie sind ihr ganzes Leben unter dem Schutz der „Gisela", unter dem „Schleier der Gisela" gegangen.

Familie und Freunde erleben den Erfolg (> Seite V)
Agnes Günther ist seit inzwischen 100 Jahren anerkannte Autorin. Ihre Familie erlebte die ersten überraschenden Erfolge des Romans mit. Keiner – weder ihr Mann noch die Söhne, auch nicht ihre Schwestern, Neffen und Nichten – hatte damit gerechnet. Von Pf. Betz wissen wir nicht, ob er dem Buch diese Resonanz zugetraut hat. Als Einziger tat es, fast übertrieben schwärmerisch, Karl J. Friedrich. Wie muss ihre Hinterbliebenen die Nachfrage gewundert haben! Durch Frieder Weitbrecht, den Enkel des Verlegers, wissen wir, wie schnell und wie viel gedruckt wurde: Im ersten Jahr 1913 gab es drei Auflagen mit insgesamt 9.800 Exemplaren!

Der Steinkopf Verlag warb für das Buch mit einer Fotopostkarte der Autorin (Agnes Günthers Foto aus der Spätzeit), auf der Rückseite stand: „*Agnes Günther, geb. am 21. Juli 1863 in Stuttgart, gest. am 16. Februar 1911 in Marburg i.H., Verfasserin des wundersamen Buches 'Die Heilige und ihr Narr', das in der neueren deutschen Literatur wohl kaum seinesgleichen hat. Wer, von dem Zauber dieses eigenartigen Werkes ergriffen, seinen Freunden Kunde davon geben möchte, bediene sich dieser Karte, die der Verlag auf Wunsch unentgeltlich zur Verfügung stellt.* "

Wie es Erich mit dem erfolgreichen Buch seiner Mutter ging, steht im Brief an seinen Freund Betz vom Juli 1913. Er lebte in Berlin und gehörte zu den jungen Intellektuellen, war u.a. mit Else Lasker-Schüler befreundet. Einerseits liebte er das Leben in der Millionenstadt, gleichzeitig litt er am Großstadtleben. Seine eigenen literarischen Werke wurden bereits gedruckt. Doch wirklich gut ging es ihm nicht. Er schrieb an Pf. Betz: „*Was meiner Gesundheit sonst fehlt, hoffe ich in den paar Wochen, die ich bei Gerhard zubringen*

kann, soweit ins Geleise zu bringen, daß ich den Winter über durch-
halte. Je sicherer mir der Weg wird, den meine Kunst zu gehen hat,
desto unbefangener kann ich andere Kunst genießen – so habe ich
jetzt den Roman meiner Mutter öfter und mit tiefer Freude gelesen.
Für die Freundschaft, mit der Du ihr so ruhiges Arbeiten ermög-
licht hast, sind wir alle Dir zu großem Dank verpflichtet, wir Gün-
thers und alle die, denen dies Buch in die Hände kommt!"

Es ist erstaunlich, dass der junge Intellektuelle sich das Seelen-
buch seiner Mutter bereits öfter als Lektüre vorgenommen hatte.

Frau Doktor Staudenmayer – einst Nachbarin in Langenburg, jetzt
wohnhaft in Ludwigsburg – schrieb nach dem Erscheinen des Buches begeistert an Karl J. Friedrich. Sie hätte bereits vier Exemplare
erworben sowie 250 Prospekte und „Kostproben", die der Verlag
Steinkopf anbot, an Freunde und Bekannte geschickt. Schon 60 Bekannte hätten die „Heilige …" gekauft oder versprochen, es zu tun.

Der Roman wurde ein Riesenerfolg! Im folgenden Jahr 1914
kamen in vier weiteren Auflagen insgesamt 56.000 Exemplare
hinzu. Das sind für die beiden ersten Jahre zusammen 65.800 Expl.

Buchbesprechungen

Die Familie, der Herausgeber Karl J. Friedrich, Pf. Betz und alle,
die sich Agnes Günther weiter verbunden fühlten, lasen gespannt
die diversen Besprechungen. Laufend erschienen Rezensionen, so
auch in der „Zeitschrift für Bücherfreunde 1913". Karl J. Friedrich
bekam ein Jahr nach Erscheinen vom Verlag *„hundert Besprechungen*
aus allerlei Lagern. Etwa nur zehn von diesen negativ, nämlich ei-
nige sehr moderne Blätter und manche rechtsstehende evangelische
Zeitschriften, lehnten den Roman ab. Aber der größte Teil der Pres-
se lobte begeistert, am hervorragendsten der 'Kunstwart' von Ave-
narius, der lange Leseproben gab, die 'Süddeutschen Monatshef-
te' Josef Hofmillers und Martin Rades 'Christliche Welt'."

Gerhard veröffentlichte die positive Kritik von J. Hofmiller: *„Ein*
solches Buch schreibt man nur einmal im Leben … Für oberfläch-
liche Leser mag sein Niveau nur das des sehr guten Romans aus sehr
guter Gesellschaft sein; in der Tat ist alles ins Sinnbild vertieft und
gesteigert. Das Konventionelle erleichtert nur die Mitteilung

schwieriger Seelenzustände ... Der Kern dieses Buches steht jenseits alles literarischen Geschmacks. Man mag über den künstlerischen Wert verschiedener Ansicht sein. Ich halte es auch künstlerisch für, ich will nicht sagen vollendet (mit ihrem Tod begründet) *... hätte sie es überarbeiten dürfen, so hätte sie vielleicht manches geändert – aber zum mindesten für sehr gut: es ist ganz aus einem Guß, die Handlung ungewöhnlich geschickt gespannt, die Verklammerung sicher, die Naturschilderungen von schimmernder Schönheit, das Psychologische von divinatorischer, hellseherischer Feinheit ... Es wäre eine gute Probe, es jedes Jahr wiederzulesen, ob man sich dem Geist, der es geschaffen, noch verwandt fühlt."*

Der protestantisch-konservative „Reichsbote" kreidete am 14. März 1914 Agnes Günther an, dass sie im Roman ihren Stiftsprediger Kritik an der Konfirmation (wie sie in Württemberg gängig war) üben ließ. Auch läge „*... ein schwüler Hauch von Sentimentalität über dem Christentum von Seelchen"*. In Bayern folgte zwei Jahre später in der „Allgemeine(n) Rundschau München" am 7. Oktober 1916 die katholische Meinung und Warnung vor dem „*Schwärmen"* mit den „*Freunden"* als „*Verbindungsglieder von Diesseits und Jenseits"*, die nach altem Sprachgebrauch „*Gespenster"* seien. Gefragt wurde, „*ob das alles wahrer wäre als die katholische Lehre und selbst als längst verstaubtes Legendengut"*.

Die positiven Stimmen überwogen weit. Hier ein Beispiel aus der Rezension der „Frankfurter Zeitung" vom 29.4.1914. E. Kalkschmitt benannte den „*unverkennbaren dichterischen Reiz dieser modernen Legende"* und riet dem Leser, „*dem das Organ für das Übersinnliche abgeht, er hüte sich vor dem Weiterlesen. Denn gerade vom besten Gehalt des Buches wird er nichts für sich gewinnen. Das Buch hat Seele, es ist weltfroh und fromm zugleich, es kokettiert nicht mit Christlichkeiten, es lebt und webt in einer friedlichen und zarten Gläubigkeit wie in seinem natürlichen Element."*

Der Erfolg des Romans brachte Pf. Betz im Sommer 1914 auf die Idee, auch das Drama „Die Hexe" herauszugeben. Nichts hätte Agnes Günther mehr gefreut. Erich schrieb ihm am 13. Juni 1914: „*Da wir nun Zeit haben, so warte ab, Gerhard wird in Marburg die Papiere nach Varianten durchstöbern, um das Stück in der best-*

möglichen Gestalt in den Kampf zu schicken. Für Deinen Eifer sind wir Dir sehr dankbar. (Obgleich Du's nicht um unseren Dank getan hast.)" Leider verhinderte der 1. Weltkrieg die Veröffentlichung.

Der Krieg wirkte sich auch in Familie Günther aus. Gerhard wurde Garnisons-Pfarrer und lebte von Mia getrennt, die wieder zu ihren Eltern gezogen war. Aber Heimatbesuche waren ihm möglich. Das Ehepaar bekam während des Krieges zwei Kinder, Wolfram und Michael. Mia und die Söhne wohnten weiter bei den Eltern in der Villa Hensel in Marburg. Erst nach dem Krieg lebte die Familie zusammen und zog 1919 nach Hamburg. Dort arbeitete Gerhard im Verlag „Deutsches Volkstum", dessen Mitherausgeber sein Bruder Albrecht Erich Günther [123] war; Wilhelm Stapel war der andere Verlagsleiter. In Hamburg brachte Mia ihren dritten Sohn Hans zur Welt. Erich heiratete am 17. Mai 1919 seine Else. Sie wählten den 17.5. als Hochzeitstag, wie vor sechs Jahren Gerhard und Mia.

Für Mia wurde die Ehe mit Gerhard zunehmend enttäuschend. Jetzt, als sie sich endlich näher sein konnten als in den Jahren zuvor, merkte sie, dass sie sehr unterschiedlich waren. Die Brüder waren durch die Verlagsarbeit tief verbunden und erschienen ihr unzertrennlich.[124] Schließlich zog Mia mit ihren Söhnen zurück nach Marburg in die elterliche Villa. Die Ehe wurde nach einiger Zeit geschieden. Gerhard und das Ehepaar Erich und Else Günther wohnten weiter in Hamburg und verstanden sich bestens.

Gerhard heiratete am 21. Juli 1921 (am Geburtstag seiner Mutter) erneut, auch eine Else, geb. Hepner. Sie entstammte einer reichen jüdischen Kaufmannsfamilie. Das Ehepaar bekam zwei Söhne, sodass Gerhard Vater von fünf Söhnen war.

Vom ältesten Enkel Wolfram Günther ist zu erfahren, dass seine Mutter Mia ebenfalls wieder heiratete: Hans Schenk, Gerhards Kriegskamerad, der ihnen seit dem Krieg ein guter Freund und Patenonkel ihres jüngsten Sohnes Hans war. Wolfram Günther war sein Stiefvater wichtig. Mia hieß jetzt Marie Schenk. Das Ehepaar bekam drei gemeinsame Kinder. Hans und Marie Schenk arbeiteten und lebten mit ihrer Familie in den „v. Bodelschwingschen Stiftungen Bethel", Hans Schenk war in der Anstalts-Leitung. Mit seinem eigentlichen Vater Gerhard hatte Wolfram Günther Schwierigkeiten. Selten hat er ihn nach der Trennung seiner Eltern und auch als Erwachsener gesehen, doch es gab nach dem 2. Weltkrieg ein Treffen zwischen Vater und Sohn.

Erste Informationen für die Leser des Romans

Zurück zu den ersten Jahren des erfolgreichen Romans, dessen Auflagen weiter zunahmen. Karl J. Friedrich wollte 1915 ein eigenes Buch herausbringen und erwähnte im Gespräch mit dem Verleger seinen Text, den er betitelte: „Die Heilige – Erinnerungen an Agnes Günther, die Dichterin von 'Die Heilige und ihr Narr'". Sein Verleger versprach sich etwas davon, die Erinnerungen an Agnes Günther (der langsam bekannt werdenden Autorin) herauszugeben. Das von K. J. Friedrich eigentlich zum Druck vorgesehene Buch lehnte er ab. Diese ersten veröffentlichen Erinnerungen an Agnes Günther brachten es sogar zu mehreren Auflagen. Sie wirken heute schwärmerisch und überzogen. Wir stutzen, wenn er von Agnes Günther als seiner platonisch Geliebten schreibt. Er identifiziert sich mit ihrer Seele, weiß, was sie nach dem Sterben erlebte etc. Manches gab er richtig wieder. Doch denkbar ist, dass sein schwärmerisch-distanzloses Buch manche Abwehrhaltung gegenüber dem Roman und seiner Autorin provoziert hat. Gerhard zitiert in seinem Erinnerungsbuch seinen Freund Karl Wessendorf: *„Auf ... K. J. Friedrich bin ich jahrzehntelang geradezu zornig gewesen. Mag alles so gewesen sein – tamen omnia totaliter aliter."* [125]

Karl J. Friedrich schickte das Büchlein Rainer M. Rilke. Rilke wusste durch ihn ohnehin bereits um die Besonderheit von Agnes Günther. Im veröffentlichten Briefwechsel mit seiner Freundin Fürstin von Thurn und Taxis, geb. Prinzessin von Hohenlohe-Waldenburg, äußert er sich folgendermaßen: *„ ... wie kam ein in seiner tiefsten Natur seherischer, ein klarer, ein verklärter Mensch dazu, sein ernstes und wunderbares Leben in einer familienblatthaften Romanform mitzuteilen ... Ohne Zweifel handelt es sich hier um eine Frau von einer außerordentlichen Magie des Lebens ... "* Die Fürstin hingegen war von der „Heiligen" tief berührt und ließ dies Rilke wissen, auch dass in ihren Kreisen alle über dies Buch *„ganz entzückt seien".* Rilke lehnte das Werk strikt ab, ärgerte sich beim Lesen zunehmend daran. Was Agnes Günther eigentlich mit ihrem

Roman erreichen wollte, hat er nicht verstanden. Es war nicht das, was er sich als Ziel für seine Dichtung gesetzt hatte. Sie wollte „jedermann" erreichen, weil ihr wichtig war, dass viele Seelen aufnahmen, was sie den Menschen damit geben konnte. Das gelang, auch wenn der Dichter Rainer Maria Rilke den Roman ablehnte.

Privates aus Familie Günther

Wie ging das Privatleben in Agnes Günthers Umfeld weiter? Pf. Betz heiratete am 30. Juli 1916 Agnes Dierlamm, eine Gymnasiallehrerin, die er bei ihrem Besuch im Nachbardorf kennengelernt hatte. Gustav war, als sein Vater wieder heiratete, schon 13. Er bekam noch sechs Geschwister, die bis auf die Jüngste alle im Pfarrhaus von Herrentierbach zur Welt kamen.

Bei Rudolf Günther ging es Schritt für Schritt vorwärts: Er erhielt 1916 eine für ihn eingerichtete außerordentliche Professur in Marburg und führte seitdem den Titel „Professor". Er promovierte 1917 in Tübingen und erhielt zusätzlich den „Dr. theol.". In den Unterlagen des Magistrats von Marburg lesen wir im Eintrag vom 27. November 1916, dass Rudolf Günther in die Weißenburgstraße 34 (heute Schücklingstraße) zog. Er war Eigentümer eines der ersten Marburger Reihenhäuser (erbaut 1906). Da er vom Verlag Steinkopf eine einmalige größere Summe der Tantiemen erhalten hatte, konnte er sich das Häuschen kaufen.

Kaum eingezogen, heiratete er am 2. Dezember 1916 seine Hausdame Eugenie Elisabeth E r n a de Terra (1889-1960). Prof. Dr. theol. Lic. Rudolf Günther war 57 und damit 30 Jahre älter als seine zweite Frau; sie war genauso alt wie sein Sohn Gerhard. Als später die drei Enkel, Gerhards Söhne, mit ihrer Mutter Mia wieder in Marburg lebten, besuchten sie hie und da ihren Großvater und die „Kleine Oma", wie sie die junge Frau Professor nannten. Wolfram Günther erzählte uns, dass der Großvater mit seinen Enkeln nichts anfangen konnte. Er erinnerte sich an das Hörrohr, das dieser wegen seiner Schwerhörigkeit verwendete, und dass die „Kleine Oma" sehr freundlich war. Es existiert ein Foto von Rudolf Günther und seiner Frau auf einer Parkbank. Sie sieht mit ihrem großen Hut stattlich aus und man bemerkt den Altersunterschied nicht. Beide wirken entspannt und freundlich. Die Freundschaft zwischen Rudolf Günther und Pf. Betz blieb ein Leben lang bestehen. Seit beide wieder verheiratet waren, wuchs daraus trotz der Entfernung eine Familienfreundschaft. Erna Günther wurde sogar Patin der jüngsten Betz-Tochter. Aus dem Briefwechsel Günther – Betz entnehmen wir, dass es seltene Besuche gab und dass sie sich ein-/zweimal im Jahr freundliche Briefe schrieben – bis an Prof. Günthers Lebensende.

Auch die Freundschaft zwischen Erich und Pf. Betz hielt ein Leben lang. Erich und Else Günther bekamen erst 1925 ihr einziges Kind, Anna Katharina Elisabeth. Sie wurde Pf. Betz' Patenkind und Agnes Günthers einzige Enkeltochter unter fünf Enkelsöhnen. Katharina soll – wie ihr Cousin Wolfram Günther berichtete [126] – die Übersinnlichkeit der Großmutter Agnes geerbt haben. Sie war später in Amerika verheiratet und wurde recht alt; sie lebte bis zu ihrem Tod in Kanada. Als Katharina getauft wurde, ließ es sich ihr Patenonkel Pf. Betz nicht nehmen, dafür nach Hamburg zu kommen. Auf der Heimreise machte er in Marburg Station und besuchte die Großeltern des Kindes, wie wir aus dem Briefwechsel erfahren.

Der Roman wird manchen Menschen sehr wichtig

Gehen wir zeitlich etwas zurück: Der Roman wurde immer bekannter. 1918 wurde er kleinformatig (55. bis 62. Aufl.) gedruckt – mit Rosen auf dem Buchdeckel, im kleinen Schuber: ideal für Soldaten, um es an die Front mitzunehmen. Daher die Bezeichnung „Tornister-Ausgabe". Charlotte Bergengruen berichtet: *„Der Erfolg setzte zögernd ein und hatte wohl seinen Höhepunkt im ersten Weltkrieg, wo das Buch besonders bei harten Frontkämpfern Anklang fand."* Zuhause lasen es Mütter, Bräute und Schwestern. Es war in der richtigen Zeit durch den jungen, ungeduldigen und zielstrebigen Karl J. Friedrich veröffentlicht worden.

Rudolf Günther bekam während des Krieges erstaunliche Post: *„So schrieb ein uns unbekannter Hauptmann des Dritten Armeeoberkommandos aus dem Felde: 'Schon lange habe ich es mir vorgenommen und kam nicht dazu. Heute ließ mir mein Dienst eine freie Stunde und nun will ich meine Absicht ausführen. Das Buch Ihrer Gattin ... geht bei uns von Hand zu Hand. Wie viel schöne, schöne Stunden verdanken wir diesem Buch. Was ist das Seelchen*

... doch für ein seltenes Wesen. Ich kann es Ihnen gar nicht sagen, wie dankbar wir alle für das schöne Buch sind.'" Er bat Rudolf um ein Foto von Agnes Günther und bekam daraufhin die Karte des Verlages mit dem Spätfoto. Der Hauptmann schickte wiederum eine Ausschnittsvergrößerung retour: *„Er sendet eine Aufnahme des Kopfes zurück, die diesem Gedenkbuch beigegeben ist."* Rudolf Günther bekam weitere Post, die Gerhard in seinem Erinnerungsbuch erwähnt: von einem Begleiter des letzten kaiserlichen Außenministers (Dr. Solfs) auf einer Schiffsreise nach Afrika. Während der Reise las er sich an der „Heiligen" fest. Rudolf Günther schrieb: *„Er erscheint zwei Tage nicht bei der Tafel, um nicht aus der Stimmung, in die das Buch ihn versetzt hat, gerissen zu werden. Der stärkste Eindruck ist ihm, daß es so ganz von der anderen Seite her geschrieben ist."*

Die Menschen möchten mehr über Agnes Günther erfahren

Die Leser der „Heiligen" bekamen 1919 durch die ehemalige, inzwischen alt gewordene Erzieherin Maria Kretschmer endlich erste richtige Informationen über die Autorin des Romans. Ihre Erinnerungen an Agnes Günther kamen als Beitrag im *„Kalender für Schwäbische Literatur und Kunst: 'Von Schwäbischer Scholle'"*.

Zwei weitere Jahre vergingen, bis interessierte Leser etwas als Erklärung oder Ergänzung zur mystischen Seite des Romans lesen konnten. 1921 erschien von G. W. Suyra: „Das Okkulte in Agnes Günthers 'Die Heilige und ihr Narr'; Erläutert an zahlreichen, ähnlichen, wohlbeglaubigten Tatsachen u. eigenen übersinnlichen Erlebnissen des Verfassers" (2. Aufl. 1929).

Als 1927 die 100. Auflage der „Heiligen" erschien, veröffentlichte Rudolf Günther in dem umfangreichen Band „Der Protestantismus in der Gegenwart" den Beitrag: „Die Frömmigkeit in der Dichtung der Gegenwart". Darin untersuchte er, nach allgemeiner Abhandlung, Werke verschiedener Autoren. Eins davon war Agnes Günthers Roman. So würdigte er das Werk seiner ersten Frau.

Pf. Betz begann diesen Beitrag bei seiner Schwiegermutter in Kirchheim/Teck zu lesen, wurde jedoch damit nicht fertig. Weil er den Folianten nicht mit dem Fahrrad die weite Strecke bis Gelmersbach bei Weinsberg (seine Pfarrstelle seit 1926) transportieren konnte, wollte er nochmals per Rad nach Kirchheim fahren. So angetan war er von dem Beitrag. In einem Brief an Prof. Günther erzählt er davon. Im nächsten Brief bedankt er sich herzlich bei Rudolf Günther, da er von ihm inzwischen den umfangreichen Band als Geschenk zugeschickt bekommen hat.

Pf. Betz war immer wieder auf Durchreise in Marburg bei Günthers. Einmal besuchte er zum ersten Mal das Grab von Agnes Günther. Er schrieb am 14. Dezember 1927 davon: Endlich hatte er am Grab gestanden und an den schlichten, schönen Grabstein einen Strauß Rosen gelegt. 15 Jahre lang hatte ihn sein Versäumnis gepeinigt. Die stille Zwiesprache am Grab hatte ihm gutgetan.

„Die Heilige" wird verfilmt und
der Zeitungsartikel eines Mannes, der sie gut kennt
Höhepunkt der Entwicklung zum Bestseller ist die erste Verfilmung (von insgesamt drei). 1928 wurden die Massen mit großer Plakatierung in die Kinos gelockt. Pf. Betz schrieb an Rudolf Günther von einer Reise im Herbst 1928, dass er nun Gelegenheit gehabt habe, den Film zu sehen: *„In München war mein erster Gang in den Film 'Die Heilige und ihr Narr'. Ich brauchte dazu die wildfremde Stadt, wo mich keiner kennt. Das erste, was ich beim Verlassen des Bahnhofs sah, war dieser Anschlag, dem ich dann willenlos folgte. Und nun bin ich froh, daß ich weiß, wie er ist."*

Im nächsten Jahr (1929) veröffentlichte Rudolf Günther im Verlag „Deutsches Volkstum" (Hrsg. Stapel und A. E. Günther) einen Artikel über „Agnes Günthers Schaffen", den er später auch in sein Erinnerungsbuch aufnahm. Darin bewertete er das Buch seiner verstorbenen Frau schützend und erklärend, zugleich neutral, aber sehr positiv. Er wollte nicht nur literaturkritische Maßstäbe anlegen und beurteilte es als einmalig mit tiefen, auch christlichen Aussagen.

Die zweite Verfilmung kam 1935 in die Kinos, diesmal spielte Hans Stüwe mit. Der Film wurde nicht nur in Deutschland gezeigt, er kam auch auf Englisch heraus. Die Rechte am Buch lagen seit der einmaligen Tantiemenauszahlung (1916) allein bei Steinkopf.[127]

Am 8.8.1935 erschien im „Schwäbischen Merkur" ein Leserbrief mit der Überschrift: *„ 'Die Heilige und ihr Narr' – Zur Entstehung* *des Buches".* Der Name des Schreibers wird nicht angegeben, nur: *„Ein naher Bekannter von Agnes Günther schreibt uns: Nachdem nun seit mehr als zwei Jahrzehnten 'Die Heilige und ihr Narr' auf die Menschen in den verschiedensten Zeitläufen eine große Anziehungskraft ausgeübt hat, bewährt in diesen Tagen der Stoff des Buches auch im Film seine alte Wirkung. Das veranlaßt mich, der wie vielleicht nur ein weiterer Mensch die Entstehung des Buches miterleben konnte, ein paar Worte darüber zu sagen, die deshalb nicht länger verschwiegen werden dürfen, weil sie einfach für die Beurteilung und das Verständnis der Dichtung wichtig sind ..."* Den Artikel kann nur Pf. Betz geschrieben haben. Denn er erzählt vom Schreiben des ersten Bandes: *„ Von dem ersten Band wenigstens kann ich bezeugen, daß die Dichterin täglich meist zwei Kapitel zu Papier gebracht hat, an denen sie nicht länger als zwei bis drei Stunden arbeiten konnte. Der zweite Band mußte dann schon unter schweren Hemmungen und mit der durch einen Aufenthalt in Davos bedingten Unterbrechung ausgearbeitet werden ..."* Die Leser erfuhren zum ersten Mal genauer vom Leben und Leiden der Dichterin. Er berichtete alles von der Endphase im letzten Stadium der Lungenschwindsucht, in der ihr Roman wunderbarerweise geschrieben wurde: *„Am 27. Dezember 1910 schien es, als ob es mit der Kranken zu Ende gehe. Wider Erwarten auch des Arztes wachte sie aber noch einmal aus einem langen tiefen Schwächezustand auf zu Tagen ja Wochen, in denen sie sie zwar wie in einem Fieberdelirium nicht bei vollem Bewußtsein war, aber in diesem halbwachen Zustande nicht nur lange Briefe mit seltsam jagenden Gesichten, sondern auch die meisterhafte unveröffentlichte Weihnachtsgeschichte schrieb und vor allem das 'O r i a t o r i u m'. Es scheint geradezu, als ob sie nur deswegen aus ihrem schon beginnenden Todesschlummer sich noch einmal erhoben habe, um ihr Buch nicht unvollendet zu hinterlassen. Schon dieser flüchtige Einblick in die äußeren Lebensumstände zeigt, daß die Mystik ihres Buches wirklich e r l e b t ist, nicht nur erdacht oder anempfunden ..."* Wilhelm Betz kämpfte wie ein Ritter für seine „Frau Dekan". Jetzt, da der zweite Film die Kinos füllte, musste die Wahrheit bekannt werden. Der Artikel erklärte ihre Absicht, ein volkstümliches Buch zu schreiben, auch für Dienstmädchen. 100 Auflagen hatte sie vorausgesehen. Zugleich erklärte er die seltsame Wirkung auf die Menschen. Der Zauber der Orte wecke die Sehnsucht, selbst hinzufahren in die Heimat der „Heiligen". – *„Sie erzählte im modernen Roman eine Heiligenlegende ..., die vielleicht selber eine war."* [128] Mehr konnte er nicht für sie tun.

Schicksalswege, Rudolf Günthers Erinnerungsbuch und zahlreiche Übersetzungen

Pfarrer Betz wurde im Herbst 1935 zum zweiten Mal Witwer. Die Günthers nahmen sehr Anteil. Erich schrieb ihm einen freundschaftlichen Brief. Ende des Jahres bat ihn Rudolf Günther, ihm die alten Briefe von Agnes für kurze Zeit zu überlassen, da er ein Erinnerungsbuch an die Dichterin zusammenstelle. (Hatte ihn der Zeitungsartikel von Pf. Betz animiert?) Bald schickte er die Briefe wie versprochen zurück. Er wollte nur einen davon verwenden. In sein Buch nahm er auch das Drama „Die Hexe" und die letzte Erzählung „Heilige Nacht" hinein. Es erschien im Februar 1936 unter dem Titel: „Unter dem Schleier der Gisela – Aus Agnes Günthers Leben und Schaffen". U.a. im „Schwäbischen Merkur" wird in einem langen Artikel über ihr „Leben und Schaffen" berichtet. Es sind zusammengefasste Passagen aus dem Buch.

Er hatte es gerade noch rechtzeitig geschafft. Am 18. Juli 1936 starb Rudolf Günther, der immer wieder krank gewesen war, wie aus dem Briefwechsel hervorgeht. Seine beiden Söhne Gerhard und Erich waren in seiner letzten Stunde bei ihm. Pf. Betz konnte wieder nicht zur Beerdigung fahren, wie sein Sohn Dr. Konrad Betz im Gespräch berichtete. Rudolf Günther wurde an Agnes' Seite auf dem Marbacher Zentralfriedhof begraben. Es ist das Ehrengrab seiner Frau, für dessen Pflege und Erhaltung die Familie bis heute aufkommt. Seine zweite Frau Erna zog nach seinem Tod nach Emmendingen, nachdem sie das Reihenhaus verkauft hatte.

Wann die verschiedenen Übersetzungen erfolgten und das Buch in 12-17 (keine genaue Zahl bekannt) Sprachen erschien, ist unklar. Es wurde auf Holländisch, Russisch, Norwegisch, in slawischen und baltischen Sprachen veröffentlicht, nur nicht auf Englisch und Französisch. Denn nach dem Ersten Weltkrieg bestand hier (wahrscheinlich) eine Übersetzungssperre.

Unter Hitler gehörte „Die Heilige und ihr Narr" zu den unerwünschten Büchern. Erich Günther litt unter dem Hitler-Regime und vor allem daran, dass er und sein Verlag mit nationaler Literatur zur verhängnisvollen Entwicklung in Deutschland beigetragen hatten: Er schrieb am 20.11.1935 an Pf. Betz zum Tod von dessen Frau und bezugnehmend auf dessen Briefe: *„Ich las sie mit Wehmut und Sehnsucht, aber ich bin so verbittert und versorgt, daß ich nichts mehr zu schreiben vermag, was nicht zum Beruf gehört. Und mein Beruf, der mir so viel Freude machte, ist auch zu einer Last geworden. Und ich kann mir nicht verhehlen, daß ich vieles von dem, was mich heute bedrückt und für die Zukunft besorgt macht, habe mit heraufführen helfen. Es ist unheimlich, in vollen Kräften dazustehen und doch nichts erwirken zu können. Ich suche in meinen Ferien nichts als einsame Wanderungen, um in der Schöpfung die Züge des göttlichen Bildes wieder aufzufinden, die der Mensch verleugnet: die Reinheit und die Wahrheit ... In herzlicher Liebe grüße ich Dich auch von meiner Frau, Dein Erich."*

Kurz vor einer Reise nach Paris im Dezember 1942, die Erich wegen seiner Übersetzungspläne antreten wollte – er hatte bereits einige Bücher des Franzosen Alfred Fabre-Luc übersetzt, da er sich eigene Schriftstellerei versagte –, erkrankte er an schwerer Lungenentzündung und starb überraschend ein paar Tage später am 29.12.1942. Gerhard Günther erlebte den Tod des Bruders mit, wie er auch am Sterbebett seiner beiden Eltern gewesen war.

Pf. Betz lebte als pensionierter Pfarrer mit seinen jüngeren Kindern in Reutlingen. Er fuhr Motorrad und starb durch einen Herzinfarkt an einer Tankstelle am 18. Oktober 1938.

„Die Heilige und ihr Narr" nach 1945

Langsam erwachte in der neu gegründeten Bundesrepublik wieder Interesse an der „Heiligen". Sie wurde neu herausgebracht, nicht nur bei Steinkopf, dessen Verlagsgebäude ausgebombt war, auch in Leseclubs und Buchgemeinschaften. Eine weitere Erfolgswelle entstand, erneut wurde der Roman zum Bestseller.

1957 kam die dritte Verfilmung ins Kino. Darin wird Charlotte, die junge Fürstin, als Harros Ex-Geliebte (!) dargestellt und es gibt keinen Schuss, sondern einen Autounfall, was den Roman entstellt.

50 Jahre nach Ersterscheinen kam er 1961 als 136. Auflage heraus. Es waren bis dahin insgesamt 1.150.000 Exemplare bei Steinkopf gedruckt worden. Außerdem gingen viele Bücher von Hand zu Hand, wurden und werden vererbt oder antiquarisch gekauft. Die tatsächliche Zahl der Leser ist daher weit höher.

Mit diesem Erfolg hatte niemand gerechnet. Agnes Günther hatte einmal im Spaß die Zahl 100.000 in den Raum gestellt. Inzwischen wurde nach 100 Jahren die 145. Auflage im J. F. Steinkopf Verlag, der nunmehr in Kiel ansässig ist, gedruckt.

1961 und 1963 wurden Agnes-Günther-Gedenkjahre. Man gedachte des 50. Todestages und des 100. Geburtstags, beides wurde in den Medien thematisiert. In Langenburg wurde eine Gedenktafel zu Ehren Agnes Günthers am Pfarrhaus angebracht. Pfarrer Rudolf Schlauch, Pfarrer von Bächlingen, schrieb über A. Günther in seinem Buch „Hohenlohe Franken" (1. Auflage 1959) und im 8. Band „Lebensbilder aus Schwaben und Franken" (1962).

Das allgemeine Interesse am Leben seiner Mutter veranlasste Gerhard Günther, in hohem Alter sein Erinnerungsbuch zu veröffentlichen. Er war schon über 80 und litt unter Makuladegeneration [129], doch er erhielt, wie er im Buch schreibt, durch „unsere langjährige Freundin Ruth Meyer" tatkräftige Hilfe beim Lesen der Briefe und Dokumente, wohl auch beim Tippen der Buchseiten.

Nach dem Zweiten Weltkrieg wurde Gerhard Günther Leiter der Ev. Akademie Hamburg und lebte dort weiter nach seiner Pensionierung. Nachdem seine Tante Alice Lepsius 1969 mit 97 gestorben war und er die Briefe seiner Mutter an die drei Schwestern und ihre Mutter erhalten hatte, konnte er sich mit diesen Unterlagen an die Arbeit für sein Erinnerungsbuch machen. Die Erinnerungen seiner Tante Emma Zeller waren ihm eine wichtige Ergänzung. Sie war bereits im Oktober 1958 mit 91 verstorben, doch hatte sie für ihn ihr Wissen über ihre und Agnes' Kinder- und Jugendzeit sowie die Verlobungsgeschichte rechtzeitig niedergeschrieben. Dies alles war für ihn bedeutsam, da seine Erinnerungsstücke und Briefe durch die Bombenangriffe im 2. Weltkrieg vernichtet worden waren, auch was sein Bruder Erich aufgehoben hatte. Nur das Bündel Briefe der Mutter hatte Gerhard während des Krieges in letzter Minute eingesteckt und so gerettet. 1972 konnte er sein Werk veröffentlichen, das uns über seine Mutter so viel erfahren ließ. Es erschien vier Jahre, bevor er am 8. Dezember 1976 starb.

Seine Witwe Else Günther überließ im Jahr 1977 Agnes Günthers Roman-Manuskript dem Deutschen Literaturarchiv Marbach.

„Die Heilige und ihr Narr" wird vermarktet

Agnes Günthers Roman hatte für Langenburg nach dem Ersten Weltkrieg ungeahnte Auswirkungen. Der bisher unbekannte Ort zog mehr und mehr Leser an. (Wie Pf. Betz bereits im „Schwäbischen Merkur" erklärte.) Der Verlag Steinkopf trug dazu bei: Er brachte 1916 „Auf Agnes Günthers Spuren – Sechs Landschaften aus Langenburg und Umgebung nach Aquarellen von Felix Hollenberg" heraus. 1920 veröffentlichte er für alle, die nicht hinfahren konnten, neues Material: „Seelchens Heimat – Zwanzig Naturaufnahmen der Stätten, wo Agnes Günthers 'Heilige und ihr Narr' zu Hause sind". 1922 gab es die zweite Auflage und so ging es bis 1928 weiter.

Dann kam eine neue Geschäftsidee: Groß- oder kleinformatige Bildkarten – was der Geldbeutel zuließ – wurden als Fotografien zu den Romanorten verkauft: Man reise „In Seelchens Reich! – Zwei Bildkarten-Reihen zu Agnes Günthers Buch". In der ersten Reihe sah man auf 15 Bildkarten in feinstem Kupferdruck alles zu „Brauneck". In der zweiten: Schweigen, Bordighera, Römerwiese, Thorstein – in Originalaufnahmen von Autor Paul Hommel.

Die Besucher strömten nach Langenburg, es wurde ein Wallfahrtsort. Man reise „In Seelchens Reich!". Viele Besucher konnten vor Ort nicht glauben, dass der ganze Roman nur ausgedacht war. Die Fürstenfamilie hatte darunter zu leiden. Die Leser meinten, es handle sich um eine wahre Geschichte aus dem Fürstenhaus, eine „Schlüsselgeschichte". Mit diesem Nebeneffekt hatte Agnes Günther nicht gerechnet. Gerade weil sie die fürstliche Familie schätzte, wäre es ihr besonders unangenehm gewesen.

Inzwischen hatte auch der Verleger des Umbreit Verlags 1921 eine Idee: Informationen und Fotos für diejenigen, die nicht in „Seelchens Reich" schauen, sondern sich über die Schauplätze des Romans mit den realen Namen informieren wollten: „Führer durch Langenburg u. Umgebung gewidm. vielen Freunden d. Romans v.

Agnes Günther 'Die Heilige und ihr Narr'" (26 Seiten) von K. Dautel und Eberhard Munz. Gut beraten war, wer beides hatte: die Romanorte in Kärtchen und den „Langenburger Führer".

Im Langenburger Rathaus hängt noch heute in einem oberen Raum ein großes Ölgemälde: „Gräfin Rosmarie von Thorstein, genannt 'Seelchen'". Ein Namensschild in Messing weist auf die porträtierte junge Dame in edlem Gewand und Federhut hin, wie es bei Ahnenbildern auf dem Goldrahmen zu sehen ist. Als ob sie leibhaftig gelebt hätte, die Fürstentochter Rosemarie von Brauneck, verheiratete Gräfin von Thorstein. Eine porträtierte Romanfigur aus der Blütezeit der Begeisterung für „Die Heilige und ihr Narr"!

Das Buch gerät in die Kitsch- und Trivialliteratur-Ecke

In den sechziger Jahren des letzten Jahrhunderts folgte eine starke Abwertung der „Heiligen". Seit der Literaturwissenschaftler Walther Killy (1917-1995) sein Buch „Deutscher Kitsch" herausgebracht hatte, bekam der Roman dies Etikett verpasst.

Killy verwendete einzelne Textpassagen namhafter Schriftsteller aus dem Zeitraum 1816-1933. Er verzichtete auf noch lebende Autoren und auf Schriftsteller aus der Zeit des Dritten Reiches. Er wollte auf stilistische und geschichtliche Zusammenhänge sowie auf die Macht des herrschenden Geschmacks hinweisen. Er ordnete Textpassagen in folgende Kapitel ein: Liebe, Ehe, Schicksal/Tod, Frau Musica, Schöpfung, Helden, Heimat, „Himmelsbalsam". Killy wählte Texte aus von: Gerhart Hauptmann, Wilhelm Schäfer, Hermann Sudermann, Rainer M. Rilke, Rudolf Herzog, N. v. Eschtruth, Ernst Wiechert, Andrea Supper, H. H. Ewers, N. Jünger, Ludwig Ganghofer, Karl May, Hedwig Courths-Mahler, E. Marlitt. Und eben auch Agnes Günther. Er veröffentlichte in seinen Kapiteln ungekürzte Texte und übernahm manchmal Texte eines Autors in verschiedenen Kapiteln. Agnes Günther war in dreien vertreten. Da sie nur ein Buch geschrieben hatte, war es leicht, sie mit Hinweis auf Killy offiziell als „Kitschautorin" hinzustellen.

In einer Dissertation über Studien zur Trivialliteratur von Dorothee Bayers, die zur selben Zeit wie Killys Buch entstand und 1968 fertig wurde, lesen wir in einem Vergleich zur Hochliteratur etwas zur „Heiligen". Dieser Bestseller gehörte für Bayers zur Trivialliteratur. Sie hatte bereits ein anderes Buch geschrieben: „Der triviale Familien- und Liebesroman im zwanzigsten Jahrhundert", Tübingen 1963. Sie beschäftigte sich hier mit einem Roman von Vicky Braun. Die heutige Literaturforschung setzt sich interessanterweise wiederum mit der damaligen Literaturforschung, ihrer Sichtweise und Einteilung kritisch auseinander.

Das Etikett „Kitsch- und Trivial-Roman" haftet Agnes Günthers Buch bis heute an. Deshalb lehnten es viele „moderne Bildungsbürger" ungelesen ab. Diese Wertung wurde tradiert. Wurde etwas über „Die Heilige" z.B. in Rundfunk oder Zeitungen gebracht, zitierte man alte Kritiken, ohne den Roman gelesen zu haben.

Verschiedene Ursachen kann man nennen, weshalb Agnes Günthers *„legendärer, bis in die Gegenwart hineinreichender Erfolg"* – eines der erfolgreichsten deutschen Bücher – nur als sentimentaler „Schnulzenroman" verstanden wurde. So liest man in der Enzyklopädie von Wikipedia: *„Der vielgeliebte und – als zu sentimental – ebenso heftig geschmähte Bestseller hat Generationen vor allem weiblicher Leser zu Tränen gerührt."* Wikipedia führt an, dass zum großen Erfolg *„sicher auch die Verfilmungen beigetragen haben"*. Jedoch hat gerade die letzte 1957 mehr zum gängigen „Schnulzenbild" des Romans beigetragen.

Eine weitere Ursache war eine gekürzte Taschenbuchausgabe des „Deutschen Literatur Verlags", der den Roman „zeitgemäß bearbeitet von Sybille Mayer" herausgab. Die 2. Auflage erschien 1988, weitere folgten. In dieser „Schmalspur"-Ausgabe, wurden die schönsten, besonderen Stellen a u s g e l a s s e n ! Lange Abschnitte fehlten, oft ganze Seiten, sodass der Roman wirklich „trivial" wurde.

Langsam ändert sich die Meinung
Mittlerweile schlägt das Pendel der Zeit in die andere Richtung aus. Heute werden die tieferen Werte des Buches erkannt.

Die Germanistin Elke Bauernfeind aus Hohenlohe würdigte in ihrer Magisterarbeit „Die Leserlenkung bei Agnes Günther" (1992) die gekonnte Konzeption und Komposition des Romans.

In den Burgschauspielen Stetten gab es zwei Versuche, „Die Heilige …" als Theaterstück umzusetzen (1991 und 1999). Es waren sehr abweichende Umsetzungen. Im einen Stück erschoss sich die Fürstin selbst aus Versehen und Rosmarie lebte glücklich weiter mit ihrer ganzen Familie: mit ihrem Vater, ihrem Mann, dem Sohn und noch ein paar später geborenen Kindern!

In Langenburg, Schwäbisch Hall und Umland gab es in den letzten Jahren Vorträge und thematische Lesungen: Agnes Günther in Briefen und ausgewählte Texte aus dem Roman. Hie und da berichtete der örtliche Radiosender SWR 4 darüber.

2006 fand im Rahmen des „Hohenloher Kultursommers" ein ausverkauftes Konzert statt: Schwäbische romantische Lieder mit Gitarre und Lesung von Texten aus der „Heiligen". Ein exzellentes Programmheft – Beitrag von Harald Knaus, Mitinitiator und Verantwortlicher des Kultursommers – führte die Besucher ein. Er würdigte und deutete den Roman in ganz neuer Sicht (spirituell, kulturgeschichtlich, psychologisch, naturbezogen, lyrisch).

2011 erschien die Broschüre „Auf den Spuren Agnes Günthers" von Christa Braun, verlegt vom Langenburger Geschichts- und Kulturverein. In den Süddeutschen Zeitungen wurde dies als Rehabilitierung des „Kitschromans" hervorgehoben. Da Christa Braun (Oberstudienrätin, Germanistin und Historikerin) eine andere Sicht des Romans mit viel Sachverstand publizierte, verändert sich langsam die öffentliche Einschätzung. Sie hatte ebenfalls Einblick in die private Briefsammlung Günther – Betz und war mit einem Enkel von Agnes, Michael Günther (verstorben 2006), befreundet.

Im Juli 2012 wurde in Braunsbach, Kreis Schwäbisch Hall, „Die Heilige und ihr Narr – eine besondere Liebesgeschichte von Agnes Günther" als Freilichttheaterstück in 12 Szenen von einer Laienspielgruppe dargestellt. In dem eigens für die vier Aufführungen geschriebenen Stück ging es, wie im Untertitel benannt, um die besondere Liebesgeschichte. Im Programmheft stand als Erklärung für den lang anhaltenden Erfolg des Buches: *„Die Antwort darauf mag in der immer erneuten Faszination zu finden sein, die die Liebe zweier Menschen hervorruft."* Außerdem ging es laut Programmheft um den Hass der Stiefmutter: *„Rosmaries Stiefmutter, die Fürstin von Brauneck, zerstört bewußt die innige Beziehung des Paares. 'Die Heilige und ihr Narr' beschreibt ein Beziehungsgeflecht von tiefer Liebe und vernichtendem Haß. Diese gegen-*

sätzlichen Gefühle werden im Theaterstück eindrucksvoll zum Ausdruck gebracht."

Die Hoffnung auf eine dem Roman gerecht werdende Inszenierung wurde teils erfüllt, teils enttäuscht. Da Rosmarie auf der Römerwiese (vom stiefmütterlichen Schuss getroffen) tot liegenbleibt, wurde die eigentliche Aussage des Romans und somit Agnes Günthers Absicht verfehlt. Dass Liebe und Verstehen tödlichen Hass (wie im Roman) überwinden kann und Agnes Günther das christliche Gebot „Liebet eure Feinde" in ihrer Romanhandlung umsetzte, blieb den Zuschauern vorenthalten. Wie sie auch von der „Gisela" und den mystischen Besonderheiten nichts erfuhren.

Langenburg heute – „Die Heilige" und Agnes Günther

In der Bäckerei des Hofkonditors von anno dazumal kann man heute noch „Seelchen" und „Agnessen" als Konfekt kaufen. Seit Jahren werden in Langenburg von der Pfarrfrau H. Ruopp „Literarische Führungen auf Agnes Günthers Spuren" angeboten: in Stadt, Kirche und Kreuthgarten, zum Waldhaus, zur Römerwiese, zu den „Lichten Eichen" und der Domäne Ludwigsruhe (Romanort Lindenbronn). Der Langenburger Geschichts- und Kulturverein, (den das Pfarrerehepaar Ruopp mit ins Leben rief und in dem es stark engagiert ist) bewahrte das „Agnes-Günther-Waldhaus" vor dem Einsturz und finanzierte die Renovierung. Auch die von Agnes Günther gestickten Paramente wurden restauriert.

100 Jahre danach

Der Zeitgeist hat sich geändert. Heute wird der Jugendstil wieder geschätzt, Romantik ist seit Jahren „in", auch Geistergeschichten. Fantasy ist beliebt, so wie Harry Potter, der siebenbändige Weltbestseller, erschienen 1999-2007. Adels- und Königshäuser sind von hohem Interesse für Boulevardpresse und Fernsehen. Fürstenhochzeiten werden weltweit live übertragen, auch das Diamantene Thronjubiläum der Queen (Juni 2012). Religion wird wieder diskutiert, ist in den Medien von Interesse. Die Natur wird neu ins Bewusstsein gebracht mit Filmen, Naturerlebnis-Führungen etc. Der Begriff „Heimat" wird neu bewertet, die Medien tragen dazu bei. Das geistige Bewusstsein vieler Menschen hat sich verändert.

Eine Interessengemeinschaft bilden Menschen, die möglichst alle bisherigen Ausgaben der „Heiligen" seit 1913 sammeln.

2011 wurde der 100. Todestag von Agnes Günther in der Presse in Marburg und in Süddeutschland gewürdigt, auch im Deutschlandfunk wurde ihrer und ihres Romans gedacht. (Frieder Weitbrecht veröffentlichte hierbei die Verlagszahlen aus dem handgeschriebenen Verlagsbuch.)

Schließen wir unsere Betrachtung mit dem Informationstext zur 144. Auflage „Die Heilige und ihr Narr" (J. F. Steinkopf Verlag 2011):

„Die große Popularität von Agnes Günthers Roman hat vor allem zwei Gründe: Entscheidend ist einerseits die sprachliche Schönheit dieses Klassikers. Die bildhaften Formulierungen der Autorin sind nach wie vor faszinierend. Andererseits ist Agnes Günthers erzählerische Kraft ausschlaggebend für ihren Erfolg. Sie lotet die Gefühlswelt ihrer vom Schicksal schwer getroffenen Hauptfigur Rosmarie in einzigartiger Tiefe aus und versetzt dabei den Leser in deren geistige Welt. So wird es möglich, auch in eigenem Leid an Rosmaries innerer Stärke teilzuhaben. Denn in scheinbarer Hoffnungslosigkeit wächst sie über sich selbst hinaus und lernt, ihr Geschick zu tragen. Somit ist die Lektüre dieses Buches ein ästhetisch und emotional besonderes Erlebnis."

ENDE

Anmerkungen

1 Wilhelm Breuning hatte sie 1834 als kinderlose Witwe des Kaufmanns Ziegler geheiratet.

2 Sichtbar auf einem Foto von Hermann Breuning, Ehering links.

3 Chininfabrik.

4 Schrank.

5 Stuttgarter Adressbuch 1877, Stadtarchiv Stuttgart.

6 Diese „Bilder" stimmen mit dem historischen Leben der Rose d'Artin nicht überein. Wie in der Familie Breuning bekannt war, gab es diese Vorkommnisse nicht. Agnes sah folglich andere geistige Bilder.

7 Information aus dem Bürger- u. Liegenschaftsamt Korntal-Münchingen.

8 Hier irrt Gerhard Günther: Lord Richard Burdon Haldane (späterer Außenminister) hieß niemals Scott, jedoch hieß sein Bruder John Scott Haldane (1860-1936), war Mediziner und Forscher, ab 1887 Assistent seines Onkels, dem Physiologie-Professor John Burdon Sanderson an der Universität Oxford. Ein Ehepaar Scott besuchte Agnes Günther in Marburg 1909, dies ist aus dem Briefwechsel bekannt. Agnes Günther lebte als junges Mädchen im Haus des berühmten Professor John Burdon Sanderson, dessen Neffe der spätere Lord Haldane war und somit der besagte (um Frieden mit Deutschland) bemühte Kriegsminister.

9 Informationen aus der Korrespondenz F. Zeller / J. Lepsius.

10 Datum ist angenommen, da dies der 1. Sonntag nach Amtsantritt war.

11 Die Fresken, die heute zu bewundern sind, waren übertüncht und wurden wohl erst später freigelegt. Information Dekanat Blaubeuren.

12 Schwäbischer Ausspruch, „Leich" meint die Leichenfeier.

13 Ob es ein neuer Hund oder Fips umgetauft worden war, ist unbekannt.

14 Berühmt sind die „Wibele". Diesen Konfekt gibt es heute noch.

15 „Kedars Hütte" = arme Hütte. Der biblische Begriff stammt aus Hld 1,5.

16 Von Zimmermeister Nill am Herdweg in Stuttgart eingerichtet.

17 Schwäbische Form, hier sagt man nicht „die" Butter.

18 Bierbank.

19 Teppichklopfer.

20 Dies Erlebnis schildert sie in: „Was das Waldhaus erzählt", aus: „Von der Hexe, die eine Heilige war".

21 Mündlich überliefert von Dr. Konrad Betz 2011.

22 Vgl. „Ich denke der alten Zeit, der vorigen Jahre" von Gerhard Günther.

23 Ein „Nähröschen" kommt auch in der „Heilige(n) und ihr Narr" vor.

24 Adresse: Wilhelmsplatz 7 (Information aus Archiv Heimatverein).

25 Briefwechsel Johannes Lepsius / Alice Breuning Februar-Mai 1900.

26 Margaret(h)e (Margret) Ehrle beschreibt dies in ihren unveröffentlichten „Erinnerungen an Agnes Günther".

27 Pastor Friedrich Zeller wurde bei der Amtseinsetzung vom Generalsu-
perintendenten das Wort „Mache dich auf und werde Licht" zugerufen.

28 Die „Martinszellerische Familienstiftung" gibt irrtümlich den 25.4. als
Hochzeitsdatum an, es muss der 25.5.1900 gewesen sein. Wie aus den
Briefen zu entnehmen ist, waren sie am 17.5. noch unverheiratet.

29 Ehemalige Adresse der Stadtmission Magdeburg.

30 Meint: zur Rede gestellt.

31 Das „Seelchen vom Tierberg" war wohl Prinzessin Ferdinande von Ho-
henlohe-Kirchberg.

32 Eine giftige, übel riechende chemische Flüssigkeit, die sich an der Luft
selbst entzündet; als Medikament bei Neurasthenie verwendet.

33 „Schwäbischer Merkur", Tageszeitung.

34 „Pinacoteca die Brera" im „Palazzo di Brera".

35 2007 sahen wir dieses leerstehende, doch imposante Relikt aus alter Zeit.

36 Die kleine über Jahrzehnte unbewohnte Holzvilla gab es noch bis 2006,
dann wurde sie abgerissen, um Wohnblocks Platz zu machen.

37 „Fridolin", eine literarische Figur von Gottfried Keller, ein hingebungs-
voller Page seiner Herrin.

38 Wann sie den Namen Rosmarie statt Lilian verwendete, ist unbekannt.

39 Wer dieses Fräulein war, ist unbekannt.

40 Die Auslassungen nahm Gerhard Günther vor; mehr als hier zitiert, veröffentlichte er nicht.

41 Gerhard wird eine Jüdin heiraten, seine zweite Frau war Halbjüdin.

42 Adresse auf der Fotopostkarte, die Agnes Günther an Gerhard schrieb:
„Kloster Maulbronn, Stube Hellas, Pult 12".

43 Emmas Sohn, Herbert Magnus Zeller.

44 Ferienkleidung.

45 Foto-Postkarte Januar 1904, Familienbesitz Stefan Günther.

46 In Langenburg noch zu sehen.

47 Vom Berg Pentelikon bei Athen, rötlicher oder bläulicher Marmor.

48 Margret (Margarethe) Ehrle erzählte auch, dass Günthers beim Metzger,
Bäcker und Kaufmann häufig anschreiben ließen, wenn gerade kein
Geld da war.

49 Information aus den Familiendaten der Martinszellerschen Familienstiftung, † 8. April 1904.

50 Der Großfürst und Viktoria Melita konnten dann in aller Stille am 5.10.
1905 heiraten. Nach der Revolution und Ermordung der Zarenfamilie
wurde er Thronfolger, lebte jedoch in Paris. Das Paar hatte drei Kinder.

51 In diesem Punkt muss Elke Bauernfeind widersprochen werden, die in
ihrer Publikation hier scharfe Kritik anbringt.

52 Mutter von Pfarrer Betz.

53 „Serenissimus" meint Fürst Hermann von Hohenlohe-Langenburg, den Schirmherrn der Diakonissenanstalt von Schwäbisch Hall.

54 Die Rolle des Georg Friedrich Assum, Hochgräflicher Cammer Rath, Stadt- und Burgvogt, geb. 1622, gest. 30.4.1711.

55 Nr. 9 und 10 für September/Oktober 1905 in den „Sonntagsgedanken", 9. Jg., unter der Rubrik: *„Mitteilungen aus dem Diakonissenhaus"*.

56 Die Schreibweise variiert in Gerhard Günthers Erinnerungsbuch ebenfalls: Dr. Staudenmeyer, Dr. Staudenmeier, Staudenmayer.

57 Todestag laut Eintrag im Kirchenarchiv Herrentierbach.

58 Internet, Ewiger Kalender: 1905.

59 Eine Frau Scheiterlein gibt es auch in „Die Heilige und ihr Narr".

60 Ansprache und Gebet liegen als Kopie vor, Sammlung Günther-Betz.

61 Heute ist das Waldhaus durch Ausbreitung des Waldes nicht mehr direkt an der Römerwiese.

62 Recherche in Langenburg 2006-2011.

63 In Agnes Günthers Büchlein: „Von der Hexe, die eine Heilige war".

64 Name des Schillerstückes: „Vor dem letzten Schritt" (bei Karl Josef Friedrich, „Mein buntes Leben") oder „Schillers Flucht" (bei G. Günther).

65 Meint: Dachboden.

66 Meint: Ferien.

67 Wohl die früheren Nachbarn, Familie Dr. Jäger, jetzt Medizinalrat Ulm.

68 Thomas Robisheaux, „The last witch of Langenburg – the murder in a village" („Die letzte Hexe von Langenburg – der Mord in einem Dorf", 2009), Übersetzung a.d. Amerikanischen i.d. Stadtbibliothek Langenburg.

69 Hier schreibt sich Staudenmayer nicht wie weiter oben Dr. Staudenmeyer.

70 Ein kleines Plakat für die Aufführung „Die Hexe" und ein gestelltes Foto der Hauptakteure nach der Aufführung liegen vor.

71 Summe nach Maria Kretschmer, in: „Von Schwäbischer Scholle" (S. 63).

72 Liturgische Schmuckdecken für Altar und Kanzel.

73 Anna Schieber, Autorin (1867-1945).

74 Information aus Brief von Pfarrer Betz vom 11. Oktober 1906.

75 Eine Szene im Drama.

76 Information zur Einweihung a.d. Archiv des ev. Pfarramts Langenburg.

77 Philipp Ernst von Hohenlohe-Langenburg.

78 Anna Maria, geb. Gräfin von Solms.

79 Inzwischen (seit 1956) anders bemalt.

80 Privatsammlung Kirchberg (Frau Gonser), jetzt „Sandelsches Museum".

81 Information aus dem Langenburger Kirchenarchiv, ev. Pfarramt.

82 Die Post wurde auch an Sonn- und Feiertagen ausgetragen.

83 Meint: sich anstrengen, büffeln, pauken.

84 Mündliche Information aus dem Lepsius-Archiv in Potsdam.

85 Weicher Hut mit breiter Krempe, die man einseitig aufschlagen konnte. Margarete Ehrle nennt diese Vorliebe für selbstgenähte große „Schlapphüte" in ihren Erinnerungen an Agnes Günther.

86 Darüber sprach Agnes mit einem jungen Mädchen in Marburg, das sich ein sehr farbiges Kleid nähte: stahlblau mit goldgelben Band. Erinnerung von Charlotte Bergengruen.

87 Die Autorin besuchte 2007 die damals leerstehende Wohnung.

88 Gästebuch von Stadtpfarrer Schnizer und Frau Anna, geb. Mohr. Eine Abschrift befindet sich im Deutschen Literaturarchiv Marbach.

89 Auskunft aus dem Archiv des ev. Pfarramtes Langenburg. Rudolf wurde erst ab 1.1.1908 in den Ruhestand versetzt, bis dahin aus gesundheitlichen Gründen freigestellt.

90 Fehler im Buch von Gerhard Günther: Es waren 16 Jahre, von Herbst 1891-Herbst 1907.

91 Kinderkirchweihnachtsfeier.

92 Diesen Kronleuchter können wir uns heute wieder gut vorstellen; die gläsernen Lüster sind neu in Mode gekommen, 100 Jahre danach.

93 Amerikanischer Austauschprofessor.

94 Übersetzt: „*Einstweilen verbleibe ich, lieber Monsieur Levignée, Ihre sehr ergebene A. Günther.*"

95 Auguste Supper (1867-1951) schrieb Erzählungen.

96 Frauenrechtlerinnen.

97 Die Günthers nennen ihn „Karl" oder „ Herr Friedrich", als Autor und Herausgeber wird er sich „Karl Josef Friedrich" nennen.

98 Unveröffentlichter Brief vom 23.1.1909; Kopie erhalten durch Frau Gonser, Kirchberg.

99 Kopfbedeckung der Verbindungsstudenten in Mützenform.

100 Villa von Professor Kurt Hensel, Mathematiker, Nachfahre der Fanny Hensel Mendelsohn Bartholdy; heute Herder-Institut.

101 Renate Lepsius studierte laut Auskunft des Archivs der Universität Marburg an der Philosophischen Fakultät Germanistik und Geschichte (nach Vorstudien an den Hochschulen Berlin und Marburg).

102 Recherche vor Ort; damals existierten die Dachgauben noch nicht, es gab nur Giebelfenster.

103 Ehemalige Burg der früheren Herren von Tierbach.

104 2007 im Gespräch in Herrentierbach.

105 Mündliche Information von Theolinde Betz, Reutlingen 2008.

106 Eine kleine Gruppe junger Leute traf sich dort am Lagerfeuer; Mia war von der Wandervogelbewegung begeistert; Foto: Besitz Stefan Günther.

107 MS meint Manuskript.

108 Mündliche Auskunft 2011: Dr. Betz wusste davon durch seinen Vater.

109 Mündliche Auskunft vom Enkel Wolfram Günther 2007.

110 Es wird der Walensee gemeint sein, doch Agnes schrieb *„Wallensee"*.

111 Informationen tw. aus Charlotte Bergengruens Erinnerungen.

112 Recherche in Burg „Brauneck" nahe der bayrischen Grenze.

113 Johannes Lepsius erhielt das Vertrauen der Mehrzahl der Mitglieder wieder; vorübergehend gab es zwei Vorstände, so zerstritten war die DOM im Frühjahr 1910.

114 Dr. Albert Schweitzer (1875-1965), Theologe und Arzt, „Geschichte der Leben-Jesu-Forschung" (1913).

115 Arthur Drews (1865-1935), deutscher Philosoph, „Die Christusmythe" (1909).

116 Peter Jensen (1861-1936), Altorientalist, „Das Gilgamesch-Epos in der Weltliteratur".

117 Prof. Rudolf Bultmann (1884-1976), Neutestamentler, bekannter ev. Theologe.

118 Über Erich berichtete später keiner etwas, weder Gerhard noch Rudolf Günther.

119 Agnes Günther: „Von der Hexe, die eine Heilige war".

120 Information von Wolfram Günther im Gespräch: „Hochzeitsmahl" – Karte mit Foto des Brautpaars liegt vor.

121 Im Deutschen Handschriftenarchiv Marbach. Steffen König fand die Stelle im Manuskript und kontaktierte die Autorin deshalb. In gemeinsamer Transkription fanden wir den Inhalt heraus, obwohl das Manuskript in Sütterlin nicht einfach zu lesen ist.

122 Steffen König gab im Gespräch den – zutreffenden – Hinweis.

123 Erich hieß nun offiziell Albrecht E. Günther.

124 Information von Wolfram Günther im Gespräch 2007.

125 Meint: „Trotzdem war es vollkommen anders."

126 Mündliche Information von Wolfram Günther 2007.

127 Mündliche Information von Wolfram Günther 2007.

128 Der Zeitungsartikel wurde der Autorin von Steffen König als Kopie überlassen. Er fand ihn in einem antiquarisch gekauften Band der „Heiligen".

129 Information durch Wolfram Günther, der auch dieses Augenleiden hatte.

Lebensdaten zu Agnes Günther, geb. Breuning

1862   2. September: Heirat der Eltern in Stuttgart – Hermann Breuning (23) und Mary Ann Barrell (21) aus London.

1863   21. Juli: Agnes Elisabeth Breuning in Stuttgart geboren.

1871   Frühherbst: Sturz des Vaters vom Pferd, 2-jährige Leidenszeit beginnt.

1873   22.10.: Früher Tod des Vaters. Für die Familie beginnen bescheidene Verhältnisse. Die Töchter besuchen weiter d. Königin-Katharina-Stift.

1880   bis 1882: Neuchâtel, „L' école supérieure pour jeunes filles".

1882   bis 1883: In Edinburgh, London, Paris als Gesellschafterin von Lady Bordon-Sanderson (etwa ¾ Jahr).

1883   bis 1886: Lebt in der Familie in Korntal und Stuttgart, Ausbildung in (kunstgewerblicher) Malerei.

1887   Verlobung mit dem Theologen Rudolf Günther; 26. 9.: Trauung in der Stuttgarter Stiftskirche, Doppelhochzeit mit ihrer Schwester Emma.

1887   bis 1891: Blaubeuren, Pfarrfrau, Lic. Rudolf Günther ist 2. Pfarrer.

1889   29. September: Geburt des Sohnes Gerhard.

1891   bis 1907: Langenburg (Kreis Schwäbisch Hall), „Frau Dekan", ihr Mann ist Dekan, Stadtpfarrer und Hofprediger.

1893   8. Januar: Geburt des Sohnes Erich.

1901   bis 1902: Beginn ihres Lungenleidens, Kur in Baveno u. Bordighera.

1902   bis 1903: Frischluft-Liegekur zu Hause im Garten; sie gilt als geheilt.

1905   Aufführung „Alt Langenburg" und „Schillers Flucht".

1906   Aufführung die „Die Hexe" und Veröffentlichung „Von der Hexe, die eine Heilige war" (Prosatext) in 6 Folgen in der „Christlichen Welt".

1907   April: Die Schwerhörigkeit ihres Mannes wird festgestellt; Herbst: Umzug nach Marburg, ihr Mann wird Privatdozent.

1907   bis 1911: Marburg.

1908   „Waldweihnacht" in der „Christlichen Welt" veröffentlicht.

1909   August/September: Der Roman wird niedergeschrieben (in Herrentierbach bei Pf. Wilhelm Betz begonnen, in Marburg fertiggestellt); die Reinschrift für den Verlag beginnt.

1910   Davos wegen erneuter TB-Erkrankung, Operationen am Kehlkopftumor; mit Umschreiben des Romans begonnen.

1911   Februar: Niederschrift des fehlenden Kapitels „Oratorium", 16. Februar: Tod; Begräbnis zwei Tage später (heute Ehrengrab).

1913   „Die Heilige und ihr Narr" erscheint bei J. F. Steinkopf, Stuttgart.

Bildnachweis

Literatur

Hauptquellen der Zitate und Informationen

- Bergengruen, Charlotte, geb. Hensel: Privater Bericht „Familie Günther", ein Jugendstilgemälde, erhalten von Wolfram Günther.
- Alice Breuning, Friedrich und Theodor Zeller, Kopie der Originalbriefe.
- Brief von Agnes Günther an Fr. Doktor Klemm-Jäger, Januar 1909, transkribiert, Sandelsches Museum Kirchberg/Jagst (erhalten von Frau Gonser).
- Brief Agnes Günther an Anna Schnizer, Mergentheim, 16. Januar 1910, Original im Handschriftenarchiv Marbach, liegt als Kopie vor.
- Brief an Johannes Lepsius aus dem Lepsius-Archiv, Potsdam, von Agnes Günther.
- Briefe von Pf. Schweikhardt an Stadtpfarrer Schnizer und von Agnes Günther an Stadtpfarrer Schnizer, Archiv ev. Pfarramt Kirchberg/Jagst, Kopien erhalten von Pf. Hans-Dieter Haller.
- Briefsammlung Familie Günther und Pfarrer Wilhelm Betz (transkribiert), unveröffentlichte Briefe von 1901-1936, mit enthalten der Briefwechsel Agnes Günther/Josef Friedrich vom Juli 1909, erhalten von Stefan Günther.
- Ehrle, Margarete: Privater Bericht „Erinnerungen an Agnes Günther", erhalten von Wolfram Günther.
- Friedrich, Karl Josef: „Die Heilige", Gotha 1915.
- Ders.: „Erinnerungen an Agnes Günther", in: „Mein buntes Leben, Erinnerungen eines sächsischen Dichterpfarrers", NOTschriften 2003.
- Gästebucheintrag Agnes Günther in Gästebuch Stadtpfarrer Schnizer, Kirchberg, 8. Oktober 1907, Original im Handschriftenarchiv Marbach, liegt als Kopie vor.
- Günther, Agnes: „Die Heilige und ihr Narr", Zweibändige Ausgabe 1913 bei Steinkopf/Stuttgart, zitiert aus der 143. Auflage Steinkopf/Kiel 2001.
- Dies.: „Die Heilige und ihr Narr", Manuskript, Handschr. Archiv Marbach.
- Dies.: Originalbriefe, private Sammlung Familie Günther-Betz, original Fotopostkarte Familie Günther s.o.: Briefe aus kirchlichem Archiv Kirchberg, Literaturarchiv Marbach und Lepsius-Archiv, Potsdam.
- Dies.: „Von der Hexe, die ein Heilige war", in: „Die Christliche Welt, Ev. Gemeindeblatt für Gebildete aller Stände", 20. Jg., Marburg i. H. 1906.
- Günther, Gerhard: „Ich denke der alten Zeit der vorigen Jahre … Agnes Günther in Briefen, Erinnerungen, Berichten", Stuttgart 1972.
- Günther, Rudolf: „Unter dem Schleier der Gisela. Aus Agnes Günthers Leben und Schaffen", Stuttgart 1936.
- Kretschmer, Maria: „Erinnerungen an Agnes Günther", in Kalender: „Von Schwäbischer Scholle", Eugen Lotze, Heilbronn 1919.
- Leserbrief „Die Heilige und ihr Narr" - „Zur Entstehung des Buches", Schwäbischer Merkur 8.8.1935, (Pf. Wilhelm Betz), Kopie von Steffen König.

Informationsquellen

- Adressbuch von Berlin Groß-Lichterfelde:Archiv des Heimatvereins für den Bezirk Berlin Steglitz.
- Adressbücher von Stuttgart (1859-1899): Stadtarchiv Stuttgart.
- Adresse Familie Breuning: Korntal, Information a.d. Bürger- und Liegenschaftsamt Korntal-Münchingen, „Kontobuch der Güterkaufsgesellschaft".
- Eheschließungsregister Breuning/Günther: Kopie erhalten Landeskirchliches Archiv Stuttgart.
- Eheschließungsregister Günther/Hepner: Staatsbehörden Hamburg.
- Eheschließungs- u. Sterberegister, Gerhard Günther: Staatsarchiv Hamburg.
- Familienstammbaum, erhalten von Wolfram Günther (Enkel v. A. Günther).
- Fremdenliste Baden-Baden 1887: Stadtarchiv Baden-Baden.
- Fremdenliste Davos 1910: Archiv Davos.
- Fremdenlisten Bordighera 1901/02: Journ. d. Bordighera, Liste d'étrangers.
- Klassen-/Fächerlisten: Königin-Katharina-Stift, Staatsarchiv Ludwigsburg.
- Leben der Margarethe Lepsius: Liesel Reichle-Zeller, Festschrift 150. Jahrestag der Zellerstiftung (1839), „Margarete Zeller, verh. Lepsius (1867-1898) – Ein Frauenleben zwischen Familie und Reich-Gottes-Arbeit".
- Lebensdaten der Familie Betz: Evangelisches Pfarramt Billingsbach.
- Lebensdaten der Familie Wilhelm Breuning: Stuttgarter Stadtarchiv.
- Lebensdaten Familie Rudolf Günther: Landeskirchliches Archiv Stuttgart.
- Lebensdaten der Familie Lepsius: Lepsius Archiv und Internet.
- Lebensdaten d. Familie Friedrich Zeller: Martinszeller-Verband, Biographie „Johannes Zeller, Missionar" (Vater), Martinszellersche Familienstiftung.
- Johannes Lepsius: Baumann, Andreas: „Johannes Lepsius' Missiologie", Doktorarbeit an Leben und Wirken der Universität von Südafrika (2005).
- Melderegister Marburg November 1907: Marburg, Magistrat.
- Taufregister Blaubeuren: Landeskirchliches Archiv Stuttgart.
- Taufregister Langenburg: Evangelisches Pfarramt Langenburg.
- Theaterbesprechung: Nrn. 9 und 10 für September und Oktober 1905 in den „Sonntagsgedanken" (Alt-Langenburg, von Agnes Günther, 9. Jg.).
- Theaterbesprechung („Die Hexe" von Agnes Günther): „Schwäbischer Merkur", Nr. 87, 20. Februar 1906, Landesarchiv Baden-Württemberg.
- Zum beruflichen Leben: Nachruf für Pastor Friedrich Zeller im „Magdeburger Sonntagsfreund", Jg. 1909, Stadtmission Magdeburg, Archiv.

Sekundärliteratur

- Bauernfeind, Elke: „Agnes Günther: Die Heilige und ihr Narr. Leserlenkung und Rezeption", Akademischer Verlag, Stuttgart 1993.
- Braun, Christa: „Auf den Spuren von Agnes Günther", Hg. Geschichts- und Kulturverein Langenburg e.V. 2011.
- Fotoserie: „Seelchens Heimat: Zwanzig Naturaufnahmen der Stätten, wo Agnes Günthers 'Heilige und ihr Narr' zu Hause sind", Stuttgart 2/1920.
- Goes, Gertrud: „Aus Licht und Schatten, Gedichte", Heilbronn 1915.
- Gräter; Karl-Heinz: „Im grünen Licht Hohenlohes, Stuttgart 1984.
- Günther, Gerhard: „Aus Agnes Günthers Wunderland, Langenburg und seine schöne Umgebung, Bilder zu Agnes Günthers Buch: 'Die Heilige und ihr Narr'", Stuttgart 1953, 1957, 1970.
- Günther, Rudolf: „Bilder aus dem kirchlichen Leben Langenburg, Vortrag anläßlich des 400-jährigen Bestehens der Stadtkirche bei einer Gemeindefeier am 26. Januar 1903", Langenburg 1903 (Landeskirchl. Archiv Stuttgart).
- Ders.: „Der Heilige Garten – Ein Hausbuch religiöser Lyrik", Heilbronn 2/1911 (Landeskirchliches Archiv Stuttgart).
- Ders.: „Die Verlorene Kirche, Religiöse Lieder und Gedichte für das deutsche Haus, gesammelt von Rudolf Günther", Heilbronn 1906 (Landeskirchliches Archiv Stuttgart).
- Haller, Hans Dieter: „Pegasus auf dem Land, Schriftsteller in Hohenlohe", Baier Verlag 2006.
- Knaus, Harald: Programmheft „Hohenloher Kultursommer" – „'Die Heilige und ihr Narr', Lesung aus dem Roman und Lieder der schwäbischen Romantik", Gaggstatt 2007.
- Metz-Becke, Marita: „Schreibende Frauen, Marburger Schriftstellerinnen des 19. Jahrhunderts", Marburger Stadtschriften zur Geschichte und Kultur, Band 31, 2. Auflage 1993.
- Munz, Eberhard: „Führer durch Langenburg und Umgebung mit Orientierungskarte und 10 Bilder: Gewidmet den vielen Freunden des Romans von Agnes Günther 'Die Heilige und ihr Narr'", Stuttgart 1921.
- Rilke, Rainer Maria: Gesammelte Briefe 1914/21, Bd. 4, Insel Verlag 1938.
- Schlauch, Ingaruth: „Der unversiegte Brunnen – Heitere Geschichten aus Hohenlohe", Hohenlohe 1963 ff.
- Schlauch, Rudolf: „Agnes Günther", Sonderdruck, Reprint 2002 aus: „Lebensbilder aus Schwaben und Franken", 8. Band, Stuttgart 1962.
- Ders.: „Hohenlohe Franken. Landschaft, Geschichte, Kultur, Kunst, Volkstum", Heroldsberg, 1. Auflage 1959, 3. ergänzte Auflage 1980.
- Steinkopf Verlag: „Auf Agnes Günthers Spuren – Sechs Landschaften aus Langenburg und Umgebung", nach Aquarellen von Felix Hollenberg, 1916.
- Surya, G. W. (= Georgiewitz-Weitzer, Demeter): „Das Okkulte in Agnes Günthers 'Die Heilige und ihr Narr'", Lorch 1929.

Gestaltung zu „Die Heilige und ihr Narr"

– Ebhardt, Tilla: „Bilder aus Seelchens Kinderjahren", aus: „Die Heilige und Ihr Narr" von Agnes Günther, Scherenschnitte, Hannover 4/1919.
– Wülfing, Sulamith: „Von der Seele – Zwölf Bilder zu dem Buche 'Die Heilige und ihr Narr'", Wuppertal-Elberfeld 1935 (Band 8).

Theaterstücke zu „Die Heilige und ihr Narr"

– Parton, Rolf: „Die Heilige und ihr Narr", Festspiele Schloss Stetten 1991.
– von Stetten, Wolfgang: „'Die Heilige und ihr Narr', Das Leben in einer süddeutschen Residenz um 1900", Freilichtstück nach dem Roman von Agnes Günther, Rohmanuskript.

Allgemein

– de la Roi-Frey, Karin: „Schulidee: Weiblichkeit – Höhere Mädchenschulen im Königreich Württemberg 1806-1918", Dissertation 2003.
– Josephon, H./Josephon-Mercator, B.: „Die deutsche Pfarrfrau", Hamburg 1911.
– Katalog: „Das Königreich Württemberg 1806-1918, Monarchie und Moderne", Große Landesausstellung Landesmuseum Württemberg 2006/2007.
– Katalog: „Edward Burne-Jones – Das Irdische Paradies", Staatsgalerie Stuttgart, Kunstmuseum Bern 2009/2010.
– Killy, Walter: „Deutscher Kitsch", Göttingen 1962.
– Kreuzer, Helmut: „Trivialliteratur als Forschungsproblem – Zur Kritik des deutschen Trivialromans seit der Aufklärung", Mediaculture online.
– Mayrhofer, Wolfgang: „Magdeburg und der Protestantismus", Hg. Landeshauptstadt Magdeburg, Amt für Wirtschaft und Fremdenverkehr 1995.
– Melzer, Helmut: „Trivialliteratur", München, 1. Auflage 1974/75, 2. Auflage 1976, 3. überarbeitete Auflage 1985.
– Sprecher, Thomas: „Davos im Zauberberg – Thomas Manns Roman und sein Schauplatz", München 1996.
– Storch, Karl: „Magdeburg – Ein Erinnerungsblatt", Faber Verlag 1901, Mauritius Verlag 2006.
– v. Düffel, John: „Hotel Angst", Köln 2006.
– v. Saalfeld, Lerke: „Zwischen Schlössern und Landschaft", Internet, Deutschlandfunk 30.5.2011 (mit Verlagszahlen Steinkopf von Frieder Weitbrecht).

Zu Agnes Günthers Schwager Johannes Lepsius

– Troeger, Brigitte: „Brennende Augen – Johannes Lepsius. Ein Leben für die Armenier. Sein Kampf gegen den Völkermord", Gießen 2008.
– Werfel, Franz: „Die vierzig Tage des Musa Dagh", Frankfurt/M. 2009.

Lektüre, die Agnes Günther u.a. nannte

- Bölsche, Wilhelm: „Das Liebesleben in der Natur – Eine Entwicklungs- geschichte der Liebe", Diederichs 1909.
- Frenssen, Gustav: „Hilligenlei", Berlin 1905.
- Gerhardt, Paul: „Lieder Paul Gerhardts", Hamburg 1907.
- Gorki, Maxim: „Das Nachtasyl", Reclam-Heft.
- Harnack, Adolf: „Das Wesen des Christentums – Sechzehn Vorlesungen vor Studierenden aller Fakultäten im Wintersemester 1899/1900 an der Universität Berlin gehalten", Hg. Claus-Dieter Osthöver, Gütersloh 1964.
- Hauptmann, Gerhart: „Der Narr in Christo, Emanuel Quint".
- Hebbel, Friedrich: „Gyges und sein Ring", Dodo Press.
- Raabe, Wilhelm: „Der Hungerpastor", Berlin-Grunewald (51. Auflage).
- Sperl, August: „Castell", Neustadt an der Aisch 1908.
- Spitteler, Carl: „Imago", Bibliothek Suhrkamp.
- Ders.: „Lachende Wahrheiten", Jena 1920.

Namensregister

»DIE HEILIGE UND IHR NARR«

Agnes Günthers Klassiker in hochwertiger Neuauflage

Mit ihrem einzigen Roman »Die Heilige und ihr Narr«, verfasst zu Beginn des 20. Jh., erlangte Agnes Günther einen herausragenden Erfolg. Das Buch wurde 1913 posthum veröffentlicht und auch verfilmt. Es beschreibt Glück und Elend der Fürstentochter Rosmarie in der Auseineindersetzung mit ihrer böswilligen Stiefmutter.

Die Anzahl der Auflagen ist mittlerweile fast einzigartig. Diese überragende Popularität hat vor allem zwei Gründe:

Entscheidend ist einerseits die sprachliche Schönheit des Romans. Die bildhaften Formulierungen der Autorin sind nach wie vor faszinierend.

Andererseits ist Agnes Günthers erzählerische Kraft ausschlaggebend für den Erfolg. Sie lotet die Gefühlswelt ihrer vom Schicksal schwer getroffenen Hauptfigur in einzigartiger Tiefe aus und versetzt die Leser in Rosmaries geistige Welt. So wird es möglich, auch im eigenen Leid an deren innerer Stärke teilzuhaben. Denn in scheinbarer Hoffnungslosigkeit wächst sie über sich selbst hinaus und lernt, ihr Geschick zu tragen.

Somit ist und bleibt die Lektüre des Buches ein ästhetisch und emotional besonderes Erlebnis.

AGNES GÜNTHER
DIE HEILIGE
UND IHR NARR

J. F. Steinkopf Verlag

Agnes Günther

»DIE HEILIGE
UND
IHR NARR«

Roman

145. Auflage 2013
576 Seiten
Pappband
ISBN 978-3-7984-0824-1

**Erhältlich im Handel
oder direkt:**
✆ 0431/55 77 9-206
vertrieb@steinkopf-
verlag.de
www.kirchenshop-
online.de